中原经济区金融发展研究

（2012）

中国人民银行郑州中心支行
河南省金融学会　编

中国金融出版社

责任编辑：张智慧　王雪珂
责任校对：潘　洁
责任印制：陈晓川

图书在版编目（CIP）数据

中原经济区金融发展研究．2012（Zhongyuan Jingjiqu Jinrong Fazhan Yanjiu 2012）/中国人民银行郑州中心支行，河南省金融学会编．—北京：中国金融出版社，2013.5

ISBN 978-7-5049-6898-2

Ⅰ.①中…　Ⅱ.①中…②河…　Ⅲ.①地方金融—经济发展—研究—河南省—2012　Ⅳ.①F832.761

中国版本图书馆CIP数据核字（2013）第052236号

出版发行　中国金融出版社
社址　北京市丰台区益泽路2号
市场开发部　（010）63266347，63805472，63439533（传真）
网上书店　http://www.chinafph.com
（010）63286832，63365686（传真）
读者服务部　（010）66070833，62568380
邮编　100071
经销　新华书店
印刷　利兴印刷有限公司
尺寸　169毫米×239毫米
印张　38.75
字数　714千
版次　2013年5月第1版
印次　2013年5月第1次印刷
定价　62.00元
ISBN 978-7-5049-6898-2/F.6458

序

金融是现代经济的核心，具有区域经济发展“第一推动力”的作用，对国民经济的贡献体现在金融业自身实现的增加值和带动相关行业发展所增加的价值。在发达国家和地区，金融业占经济总量的比重普遍较高。相比之下，我国中原经济区金融业发展相对滞后，改革发展空间巨大；与此同时，经过多年的快速增长，经济也面临着资源环境的严峻约束。要突破瓶颈，必须尽快从投资导向进入创新导向阶段，而创新过程中伴随的高风险，需要发展现代金融业来化解。因此，包括金融业发展改革在内的制度红利将是推动中原经济区经济下一轮增长的主要动力。

2011 年 9 月，《国务院关于支持河南省加快建设中原经济区的指导意见》出台，赋予了中原经济区加快发展金融业的诸多政策，标志着中原经济区建设正式上升为国家战略。2012 年初，河南省政府召开金融工作会议，提出把金融业发展成为现代服务业的支柱产业，到 2015 年，基本建成功能齐备、层次丰富、结构合理、竞争有序、服务全面的现代金融体系，金融业将迎来难得的历史机遇。

中国人民银行郑州中心支行和河南省金融学会，紧扣时代脉搏，与时俱进，按照“深化研究转型、整合研究资源、加强交流协作、加快成果转换”的工作思路，组织河南省金融系统研究力量，以河南省人民银行系统重点研究课题和河南省金融学会重点课题为平台，围绕中原经济区金融改革发展中的重大理论和实践问题，开展系统研究。研究内容涉及金融改革与发展、区域经济与金融、农村金融、金融业务与经营、中小企业融资与风险管理、外汇管理等方面。为更好地促进河南省金融系统研究工作的开展，鼓励更多优秀成果出现，我们组织专家对2012年河南省人民银行系统重点研究课题和河南省金融学会重点课题分别进行了匿名评审，均评出一等奖3项、二等奖6项、三等奖9项、优秀奖6项。

本书以区域经济金融发展理论为指导，以中原经济区建设为背景，选取2011年河南省人民银行系统重点研究课题所有获奖成果和河南省金融学会重点课题部分获奖成果集结公开出版发行。由于篇幅有限，多数课题成果被压缩，但每一课题成果的完整性基本未受到影响。

这些课题成果的取得是各承担单位及课题组成员深入研究、创造性地开展工作的结果，对中原经济区建设过程中出现的深层次和亟待解决的金融问题给予了可信服的解释，并在发展路径和可行性建议方面取得了较大突破。我们期待读者的反馈和进一步探讨，同时也期待这些成果能有效转化，对中原经济区建设提供决策支撑。

中国人民银行郑州中心支行行长
河南省金融学会会长

目　录

河南省经济金融协调发展问题研究

中国人民银行南阳市中心支行课题组①

摘要 经济金融和谐互动、协调发展是实现经济金融可持续发展的有效途径。本文以河南省经济、金融发展现状为切入点，从金融规模、金融结构、金融效率三个层面对经济与金融发展的协调性进行了实践检验；在此基础上，构建了金融业与经济发展的协调度分析模型，以1990—2010年为研究时间段，通过编制金融业发展水平指数和经济发展水平指数，对河南省金融业与经济发展的协调度进行纵向比较与评价，并根据评价结论有针对性地提出具有较强操作性的政策建议。

关键词 经济与金融 协调发展 问题研究

经济金融和谐互动、协调发展是实现经济金融可持续发展的有效途径，然而，在现实中经济增长水平和金融发展水平的配合程度常常偏离最优形态，导致经济发展中出现金融过度或金融不足的状况。在现代经济增长中，金融在资源配置、风险管理、信息提供等方面发挥着核心作用，良好的金融市场、完善的金融体系、合理的金融结构以及顺畅的金融政策传导机制，有利于提高储蓄转化为投资的效率，从而推动经济持续、稳定发展。但金融业发展水平如果落后于经济发展水平，就无法满足经济发展对金融服务的要求，而金融业发展如果超前于经济发展水平，可能会推动经济过度虚拟化，增加金融体系不稳定风险，危害经济的持续发展。因此，对经济金融发展协调度进行有效测度，并有针对性地采取促进经济金融协调发展的相关措施，具有重要的理论和现实意义。

河南省地处中原腹地，作为中原经济区的主体，具有承东启西、连贯南北的区位优势，使东、中、西部主要经济区的功能实现高效衔接，形成全国区域协调发展的战略支点和重要经济增长板块，因此，河南省经济金融协调、稳定

---

① 课题主持人：赵德旺。
课题组成员：李相才、祁敬之、武鑫海、李明运、赵慧芳、于森。

发展有着极其重要的意义。本文以河南省经济、金融发展现状为切入点，运用计量方法对经济增长与金融发展的相互关系进行了深入研究，同时，从金融规模、金融结构、金融效率三个层面对经济与金融发展的协调性进行了实践检验；在此基础上，构建了金融业与经济发展的协调度分析模型，以1990—2010年为研究时间段，应用因子分析等计量方法，编制金融业发展水平指数和经济发展水平指数，对河南省金融业与经济发展的协调度进行纵向比较与评价，并根据评价结论有针对性地提出具有较强操作性的政策建议。

第一章 河南省经济金融协调发展的实践检验

一、总量分析

（一）河南金融业发展与经济发展水平不匹配

1. 河南省金融发展水平与经济发展在全国的位次不相称

与沿海发达省份和经济社会发展要求相比，河南省金融业发展仍然滞后，在主要金融指标、金融产品供给、支持经济力度等方面还存在较大差距，金融业仍然是制约河南省经济发展最突出的“短板”。2011年末，河南省金融产业增加值为813.36亿元，占全省GDP的比重为2.99%，占服务业增加值的比重为10.38%；而同期北京、上海的金融产业增加值分别占地区生产总值的比重为12.8%、10.71%，与发达地区相比，河南省金融发展对经济增长贡献度明显不足。总体来看，金融业对经济发展的贡献不高，发展水平还远远跟不上经济发展的脚步，金融发展与经济发展水平不相匹配。

2. 金融对经济的渗透力不强

金融发展的规模性指标，选用金融相关比率FIR来表示。1978—2010年，河南省金融相关比率呈平稳上升趋势，说明河南省金融对经济的渗透能力不断增强，经济的货币化程度逐步提高。河南省FIR由1978年的0.894增加到2010年的1.701，年均增长1.97%；但自1980年起，河南省金融发展规模一直处于全国平均水平之下，并且两者之间的差距呈扩大趋势，2010年全国FIR为3.105，比河南省高出1.404个百分点，说明河南省金融发展相对落后，金融对经济的渗透能力不高。

3. 金融资产总量较小，发展迟缓

从河南省金融资产占全国金融资产的比重来看，河南省金融资产占全国金融资产的比重整体呈下降态势。1990年河南省金融资产总额占全国金融资产总额的比重为3.65%，到2010年，该比例下降为1.54%，说明河南省金融规模发展总体水平落后于全国平均水平。从金融资产增长角度来看，1990 年河南省金融资产总额为 792. 76 亿元，到 2010 年，金融资产增加到 22 015. 24 亿元，增长 27. 77 倍，年均增长率为 17. 15%；与此相对应，1990 年全国的金融资产总额为 21 659. 1 亿元，到 2010 年增长为1 104 635. 6亿元，增长 50 倍，年均增长率为 22. 98%，年均增长率较河南省快 5. 83 个百分点。从金融业增加值占第三产业的比重来看，2004 年，河南省金融业增加值占第三产业的比重为 6. 27%，到 2010 年增长为 8. 77%，2010 年全国金融业增加值占第三产业增加值的比重为 12. 1%，河南省较全国平均水平低 3. 33 个百分点。

（二）河南省金融业对经济发展的影响力有待提升

1. 金融对经济的拉动作用相对较弱

近年来，河南省经济取得了突飞猛进的发展，GDP 由 2002 年的 6 035. 48 亿元增长到 2010 年的 22 942. 7 亿元，以 2002 年为基期计算的 GDP 指数 2010 年达到 380. 13。同期，河南省金融业也取得了显著发展，金融业增加值由 2002 年的 132. 5 亿元增长到 2010 年的 697. 68 亿元，增长了 5. 27 倍，年均增长率 20. 27%。2002—2010 年金融业对 GDP 的年均贡献率为 2. 17%。金融业对 GDP 的拉动率相对比较稳定，2009 年受美国次贷危机和全球金融危机的影响，金融业对 GDP 的拉动率有所下降。河南省金融业对 GDP 的拉动率是 0. 56%，全国金融业对 GDP 的拉动率是 0. 92%，较全国水平低 0. 36 个百分点，金融对经济的总体拉动力较弱。

2. 金融业对经济发展的影响力有待提升

2010 年河南省金融业增加值为 697. 68 亿元，在全国居第八位，但金融业增加值占 GDP 的比值仅为 3. 02%，较北京、上海金融业增加值占 GDP 的比重分别低 10. 08 个、8. 35 个百分点，金融对经济的直接贡献率较低；河南省金融业贡献率为 5. 48%，居全国第十一位，河南省金融业影响力及影响力系数分别为 1. 2209 和 0. 5839，说明河南金融业增加值每增长 1 个单位能推动河南 GDP 增长 1. 2209 个单位；影响力系数（0. 5839）小于 1 且远低于全国及沿海省份系数（全国 0. 7148、广东 0. 7198、上海 0. 7667、浙江 0. 6521），说明河南金融业对经济发展的影响能力远低于其他省份金融业支持经济发展的影响能力，即河南金融业对本地经济发展的支持力度远远不够（达不到产业的平均影响能力，且弱于其他省份）。

二、结构分析

（一）河南省金融三业发展不均衡，制约了经济发展

改革开放 20 多年来，河南省融资体系发生了重大变化，金融资产总量大幅

上升，金融结构不断优化。其中，直接融资发展较快，股票和债券占金融资产的比重不断上升，但其融资总量占所有融资总量的比重仍然偏小；存款占金融资产的比重呈现不断下降的趋势，但间接融资的比重仍然占绝对优势，直接融资和间接融资的比例失调。截至2011年底，河南省共有上市公司63家，上市公司数量占全国境内上市公司总数的3.05%，2011年末河南省证券市场筹集资金总额达269.6亿元。2011年，河南省间接融资共筹资17 506亿元，占全部融资金额的96.83%，高于全国平均水平6.7个百分点，直接融资572.8亿元，占比仅为3.17%。造成这种局面的主要原因：一是河南省的大中型企业贷款过分依赖银行，由于利息负担过重，企业效益不高，使企业负债率高，增加了企业负债经营风险；二是金融市场发展不完善，股票市场和债券市场发展不均衡，股票市场发展较快，企业债券市场发展相对滞后，尤其是中小企业上市、发行债券等直接融资比较困难。

（二）城乡金融资源配置不均衡与二元经济结构相互制约

1. 金融资源配置的城市化偏向

河南金融在城乡是非均衡发展的，金融系统在金融资源的分配上表现出了明显的城市化倾向，在信贷配置中倾斜于城市及国有部门。在计划经济时期，优先发展资本密集型重工业的赶超战略在资本稀缺的条件下内生决定了金融资源配置上的城市偏向行为，农村金融机构只是动员农村储蓄以提供城市工业化资金的一个渠道。2010年底，河南省金融机构各项贷款余额15 871.32亿元中，农业贷款余额仅占9.3%，这种投资偏向，实际上是把一部分农业剩余通过税收投资渠道转移到城镇，在推动城镇发展的同时，不利于农村的发展，扩大了城乡居民收入差距。而这种投资的来源主要是通过银行信贷系统完成的。

2. 农村资金的外流和农村信贷供给不足

长期以来，由于资金的逐利性，金融资源不断从贫困地区流向发达地区，从农村流向城市，从农业流向非农产业。金融资源的匮乏必然影响贫困地区农业生产结构的调整，影响农业先进技术的引进以及农村发展所必需的基础设施建设，农民增产增收的难度将加大。一方面是农村地区金融资源的匮乏，另一方面却是农村地区金融资源的大规模转移。农村发展中资金外流问题突出，农村金融“失血”过多。农村金融资源的流出主要有以下几种基本类型：一是制度性流出。源于金融制度规定而形成的流出，目前大部分国有商业银行县域机构不具有放贷权，所吸纳的存款全部上缴市级机构。二是逐利性流出。为了追逐更多的利润，相当多的农村金融机构采取各种方式和途径，将信贷资金由农业领域撤出并转入非农产业领域。

3. 农村金融市场发展滞缓而且缺乏有效竞争

1997 年以来的金融体制改革，尽管全面推进了我国金融深化进程，但随着商业金融的退出或收缩，却在农村地区造成了实际上的金融体制“空心”，同时也在客观上形成了农村信用社对农村金融市场的相对垄断。随着商业银行贷款权限上收，农村银行业机构基本上是以吸收存款为主要业务，而目前除了农村信用社发放涉农贷款外，其他金融机构很少发放支持“三农”经济的贷款。截至 2010 年底，河南省农村信用社农业贷款余额 2 672.47 亿元，占全省农业贷款余额的 98.87%；农业贷款较年初新增 318.81 亿元，新增额占全省农业贷款新增额的 94.84%。由此可见，农村金融的这种制度安排，实际上是把“垄断”经营强加于农村信用社，结果既损害了农户的利益，也损害了农村信用社的利益。

4. 农村金融服务覆盖率低，信贷结构不合理

随着金融体制改革的逐步深入，国有商业银行受成本收益的约束增强。而农业贷款的高风险性、高成本性和弱补偿性，农业贷款的盈利空间较小，导致国有商业银行在农村地区大量撤并机构，上收信贷管理权限，由此自然导致其分布密度低，金融服务覆盖率低，金融服务职能进一步弱化，在一定程度上加剧了农村地区金融资源短缺。

（三）产业金融资源配置不平衡，制约了新兴中小企业发展

随着国有商业银行的股份制改革以及股份制银行、地方性银行、新型金融机构的快速发展，银行业市场竞争行为日趋理性和规范，各行不约而同地调整了信贷策略，其共同特征是确保核心客户，放弃部分边缘客户，在争揽大型优质客户上的“羊群效应”比较明显，从而强化了信贷集中的趋势。大量的信贷资金追逐很少的企业，致使部分大客户的资金“过度宽裕”，出现了滥用贷款、盲目投资的问题，社会资金的配置效率明显下降，银行的风险则相应增加。在大企业资金过剩的同时，大量的中小企业由于规模小、资金实力有限，市场竞争力弱，不同程度地面临贷款困难。据对河南省 5 000 家中小企业的调查显示，2012 年 1－7 月，接受调查的企业中有 4 352 家中小企业向银行机构申请贷款，但企业满足率只有 34.97%；企业共申请贷款 1 473.7 亿元，贷款满足率只有 28.23%。

三、效率分析

（一）储蓄动员率相对较低

储蓄率是当年金融机构的储蓄金额占国民收入的比重，能够显示金融机构吸纳资金和将资金转化为投资的能力。按照哈罗德—多马模式，一个国家或地区的经济增长与其储蓄率相关，储蓄率越高，经济增长越快；储蓄率越低，经

济增长越慢。1978—2010 年，河南省储蓄动员率整体呈下降态势，储蓄动员率对名义 GDP 增长率具有 1 阶滞后期，即上一年度储蓄动员率与本年度名义 GDP 增长率成正比。2010 年，中部六省的储蓄动员率分别是河南 1.1、湖北 1.14、江西 1.16、湖南 1.23、安徽 1.07、山西 1.94，在中部六省中，河南省的储蓄动员率相对较低，金融机构的融资功能有待进一步提升。

（二）储蓄投资转化率偏低，金融资源配置效率相对不高

储蓄投资转化率是描述金融资源利用能力的有效指标，可以从一定程度上说明金融机构运筹资金的能力，评估金融资源的配置效率。1979—2010 年河南省存贷差呈逐年增加趋势。在国有商业银行未改制前，由于政府财政资金介入和政策性银行贷款发放规模较大，银行业的存贷差存在负值，即贷款额度大于存款额度，到 1999 年，河南省存贷差为 18.59 亿元，到 2010 年增长到 7 277.51 亿元，占 2010 年金融机构存款余额的 31.44%；与此相对应，存贷比由 1979 年的 2.08 下降到 2010 年的 0.686，巨额的存贷差以及存贷比的持续下降，意味着资金闲置或利用率不高，也暴露了经济金融运行中的一些深层次问题。一是地方经济对信贷资金的有效需求不足，企业生产及项目建设对资金的凝聚吸纳能力不强；二是反映了储蓄向投资转化出现梗阻，金融没有充分发挥引导资源配置、支持经济发展的作用；三是反映了金融机构信贷资金使用效率不高，在银行体系中存在“惜贷”现象；四是造成社会资金的短缺与闲置并存，银企、银政关系紧张，金融机构经营压力也将加大。

第二章　金融发展与经济发展协调性的实证分析

一、金融业与经济发展协调性实证研究方法的选择

协调性是系统之间或系统内部各要素之间保持健康发展的条件，协调性研究是对这种协调状况好坏程度的定量测量。金融业作为经济系统中日益重要的组成部分，同国民经济发展相辅相成，通过构建两者的协调性指标，可以直观地反映金融业与经济发展的协调程度。本章金融业与经济发展协调性实证分析建立在相应的理论基础上，以前文的分析入手，通过构建反映河南经济发展的综合评价指标——经济发展水平指数、金融业发展指数，全面、客观地反映河南经济和金融状况与发展层次，为建立协调性模型奠定基础。

本文通过建立协调度 K 来反映协调水平。协调度 K 是用来反映 $\omega(x)$ 与 $g(y)$ 之和在一定条件下金融业发展与经济发展的协调程度。一般说来，$0 \leqslant K \leqslant 1$，$K$ 值越大越协调，越小越失调。依据冯平、李健和李绍飞（2006）的推导，协

调度的计算公式为

$$K = k^{\theta} = \frac{w^{\theta}(x)g^{\theta}(y)}{(Z^2)^{\theta}} \tag{1}$$

式中：$\omega(x)$、$g(y)$ 分别为河南省金融业的发展水平指数和经济发展水平指数，α、β 为待定权数，Z 为金融业发展与经济发展的综合评价指数，其表达式为

$$Z = \alpha\omega(x) + \beta g(y) \tag{2}$$

（本文认为金融业与经济发展同等重要，所以取 $\alpha = 0.5$，$\beta = 0.5$）

θ 为调节系数。一般情况下，$2 \leqslant \theta \leqslant 5$，根据金融业的特点，最后可根据协调度 K 值范围对我国金融业发展与经济发展的协调度发展类型进行分类，一般可分为 7 大类，共 21 种基本发展类型。具体分类体系如表 1 所示。

表 1　金融业发展与经济发展关系的类型

协调度	分类	$\omega(x)$ 和 $g(y)$ 的对比关系	基本发展类型
0.8～1	良好协调发展	$\omega(x) > g(y)$	良好协调发展经济滞后型
		$\omega(x) = g(y)$	良好协调发展同步型
		$\omega(x) < g(y)$	良好协调发展金融滞后型
0.7～0.79	中级协调发展	$\omega(x) > g(y)$	中级协调发展经济滞后型
		$\omega(x) = g(y)$	中级协调发展同步型
		$\omega(x) < g(y)$	中级协调发展金融滞后型
0.6～0.69	初级协调发展	$\omega(x) > g(y)$	初级协调发展经济滞后型
		$\omega(x) = g(y)$	初级协调发展同步型
		$\omega(x) < g(y)$	初级协调发展金融滞后型
0.5～0.59	勉强协调发展	$\omega(x) > g(y)$	勉强协调发展经济滞后型
		$\omega(x) = g(y)$	勉强协调发展同步型
		$\omega(x) < g(y)$	勉强协调发展金融滞后型
0.3～0.49	轻度失调衰退	$\omega(x) > g(y)$	轻度失调发展经济滞后型
		$\omega(x) = g(y)$	轻度失调发展同步型
		$\omega(x) < g(y)$	轻度失调发展金融滞后型
0.2～0.29	中度失调衰退	$\omega(x) > g(y)$	中度失调发展经济滞后型
		$\omega(x) = g(y)$	中度失调发展同步型
		$\omega(x) < g(y)$	中度失调发展金融滞后型
0～0.19	严重失调衰退	$\omega(x) > g(y)$	严重失调发展经济滞后型
		$\omega(x) = g(y)$	严重失调发展同步型
		$\omega(x) < g(y)$	严重失调发展金融滞后型

关于金融业发展水平，本章主要从金融三业，即银行业、证券业和保险业三个方面进行研究，原因在于银行业最主要的功能是为经济发展提供信贷支持，证券业主要是为经济发展提供直接融资服务，保险业为经济与社会发展提供风险保障，促进经济社会的稳定与和谐。通过选取能够反映银行业、证券业、保险业发展水平的主要指标，应用因子分析等计量方法，将这些指标复合成反映金融业总体发展水平的指标。

二、河南省经济发展水平指数的测算

（一）经济发展指标的选取

1. 经济增长速度指标

经济总量一般用国内生产总值（GDP）来衡量。GDP 是在一定时期内，一个国家或地区所生产出的全部最终产品和劳务的价值。它不仅可以反映一个国家或地区的经济总量水平，也可以反映一国或地区的经济实力。GDP 增长速度（用 S1 表示）代表一国或地区经济的活跃程度，增长速度快的地区往往是经济具有活力、对资本有吸引力的地区。GDP 增长速度能够较好地反映一个地区的经济发展速度。

2. 经济发展效益指标

经济发展效益体现的是经济发展成果所带来的社会福利水平的提升。通常，人均国民财富、居民消费变化、城市化进程、开放度等方面都可以反映一国经济发展过程中经济效益的变化，人均国民财富用人均 GDP（用 S2 表示）指标衡量，居民消费状况的变化用修正恩格尔系数（用 S3 表示）来反映，恩格尔系数是食品消费支出占消费总支出的比重，该比例下降意味着居民收入增加、生活质量提高。城市化水平用城镇人口占总人口的比率（用 S5 表示）反映；开放度采用经济的对外依存度（用 S6 表示）来反映，对外依存度是对外贸易总额占 GDP 的比重。

3. 经济发展结构指标

经济发展过程伴随着经济结构的演进。一个产业健全、结构合理、布局优化的经济结构不仅具有稳定的发展状态，更具备持续的发展基础。在众多经济结构的指标中，第三产业增加值占 GDP 的比重（用 S4 表示）是比较适合用来衡量经济发展协调性的指标。第三产业是较为特殊的产业，其特殊性在于它是提供就业岗位最多、未来发展前景广阔的产业，它的比重高低是决定经济持续健康发展的动力，也是经济结构合理与社会和谐发展的重要表现。

（二）经济发展水平指标的构建

1. 样本的选取

由上面分析可知，纳入河南省经济发展水平指数的指标共有 6 个：GDP 增速（S1）、人均GDP（S2）、修正恩格尔系数（S3）、第三产业增加值占GDP的比重（S4）、城市化率（S5）和对外依存度（S6），这6个指标作为单项因子，采用因子分析法合成综合指数。各指标数据的样本区间为1979—2010年。

2. 对指标数据进行标准化处理与因子分析

因子分析是一种重要的降维方法，它的基本思想就是通过变量的相关系数矩阵或协方差矩阵内部结构的研究，找出能控制所有变量的少数几个随机变量去描述多个变量之间的相关关系[①]。然后根据相关性大小将这些变量分成若干组，使一个组内的变量之间相关性较高，使组与组之间的变量的相关性较低。即将多个变量X_1，X_2，X_3，…，X_p，（可以观测的随机变量）综合为少数几个因子F_1，F_2，…，F_m（不可观测的潜在变量），以再现指标与因子之间的相关关系。

在这6个指标中，反映经济发展状况的数据有的是绝对值、有的是相对值，彼此之间缺乏可比性，因此需要把指标的原始数据处理为可以比较的标准化数据。本文运用SPSS统计软件采用最小—最大标准化的方法对数据进行标准化，处理后的数据结果见表2。

表2　　标准化后的河南省经济发展指标数据

年份	S1	S2	S3	S4	S5	S6
	GDP增长率（%）	人均GDP	修正恩格尔系数	第三产业增加值/GDP（%）	城市化率	对外依存度（%）
1979	-0.01685	-0.78545	1.37054	-2.30466	-0.93596	-1.92786
1980	0.47047	-0.77788	1.02787	-2.06277	-0.91199	-1.78687
1981	-0.98711	-0.77434	0.53677	-1.82087	-0.88802	-1.64081
1982	-1.42812	-0.77238	0.87899	-1.66694	-0.86026	-1.4236
1983	0.97336	-0.76029	1.02242	-1.46902	-0.8426	-1.56584
1984	-0.49992	-0.75291	0.76322	-1.38106	-0.82494	-1.21088
1985	0.66222	-0.73806	0.66356	-0.76532	-0.80727	-0.40021
1986	-0.68936	-0.72964	0.52804	-0.72134	-0.78961	-0.37328
1987	0.55358	-0.71139	0.37831	-0.30352	-0.77195	0.13348
1988	0.76323	-0.68806	0.21626	0.09231	-0.75429	-0.0794
1989	-0.40796	-0.67255	0.23142	0.24624	-0.73662	-0.25373
1990	-0.87294	-0.6607	0.64656	0.46615	-0.72148	0.50465
1991	-0.6193	-0.64395	0.43915	0.75202	-0.67985	1.12972
1992	0.69992	-0.60593	0.70794	0.48814	-0.63822	0.37545

① 范柏乃，蓝志勇．公共管理研究与定量分析方法［M］．北京：科学出版社，2008.

续表

年份	S1	S2	S3	S4	S5	S6
	GDP 增长率（%）	人均 GDP	修正恩格尔系数	第三产业增加值/GDP（%）	城市化率	对外依存度（%）
1993	1.62369	-0.5435	0.99709	0.40018	-0.59658	0.13305
1994	2.10173	-0.45231	0.88909	0.02634	-0.55495	1.22424
1995	2.26191	-0.32658	0.92621	0.07032	-0.5108	1.17424
1996	0.60554	-0.22342	0.53613	0.1143	-0.3594	0.08947
1997	-0.70774	-0.16126	0.32552	0.3342	-0.20801	-0.2838
1998	-1.28228	-0.12279	0.46032	0.5761	-0.05661	-0.63245
1999	-1.50145	-0.09424	0.02637	0.83999	0.09478	-0.71021
2000	-0.62456	-0.00063	-0.47808	0.90596	0.24743	-0.38603
2001	-0.91911	0.0765	-0.66073	1.05989	0.40261	-0.10549
2002	-0.97171	0.15644	-0.78136	1.16984	0.57545	0.03019
2003	-0.37992	0.29103	-0.79413	1.4997	0.75208	0.83586
2004	0.97302	0.56733	-0.73556	0.94994	0.96655	1.28221
2005	0.87542	0.89219	-1.0933	0.55411	1.18733	0.98028
2006	-0.00532	1.16869	-1.57368	0.5761	1.41695	1.22908
2007	0.581	1.59873	-1.77844	0.55411	1.64782	1.36251
2008	0.40389	2.07857	-1.75086	0.1809	1.86608	1.52559
2009	-1.09338	2.29296	-1.98007	0.39243	2.07677	0.22823
2010	-0.54194	2.87582	-1.94556	0.24624	2.21555	0.5422

选取标准化后的数据，用 SPSS 软件对 1979—2010 年反映河南省经济发展状况的 6 个指标进行分析。表 3 是 KMO 和 Bartlett 检验结果。从 KMO 测度看，当 KMO 在 0.6 以上时，使用因子分析的效果较好。通过样本计算的 KMO 值为 0.619 说明对该样本可以使用因子分析。Bartlett 球体检验的结果为 204.858、自由度为 15、显著性水平为 0.000 <0.01，说明变量的相关程度较高，该相关系数矩阵通过了 Bartlett 球体检验。通过以上的检验可以说明，运用因子分析来进行经济发展水平指标分析可以取得良好的效果。

表 3　　KMO 和 Bartlett 的检验

取样足够度的 Kaiser - Meyer - Olkin 度量		0.619
Bartlett 的球形度检验	近似卡方	204.858
	（自由度）df	15
	（显著性水平）Sig.	0.000

在结果窗口的总方差解释表（见表4）中可以看到，在使用三项公因子代替初始六项指标后，累计方差贡献率（模型的解释率）仍达到94.509%，说明三项公因子累计能够很好地反映原始变量。

表4　　解释的总方差

成分	初始特征值			提取平方和载入			旋转平方和载入		
	合计	方差的%	累积%	合计	方差的%	累积%	合计	方差的%	累积%
1	3.539	58.975	58.975	3.539	58.975	58.975	2.902	48.368	48.368
2	1.366	22.762	81.737	1.366	22.762	81.737	1.623	27.052	75.419
3	0.766	12.772	94.509	0.766	12.772	94.509	1.145	19.090	94.509
4	0.266	4.428	98.937						
5	0.054	0.896	99.833						
6	0.010	0.167	100.000						

注：提取方法为主成分分析。

3. 构建河南经济发展水平指数

由表5可以得到三个主因子的表达式：

$$E_1 = 0.08S_1 + 0.417S_2 - 0.342S_3 - 0.157S_4 + 0.377S_5 - 0.154S_6 \quad (3)$$

$$E_2 = -0.13S_1 - 0.193S_2 + 0.061S_3 + 0.682S_4 - 0.111S_5 + 0.594S_6 \quad (4)$$

$$E_3 = 0.89S_1 + 0.139S_2 + 0.056S_3 - 0.298S_4 + 0.055S_5 + 0.193S_6 \quad (5)$$

表5　　成分得分系数矩阵

	成分		
	1	2	3
Zscore（GDP增长率S1）	0.080	-0.130	0.890
Zscore（人均GDPS2）	0.417	-0.193	0.139
Zscore（修正恩格尔系数S3）	-0.342	0.061	0.056
Zscore（第三产业比重S4）	-0.157	0.682	-0.298
Zscore（城市化率S5）	0.377	-0.111	0.055
Zscore（对外依存度S6）	-0.154	0.594	0.193

注：提取方法为主成分分析。

构成得分旋转法即具有Kaiser标准化的正交旋转法。

综合因子得分公式为

$$E_e = (48.368E_1 + 27.052E_2 + 19.09E_3)/94.509 \quad (6)$$

综合因子 F_e 转化为指数的方法采用等距离平行移动法，经济发展水平指数用 EDI 表示，设定 1979 年为 1，以后每年的综合因子得分加一个 1.85341 就可以转化为发展水平指数：

$$EDI = E_e + 1.85341$$

1979—2009 年，河南省经济发展水平指数从 1 上升到 2008 年的 3.238，2009 年略有下降。经济发展水平最快的时期是 2000—2008 年，发展水平指数翻了一番。受国际金融危机的影响，2008 年的发展水平趋缓，2009 年经济发展则有所下降。

表 6　河南省经济发展综合因子与经济发展水平指数

年份	F_1	F_2	F_3	F_e 经济发展综合因子	经济发展水平指数
1979	-0.5507	-2.16812	0.242693	-0.85341	1
1980	-0.43277	-2.01806	0.60786	-0.67635	1.177064
1981	-0.4179	-1.62393	-0.74668	-0.82953	1.023882
1982	-0.6182	-1.32738	-1.11931	-0.92242	0.930988
1983	-0.47742	-1.57614	0.921804	-0.50929	1.344119
1984	-0.55366	-1.15483	-0.35051	-0.68471	1.168704
1985	-0.62119	-0.46105	0.632295	-0.32217	1.531243
1986	-0.6787	-0.25584	-0.57062	-0.53584	1.317575
1987	-0.6467	0.125187	0.485182	-0.19713	1.656278
1988	-0.58454	0.230447	0.511065	-0.12996	1.723448
1989	-0.66716	0.384813	-0.59098	-0.35067	1.502742
1990	-0.98255	1.027421	-0.90318	-0.3912	1.462209
1991	-0.99534	1.505175	-0.66039	-0.21195	1.641457
1992	-0.80526	0.751485	0.468711	-0.10234	1.751074
1993	-0.74146	0.441357	1.293932	0.008228	1.861638
1994	-0.70023	0.690808	2.028038	0.249019	2.102429
1995	-0.62216	0.641598	2.172221	0.304008	2.157418
1996	-0.35533	0.227191	0.512591	-0.01328	1.840128
1997	-0.27336	0.294937	-0.76693	-0.21039	1.64302
1998	-0.27556	0.323383	-1.38203	-0.32762	1.525791
1999	-0.09139	0.434124	-1.67808	-0.26147	1.591942
2000	0.210547	0.470779	-0.87422	0.065923	1.919333
2001	0.289673	0.717322	-1.11811	0.127725	1.981135
2002	0.401369	0.825612	-1.15669	0.208092	2.061502

续表

年份	F_1	F_2	F_3	F_e经济发展综合因子	经济发展水平指数
2003	0.424518	1.357867	-0.55895	0.493029	2.346439
2004	0.752537	0.974359	0.932245	0.852338	2.705748
2005	1.223463	0.434874	0.953269	0.943175	2.796585
2006	2.065253	-1.54589	-0.44459	0.524665	2.378075
2007	1.91999	0.424308	0.862214	1.278229	3.131639
2008	2.250475	0.153918	0.93638	1.38495	3.23836
2009	2.553755	-0.30574	-0.6392	1.09034	2.94375
2010	2.64673	-0.56490	-0.21155	1.12356	3.015497

（三）河南省经济发展趋势及影响因子分析

从河南省经济发展水平指数变化图可以看出，河南省经济发展在改革开放30多年里大体经历了4个周期，总体趋势是“台阶式”增长方式。20世纪80年代初期，经济发展比较平缓；80年代后期，河南省经济发展加速，增速不断提高，成为河南经济增长的黄金时期，并于90年代中期达到阶段性顶峰；此后受亚洲金融危机影响在长达5年的时间内增速出现下降趋势；自2003年之后增速又一次显著加快，不过在2009年受到全球性金融危机影响，出现小幅回落。

为了更好地分析河南经济发展状况，对发展水平指数进行分解，分别从经济发展速度、经济发展结构、经济发展效益三个方面来综合反映，将各个主因子乘以各自的权重，得到每一个因子对综合因子得分的贡献值。可以看出，对于河南省经济发展贡献最大的是F_1，即河南经济发展效益因子，其中包括人均GDP、修正恩格尔系数、城市化率和对外依存度。这表明河南经济改革开放30年后，经济发展的成果和效益体现得比较明显，人们生活水平、相应的社会结构、消费模式都发生了十分显著的变化。

三、河南省金融业发展水平指数的测算

（一）金融业发展指标的选取

银行业发展体系指标：银行业总资产占地区生产总值的比重，反映银行业对经济增长的直接贡献。金融机构贷款占地区生产总值的比重，反映银行信贷对地区经济的支持作用。金融机构存款占地区生产总值的比重，反映金融机构的储蓄动员能力。

证券业发展体系指标：股票和企业债券发行筹资额占地区生产总值的比重，反映证券业融资对经济发展的支持作用。

保险业发展体系指标：保险密度，反映保险业对经济发展的相对规模。保

险深度，反映保险业的覆盖程度。

（二）金融发展水平指标的构建

1. 样本的选取

由上面分析可知，纳入河南省金融业发展水平指数的指标共有6个：银行业总资产/GDP（Z1）、金融机构贷款/GDP（Z2）、金融机构存款/GDP（Z3）、股票和企业债券发行筹资额/GDP（Z4）、保险密度（Z5）和保险深度（Z6），这6个指标作为单项因子，采用因子分析法合成综合指数。由于数据可得性，各指标数据的样本区间为1990—2010年。

2. 对指标数据进行标准化处理与因子分析

运用SPSS统计软件采用最小—最大标准化的方法对数据进行标准化，处理后的数据结果见表7。

表7 标准化后的河南省金融发展指标数据

年份	Z1	Z2	Z3	Z4	Z5	Z6
	银行业总资产/GDP	金融机构贷款/GDP	金融机构存款/GDP 系数	股票和企业债券发行筹资额/GDP（%）	保险深度	保险密度
1990	0. 31827	0. 30033	-1. 69876	-0. 37396	-0. 56628	-0. 5364
1991	0. 611	0. 69565	-1. 07588	-0. 37396	-0. 5654	-0. 52597
1992	0. 58708	0. 57472	-1. 0004	-0. 37396	-0. 56331	-0. 49704
1993	0. 62161	0. 28146	-1. 31012	-0. 37162	-0. 56293	-0. 47056
1994	0. 39499	0. 004	-1. 06113	-0. 36921	-0. 56427	-0. 45725
1995	0. 24829	-0. 21463	-1. 13213	-0. 36867	-0. 56503	-0. 43304
1996	-0. 00999	-0. 17828	-0. 90196	-0. 36699	-0. 56598	-0. 42701
1997	0. 0426	0. 27323	-0. 43115	-0. 35997	-0. 56498	-0. 38467
1998	0. 17971	0. 67382	0. 0495	-0. 33725	-0. 5635	-0. 33159
1999	0. 35377	0. 80058	0. 43937	-0. 33371	-0. 56336	-0. 3175
2000	0. 52014	0. 4798	0. 52312	-0. 32852	-0. 563	-0. 27837
2001	0. 24789	0. 5858	0. 95096	-0. 32604	-0. 56175	-0. 20764
2002	0. 46481	0. 77538	1. 45659	-0. 32478	-0. 55493	0. 08724
2003	0. 53542	0. 85216	1. 75004	-0. 32527	-0. 55263	0. 27525
2004	0. 18618	0. 31081	1. 02109	-0. 33387	-0. 55272	0. 47352
2005	0. 64823	-0. 33714	0. 55354	-0. 3412	-0. 55554	0. 52746
2006	0. 40941	-0. 38416	0. 44229	-0. 33836	-0. 55535	0. 72061
2007	0. 69339	-0. 6759	-0. 22653	-0. 34173	-0. 55441	1. 07815
2008	0. 56219	-0. 98435	-0. 16159	-0. 34196	-0. 54849	2. 06301
2009	0. 81007	-0. 4005	0. 84059	-0. 34119	-0. 54831	2. 28507
2010	0. 33564	-0. 41322	0. 97257	-0. 3681	-0. 54395	3. 67842

选取标准化后的数据，用 SPSS 软件对 1990—2010 年反映河南省金融发展状况的 6 个指标进行分析。表 8 是 KMO 和 Bartlett 检验结果。从 KMO 测度看，KMO 值为 0.609，说明对该样本可以使用因子分析。Bartlett 球体检验的结果为 111.049、自由度为 15、显著性水平为 0.000 <0.01，说明变量的相关程度较高，该相关系数矩阵通过了 Bartlett 球体检验。

表 8　　KMO 和 Bartlett 的检验

取样足够度的 Kaiser – Meyer – Olkin 度量。		0.609
Bartlett 的球形度检验	近似卡方	111.049
	df	15
	Sig.	0.000

在结果窗口的总方差解释表（见表 9）中可以看到，在使用三项公因子代替初始六项指标后，累计方差贡献率仍达到 96.022%，说明三项公因子累计能够很好地反映原始变量。

表 9　　解释的总方差

	成分	初始特征值[a]			提取平方和载入			旋转平方和载入		
		合计	方差的%	累积%	合计	方差的%	累积%	合计	方差的%	累积%
原始	1	3.268	54.466	54.466	3.268	54.466	54.466	2.530	42.171	42.171
	2	1.726	28.774	83.240	1.726	28.774	83.240	1.969	32.809	74.980
	3	0.767	12.782	96.022	0.767	12.782	96.022	1.263	21.042	96.022
	4	0.155	2.587	98.609						
	5	0.056	0.927	99.536						
	6	0.028	0.464	100.00						
重新标度	1	3.268	54.466	54.466	3.268	54.466	54.466	2.530	42.171	42.171
	2	1.726	28.774	83.240	1.726	28.774	83.240	1.969	32.809	74.980
	3	0.767	12.782	96.022	0.767	12.782	96.022	1.263	21.042	96.022
	4	0.155	2.587	98.609						
	5	0.056	0.927	99.536						
	6	0.028	0.464	100.00						

注：提取方法为主成分分析。

a. 分析协方差矩阵时，初始特征值在整个原始解和重标刻度解中均相同。

3. 构建河南金融发展水平指数

由表9可以得到三个主因子的表达式：

$$F_1 = -0.137S_1 + 0.164S_2 + 0.425S_3 + 0.425S_4 + 0.179S_5 + 0.071S_6 \quad (7)$$

$$F_2 = -0.246S_1 - 0.64S_2 - 0.108S_3 - 0.046S_4 + 0.215S_5 + 0.373S_6 \quad (8)$$

$$F_3 = 0.979S_1 + 0.28S_2 - 0.051S_3 - 0.146S_4 + 0.114S_5 + 0.041S_6 \quad (9)$$

表10　成分得分系数矩阵

	成分		
	1	2	3
Zscore：银行业总资产/GDP	-0.137	-0.246	0.979
Zscore：金融机构贷款/GDP	0.164	-0.640	0.280
Zscore：金融机构存款/GDP	0.425	-0.108	-0.051
Zscore：股票和企业债券发行筹资额/GDP	0.425	-0.046	-0.146
Zscore：保险深度	0.179	0.215	0.114
Zscore：保险密度	0.071	0.373	0.041

注：提取方法为主成分分析。

旋转法即具有Kaiser标准化的正交旋转法。

综合因子得分公式为

$$F_e = (54.466F_1 + 28.774F_2 + 12.782F_3)/96.022 \quad (10)$$

综合因子F_e转化为指数的方法采用等距离平行移动法，金融发展水平指数用EDI表示，设定1990年为1，以后每年的综合因子得分加0.93897，就可以转化为发展水平指数：

$$FDI = F_e + 0.93897$$

1990—2010年，河南省金融发展水平指数从1上升到2010年的1.085629，基本保持平稳上升的态势。1990—2003年河南省金融处于稳步上升阶段，在2003年达到顶峰，2003—2007年，金融发展水平指数虽然仍处于较高位置，但出现了下降趋势，这是由近年的经济危机引起的。2008—2009年，随着国家货币政策的调整，由之前的紧缩货币政策转向实施适度宽松的货币政策，金融业又进入了快速发展期，短短两年间，金融发展水平指数上升了0.3。

表 11　　河南省金融发展综合因子与金融发展水平指数

年份	F_1	F_2	F_3	F_e金融发展综合因子	金融发展水平指数
1990	0.291333	-0.80394	1.026834	0.06103	1
1991	0.330241	-0.88105	1.118353	0.072175	1.011145
1992	0.332109	-0.86472	1.105456	0.076411	1.015381
1993	0.303906	-0.8253	1.10021	0.071528	1.010498
1994	0.317692	-0.7801	1.025588	0.08296	1.02193
1995	0.311677	-0.74233	0.976856	0.084377	1.023347
1996	0.335518	-0.73412	0.911659	0.091682	1.030652
1997	0.377139	-0.80062	0.946194	0.099962	1.038932
1998	0.417532	-0.86633	0.998393	0.11013	1.0491
1999	0.438864	-0.899	1.046478	0.118841	1.057811
2000	0.428585	-0.87032	1.070167	0.12476	1.06373
2001	0.467412	-0.87184	1.004183	0.137544	1.076514
2002	0.497467	-0.91295	1.067041	0.15064	1.08961
2003	0.515251	-0.92941	1.087567	0.158526	1.097496
2004	0.466442	-0.82691	0.97527	0.146607	1.085577
2005	0.400163	-0.76832	1.059999	0.137849	1.076819
2006	0.401417	-0.74416	0.997787	0.137518	1.076488
2007	0.343068	-0.71276	1.058945	0.121972	1.060942
2008	0.344239	-0.65786	1.010014	0.132574	1.071544
2009	0.413216	-0.76002	1.097899	0.152787	1.091757
2010	0.406482	-0.72104	1.049234	0.147621	1.085629

四、河南省金融业发展与经济发展协调性分析

本方法借鉴国内有关学者在进行中国金融资产结构与经济发展的协调度分析时所使用的协调发展模型。根据相关文献中的推导，协调度 K 值、Z 值为金融业发展与经济发展的综合评价指数。按照定基增长率方法，对 1990—2010 年的金融业与经济发展的综合因子进行标准化处理，得到协调性分析的基础数据。根据公式 1、公式 2 对河南省金融业与经济发展的协调度 K 进行测量，并对协调发展类型进行分类，分类结果如下：

表12 河南省金融业与经济发展的协调性分析

年份	经济发展水平指数	金融发展水平指数	Z	K	二者协调性评价
1990	0	0	0	NA	
1991	0.458197	0.182619	0.32	0.66	初级协调发展金融业滞后型
1992	0.738404	0.252026	0.50	0.58	勉强协调发展金融业滞后型
1993	1.021032	0.172021	0.60	0.25	中度失调发展金融业滞后型
1994	1.636551	0.359336	1.00	0.35	轻度失调发展金融业滞后型
1995	1.777117	0.382547	1.08	0.34	轻度失调发展金融业滞后型
1996	0.966048	0.502245	0.73	0.81	良好协调发展金融业滞后型
1997	0.462194	0.63792	0.55	0.95	良好协调发展经济发展滞后型
1998	0.162529	0.804521	0.48	0.31	轻度失调发展经济发展滞后型
1999	0.331625	0.947259	0.64	0.59	勉强协调发展经济发展滞后型
2000	1.168515	1.044241	1.11	0.99	良好协调发展金融业滞后型
2001	1.326496	1.253718	1.29	1.00	良好协调发展金融业滞后型
2002	1.531933	1.468296	1.50	1.00	良好协调发展金融业滞后型
2003	2.2603	1.597516	1.93	0.94	良好协调发展金融业滞后型
2004	3.178779	1.402217	2.29	0.72	中级协调发展金融业滞后型
2005	3.41098	1.258704	2.33	0.62	初级协调发展金融业滞后型
2006	2.341169	1.253285	1.80	0.83	良好协调发展金融业滞后型
2007	4.267456	0.998551	2.63	0.38	轻度失调发展金融业滞后型
2008	4.540262	1.172272	2.86	0.43	轻度失调发展金融业滞后型
2009	3.787166	1.503468	2.65	0.66	初级协调发展金融业滞后型
2010	3.815249	1.469857	2.74	0.69	初级协调发展金融业滞后型

由表12可知，1990—1995年，金融业和经济发展基本处于勉强协调和轻度失调阶段，且金融业发展远远滞后于经济的发展水平。1996—2006年，社会主义市场经济体制开始形成，金融业开始进入快速发展阶段，金融功能和效率逐步提高，河南省金融深化程度不断加深，金融业和经济发展基本处于良好协调发展阶段，经济发展略滞后于金融业的发展。2007年以来，受国际金融危机的影响，金融业发展受到较大的冲击，与此同时，国家制定了一系列刺激经济的政策，经济发展仍然保持着较高的发展速度，在此期间，金融的发展滞后于经济的发展。但随着经济的复苏，金融危机的影响慢慢消退，金融业逐步恢复，金融业和经济慢慢步入协调发展阶段。

通过河南省金融业与经济发展的协调度实证分析可以看出，河南省金融业与经济发展之间的协调度总体上有所改善，但金融业的发展滞后于经济发展需求。虽然从趋势上看二者的协调水平有所提高，但多数还只是处于协调的初级水平，离中级与良好的协调水平还有一定的差距，不利于河南省经济可持续发展。

第三章　实现河南省经济金融协调发展的政策建议

“金融短板”已成为河南经济加速发展的主要阻碍。金融作为一个产业，不仅仅在提高生产要素聚集规模、推动产业结构调整方面发挥着积极作用，其自身发展也能为地方经济发展作出直接贡献。因此，“做大做强”河南金融业，使之成为有较强聚集力、辐射力和竞争力的支柱产业，是河南经济发展中一个重大的战略问题。

一、以中原经济区建设为契机，促进金融产业优化升级

（一）加快省外金融机构引进步伐

通过财政配套投入、税收优惠等政策措施，引导省内外金融资源与河南的优质产业资本有效融合，推进河南产业结构升级和产业组织优化，努力培育河南经济增长的新动力源，从而吸引和留住河南境内外的各种金融资源，实现河南经济快速增长与金融资源规模扩大、绩效提高的双重目标。一是加强与国际金融组织之间的联系沟通，创造条件吸引境外金融机构进入，充分利用国内国际两个市场、两种资源，促进中外金融机构优势互补、合作共赢、共同发展。同时，鼓励境外战略投资者参与河南省地方性金融机构的改制重组。二是争取尚未落户河南省的股份制商业银行尽快入驻；争取中国进出口银行来河南省设立分支机构；争取全国性金融机构总部入驻或在河南省设立区域性机构及功能性中心。三是引进在省外影响较大的证券公司、期货公司、保险公司、基金公司、信托公司、投资公司、财务公司等非银行金融机构，支持其在河南省设立分支机构或业务管理总部。

（二）大力发展地方性金融机构

地方性金融机构是河南金融业发展中最薄弱的环节，对河南中小企业发展、民营经济培育、城乡金融共生和谐发展产生了严重影响。一是采取措施，化解城商行、城信社的历史包袱，补充资本金，增强资金实力，在条件成熟时，按市场原则进行合并重组，引进战略投资者，进一步增强抗风险能力；二是农村信用社的改革需进一步深入，通过内部治理结构的完善，经营管理水平的提高，

真正达到“花钱买机制”的目标，使农村信用社成为河南社会主义新农村建设的生力军；三是争取在河南成立具有法人资格的区域性商业银行、保险公司等，并在条件成熟时，成立河南金融控股集团，完善河南金融体系；四是大力发展中小金融机构及准金融机构。推进村镇银行的设立与发展，为村镇银行加入人民银行征信系统、统计系统等提供便利条件；培育发展小额贷款组织，拓宽民间资本成长空间。

二、优化金融“三业”结构，提高金融效率

河南要利用国家实施中部崛起战略的历史机遇，积极整合河南境内的金融资源，推动银行业、证券业、保险业三业协调发展，在继续保持银行业规模发展的同时，着力发展证券业和保险业，在发展和增长过程中调整和优化比例结构。

1. 激发银行业活力，稳步推进银行业发展

一是完善宏观金融调控手段，提高银行信贷自主性。推行资产负债比例管理，让国有商业银行根据资金来源和安全性、流动性、盈利性的“三性”原则自主决定贷款，同时结合国家经济发展需要和产业政策。二是要完善政策性银行运作机制，对国有商业银行承担的政策性贷款要进一步分离出来，转移给政策性银行，使国有商业银行真正实现商业化经营。三是加快改革创新，提升竞争力。加快推进产权制度、管理体制和经营机制改革，提高银行业整体经营水平；加强内控制度建设，建立科学的决策体系、完善的风险管理体制和健全的激励约束机制；加快金融创新步伐，鼓励各商业银行结合区域经济发展和自身优势，推出各具特色的金融服务产品。

2. 大力发展和利用资本市场

一是加快企业上市步伐。各级政府要把培育上市后备企业作为一项重点工作，建立相关的企业信息资源库，并从中有计划、有步骤地选择一批具有成长性的企业作为上市重点后备企业，在资金、建设用地、金融服务等方面给予政策支持；鼓励有条件的企业到海外上市。二是鼓励企业通过资本市场进行资本运营和融资。支持已上市公司通过新发、增发、配股等形式进行再融资，同时，鼓励企业通过资本运营提升企业的竞争力和发展空间。三是支持中原证券等法人机构改革创新。通过引进战略投资者、合资合作、增资扩股、改制上市、兼并重组等方式完善公司治理结构，扩大经营规模，提高运营质量，增强综合竞争力。四是加快发展创业投资。制定发展创业投资的政策措施，完善创业投资体系。

3. 着力促进保险业发展

一是加强保险市场体系建设，提高保险供给水平。大力发展信誉好、专业

技术强、管理水平高的专业保险中介机构；统筹城乡、区域市场，加强欠发达地区和广大农村保险服务网络建设，增强市场活力和服务能力；大力推进行业协会建设，充分发挥行业协会在自律、协调、宣传等方面的积极作用，引导保险公司树立和深化合作共赢意识。二是推动保险产品与服务创新。省内各保险公司险种结构相似率达90%以上，只局限在少数几个险种上过度竞争。鼓励保险公司逐步形成以社会需求为导向的产品开发体系，围绕国家宏观经济政策和产业政策的调整，围绕经济和社会生活的重大变化、围绕城市居民的消费习惯和消费热点，加大产品创新的力度，提供高保障、多样化的产品，为完善社会保障体系提供配套服务。

三、深化金融体制改革，优化金融资源配置

1. 完善农村金融制度安排，合理分配城乡金融资源

河南城乡金融发展极不协调，存在明显的金融资源配置城乡“二元结构”。因此，一方面，需加快完善农村金融制度，发展多层次的农村融资体系；另一方面，需要政府力量的介入，引导金融资源流向农村，支配“三农”发展，提高农民收入。

2. 引导金融机构合理布局，合理分配区域金融资源

一是省政府与各地市政府、监管当局、金融机构等各个层面应共同研究促进区域金融协调发展的总体规划，从政策层面、区际层面、监管层面和金融机构层面分别制定各自的协调发展策略；二是各地市应放弃各自为政的地方保护主义，加强省内区域间小金融机构的并购、重组，降低新设金融机构的成本，提高进入市场的效率；三是推进政策性银行的发展，创造条件推进国家开发银行河南省分行在省内地市设立地市级分支机构，通过政策性银行渠道优化资源配置。

四、提高集约化经营，加强对实体经济的支持力度

1. 提高集约化经营，确保信贷资金投向实体经济

坚持金融服务实体经济发展的原则，金融机构要把有限的信贷资源用于支撑更多的实体经济增长上，提高服务实体经济发展的效能。所以，要引导各类金融机构走集约化经营发展模式，加快转变发展方式，合理把握发展速度，发展节奏，全面提高发展质量，走可持续发展之路。改变以往信贷投放较为粗放的经营方式，确保信贷投放资金真实地服务实体经济发展，避免因粗放式贷款投放而使宝贵的信贷资金流向虚拟经济的情况。

2. 优化信贷结构，大力支持实体经济的薄弱环节

一是保证国家重点在建续建项目资金需求，加强经济发展的薄弱环节，如

小微企业、“三农”发展、保障性住房建设、产业结构优化升级、文化产业发展、节能减排、环境保护等行业的信贷支持力度，重点做好对民生、消费、战略性新兴产业、产业转移、自主创新等方面的信贷支持，不断加强信贷发展方式、产品和机制创新，拓展信贷服务领域。二是深入研究消费服务的需求重点和趋势，支持各种有承受能力的消费需求。积极拓展小企业集聚程度较高的经济技术开发区、高新技术开发区、产业集聚区、专业市场内的小客户，大力发展供应链融资，拓展小企业集群客户。三是在服务县域经济振兴方面积极进行探索和创新，切实提高对偏远落后地区的金融服务水平。加大粮食核心区建设、涉农贷款投放，支持“三农”发展。通过支持实体经济繁荣发展来优化自身信贷结构，降低贷款集中度风险，实现银行健康发展。

参考文献

[1] 杨艳，李新波. 中国区域金融发展与经济增长关系的实证研究 [J]. 云南财经大学学报，2009 (2).

[2] 路磊. 中国金融发展与经济发展关系的实证分析 [J]. 吉林金融研究，2011 (8).

[3] 张明亮等. 中等发达地区更需注重经济金融协调发展 [N]. 金融时报，2006-02-14.

[4] 张绍基，殷成国. 中部地区农村经济金融协调发展调查——以湖北省孝感市为例 [J]. 金融纵横，2011 (12).

[5] 常罡. 优化金融生态是经济金融协调发展的必然途径 [J]. 河南金融管理干部学院学报，2006 (1).

[6] 孙华，何建敏. 我国区域经济协调发展水平测度综述 [J]. 软科学，2008 (3).

[7] 杨飞虎. 我国金融发展与经济增长的关联性探析 [J]. 金融与经济，2007 (3).

[8] 黄丽珠，马经等. 推进东中西部良性互动促进区域经济金融协调发展 [N]. 金融时报，2006-01-09.

中原经济区农村金融改革试验区建设研究

中国人民银行郑州中心支行货币信贷管理处课题组[①]

一、引言

理论界和政府普遍认同“当前我国农村金融存在比较严重的金融抑制与供不应求情况”，大量实证研究也支持“农村金融存在严重的非均衡现象”的观点。[②] 作为欠发达区域的中原经济区面积达28.9万平方公里，涉及人口约1.7亿，与其他经济区相比，是典型的粮食核心区和农业生产大区，底子薄、起步晚，城乡“二元结构”严重，“三农”问题突出，金融发展特别是农村金融发展相对滞后，[③] 已成为中原经济区县域和农村经济稳定发展的一个重要瓶颈。

在如何破解“三农”问题、城乡“二元结构”问题上，不同的专家学者根据不同的假设和前提，给出了不同的解决方案。尽管这些解决方案千差万别，但有一点已达成共识：国内外政策制定者和理论界都已充分认识到农村金融改革对经济结构转型和农村经济社会发展的重要性。例如，农业高度发达的美国着重于政策性金融、合作性金融、农业保险的协调配合；同样是人口大国的印度将“优先履行社会责任”作为农村金融体系的首要责任，并对商业银行做了诸多“硬调控”，一是必须将信贷投放于农业和中小企业等“优先领域”，二是必须为贫穷和边远地区提供服务；孟加拉国政府成立“格莱明银行”推动小额信贷的发展，致力于解决乡村贫困人群金融服务问题。

自2004年以来，我国连续数年将“中央一号”文件锁定在“三农”领域，强调农村金融破解“三农”问题的重要性。党的十八大再次指出“解决好农业、

---

① 课题主持人：崔晓芙。
课题组成员：刘海军、李智军、秦向辉、袁灏、宋杨、许艳霞、赵庆光、蒋靖亚。

② 尹晨．从低水平非均衡走向高水平均衡——论农村金融改革与发展［J］．复旦学报，2012（3）：1－8.

③ 计承江．从国家层面出台中原经济区金融扶持政策［J］．中国金融，2012（6）：32.

农村、农民问题是全党工作重中之重”，并强调要“深化金融体制改革”、“推进金融创新”。2011 年中原经济区上升为国家战略，国务院出台的《关于支持河南建设中原经济区的指导意见》中，明确提出“要研究设立农村金融改革试验区，开展农村金融综合改革创新试点”，2012 年 11 月，国务院又正式批复《中原经济区规划》，赋予中原经济区“三化”协调先行先试政策。这为中原经济区农村金融改革试验区建设提供了新机遇，也提出了新要求。

如何围绕“三化”协调发展的目标在中原经济区建设农村金融改革试验区？改革试验的核心任务是什么？中原经济区建设中，农村需求主体以及需求特点会发生如何变化？如何实现农村金融市场的供需相匹配？如何贯彻财税对农村金融的支持政策？这些问题都值得我们深入思考和认真研究。

根据中原经济区“三化”协调发展的需要，选择若干重点领域，因地制宜、突出重点、整合力量、持续推进、全面推动中原经济区农村金融改革试验区建设，必能有效破解农村金融改革的制度性障碍，消除农村金融抑制，推动农村金融创新和发展，逐步解决“三农”难题和城乡“二元结构”困境，促进中原经济区“三化”协调发展。

农村金融制度是农村经济制度的重要组成部分，中原经济区农村金融改革试验区建设也是我国农村金融改革不可或缺的重要组成部分。通过中原经济区农村金融改革试验区建设，来切实解决中原经济区农村金融发展存在的突出问题，提升农村金融服务实体经济的能力，不仅对中原经济区又好又快发展至关重要，而且对全国的农村金融改革和农村经济发展也具有重要的指导意义。

二、农村金融理论综述

对发展中国家农村金融的研究，早期是建立在金融深化和金融抑制理论基础上，这一理论的奠基人是爱德华·肖和罗纳德·麦金农。他们从农村金融市场竞争与效率的角度对农村金融进行研究，认为在许多发展中国家的农村金融制度重要特征是“金融二元性”、“金融抑制”的存在严重阻碍经济发展，要想解决“金融二元性”、“金融抑制”，就必须进行“金融深化”，实现农村经济和农村金融的良性循环。

（一）农村金融市场失灵理论

在理想的信贷市场上，在市场竞争机制的作用下，具备完备信息的信贷双方得到由供给和需求而决定的利率水平，此时，信贷市场是有效率的，并达到了“帕累托效率”。

但无论在理论上，还是在现实生活中，市场失灵几乎处处存在，如公共产品问题、“搭便车”问题、道德风险问题、逆向选择问题，都是市场难以解决的。市场失灵有几个原因：

一是农村金融市场的信息是不完全的，农村金融市场上存在着严重的信息不对称。金融机构无法完全了解借贷者的风险特性、还款意愿、贷款使用情况，因此，银行会倾向于“筛选”借款人，必然造成“信贷配给”，使得信贷市场上的供需不能完全匹配。

在信息约束对农村信贷的影响上，斯蒂格利茨将信息不对称分为两种类型：一种类型是“逆向选择”，即事前的信息不对称，这种情况下，银行在与借款人缔结合约之前并不知道借贷者的风险特征，无法将“好的”借款者与“坏的”借款者区分开来，只能按同一利率来放贷，结果导致“低风险者”因支付“过高利率”受损、“高风险者”因未支付“风险补偿”而受益；另一种类型是“道德风险”，即事后的信息不对称，金融机构无法观察和监督贷款人的努力程度和信贷资金用途，贷款人的行为结果可能导致无法偿还贷款。

信息不对称的存在，使农村信贷市场存在较高违约风险。如借款的农民因天灾人祸而无力还款或可能故意赖账，这就需要强有力的法律来保障信贷合约的实施，但若合同实施成本太高，贷者就只能停止放贷。如果贷者不能监管借者的行为或监督成本很高，利润最大化的放贷者可能只发放小额贷款或从农村信贷市场上撤出。因此，与信息完美的市场相比，农村信贷市场呈现出“市场失灵”的特性，难以实现潜在的帕累托效率。

二是农村信贷市场的非完全竞争的市场结构（比如垄断、市场分割）与高交易成本、农村金融市场经济活动的外部性的存在，也是阻碍农村信贷市场有效运营的重要因素。

（二）社会资本对农村金融市场失灵的修正

埃尔·布尔迪厄（1980）首次提出“社会资本”概念，并将“社会资本”定义为，“实际或潜在资源的集合，这些资源与由相互默认或承认的关系所组成的持久网络有关，而且这些关系或多或少是制度化的”。并认为，社会资本包含两个要素：一个是社会关系本身，它使个人可以获得社团成员身份；一个是社会关系的数量和质量。

普特南（1993）对社会资本作了进一步阐释：“社会资本是指社会组织中能通过促进协同提高社会效率的各项特征，如信用、规范与关系网络”，[①] 认为“关系网络”是社会资本的一个基本形式，“网络越密集，社区居民为共同利益采取合作行动的可能性越大”，而且“在公民网络中维持的信任和互惠具有自我

① Robert D. Putnam, Making democracy work: civic traditions in modern Italy, Princeton University Press, 1993, p. 167.

强化的特点”。并将社会资本、物质资本、人力资本视为资本的三种形态，社会资本表现为“人与人的关系”，有两个特征：一是构成社会结构的各个要素组成，二是为结构内部的个人行动提供便利。

对于社会资本重要性，世界银行（2002）认为，“社会资本体现了一个社会的社会互动质量和数量的制度、关系与规范的总和。将社会群体维系起来，产生强大的社会内聚力，对一个社会的经济繁荣与可持续发展起决定性作用”。①

1. 社会资本促使了农村抵押担保方式的创新

在农村金融市场上，正规金融机构放贷者往往对信息的缺乏充分掌握，如客户的风险特征和行为选择偏好，以及与信贷有关的其他信息，因此他们往往无法将“安全型贷款者”同“风险型借贷者”分开，更无法精确地监督客户如何使用贷款。为了防止此类“逆向选择”现象的发生，正规金融机构一般只向借款人提供抵押贷款。

从理论上说，借贷者的抵押财富不足以为贷款金额提供担保，借款人的努力水平就会偏离最优水平，宁愿选择“偷懒”行为，从而使项目的收益或收成出现不确定性，这会损害信贷偿还基础。而一个完全抵押的信贷合约能产生完全的激励，因为违约农民并不能从违约中获得丝毫的好处，进而不会存在违约的动因，信贷抵押的这种“激励”效应被称为“过滤机制”。“抵押与担保”是防范与对冲金融风险的最好途径，它们将违约损失降到最低。但对于大部分农户和穷人，他们财富的匮乏使得农民用做抵押的资产非常有限，并且所抵押的资产往往和农民的生产与生活密不可分，这使得违约的执行非常困难，再加上法律基础设施的不健全，违约执行成本非常高，使得金融机构疲于讨债，导致抵押合同难以执行。这种状况的存在，必然导致农村信贷需求难以得到有效满足。

为有效缓解因抵押担保不足所带来的矛盾，在农村信贷市场，一些信贷制度安排以会员（比如信用合作社会员）、协会（如日本的农协协会）、小组（如小额信贷）等为基础，使农村地区大量的农户和穷人的信贷问题得以部分解决（世界银行，2011）。

利用社会资本的“信任、网络和规则”，构建内嵌于信息共享、采取集体决策和行动的非正规框架、制度和协会，弥补了“经济人”在进行交易和缔结合约中的固有缺陷。

为了降低贷款风险，“农户联保”贷款或“协会会员”贷款等这些金融产品

① Christiaan Grootaert and Thierry van Bastelaer, Understanding and Measuring social capital: A Multidisciplinary Tool for Practitioners, World Bank, 2002.

将农户与农户之间、农户与金融机构之间置于特定的还款博弈机制之中，即农户通过自我选择机制建立起来的贷款团体必定是同质性团体，通过农户之间的相互博弈能够有效解决由于信息不对称所导致的逆向选择和道德风险问题，有效降低金融风险。在金融机构自身监管与惩罚机制到位的前提下，通过农户与信用社之间的博弈，该制度能有效解决农户“不守信用、还款率低”的问题，使农户和金融机构之间达到“双赢”。

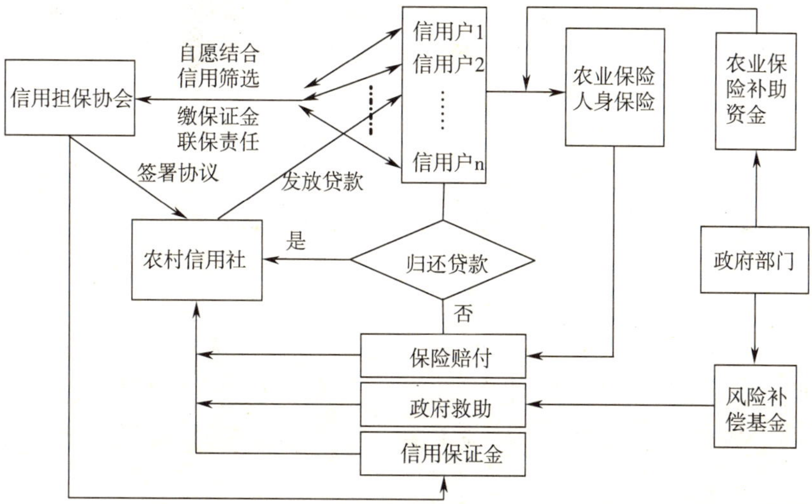

图 1 “信用户 + 信用协会 + 政府补偿基金 + 保险 + 信贷”模式操作流程图

社会资本在农村信贷市场的作用，受到诸多重视。在农村贷款担保方式上，Goldmark（2001）提出了建立社会担保的方法，以使贷款更安全。Vantesle（1999）建立模型和一期博弈以确定信息不对称条件下最佳的小组借贷合约，以“连带责任”进行筛选可帮助借款者区分异类借贷者。Gtake（1999）认为小组借贷不仅通过社会担保也通过对借贷成员的同行筛选，增加了偿还率和福利。Islam（1995）认为同行监督的借贷者相对一般借贷者可采用较低的利率，在同利率条件下，同行监督的预期偿还率高且风险低。

“协会”的运行机制就是利用当地固有的“信息”、“社会网络”、“关系”来进行，这与正规合同通过“抵押”所缔结的经济关系不同，具有完全意义上的社会属性。

2. 一个利用社会资本的农村金融创新案例

以河南创立的“信用户 + 信用协会 + 政府补偿基金 + 保险 + 信贷”模式（见图 1）来说明社会资本的运用。本模式是在实施农村信用工程的地区，在评定信用户、信用村、信用乡（镇），组建信用协会的基础上，金融机构通过将个体信用转化为集体信用，并引入政府救助、保险保障等风险分散机制，有效降低了金融机构信贷资金的风险。

（三）政府干预与农村市场失灵

1. 政府与“拓荒成本”

“拓荒成本”是指为向那些没接受过金融服务的客户提供服务，先行组织必须“拓荒”而产生的成本，表现在：对潜在顾客进行金融制度与规则的培训所耗费的时间和费用；逐渐建立客户的信用信息，识别“好”的、“坏”的，从而承担较大的违约风险；对那些需要运用小组信贷技术的客户，还需要花费精力和成本对该地区成员进行培训。

在自由市场经济中，一旦“拓荒”成功，或者借款人被验证有较好信用，竞争者就会进入，竞争者获得“外部正效应”，拓荒组织的成本和收益就难以外部化。竞争者一旦进入，为了争夺市场，很可能以低成本与低利率争夺客户，“拓荒组织”的利益受损。

“拓荒成本”和“外部性”的存在，使农村金融市场上，私人部门不愿承担过高的成本和风险，放贷者总是不愿意第一个向从没接受过信贷的个人或群体提供信贷。因此政府的介入成为了必要，它不是取代市场，而是修补市场失灵。

2. 政府干预的必要性

在理论和实践中，农村金融市场失灵成为常态。虽然“社会资本”对农村金融市场起一定“修正”作用，但社会资本并不能完全纠正农村金融市场失灵。斯蒂格利茨（1998）指出，“政府在成功发展战略中扮演着重要角色，同时错误的干预十分有害”。①

纵观农村金融理论发展，在如何界定政府的作用上，主要有三个不同学派：干预主义学派、自由主义学派与适度干预主义学派。尽管各个学派在政策主张上各不相同，但都承认政府应在农村金融中起一定的作用，只是政府到底应该起什么作用，各方难以达成共识。斯蒂格利茨指出，“关于政府在金融市场发展中的作用，是世界范围内经济学家长期争论、悬而未决的问题之一”。②

在农村金融实践中，“政府缺位”和“市场缺位”成为了许多国家农村金融

① Joseph Stiglitz, “Redefining the Role of the State: What should it do? How Should it Do? And How should these decisions be made?”, The World Bank, 1998.

② Stiglitz, J. E., “The Role of the State in Financial Markets”, World Bank Annual Conference on Development Economics, The World Bank, 1993.

市场上普遍的现象。由于“市场缺位”、“政府缺位”，私人所有的金融体系所赖以运行的制度基础并没获得有效发展（IMF，2001）[①]。因此，当政府所有的金融组织所占市场份额还不能由私人部门所取代时，政府必须“有所为”，也必须“有所不为”。

（四）农村非正规金融理论

农村非正规金融在广大发展中国家及欠发达地区普遍存在，是农村金融市场的重要组成部分。农村非正规金融可简单定义为：不受政府管制、不纳税的融资制度安排及金融组织（North，1981；Olson，1982；Desoto，1989），也被称做民间金融。

1. 农村非正规金融起源

在国外，农村非正规金融的产生有两种学说，即“内生说”与“外生说”。“内生说”认为非正规金融是“内生”的，起源于金融市场的信息不对称与不完全。Stiglitz 和 Weiss（1981）借助一个信贷配给模型论证了非正规金融内生性假说的正确性。“外生说”认为非正规金融是“外生”的，是外在的制度扭曲造成的，即政府实施金融抑制政策并对借贷利率进行管制，造成信贷资金的供需不平衡，导致农村非正规金融的产生。Mckinnon（1973）最早提出了发展中国家“金融抑制假说”与“市场分割性假说”，第一次明确论证了非正规金融存在的制度性根源。Anders（2002）也认为，非正规金融是外生性的，是对国家政策扭曲和金融抑制的一种被动回应。

在我国农村非正规金融产生原因上，温铁军（2001）、杜朝运（2001）、郭沛（2004）等分别从农村经济主体的融资特征、农村金融制度安排的缺陷、农村金融供给不足的角度对农村非正规金融产生的原因进行了研究。对于农村非正规金融存在的合理性和重要性的研究上，1997 年，张军以温州农村民间金融为例，从信息不对称角度出发，论证了农村非正规金融的“调节信贷组合”和“过滤借贷风险”的功能。

我们可将非正规金融的起源描述如下：在农村地区，基础设施建设不完善，农民受教育程度不高，农业经济活动的风险较大（Pearce 和 Helms，2001）。这些因素产生两方面后果，一是农村正规金融机构向农户贷款时的外生交易费用高；二是由于农户缺乏规范抵押品，也没良好的信贷记录供银行参考，贷款规模小、期限短，正规金融机构对其放款时“信息甄别”、“筛选”成本大，引发高昂的内生交易费用。这样，农村正规金融机构往往不对农户实施信贷配给，

① Paul Holden and Vassili Prokopenko，“Financial Development and Poverty Alleviation：Issues and Policy Implications for Developing and Transition Countries”，Working Paper，IMF，2001.

或者拒绝贷款申请。即使在信息约束的真实世界中搜集有关借款人信誉的信息与保障合约的执行都是要付出成本的，导致一些贫困农户即便拥有盈利的投资机会也无法从正规金融部门获得资金（Ghosh，2001；Djankov，2008）。在这种情况下，急需资金的农户不得不求助于当地非正规金融，如基于血缘、地缘与业缘的关系信贷、私人信贷、合会、基金会、典当行、银背、地下私人钱庄、高利贷等。

2. 非正规金融在农村中的地位

OECD（2001）的报告显示，"在中国农村，据估算，农户从非正式市场中获得的贷款额是从官方信贷组织获得的 4 倍"。①凯利（2004）通过对中国农村金融状况研究指出，"正规金融机构所提供的廉价信贷资源多被农村基层干部、金融机构的亲友等社会关系广泛的人士所占据，而低收入阶层和贫困户仍被排斥在正规金融服务边界之外，占农村金融总需求百分之六十到七十的份额仍由受压抑的高息民间非正式金融所提供"。

表 1　　农村非正规金融规模的调查结果表②

作者	样本	基本结论
史清华等（2004）	晋浙两省 20 个村 2 000 个左右农户	山西、浙江农户民间借贷分别占其当年借贷的 74.29%、83.98%
人民银行阜阳中心支行课题组（2005）	阜阳市 5 个县（市）和 3 个区 270 家农户	问卷调查统计有 83.7% 的农户发生过民间借贷行为
胡金焱，吴倩（2005）	山东省 14 个地市的 17 个县（市）	农户中非正规金融融资覆盖面达 60% 以上
西北大学中国西部经济发展研究中心（2007 年、2008 年）	全国 27 个省市近 2 500 户的调研	发现连续两年农户参与民间借贷比例都超过 80%
人民银行郑州中心支行调查统计处（2012）	河南省 2012 年第一季度民间融资检测	农林牧渔业民间融资占全部民间融资的 41.2%；小微企业民间融资占全部融资的 20.4%

资料来源：根据相关作者所著文献汇总整理。

IFAD（2001）指出，"在中国，农民来自非正规市场的贷款大约为来自正规信贷机构的 4 倍，对于农民来说，非正规金融市场的重要性远远超过正规金

① OECD，"Thematic study on rural financial services in China"，Microfinance Summit Report，2001.

② 非正规金融所占比重指农户从非正规金融渠道所借款的人均年末余额占整个借款的比重。非正规金融交易活动具有隐蔽性特征，对非正规金融相关数据获得大都通过调查而得。

融市场”。

中国农村金融需求与农村信用社改革课题组（2007）发现，2001—2004 年，在受访的有借贷需求的农户中，42% 的农户未获得正规贷款；在获得正规贷款的农户中，35.6% 的农户认为其获得的贷款低于需求。①

孙鹏辉（2012）对河南省平顶山地区农户进行问卷调查，结论是“在样本农户中，过去两年有借款行为的农户有 79% 的农户向亲友借款来满足资金需求；向农信社借款的农户占 9%；向邮储银行借款的农户占 4.5%；农户的资金需求大多来自于非正规金融”。②

由表 1 可知，包括河南在内的中部农村非正规金融在农村金融中的比重一直较高，也反映了河南省在内的中部地区农村非正规金融在平滑农村生产和消费中的作用，农村非正规金融促进了农村社会资本形成与金融资源配置效率的提高。

（五）农村微型金融理论

1. 农村微型金融的内涵

微型金融（Microfinance）是在传统正规金融体系之外发展起来的以小额信贷（Microcredit）为主的一种金融形态，为贫困、低收入人口和微型企业提供金融服务。微型金融（或小额信贷）被认为是解决农村信贷问题、促进穷人发展的有力制度安排。联合国将 2005 年定为“小额信贷年”，目的就是将小额信贷在全球加以推广。

“中国微型金融之父”杜晓山（2009）将微型金融定义为“专门向低收入阶层和中小企业提供小额度的持续的信贷服务活动”。③ 依据杜晓山对微型金融的分类，我们可将微型金融分为三类：非政府组织小额信贷模式（其主要服务目标群体是其他正规金融机构所忽略的穷人和小微企业服务）、政府正规金融机构的微型金融（如农村信用社、农业银行、邮政储蓄等小额信贷）、商业性小额信贷（如商业性小额信贷公司）。

2. 微型金融的起源

微型金融起源于 20 世纪 50 年代发展中国家对农村和小企业主“扶贫式贴息”的失败，从 20 世纪 70 年代起，一些发展中国家开始寻找通过专业微型金融机构来解决低收入群体贷款难问题，开始把小额信贷当做一种全新的制度安

① 中国农村金融需求与农村信用社改革课题组．中国农村金融现状调查及其政策建议［J］．改革，2007（1）．

② 孙鹏辉．中部地区农村小额信贷研究——以河南省平顶山地区为例［J］．安徽农业科学，2012（20）．

③ 杜晓山．小额信贷的未来［J］．华夏星火，2009（5）：51－53．

排来发展。[①] 1976 年，尤努斯在孟加拉国发起致力于解决乡村贫困人群金融服务的乡村银行项目，成为微型金融的开端。

由于“拓荒成本”和“外部性”的存在，即便农村金融市场满足完全竞争条件，农村金融的服务边界也无法触及低端市场，微型金融对扩张农村金融服务的边界至关重要。CGAP（2001）对高度竞争的拉美地区的农村金融市场考察发现，“该地区微型金融的竞争性和渗透力日益增强，已有 150 万客户从大约 200 个微型金融机构获得 8.75 亿美元贷款。在该地区 13 个国家中，微型金融大约覆盖了 25% 的潜在市场，在一些地区微型金融的渗透力甚至超过了 50%”。[②]

微型金融作为一种创新的金融发展手段受到众多关注，它代表了农村金融的范式转变。农村微型金融存在的理论依据至少包括以下几点：

一是低收入人群贷款渠道有限，因而更加遵守信贷纪律和重视自身信用，这样微型金融就能够确保在向无财产作抵押的低收入人群提供信贷时控制信贷风险。二是微型金融的运作机制（如小组贷款、分期还款、中心会议、动态激励等）一方面能够有效利用农村社区内的信息资源和社会资本，有助于解决由信息不对称和契约执行障碍引起的市场失灵（Besley，1995；Wenner，1995）；另一方面，使其对于富裕群体而言成本较高，由此产生偏向小农和低收入人群的筛选机制（Zeller，2002）。三是微型金融机构能够制定覆盖成本的利率水平，能够保证可持续经营（Conning，1999）。

3. 微型金融的“成本、深度与可持续”

我国自 1994 年引入小额信贷，迄今不仅中国银行、邮蓄银行、农信社、国开行等正规金融机构积极开展小额信贷业务，还逐步建立了村镇银行、小额贷款公司等专营小额信贷业务的机构，小额信贷已经成为缓解农村融资难题的根本力量（何广文等，2009）。

微型金融的设立目的是为了帮助穷人获得贷款，按照联合国的观点（UN，2006），“微型金融、微型和中小企业信贷以及国民储蓄计划，对提高（农村）金融部门的社会和经济效应非常重要”。[③] 但同时也面临着一些问题：一是规模问题，如何扩大微型金融规模为尽可能多的穷人服务；二是深度问题，如何向更偏僻、更穷的穷人提供金融服务；三是成本与可持续问题，即以尽可能低的成本为穷人服务，并且金融组织自身能持续发展。

---

① 郭建斌．国外小额信贷可持续发展的内在机理及经验借鉴［J］．农村金融研究，2011（1）：59 – 63.

② Patricio Lanuza，“Making Sense of the Commercialization of Microfinance in Latin America：Lessons for Nicaragua”，Working Paper，2004.

③ Building inclusive financial sectors，United Nation，2006，The Blue Book.

借用国际小额信贷市场统计数据①（依据 MIX 发布的 MFI Benchmarks）进行分析和检验，我们可以得出结论：2006—2009 年全球小额信贷在覆盖面和财务可持续方面取得了良好的绩效。一方面，全球及不同地区小额信贷机构持续扩大对低收入人群的覆盖广度，并不断提升对贫困人口的覆盖深度；另一方面，尽管不同地区存在显著的差异性，但全球及不同地区小额信贷机构的财务可持续能力均呈现出持续改善的迹象。

（六）相关农村金融理论的启示

在对以上理论的梳理和总结中，我们至少能得到三点启示：

（1）农村普遍存在“金融压抑”、“三农”问题、“二元结构”现象，必须对农村金融进行“金融深化”。中原经济区建设务必将中原经济区农村金融改革作为重要工作去开展。

（2）由于农村金融市场的不完全、信息不对称、农村金融经济的外部性等存在，现代农村金融市场失灵成为常态。政府对农村金融市场的规范与引导，非正规金融、微型金融、农村担保制度等对纠正农村金融市场失灵、提高农村金融效率起着重要作用。因此，中原经济区农村金融改革试验区建设必须充分发挥非正规金融、微型金融等金融形态的作用，充分发挥政府在农村金融发展中的作用，积极创新农村担保制度。

（3）农村金融体系架构是个复杂而系统的工程，想达到农村金融的预期功能，必须构建多层次、合理、高效、健康运行的农村金融体系。农村金融体系应包含一系列内涵丰富的金融产品、金融组织和金融服务方式，如储蓄、信贷、结算、保险、投资、理财、信托等，及与之相对应金融组织体系（见图 2）。中

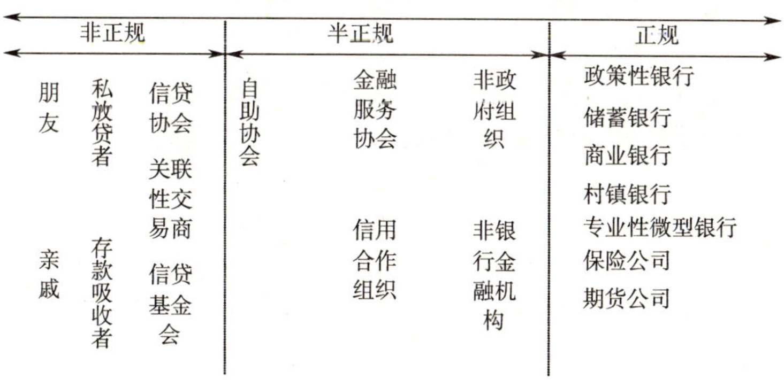

图 2　中原经济区农村金融体系架构图

① 数据见张正平等于 2012 年在《农村经济问题》上的文章《小额信贷能兼顾服务穷人与财务可持续双重目标吗》。

原经济区农村金融改革试验区是个综合、系统工程，需从金融创新、完善农村金融体系、政府“有限介入”等多层次进行。

三、中原经济区农村经济与金融发展概况、存在问题及原因探讨

近年来，河南省的农村金融改革不断探索和推进，组织体系逐步完善，服务功能不断增强，主要表现在：适度竞争的多元化农村金融组织体系初步确立，县域机构网点和从业人员数量稳中有升；农村金融功能逐步增强，服务领域逐步拓展；农村金融市场创新有一定成效，融资模式日益多元化；民间金融获得较快发展；农村金融支付环境不断改善，基础设施建设不断加强；农村金融管理理念与时俱进，管理体制逐渐成熟等。

（一）中原经济区农村金融供需不匹配现象

1. 银行业机构基层网点稳步增加与县域贷款外流现象并存

随着农村信用社改革继续推进，农村商业银行、农村合作银行逐步建立，新型农村金融机构加快成立，银行业金融机构基层网点数量正稳步增加。仅2012年上半年，农村合作金融机构（农村信用社、农村商业银行、农村合作银行）网点数就增长了160个，6月底已达5 307个，村镇银行新开设7家、8个网点，6月底网点总数为61个。农村金融组织体系改革取得新的阶段性进展，基层网点数量恢复性增长。

但农村资金外流的趋势并未因此得以有效控制。第一，县域贷款余额占全省贷款余额的比重，自1999年以来（个别年份除外）逐年下降，2011年底分别降至28.5%；第二，县域余额存贷比，自1999年以来（个别年份除外）逐年下降，2011年末已降至48.3%，且与全省余额存贷比的差距自2004年以来基本稳定为17~21个百分点；第三，县域存差逐年扩大，2011年底为5 346.1亿元，其占全省存差的比重虽自2004年起（个别年份除外）逐年下降，但存差增速却有反超同期贷款增速的趋势，2011年底，县域存差同比增长23.74%，而县域贷款仅增长8.17%。

2. 涉农贷款持续稳步增长与涉农融资缺口大现象并存

中原经济区上升为国家战略以来，仅涉农领域就密集制订包括高标准良田“百千万”工程、农业产业集群培育工程、新型农村社区建设、城乡建设三年大提升行动计划、农业对外开放与重点项目引进、水利工程、改善农村生活条件各项工程（饮水安全、改造县乡公路、沼气工程、农村电网改造升级、集中连片开发扶贫、南水北调丹江口库区移民帮扶）等在内的多项重点工程和项目规划，以切实推进农业现代化加快发展。除此之外，以180个产业集聚区为核心促进产业集聚、加快新型工业化，以保障每年100多万的新增转移就业农村劳

动力为基础加快推进新型城镇化，“三化”协调发展这一目标的提出，社会融资需求空前快速增长。据河南省政府金融办的预测，仅2012年，全省融资需求就达到3 600亿元。另据河南省农业结构调整办公室分析，全省2011年上报的农业产业结构调整项目贷款共计需上百亿元，但至2012年6月底，已到位的贷款仅有1亿多元。尽管近年来河南省涉农贷款实现了持续稳步增长，但增速仍低于全国平均水平，从2011年情况来看，河南省涉农贷款同比增幅比全国水平低6.4个百分点，涉农贷款增速高出各项贷款的幅度比全国水平低2.2个百分点。涉农贷款增长落后于全国水平，难以有效满足中原经济区建设全国“三化”协调发展示范区的融资需求。

3. 农户贷款增长缓慢与民间借贷活跃现象并存

2009年以来，河南省金融机构农户贷款增速明显放缓，2011年底余额为1 923.7亿元，比年初增加220.4亿元，余额同比增长13%，较上年同期回落6.7个百分点，全年同比增速呈下降趋势，农户贷款增速低于涉农贷款增速5.5个百分点（见表2）。

表2　　2011年农户贷款分类统计表

	农户保证贷款	农户信用贷款	农户抵押贷款	农户质押贷款
余额（亿元）	1 339.3	294.2	235.6	54.6
在农户贷款中占比（%）	69.6	15.3	12.2	2.8
同比增速（%）	-3.2	-1.3	3	-1.5

河南省民间借贷在广大农村地区长期活跃，弥补了相当一部分农户及县域中小企业无法靠正规金融机构解决的资金需求。从农户借款用途看，生产资金需求与消费资金需求比例基本相当，盖房、看病和结婚等消费需求占比为40%，购买种子化肥、农机具等生产需求占比为50%；从借贷渠道来看，亲戚朋友是农户最主要的借款渠道，占所有借款的45%，农信社是农户借款的第二大渠道，占40%，从农业银行、邮储银行等其他银行的贷款达到了10%左右，而小额贷款公司、高利贷等其他民间借贷比例较小。在农村地缘、亲缘关系特征突出的环境中，民间借贷以其灵活、简便的交易特征，在满足农户日益增长的消费和生产资金需求方面发挥了不可或缺的作用，而银行处于自身风险控制的需要，发放信用贷款、保证贷款的比重逐年降低，难以有效满足农户需求。

4. 社会融资结构逐渐多元化与涉农企业融资渠道仍较单一现象并存

随着金融改革和发展，金融产品和融资工具不断创新，证券、保险类机构对实体经济资金支持加大，商业银行表外业务对贷款表现出明显的替代效应，我国以间接融资为主的融资体系发生了较大变化，直接融资规模及在社会融资总量中所占比重逐步增加，社会融资结构呈现多元化趋势。就河南省而言，2012年上半年，新增贷款1 527亿元，直接融资规模达到1 154亿元。社会融资结构中直接融资占比逐渐上升的趋势，却未能在农林牧渔行业企业融资结构中显现。从证券市场看，河南省涉农领域已在境内外上市的企业以漯河双汇等知名品牌为代表，共计15家，处于在审和辅导期的企业6家，与全省6 000多家农业产业化龙头企业总量相比，数量偏少。根据河南省政府金融办公布的上市重点后备企业推荐情况，2012年全省各省辖市、直管县（市）初推荐的315家上市后备企业中，制造业有222家，农林牧渔业仅有55家。

与之相伴的是，涉农企业贷款增速较快，尤以农村中小企业贷款增速最为突出。截至2012年6月底，河南省中小（含微型）企业贷款余额6 837.6亿元，同比增长23.1%，较上年同期提高6.2个百分点，贷款新增额占全部贷款新增额的比重达41.6%。2012年上半年，全省企业通过民间借贷累计借入资金近2 000亿元，其中农林牧渔业企业借入资金占比约40%，即800亿元，企业规模以小微型居多。可见，河南省内涉农领域多数企业尤其是小微企业融资渠道仍以银行贷款或民间借贷为主，资本市场运用不充分，融资渠道不够丰富，一方面银行贷款资金可得性更易受国家宏观政策调控影响，在银行体系收紧流动性时，农业企业、小微企业往往容易被“挤出”授信客户群；另一方面，民间借贷合同不规范甚至不签合同、高利贷等现象也加剧了这些企业的经营风险。

（二）中原经济区农村金融发展供需矛盾的原因探讨

1. 以往社会、经济制度安排的“抑农”负面影响仍存在

工业化战略的性质决定了金融体系的目标函数是资本积累最大化。工业化战略不仅使发展中国家在经济上出现二元结构，在金融上也呈现出无效率的“二元”特征：发达的城市金融部门和落后的农村金融部门。

21世纪以来，党中央国务院与时俱进，不断深化解决“三农”问题的理论，提出了“两个趋向”的重要论断，为我国形成工业哺农、城市支持农村的机制奠定了理论基础。

此后，国家虽多次强调农村金融要服务于“三农”，并为此进行了多次改革，国家在产业布局、项目投资、资金安排上仍向工业和城市倾斜。在这种产业政策导向下，农村资金通过多种渠道仍源源不断地向城市和工业领域集中。在农村经济制度方面，一家一户式的小农经济模式也与生产力水平低、资金需求量少相联系，而金融资本客观上则要求规模化、产业化，二者不能有效衔接，影响着金融部门对农业的大规模投入。

2. 农业经济的“天然属性”与正规金融机构的“盈利性”相冲突

由于存在信息不对称、委托代理及交易成本问题，规模相对较大，以盈利

为目的的正规金融机构，往往不愿向经营规模小、缺乏信息透明度、抵押品不足的农村经济主体提供信贷服务，从而导致资金流出农村金融市场。

一是农业经济的生产特点是分散的小农生产，其生产和消费的市场化和商业化程度非常低；二是农村非农产业布局分散，金融机构信贷成本较高；三是信息不对称的存在，农村客户和农村金融机构之间要获取彼此的信息都不容易；四是农村借贷博弈出现“囚徒困境”，农村金融机构由于农村资金需求方缺少其所认可的抵押物，不提供贷款，资金需求方到期不还款，这一借贷博弈的结果就是一个“囚徒困境”，金融机构的最优策略是为了保险起见不提供贷款，由于金融机构缺乏私人信息，农村资金需求方的最优策略是到期不还款，这种纳什均衡使得金融机构把资金大量贷给城市，从而导致农村资金城市化。

（三）农村金融组织不完善、农村金融创新不足

1. 组织体系有待完善，空间布局不合理、县以下设点不足

截至2011年底，全国17个省实现了金融机构和服务空白乡镇两个全覆盖，而河南省尚未实现机构覆盖全部乡镇的目标。金融机构基层网点布局的充分性可从农户居所位置与最近网点的距离、交通成本等因素衡量。河南省6 600多万农村人口多分布在丘陵、山地、河岸冲积平原之间，从现有布局看，网点与农户行政村之间的距离也偏远，便捷性不高。广大农村居民获取金融服务的便捷性仍然不足，城乡基本公共金融服务均等化这一发展目标仍需不断跟进。

资本结构失衡，民间资本进入面临政策壁垒。当前，河南省内民间资本占比高的农村中小金融机构发展不足，民间资本在金融体系中的占比偏低。截至2011年底，全国共有农村商业银行212家，农村合作银行190家，农村信用社2 265家，村镇银行635家，贷款公司10家，农村资金互助社46家，而河南省内数量分别为18家、1家、125家、9家、0家、2家。农村中小金融机构，尤其是新型农村金融机构发展缓慢，主要是因为监管部门对银行机构的设立实行较强的限制，比如根据《村镇银行管理暂行规定》，村镇银行最大股东或唯一股东必须是银行业金融机构。最大银行业金融机构股东持股比例不得低于村镇银行股本总额的20%，单个自然人股东及关联方持股比例不得超过村镇银行股本总额的10%，单一非银行金融机构或单一非金融机构企业法人及其关联方持股比例不得超过村镇银行股本总额的10%。根据《小额贷款公司转制设立村镇银行暂行规定》，小额贷款公司运营三年后可转为村镇银行，但目前全国尚没有转为村镇银行的小贷公司。民间资本进入金融业的政策限制并未随之彻底放开，银监会出台的《中国银监会关于鼓励和引导民间资本进入银行业的实施意见》中，除了把主发起人的持股比例降至15%之外，对于民间资本是否可以作为主

发起人设立村镇银行并没明确规定。农村金融机构民间资本比重小，竞争不充分，影响了金融体系效率的进一步提升。

2. 金融服务功能有待提升

机构改革不到位，尚未形成支农合力。农业发展银行商业性业务拓展迅速，政策性功能定位淡化，业务边界模糊；农业银行“三农事业部”改革刚刚启动，成效尚不明显；农村信用社改革亟待深化；新型农村金融机构起步较晚，支农成效有待进一步提升。

金融创新不足，缺少适合基层地域特色的金融产品和服务。大型金融机构对授信额度和信贷条件设定过于严格，基层机构授权不足，难以及时推出适合“三农”发展需求的信贷产品和服务模式。

农业保险发展不足，农业保险承保率偏低，仍不能满足农业生产经营风险保障的客观需要。2011 年，河南省种植业实际承保 2 834 万亩、养殖业实际承保 48.34 万头，而保险覆盖地区种植业种植总面积 9 180 万亩、养殖业存栏总数 551 万头，种植业和养殖业的承保率分别仅为 30.9% 和 8.8%，与全国平均水平存在一定差距。农业保险承办机构的服务能力有待提高，农业保险承办公司基层分支机构人员少，一般不超过 20 人，存在乡镇服务网络不健全与农业保险点多面广、季节性强，承保理赔时间集中度高的矛盾，以及农业保险查勘理赔专业技术性强与承办机构查勘理赔专业人才匮乏的矛盾。

期货市场运用不充分，农产品现货市场与期货市场结合得不够紧密。国内除少数成功运用期货市场套期保值的农业产业化龙头企业外，期货市场对广大农业生产加工企业和农户的辐射面仍较狭窄，尤其是在河南省优质粮食产量快速增长、农业产业化水平不断提高的形势下，期货套期保值分散农业经营风险的效应还有更大的发挥空间。

3. 分工合作和协调配合不尽合理，金融协同效应难以显现

协同效应是一种物理化学现象，是指两种或两种以上的组分相加或调配在一起，所产生的作用大于各种组分单独应用时作用的总和。良好的分工配合能产生“1 + 1 > 2”的效应。但目前农村金融舞台上的不同供给角色间分工配合不尽合理，难以产生增效作用。

（1）金融与财政补贴政策缺乏应有的整合。农业区地方财政投入有限。农业占比越大的地区“二元经济”特征越明显，“三农”领域越需要财政的支持。但农业地区财政收入远远落后于工业发达地区，财力与帮扶需求严重错配。2011 年，河南省地方财政一般预算收入占 GDP 的比例仅为 6.37%，居全国末位。财力有限一方面直接制约了对“三农”领域的补贴、奖励等投入；另一方面在清理规范地方投融资平台的政策背景下，一些县（市）缺乏财力导致投融

资平台公司整改不到位，现金流不足，不能满足监管部门的要求，影响金融机构对其授信。

财政支农资金条线较多，难以形成合力。目前，我国中央级直接分配、管理的农业财政性资金部门多达9个以上，包括扶贫办、农业综合开发办、农业部、科技部、林业局、粮食局等。财政性支农资金的分配和管理存在层次多、部门多、管理人员多、资金链条长、到位率低等现象。与此相对应，地方性财政支农资金也同样存在部门多、管理分散等问题，导致资金运转成本高等问题。支农资金发放的初衷是为了增强农业和农村经济的抗风险能力，由于资金不能打捆使用，形成支农农业和农村经济的风险不能有效降低。

财政资金作用于金融资源的模式还比较单一。除国家统一规定的新设机构费用补贴、涉农贷款增量奖励、县域机构将新增可贷资金一定比例用于当地的奖励，以及一些政策性贷款贴息外，地方政府的财政支持依其管理服务理念、对金融产业的重视程度及财力不同而异，大多表现为对金融机构的考核奖励，部分县（市）设置了涉农贷款、小微企业贷款的风险补偿基金。"区域集优"债券发行模式刚启动，所需配套的风险缓释资金也多在市级层面筹集，县及县以下政府对其认知与参与尚需时日。风险投资、创业投资、股权投资等基金较少，财政资金撬动金融资源的可持续性及放大效应有待加强。

（2）担保行业整体实力较弱，与其他金融部门的要求不够匹配。当前，河南省整个担保行业实力仍然偏弱，主要表现在：一是取得营业资格的担保机构资本实力普遍较小、内控制度不健全、风险管理缺乏经验、金融财务法律等专业人才匮乏，融资性担保功能有待进一步提升；二是县域地区财政出资设立的担保机构主要以财政开支为收入来源，缺乏拓展业务的积极性；三是工信部门作为融资性担保这一类金融行业的监管部门，人才、经验等各方面监管资源都比较欠缺，尤其在近年担保乱象较为突出的情况下，主观上会采取较为保守谨慎的监管思路，难免延缓担保行业的发展。

（3）农村产权制度改革滞后，农村要素资产未充分盘活。农业生产受天然因素和市场因素的双重影响，具有天然的弱质性。为规避风险，金融机构往往要求涉农贷款有比其他贷款更充分的抵（质）押。但农村经济主体的财务主要是土地经营权和宅基地及其房产等，因这些潜在抵押品缺少必要的产权证明，难以为金融机构接受，农村金融领域抵（质）押物仍显匮乏。河南目前正大力开展农村土地承包经营权、宅基地使用权确权登记工作，为解决抵押难创造条件。但在实践中，土地使用权等抵押还面临法律障碍和风险，金融机构不敢轻易尝试。据调查，农村信用社、村镇银行等地方法人农村金融机构尚未做好接受上述抵押物的各项准备工作，而全国性金融机构要接受此类抵押物也需总分行的认可，因而，农村各类要素尚未被有效激活。进一步的调研显示，缺乏抵押品流转市场是金融机构拓宽抵押品范围的主要顾虑。多数地方由于没有拍卖等变现市场，一些价值高，但专用性强的抵押品很难变现处置，此外地方政府往往考虑借款人的生活、生产问题，不支持金融机构依法处置抵押品。以上情况均导致抵押覆盖风险作用失灵，制约了金融机构的信贷投入。

（4）农村金融生态环境仍然较差，逃废金融债务现象仍较严重。农村地区信用系统不够健全，功能尚未充分发挥。从农村信用系统建设来看，农村信用评价体系缺乏统一的标准和规范，农村金融机构在对农户、农村中小企业确定信用评级时，仅凭经验，存在一定的随意性；小额信用贷款存在潜在的风险，小额信用贷款涉及面广，主要依赖信贷员的调查，难免出现信息不对称情况，且成本高，效率低；相关政府职能单位在信用评定中沟通较少，信息没实现共享，不利于人民银行和农村金融机构开展征信工作。从农村征信系统使用情况来看，广大农户、县域企业仍缺乏征信方面的知识，缺乏主动查询和维护自身的信息的意识，尤其在征信系统尚未实现行业内、地区内信用信息互联互通的情况下，信用信息对失信行为的监督和约束作用尚未充分发挥。

四、建设中原经济区农村金融改革试验区总体要求与政策构想

（一）建设中原经济区农村金融改革试验区的总体要求

从理论上说，一项行之有效的农村金融制度安排不但要在产权和组织形式上符合激励相容机制，而且要能尽可能降低农村信贷风险，要能引导农民的信用观念和行为偏好的转变，要用“协同金融”的理念来指导中原经济区农村金融改革试验区建设。

农村金融改革既要注重“顶层设计”，也要注重基础的“首创精神”；既要“自上而下”，也要“自下而上”。要用“协同金融”理念构建农村金融改革试验区，全面推动中原经济区农村金融的改革和发展。

在此需要指出的是，用“协同金融”理念来架构农村金融系统时，应考虑几个重要因素：认识到政府或出资者等干预的重要性，顾客金融素养程度，考虑到通过社会、政策、技术及金融等方面的创新提供金融服务的可能性。把农村金融系统中的微观、中观、宏观三个层次紧密结合起来，通过政府、金融供给者、资金需求者等各司其职，协调推动，有序发展，以最小成本来实现农村金融效率和公平功能的最大化。①

---

① 2006 年，国际助贫顾问团成员、世界银行专家 Brigit Helms 提出了从宏观、中观、微观三层次构建农村金融体系，此处发展了 Brigit Helms 的观点。

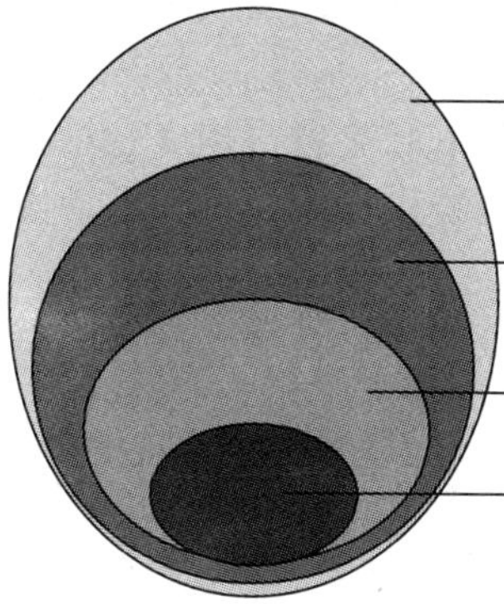

图 3 “协同金融”下的农村金融系统图

金融需求者：对于“协同金融”下的农村金融系统来说，任何一个金融需求者的需求都要能满足，它包括贫穷农民和低收入者。

微观层次：金融需求与供给在金融市场机制的作用下达到供需平衡。

中观层次：由基本的基础设施和相关服务构成，降低交易成本、扩张服务边界、提供金融服务技能、增加信息交流和透明度。

宏观层次：构建有效的法律和政策框架，央行、财政部和其他相关政府机构都是介入的主体。

（二）基本原则

1. 综合推动，协同发展

中原经济区建设农村金融改革试验区是个复杂的系统工程，必须利用各方“合力”。不仅要进行金融组织、产品、服务的创新，也必须依靠财税政策等多层次的综合配套推动，发挥“协同效应”，实现农村金融高效率、广覆盖发展。

2. 因地制宜、分类推进

根据农村地区经济社会发展水平，立足金融市场现状，围绕中原经济区的功能定位和空间布局，改革侧重点在不同地域、不同细分行业、不同时期应有差异。围绕“三化”协调发展目标，针对农村金融供需矛盾关键环节，找准金融支持实体经济的切入点、改革创新的着力点、微观主体贡献与宏观政策扶持的结合点。

3. 循序渐进、风险可控

农村金融改革试验区建设，是新形势下对中原经济区农村金融改革的大胆探索，试验意味着“先行先试”，要“摸着石头过河”，循序渐进，当出现失误时，要及时纠正。改革成本大都是“沉淀成本”，所以，要以市场化为导向，以政策扶持为支撑，在改革同时，建立健全风险分散机制，科学防范系统性金融风险，动态把握金融创新界限，把防范风险贯穿金融创新全过程。

4. 存量改革与增量改革并举

“增量式改革”试图通过培育新型农村金融机构（包括村镇银行、农村资金互助社和小额贷款公司），增加农村信贷供给。在大力推动农村金融增量式改革的同时，绝不能放慢或暂停“存量”金融机构的改革。

（三）建设中原经济区农村金融改革试验区的总体构想和功能规划

1. 总体构想

中原经济区提出了“三化”协调发展的总体目标，其载体和着力点是城乡统筹发展、产业结构调整和承接产业转移、集体林权改革发展、土地规模化经营、新型农村合作组织培育六大领域。建设农村金融改革试验区，应突出这些重点领域，培育完善农村金融体系，改革发展农村正规金融机构，大力培育微型金融、新型农村金融组织，特别是利用新型农村经济组织开展资金互助合作，构建政策性金融、商业性金融、合作性（关系型）金融三位一体、适度竞争的新型农村金融组织体系。建立政策研究中心、发展规划中心、产品研发中心、试点推广基地，加强农村金融产品研发，创新可复制、易推广的典型涉农金融产品和服务模式，先试点后推广，全面盘活农村产权要素，降低抵（质）押条件，利用投资、信贷、信托、债券、保险、期货等多元化的融资模式，加大对农村的资金投入。探索改进信贷审批、营销等农村金融服务模式，将成熟、可用于农村的城市金融理念和金融产品、服务，特别是支付、理财、保险等金融产品，在农村地区普及推广，建立普惠制农村金融体系，逐步消除城乡差异。

积极争取国家财税支持政策，出台省级相关配套制度，推动信用体系建设，培育中介服务组织，培养高素质农村金融人才，普及农村金融教育，有效改善农村金融基础服务设施和农村金融生态。通过构建中原经济区农村金融改革试验区，全面改进和提升农村金融综合服务水平，让广大农村和农民得到更多便捷和优质的现代化金融服务，实现农村金融的风险可控和商业可持续。

2. 功能模块

中原经济区建设的农村金融改革试验区应以统筹规划涉农金融服务、创新农村金融体制、研发农村金融产品、激励和引导信贷资金向农村地区回流为主要目的，集合涉农金融政策研究中心、发展规划中心、资金配置中心、产品研发中心、试点推广基地和人才培养基地六大功能模块（见图5），建立健全农村金融组织体系、产品体系、金融市场体系、服务平台体系、支付服务体系、社会信用体系、农村金融生态体系、差异化金融监管体系、惠农政策体系等九大体系，激励引导更多信贷资金和社会资金投向农村，逐步建立起政策性金融、商业金融、合作金融和新型农村金融机构以及非正规金融机构合理分工、优势

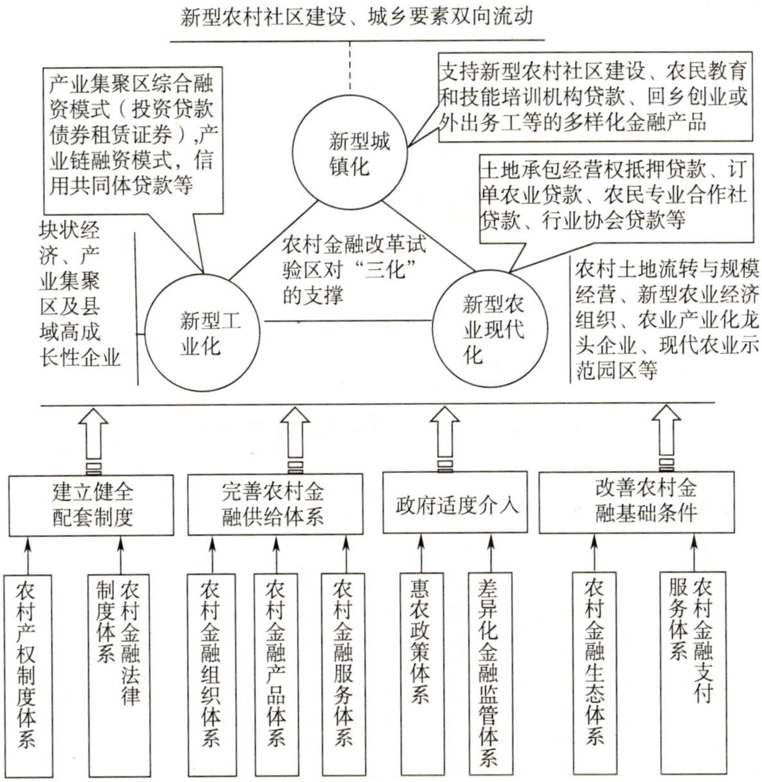

图4　中原经济区农村金融改革试验区总体构想图

互补、适度竞争的“广覆盖、多层次、可持续”的涉农金融体系，逐步实现金融组织体系逐步健全、产品创新充满活力、服务水平显著提升、金融生态环境不断优化的农村金融长远发展目标。

（四）建设中原经济区农村金融改革试验区的政策构想

1. “增量式改革”与“存量式改革”并举，完善农村金融供给体系

通过金融改革，构建一个结构完善、高效运行、多元化的金融体系，能实现资源和风险的最佳配置，促进经济增长（Levine，2008）。与中原经济区现阶段多元化的农村经济生态体系相对应，中原经济区农村金融改革试验区建设必然要求推进“多层次、广覆盖、可持续”的农村金融体系建设。“多层次”是农村金融服务需求层次多元化的需要，“广覆盖”是拓展农村金融服务边界、农村金融功能定位的需要，“可持续”是金融机构商业化经营准则的需要。而“多层次、多元化和多功能”的农村金融供给体系的构建，需通过“增量式改革”和“存量式改革”共同推进来实现。

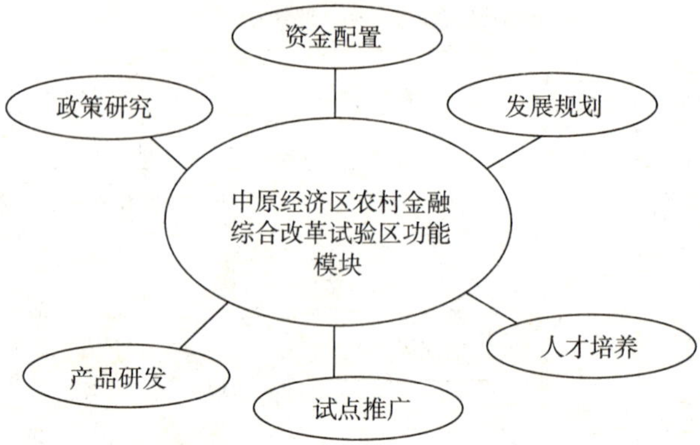

图5 中原经济区农村金融改革试验区建设功能模块示意图

（1）加快银行业金融机构改革。一是盘活存量。强化政策性银行功能，允许其在中原经济区先行先试，拓展信贷业务范围，在做好粮棉油收储信贷业务的基础上，加大对农村公共设施、农田水利设施、县级产业集聚区基础设施的长期低息贷款投放，探索建立对农业产业化龙头企业、农业科技企业、农产品加工企业等商业性贷款项目的发掘、进入与退出机制，充分发挥诱导功能，为商业银行及时跟进创造条件。加快推动农业银行“三农事业部”改革，在理清“三农金融事业部”业务边界的基础上，完善费用分摊、资金定价等内部机制，提升“县事业部”面向市场、自主风险定价的能力，增强其服务县域能力。深入推进农村信用社改革，在不断完善县级法人公司治理结构的基础上，促进符合条件的加快转制为农村商业银行、农村合作银行。降低准入门槛，允许社会资本设立农村信用合作社、农村资金互助社等合作型金融机构，弥补农村信用社改制为农村商业银行后合作型农村金融组织的空缺。在确保县级农村信用社法人地位的前提下，将省联社改制为对县级法人参股的银行持股公司，对县级法人参股或对部分实行控股。二是注重增量。在中原经济区尽快组建区域性银行。加快设立村镇银行、贷款公司、农村资金互助社等新型农村金融机构，吸引大型商业银行和股份制商业银行、外省金融机构、台资、四大资产管理公司在豫设立新型农村金融机构。放宽村镇银行的发起人资格，允许信托、保险等金融机构，国家和省级农业产业化龙头企业、农村合作组织成为村镇银行的发起人，争取3年内中原经济区各市县均设立村镇银行。

（2）大力发展农村小额贷款等微型金融。微型金融通过信息筛选和对本地信息资源的利用，能够成功地监督和控制农户的贷款行为，把信贷风险降到最低限度。发展微型金融，有利于构建普惠型金融体系，使农村中低收入者和小型企业能享受到金融服务。中原经济区农村地区不缺大银行，缺的是服务中低端客户的、真正能够服务于小微企业的金融机构。中原经济区面临从根本上解决目前金融体系在微观层面缺乏“毛细血管”的困境。把“毛细血管”建立起来，大、中型金融机构和微、小型金融机构在这当中可以有较好的分工，就能把农村金融体系的融资难问题较好地解决。因此，中原经济区要大力发展微型金融、关系型金融模式。

一是允许农户、农村新型合作组织、农村小微企业自发设立资金合作组织、小额信贷组织，利用专业合作社等生产型互助组织统一开展融资担保，或在内部开展互助性资金合作；二是降低门槛，允许民间资本发起设立银监会认可的信用合作社、农村资金互助社，弥补农村信用社改制为农村商业银行后合作型正规农村金融机构的空缺，原则上，各县（市）改制一家农村商业银行，应允许民间资本成立一家银监会核准的农村信用合作社或资金互助社；三是真正打通小额信贷组织转制为村镇银行的通道，在中原经济区试点取消发起人必须为银行业金融机构的限制，扩大至保险公司、证券公司乃至民营企业等民营资本；四是支持中原经济区濮范台扶贫开发综合试验区、秦巴山区、大别山集中连片扶贫开发区进行扶贫互助基金会试点，并择机在条件成熟的扶贫开发重点县、集中连片开发扶贫重点地区进行推广；五是开展农村小额贷款组织试点工作，要求农村小额贷款组织将营业场所设在乡镇以下，贷款用于支持“三农”的比例不得低于80%。

（3）规范引导民间金融发展。现阶段作为正规金融有益补充的民间金融已形成相当规模，其为农村经济发展所做的贡献是正规金融无法替代的。[①] 尤其是当前在中原经济区正规金融体系尚未健全、现代金融机构尚未惠及农村地区的情况下，培育竞争性的农村金融市场，为农村民间金融发展适度松绑，对推进农村金融改革与创新具有重要意义。因此，应积极引导民间金融健康发展。

一是积极鼓励正常的农村非正规活动，承认其合法性，关注民间借贷风险，切实维护金融稳定，严格限制和取缔不正常的农村非正规金融组织及活动，广泛宣传和强调农村非正规金融行为必须合法、有契约和担保。二是逐步减少或取消民间资本进入金融领域的障碍，推动新型金融机构加快发展。降低村镇银行等小型金融机构的设立条件和门槛，允许民间资本出资控股。增加一些服务于农村乡镇、城市社区的小型类、社区类金融机构，有效改变资金市场的供求关系。三是积极进行非正规金融替代品的开发与管理，创新金融机构投融资机

---

① 改善农村金融服务　加大信贷支农力度［EB/OL］，河南省发展和改革委员会官方网站，http：//www．ahpc．gov．cn/infojsp？xxnr_id =10005462，2011-06-10.

制，适度调整金融机构准入条件和标准，拓宽金融机构资金来源渠道，切实提高民间资金在城市商业银行、农村信用社等地方性中小金融机构中的比重，引导农村居民选择新的投资渠道，开办城乡信托业务。四是制定规范民间融资管理办法，明确民间资本投资领域、资金来源与组织形式、借贷权责约定、风险预警与处置等，设立民间融资备案制度，建立专业备案机构，建立健全民间融资监测体系。

（4）大力发展农业保险。中原经济区农村金融改革试验区建设，必须要架构以农业保险公司为主导的，多层次、全方位、多元化的农业保险体系，积极探索适合中原经济区特点的政策性与商业性相结合的农业保险经营机制与发展模式，鼓励和支持现有商业性保险机构开办和推广涉农保险业务，开展“银保合作”，有效分散农村风险。

一是扩大农业政策性保险业务品种和覆盖范围。通过开展政策性农业保险，增强农民抵御风险的能力，提升农业经营主体资金融通能力，逐渐降低金融机构从事农业信贷的风险。鼓励商业性保险公司开办专门的涉农保险，开发适应市场竞争、农民个人能够支付、又有一定盈利空间的保险产品。其中，对种植、养殖大户、农业开发公司以商业险保险为主，对普通农户以政策性保险为主，对特别贫困地区如重点扶贫开发县、集中连片扶贫开发区完全实行政策性农业保险。二是探索设立中原经济区农业保险公司，进一步扩大和提升农业保险对产粮大县、优质特色农作物主产区、畜牧业标准化养殖基地的覆盖面和承保率。组建农业再保险机构，建立省级农业再保险基金，通过政策引导和财政补贴等方式，促进农村保险业特别是农业保险的发展。三是引导农民和农村合作经营组织设立农业保险合作社，鼓励民间资本投资设立保险中介集团公司，优化中介机构股权结构、促进行业规范发展。

（5）构建多层次、多元化的农村信贷担保体系。农村信贷的发展依赖金融担保制度的供给。中原经济区应按照“因地制宜、灵活多样”原则，以财产权益归属清晰、风险能够控制、可用于贷款担保的各类动产和不动产为抵押设计，或充分利用社会资本的“信任、网络和规则”设计用于信贷担保的产品模式。目前，河南省已在所有县（市）设立了政策性担保公司，并组建了形式多样的农民贷款担保协会、中小企业行业协会等联合增信“信用共同体”，基本构建了政策性、商业性、互助性担保机构、再担保机构，农村信贷担保体系基本确立。金融机构已利用仓储、仓单、结算单、应收账款、农机具、活体畜禽、收费权、企业经营权、林权、土地承包经营权等多种模式作为抵押担保发放贷款。建设农村金融综合改革试验区，应该做好下面几个方面的工作。

一是继续推动设立由政府出资，企业、个人参股的各种形式的投资担保基金、中小企业贷款担保基金、农户贷款担保基金等，为农村各类经济组织贷款提供担保服务。可由中央财政和地方财政共同出资，扶持粮食主产区设立政策性农业担保机构和再担保机构，并对担保机构的风险准备金和涉农贷款担保费进行补助，切实提升对农户和涉农企业的担保服务水平。二是充分利用“社会资本”的“信任、网络和规则”，构建内嵌于信息共享、采取集体决策和行动的非正规框架、制度和协会，在中原经济区创新一些信贷制度安排，如以会员、协会、小组等为基础，促使农村地区大量的农户和穷人的信贷问题能得以部分解决，利用“社会资本”促进农村金融发展。

（6）大力发展农村期货市场和农产品交易市场。一是支持郑州商品交易所进一步巩固和发展其在全球粮食市场中的定价地位，积极与各地及相关行业开展战略合作，进一步发挥期货市场价格发现、市场调控、套期保值的功能。加大区域性交割仓库建设力度，加强与郑州商品交易所、上海期货交易所、大连商品交易所的联系，在中原经济区建设更多的农产品交割仓库，保证各类期货品种交割的需要。进一步推进粮食期货与现货结合，探索期货交易仓单通过现货市场进行拍卖和转让等，使期货与现货相互促进，促进农产品流通市场化。二是积极组建大宗农产品交易市场。通过对生猪、大枣、玉米、山药等中原经济区具有比较优势的农副产品的中远期交易，发挥价格发现、市场调控、套期保值功能。

（7）推动农村金融中介机构、组织发展。一是设立农业创业投资、股权投资和产业投资管理机构，为粮食加工、畜禽产品加工、特色农产品、生物工程、生态农业、科技农业、循环农业以及休闲农业等细分领域成长潜力突出的企业提供风险投资、创业孵化、上市培育等综合性金融服务；二是积极与农业科技研发单位联合组建并控股风险投资公司，加快孵化科研成果；三是积极培育发展会计师、律师、税务师事务所及资产评估公司等中介组织，强化金融中介服务功能，在贷款抵押物价值评估、登记、过户、资信证明、信用评估等方面发挥衔接作用。

2. 创新农村金融产品

应从政府、金融机构两个层面，整合政府财政和金融资源，为创新农村金融产品创造一个良好的政策环境。创新工作机制的核心应包含三个方面：组织领导机制、产品研发机制（基地或中心）、复制推广机制。中原经济区内的不同地区的农业经济发展模式、发展阶段和特色产业并不相同，因而在创新的范围、方式、性质、内容上应有所不同。在产品功能上，统筹初级、中级、高级金融产品创新，以适应农村多层次的金融需求。在产品性质上，加强资产业务、负债业务、中间业务产品独立创新和一体化创新，以适应农村不同特点的金融需求。在区域分工上，加强具有区域经济特色的金融产品创新，以适应个性鲜明的地方性金融需求。农村金融产品创新应主要包括以下三个领域：

一是以支持新型农村社区建设和城乡要素双向流动为切入点，促进新型城镇化加快发展。充分发挥政策性金融机构业务优势，为新农村公共设施建设提供中长期低息贷款支持。在农村改革发展综合试验区、统筹城乡发展试验区开展新型农村社区建设贷款（新农村建设贷款、新农村民居贷款、新农村安居乐业贷款）、农村土地承包经营权抵押贷款、宅基地使用权抵押贷款业务试点，择机在中原经济区内复制推广，支持农户在新型农村社区购房建房，促进土地集约使用。加大对农民教育培训机构的信贷支持，促进农民素质和技能的提高，为外出务工和创业创造条件。进一步完善小额信用贷款“总额控制、循环使用、随用随还”的发放模式，借助电子守信卡等新型支付手段，为农民工回乡创业、外出务工、接受职业教育提供灵活多样的小额信贷支持。

二是支持县域产业集聚区建设，以新型工业化引领新型城镇化、农业现代化协调发展。加大对县域产业集聚区基础设施建设的政策性贷款投入。在承接产业转移示范市探索开展城投债、证券、租赁等多种融资方式。对于产业集群、特色块状经济内的中小企业的信贷资金需求，通过引导其组建行业协会、互助贷款担保协会等信用共同体，依托信用共同体担保发放贷款。加大知识产权质押、高新技术企业股权质押贷款的推广力度，支持农业科技领先发展。积极推广供应链融资，促进企业集聚发展。积极发挥农业产业投资基金的作用，支持培育更多企业在中小板、新三板上市融资。鼓励引导企业利用银行间市场发行短期融资券、中期票据等直接债务融资工具。

三是大力开展以订单农业为核心的产品创新，支持新型农业现代化。以农业科技园区、农业示范园区为依托，以农业产业化龙头企业为切入点，以农民专业合作社、行业协会等新型农村合作组织为纽带，以广大种粮养殖农户为支撑，围绕订单农业的合理定价机制、信用履约机制和有效执行机制，积极推动“公司+农户”、“公司+农民专业合作社+农户”、“公司+基地+农户”等信贷模式，促进农业产业化经营。支持郑州商品交易所扩大交易品种，积极为稻谷、油料、菜籽油、肉鸡、白条猪、黄牛、红枣、山药、化肥、化纤等产品上市创造条件，积极研究推广农产品期权和商品指数期货。鼓励农业产业化龙头企业参与农产品期货市场套期保值，分散经营风险，促进农业标准化生产。积极开办林权、活体禽畜、大型农机具抵押贷款，以及仓单质押贷款、套期保值贷款，积极探索信贷与农产品期货、农业保险有效结合的产品模式，完善贷款风险分散机制。

3. 改进农村金融服务方式

鼓励银行业金融机构立足农村实际，通过完善农村金融服务流程，再造农村金融服务模式，推动成熟的城市金融服务模式、理念在农村地区普及推广，逐步消除城乡金融差异，让广大农村和农民得到更多便捷和优质的现代化农村金融服务。

（1）提升农村金融服务效率，扩大农村基层服务覆盖面。改进金融服务流程，提升信贷审批效率，完善贷款营销方式，推广一站式、社区型、综合化农村金融服务模式，支持银行业金融机构设立驻村金融服务站、偏远山区服务站，采取派驻专门农户客户经理、信贷员包村服务、金融辅导员制度、“贷款+技术”等方式，加大农村金融知识宣传力度，扩大基础金融服务对乡镇、农村地区的覆盖面。

（2）加强农村金融基础建设，提升支付结算便利度。推动涉农金融机构将支付平台延伸至乡镇及以下银行网点，降低农村地区支付结算成本。加大银行卡使用终端的布放力度，提高 POS 机具在农村地区的覆盖率，在符合条件的乡镇设置 ATM 或自助银行，大力推广电话支付、手机支付和网络支付等电子化支付业务和支票、汇票等票据业务，加快具有银行卡功能的金融 IC 卡推广力度，尽快实现所有涉农补贴资金、农村社会保障资金一卡支付，全面提升农村支付结算便利度。

4. 建立农村资金回流机制

在中原经济区设立农村综合改革试验区的框架内，应通过地方立法形式构建农村资金回流的配套机制，为资金回流农村提供保障。同时，建立健全支农资金使用和管理机制，保证银行统一监督拨付、统筹管理农村资金，以确保专款专用，使支农资金更好地发挥整体功能，产生最大使用效益，以实现农村资金良性循环。

（1）出台政策确保农村资金回流。效仿美国《社区再投资法》，在中原经济区粮食核心生产区、种粮大县、重点扶贫县、集中扶贫连片地区，试点推行县域内银行业金融机构新吸收存款主要用于当地发放贷款政策，出台法规或具体政策，明确存款类金融机构向县域、向资金来源地提供金融服务的法定义务，设立一定比例（50%或60%）的新增存贷比主要用于当地的强制指标。对于未达到指标要求的，利用转贷款形式用于支持村镇银行、小额贷款公司提高支农资金实力，或以政策性担保基金方式交由专业机构运营。

（2）提高农业产业收益率，降低农业风险，引诱农业资金回流。资金回流农村之路无法回避一对矛盾因素：成本与风险。虽然政府可通过多种方式引导资金回流农村，但市场经济条件下，各经济主体从事经济活动遵循的是比较利益原则，追求利润最大化，主导资源配置的是经济有效性而非社会合理性，规避风险、追逐利润是社会资金流动的内在取向。

因此，单靠金融扶持不是长久之计。为稳定资金持续回流农村，一方面要努力提高农业产业的稳定性和收益率。要考虑到农户的投资行为日益趋向于收益最大化原则下的选择与配置，外出务工农民的收入之所以较少进行生产性投资，原因之一是他们难以在生产领域得到合理的回报，于是往往选择存入金融机构或者放贷，这不利于资金的持续回流。另一方面，要为资金持续回流农村奠定坚实的产业基础。以家庭经营为核心的生产安排虽克服了集体产权形式的"低效率"和"搭便车"，但无法克服小规模分散化经营带来的"规模不经济"，农户往往为追求短期利益而忽视长期投资，导致对投资的"减退效应"。因此，要结合地方资源优势，加快农业和农村经济结构战略性调整，尽快形成一批适应市场、连接农商、农民受益的经济体。不同农村应结合自身特点着力培育自己的支柱产业，形成"规模经济"效应，以提升农户对资金的有效需求。

5. 优化信贷结构，推动经济结构转型，实现"三化"协调发展

信贷结构与产业结构相互影响、相互制约，在相互均衡和失衡的动态变动中实现调整、优化，信贷结构推动产业结构转型的运行机理见图6。中原经济区应促进社会融资多元化，改变区域的社会融资总量、结构和分布优化，并通过影响投资结构促进产业结构高级化、产业合理布局、产业技术升级、产业组织优

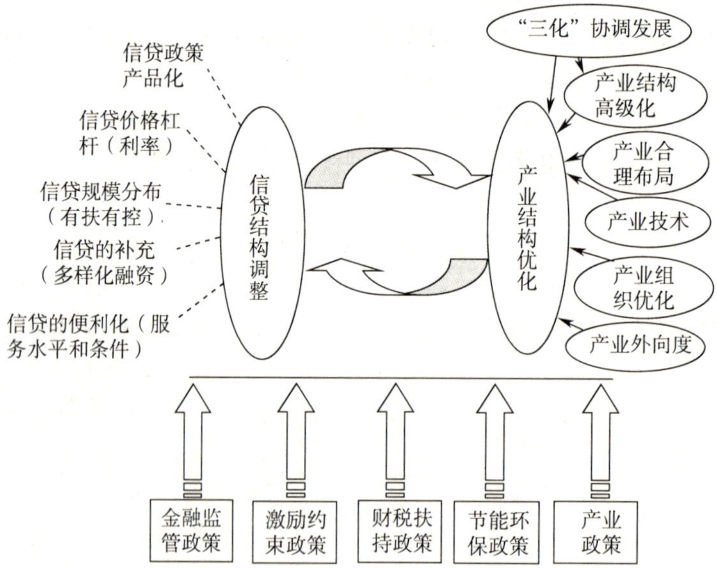

图6　信贷结构调整促进产业结构优化升级机制示意图①

① 庞贞燕．河南省产业结构与信贷结构的对比分析［J］．金融理论与实践，2012（7）：30－34.

化和产业外向度的提升，最终实现区域经济竞争力提升、产业结构优化升级和经济结构战略调整。①

6. 通过农村金融推进农村消费升级，拉动农村经济增长

扩大农村消费，关键是要破解消费增长的瓶颈制约因素。影响消费的主要因素有“收入、消费倾向与流动性约束”。扩大农村消费必须增加农民收入，通过教育、医疗、社保改革提高农民的消费倾向，通过农村金融发展来解决农村流动性稀缺。

推动中原经济区农村消费升级可采取以下措施：一是加大惠农补贴投入，完善粮食直补、农资综合直补、良种补贴资金和农机具购置补贴等政策，激励农户生产积极性，增加农户收入，促进农资消费进一步增长。二是调整工业布局，推进工业化、城镇化，建立城乡消费传递机制，为扩大农村消费拓展空间。三是完善农村市场流通体系，规范农村市场秩序，改善农村消费环境，增强消费的安全感和便利感，为农村消费创造条件。

同时，必须完善各种金融支持措施，改善农村流动性约束。创新农村消费信贷，增强农村消费信贷营销力度的重点：一是培育接近农户、农村中小型企业、微型企业的本土金融服务体系，增强农村消费信贷市场的供给能力。二是在满足农户生产性贷款需求的基础上，支持农户购置生活用品、建房、治病等生活性消费贷款，探索与农村合作医疗保险相结合的医疗消费贷款新方式、鼓励吸收民间资金开办个人委托消费贷款业务、鼓励农村金融机构积极开展农机具贷款、住房装修贷款、小额生活贷款、耐用消费品贷款、婚丧嫁娶贷款等消费贷款新业务，扩大消费信贷覆盖面。三是扩大农村消费信贷支持范围，支持农村消费经营网络和消费市场流通体系建设，农村大型连锁超市、乡镇超市、商贸店、农资配送中心、农村集贸市场等，是农村消费市场的重要支撑，金融机构对这些环节的资金支持力度，直接影响到农村消费增长。四是推进“万村千乡市场工程”，为拓宽工业品下乡和农产品进城的绿色通道提供金融支持，完善售后服务体系和信息系统，支持耐用消费品售后服务网络向农村延伸。探索支持农村药品监管网络和供应网络建设的新方式，推动农村合作医疗环境的改善。五是构筑适合农户、微小企业特点消费信贷营销网络，完善农村消费金融服务功能。

7. 政府“适度介入”，建立农村金融健康运行的配套制度

（1）加强产权市场体系建设。研究修改《担保法》、《物权法》、《农村土地承包法》等法律法规中关于禁止农村耕地、宅基地、自留地、自留山等集体所

---

① 赵铮．我国产业结构优化的金融支持机理与路径选择［J］．山东经济，2011（6）：19－21．

有土地使用权不得抵押的条文，赋予农民土地财产平等的权利，从法律上对农村“五权”抵押融资提供保障。

政府应加快完成农村集体土地确权颁证，进一步深化集体林权制度改革，全面完成集体林权确权工作，盘活农村各类要素，促进农村土地、集体林地、集体建设用地、水域滩涂、房屋等资源要素市场化。建立健全产权流转市场体制，由地方政府出资成立专业的农村产权价值评估机构，或委托现有商业评估机构进行评估，制定科学的评估标准，推动建立适应农村特点的物权产权价格形成机制。

探索建立农村产权交易市场。适应农村产权关系变化加剧的趋势，探索建立农村产权交易市场，为农村房屋产权、宅基地使用权、林权、土地承包经营权交易提供平台，促进农村产权的有效流转和价值实现。

政府相关部门应及时总结农村土地承包经营权、宅基地使用权、林权等抵押贷款业务试点经验，制定相关贷款管理办法，明确贷款适用对象及条件、贷款额度、期限、利率及还款方式，抵押物认定，贷款回收、追偿，考核与激励等，促进农村产权抵押贷款业务规范发展。

健全农村信贷担保体系。出台管理条例，鼓励引导农民、个体工商户、中小企业设立农民贷款担保协会、农民专业合作社、行业协会等互助性贷款担保组织。鼓励有实力的民营企业出资组建新的农村担保机构，支持各类信贷担保机构通过再担保、联合担保以及担保与保险相结合等多种方式，构建政策性信用担保机构、商业性信用担保机构、互助性信用担保机构和信用再担保机构组成的担保服务组织群体。

建立“五权”抵押贷款（山权、林权、地权、房权、水权）风险分散和损失补偿机制。借鉴重庆市做法，由财政建立农村“五权”抵押融资风险补偿资金，在区县可直接对金融机构和担保公司“五权”抵押融资业务的损失进行补偿，在省级则主要建立再担保机制，避免小的担保公司因资金量小、补偿能力不足可能造成的金融风险。

（2）综合运用多种货币信贷政策工具，形成对涉农金融机构正向激励机制。人民银行对中原经济区考核达标的县域法人金融机构，存款准备金率可比现行标准再低 1 ~2 个百分点。达标且财务健康的县域法人金融机构，对申请支农再贷款给予更低的优惠利率。完善涉农信贷政策导向效果评估机制，改进评估方法，对信贷政策执行效果好的金融机构，加大再贷款、再贴息倾斜力度，加强差别存款准备金系数弹性，予以正向激励。

（3）实施差异化金融监管政策。监管机构对涉农贷款、小型微型企业贷款余额超过一定比例的商业银行应放宽机构准入限制，允许其批量筹建同城支行和专营机构网点。在风险可控的条件下，适当放宽农村地区贷款产品、理财产品等金融服务产品的准入条件和监管政策。对涉农金融业务提高贷款风险容忍度，并明确具体提高标准。对涉农信贷业务人员推行尽职免责制度，出台细化措施，对尽职标准予以科学界定。

（4）加大财税政策扶持。申请对中原经济区涉农金融机构实行税收优惠。给予新设立的村镇银行、贷款公司、农村资金互助社以及小额贷款公司3～5年的免税期。对法人机构开业3年内农户小额贷款的利息收入免征营业税；对法人机构农户小额贷款的利息收入在计算应纳税所得额时，按90%计入收入总额；对农村信用社、村镇银行、农村资金互助社、由银行业机构全资发起设立的贷款公司、法人机构所在地在县（含县级市、区、旗）及县以下地区的农村合作银行和农村商业银行的金融保险业收入减按3%的税率征收营业税；对保险公司为种植、养殖业提供保险业务取得的保费收入，计算应纳税所得额时，按90%比例减计。

申请提高对中原经济区县域法人机构涉农贷款增量奖励的标准。由对县域金融机构上年涉农贷款平均余额同比增长超过15%的部分，按2%的比例给予奖励，提高至3%或4%，提高部分由中央财政负担。

申请提高对村镇银行等新型农村金融机构的补贴标准，按照上年末贷款余额的3%执行。同时，增加补贴机构范围，对中原经济区县域地区的小额贷款公司，参照新型农村金融机构予以补贴，支持小额贷款公司健康发展。

扩大农业政策性保险覆盖范围，提高保费中财政的补贴比例，降低种植户、养殖户负担比例。如将小麦纳入全省政策性保险覆盖范围，提高产粮大县、国家级贫困县保费补贴水平，由中央财政、省财政对现有保险品种中个人承担部分进行全额补贴，或者由20%降低为10%或5%。

将分散在政府各个部门的支农财政资金整合成统一的农业发展基金，对金融机构涉农贷款进行奖补、贴息或风险补偿。出台中原经济区涉农贷款风险补偿金、涉农担保机构风险准备金专项奖补资金管理办法。探索由省财政每年按照上年全省涉农贷款新增额的10%设立初始基金，由各县、市分别按上年辖内涉农贷款新增额3%、7%的比例配套出资设立涉农贷款风险补偿金。

（5）加强金融生态环境建设。开展农村信用体系试验区建设，完善地方农户信用档案系统，扩大入库信息主体的范围、种类和信息共享范围。积极开展农村金融咨询、代理保险销售和涉农理财业务等。开展送“金融知识、信用知识”下乡入户活动，普及新型农村金融理念，着力打造农村信用文化，培育诚信农村市场经济主体。

继续积极推进农村信用工程建设。开展信用户、信用村、信用乡镇评定，解决农村金融市场信息不对称的问题。为农户、企业建立信用档案，加快建立农产、企业信用档案数据库，将农户信息纳入基础信用信息数据库。

建立健全县域金融生态环境考核评价办法。通过设计更科学、更合理的评价指标体系，定期对县（市）金融生态环境进行考核排序，公布评价结果，并将考核结果纳入地方政府政绩考核，引导信贷资金流向，提高地方政府对金融生态环境建设的重视程度。

（6）要求农村金融机构重视社会责任。根据印度农村金融实践经验，应要求农村地区金融机构履行一定社会责任。中原经济区的多数农村都是欠发达地区，农民在金融服务、教育、医疗等诸多领域都是弱势群体。农村金融要想对中原经济区经济社会起到重要推动作用，必须关注最底层的那些弱势农户的金融需求。中原经济区的农村金融体系的架构上，必须要求农村地区金融机构将社会责任放在重要地位，真正发挥农村金融的职能。

（7）普及农村金融教育，引导和规范农村经济主体“行为偏好”。由政府、人民银行发挥主导作用，联合商业性金融机构、教育系统开展农村金融教育，构建普惠金融体系。一是积极推动“金惠工程”试点，督促金融机构利用已有网点优势、人才优势，开展多种形式宣传活动，定期不定期安排员工深入农村地区，宣传农村金融知识。二是发挥教育系统的作用，加强对中小学生基本金融知识的培训，并对农村大中专生进行重点培训以发挥该群体的辐射作用。三是由政府、人民银行牵头组建农村金融扫盲志愿者服务队。深入基层、贴近群众，进行现场金融知识宣讲和普及，商业银行教授实用银行课程、为基层群众解惑答疑，指导基本的存贷款业务，对家庭资金余缺进行合理安排。证券公司、保险公司的员工志愿者可以教授证券投资、家庭财产保险、人寿保险方面的基本知识，宣传金融知识，志愿者队伍的努力付出有助于帮助基层群众提高金融素质，增强金融产品的运用能力、操作能力。

（8）实施人才战略，引进和培育高层次、复合型农村金融人才。高素质金融人才严重缺乏，一直是制约农村经济和金融发展的“软肋”。农村金融改革试验区应实施农村金融人才战略。一是制定和落实人才引进政策，探索建立高层次人才引进机制，以高层次人才培养开发为重点，大力实施领军人才培养、专业技术人才知识更新、县域人才支持、海外人才引进等金融人才发展工程，全面引进各类熟悉金融市场、精通金融工具和金融创新技术的高级银行管理人才。为金融人才在河南集聚和发展提供良好的就业和生活条件。二是完善引进高层次金融人才的中介服务体系，拓宽引进渠道，规范金融人才流动市场秩序，努力形成金融人才竞相集聚、有序流动的良好局面。

同时，应强化对农村金融人才的培育。加快建设中高级金融管理人才培训平台，与省内外高校和专业培训机构加强合作，完善人才教育培训体系，加强专业技术培训力度，培养复合型、创新型、实战型高级农村金融人才。加强涉农金融机构从业人员在职培训，着重培养从业人员的金融理论修养、实践技能和创新能力，提高农村金融从业人员的综合素质。加强政府金融管理干部培训工作，利用高等院校、金融机构教育资源，丰富培训手段和形式，着力提高金融管理干部指导农村金融发展的能力。

中原经济区农村金融综合改革试验区方案设计

《中原农村金融综合改革试验区方案设计》课题组[①]

一、问题的提出

（一）研究背景与意义

2011年9月28日，国务院出台《关于支持河南省加快建设中原经济区的指导意见》（国发〔2011〕32号），其中，积极探索“新型工业化、城镇化与农业现代化‘三化’协调发展的路子”，成为国家对中原经济区建设提出的核心任务。在“三化”协调发展中，农业现代化是基础，如何实现“三化”协调发展，农业现代化更是难点。综观各国农业现代化的过程，政府全方位的支持、大力度的财政和完善的农村金融体系是一条重要的国际经验，其中，尤以农村金融体系的构建与完善值得关注。因为在推动农业现代化的进程中，固然需要政府与财政的引导与支持，但是，更需要的是构建一条向现代农业持续注入资金的长效机制，而这一机制则更多地依赖于农村金融发挥作用。因此，该指导意见明确指出，要在中原经济区“研究设立农村金融改革试验区，开展农村金融综合改革创新试点”。

事实上，农村改革试验模式由来已久，早在1987年，中共中央五号文件就明确提出了要“有计划地建立改革试验区”的指导性意见。受其推动，第一次“农村改革试验区”建设于同年开始大规模启动。截至2006年，第一轮农改试验区的数量为30个，分布在全国21个省、自治区、直辖市，包括160个县级单位，覆盖国土面积31.8万平方公里。然而值得注意的是，虽然农改试验区建设所取得的示范效应有目共睹，但由于试验往往仅在一市一县范围内展开，且最大的不足之处在于只涉及次生性制度，而对改变根本的农村土地、金融等制度

---

① 课题主持人：李莉莉。
课题组成员：马改云、李冬霞、焦继军、李涤凡、高钰莹。

无能为力。因此，当各种次生性试验结束后，试验区大多归于沉寂。2012 年年初，农业部会同有关部门批复了全国 24 个农村改革试验区，新一轮农村改革试验区正式启动。这次涉及农村金融改革、农村产权制度、现代农业经营体制等 7 个主题的试验成效如何，还有待观察。

那么，作为国务院明确提出的中原经济区农村金融改革试验区建设，在以省为单位这么大范围内展开，要试验些什么？如何展开试验？在试验中如何能够充分把握“三化”协调发展这一主线？如何在适应农业现代化进程不断推进下积极展开试验，使得改革试验既具有示范性，又具有推广价值，同时兼顾现行体制的平稳运行，等等，是亟待研究的问题。

基于此，本课题组选择“中原经济区农村金融综合改革试验区方案设计”为题展开研究。

（二）研究现状及文献综述

农村金融改革与发展的问题是一个由来已久的命题了。

从 20 世纪 70 年代中期麦金农和肖提出著名的“金融抑制”和“金融深化”理论以来，对于农村金融发展的关注越来越深入，相应地农村金融相关的理论也得到了极大发展，从传统的农业融资理论到现代农村金融市场理论，进而基于信息不对称的不完全竞争市场理论（Stiglitz/Weiss，1981），不同的理论对农村金融发展产生了不同的政策影响。早期的理论更强调通过政府补贴的方式来解决农村金融的困境，然而实践检验并不成功，因此，构建商业可持续的农村金融市场已成为理论的共识（Jacob Yaron，2002）。2006 年，国际助贫顾问团和世界银行专家 Brigit Helms 提出了一个普惠制金融体系的框架，主张从宏观、中观、微观三个层次构建农村金融体系：从微观层次构建能够在竞争的基础上为农户和微小企业提供零售金融服务的金融机构体系；从中观层次上构建保障竞争良性运转的制度基础；从宏观层次上培育良好的政策环境和恰当发挥政府的作用。这一理论框架被普遍认可（焦瑾璞、陈瑾，2009 等）。

基于理论的发展，有关中国农村金融问题的研究不断深化，早期的研究更多地关注于农村金融机构的建立与机构体系的构建，主要围绕着作为农村金融主力军的农村信用社的改革与创新活动而展开（谢平，2001；何广文等，2003；刘民权等，2003）研究。逐渐地，强调农村金融功能的观点受到越来越多的关注，研究则不再仅限于对农村信用社的改革，同时关注到农村金融机构的业务创新（何广文，2002）、农村金融功能的强化。于是，关于农村领域内的非正规金融活动、关于农村小额信贷等研究（杜晓山，2002；孙若梅，2004；何广文等，2005 等）开始增多。截至 2006 年底，银监会出台农村金融准入新政，村镇银行等新型农村金融机构得到准入并获得快速发展，围绕新型机构产生背景、意义的理论讨论，得到的基本结论是新机构对于农村金融的深入发展具有重大创新意义（何广文，2007；汤敏，2007；马勇、陈雨露，2010等）。而通过对于新机构的个案研究与阶段性总结，初步讨论了其基本的运行机制、存在的问题，也提出了一些政策建议（彭克强、陈池波，2007；刘寅喆，2008；姜柏林，2007；王李、侯景波，2010等）。

通过对现有研究与文献的综述发现，中国农村金融改革的基本思路已经厘清，即与中国经济改革的整体逻辑相一致，中国农村金融改革将走出一条适应于新型工业化、城镇化与农业现代化协调发展的市场化之路。

基于此，中原农村金融综合改革试验要把握的核心即在推动"三化"协调发展中促进农村金融市场体系的构建与功能的完善。

（三）研究的主要内容

1. 研究目标

在对中国农村金融改革路径梳理与总结的基础上，指出中原经济区农村金融综合改革试验的核心思想，进而由供需两方面展开研究。通过对农业现代化进程以及由于新型工业化与城镇化所带来的农村金融需求主体的变化及其需求特征的分析，指出现行金融供给的不足及其与"三化"协调发展下农村金融需求的不适应性，最终构建起中原经济区农村金融综合改革试验区的具体方案及政策建议。

2. 要解决的主要问题

（1）中原经济区农村金融综合改革试验区建设要把握的改革试验核心是什么？（2）"三化"协调发展中农村金融需求主体会有哪些变化？（3）"三化"协调发展中农村金融需求的特点及发展趋势如何？（4）中原经济区现有农村金融供给与需求的矛盾表现在哪里？（5）中原经济区农村金融改革综合试验的原则与内容有哪些？（6）政府在中原经济区农村金融改革综合试验区建设中应发挥哪些作用？

3. 研究的主要内容

第一部分是农村金融发展理论与实践。通过对农村金融发展理论与中国农村金融改革实践的梳理，厘清中国农村金融改革的基本思路与路径，指出中原经济区农村金融综合改革试验把握的核心思想，即在推动"三化"协调发展中促进农村金融市场体系的构建与功能的完善。第二部分是"三化"协调发展中的农村金融需求。通过对"三化"协调发展中农业发展、农村经济发展特征的把握，分析农村金融需求主体的行为变化，进而指出农村金融需求的特征及其变化趋势。第三部分是农村金融供给现状及其困境分析。针对农村金融需求的变化及其特点，对中原经济区农村金融供给的现状及其困境进行分析，指出农村金融改革的路径。第四部分是中原经济区农村金融改革综合试验的原则及内容。一是推动市场化进程的机构多元化。二是适应需求变化特点的金融本土化。第五部分是政府的作用及其政策建议。分析政府在中原经济区农村金融改革试验区建设中的作用，构建推动中原经济区农村金融综合改革试验的具体方案。

二、"三化"协调发展视角下中原经济区农村金融需求的特征分析

（一）现有研究所刻画的农村金融需求特征

现有的研究通过对农户金融需求的直接调查分析，可以刻画出农户金融需求的特点。其主要表现在：

1. 农户金融需求的层次性

随着农村经济的发展以及农户经济行为的变化，带来了农户金融需求的变化。现阶段城乡经济二元化特征依然存在，同时农村部门中第二、第三产业也在快速增长，农业产业化、组织化程度在不断提高，农村劳动力外出务工、转移增多，这些都决定了农村、农业经济结构以及农户经济行为的变革。农户不同的经济行为带来了不同层次的金融需求，这里不仅包括存贷款服务需求，也还产生了包括结算、汇兑、金融咨询、租赁、信托、保险、信用卡等一系列的金融服务要求。在此我们关注的主要是农户的信贷需求。从信贷需求来看，中国农户的信贷需求具有鲜明的多层次性特征。如果我们将农户根据其经济活动内容与规模划分为贫困农户、一般种养业农户和市场型农户，那么不同农户的金融需求可以分为生存性信贷需求、简单再生产信贷需求和扩大再生产信贷需求。对应于不同的金融需求，也需要不同的供给方式来满足（见表1）。

表1　中国农户信贷需求主体的层次性、主要信贷需求特性与满足方式

信贷需求主体层次	主要信贷需求特征	可用于满足信贷需求的一些主要方式和手段*
贫困农户	生存性和简单再生产金融需求，如生活开支、小规模种养业生产贷款需求	民间小额贷款、小额信贷（包括商业性小额信贷）、政府扶贫资金、财政资金、政策金融
一般种养殖业农户	简单再生产与部分扩大再生产金融需求，如小规模种养业生产贷款需求、生活开支	自有资金、民间小额贷款、合作金融机构小额信用贷款、少量商业性信贷
市场型农户	扩大再生产金融需求，如专业化规模化生产和工商业贷款需求	自有资金、商业性信贷

注：*这里未列入商业信用。后者对所有市场主体都发挥作用。

资料来源：原始表格源自冯兴元、何梦笔和何广文，2004。在此基础上做了一些修改加工。

2. 农户信贷需求总量大，单笔贷款额度小

中国农村金融市场的需求总量巨大，农村金融需求包括农户需求、农村中小企业需求和农村建设与开发需求，其中农户需求是主要方面。中国是一个农业大国，农户是生产的基本单位，农户的经营活动呈多样化的特点，除了农业生产之外，农户还从事非农活动和就业。中国农村经济中，农户是投资主体，占农业投资的很大比例。农户投资的来源除了自我积累以外就是依赖信贷资金。因此，中国农户对农业信贷的需求规模非常大。这从现有研究的调查结论中也可以获悉。

同时，由于中国农业是一家一户的小生产，农户非农活动和就业的规模也比较小，所以单个农户对信贷资金的需求并不大，主要用于农业产前、产中和产后的投入。非农活动主要是加工业和小商业，所需要的资金规模也比较小。

农户消费需求也是农村信贷的重要组成部分。农户消费信贷主要用于医疗、教育、建房、食品和日用品以及农村红白喜事，这部分的需求也呈单笔小、总额大的特征。

3. 农户信贷需求弹性小

这是由农户的生产和生活特征决定的。中国人均耕地少，加上一家一户的小农耕作，农业商品化程度低，农业生产的一个重要功能是满足家庭对粮食的需求，因此，农产品生产的价格弹性不高，那么农业的投入弹性也就小，对信贷的需求弹性也就低。和中国农村情况类似的印度也是这样，Clive Bell、T. N. Srinivasan 和 Christopher Udry（1997）利用在印度旁遮普邦 1980—1981 年的调查数据研究发现，农村普遍存在着实际信贷的需求弹性非常低，农户对信贷的需求量对于利率的反应不明显。

4. 用途多样化

农户信贷的用途呈多样化的特点，除了满足农业生产所需要的资金投入以外，农户的消费信贷需求也是非常重要的一个方面。由于资金的流动性和可转移性，家庭资金用于生产和消费的资金严格来说无法区分开来。家庭资金需求既包括了生产用途资金，又包括了诸如食品、教育、医疗、生活用品、建房以及紧急情况等在内的消费需求。农户对贷款的使用在家庭内部很难区分，以生产资金名义取得的贷款很可能被用于消费，或者贷款替代了原来用于生产的家庭资金，这样，家庭中的生产投入并没有改变，而用于消费的资金则增加了。农户贷款用途多样化对金融机构的经营是一种挑战，金融机构所提供的用于生产的贷款被用做或被转移到消费上，因此对贷款的审批就不能完全仅仅以所申请项目的可行性作依据了，还应该综合考虑农户的收入来源和经济状况。农户需要贷款用于多种用途，这是农村信贷资金的一个重要特征，也是农村金融机

构在产品开发和设计过程中要考虑的一个重要因素。

5. 来源广泛

尽管正规农村金融市场在农村地区很不发达，所提供的服务有限，但是农户资金借贷的来源却是广泛的。正规金融市场只满足了部分农户的需求，或满足了部分农户的资金需求，农户资金借贷中则更多地来自于非正规金融。大量研究发现，中国农村非正规借贷在农村金融市场中起着非常重要的作用，满足了农户的很大一部分需求，成为农村金融市场最活跃的部分。

农村非正规借贷的特点是消费类借贷多，亲属和朋友间的无利息借款多，有息借贷多处于地下或半公开状态。同时，在一些发达地区非正规金融呈现出了一些其他特点，如由以本地区为主，开始向跨村、跨乡甚至跨省借贷转变；大额借贷比重不断增大，无息借贷比重逐渐降低；借款用途由消费性贷款向生产经营性贷款转变，即用于加工业、运输业和养殖业等能短期见效的项目增加，而用于传统粮食种植和婚丧嫁娶之类的生活贷款呈现递减趋势；借贷手续逐渐规范，纠纷逐渐减少，过去以口头信用约定为主，符合农民文化水平较低的现实，现在随着风险意识的增强，出现了以存单、债券、房地产等抵押、质押的情况；农村民间金融组织化程度明显加强。

6. 农户的信贷需求对现行农村金融产品创新提出了更高的要求

现有研究表明，无论是从贷款的额度、期限或者保证方式，现行农村金融产品均距离农户期望有一定距离。农户实际能得到的来自正规金融机构的贷款额度远远低于农户信贷需求的预期，实际借款期限大大短于农户期望的借款期限。因此，从农业生产特点以及农户经营行为的特征出发，对农户的信贷供给，在额度与期限上应该更具灵活性。同时，针对农户缺乏抵押担保品的现状，如何创新信用保证方式应该成为正规金融机构业务创新的核心。对于农户而言，利率并不是其是否要借款的决定性因素。农户可接受的利率水平的范围较广。

（二）“三化”协调发展将对农村金融需求的进一步影响

1. 工业化与城镇化对农村金融需求的影响

工业化与城镇化的发展对农村金融的影响首先表现在对农村、农业经济的影响。

其一，在工业化与城镇化的进一步发展下，作为农村工业化典型代表的乡镇企业必将进一步加强结构调整，促进产业结构的优化升级，这将进一步加快农村产业的非农化步伐。

其二，推动新型工业化发展的过程中，必将带动产城融合，使得更多农村富余劳动力实现就业空间和就业部门的双重转变，从而带动农业生产方式的转变，使得农业劳动手段进一步现代化，农业生产进一步专业化与集约化。

其三，工业化与城镇化的进一步发展，也将进一步改变农村的生产和生活方式，使得更多农民获得从事非农产品和自我发展的机会，农民从业结构进一步发生改变。

基于上述工业化与城镇化带来的农业、农村经济的变化，农村金融需求也就有了一些新变化。

其一，以乡镇企业为代表的农村中小企业是农村金融需求的重要主体之一。

其二，农户的兼业化使得农户的金融需求呈现出多元化特征。尤其是农户从事非农产业与自我发展机会的增加，将会带动农村地区大量小微企业的发展，这些小微企业将成为农村金融的又一重要需求主体。

2. 农业产业化与农民组织化对农村金融需求的影响

要想实现农业现代化，农业的生产经营方式必将发生巨大变化，农业产业化发展的程度也将进一步深化，同时农民的组织化程度也将不断提高。这些变化也将对农村金融需求产生重大影响。

农业产业化发展与农民组织化程度的提高对农业经济、农村经济也将产生重大影响，进而对于农村金融需求也必将产生影响。

其一，随着农业产业化的发展，农业生产向产前、产后的延伸，将使得传统的农业生产变为农业产业化链条上的一个环节，农业将转变为“产业链条上的农业”，无论是采取“龙头企业＋农户”的方式，或者是“农民专业合作社＋农户”的方式，作为产业链条上的农户在进入市场时，将具有更强的市场地位。

其二，农业产业化发展与农民组织化程度的提高，也将带来农业生产规模的扩大，以龙头企业或者农民专业合作社为主体的现代农业要求规模化、专业化与集约化的生产，在产业化发展的过程中，土地通过各种方式流转后的集中已成为必然的发展趋势。

其三，农业产业化的发展也将带来农业经营主体的多元化，在产业化的链条上，各类型涉农的产业化龙头企业、农民专业合作社与分散的农户（可以是规模经营的农户或者小规模农户）都将成为农业经营主体。

由此，农村金融需求特征也将呈现出新的特点：

其一，产业化发展与组织化程度提高所带来的农户市场地位的提高，将使得农户具有了比传统农业条件下更强的承贷能力。

其二，农业产业化发展与农民组织化程度的提高将带来农村金融需求总量的大幅增加，同时单个农业经营主体的规模化生产也将带来金融需求的增加。

其三，农村金融需求多元化的特征也将进一步显现，这些需求将包括农业产业化龙头企业的金融需求、农民专业合作社的金融需求、规模化经营的农户的金融需求以及小规模农户的金融需求等。

三、中原经济区农村金融改革与创新现状评析

（一）河南省农村金融改革进展

1. 农村信用社改革稳步推进

立足于全国农村金融改革的进展，河南省作为中部农业大省，也历经农村金融的改革进程。在始于2003年的农村信用社产权改革中，河南省作为第二批进入试点的省份，改革的步伐不断加快。2007年，河南省有106家农村信用联社通过人民银行和银监会的兑付考核，累计兑付票据资金达97.28亿元，兑付机构及金额均居全国第二批21个改革试点省前列。资金扶持政策的正向激励作用逐步显现，农村信用社的财务状况明显好转，实现利润增长近九成。截至2008年末，全省145家农村信用联社已有138家联社通过中央银行专项票据兑付考核，占县级联社的95%，获得资金139.51亿元，占票据总额的95%。资金正向积极作用显现。农村信用社历史包袱有效化解，资产质量明显改善，资金实力、盈利能力明显增强，服务“三农”力度加大。2008年末，农业贷款余额为1 323亿元，较改革之初增长63.2%。产权改革进展顺利，截至2008年末，组建农村合作银行2家，组建统一法人机构138家。截至2009年9月末，河南全省农信联社各项存款余额3 306.79亿元；各项贷款余额2 424.91亿元，其中，农业贷款余额1 686.60亿元。河南全省145家联社，有128家实现盈余，盈余金额34.64亿元；有18家亏损，亏损金额2.45亿元；盈亏轧差后实现盈利32.19亿元。

截至2012年4月末，全省农村信用社共有143家县级法人机构，其中18家农村商业银行、1家农村合作银行、124家县级联社，5 326个营业网点，8万多名员工。资产总额6 300.36亿元，各项存款余额5 191.59亿元，各项贷款余额3 407亿元，存、贷款市场份额分别占全省银行业金融机构的18.11%和18.57%，自2005年以来，全省农村信用社存、贷款规模、市场份额连年位居全省银行业金融机构首位。

2. 新型农村金融机构改革取得进展

在农村金融准入新政的试点中，农村新型金融机构设立取得突破性进展。截至2011年末，河南省内已经成立村镇银行46家。2012年以来，河南村镇银行的组建步伐日趋加快。其中，中银富登和建设银行已完成在河南14个县（市）开设村镇银行的考察选点工作，澳洲联邦银行在河南开设的村镇银行年底有望达到10个，而台湾环宇财务公司更是与河南省政府签订了设立36家村镇银行的意向书。目前，河南全省村镇银行的主发起行类型已覆盖所有类型的商业

银行，全省18个省辖市也已基本实现村镇银行全覆盖①。

同时，河南省小额贷款公司试点工作也在稳步推进。2009年1月9日，河南省政府办公厅下发《关于开展小额贷款公司试点工作的意见》，正式启动小额贷款公司试点工作。2月27日，《河南省小额贷款公司试点管理暂行办法》正式通过并对外发布。按照省政府的计划安排，河南省小额贷款公司将分“三步走”，“上半年，原则上除济源市成立一家试点公司外，其他17个省辖市各成立两家；年内推广到全省范围，计划是一个县一家”。2009年7月10日，河南省首家主要面向中小企业和“三农”发放小额贷款的专业性贷款公司——长垣县银丰小额贷款有限责任公司正式投入运营。长垣银丰由河南省亿隆集团有限公司作为主发起人，联合9个自然人共同发起设立，公司注册资本2 000万元人民币。2009年7月28日，许昌县银信小额贷款股份有限公司在许昌市正式开业。其由河南冷王冷藏物流运输公司发起成立，注册资本金4 000万元。根据中国人民银行发布的《2012年第一季度小额贷款公司数据统计报告》，截至2012年3月底，河南省已成立小额贷款公司188家，小额贷款公司从业人员2 548名，实收资本68.71亿元，贷款余额69.90亿元，贷款余额占全国小额贷款公司总贷款余额的1.57%（见图1）。

由此可见，在农村金融改革的进程中，河南省农村金融服务体系正在逐步完善。

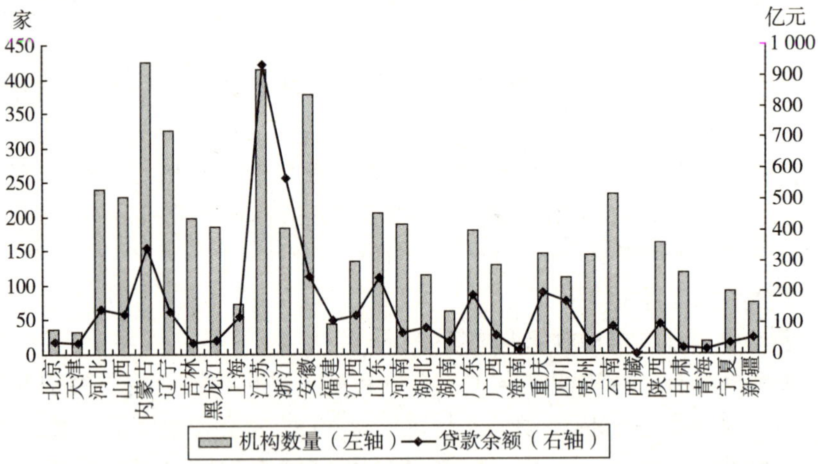

图1　2012年3月末小额贷款公司分地区统计机构数量与贷款余额

① 数据来源：http：//finance. people. com. cn/GB/70846/18018730. html。

（二）中原经济区农村金融改革与创新现状评析

1. 竞争性的农村金融市场开始形成

从上述对于农村金融改革进展的分析可以看到，在河南省辖内，农村金融领域内不再是农村信用社的“准垄断”供给，随着农村金融准入新政的实施，新型农村金融机构在不断发展，也成了农村金融市场的供给主体，23 家村镇银行、188 家小额贷款公司虽然在数量上并不占据什么地位，但是其着眼于农村金融服务的特点却表明农村金融的市场主体在不断丰富，竞争性的市场在逐渐形成（见图 2）。同时值得注意的是，邮政储蓄银行成立，成为农村金融市场的组成部分，包括从 2008 年开始的农业银行“三农”事业部的建立，都表明农村金融市场已见雏形。

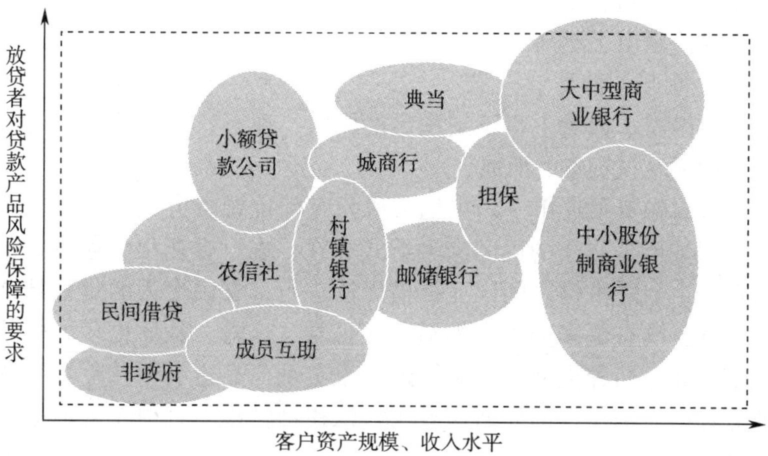

资料来源：中国农业大学农村金融与投资研究中心研究报告。

图 2 竞争性农村金融市场的基本格局

2. 农村金融供需缺口巨大

由于农村金融组织发展的滞后，农村的金融供给总量提高缓慢，难以满足新农村建设中日益增长的农村金融需求。农村金融供需缺口的存在集中体现在县域金融机构的资金外流。截至 2005 年末，河南省县域金融机构存款余额 3 947 亿元，贷款余额 2 281 亿元，与 1999 年相比存款增加了 2 282 亿元，而贷款仅增加了 509 亿元。7 年间，县域存款占全省金融机构存款的比重下降了 3 个百分点，而贷款则下降了 15 个百分点，存款大量流入了城市，2005 年末，河南省县域金融机构上存资金余额为 1 614 亿元，上借的资金余额为 573 亿元，仅通过该渠道就净流出资金 1 041 亿元。2006 年底，河南省农村人口占全省人口的

67.5%，第一产业增加值占GDP的比重为16.4%，河南省农村居民储蓄存款占城乡居民储蓄存款的比重为23.6%，而所有金融机构信贷中农业贷款和乡镇企业贷款分别占各项贷款总额的10.3%和1.9%，合计仅为12.2%，也即农村居民提供了全省全部存款的将近1/4，但获得的信贷支持却不足1/8。同时，金融机构的存差问题也很值得关注，这表明了资金的非农化趋势。以农信社为例，截至2012年4月末，全省农村信用社各项存款余额5 191.59亿元，各项贷款余额3 407亿元，存差为1 784.59亿元。

另外，根据世界银行2004年的研究，中国农村非农产业的资本边际收益率远远高于城市工业，2001年曾高达5.2倍。以上数据说明河南农村的金融需求还远未得到满足，巨大的金融缺口限制了农村经济的发展，同时也降低了金融资源的使用效率。随着新农村建设的深入开展，农村的金融需求必将快速增长，为农村金融供给提出了更高的要求。

3. 农村金融服务种类单一

在农村金融需求数量上得不到满足的同时，现有农村金融服务的种类又过于单一，阻碍了农村资本的形成。

首先，农村融资渠道单一，正规渠道只有间接融资方式，直接融资方式则主要以非正规甚至是非法的民间金融形式存在，农村企业很少通过发行股票债券来筹措资金，金融机构之间同业拆借无法进行，农民个人的货币结余也只能选择储蓄存款，没有更多的投资渠道购买证券、保险，从而更多地依赖间接融资。而从信贷业务品种上来看，尽管近年来金融产品也有一些创新，各个机构的信贷业务种类在增加，例如河南省农村信用社推出了针对个人的个人综合消费贷款、助学贷款、金燕快贷通、个人助业贷款、个人汽车贷款等业务，针对公司的仓储抵押循环贷款、个体工商户创业贷款、企业保证贷款等业务，但从业务操作来看，仍更多地强调传统抵押担保方式，适应于农户、小企业等小客户特点的业务创新仍然不足。

其次，农村金融的中间业务产品极少，目前只有结算、汇兑、代收代付等少量传统的中间业务，抵押、担保、承兑、贴现、承诺、咨询服务等业务还很少。

最后，农村地区证券、信托、基金等投资银行业务尚属空白。另外，在服务种类无法满足农村金融的同时，现有的服务项目价格又过高，造成了农村金融服务的低效率。2004年发布的《中国人民银行关于调整金融机构存、贷款利率的通知》把农村信用社贷款利率最高上浮系数调整为基准利率的2.3倍。目前河南农村信用社的贷款利率普遍接近上限，过高的利率使众多中小企业和农户望而却步。

4. 农村金融组织的结构不合理

河南农村金融组织虽然表面上具备了农村信用社、农业银行、农业发展银行等合作性金融、商业性金融和政策性金融机构，但在结构上还存在很大的缺陷，各类金融机构都未能在支持农村经济中发挥应有的作用。继工行、中行、建行等商业性金融机构在农村地区的分支迅速撤并以后，作为农村地区唯一国有商业银行的农行也显示出较大的“城市化”倾向，其支农的效果不佳，在县域内的贷款也更多地投向工业领域，对农业的直接支持不足。农业发展银行名义上是政策性银行，但目前的状况是业务过于单一，不能向一般的涉农企业和农户提供贷款。农民和农村地区中小企业接触最多的依然是农村信用社。

而作为农村金融改革主要进展的新型农村金融机构虽有一定发展，但还有较大的发展空间。

四、中原经济区农村金融综合改革路径探讨

（一）中原经济区农村金融机构多元化的路径

1. 加快推动农村信用社产权管理体制改革

自 2006 年底银监会发布农村金融改革的新政以来，村镇银行等三类新型农村金融机构迅速成为各界关注的焦点。相比之下，关于农村信用社改革与发展的话题似乎逐渐淡出了人们的视野。然而实际上，在农村金融新政所构建的多元化农村金融市场框架下，如何进一步通过改革与创新促进农村信用社发展更加值得关注。因为即使新型农村金融机构的引入对于农村金融发展具有多重积极意义，然而不可否认的是，农村信用社作为农村金融“主力军”的地位在相当长时间内将是无法撼动的，其改革与发展将直接关系农村金融整体发展。

2008 年 2 月，在银监会召开的全国农村中小金融机构监管会议上，银监会相关负责人对外正式表态，将对农村信用社产权和省联社管理体制进一步改革，即农村信用社“二次改革”即将启动。2008 年 7 月，银监会分管农村金融的副主席蒋定之赴浙江、宁夏等地调研时明确，农信社改革要坚持股份制的改革方向，产权改革和管理体制改革将成为下一步改革的核心和重点。至此，从政策视角而言，农信社二次改革的路径逐渐清晰，与 2003 年改革提出的三种产权模式不同，此次改革确定了农信社股份化的改革方向。那么，在此政策背景下，农信社做大做强、走出县域已经成为发展的必然趋势。

（1）股份制改革方向的明确必然推动农信社做大做强、走出县域，而做大做强后的农信社可能会与支农惠农的政策性目标进一步脱离，但这与构建多元化竞争性农村金融市场的逻辑并不矛盾。

长期以来，农村信用社披着“合作金融”的外衣，但实际上大多数机构既

不是单纯的合作制，也不是单纯的股份制，股权分散导致“实际上的所有者缺位”，同时，由于对发展目标的争论一直没有定论，致使其长期徘徊在“政策性”与“商业化”定位之间，而这些严重制约了农信社的改革与发展进程。在此次关于农信社“二次改革”的方案中，股份化改革路径的确定，无疑给农信社以明确的发展方向，在此明确的发展方向指引下，必将有利于其市场主体地位的确定。多年来，这显然与长期以来我国围绕构建多元化竞争性农村金融市场的改革逻辑是一致的。当然，在农信社股份制改革之后，尤其在做大做强之后，政策性的支农惠农义务就难以兼顾，这就需要配套政策的支持。

（2）在股份制改革方向指引下，农信社做大做强乃至走出县域固然十分必要，但是，从城乡日趋一体化的金融市场而言，农信社在县域内对金融资源配置所占据的比较优势十分突出，县域金融仍是其发展的根基所在。

从农信社自身成长来看，只要农信社本身存在这样的需求并且条件允许，做大做强甚至走出县域范围拓展业务都是必要的，因为作为独立市场主体而言，只要在符合金融监管的基本框架之下，如何选择自己的发展模式都是无可厚非的。然而，从目前乃至将来较长一段时间来看，绝大多数农信社并不具备与城市大型银行机构竞争的实力，反而在县域内其在人缘、地缘上具有大机构不具有的比较优势，因此，立足县域仍是其发展的根基所在。

（3）在明确了农村信用社股份化改革路径的前提下，着力推动以下问题的解决。

第一，农信社改革要达到什么目的，怎样才算农信社改革成功到位？基本政策的要点在于改变农村信用社的激励模式，硬化预算约束机制，逐步确立起市场主体地位，完善其治理结构。从农村信用社已有的改革与制度变迁来看，农村信用社的改革主要来自于行政的激励，对改革的行政激励其原始的来源就是政府在农村金融领域所负有的责任，但是对农村信用社简单的补贴政策（包括优惠的资金支持、对亏损的最终埋单等）却进一步强化了其面临的软预算约束机制，使得农村信用社难以成为独立的市场主体，并在农村金融市场上真正发挥作用。因此需要探索的是如何建立起对农村信用社的经济激励机制。其实，近年来的改革中已经对此有所体现，改革的经济激励已经初步显现，但是在各地区的表象却很不一致。在经济较发达地区，能够观察到这种经济激励的作用，面对逐渐形成的竞争市场，农村信用社独立的市场主体地位已初步确立，在市场约束下，经营者的利益与机构利益达成一致，改革的积极性与成效都十分显著。而在欠发达地区，农村信用社的“准垄断”地位还没有根本的改善，软预算约束问题还相当严重，构建有效的激励模式还有待进一步探索。

第二，股份制并不是万能的，产权制度的变革固然重要，但是如果依然像历次改革只是拘泥于形式与数量的调整、管理权利的再分配，则农信社的根本问题仍然很难解决。在股份制改革路径之下，机制的完善、治理结构作用的有效发挥应是关注的焦点。在完善农信社法人治理结构的同时，建立农信社的市场约束机制。

第三，做大做强并不意味着一定要做大法人。在整合农信社金融资源时，要避免组织制度变革中的“一刀切”现象，应充分考虑地区发展的差异性。以有利于农村金融市场竞争的强化和提高金融服务效率为优先目标，确实选择适应当地金融市场与机构长期发展的组织形式。

第四，此次改革无疑又是一次以政府推动为主的改革历程，虽然政府推动的强制性制度变迁有一定优势，但是就农信社长远可持续发展而言，利益导向下的能够激发农信社自身创新意识的诱致性制度变迁更有利于其长远发展，因此，在政府的改革框架之下，如何引导农信社自主创新意识，避免行政上的股权向上集中和机构合并是改革在推进过程中不可忽视的问题。

第五，如何兼顾支农惠农的政策性目标，不应是农信社的问题，而应从政府在农村金融市场上的作用这一视角来设计相应的制度框架。作为独立市场主体的农信社也好，或者其他的金融机构，实现利润最大化才是其最终的目标，而引导资金进入弱质性的农业、农村地区，则是政府需要做的，可以通过一系列配套措施，诸如在税收、法律等方面的制度安排来兼顾。

2. 积极引导新型农村金融机构的组建

针对农村金融市场体系构建的增量改革，其政策重点在于促进农村其他金融机构和非正规金融的有序合理发展，实现金融机构的多元化，最大限度地满足农村金融需求。

一是建立良好的金融生态环境，为村镇银行等新型金融机构发展奠定坚实的基础。新型金融机构内外的运行环境对其发展起着非常重要的作用，例如，为村镇银行搭建友好的支付结算平台，为小额贷款公司提供信贷征信查询服务等。同时，由于金融市场的迅速发展，国家隐性担保已不足以支撑农村金融体系的风险，因此，建立存款保险制度、农业保险机制是必要的，而政府应该为商业保险机构、村镇银行、农户和中小企业提供交流平台，发挥协调和适度控制作用。

二是降低门槛，扩大融资渠道。对于村镇银行的发展而言，银监会虽然对主发起人的持股比例已经作出调整，由最初最低持股20%下降至15%，但是对于“只有现有银行机构作为主发起人”的限制，客观上就把其他非银行金融机构、企业法人机构等排斥在外，造成事实上村镇银行在发起阶段就面临较高的门槛。当然，这样的制度安排是考虑到了风险的可控性，但是也造成了主发起人不足的问题。如果有良好的政策和监管措施配套实施，现阶段即使不能对一般企业法人放开，可以考虑赋予其他有条件的非银行金融机构如信托公司等做主发起人的资格。同时，鉴于村镇银行缺乏社会认同，吸储能力较弱，政策上要有所倾斜，比如通过市场机制从邮储银行等机构拆借，并鼓励村镇银行通过发行债券、票据等渠道进行融资。而对于小额贷款公司而言，同样面临着扩大融资渠道的问题，现行政策允许小额贷款公司可以向不超过两个债权人介入不超过其资本金50%的资金，但是这也远远满足不了其需要。

三是监管部门和政府扶持发展，引导建立严密的风险防控机制。监管部门和地方政府要综合运用财税杠杆和货币政策工具，定向实行税收减免和费用补贴，引导村镇银行和小额贷款公司延伸和发展针对农村和农户的金融服务。

四是推动村镇银行等新型金融机构产品及服务的创新。对于县域内的客户，如果没有创新，新型金融机构很难在这个不属于传统信贷市场的领域内获得发展。因此，政府要积极引导和推动新型农村金融机构加大创新力度，如加强和政府以及农民双边的联系，主动了解当地农业的发展情况，区分不同的客户对象，并据此研发对应的金融产品。

3. 引导包括邮储银行等在内的其他金融机构建立小额信贷机构

农村金融机构多元化、市场化改革的路径既是中国整体经济、金融改革的逻辑必然，同时从市场角度来看，也是市场发展的结果。随着中国传统信贷市场逐渐饱和，以小客户为主要需求主体的小额信贷市场逐渐成为各类机构关注的业务重点之一，小额信贷市场是中国信贷市场的蓝海（何广文等，2011）。

第一，组建微小信贷专业部门，或者是逐渐实现客户群体的下移。如农业发展银行的小企业贷款模式。在2005年银监会《银行开展小企业贷款业务指导意见》（银监发〔2005〕54号）出台以后，农业发展银行于2006年出台了《中国农业发展银行农业小企业贷款试点办法》，并从2007年4月开始，农业发展银行陆续开展了农业小企业贷款业务，对农业和农村经济发展影响比较大、具有广泛代表性的农、林、牧、副、渔业从事种植、养殖、加工和流通的小企业以及种植养殖加工一体化的农业小企业提供贷款服务。2010年末，农业小企业贷款余额达到85.89亿元。如农业银行的“三农”金融事业部模式。为有效服务农户、农村小企业，从2007年开始，农行在全国8个省市进行服务“三农”试点，2008年推行“三农”金融事业部制改革试点，2009年5月底，中国农业银行还正式下发《农户小额贷款管理办法（试行）》，从农户需求特点出发，设计了与农户贷款需求特点相适应的制度安排，降低贷款成本，最大限度地简化各种手续，规范办贷流程、提高办贷效率，并将单一农户授信额度界定为3 000元至5万元，大大提高了农业银行农户小额贷款的可获得性。并构建了“网点+ATM+三农金融服务站+电子银行”模式，建立多层次、广覆盖的金融服务渠道体系。再如，邮政储蓄银行的北京大兴模式。2009年，中国邮政储蓄银行北京分行在大兴区成立了“三农”信贷专营机构，支持区内龙头企业种植、养殖等产业链发展以及涉农重点建设项目。并通过采取主动上门宣传、调查，集中上报、集中审批、集中放款的方式，大大缩短了贷款审批时限，小额信用贷款采取“三户联保、合作社担保和村镇干部增信保证”的创新组合模式，在有效控制贷款风险的同时，极大地解决了农民贷款抵押担保难的问题。

第二，投资兴办村镇银行、贷款公司，由村镇银行、贷款公司去发放小额贷款，或者去投资参股、兼并、收购欠发达地区的农村金融机构。如农业银行投资村镇银行，强化“三农”金融服务。2008—2010年，中国农业银行先后成立了湖北汉川农银村镇银行、内蒙克什克腾农银村镇银行、陕西延安安塞农银村镇银行、安徽绩溪农银村镇银行。

第三，构建向小额信贷机构提供批发贷款的机制。虽然在中国还没有专业的批发机构存在，但在中国小额信贷的实践中，类似的机构事实上已经存在，最具代表性的机构如国家开发银行、农业银行等，正积极地涉足小额信贷行业的各个方面。

第四，对小型金融机构提供能力建设支持，特别是IT技术、治理结构完善、财务辅导和业务培训等支持，增强它们提供小额贷款的能力。

（二）中原经济区农村金融本土化发展的路径

如何实现金融本土化发展，对于推动农村金融发展具有重要意义。具体而言，要实现中原经济区农村金融本土化发展，主要思路有两个。

1. 推动本土化金融机构的快速发展

从理论上而言，只有本土化的机构才更愿意也更有优势服务于本地居民与企业。因为这类机构以服务地方为宗旨，与地方经济和政府有着天然的血脉联系，是荣衰与共的利益共同体。无论宏观经济形势如何变幻，本土化机构始终是地方经济发展的主流先锋。而从农村金融需求主体的特点来看，也只有本土化的机构才更便于利用地缘、人缘的优势，通过不同形式的金融合作来解决金融机构与借款人之间的信息不对称。因此，促进中原经济区农村金融本土化发展，首先要推动本土化金融机构的快速发展。

本土化的金融机构不仅仅包括作为农村金融主力军的农村信用社，也涵盖了那些根植于农村社区的资金互助活动（包括政府推动下的社区发展基金）等。农村信用社的发展问题前述已经讨论，在此不再赘述，仅针对资金互助组织展开分析。

一般而言，资金互助组织是指通过资金在一定成员群体内的动员和流转，为成员提供了一个低成本融资的渠道，并以此促进居民的消费和投资。资金互助组织，广泛存在于发展中国家，我国目前的农户资金互助合作组织，实际上分为两种情况。第一种是在2007年银监会《农村资金互助社管理暂行规定》出台后，按照银监会的新规则组建的正式金融组织。根据银监会的界定，农村资金互助社是指经银行业监督管理机构批准，由乡（镇）、行政村农民和农村小企业自愿入股组成，为社员提供存款、贷款、结算等业务的社区互助性银行业金融机构。如2007年3月9日按照新规定转型而成立的吉林省梨树县闫家村百信农村资金互助社，以及后来产生的甘肃省景泰县龙湾村石林农村资金互助社、甘肃岷县洮珠村岷鑫农村资金互助社、乐都县雨润镇新乐农村资金互助社等。第二种是在农村正规金融供给不足的约束条件下，农村自发创新的农村资金互助社，这是一种非正规金融组织，还没有纳入政府有关监管系列，但这些组织中有些已经取得法人资格，或者在民政部门登记，或者在工商部门注册，成为正式组织。如河南省濮阳市农村贷款互助合作社等。

在中国各地不断被复制和推广的资金互助合作社，其组织的基本形式和原理大同小异[①]，即基于一定社区（村）、一定经济区域的全部或部分村民和小企业，按照一定规则出资，组成仅限于成员间不断借贷的信贷基金，满足成员的小额信贷资金需求（见图3）。这是一种典型的本土化金融组织，促进本土化金融机构发展，也需要积极推动农户资金互助活动的发展。

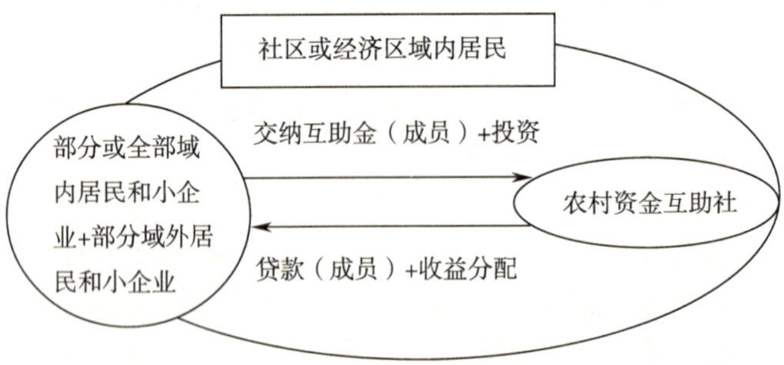

图3 农户资金互助合作的运作

① 包括上述银监会新政后正规金融领域内的农村资金互助社，因为也是脱胎于民间自发的农户资金互助活动，因此其基本原理与此类似。

针对中原经济区农村金融的实践，发展这类组织需要关注①：

第一，不急于将非正规化的互助组织提升为正规化组织。河南属于欠发达的传统农区，农户资金互助组织的发展及创新应有别于发达地区。当然，河南地区内部，各地的经济发展水平也有较大差异，因地制宜，合理确定创新模式是关键。目前，河南农户资金互助组织均属于非正规化的组织，这种类型的组织运作成本较小，在欠发达地区较为适宜。若强制转化为正规组织，可能会由于社会经济条件的不适应而适得其反。民间自发产生的资金互助组织，在较小规模的情况下之所以也有生存能力，就在于其非正规性，在于它的组织运作成本低、业务成本低、人员成本低、经营风险低，利用业余时间开展活动。同时，组织运作成本和业务成本以外的其他成本，如政府管理成本、税收等是不存在的，它们可能难以承担银监会新规定中的正规化的成本。

第二，互助组织的目标应该是建立“小而精”的微型农村金融机构。资金互助组织自身发展定位中要妥善处理好“做大做强”与“ 做小做精”的关系，大的金融机构固然能够提升资金实力，增强抵抗风险的能力，却会增加各种成本，不利于与低收入的农户开展业务，渐渐偏离了资金互助社填补农村金融服务空白的目的，走上农信社和农业银行发展的老路，小的金融组织经营灵活，监管有力，经营成本低，能够满足小范围内农民的资金需求。中国不缺大银行，缺少的是能够为弱势群体提供金融服务的小银行，所以，互助社的目标应该是建立成为“小而精”的微型农村金融机构。

发展农村资金互助，切忌贪大求洋，要注意发展建立在地缘、血缘关系基础上的微小型农村资金互助组织。那些建立在地缘、血缘关系和村落小农经济基础上的农村资金互助组织，社员之间的信任和信息对称是其开展资金融通的基础，农村资金互助组织的最有效边界就是村落的边界。突破了村落的地缘和血缘边界，信息不对称就会产生，借贷风险也会大幅增加。

第三，合作社 + 资金互助是现阶段发展的主导模式。通过以合作社为平台，一方面在农民内部延长产业链，另一方面从外部引入信用、保险和财政支持，从而最大可能地降低风险，增强市场竞争力。例如梨树县太平合作社集工业合作、生产合作、消费合作和金融保险合作于一体，其运作的机制为农民 + 合作社 + 信用社 + 保险公司 + 财政支持。根据调查，信用社通过合作社开展“股权信贷”，使过去“农民—信用社”的信贷关系，变成“农民—合作组织—信用社”的股权信贷关系，把农村信用社和农民的利益连在了一起，互相

① 来源于作者2010年完成的河南省教育厅自然科学研究项目“农户资金互助模式与机制研究”（项目批准编号：2007790003）。

牵动，互相促进。

同时，对于新型农村金融机构而言，新机构的本土化发展也十分重要。分析已成立的村镇银行及贷款公司的发起人构成不难发现，他们几乎全部来自城市商业银行、城市信用社、农村信用社等地方性、区域性银行等金融机构，其运营和管理也基本由发起行负责。地方性、区域性银行金融机构如此积极地参与组建村镇银行和贷款公司，一个不容忽视的原因，就在于为了追求业务地域范围的扩大。但是，其跨地域开展业务，同时又面临一个新问题，就是如何实现机构的“本土化”。这一点对于为农村金融市场提供服务的机构尤其重要。因为与大的机构客户相比，农村的金融需求呈现出微型化、多元化的特征，而且农户不具有向银行提供完善的财务信息的条件。尤其是中国的农民，他们还缺乏合格的抵押担保品。因此，那种被大银行普遍采用的依据财务报表和数据来决定发放贷款的方式无法适应农村金融的需求。多年农村金融的理论与实践表明，成功向农村人口提供金融服务，必须依靠广泛的人缘、地缘优势，依靠那些熟悉农村情况的人来选择合格的贷款客户，有效控制风险。因此，对于村镇银行、贷款公司等“异域来客”而言，实现机构的本土化十分重要。对此，可以通过招聘本地信贷人员，或者建立社区参与机制来实现。所谓社区参与机制，如在小额信贷发放中设立项目执行小组，在推广农户小额信用贷款中由村支两委参与对农户的信用评级。

2. 推动金融机构的业务创新

作为农村金融需求的主体，农户、农村中小企业等小客户具有自身的特点，传统的信贷业务方式难以满足其资金的需求，因此需要加强金融机构的业务创新。

一是大力推广农户小额信用贷款和农户联保贷款。这是自 2002 年以来全国农村信用社在金融本土化思路下首次进行的业务创新，虽然各地实施的效果各异，但其在解决农户贷款难方面发挥了重要的作用。各金融机构要加强与信用协会或信用合作社等信用共同体的合作，运用联保、担保基金和风险保证金等联合增信方式，积极探索发展满足信用共同体成员金融需求的联合信用贷款。通过规范信用共同体内部的资信公开、信用评估、贷款催收等程序，完善内在激励约束机制，调动成员自我管理的积极性，促进金融机构有效降低信息采集、贷前调查、资信评估和贷后管理等成本，在有效控制和防范信贷风险的基础上扩大信用贷款发放。各农村合作金融机构、邮政储蓄银行和新型农村金融机构可以利用多种方式建立和完善农户资信评价体系，积极发放不需要抵押担保的小额信用贷款和农户联保贷款，扩大农户贷款覆盖面，提高贷款满足率。其他的金融机构也可以通过批发或转贷方式间接参与小额信用贷款业务。通过对守信用、按时归还贷款的借款人实施贷款利率优惠、扩大贷款额度等激励措施，促进农民和涉农企业提高信用意识。

二是创新贷款担保方式，扩大有效担保品范围。根据中原经济区农业发展情况和农村经济特点，依照相关法律，进一步扩大农户和农村企业申请贷款可用于担保的财产范围，积极规范和完善涉农担保贷款的业务操作流程，建立健全涉农贷款担保财产的评估、管理、处置机制。按照因地制宜、灵活多样的原则，探索发展大型农用生产设备、林权、水域滩涂使用权等抵押贷款，规范发展应收账款、股权、仓单、存单等权利质押贷款。原则上，凡不违反现行法律规定、财产权益归属清晰、风险能够有效控制、可用于贷款担保的各类动产或不动产，都可以用于贷款担保。

三是探索发展基于订单与保单的金融工具，提高农村信贷资源的配置效率，分散农业信贷风险。根据农业资金需求的季节性特点，围绕形成订单农业的合理定价机制、信用履约机制和有效执行机制，建立和完善农业订单贷款管理制度。积极推动和发展“公司＋农户”、“公司＋中介组织＋农户”、“公司＋专业市场＋农户”等促进农业产业化经营的信贷模式，充分发挥农业产业化经营的辐射拉动作用，推进优质高效特色农业加快发展。同时，金融机构也要加强与农村信贷担保机构、相关中介组织和保险公司的合作，以订单和保单等为标的资产，探索开发“信贷＋保险”金融服务新产品。鼓励和支持有条件的农村种养大户和有资质的农业生产企业通过投资“信贷＋保险”和信托理财产品，有效防范和分散涉农信贷风险。

四是在银行间市场探索发行涉农中小企业集合债券，拓宽涉农中小企业的融资渠道。鼓励产品有发展前景、业务经营好、资信优良的涉农中小企业，采用“分别负债、统一担保、集合发行”的方式，在银行间市场探索发行涉农中小企业集合债券。各金融机构应利用信息、技术优势和在银行间市场的销售渠道，为农业产业化龙头企业发行短期融资券和涉农中小企业发行集合债券提供增信和承销服务。

农村金融创新中担保问题研究

——以土地承包经营权抵押为视角

中国人民银行郑州中心支行办公室课题组[①]

摘要 农村金融是现代农村经济的核心，深化改革创新始终是农村金融发展的动力源泉。长久以来，“担保难”一直是农村金融服务提升的最大制约因素之一，而担保作为经济和金融联系的关节点，加强担保创新是推动金融创新的一个重要方向。无论是人保还是物保，最终都依赖农户的财产状况；而农村担保物中，土地使用权抵押不仅具有良好的担保价值，而且其能否抵押又决定着其他物能否成为担保物并影响其担保价值。因此，推动土地抵押是解决农村担保问题，构建完善的农村和农业担保体系的重中之重。受能力和篇幅所限，本文选取我国农地产权制度核心的土地承包经营权的抵押为视角进行探讨，以期为农村金融创新提供政策建议。

本文主要研究内容：首先，深入分析了制约土地承包经营权抵押的功能性、操作性、理念性等三方面障碍，并提出了破解的思路，其次，对我国一些地区探索开展土地承包经营权抵押的制度和实践进行了比较、总结、评价；最后，以制约土地承包经营权抵押的深层次因素、根本因素和直接因素——理念性障碍、功能性障碍、操作性障碍——为研究核心，提出了推进抵押的具体路径，并提出从国家层面先行试点、逐步推开来推动土地承包经营权抵押的政策建议。

本文的主要创新点：一是通过对制约土地承包经营权抵押的因素分析，创新性地提出了三方面制约因素（功能性、操作性、理念性），并在此基础上提出了推动土地承包经营权抵押开禁的研究思路：首先应破解理念性障碍，其次，要着力破解功能性障碍和操作性障碍，通过去社保功能化和强财产化、物权化创造土地承包经营权抵押的基础条件。二是通过讨论集体成员权及成员权与集

---

① 课题主持人：尹清伟。

课题组成员：高鹏、卫晓锋、王世佳、卢艳革、屈瑞亭、张文超、陈红、李红宇、徐书杰、程相镖、张国清、侯莹莹、江行义、王鹏。

体组织和国家的关系，分析指出土地承包经营权的去身份化，明确了农民获得社会保障和享受公共服务的依托点，回归土地承包经营权经济属性。三是从我国国情出发，提出了从国家层面先行试点、逐步推进实现土地承包经营权抵押政策建议。

关键词 农村金融 担保创新 农地抵押 土地承包经营权

一、我国土地承包经营权抵押困境解读

长久以来，“担保难”一直是农村金融服务提升的最大制约因素之一，而担保作为经济和金融联系的关节点，加强担保创新是推动金融创新的一个重要方向。允许土地承包经营权的流转、抵押是我国土地承包经营权制度的重大变动，因此，深入分析造成土地承包经营权抵押困境的因素，是解决抵押问题的前提。

（一）农地制度改革是农村金融创新的基础和前提

党的十七届三中全会明确提出“建立现代农村金融制度”，农村金融创新成为摆在我们面前亟待解决的课题。农村金融产品创新的关键在于担保方式的创新。担保分为物的担保和人的担保。对农村和农业经营来说，物的担保主要有土地承包经营权、建设用地使用权、宅基地使用权等土地使用权，附着于这些农地上的房屋等构筑物、种植养殖物等，及农业机具等生产资料；人的担保主要是农业经营主体相互之间、与其他自然人和组织之间，直接或通过合作社等社会组织协商一致形成的信用保证。人的担保依赖于人的信用，而信用的“可信度”和“保障能力”依赖的仍是保证人的财产状况，也就是说，人的担保最终仍要落实到具有财产价值的“物”上来。因此，无论何种担保，最终都依赖于农户的财产状况。而农村担保物中，除了土地使用权外，还有农作物、房屋、农业基础设施、生产资料等，但这些物多是土地派生物、衍生物或收益物、附着物，而且农产品、农业生产资料等由于价值评估麻烦且难以变现，大都不被金融机构认可。土地使用权抵押不仅具有良好的担保价值，且决定着其他物能否成为担保物并影响其担保价值。因此，从某种意义上来说，农村土地制度改革是建立土地使用权抵押和银行信贷之间的桥梁，是深化农村金融创新的基础。

（二）我国法律禁止土地承包经营权抵押，但为权宜性规定

根据《物权法》等规定，耕地等集体所有的土地使用权不得抵押，如果进行抵押或者抵偿债务依法应为无效。但是，此禁止仅具阶段性，为权宜性规定。

2007年王兆国在《物权法（草案）》的说明中指出：由于农村社会保障不完善，土地承包经营权是农民安身立命之本，放开土地承包经营权的转让和抵押的条件还不成熟。也就是说，随着经济社会的发展进步，如果土地承载的社会保障等功能逐渐消退，禁止性规定就会失去存在的必要。

（三）土地承包经营权流转、抵押开禁的障碍分析

1. 功能性障碍

由于农村社会保障体系不健全，我国在土地权利设立上作出了农村土地的经济效益功能让位于社会保障功能的土地权利制度安排，这是我国农村土地流转难的实质所在。如果放开土地承包经营权流转、抵押，可能造成农民因失地而失业、失社会保障，进而危及集体经济组织稳定、国家粮食安全等。

2. 操作性障碍

从经济和法律上来讲，要实现土地承包经营权流转、抵押，土地承包经营权作为财产权利的静态权利属性和内容，以及动态交易的权利流动规则、各参与方的权利范围、救济途径等，必须要清晰、确定、完整。但目前，流转、抵押所需的，权属确定清晰、内容完整明确的集体土地所有权、土地承包经营权、流转等权属制度，及配套的土地登记、评估、金融机制产品等市场机制，还未建立起来。

3. 理念性障碍

社会各界对家庭经营能否适应现代农业发展要求、土地流转是否危及集体土地所有制等农村基本经济制度、土地用途管制以及构建何种农村金融体制机制等仍认识不清。

因此，总体上来说，功能性障碍是影响土地承包经营权流转抵押的根本原因，逐步消除土地承载的社保功能，让土地承包经营权之于农民尽可能回归到纯财产属性，是抵押开禁的根本前提；操作性障碍是影响土地承包经营权流转抵押的直接原因，尽快完善我国集体土地所有权、土地承包经营权的内容和边界，推动土地评估、流转市场等中介服务和市场建设，是抵押开禁的法律条件；理念性障碍是影响土地承包经营权流转抵押的深层次原因，加强农业现代化、农业经营规律、制度的研究，深刻认识农村基本经济制度与现代农业发展要求的关系和适应性，探明我国农业现代化的方向、路径，是推动抵押实践的认识基础。

二、国内部分地区农村土地抵押的实践评价

通过对重庆、成都、辽宁、山东济宁、浙江湖州、江西万年、河南信阳等

地的抵押制度①，以及对贵州省湄潭县、重庆江津、宁夏同心、成都、山东济宁、浙江湖州、江西万年、河南信阳等农地流转抵押实践的考察，对各地实践进行总结、评价。

（一）我国部分地区土地承包经营权抵押试点实践评价

1. 试点区域一般为县或地级市区域，呈逐步扩大趋势

我国农地抵押实践，肇始于贵州省湄潭县土地金融公司，后经重庆江津、宁夏同心示范引导，目前，呈现出试点规模扩大、规范层次逐步提高的趋势，实践区域一般为县或地级市区域，如重庆、成都、山东济宁、浙江湖州、江西万年、河南信阳等。

2. 试点推动由自发到政府主动支持，土地承包经营权抵押逐步成为改革完善农村土地制度的重要突破点

从早期的佳木斯市试点（2000 年）到重庆江津试点（2005 年）再到宁夏同心试点（2006 年）、河南信阳试点（2008 年）、四川成都试点（2009 年），初期，以土地承包经营权抵押是农户与金融组织博弈、自主协商的结果，到后期，政府主动介入土地流转和抵押市场，为融资主体提供担保或社会保障，以解决后顾之忧。因此，从后期的信阳平桥试点到成都、重庆城乡统筹一体化，是一种由政府主导、农户参与而且上升到国家战略的一种土地流转（抵押）模式，土地承包经营权抵押已不仅是一种融资工具，更是地方政府以此为突破口，推进农村土地制度改革完善、促进社会发展和农业现代化的一个抓手。

3. 试点制度尚停留在政策层面，真正法律意义的抵押尚未实现

各地的抵押制度基本都以政府规范性文件出台，灵活性、针对性强，但立法层次低，约束力弱，特别是，根据为物权法定原则，土地承包经营权抵押不能通过行政手段等非立法手段创设。造成金融机构基于安全性、流动性和法律风险顾虑，参与意愿较低。例如，江津试点、明溪试点、平桥试点、武汉试点、

① 1. 重庆市：《重庆市人民政府办公厅关于开展土地承包经营权居民房屋和林权抵押贷款及农户小额信用贷款工作的实施意见》（渝办发〔2011〕11 号）、《重庆市农村土地承包经营权抵押登记实施细则（试行）》（渝金发〔2011〕4 号）、《云阳县农村土地承包经营权抵押贷款登记管理办法（试行）》（云阳府办发〔2011〕233 号）、《大足县农村土地承包经营权抵押及处置办法（试行）》（足府办发〔2011〕177 号）；2. 成都出台的抵押制度：《成都市农村土地承包经营权抵押融资管理办法（试行）》；3. 海南省：《海南省农村土地承包经营权抵押融资管理办法》；4. 辽宁省：《辽宁省农村信用社土地承包经营权抵押贷款管理暂行办法》（辽农信联〔2008〕386 号）；5. 山东济宁：《济宁市农村土地承包经营权抵押贷款管理办法（试行）》；6. 浙江湖州：《湖州市农村土地承包经营权抵押贷款管理办法（试行）》、《长兴县农村土地承包经营权抵押贷款管理办法（试行）》（长政办发〔2010〕70 号）；7. 江西万年县：《万年县农村土地承包经营权抵押登记管理办法（试行）》；8. 河南信阳：《信阳市农村物权确认和抵（质）押担保暂行办法》（信农改发〔2010〕70 号）。

崇州试点均突破现有的法律规定，为规避法律风险，银行很少接纳土地承包经营权直接抵押贷款，而是以将个人信用担保与土地承包经营权抵押进行联合的方式发放担保贷款，附加了额外条件，这不是直接抵押，进而影响了试点效果。以重庆市为例，截至2011年末，重庆四家银行（农商行、农行、农发行、邮储）“三权”抵押贷款余额为57.07亿元，土地承包经营权抵押贷款仅1.59亿元。

4. 试点视野局限在土地流转抵押的规则设计上，对农民社会保障、耕地和粮食安全等全局性问题考虑不足

总的来看，各地顺应农业发展新形势，大胆开展土地承包经营权抵押试点，但由于试点层级所限，试点地区没能站在构建完善符合我国农业现代化方向的农村基本经济制度的高度上进行创新，一些根本性问题没有得到解决。如进一步明确集体土地所有权、土地承包经营权、集体经济组织成员权的具体内容、权利界限，对失地农民的权益保障、粮食安全、农村集体经济组织稳定与存续等配套制度考虑不足。

5. 抵押模式主要遵循商业金融运作特点，未充分反映农业农村改革发展需要

总的来看，试点地区抵押机制的设计主要考虑如何获取商业性金融支持、保障商业性金融权益，未能坚持金融应适应农业经济发展需要的原则，对合作性金融、资金互助社等以农村熟人社会、人际信用为基础的金融形式未予充分重视。

（二）农村土地承包经营权抵押实践的启示

1. 土地承包经营权确权是实现抵押的前提条件

农地产权清晰是农村土地承包经营权的财产性、物权性的主要体现，是开展土地承包经营权抵押的前提。一方面，土地承包经营权必须在形式上固化为权利证书，通过登记、造册、颁证，明确权利人的姓名、承包地面积、空间位置、承包期限、承包要求等，以使其内容固定化、具体化和对象化；另一方面，又要在法律上明确土地承包经营权相对于其他权利人包括土地所有权人所享有的占有、使用、收益以及处分的权限和边界。

2. 土地承包经营权抵押必须充分考虑其特殊性

土地承包经营权是一种特殊的用益物权。首先，土地承包经营权基础是“名义”上的公有土地所有权，它不是国家、集体经济组织谋利的手段，而是公有土地得以分散利用的一种方法。传统用益物权面对的是私人所有权，是私人所有权谋取利益的手段。其次，我国土地所有权不可买卖，土地承包经营制度被赋予了土地利用与土地上权利流通的功能。而传统用益物权的基础——私人

所有权是可以交易的，传统用益物权制度设计主要在于实现物的利用而非流转。再次，土地承包经营权取得主要是基于权利人的社员身份的法定取得，而传统用益物权的取得没有这方面限制。最后，土地承包经营权不仅具有经济功能，还具有政治功能和社会保障功能。所以，将土地承包经营权赋予特定的主体——农户，是保证农业发展、农村稳定和农民增收的需要。

三、推动我国土地承包经营权抵押的思路和路径分析

通过结合各地的实践情况，围绕制约土地承包经营权抵押的障碍因素，在理清破解障碍的总体思路的基础上，深入分析了推动我国土地承包经营权抵押的具体路径。

（一）推动土地承包经营权抵押的思路

农地产权因其客体的不同而区分为两种财产权，即以农地实物为客体的使用权和以农地货币价值为客体的价值权。在以农地作为债权的担保中，债权人看中的不是农地使用功能，而是农地自身所具有的潜在的货币价值或资本价值，是其价值权。农地货币价值是通过农地交换实现的，交换的前提是经营权人能否支配土地，进而言之，就是农地产权能摆脱附加在其上的各种身份和社会保障功能，回归到纯粹的经济属性，成为农民更能自由、自主支配的独立财产，这是实现农地流转、抵押的关键。

笔者认为，推动土地承包经营权抵押必须围绕破解前述三方面障碍因素来着力：首先，破解理念性障碍，夯实认识基础；其次，去社保功能化，破解解决功能性障碍；最后，加强操作机制建设，增强土地承包经营权财产化、物权化，破解操作性障碍。当前，不少地方出现的盲目推动土地过度集中、少数地区以土地流转为名、行土地工业化方向之实，甚至怀疑现行农村土地制度的正当性等，根本原因就是对我国基本土地制度能否适应农业现代化的发展方向存在认识误区，要破解土地承包经营权抵押难题，必须首先破解理念性障碍，夯实认识基础。此外，由于土地承包经营权制度所负载的社会保障功能制约其财产价值实现的实际，因此去社保功能化和增强土地承包经营权财产化、物权化，就成为实现土地承包经营权抵押的核心。所谓去功能化，就是弱化、消除农村土地承包经营权所具有的社会保障属性，恢复其土地财产权的功能，是通过赋予农民充分而有保障的成员权来加以实现的；所谓强财产化，就是土地承包经营权的财产化、资本化，是通过土地承包经营权物权化和增强其流转能力来实现其财产属性和价值功能。去功能化（社会保障功能）和强财产化是一个问题的两个方面，均统一于土地用途管制和集体土地所有制，只有在坚持集体土地所有制不变和坚持农地农用的前提下，去功能化和强财产化才能深入下去，否

则就丧失了合法运作的理由。

（二）准确认识农村基本经济制度和现代农业的关系，破解理念性障碍

1. 家庭联产承包责任制与农业现代化无根本矛盾，能满足农业现代化的要求

农业现代化是农业技术、服务方式的现代化，与农业经营主体没有必然联系；家庭经营是农业生产的历史选择，也能规模化，规模经营并不等同于企业经营，以资本为主导的雇工农业的历史发展实践证明，忽视农民对土地的经营主体地位，其结果没有什么前途。所以，是农业选择了家庭，而不是家庭选择了农业。日本、韩国、美国及我国台湾地区农业现代化已证明这一点。

2. 土地承包经营权流转抵押不会危及农村基本经济制度

从根本上来说，土地承包经营权抵押，其权利范围仍在发包方与农户依法约定的土地承包经营权期限内，未经法定程序土地所有权性质和用途不能也不会改变，所以，不会危及集体土地所有制。此外，也不会危及粮食安全、18 亿亩耕地红线。土地承包经营权流转、抵押发生在农业经营主体之间，与粮食安全和耕地安全无必然联系，实践中之所以出现非农化倾向等偏差，主要是对流转、抵押的主体资格、条件限制等缺乏科学完善的设计。

3. 逐步开禁土地承包经营权流转抵押是顺应城乡统筹发展、农业适度规模经营趋势，是构建社会主义现代农业的突破口

从资源优化配置的角度来看，通过土地承包经营权的流转抵押，实现土地适度规模经营，既能使农民通过流转实现土地承包经营权的财产价值，又能使土地由先进技术农户经营，提高农业经营科学化、现代化水平，进而为粮食安全提供更有力的保障。在坚持家庭联产承包经营制度的前提下，通过土地流转、抵押推动土地集约化、规模化经营，是转变农业发展方式的必然选择。

（三）确立农村集体经济组织成员权，明晰土地法律关系，破解功能性障碍

1. 从法律上明确成员权是基于集体社员身份依法取得，而非基于土地承包权取得

《土地承包法》和《物权法》并未明确集体经济组织成员权利及其内容、与土地产权的关系等，造成了实践中诸多困惑。成员权是基于社员身份取得还是基于土地承包经营权取得，会产生不同法律后果。若基于土地承包经营权取得，当土地承包经营权携带成员权去流转，则受让方可基于成员权主张享有宅基地使用权、集体利益分配权和事务参与权，这将破坏家庭承包经营为基础的农村基本经济制度，危及集体经济组织稳定；若基于身份取得，则不论土地承包经营权是否存在、流转，农民均可依身份分享集体经济利益。我国农村集体经济组织是根据户籍制度和地缘边界来确定的一种经济组织，并识别农民的归属，

因此，成员权是基于社员身份的原始取得，而不是基于土地承包经营权的继受取得。

因此，可以认为集体经济组织成员权是指集体经济组织成员依照法律和章程规定对集体经济组织的权利和义务，是一种参与利益分配和决策的期待权，可以通过成员与组织的共同行为或单方行为来实现，也可通过法律或政策的直接规定而无偿取得。当集体成员基本生存得到充分保障时，土地承包经营权作为农民基本社会保障的制度设计就丧失了存在的社会基础，土地承包经营权就获得了解放，进而能成为一种真正的财产。

2. 把成员权作为享有公共服务和社会保障的基础，为土地的身份属性松绑

集体经济组织成员身份是农民成为村民的基础，基于集体成员身份而取得村民权，享有包括各级政府、本村给予的社会保障、福利等，该保障与农户有无承包土地无关，并随国家财政实力增强而加强。同时，农民作为集体经济组织成员享有对集体经济财产、事务的参与权、监督权、决策权、利益分配权。随着集体经济组织发展壮大，成员权物质内容也逐渐扩大。

（四）以“确权”为核心推动土地承包经营权财产化、物权化，破解操作性障碍

1. 促进土地承包经营权进一步物权化

《物权法》结束了土地承包经营权物权、债权的长期争论，明确其为用益物权，确立了土地承包经营权稳定性和可流转性的法理基础，但对其权利内容、边界、转让、抵押等仍未明确，而土地权利的排他性与流转性的创设是土地资源高效利用的充分必要条件。因此，有必要进一步赋予权利人对土地承包经营权独立的选择权、决定权，特别是处分权，由农户自主决定是自己经营，还是合作经营，或是入股出资，他人不得介入。

2. 推进集体土地所有权和土地承包经营权确权，明晰产权界限和权利内容

明晰产权。首先要解决集体土地所有权的权利边界问题，通过赋权性规定明确集体土地所有权的占有、使用、收益以及处分权能，将集体土地所有权真正落实到村、组和乡镇这三个主体上。做好农村土地地籍调查工作，确定国家土地所有权与集体土地所有权以及各层次集体土地所有权之间界限，明确农村集体土地所有权的权限范围。在坚持集体（国家）土地所有权不变的前提下，切实将耕地、林地、草地，应当通过家庭承包的方式落实到本集体经济组织的农户，确立农户作为土地承包经营权人的主体地位。

勘界发证。在明确所有、承包关系后，依法进行实地勘界、登记，核发统一样式的土地所有权证、土地承包经营权证，做到登记内容齐全规范，数据准确无误，图、表、册一致，人（组织）、地、证相符。通过登记发证这种公示方

法，做到“人定心树定根”，最大限度减少土地争议，提高土地流转和土地管理效率。

放活经营权。在坚持集体土地所有权不变、土地用途管制、节约用地、耕地保护制度的前提下，实行农地分类经营管理，集体所有权人、使用权人可依法自主决定经营方向和经营模式。

落实处置权。在不改变土地集体所有和用途的前提下，集体土地所有权人、土地承包经营权人依法对集体土地使用权进行转包、出租、互换、转让、入股、抵押等，对土地依法开发利用。

保障收益权。要依法保障集体所有权人的收益权和农户承包经营农用地收益，包括流转土地的收益，均应归农民所有。在依法改变农地用途或发生农村集体土地征收的情况下，依法给予农民充分补偿、安置，使失地农民住有所居、病有所医、老有所养。

3. 健全农村土地流转市场机制，解决土地承包经营权抵押变现难问题

（1）加快推进农村土地流转市场建设。土地抵押必然要求流转，不能流转则土地抵押了也不能变现。要健全土地流转管理和服务中介机构以及争议解决机制。设立县、乡、村土地流转服务管理机构，鼓励和支持自然人或法人发起组建农村土地合作社、农民专业合作社、农村土地承包经营权交易中心等组织机构，规范和畅通市场交易；在县、乡设立土地流转仲裁、纠纷调解委员会，及时调处流转纠纷、争议。

（2）建立和完善土地承包经营权价值评估体系。可以采取土地流转与土地收益比较法或叠加法，土地承包经营权价值表现为土地上的收益物（或将来的收益物）和土地流转的“对价”，当收益物的市场价格明显高于土地流转“对价”的，以收益物作抵押，当收益物的市场价格明显低于土地流转“对价”的，以“对价”进行抵押，当土地流转对价和收益物的价格都不足以表现土地的价值时，则以收益物（或将来的收益物）和土地流转的对价的总量作为土地的价格。

4. 构建适应现代农业发展需要的现代农村金融制度

（1）积极构建符合农业经济发展特殊规律的金融机制。农村金融的改革和发展应该适应农村经营体制和农村土地权利结构模式，而不是反过来。在未完全市场化的经济条件下，我国的农村社会、农村经济呈现出地缘性、封闭性、独立性、亲缘性的特点，农村金融必须适应农村经济社会发展特点，否则农村金融永远找不到出路。一方面要完善土地制度，为土地承包经营权流转抵押获取金融支持创造条件；另一方面要从农村农业经营实际出发，构建符合农业经营发展的合作金融、政策性金融等。

（2）建立以合作性金融、政策性金融为主的农村金融体系。放宽农村金融准入政策，大力培育和发展合作、互助金融和农村民间金融，减少对合作、互助金融、民间金融的行政管制，建立合作、互助金融为主体与商业性金融、政策性金融相结合，覆盖面广、功能健全、运行安全的适合农村经济特点的农村金融体系。发展农村保险事业，健全政策性农业保险制度，加快建立农业再保险和巨灾风险分散机制。

（五）土地承包经营权抵押规则的初步设计

与一般私人所有权抵押不同，土地承包经营权由于是一种特殊的用益物权[①]，在其上设立抵押负担，除了要遵循一般抵押规则外，还应有适合其自身特点的规则。

1. 抵押标的是物权性质的土地承包经营权

根据《农村土地承包法》等规定，只有物权性质的土地承包经营权才可以流转，是流通物，方可以抵押；而债权性质的土地承包经营权不能流转，为禁止流通物，不得抵押。其中物权性质土地承包经营权包括，通过家庭承包方式取得和通过其他方式承包并经依法登记取得证书的土地承包经营权；而未经依法登记取得的土地承包经营权为债权性质的土地承包经营权[②]。

2. 抵押效力

土地承包经营权抵押的效力及与已被抵押的耕地、林地、草地使用权的全部，及与土地承包经营权的流转收益和收益物及其从物。因转让、承包、租赁、继承等方式被分割的土地承包经营权，未受清偿的抵押权人，可就分割后的土地承包经营权行使抵押权；因入股或作为合资、合作的出资和条件等方式被分割的土地承包经营权，抵押权的效力及于抵押人的出资（或入股）份额。用来增加土地使用权和收益物经济价值的从物和从权利，则不问其添附的时间，均应统一于抵押权标的之内[③]。土地承包经营权的从权利，亦为抵押效力之所及。如抵押的耕地使用权为需役地时，其所附属之地役权；其他从属于土地的利用权，如种粮补贴、农业保险收益等权利，均应受到抵押权人的制约。

---

① 周英．农村土地生产要素市场化内涵辨析及建设性思考［J］．改革与战略，2008（10）．张艳，马智民，朱良元．农村土地承包经营权的物权化建构［J］．中国土地科学，2009（4）．

② 《最高人民法院关于审理涉及土地承包经营权纠纷案件适用法律问题的解释》第21条规定：承包方未依法登记取得土地承包经营权证等证书，即以转让、出租、入股、抵押等方式流转土地承包经营权，发包方请求确认该流转无效的，应予以支持。但非因发包方原因未登记取得土地承包经营权证等证书的除外。

③ 史尚宽．物权法论［M］．北京：中国政法大学出版社，2000：277.

3. 关于抵押土地承包经营权的转让

土地承包经营权抵押期间，抵押人有权转让土地承包经营权，但是必须征得抵押权人的同意，同意转让的，则应当将土地承包经营权转让的所得价款向抵押权人提前清偿或者提存；未经抵押权人的同意，该转让行为无效，受让人因此遭受的损失由抵押人赔偿，当然受让人代为清偿债务消灭抵押权的除外。

4. 受让方取得的土地抵押属于土地承包经营权抵押

（1）受让方取得经营权属于土地承包经营权。受让方取得经营权应为土地承包经营权，且是土地承包经营权整体而不是一部分。可以将农村土地承包市场分为初级市场和二级市场。所谓初级市场是指村集体经济组织或者村民委员会按照家庭承包的方式，依法将农民集体所有的土地发包给本集体经济组织的农户。在初级市场中，农户土地承包经营权的取得主要是基于农户的集体成员身份的法定取得（但发生转让和国家征收的情况下除外），并不以向发包人履行对价为交换条件。在初级市场中，家庭土地承包经营权还附加了一些人格和身份利益，也就是成员权，这些利益包括：取得土地承包经营权的期待权、优先权、集体经济组织剩余价值取得权和分配权等，这些权利并不随着土地承包经营权的流转（包括转让）而移转。所谓土地二级市场，是指农户将其以家庭承包方式取得的土地以转包、互换、出租、入股、代耕等方式流转给第三方。在土地二级市场中，原承包方（农户）和发包方的承包关系不变，原承包方在流转的合同期限内丧失了对土地的占有权和直接经营权，承租方获取土地的占有、使用、收益和处分权。土地承包经营权以占有为利用收益的前提，只有占有承包地，才能利用承包地进行农业生产，一旦脱离承包地的占有或者虽占有承包地但不从事农业生产，就不应享有土地承包经营权，所以流转方移转的只能是土地承包经营权的整体①，是全部，而不能将其分割为承包权和经营权，或是土地承包经营权一部分。因为，若承认分割后的承包权和经营权都是物权，则意味着当事人可以创设或变更物权种类和内容，有悖物权法定原则和一物一权原则。

（2）受让方应通过登记取得的土地承包经营权。按照《中华人民共和国农村土地承包法》第三十二条、《中华人民共和国物权法》第一百二十九条的规定，土地承包经营权人将土地承包经营权互换、转让的，不经登记不得对抗善意第三人，立法对土地承包经营权的变更采用登记对抗主义；《中华人民共和国物权法》第一百二十七条规定“土地承包经营权自土地承包合同生效时设立”，从该规定推出承包经营权的设立采用的是无须登记的债权合意主义，而承包经

① 孟勤国．中国农村土地流转问题研究［M］．北京：法律出版社，2009：45.

营权的流转采用的是登记对抗主义，这违背了物权法中物权设立与物权变更相一致的原则。为了给受让方的土地承包经营权一个安全保障，本文建议受让方取得的家庭承包经营权应实行登记生效主义，并将其权利表彰为土地承包经营权证书，使其权利内容固定化、具体化、对象化。

5. 关于抵押权实现

抵押权应通过出租、转让实现其价值。抵押解决的是谁先受偿的问题，不以占有农用地为条件，当出现抵押所担保的债务到期不履行等情形，就会发生拿抵押的土地承包经营权来清偿债务的情况，导致土地流转的不是抵押行为，而是折价、拍卖、变卖等法律事实，因此，土地承包经营权抵押的实现离不开土地流转。

折价这一形式并不是任何人都可以行使的，笔者认为当抵押权人为商业银行等主体时，应予以禁止。因为银行不能因为给农业经营者贷款而变成农业生产者、经营者，即便其行使抵押权也必须在两年内予以处分。此外，折价归己，将改变以家庭承包经营为基础的统分结合的双层经营体制，威胁农村集体经济的基础。

对于拍卖、变卖土地承包经营权，应该通过出租、转包等形式加以实现其价值，而不能通过转让土地承包经营权实现其价值。因为转让的实质是农户永久性地失去承包土地，并且这种权利由抵押权人实施，不仅违背了土地承包经营权设立的目的，剥夺了农户对集体土地进行再次承包的期待权，还否定了统分结合的双层经营体制。因为转让土地承包经营权，实际上是将土地承包看做单纯的财产分配和单纯的家庭经营，进而否定了双层经营。但出租或转包等实现形式，坚持了以家庭承包经营为主体、统分结合的双层经营体制，是符合我国农地制度的基本流转形式。

（六）因地制宜，科学开展土地承包经营权抵押试点

1. 应从国家层面推动试点

当前，全面放松土地承包经营权流转抵押条件尚不成熟，但由于其是涉及我国农村基本经济制度的重大变革，从国家层面推动先行试点，是确保有效推进并取得成功的重要保障。由国家给予类似“经济特区”的特殊政策保障，可以消除试点地区对突破法律规定进行制度创新及参与者对交易结果不确定性的顾虑。

2. 应科学选择试点地区

（1）试点区域大小以地级市或县为范围较为合适。由于土地承包经营权抵押对农村经济制度、农村社会等影响大，且农业地区发展差异大，特别是我国经济社会发展总体水平不高，以省为范围条件仍不具备。但是，由于土地承包

经营权流转抵押涉及金融机构、土地评估、登记等，区域太小不易形成稳定的市场，且试点价值有限。

（2）试点地区经济社会和农业应比较发达。实践证明，土地承包经营权流转抵押，需要一定的经济社会基础，主要是农村经济发展到一定阶段，并且土地承包经营权承载的社会保障等功能已趋于消退。农业发展落后则农业经济效益不突出，土地流转抵押价值不足，试点就难以推动。

（3）试点地区农业社会组织有较好发展。从国外经验来看，农村土地流转抵押以获得金融服务过程中，农业合作组织、农业协会等组织发挥了重要作用，特别是农村金融供给主体的合作性、互助性很多都依赖于农业组织运作，因此，农业合作组织也应作为重要因素。

（4）试点地区农业劳动力有适度转移。土地承包经营权流转抵押的动因就是农业劳动力向非农领域的转移，如果一个地区农业人口严重过剩，且未向外转移，那么流转抵押可能造成社会问题。

3. 加强试点政策供给

（1）土地政策供给。允许试点区域内土地承包经营权流转、转让、抵押，在试点区域内得到国家法律保护，任何组织、个人都应遵从。具体制度设计由试点地区制定，经审核批准后试行。

（2）金融、财税政策供给。类比温州金融改革，对试点地区实行特殊的农村金融改革政策，借鉴国外农村金融发展经验，从我国农村经济发展现状和未来的发展方向出发，鼓励、支持社会各方面力量，特别是金融机构、农村经济合作组织等创新理念，发展符合农村经济特点的金融机制、金融机构、金融产品等。同时，创新政策性农村金融体系，允许并支持鼓励试点地区建立区域性农村政策性银行、保险等金融机构。对试点地区新型农村金融机构，特别是农村自发性合作性金融机构给予财政补贴和税费减免。

4. 应注意的问题

（1）必须完成试点区域集体土地所有权、土地承包经营权确权，实行科学严格的农地规划和用途管制，确保抵押稳定可靠和集体土地所有权安全，杜绝非法非农化，确保“农地农用、粮地种粮”。

（2）推动土地承包经营权抵押，考虑当前因种粮收益低导致耕地流转非粮化情况，可以先从非粮土地承包经营权流转、抵押开始。这样，由于非粮经营的收益相对较高、抵押价值大、非粮经营所需资金一般也较大，金融机构与农户之间的资金借贷意愿、需求更强，有利于推动试点深入。

（3）加强农业互助、合作组织建设。农户之间的相互合作、互助，特别是通过社员之间的信用担保和监督，能增强农户获得金融支持的可能性；此外，以农业合作社、农业协会为基础成立的资金互助组织、互助担保组织、合作银行等更是解决农户融资的重要渠道。因此，积极支持、鼓励和培育农业合作组织建设，是试点地区深入持久推动土地承包经营权抵押的重要任务。

（4）加强评估机制、登记公示机制建设。结合实际，坚持实行市场化评估，同时政府做好评估备案，监控和防范损害农民和集体经济组织权益的行为；搞好土地承包经营权流转抵押登记、公示，确保依法、规范流转。

（5）必须要加快建设和完善试点地区的农村公共服务、社会保障体系，这既是试点的重要任务，也是对农民承担可能发生的试点代价的补偿。

参考文献

[1] 中共中央文献研究，国务院发展研究中心．新时期农业和农村工作重要文献选编［M］．北京：中央文献出版社，1992.

[2] 陈剑波．人民公社的产权制度［J］．经济研究，1994（7）.

[3] 林毅夫．制度、技术与中国农业发展［M］．上海：三联书店，2005：7.

[4] 邱道持．论农村土地流转［M］．成都：西南师范大学出版社，2009：20.

[5] 唐文金．农户土地流转意愿与行为研究［M］．北京：中国经济出版社，2008：73～74.

[6] 史卫民．土地承包经营权抵押制度的现实困境与法律完善［J］．现代经济探讨，2009（5）.

[7] 梁彗星，陈华彬．物权法［M］．北京：法律出版社，1997：19.

[8] 郭立业．佳木斯市农村土地使用权和承包经营权抵押贷款业务发展情况分［J］．金融参考，2008（8）.

[9] 曾章蓉，王欢欢．结合“土地承包经营权抵押贷款”探讨农户小额信贷新模式［J］．农村金融研究．

[10] 孟勤国．中国物权法研究的新进展［J］．广西师范大学学报，2004（1）.

[11] 陈祥键．土地承包经营权：物权法视觉中的三大问题［J］．农业经济问题，2000（4）.

[12] 罗大钧，魏波．完善我国土地承包经营权流转制度的思考［J］．内蒙古财经学院学报，2006（2）.

[13] 袁小荣．关于土地承包经营权流转物权化的分析［J］．上海农村经济，2007（11）.

［14］赵德旺，李红宇．信阳市农村“五权”抵押的实践与思考［J］．金融理论与实践，2012（2）．

［15］周英．农村土地生产要素市场化内涵辨析及建设性思考［J］．改革与战略，2008（10）．

［16］张艳，马智民，朱良元．农村土地承包经营权的物权化建构［J］．中国土地科学，2009（4）．

［17］史尚宽．物权法论［M］．北京：中国政法大学出版社，2000．

［18］孟勤国．中国农村土地流转问题研究［M］．北京：法律出版社，2009：45．

［19］陈本寒．担保物权法比较研究［M］．武汉：武汉大学出版社，2003．

［20］丁关良，童日晖．农村土地承包经营权流转制度立法研究［M］．北京：中国农业出版社，2009．

［21］董栓成．中国农村土地制度改革路径优化［M］．北京：社会科学文献出版社，2008．

［22］李世杰．农民土地合作金融问题研究［M］．北京：中国金融出版社，2010．

［23］毕宝德．土地经济学［M］．北京：中国人民大学出版社，2011．

［24］白钦先，李钧．中国农村金融“三元结构”制度研究［M］．北京：中国金融出版社，2009．

［25］李非．台湾土改的启示［J］．南风窗杂志，2009（2）．

［26］夏书亮．日本农村金融体系的运行范式及经验借鉴［J］．金融发展研究，2008（6）．

［27］史卫民．国外农村土地流转的经验与借鉴［J］．经济纵横，2009（7）．

［28］刘飞．关于日本农业政策性金融的若干研究［J］．湖南农机，2011（5）．

［29］刘广明．农地金融：域外制度考察与国内研究述评［J］．中国城市经济，2011（27）．

［30］罗剑朝．国外农地金融制度的比较及启示［J］．财经问题研究，2005（2）．

［31］朱英刚，王吉献．国外及台湾地区土地金融研究与借鉴［J］．农业发展与金融，2008（11）．

［32］刘攀，李娥，黄小蓉．国内外农村土地流转金融模式比较［J］．浙江金融，2010（4）．

河南固定资产投资可持续性与经济增长潜力研究

中国人民银行郑州中心支行事后监督中心课题组①

摘要 本文主要采取数理统计与计量经济的分析方法，研究河南固定资产投资的可持续性以及经济增长潜力，一是通过分析固定资产投资的规模、结构和效率，研究实现河南固定资产投资可持续发展的路径问题；二是通过分析影响固定资产投资的因素，研究河南在“十二五”时期将固定资产投资率保持在一个较高水平的可能性问题；三是通过对投资的经济增长效应、就业效应以及居民消费效应的实证分析，着力指出河南固定资产投资可持续发展面临的一些不容忽视的问题；四是在分析研究比较和查找问题的基础上，提出一些提高河南固定资产投资可持续性的建设性意见。

关键词 固定资产投资 投资规模 投资结构 投资效益

一、河南固定资产投资的现状分析

1992 年以来，河南固定资产投资呈现快速增长势头，投资规模由 1992 年的 310.32 亿元，增加到 2011 年的 17 766.8 亿元，20 年间增长了约 56 倍，远远超过了同期 GDP 的增长幅度，与中部其他省份比较，2003 年之后河南投资规模开始明显超越中部湖南、湖北、安徽，呈现较快的增长，并在 2008 年、2009 年先后超越东部浙江、广东。河南固定资产投资占 GDP 比重，从 1992 年的 24.2% 上升至 2012 年的 72%，在总体上也呈现持续上升的态势。对于当前投资增长速度是否过快，投资率是否偏高，缺乏一个明确和公认的标准，本文将从固定资产投资的结构、效率为切入点进行分析，并以此研究实现河南固定资产投资可持续发展的路径问题。

---

① 课题主持人：李杰。
课题组成员：许方、杜涛、马倩倩、赵艳。

（一）河南固定资产投资的结构变化

1. 资金来源结构

本文通过对2010年河南及其他7省投资资金的来源结构，以及河南近几年来投资资金来源结构的变化进行分析，得出如下结论：

（1）河南固定资产投资相对较多地依赖自筹资金，其他资金来源比例相对偏低。2004—2010年，自筹资金占河南固定资产投资总资金比例不断扩大，2010年达到78.2%，持续高于其他省份，说明河南企业的自主投资能力不断增强；国内贷款、国家预算内资金占比偏低且持续低于全国平均水平，低于中部湖南、湖北、安徽等省，说明当前河南金融、财政对全省投资增长的支撑尚有一定发挥空间，可进一步争取中央投资支持，加快财政专项资金拨付进度；进一步加大金融对投资项目的支持，继续大力推进银企合作。

（2）河南固定资产投资的资金来源渠道相对较少。体现为“其他资金”占投资总资金的比例较低，且2004年以来这一比例正不断下降。2010年河南“其他资金”在投资总资金中所占比例仅为10%，不仅远低于广东、江苏、浙江等沿海发达省份，也明显低于安徽、湖南等中部省份。因此，河南进一步挖掘“其他资金”渠道方面的潜力还比较大，如果这一块资金来源能够快速增长，必将对未来河南固定资产投资可持续发展作出巨大贡献。

（3）河南固定资产投资中对外资的利用程度偏低。2004年起，河南利用外资占总投资资金的比例开始逐年下降，2010年已降至0.27%，远低于广东、江苏、山东等沿海省份，说明河南在利用和引进外资方面能力不足。

2. 产业投向结构

固定资产投资的资金投向结构对产业结构调整的影响巨大，如果资金投向结构能够更好地顺应并推动产业结构优化升级的步伐，就能够为投资者和全社会创造出更多的投资收益，推动固定资产投资的可持续发展。通过对近几年来河南固定资产投资在三次产业间的投向结构的变化趋势进行分析，得到以下结论。

（1）2003年以来，河南第一产业投资占比先是逐年下降，后又缓慢回升，投资占比均值在4.6%左右；第二产业投资占比整体上呈上升趋势，均值为46.68%，第三产业呈下降趋势，均值为48.67%。

（2）河南固定资产投资的行业结构以制造业、房地产业为主。2003年以来，制造业投资占固定资产投资的比重逐年上升，由2003年的20.81%上升到2010年的42.01%。房地产业的投资占比没有出现单向变动趋势，大约维持在21.18%，2005—2008年呈上升趋势，2009年较2008年所占比重稍有降低。

（3）通过对2003—2010年河南固定资产投资行业投向结构情况的分析，发现河南固定资产投资占比较低的行业有信息传输、计算机服务和软件业，金融业，租赁和商务服务业，科学研究、技术服务和地质勘察，居民服务和其他服务业，卫生、社会保障和社会福利业，文化、体育和娱乐业，投资加总之和不足5%，第三产业的投资又局限在传统的生产性服务业的发展上，如交通运输、仓储及邮电通信业，批发和零售业，但新兴的知识密集型服务业部门，如金融业、计算机服务和软件业等部门的资源配置倾斜度却偏低，再加上房地产行业投资过度膨胀的挤压，使得与知识密集型服务业相配套发展的人才教育、科研发展受挫。

3. 城乡投资结构

2001—2010年，河南城镇投资和农村投资分别由2001年的1 056. 9亿元和487. 2亿元，增加到2010年的13 934. 8亿元和2 651亿元，分别增长了12倍和4. 4倍。城镇投资和农村投资比重分别由2001年的68. 4%和31. 6%，变化为2010年的84%和16%，城镇投资比重一直占有绝对地位。

4. 投资品投向结构

通过对2005—2010年河南固定资产投资投向结构趋势的分析，发现河南的固定资产投资60%以上是投向建筑安装工程，设备工具投资占总投资的比例不足30%，说明河南目前仍然处于一种较为粗放的发展方式当中，进一步优化固定资产投向结构能够较为有效地促进经济发展方式的转变。

（二）河南固定资产投资的效率分析

本文选取了以下四个指标对河南宏观投资效益进行了测算和比较：①GDP的投资弹性，反映投资增长速度对GDP增长速度影响程度，等于GDP增长率/投资增长率；②就业的投资弹性，反映投资增长速度对就业增长速度影响程度，等于就业人数增长率/投资增长率；③劳动者报酬的投资弹性，反映投资增长速度对劳动者报酬增长速度影响程度，等于劳动者报酬增长率/投资增长率，以下采用职工平均工资增长率代替劳动者报酬增长率；④财政收入的投资弹性，反映投资增长速度对财政收入增长速度影响程度，等于政府收入增长率/投资增长率。

从表1可以看出，河南已经进入较为明显的资本边际产出递减阶段，结构优化对固定资产投资可持续性越发重要。1993年以来，河南大多数年份的各项弹性指标值均小于1，即投资每增加1%所带来的GDP增长、就业增长、劳动者报酬增长和财政收入增长均小于1%，宏观投资效益不高。因此单纯依靠投资规模的增加来刺激经济增长比较困难，必须在维持投资规模稳增长的同时，优化投资结构，促进经济发展方式的转变。

表 1 河南固定资产投资效益指标变化趋势

年份	GDP 的投资弹性	就业的投资弹性	劳动者报酬的投资弹性	财政收入的投资弹性
1993	0.60	0.04	0.34	0.68
1994	1.03	0.09	1.04	-1.01
1995	1.28	0.07	0.83	1.23
1996	0.66	0.09	0.41	0.92
1997	0.68	0.24	0.37	1.15
1998	1.00	-0.05	1.60	1.22
1999	-0.76	-0.64	-1.11	-1.13
2000	0.84	0.50	0.84	0.73
2001	0.79	-0.08	1.18	0.71
2002	0.77	0.01	1.35	0.92
2003	0.44	0.01	0.55	0.45
2004	0.66	0.03	0.34	0.73
2005	0.61	0.03	0.46	0.65
2006	0.45	0.03	0.51	0.71
2007	0.60	0.03	0.65	0.76
2008	0.65	0.04	0.60	0.55
2009	0.26	0.06	0.33	0.38
2010	0.88	0.07	0.51	1.08

二、河南固定资产投资可持续性以及影响因素分析

（一）河南固定资产投资的可持续性分析

1. 有利条件

（1）中原经济区建设上升为国家战略将为投资带来新机遇。2011 年初，中原经济区作为国家层面重点发展区域被正式纳入《全国主体功能区划》和国家“十二五”规划，而且国务院也发布促进中原经济区建设的指导意见及规划纲要，并赋予中原经济区一系列优惠政策。这不仅鼓舞了河南人民建设中原经济区的士气，也将增强国外、港澳台和沿海发达地区来河南投资的信心。借助中原经济区这个载体和平台，持续推进招商引资和对外交流活动，积极承接产业链整体转移和关联产业协同转移，将带动河南投资进入新的发展阶段。

（2）新型城镇化快速推进将带来巨大的投资需求。河南“十二五”规划提出要以新型城镇化带动“三化”协调推动科学发展，2011 年河南城镇化率为

40.57%，低于全国平均水平，仍有很大的提升空间。目前郑州正积极推进大都市区建设，洛阳、新乡、焦作、许昌、平顶山等市也在加快建设城市新区。在以中心城市组团式发展助推新型城镇化的进程中，需要不断扩大住房供给，尤其是保障性住房的供给，还需要不断完善道路交通、水电能源、教育卫生、文体设施等基础设施和公共服务配套设施，因此，固定资产投资将继续增长。根据本文的实证分析结果，河南城镇化率每提高一个百分点，可带动投资增长2.884300%。通过加快推进城镇化建设，可以把城市基础设施和公共服务体系延伸到农村，优化城乡布局结构，完善城乡基础设施，改善城镇投资环境。

（3）产业集聚区的发展为投资提供了平台和载体。河南省按照“项目集中布局、产业集群发展、资源集约利用、功能集合构建”的要求，积极推进产业集聚区建设，已初步形成了180个各具特色的产业集聚区。据相关部门统计，至2012年6月末，产业集聚区对全省投资增长的贡献率达到67.8%，亿元及以上项目投资占全省亿元及以上投资的59.3%。2012年上半年，全省集聚区共引进省外资金项目1 088个，实际到位省外资金1 394.8亿元，占全省的比重达到53.4%。总体来看，全省产业集聚区保持持续较快发展的良好势头，产业集聚区已经成为河南吸引外资的主要平台和新增投资的主要载体。

（4）劳动力供给相对充足为投资的可持续发展提供了保障。据相关部门统计，2010年河南省农村劳动力省内转移人数达1 234万人，比2005年增加563万人，增长了84%，其占全部劳动力转移人数的比重由2005年的49%提高到了67%。转移劳动力整体文化程度也有所提高，其中有1/3接受过专业培训。农村劳动力向非农产业和城镇转移，不仅推动了农村劳动力就业结构调整，增加了农民收入，还为投资的可持续发展提供了保障，为加快城镇化、工业化进程，促进区域经济发展作出了突出贡献。相比沿海地区频频出现用工荒，河南“刘易斯拐点”的到来时间会相对推迟一些，在这段时间内，依然可以享受“人口红利”。

2. 不利因素

（1）货币政策不断紧缩，中小企业融资更为困难。在通胀压力下，国家多次上调存款准备金率和存贷款基准利率，增加了企业的融资成本，使融资更为困难。一方面，银行压缩信贷规模，严格信贷标准，本来就受银行部门歧视的中小企业更难获得信贷资金。2011年底，河南贷款余额为17 506.2亿元，同比增长10.3%，但资金多向优质项目、大企业集中，对中小企业贷款使用形成了挤压。另一方面，民间借贷成本陡升，且秩序混乱、缺乏监管，风险大、麻烦多，导致部分企业不用民间资金是“等死”，用了民间资金是“找死”。而生产资料和原材料价格不断上涨更是雪上加霜，中小企业的生存空间被挤压，盈利能力在减弱。

大部分年份河南贷款的增长速度低于固定资产投资、GDP的增长速度，且贷款部分在投资资金来源中的占比偏低且持续低于全国平均水平，低于中部湖南、湖北、安徽等省份，一定程度上反映了当前河南金融对全省投资增长的支撑尚有一定发挥空间，可以进一步加大金融对投资项目的支持，继续大力推进银企合作。

（2）政府投资风险加大。1991年以来，河南财政收支差距逐步扩大，特别是2002年以后财政支出一直保持在财政收入约2.2倍的水平，2010年省级财政支出甚至是当年省级财政收入的6倍之多，这中间不乏只注重规模扩张和近期效益的冲动投资。河南各级政府投资的热情都比较高涨，但同时风险也在增大。在历年财政支出大于财政收入的情形下，政府投资急需解决的就是融资问题，银行贷款是其最主要的融资方式，占据了绝大部分的份额。庞大的贷款给整个金融系统尤其是银行业带来了不可忽视的风险隐患，贷款回收过于依赖收入有限的地方财政，贷款质量堪忧，如处理不好，极有可能引发银行大面积的坏账，对整个经济造成巨大伤害。

另外，政府投资大多投向基础设施、公共服务和社会保障，往往铺的摊子较多、资金投入较大，加上河南公共投资体制不健全、民间资本准入门槛高等原因，投资风险不断向地方政府集中。从银行的角度来看，他们对政府的财力无法估计，对资金的流向很难监控，潜在的风险也较大。目前银行已经开始加强风险防范，如果河南不能加强财政风险控制，创新融资方式，那么投资效益和资金来源都将受到影响。

（3）消费增长较慢，抑制了投资增长。从中长期经济发展来看，没有消费需求支撑的投资将成为无效投资，而无效投资是无法保证国民经济持续快速健康增长的，这一点已为我国多年的实践所证明。消费率不断下降，使得长期以来河南经济增长主要靠投资拉动，投资增长速度明显高于消费增长速度。

目前，较高的通货膨胀影响了消费者的实际购买力，国家为了抑制房价过快上涨，限购、限贷等调控政策也陆续出台，人们对住房、教育、医疗、养老等方面的风险预期增强，消费信心不足、消费意愿下滑。此外，收入分配制度还存在较大问题，居民收入增长缓慢，城乡收入差距较大，尤其是农民增收难成为了制约消费增长的主要因素。消费不足极易造成投资所形成的新增生产能力大量闲置，从而影响投资的可持续。

（4）资源环境对投资的制约加剧。投资快速增长面临着自然资源缺乏、环境容量有限、煤电油运紧张等条件的限制，国家节能减排政策的贯彻实施，也将在一定程度上抑制河南能源、原材料行业的投资增长。加之国家将继续实行严格的土地保护政策，土地瓶颈制约将趋于突出。“十二五”时期，河南省预计每年建设用地需求为60万亩，但是新增建设用地供给只有20万亩，已经面临用地指标和可用土地“双短缺”，将直接影响投资项目的实施。

（二）河南固定资产投资影响因素分析

（1）我们选择GDP、货币供给、财政支出、股票市场指数、工业化率以及城镇化率来研究固定资产投资，分别建立了两个不同的线性回归模型，以用来检验这些因素对河南省固定资产投资增长的具体影响。

$$\ln I = a_0 + a_1 \ln GDP + a_2 \ln M + a_3 \ln G + a_4 \ln SH$$

$$\ln I = b_0 + b_1 IN + b_2 UR$$

这里 I 为固定资产投资量，GDP为河南生产总值，M 为货币供给量，G 为财政支出水平，SH 为上证指数水平，IN 为工业化率，UR 为城镇化率。

所使用的样本取自1992—2010年的年度数据，来源于中经网统计数据库以及河南省统计年鉴。

（2）实证结果。

$$\ln I = 2.379610 + 1.137885 \ln GDP - 1.058542 \ln M + 1.125630 \ln G - 0.019026 \ln SH \quad (1)$$

$$\ln I = 14.27166 + 3.052293 \ln IN + 2.884300 \ln UR \quad (2)$$

表2　固定资产投资影响因素方程（1）回归结果

Variable	Coefficient	Std. Error	t - Statistic	Prob.
lnGDP	1.137885	0.242381	4.694605	0.0003
lnM	-1.058542	0.244536	-4.328776	0.0007
lnSH	-0.019026	0.070850	-0.268534	0.7922
lnG	1.125630	0.199541	5.641087	0.0001
C	2.379610	1.190780	1.998362	0.0655
R - squared	0.994914	Adjusted R - squared		0.993461

注：回归结果由软件生成，不宜修改。

表3　固定资产投资影响因素方程（2）回归结果

Variable	Coefficient	Std. Error	t - Statistic	Prob.
lnIN	3.052293	0.675697	4.517251	0.0004
lnUR	2.884300	0.244242	11.80919	0.0000
C	14.27166	0.356572	40.02458	0.0000
R - squared	0.977799	Adjusted R - squared		0.975024

注：回归结果由软件生成，不宜修改。

从实证结果来看，河南的经济增长率、货币供给量、财政支出、工业化率、城镇化率水平对固定资产投资产生显著影响，股票市场行情对固定资产投资的影响不显著。

从经济增长来看，GDP 的系数为 1. 137885，显著为正，即河南经济总量增长 1%，固定资产投资增加 1. 137885%，这说明经济增长可以促进投资。如河南中原经济区建设发展战略的提出，使河南区域经济发展成为投资发展的载体和推动器，区域经济的发展会提高工业园区和工业基地对周边区域资源的聚集能力和吸纳能力，带动交通运输业等的快速发展，从而加强区域间的资源流动，促进投资发展。

从财政因素来看，财政支出的系数为 1. 125630，显著为正，即河南财政支出每增加 1%，固定资产投资增加 1. 125630%，这说明目前河南的财政支出增加带来的固定资产投资增加部分大于其挤出效应，总体来看，表现为增加效应。但是也应注意，积极的财政政策虽然在经济偏冷时对经济启动见效快，但是惯性也较大，往往会造成经济过热、结构扭曲。

从回归结果来看，工业化、城镇化进程也是影响固定资产投资增长的重要因素。工业化率上升 1%，会带来固定资产投资增加 3. 052293%；城镇化率提高 1%，带来固定资产投资增加 2. 884300%。河南工业化、城市化进程的加速，中部崛起，新农村建设等方方面面都需要大量的固定资产投资。这决定了“十二五”期间河南正处于投资率上升的阶段，固定资产投资将保持较高的增长速度，因此投资率偏高、增长速度加快是正常的，如果投资率过低反而是不正常的。为保持“十二五”期间经济的持续、稳定增长，投资率应当也完全可能维持在相对的高位。

三、河南固定资产投资效应分析

本部分主要研究投资的经济增长效应、就业效应、居民消费效应。

（一）经济增长效应

经济增长取决于投资需求、消费需求、政府需求和出口需求。投资，尤其是固定资产投资对经济增长的驱动尤为明显，投资通过乘数效应进一步推动经济增长，GDP 和 I 之间的相关关系是显然的，为了进一步分析 GDP 和 I 之间的关系，我们采用线性回归分析方法来讨论 GDP 和 I。

1. 数据与变量

本部分所使用的样本取自 1992—2011 年的年度数据，GDP 为按当年价格计的河南生产总值；I 为按当年价格计的河南固定资产投资，为消除数据中可能存在的异方差，将 GDP 和 I 分别取自然对数，即 lnGDP 和 lnI。观察 lnGDP 和 lnI

的变化，发现两变量呈现出不断增长的趋势，且变动方向和步调较为一致，测算 lnGDP 和 lnI 的相关系数，结果得出 0.9924，这说明两者存在着密切的正相关性，但是否存在因果关系和长期的稳定均衡关系，还需要协整检验。

2. 单位根检验

在进行两个时间序列数据的协整检验分析之前，必须要求序列变量存在平稳性，否则将构成伪回归。因此，首先运用 ADF 来检验变量的平稳性，结果显示见表 4、表 5，二者都是非平稳的序列，但是它们都是二阶单整序列，因此可以对二者进行协整检验。

表 4　　　　lnGDP 的 ADF 单位根检验

Null Hypothesis：D（LNGDP，2）has a unit root			
Exogenous：None			
Lag Length：0（Automatic based on SIC，MAXLAG = 4）			
		t – Statistic	Prob. *
Augmented Dickey – Fuller test statistic		–3.865154	0.0007
Test critical values：	1% level	–2.708094	
	5% level	–1.962813	
	10% level	–1.606129	

注：表格由软件生成，不宜修改。

表 5　　　　lnI 的 ADF 单位根检验

Null Hypothesis：D（LNI，2）has a unit root			
Exogenous：None			
Lag Length：0（Automatic based on SIC，MAXLAG = 4）			
		t – Statistic	Prob. *
Augmented Dickey – Fuller test statistic		–3.762323	0.0009
Test critical values：	1% level		–2.708094
	5% level		–1.962813
	10% level		–1.606129

注：表格由软件生成，不宜修改。

3. 协整检验

在单位根检验的基础上，本文检验 lnGDP 和 lnI 之间是否存在长期均衡的关系。对 lnGDP 和 lnI 进行协整回归，得到如下结果：

$$\ln GDP = 3.242817 + 0.712373 \ln I + e$$

表 6　　lnGDP 关于 lnI 的最小二乘法下的回归方程

Dependent Variable: LNGDP				
Method: Least Squares				
Sample: 1992 2011				
Included observations: 20				
Variable	Coefficient	Std. Error	t – Statistic	Prob. *
lnI	0.712373	0.020830	34.19951	0.0000
C	3.242817	0.163710	19.80827	0.0000

表 7　　回归残差的 ADF 检验结果

Null Hypothesis: E has a unit root			
Exogenous: None			
Lag Length: 6 (Automatic based on SIC, MAXLAG = 6)			
		t – Statistic	Prob. *
Augmented Dickey – Fuller test statistic		–4.042042	0.0007
Test critical values:	1% level	–2.754993	
	5% level	–1.970978	
	10% level	–1.603693	

如表 7 所示，通过对残差项 *e* 进行的 ADF 检验，我们可以看出，残差项 *e* 是平稳的，那么 GDP 与 *I* 之间存在着协整关系，即存在一种真实、长期的经济均衡关系。投资增长 1%，GDP 增长 0.7124%，固定资产投资对 GDP 增长的贡献是比较大的，从分析结果也可以看出，固定资产投资对经济增长的推动作用。

（二）就业效应

通过对 1992—2011 年河南固定资产投资与就业增长速度变化情况的分析，发现河南就业人数增长速度远远低于投资增长速度，投资对就业率的拉动作用较低。另外从三大产业吸引的就业人员来看，从业人员在三大产业中的比例从 1991 年的 70:16:14 调整至 2010 年的 45:29:26。第一产业就业人数所占份额持续降低，从约 70% 下降到 45%，且绝对就业人数也呈现明显下降趋势，这表明第一产业就业已基本达到饱和，不仅不能吸收劳动力，而且开始排斥劳动力；第二、第三产业就业人数有所增加，但是增长较为缓慢，投资对就业的带动作用越来越小。下面我们通过实证分析，进一步研究投资的就业效应。

1. 数据与变量

本文所使用的样本取自 1992—2010 年的年度数据，因变量选择第一、第二和第三产业的就业人数，自变量为固定资产投资额、GDP 等。为了避免异方差性，对数据进行取对数处理。

2. 单位根检验

运用 ADF 法进行单位根检验，结果如表 8 所示：固定资产投资（I）、GDP、第一产业就业人数（l_1）、第二产业就业人数（l_2）、第三产业就业人数（l_3），均是非平稳性的序列，对上述序列进行一阶差分后，ADF 检验值均大于 5% 水平下的临界值，因此一阶差分序列仍不是平稳性的序列。二次差分的结果显示，ADF 检验值均小于 5% 水平下的临界值，因此原序列都是二阶单整，满足协整检验的条件。

表 8　　单位根平稳性检验结果

变量	ADF 检验值	5% 水平下的临界值	Prob. *	平稳性
lnl_1	-0.387590	-1.961409	0.5300	非平稳
lnl_2	1.823540	-1.961409	0.9789	非平稳
lnl_3	4.132379	-1.960171	0.9999	非平稳
lni	2.703066	-1.966270	0.9961	非平稳
lngdp	3.960147	-1.966270	0.9997	非平稳
d（lnl_1）	-2.260346	-3.690814	0.4320	非平稳
d（lnl_2）	-2.385994	-3.690181	0.3732	非平稳
d（lnl_3）	-1.412022	-1.962813	0.1416	非平稳
d（lni）	-1.561226	-1.962813	0.1086	非平稳
d（lngdp）	-0.830334	-1.961409	0.3422	非平稳
dd（lnl_1）	-4.458503	-1.962813	0.0002	平稳
dd（lnl_2）	-5.517187	-1.962813	0.0000	平稳
dd（lnl_3）	-8.662206	-1.962813	0.0000	平稳
dd（lni）	-3.762323	-1.962813	0.0009	平稳
dd（lngdp）	-3.865154	-1.962813	0.0007	平稳

注：当 ADF 检验值大于临界值时，表明数据系列是非平稳的，反之则是平稳性的序列。d（lnl_1）表示变量 lnl_1 的一阶差分序列，dd（lnl_1）表示变量 lnl_1 的二阶差分序列，其余变量同理。

3. 协整分析

本文采用 E—G 两步法进行检验，首先运用最小二乘法对相关变量进行回归，结果为：

$$\ln l_1 = 6.387260 - 0.041012\ln i - 0.054968\ln gdp \quad (3)$$
$$(0.0004) \quad (0.0004) \quad (0.0000)$$
$$\ln l_2 = 5.788288 + 0.032112\ln i + 0.014402\ln gdp \quad (4)$$
$$(0.0000) \quad (0.0000) \quad (0.0625)$$
$$\ln l_3 = 3.752729 + 0.010817\ln i + 0.046347\ln gdp \quad (5)$$
$$(0.0000) \quad (0.1951) \quad (0.0005)$$

其次对残差做平稳性检验，如果残差序列是平稳的，则表明就业与投资、GDP之间存在长期的均衡关系。具体检验结果如下：

表9　　对残差的单位根检验结果

变量	ADF检验值	5%水平下的临界值	Prob. *	平稳性
残差1	-3.244432	-1.964418	0.003	平稳
残差2	-2.956401	-1.961409	0.0055	平稳
残差3	-2.946042	-1.960171	0.0055	平稳

由表9可以看出，以上三个回归方程的残差均不存在单位根，是平稳的，由此可以判断，就业与固定资产投资、地区生产总值之间存在长期均衡关系。

由方程（3）可以看出：第一产业就业与固定资产投资呈负相关关系，其系数为-0.041012，即固定资产投资增加1%，第一产业就业人数将减少0.041012%。同时，第一产业的就业数量与GDP负相关，其系数为-0.054968，即GDP每增加1%，第一产业就业数量减少0.054968%。英国经济学家柯林·克拉克的研究很好地解释了这一现象，他认为，随着经济发展和人均收入水平的提高，劳动力将逐步从第一产业（农业）向第二产业（工业）和第三产业（服务业）呈阶梯式转移。

由方程（4）可以看出：第二产业就业与固定资产投资是正相关关系，其系数是0.032112，即固定资产投资每增加1%，第二产业的就业人员增加0.032112%。另外回归结果显示，GDP与第二产业就业是正相关，但是不显著。

由方程（5）可以看出：第三产业就业与固定资产投资呈正相关关系。其中固定资产投资的系数为0.010817，即固定资产投资每增加1%，第三产业就业人员增加0.010817%，但是不显著。同时，第三产业的就业数量与GDP的增长成正比，其系数为0.046347，即GDP每增加1%，第三产业就业数量增加0.046347%。

根据协整关系检验，在1991—2010年，尽管固定资产投资和就业都具有不平稳性，但河南的固定资产投资与就业之间具备长期均衡的协整关系。从长期来看，河南的固定资产投资能够带动第二产业的就业，但同时应该避免投资过热的出现，为了保持投资对就业的带动作用，需要改善第二产业的投资经营环境，适度控制投资规模。

（三）居民消费效应

河南固定资产投资对经济增长的贡献率由 1991 年的 26.69% 急速增加到 2010 年的 68.01%，而同时期居民消费对经济增长的贡献率则由 45.81% 下降到 32.06%。消费与投资的结构性矛盾日趋突出，城乡居民收入差距不断扩大，不利于河南经济持续稳定发展。20 世纪 90 年代初期河南城镇人口比重只占 15%，2010 年上升至 38.8%，但收入水平却一直占总收入的 73% 左右，城市居民与农村居民的收入一直存在较大差距，这种差距不利于社会的长期稳定与发展。

因此，本部分试图通过研究固定资产投资对城乡居民收入差距的影响，以分析其对居民消费水平的影响。

1. 数据与变量

样本数据取自河南地区 1991—2010 年的年度数据，数据来源于《河南统计年鉴》。I 表示河南固定资产投资总额，GAP 表示城乡居民收入差距，为历年城镇居民家庭人均可支配收入与农村居民家庭人均纯收入之差。lnI、lnGAP 分别表示 I、GAP 的自然对数值。

2. 单位根检验

运用 ADF 法进行单位根检验，结果如表 10 所示：对 lnI、lnGAP 变量序列进行一阶差分后，ADF 检验值均大于 5% 水平下的临界值，因此一阶差分序列仍不是平稳性的序列。二次差分的结果显示，ADF 检验值均小于 5% 水平下的临界值，因此原序列都是二阶单整，满足协整检验的条件。

表 10　lnI、lnGAP 单位根平稳性检验结果

变量	ADF 检验值	5% 水平下的临界值	Prob. *	平稳性
lnI	2.703066	−1.966270	0.9961	非平稳
lnGAP	7.351811	−1.960171	1.0000	非平稳
d（lnI）	−1.561226	−1.962813	0.1086	非平稳
d（lnGAP）	−1.304161	−1.961409	0.1704	非平稳
dd（lnI）	−3.762323	−1.962813	0.0009	平稳
dd（lnGAP）	−4.395228	−1.962813	0.0002	平稳

注：当 ADF 检验值大于临界值时，表明数据系列是非平稳的，反之则是平稳性的序列。d（lnI）表示变量 lnI 的一阶差分序列，dd（lnI）表示变量 lnI 的二阶差分序列，lnGAP 变量同理。

3. 协整分析

本文采用 E—G 两步法进行检验，首先运用最小二乘法对相关变量进行回归，结果为：

$$\ln GAP = 3.521554 + 0.605806\ln I$$

表 11 lnGAP 关于 lnI 的最小二乘法下的回归方程

Variable	Coefficient	Std. Error	t – Statistic	Prob. *
lnI	0.605806	0.021470	28.21576	0.0000
C	3.521554	0.164501	21.40753	0.0000
R – squared	0.977890	Adjusted R – squared		0.976662

其次对残差做平稳性检验，残差序列是平稳的，则表明城乡居民收入差距与固定资产投资之间存在长期的均衡关系。具体检验结果见表 12。

表 12 对残差的单位根检验结果

变量	ADF 检验值	5% 水平下的临界值	Prob. *	平稳性
e	–2.057964	–1.961409	0.0410	平稳

从回归结果来看，固定资产投资每增加 1%，城乡居民收入差距将扩大 0.605806%，固定资产投资对城乡居民收入差距存在较大影响的深层原因是其在城乡之间、三次产业之间的投入存在巨大差距。2001 年以来河南固定资产投资额的城乡差距逐步扩大，由 2001 年的 68.4∶31.6 变为 2010 年的 84∶16，城镇投资比重一直占有绝对地位。2003 年以来，河南第一产业投资占比均值在 4.6% 左右，第二产业投资占比均值为 46.68%，第三产业均值为 48.67%。由此可以看出，城镇与第二产业、第三产业是固定资产投资的主要去向，农村与第一产业的投资非常薄弱。造成工业与服务业发达的城镇地区经济发展迅速，农村地区经济发展相对缓慢，相应地，城镇居民的收入增长速度远远超过农村居民收入增长速度并不断拉大，城乡居民收入差距不断扩大。因此，积极引导投资流向城镇化建设、农业现代化建设是提高农村居民收入水平的重要途径。

四、结论与政策建议

（一）主要研究结论

资金成本、劳动力成本以及资源成本的不断攀升，必将对现有的高增长模式提出挑战，如何维系河南固定资产投资以及经济的长期可持续性增长是新时期一项重要任务。迄今为止，现有文献没有系统研究河南固定资产投资的可持续性以及经济增长效应问题，本文基于转变经济发展方式背景下，对河南固定资产的投资规模、速度、结构以及效率进行分析，并对其与经济增长的关系进行了理论分析和实证分析，试图得出一些有益的结论，具体包括：

（1）河南固定资产投资增长与经济增长的波动方向基本一致，且绝大多数年份的增长幅度与波动幅度要高于经济增长幅度与波动，2003 年各省份投资增速均明显加快，但之后东部沿海省份投资增速逐渐回落，河南投资增速仍保持在较高水平。通过实证分析，工业化率上升 1%，会带来固定资产投资增加 3.052293%；城镇化率提高 1%，带来固定资产投资增加 2.884300%。河南工业化、城市化进程的加速，中部的崛起，新农村建设等方方面面都需要大量的固定资产投资。这决定了“十二五”期间河南正处于投资率上升的阶段，固定资产投资将保持较高的增长速度，因此投资率偏高、增长速度加快是正常的，如果投资率过低反而是不正常的。为保持“十二五”期间经济的持续、稳定增长，投资率应当也完全可能维持在相对的高位。

（2）河南固定资产投资相对较多地依赖自筹资金，国内贷款、国家预算内资金占比偏低且持续低于全国平均水平，说明当前河南财政、金融对全省投资增长的支撑尚有一定发挥空间，可进一步争取中央投资支持，加快财政专项资金拨付进度；进一步加大金融对投资项目的支持，继续大力推进银企合作。另外，对外资的利用程度也偏低，说明河南在利用和引进外资方面能力不足。

（3）河南固定资产投资的行业结构以制造业、房地产业为主，第三产业的投资也局限在传统的生产性服务业的发展上，如交通运输、仓储及邮电通信业，批发和零售业，但新兴的知识密集型服务业部门，如金融业、计算机服务和软件业等部门的资源配置倾斜度却偏低，再加上房地产行业投资过度膨胀的挤压，使得与知识密集型服务业相配套发展的人才教育、科研发展受挫。

（4）河南的固定资产投资 60% 以上是投向建筑安装工程，设备工具投资占总投资的比例不足 30%，说明河南目前仍然处于一种较为粗放的发展方式当中，进一步优化固定资产投向结构能够较为有效地促进经济发展方式的转变。

（5）中原经济区建设的发展战略、新型城镇化的快速推进、产业集聚区的发展、劳动力供给的相对充足都为投资的可持续发展提供了有利条件和保障；但是货币政策不断紧缩、政府投资风险加大、消费增长缓慢、资源环境因素等又对投资的可持续发展产生了不利影响。

（6）河南固定资产投资对经济增长有着强劲的推动作用，并且能够带动第二、第三产业的就业，随着经济发展和人均收入水平的提高，劳动力将逐步从第一产业（农业）向第二产业（工业）和第三产业（服务业）呈阶梯式转移。

（7）城镇与第二产业、第三产业是河南固定资产投资的主要去向，农村与第一产业的投资非常薄弱，造成了城乡居民收入差距不断扩大。因此，积极引导投资流向城镇化建设、农业现代化建设是提高农村居民收入水平、扩大居民消费需求的重要途径。

（二）政策建议

1. 推进投资方式转变

转变投资方式是转变经济发展方式的关键。追求“有效投资”、“高效投资”与“绿色投资”，即发展能有效扩大内需、增强经济发展后劲的投资，力求避免无效投资和重复建设；发展乘数效应高、经济效益好、有利于经济结构升级和优化的投资，力求避免规模大而效益低、质量差、建成项目生产能力闲置的投资；发展能综合考虑经济、社会、环保等方面因素，着眼于长远利益的投资，力求避免环境污染、只追求经济效益而忽视社会效益和环保问题的投资。由于河南人口众多，剩余劳动力和新增劳动力大量存在，需妥善把握提高资本有机构成与充分利用劳动力资源的关系。

2. 注重提高投资的有效性

针对河南投资产业结构存在的偏差，以增量投资扩大和存量投资调整为手段进一步调整三次产业的投资结构，提高资本使用效率。加强第一产业，确保农业的基础地位；逐步降低第二产业的投资比重，调整第二产业内部的投资结构，限制低水平加工工业的投资增长，加大对高新技术产业投资的规划、引导和支持力度；有效增加第三产业的投资，适度增加对交通运输、邮电通信、教育事业和公用事业等基础行业的投资，加大对金融保险业、科研、信息咨询业和各类技术服务业等新兴行业的投资。

3. 继续打造良好的引资环境，合理引导外资流向

继续加强基础设施建设和生态环境保护建设，改善投资软、硬环境，尽力营造一个公平、公正、合法、开放的竞争环境，积极引进外资，并且把招商引资同产业结构调整和产业结构升级结合起来，使河南省根据自己的产业规划、技术升级战略购买我们所需的生产技术、工艺设备，从而促进产业升级，加快自身工业化和现代化进程。另外，积极承接国际服务业转移，提高服务业利用外资水平，实现服务业跨越式发展，增强服务业对劳动力的吸纳能力，提高服务业对经济增长和就业的贡献。

参考文献

[1] 阿瑟·刘易斯．经济增长理论［M］．北京：商务印书馆，1982.

[2] 艾伯特·赫希曼．经济发展战略［M］．北京：经济科学出版社，1991.

[3] 亚当·斯密．国富论［M］．北京：商务印书馆，1990.

[4] 罗纳德·麦金农．经济发展中的货币与资本［M］．上海：上海人民出版社，1989.

[5] 爱德华·肖．经济发展中的金融深化［M］．上海：三联出版社，1991.

[6] 李京文等．生产率与中国经济增长的研究［J］．数量经济技术经济研究，1992.

[7] 舒元．中国经济增长分析［M］．上海：复旦大学出版社，1993.

[8] 李京文．生产率与中美日经济增长研究［M］．北京：中国社会科学出版社，1993.

[9] 詹姆斯·D. 汉密尔顿，刘明志译．时间序列分析［M］．北京：中国社会科学出版社，1999.

[10] 王广谦．经济发展中金融的贡献与效率（第一版）［M］．北京：中国人民大学出版社，1997.

[11] 林毅夫．中国奇迹：发展战略与经济改革［M］．上海：上海人民出版社，1994.

[12] 陈宏．中国经济增长的可持续性［M］．北京：中国财政经济出版社，2008.

[13] 陈杰，王力勇．对我国2009年经济增长率预测准确性的评析［J］．经济学动态，2010.

[14] 曾学文．中国转型期就业潜力研究［M］．北京：北京师范大学出版社，2010.

[15] 陈康幼．投资经济学［M］．上海：上海财经大学出版社，2003.

[16] 雷辉．关于我国固定资产投资结构变化的分析［J］．投资研究，2009.

[17] 林梅．投资理论研究文献综述［J］．财经理论与实践，2004.

[18] 杨公朴．产业经济学［M］．上海：复旦大学出版社，2005.

中原经济区城乡金融协调发展研究

中国人民银行洛阳市中心支行课题组①

摘要 文章从中原经济区城乡金融协调发展的机理入手，以洛阳市为例，描述了中原经济区城乡金融发展现状，剖析城乡金融不能协调发展的深层次原因，并用实证分析给以佐证，围绕这些原因在借鉴国内外缓解城乡金融不协调状况、促进城乡金融协调发展的相关经验的基础上，针对中原经济区城市金融、农村金融以及如何实现城乡金融协调发展提出了相关政策建议。

关键词 中原经济区 城乡金融 金融二元结构 协调发展

一、引言

（一）研究意义和方法

随着中原经济区建设的深入推进，河南省的经济发展进入了一个崭新的历史时期。经济发展，金融先行。对于中原经济区建设而言，金融堪当重任。如何结合中原经济区自身特点，以金融为支点撬动中原经济区工业化、城镇化和农业现代化协调发展，需要协调城乡金融发展。

基于此，本课题在研究上抓住城乡金融协调的切合点，以博弈、协同、共生等理论为指导，以洛阳为例，总结描述中原经济区城乡金融发展现实情况，剖解分析城乡金融不协调的内在原因，借鉴当今国内外金融发展研究的科学成果与方法，探索城乡金融资源衔接、合流、共生的路径和机制，为如何消除城乡金融联通障碍，实现城乡金融的协调发展提供对策建议。

（二）相关概念的界定

1. 农村金融

农村金融是指在县（包括县级市）及县以下地区设立的，并主要为当地居

---

① 课题主持人：程亚男。
课题组成员：王戈锋、慕晓丰、牛世杰、贾玉新、刘献利、刘小辉。

民或企业提供存款、贷款、汇兑、保险、期货、证券等各种金融服务的金融机构或金融市场，包括正规金融和非正规金融即民间金融。从金融管理对象来看，主要包括地方法人金融机构、国有控股金融机构、股份制金融机构和外资金融机构在农村地区设立的分支机构，地方准金融机构，其他地方性机构。

2. 城市金融

城市金融是与农村金融相对相应的一个概念，是指在市及市以上地区设立的，并主要为当地居民或企业提供存款、贷款、汇兑、保险、期货、证券等各种金融服务的金融机构或金融市场，同样也包括正规金融和非正规金融。

3. 城乡金融二元结构

本文所指的中国金融二元结构就是中国当前在二元经济结构背景下金融体系的“二元”状态，即一方面是存在于城市的由发达的现代银行（包括国有商业银行、其他商业银行、外资银行）分支网络以及证券、保险组成的一个基本上服务于城市经济主体的金融市场；另一方面是存在于农村的由规模较小的农村商业银行和农村信用社构成的基本上服务于农村经济主体的金融市场。

二、城乡金融协调发展机理分析

（一）博弈论视角下的城乡金融协同发展

亚当·斯密的“理性经济人”假设，既是经济学科的一个理论基石，也是逻辑前提。基于“理性经济人”假设，经济学建立了非合作博弈分析框架，以解释人类经济活动中的竞争与冲突。非合作博弈的经典模型是“囚徒困境”。囚徒困境在于个人理性选择的叠加并不能保障集体的理性。

对于城乡金融的合作与协同发展，也能够用“囚徒困境”说明合作的收益。设想两个市场：城市金融市场 A 和农村金融市场 B 进行合作实现协同发展的情况。城乡金融合作的成本假定为1，合作的收益是不确定的。我们设定如下支付矩阵，每种情况的净收益如表 1 所示。

表 1　“囚徒困境”在城乡金融合作中的运用

互动关系		农村金融 B	
		合作	不合作
城市金融 A	合作	1，1（1）	-1，2（3）
	不合作	2，-1（2）	0，0（4）

如果市场 A 和市场 B 都参加合作，则双方的净收益均为1；如果两个市场都不合作，则双方不必支付成本，也不可能获得收益，净收益均为0；如果市场 A 合作，而市场 B 不合作，则市场 A 要支付成本而不能获得收益，其净收益为

-1，市场B不必支付成本而能获得收益，净收益为2；如果市场B合作，市场A不合作，则会有相反的结果。

从支付矩阵中，很容易得出博弈结果。对市场A来说，无论市场B采取何种策略，其最优的选择都是不合作；对于市场B来说也是如此。因此，双方都有欺骗对方的动机，得到的解即双方都采取不合作策略。在追求自利的理性选择下，双方得到的却是非最优解（4），也就是说个体理性导致了集体非理性。但是，当条件改变引入动态博弈的惩罚机制时，城乡金融合作中的各方也能得到最优解。

重复博弈中最有名的"无名氏定理"告诉我们，如果双方的接触是一次性的，结果一定是诚信缺失；但是随着决策期数变多，双方可能意识到建立信任保持长期合作是有利的。为了在无限重复博弈中取得长期的利益，局中人在每个阶段博弈中应当表现出诚信。

回到城乡金融合作中来，在前面的囚犯难题中，参加博弈的一方如果欺骗了对方，另一方不能进行报复。在重复博弈模型中，受欺骗的一方可以在任何阶段进行报复。如果这种威胁能够实行，并且威胁力足够大，则静态博弈中的合作就能够实现。从根本上说，合作者都在合作中追求自身的利益，这种利益可通过合作的成本与收益来分析，由净收益来体现。这就引起了一个问题，在以上的博弈论分析中，究竟应如何理解合作方的收益和成本呢？合作的收益主要是指通过合作能够取得技术、市场规模、管理、信息等方面的好处。合作的成本是合作主体为了达到合作必须放弃的东西。比如，一方为了获得技术，情愿暂时放弃部分市场；为了获得长期利益，而愿意放弃短期利益；或为了获得全局利益而愿意放弃局部利益。参与合作的各方会权衡自己的收益和成本，然后决定是否参加合作，或与谁一起合作。只有当合作的收益超过成本时，才会导致合作。在合作中，如果每一个合作方的净收益越大，则合作越牢固；同样，如果一个合作方可在不同的合作方案间进行选择，则它必然会选择能给自己带来较大合作收益的方案。

（二）协同学视角下的城乡金融合作与协调发展

协同学的创始人是德国理论物理学教授赫尔曼·哈肯（Hermann Haken）。协同学的重要贡献在于通过大量的类比和严谨的分析，论证各种自然系统和社会系统从无序到有序的深化，都是组成系统的子系统的各元素之间相互影响又协调一致的结果。协同学原理告诉我们，一个系统中，各个子系统和各种要素的"协同"会使无序转化成有序，使分散甚至相互抵触的成分转变为有序的整体合力与形成整体功能；相反，若不能很好地协同或根本不协同，甚至始终处于离散或相互抵触的无序状态，就无法形成合力，无法形成整体功能和整体效益。系统总体的功能并不是系统组成要素的简单相加，而是通过系统要素的合理组织，达到新的更加完备的功能和形态。一个相互协调的系统，其总功能就会大于局部功能之和；反之，一个互不协调的系统，由于互相摩擦与冲突造成功能的内耗，其总功能就会小于局部功能之和。

因此，城乡金融之间如何相互联系和作用，都会影响到整体金融市场系统的特性与功能。如果城乡金融之间互不协调，则中原经济区金融市场体系整体的成长必然极为“无序”，内耗非常大，对城市金融与农村金融发展都极为不利。反之，如果城乡金融之间相互协调与合作，则子系统之间的协同会使“无序”成“有序”，能够促进城乡金融体系功能最大限度地发挥和整个金融市场发展。

竞争是指构成系统的各要素通过某种激烈斗争，从而达到系统最优化的活动。协同是与竞争相对的一种比较和谐的进化方式，即系统内各要素之间通过联合、合作、共赢的协调作用机制进行发展（阎忠言、姜春林，2007）。从系统的角度看，各城市金融与农村金融的自组织不仅与竞争相联系，更重要的是强调协同。正如超循环理论的研究所表明的，如果系统中存在的只是竞争，发展的结果将变得非常单调，系统的深化最终是走向系统的彻底崩溃；一旦有了合作，就带来了非线性的选择行为，系统也就有了多种发展方向。正是在系统既竞争又合作的发展过程中，才有了金融发展的丰富多彩。

（三）共生理论视角下的城乡金融合作与协调发展

“共生”一词来源于希腊语，首先是德国真菌学家德贝里（Anton de Bary）在1897年提出的。共生理论认为，合作是共生的本质特征之一；共生强调了存在竞争的双方的相互理解和积极态度；共生过程是共生单元的共同进化过程，也是特定时空条件下的必然进化；共生进化过程中，共生单元具有充分的独立性和自主性（刘荣增，2006）。

而在当今金融业全球化时代，只有人与人之间、国与国之间遵循“共生”原理，只有经济金融合作，主权平等，互惠互利，才能由共同生存到共同发展。城乡金融之间的合作主要取决于共生效益，当共生效益有限时，城乡金融之间只存在随机性的金融合作，只能称为共生关系，其共生系统是不稳定的，不能满足共进化的要求；只有城乡金融市场间存在稳定的连续性合作，共生效益才能增加，才有可能由间歇性共生代替点共生，由连续共生和一体化共生逐渐代替间歇性共生，以促进共生单元之间、共生单元与系统之间、共生系统与环境之间的共进化。

在城乡金融发展进程中，把一些市场的基本条件、外部环境和发展水平比较接近的市场称为同质市场；把基本条件、外部环境和发展水平相差比较大的市场称为异质市场。金融同质市场比较容易实现合作，因为正向共生状态反映出其本质天然的相互促进、共同发展的紧密联系。异质市场的金融合作容易造成不对称、不能实现互惠互利的局面，影响到共生系统的稳定性和效益。同质市场和异质市场在进行业务合作时所遵循的原则和主要目的有所不同，同质市场的业务合作可以实现金融资源的优势共享和叠加，异质市场的金融业务合作可以实现金融资源的优势互补。

三、中原经济区城乡金融发展现状

（一）农村金融发展现状

1. 农村金融组织体系不健全

目前农村金融组织体系包括正规金融和非正规金融两部分。其中，农村正规金融组织体系主要有农业银行、农业发展银行、农村信用社、农村商业银行、邮政储蓄银行、村镇银行等；非正规金融则主要包括民间自由借贷以及各种形式的“地下金融”活动。这种金融体系尽管比较庞杂且看似完备，但实践中由于正规金融机构自身改造以及商业化改革等原因，农村金融机构身上的“农业色彩”越来越淡，对农村经济发展的支持极为微弱：农业银行作为农村金融体系中的骨干和支柱，支农作用不够；农业发展银行功能单一，政策性金融功能不健全；农村信用社的性质发生了引人注目的“变异”，服务于农户的动力正在逐渐淡化；邮政储蓄吸收的存款极少用于支持农村；保险公司缺乏开展农业保险的积极性，农业保险覆盖面窄；新型农村金融机构数量少，农村金融市场竞争性不足；民间借贷作用巨大，但没有获得合法地位。农村信用担保体系建设滞后，担保业务发展缓慢。

2. 农村地区金融服务机构网点不足

近年来，国有四大商业银行的网点陆续从县域撤并，从业人员逐渐精减，特别是农业银行的市场战略也从农村转向城市，大量撤并了农村经营网点。由于县域金融机构网点和从业人员的减少，县域经济获得的金融服务力度严重不足。以洛阳市为例，截至2010年底，洛阳市市辖区每万人拥有金融机构网点数为2.2个、金融业从业人员43个；同期县域地区每万人拥有金融机构网点数为1.2个、金融业从业人员11个，且在县域地区金融机构网点主要集中在城镇区域部分，广大农村地区的金融机构网点数更少。

3. 农村金融资金外流现象严重

鉴于农村经济产业收益率低，农户等农村经济主体缺乏抵押担保品，一些地区的金融生态环境不够完善，加之农村贷款交易成本高，风险大，造成农村资金外流现象严重。以洛阳市为例，据统计，2008年以来，县域资金均为净流出，且呈逐年扩大趋势。截至 2010 年 8 月末，全辖县域金融机构上存资金 300.3 亿元，上借资金 37.0 亿元，资金净流出 263.3 亿元。主要原因：一是国有商业银行贷款权限纷纷上收，各银行总行倾向于将农村地区集中起来的资金运用到城市，造成农村信贷资金更加紧缺。二是农村信用社存差持续扩大，农村信用社的对外投资和转存的资金基本上是流向城市，形成农村资金的流失。三是邮政储蓄银行“虹吸”效应严重。由于1986—2003 年邮政储蓄只存不贷，加之网点遍布农村，产生了严重的“虹吸”效应。四是非正规金融资金外流。地下钱庄等非正规金融以高利率、高回报率等方式吸纳农户资金，通过各种渠道流入企业或非农产业，加剧了农村资金的短缺。

4. 农村金融服务供给的结构性矛盾突出

一是农村金融产品和服务方式落后。农村金融市场及金融工具发展滞后，现代化的有价证券交易系统延伸不到农村，农村居民能够参与交易的金融商品相当有限。农村金融供给形式以间接融资为主，直接融资严重滞后。各类小额信贷机构资金来源有限，缺乏持续性。农村支付结算渠道不畅，企业清算成本居高不下。现代支付系统在农村覆盖率低、稳定性差，涉农企业、个体工商户结算渠道不畅。二是农村金融结构与经济结构不协调。从贷款投向来看，无论是在产业结构方面，还是在所有制结构方面，贷款期限、利率、方式等均不适应已经优化了的农村经济结构，此外，以农村信用合作社为主体的农村金融机构，也不能提供诸如保险、咨询、代理、结算等多样化的金融产品和服务。

（二）城市金融发展现状

1. 银行类金融机构实力不断壮大

三十年来，河南省的银行业经历了一次伟大的制度变迁。金融机构不断健全，形成了以政策性银行、国有商业银行、股份制商业银行、城市商业银行等一系列金融机构互为补充，功能齐全、分工合理的多元化银行体系，主要表现为：一是城信社全部“华丽转身”为商业银行。2010 年伊始，濮阳市城市信用社获准筹建濮阳市商业银行。至此，河南省 17 家城市信用社（济源没有设立）全部实现了向商业银行的转型。郑州银行、洛阳银行、许昌银行、新乡银行等多家城市商业银行已经完成更名，再度变身为“区域性商业银行”，并初步具备了跨省发展的实力。二是股份制商业银行“省域化”步伐不断加快。三年来，交通银行、中信银行、兴业银行、光大银行、民生银行、招商银行、浦发银行、广发银行等相继在地级市设立分支机构。目前，已经设立或者正在筹备在河南地级市设立分支机构的股份制银行有 10 家左右，分支机构数量超过 30 家。

2. 资本市场长足发展

截至 2010 年底，全省已有 81 家境内外上市公司，发行股票 83 只，其中，境内发行股票 52 只，境外 31 只，募集资金总额达 751.10 亿元。年末，境内市场流通股总市值 3 296.88 亿元。一是经营机构快速增加，规范化水平不断提高。2010 年，全年全省共新增证券和期货经营机构 31 家，创历年之最。股指期货、融资融券、IB 业务等相继推出，运行平稳。中原证券和万达期货首次被评为 A 类公司，成功跨进行业第一方阵。二是企业上市成效显著，并购重组持续活跃。2010 年，全年共有 13 家公司通过发审委审核，10 家公司挂牌上市，募集资金合计 106.81 亿元，上市公司数量及募集资金数额均创历史新高。4 家公司实现控股股东变更，2 家公司实现控制权转移；5 家公司完成再融资，共募集资金 23 亿元。三是期货市场发展迅速。2010 年，郑州商品交易所期货交易累计成交量同比增长 118.4%，累计交易金额同比增长 223.4%。

3. 保险业发展日新月异

一方面，市场主体日趋完善，人员结构更加优化。2010 年，河南省保险市场主体不断增加，省级公司增加 5 家，市及以下分支机构增加 103 家，中介机构增加 15 家，代理机构增加 68 家，初步形成了各类机构并存、各种经营互补的多层次市场体系。全省保险业从业人数减少 0.28 万人，人员结构更加优化。另一方面，保险业务发展较快，补偿功能充分发挥。2010 年，河南省保险公司保费收入 793 亿元，保费规模居全国第五位，中部第一位。保险业为全省经济社会发展提供经济补偿 154 亿元，同比增长 3.83%，保险对经济补偿和保障民生的功能日益凸现。

4. 担保体系初步形成

2008 年以来，河南担保行业呈现“井喷式”增长。据统计，与 2008 年初相比，2010 年底，河南省投资担保类金融机构由 190 余家增加至 1 600 多家（含 300 多家分支机构），注册资本也从 50 多亿元增至 560 多亿元，从业人员由不足 4 000 人发展至近 10 万人，三类指标分别增长了 8 倍、11 倍和 25 倍，初步形成了以政策性担保机构、民营商业性、互助性担保机构共同发展，大中小担保机构相结合，覆盖全省的中小企业信用担保体系。

5. 金融聚集区进一步形成

随着经济的快速增长，郑州作为全国性区域金融中心和全省金融机构聚集区的地位逐渐凸显，金融聚集效应逐步加强。在省会 10 余家银行中，有多家银行的总部已经或即将入驻郑东新区 CBD，其中包括农业银行、汇丰银行、民生银行等。除了银行，CBD 在证券机构眼中也是块福地，中原证券总部、招商证券、国信证券、申银万国证券等多家机构入驻。截至 2012 年 5 月 9 日，已有 115 家金融机构入驻，比 2009 年底增加了一倍。

（三）城乡金融协调性现状分析

1. 城乡金融发展速度不协调

（1）银行业发展速度不协调。改革开放以来，银行业作为中原经济区乃至全国金融业的主体取得了快速的发展，为区域内经济发展提供了有力的支持。但银行业发展过程中却呈现出了“城快乡慢”的特点。从存贷款总额变化情况来看，1985—2011 年，城乡金融总量绝对差异由 10.86 亿元增加到 1 003.48 亿元，不断扩大；相对差异由 1985 年的 1.92 倍增加到 2011 年的 2.26 倍。从人均存贷款情况来看，城乡人均存款差异整体上呈现出降低的趋势；城乡人均贷款差异倍数呈现出先升后降的趋势，截至 2011 年底，城乡人均存贷款绝对差异 37 377.5元，相对差异 7.1 倍。

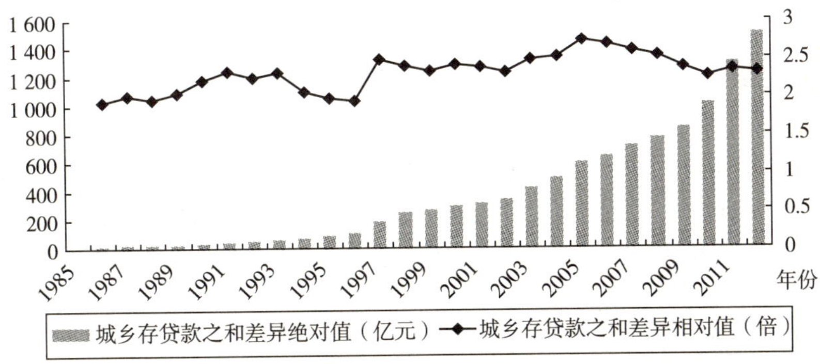

图 1　城乡存贷款余额之和比较图

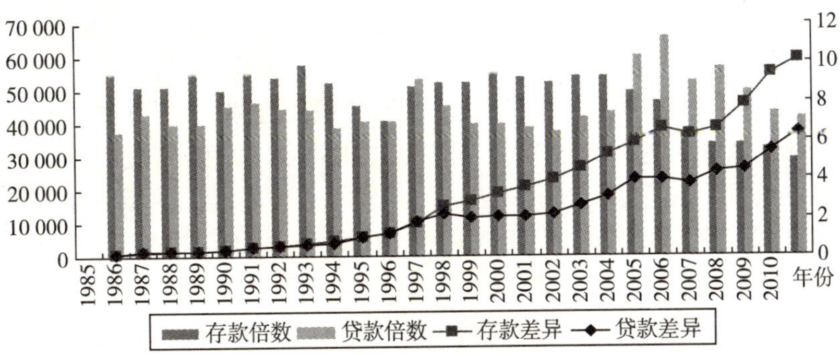

图 2　人均存贷款差异程度图

（2）保险业发展速度不协调。随着经济的不断发展，保险业的城乡差距逐渐拉大。2010 年洛阳市市区、县域保费收入分别为 51.34 亿元、13.42 亿元，相差 37.92 亿元；保险密度分别为 2 665.63 元/人、289.97 元/人，相差 2 375.66

元/人；保险市场发展速度差距明显。

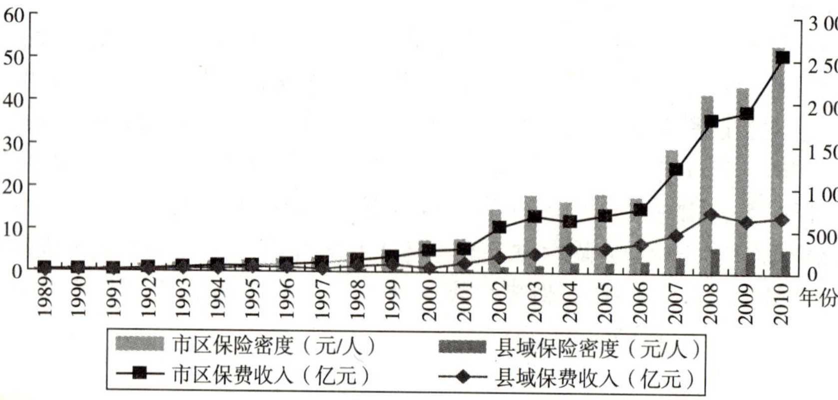

图3　1989—2010年保险业发展情况图

（3）证券期货业发展速度不协调。从洛阳市情况来看，无论是上市公司数量、证券机构营业网点布局，还是期货公司的发展，洛阳市市区的发展速度均远远高于县域地区。截至2012年6月底，洛阳市县域地区拥有上市公司3家、证券业机构网点4个，期货公司网点0个；同期市区拥有上市公司6家、证券机构网点15个，期货公司网点2个。

2. 城乡金融发展质量不协调

（1）城市金融产品丰富、农村金融产品缺乏。据调查，近几年四大商业银行推出的信贷创新产品主要包括三大类：一是便利性创新品种，如中行的易贷通、农行的小企业简式快速贷款等；二是担保类创新品种，如中行的质押通、融货通，工行的小企业经营型物业贷款，建行的国内保理等；三是组合类创新品种，如工行的小企业网络循环贷款、建行的成长之路、中行的启贷通等。信贷创新产品的推出，在一定程度上缓解了中小企业、个体经营户贷款难问题，在城市地区的推广取得了较好的效果，但在农村地区的推广使用情况不太理想。以农行的县域工薪人员消费贷款为例，自2011年6月推出以来，洛阳辖区只办理了1笔业务，金额6万元。此外，中行推出的13个“通”字系列创新产品，有8个在农村地区很少开展甚至没有开展①。

（2）城乡金融机构改制进程不协调。截至2010年底，河南省辖内城市信用社全部获准改制为城市商业银行。改制后的城市商业银行经营管理更加规范，经营模式与现代银行业的要求也更加适应。但农村金融机构的改制却相对缓慢。

① 资料来源：2012年人民银行洛阳市中心支行上半年的《洛阳市信贷创新产品使用情况调查》。

以农信社为例，由于单体机构资本及规模小、抗风险能力偏弱；股本结构分散；法人治理结构不完善等原因，致使部分农信社改制农商行的进度缓慢。2011 年底，洛阳市市区农信社中只有吉利农信社改制为吉利商行、县域地区只有伊川县农信社改制为伊川农商行。

（3）新型农村金融机构和准金融机构经营中问题不断。一是村镇银行的发展较为缓慢。总体来说，2007 年以来村镇银行的试点进展比较缓慢。与小额贷款公司相比，差异明显。2011 年底，洛阳市 3 家开业，1 家筹建，1 家申报待批；同时期，洛阳市成立小额贷款公司 30 余家，正式营业 27 家。二是资金来源受到限制，部分机构流动性不足。村镇银行作为新设机构，社会知名度低，存款增长较为缓慢，资金来源和需求很不匹配，造成机构流动性不足。三是小额贷款公司受资金规模限制，易诱发操作性风险。根据规定，小额贷款公司设立一年以后才能增资扩股且只能向不超过两个银行业金融机构进行融资，融资最高额度不超过资本净额的 50%。在资金来源受限、信贷杠杆效应不强的情况下，容易诱发“超利率、超规模”等违规操作风险。

3. 城乡金融发展效益不协调

（1）城乡金融机构发展效益不协调。一是城乡资金利用效率差异明显。存贷差和存贷比反映资金利用效率的常用指标，前者反映金融结构的资金充裕程度和储蓄向投资转化能力。后者反映银行的当期盈利能力和发生不良贷款的风险。1985—2010 年，洛阳市市区和县域金融机构存贷差均呈现扩大势态，截至 2011 年底，市区、县域存贷差分别 638.83 亿元和 423.18 亿元。1985—2011 年洛阳市市区、县域存贷比均呈下降趋势，2011 年底，县域低于市区存贷比 15.12 个百分点。二是城乡金融机构获利能力差异明显。截至 2012 年 8 月底，主要以农村市场为服务对象的农业发展银行结益 0.5 亿元，农业银行结益 3.1 亿元，农商行结益 1.9 亿元，村镇银行结益 0.7 亿元，农信社结益 3.2 亿元，共计 9.4 亿元，不到城市金融机构当年结益的 1/4。

（2）城乡金融对经济增长的贡献不协调。一是金融业增加值对 GDP 的贡献程度差异较大。截至 2011 年底，县域、市区金融业实现增加值分别为 11.4 亿元和 48.3 亿元，市区、县域金融业增加值占各自增加值比重分别为 6.9%、0.9%。二是金融支持经济发展的差异较大。1985—2010 年，洛阳市市区存贷款余额占 GDP 比重上升了 145.04 个百分点，县域存贷款余额占 GDP 比重则下降了 5.96 个百分点；城乡金融二元结构强度不断加强，1985 年市区存贷款余额占 GDP 比重是县域的 1.90 倍，2010 年这一倍数扩大到 4.35，城乡金融汲取能力差距进一步扩大。

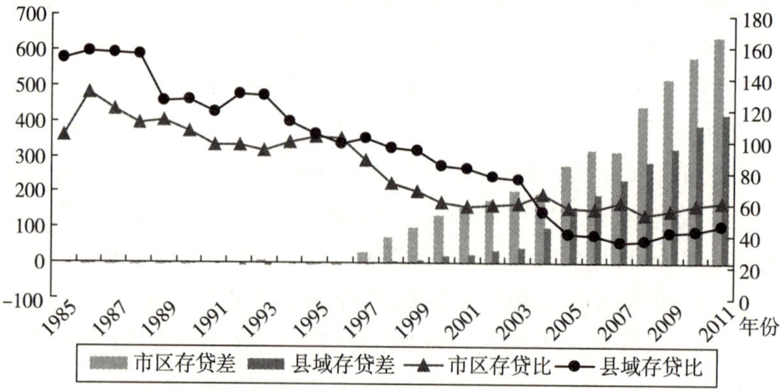

图 4　存贷款、存贷比比较图

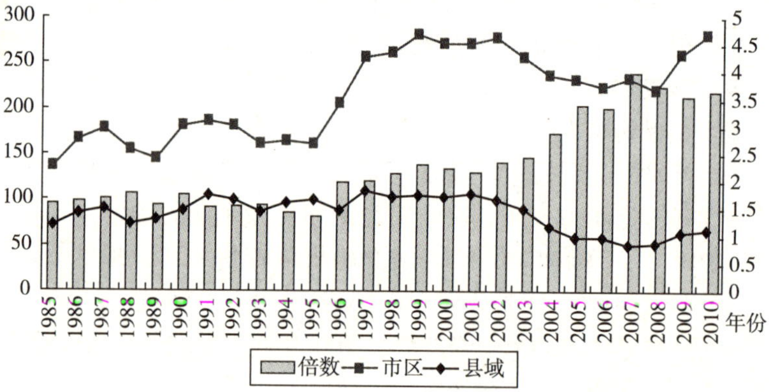

图 5　存贷款余额占 GDP 比重图

四、城乡金融二元结构特征的原因分析

（一）制约城乡金融协调发展的因素分析

1. 国家战略倾斜——城乡金融二元结构形成的逻辑起点

新中国成立后，我国政府基于外部环境（国际经济政治）的压力和内部条件（经济政治资源）的约束，以及苏联模式的影响，选择了优先发展重工业的战略以便迅速实现现代化。在国家赶超战略的推动下，城市和工业得到了优先发展，农村和农业则成为工业化的原始积累基础，新中国的经济二元结构由此形成。

在金融制度安排方面，为了保证以重工业为核心的经济增长所需的资源，有效地动员农村经济资源剩余向工业和城市输送，国家通过对农村经济资源和剩余的控制，为工业化发展提供了大量原始积累。在国家初始战略的推动下，城市工业化和经济发展十分迅速，与抽走资金和资源的农村经济形成鲜明对比，从属于国家经济战略的金融也表现为“二重性”，所以，国家倾斜战略就成为城乡金融二元结构形成的逻辑起点。

2. 农村金融供给型和需求型抑制并存——城乡金融二元结构的强化剂

一方面，农村金融抑制主要是供给型的。主要表现在：县级金融机构大量撤并导致县级金融体系严重萎缩，未撤并的县级银行的贷款权也大多被上收，无法对县域经济发展提供足够的金融支持；农村的银行信贷资金投放较少，而农村资金大量倒流城市所形成的“非农化”现象十分突出，加剧了农村资金供求关系的失衡；相对较高的贷款利率提高了农民的经营成本，导致农民的收益率下降；资本市场的触角没有延伸到农村，农民基本上没有条件参与证券投资，农村中数量众多的中小企业要进入资本市场筹资也只能是一种奢望。另一方面，需求型的金融抑制不容忽视。主要表现在：农村居民对金融需求特别是对投资性金融需求不强烈，农业经济用来安身立命，市场化程度低。供给型和需求型金融抑制并存，农村金融抑制就成为城乡二元金融结构的一个重要表现，同时又加剧了城乡二元金融结构的强化。

3. 地方政府管理目标自利化——城乡金融二元结构的重要推手

一方面地方政府受多重管理目标的影响，在管理过程中，经常遵循以下逻辑顺序：先把 GDP 做大，实现上级对本级政府的满意评价，然后在辖区内推动城市（镇）经济，实现城市（镇）经济主体满意度最大化，接着重视农村非农企业和大型农业产业化组织，最后才是农村小型企业，而农户则是被忽略的群体。另一方面随着国有独资商业银行在农村市场的逐渐退出，地方政府对农村正规金融组织的运营影响力逐渐减弱。地方政府对组建自我能够控制的区域金融机构或民间金融机构表现出极大的热情，希望通过有效的融资活动增强对农村金融资源的控制力，缓解本地区的资金短缺。这种做法制约了农村金融的自我发展，使得其在强烈的政府干预下表现出非市场性、脆弱性。而在城市，金融的发展显得相对独立，政府对金融产品、金融市场、金融机构进行必要的管制，但行政干预明显较少。因此，政府行为差异在一定程度上导致了城乡金融发展的差异。

4. 城乡经济发展差异——城乡金融二元结构的根本原因

一方面，城乡之间金融发展差异的根本原因就在于城乡经济增长的差异。农村经济增长的有限性决定了农村金融发展只能停留在“有限”的水平上，从而与城市金融形成“二元结构”。一是农业经济和农村经济的低水平决定了农业和农村经济中货币流通量较小，资金循环总量偏小，进行价值增值的资本也就偏少，农村经济对农村金融的有效需求也就偏小，农村金融业务空间受到制约；二是农村居民收入相应偏低，与城市居民形成强烈反差，农村居民的储蓄水平就偏低，农村金融资金总量也就偏小，同时农村居民的金融资金需求徘徊在低水平上，单笔金融业务规模小，金融机构运行成本高；三是农村经济比较利益低下，利润空间狭小，金融资本分享产业资本利润的空间也相应狭小，在这样的情况下，以营利性为原则的金融资本显然偏好城市经济主体。

另一方面，城乡经济结构差异决定了城乡金融二元结构性。经济结构差异导致经济增长点和发展极的差异，从而导致对金融需求水平和结构的差异。经济结构主要是由产业结构决定的，因此，城乡产业结构的差异也就决定了城乡金融发展高度和结构的差异。

（二）城乡金融协调发展的实证分析

基于前述城乡金融协调发展的影响因素分析，考虑是实证因素的可量化性，以洛阳市为例，利用 Johansen 检验、脉冲响应等方法对改革开放以来经济结构、政府行为对城乡二元金融结构演化的影响进行实证分析。其中数据年份为1985—2010 年，数据来源于《河南金融年鉴》、《洛阳市统计年鉴》等。参照张靓、王定祥（2012）对指标做如下设定：

城乡二元金融结构强度（y_1）：用城镇金融相关率/农村金融相关率表示。金融相关率 = 金融资产总量/经济总量（GDP）。农村金融资产总量 = 农村现金流通量 + 农村存款 + 农村贷款。城镇金融资产总量 = 全国金融资产总量 - 农村金融资产总量。

城乡二元经济结构强度（x_1）：本文选用城乡居民收入差异倍数作为衡量二元经济结构强度的指标，即用城镇居民人均可支配收入/农村居民人均纯收入表示。

城乡贷款差异（x_2）：城乡贷款差异 = 城镇贷款总额 - 农村贷款总额。农村贷款 = 农业贷款 + 农户贷款。

城乡投资差异（x_3）：城乡投资差异 = 城镇固定资产投资 - 农村固定资产投资。

1. 理论分析

假定社会金融部门由城市金融系统和农村金融系统构成，两部门有相同的技术进步且不考虑劳动力投入量的变化（王千六，2009）。根据总生产函数，各个经济系统的经济总量为

$$Y_1 = f(K_1 + F_1) \quad (1)$$

$$Y_2 = f(K_2 + F_2) \quad (2)$$

Y_1 和 Y_2 分别为两个经济系统的总产出，通常指 GDP；K_1 和 K_2 分别为两个经

济系统的资本投入量；F_1 和 F_2 分别指两个金融系统的发展水平，在这里金融可作为总生产函数的一种“投入”要素。

将式（1）除以式（2）得

$$\frac{Y_1}{Y_2}=\frac{f(K_1,F_1)}{f(K_2,F_2)} \tag{3}$$

假设各经济系统的总产出都遵循柯布—道格拉斯生产函数，则有

$$Y_1 = A_1K_1^{\alpha}\cdot F_1^{\beta}\varepsilon_1 \tag{4}$$

$$Y_2 = A_2K_2^{\alpha'}\cdot F_2^{\beta'}\varepsilon_2 \tag{5}$$

A_1 和 A_2 分别为两经济系统的技术水平；ε 为随机扰动项；α 和 β 分别为经济系统 S_1 的资本及金融的产出弹性；α'和 β'分别为经济系统 S_2 的资本及金融的产出弹性。

将式（4）和式（5）代入式（3）得

$$\frac{Y_1}{Y_2}=\frac{A_1K_1^{\alpha}\cdot F_1^{\beta}\varepsilon_1}{A_2K_2^{\alpha'}\cdot F_2^{\beta'}\varepsilon_2} \tag{6}$$

将方程两边取对数，得

$$\ln Y_1-\ln Y_2=(\ln A_1-\ln A_2)+(\alpha\ln K_1-\alpha'\ln K_2)+(\beta\ln F_1-\beta'\ln F_2)+(\ln\varepsilon_1-\ln\varepsilon_2) \tag{7}$$

（$\ln Y_1-\ln Y_2$）可视为二元经济结构差异系数，（$\ln A_1-\ln A_2$）为两经济系统的技术差异，（$\alpha\ln K_1-\alpha'\ln K_2$）为两经济系统资本投入差异，（$\beta\ln F_1-\beta'\ln F_2$）为两金融系统发展水平差异，$\beta$ 和 β' 可视为二元金融结构差异系数。

将式（7）变形可得

$$\beta\ln F_1-\beta'\ln F_2=(\ln Y_1-\ln Y_2)-(\ln A_1-\ln A_2)-(\alpha\ln K_1-\alpha'\ln K_2)-(\ln\varepsilon_1-\ln\varepsilon_2) \tag{8}$$

式（8）表明城乡二元金融结构差异受到城乡经济发展差异和城乡资本投入差异等因素的影响。

在这里，可以将这种关系变形为

$$Y=g(X_1,X_2,X_3) \tag{9}$$

其中，Y 表示城乡二元金融结构强度，X_1 表示城乡二元经济结构强度（用以量化城乡经济发展差距），X_2 表示城镇贷款减去农村贷款（用以量化政府的金融管制），X_3 表示城市投资减去农村投资（用以量化城乡资本的投入差距）。

2. ADF 单位根检验

一般情况下经济时间序列大都是非平稳的，所以先对变量进行 ADF 单位根检验，检验结果如下：

表 2　　有关变量的 ADF 单位根检验

变量	检验模型（e，t，d）	t 统计量	P 值
Y	(e，0，0)	-0.016149	0.9484
	(e，0，1)	-5.352024	0.0002
X_1	(e，0，0)	-2.817342	0.0714
	(e，0，1)	-3.443033	0.0193
X_2	(e，0，0)	-1.349166	0.5902
	(e，0，1)	-4.478745	0.0018
X_3	(e，0，0)	-1.334973	0.5969
	(e，0，1)	-7.103910	0.0000

通过检验发现，城乡金融二元结构强度、城乡经济二元结构强度、城乡贷款差异和城乡投资差异都是非平稳时间序列。对非平稳变量进行一阶差分后再做 ADF 检验，结果显示在 5% 的显著性水平下均为平稳时间序列。

3. Johansen 协整检验

Johansen 协整检验是基于回归系数的协整检验，也称为 JJ（Johansen－Juselius）检验是进行多变量协整关系检验的较好方法。主要是运用特征根迹检验（trace 检验）和最大特征值检验。运用 Eviews6.0 进行 Johansen 协整检验结果如下：

表 3　　Johansen 协整检验结果

原假设：协整关系个数	特征值	迹检验统计量	临界值（5%）	P 值
无*	0.807327	68.04710	47.85613	0.0002
最多有 1*	0.584393	30.17159	29.79707	0.0453
最多有 2	0.339008	9.977231	15.49471	0.2825
最多有 3	0.019585	0.454922	3.841466	0.5000

注："*"表示在 0.05 的置信水平下拒绝原假设。迹检验显示在 0.05 的置信水平下有两个协整关系。

结果表明城乡二元金融结构，城乡二元经济结构、城乡贷款差异、城乡投资差异之间存在 1 个协整关系，因此可得协整方程为

$$Y = 1.055535 + 0.419830X_1 + 1.080778X_2 + 0.157474X_3$$

协整方程表明在 1985—2010 年上述各变量之间存在着长期均衡关系。可以发现 1985—2010 年，城乡二元经济结构强度、城乡贷款差异、城乡投资差异均与城乡二元金融结构强度呈正相关关系。说明其间城乡二元经济结构强度、政府金融管制程度的加深均会导致我国城乡二元金融结构强度的深化。

4. 脉冲响应分析

由于VAR模型系数难以解释，为进一步确定经济结构、政府行为与城乡二元金融结构强度的关系，可利用向量自回归（VAR）技术进行脉冲冲击响应分析。

如图6所示，城乡二元经济结构强度短期内对城乡二元金融结构强度有正向冲击的作用，在第5期达到最大值，之后慢慢降低并趋于平稳。同样，如图7所示，城乡贷款差异对城乡二元金融结构强度的冲击也具有近乎相同的趋势。说明短期内城乡二元金融结构强度要受到经济结构及政府行为的影响。

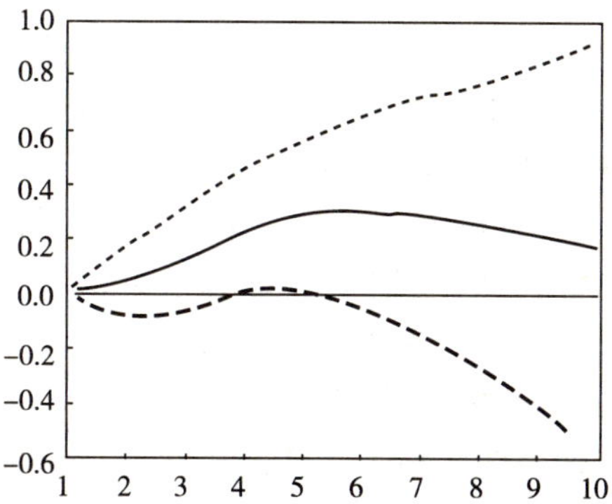

图6　经济结构对金融结构的冲击

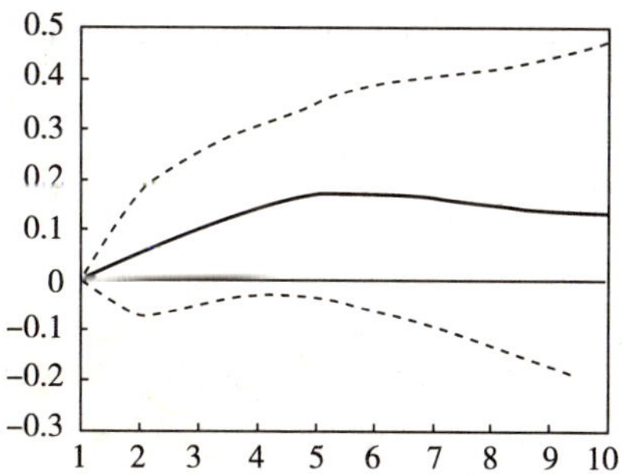

图7　政府行为对金融结构的冲击

5. 结论

利用Johansen检验、脉冲响应对城乡二元金融结构强度进行了分析。研究表明，中原经济区城乡二元金融结构强度主要受城乡二元经济结构和政府行为的影响。Johansen检验表明，长期内城乡二元金融结构强度与城乡二元经济结构强度、城乡贷款差异和城乡投资差异的变化成正比；脉冲响应结果表明，短期内城乡二元金融结构强度与城乡二元经济结构强度、城乡贷款差异成正比。

五、国内外城乡金融协调发展的经验借鉴

（一）国外经验

1. 美国：复合型农村金融制度

美国的农村金融制度属于一种复合信用型模式，这种模式具有如下特点：一是提供农业信贷资金的机构中，既有专业的农村金融机构，也有其他类型的金融机构。二是在金融组织体系上，一般是合作性金融机构、政策性金融机构及商业性金融机构并存。其中，政策性金融机构是美国农村金融的重要组成部分，主要包括互助合作性质的农业信贷机构体系和政府农业信贷机构（包括农民家计局、商品信贷公司、小企业管理局、农村电气代管理局四个机构）。此外，联邦住房贷款银行体系和美国进出口银行也分别在相应领域构成农村政策性业务的补充。这些金融机构的资金主要来源于政府提供的资本金、预算拨款、贷款周转资金和部分借款，资金运用主要是提供一些商业银行和其他贷款机构不愿提供的贷款，在贷款对象上各有侧重。

2. 法国：国家控制式金融模式

其金融机构都是在政府的主导下建立并运行的，金融机构的运行也要受到政府的管理和控制。在众多农村金融机构中，对法国农村发展贡献最大的是法国农业信贷银行系统。农业信贷银行的结构呈金字塔形，底层是 3 009 个地方金库，中间是 94 个区域金库（每省 1 个），上层是国家农业信贷金库。国家农业信贷金库是官方机构，是联系国家和农业互助信贷组织的桥梁，受法国农业部和财政经济部的双重领导。法国农业信贷银行最初资金来源于法兰西银行的贷款，此后自身吸收存款和发行债券所筹集的资金越来越多，大大超过本身发放贷款的需要。

3. 印度：农业优先贷款制度

作为传统的农业国家，对农业和农村的支持一直是印度的重要政策选择，在金融领域体现得尤为明显，1969—1980 年，印度政府进行了两次银行国有化运动，直接控制国有银行，并在农村设立大量的金融机构。印度政府还要求私人银行与外资银行也必须增加农村网点；颁布一系列法令设立土地发展银行和地区农村银行，调整监管体系；还规定银行对优先部门的贷款比例，以保证有机构进入农村的同时还有相对充足的资金进入农村，增加对农户信贷资金的供给。目前，印度农村金融体系最大的特点就是具有鲜明的多层次性，各金融机构之间既分工明确，又相互合作。这一金融体系主要包括印度储备银行（主要负责监管和协调）、印度商业银行（国有以及私人）、地区农村银行、合作银行

（或合作社）、国家农业和农村开发银行、存款保险和信贷保险公司等。印度于1982年成立了国家农业和农村开发银行，其主要职能就是为信用合作机构、地区农村银行以及从事农村信贷工作的商业银行提供再融资服务。

（二）国内经验

1. 成都：在中小企业信用体系建设、农村投融资载体、农村产权抵押融资改革和政策性农业保险方面进行有益的探索

做法：一是加强制度和融资模式创新，缓解县域中小企业贷款难的问题。成都市先后作出了涉及加快中小企业信用体系建设、做大做强中小企业担保体系等在内的30余项制度安排，为金融机构加大对中小企业的信贷支持力度创造了有利条件。二是积极探索新的投融资载体，突破农村发展的资金瓶颈。2007年以来，成都市相继组建了成都市现代农业发展投资有限公司、成都市小城镇投资有限公司和成都市现代农业物流业发展投资有限公司3家涉农政策性投资公司。目前，全市已有从事涉农项目开发和股权投资的政府融资公司近百家，政府涉农融资公司、农业产业化龙头企业及专业合作组织逐渐成为金融介入农村发展的主要融资主体。三是积极开展政策性农业保险。成都市从2007年开始试点政策性农业保险，产品涉及水稻、玉米、油菜、商品猪、能繁母猪、奶牛、马铃薯等，同时还开展了食用菌、猕猴桃、水产养殖等自主政策性特色农业保险试点。

2. 深圳：加强创新、依托自身优势吸引金融人才

做法：一是为解决市场中难以呈现出较大规模的由金融创新所引致的新的增长点。深圳市于2003年3月1日出台并开始施行《深圳市支持金融业发展若干规定》明确提出，市政府设立金融创新奖，对进行金融产品和服务创新活动成果显著的金融机构及有关人员给予表彰和奖励，所需奖励费用从专项资金中安排。二是在促进金融业发展过程中，注重推进与珠三角地区和香港地区的区域经济一体化。三是利用地缘优势，创造有利条件吸引香港的金融人才，以丰富深圳金融业的人才储备，增强深圳金融创新的能力，使深圳金融业的发展能够有充足的高素质的人才做保障。

六、城乡金融协调发展的对策与建议

（一）中原经济区城乡金融协调发展中城市金融发展措施

1. 构建中原经济区区域性金融中心，扩大金融辐射能力

中原经济区要充分利用自身有利条件，打造在中西部有重要影响的区域性金融中心。当前，以郑州为中心的中原经济区，具有坚实的经济基础，以其作为平台和依托建设郑州区域性金融中心具有广阔的发展空间。应在郑东新区中

央商务区高起点规划和建设金融商务区，打造特色鲜明的金融中心标志性工程，鼓励和引导中外各类金融机构向金融商务区集中，使之成为金融创新的示范区、金融服务的优质区、金融运行的安全区。

2. 优化银行业信贷结构，做强银行业

一是引导国有商业银行稳步发展，积极引进股份制商业银行和外资银行，激活银行同业市场，形成以国有银行为主体，以服务“三大”（大企业、大项目、大集团）为主业的省会银行体系。二是加快城市商业银行发展，积极支持郑州银行、洛阳银行在中原经济区有条件的地市设立分支机构，构建起覆盖全省范围、以服务“三小”（小企业、小城镇、小园区）为主业的城镇银行体系。三是参照浙商银行、徽商银行、包商银行等模式，待条件成熟时，组建总部设在河南的全国性股份制商业银行。

3. 多措并举加快资本市场发展，拓展企业融资渠道

一是利用多层次资本市场为中原经济区建设提供金融支持。一方面是加快企业上市步伐；另一方面是积极向国家有关部门申请，争取进入国家“科技型中小企业成长路线图计划”，为高科技企业开展创新活动提供更好的金融平台。二是支持中原证券等法人机构改革创新。通过引进战略投资者、合资合作、增资扩股、改制上市、兼并重组等方式完善公司治理结构，扩大经营规模，提高运营质量，增强综合竞争力。

4. 支持保险业发展，发挥其国民经济“助推器”和“稳定器”的作用

一是加强市场体系建设，提高保险供给水平。鼓励、支持省内大中型企业发起组建注册地在河南的高起点的股份制保险公司，大力发展信誉好、专业技术强、管理水平高的专业保险中介机构。二是统筹发展养老和健康保险。大力发展养老、健康和意外伤害保险，提高居民养老、医疗保障水平。三是积极发展责任保险。采取市场运作、政策引导、政府推动、立法强制等方式，促进安全生产、建筑工程、产品、公众、执业、董事、环境等责任保险业务的发展。四是发挥保险资金长期性、规模性、安全性的优势，加强与各保险资金专业管理机构的联系，争取保险资金投资中原经济区基础设施建设领域的国家大型、重点项目。

5. 抓住机遇，发展壮大期货市场

中原经济区发展应适时抓住机遇，采取有效措施，发展壮大期货市场。一是郑州商品交易所要力争在市场规模、流动性及运行质量等方面再上新台阶，成为粮、棉、油、糖等主要农产品的交易中心、信息中心和价格中心。二是要加快新品种研究和上市的步伐。三是做大做强期货经营机构，通过省内外机构的购并重组，提升期货经营机构的规模。

6. 整合金融资源，适时组建中原金融控股集团

按照“政府推动、市场运作、依法合规”的原则，吸引优势资源，以资金流为纽带，以资本运作为核心，通过市场导向，实现资金、资产、资源等要素的优化配置，逐步发展以银行业为依托，以新兴主导产业和基础设施为投融资重点，以信托、证券等为品牌的区域性金融控股集团。

7. 积极推动区域性产权交易市场建设

积极支持产权交易市场的整合与发展，鼓励其在遵守国家法规、合规经营的前提下创新服务品种，开拓服务领域，并使之成为产权要素合理流动和优化配置的交易平台，面向众多非上市公司和中小企业的融资平台，股权登记托管和维权服务的信息共享平台。

8. 完善金融机构激励约束机制，推动金融业发展

一是鼓励新设金融机构。对新设立或迁入的金融机构，根据注册资本的情况，一次性给予一定的资金补助。二是吸引金融机构高级管理人员。以股权、期权等形式给予其金融机构高级管理人员和突出贡献人员的奖励，在股权、期权兑现前暂不征收个人所得税，兑现时按国家有关规定办理。三是对金融业实施严厉问责。禁止任何形式的金融掠夺和金融欺诈行为，并予以严厉的惩处。

（二）中原经济区城乡金融协调发展中农村金融发展措施

1. 完善农村金融发展的法律基础

一是制定农业投资法。通过立法规定中央、地方、集体经济组织和农民对农业的投资比例及相应的责任，在法律上规定对农业贷款实行优惠利率。建立农业信贷国家财政补贴制，走农村金融“以农养农，国家保护”的路子。二是制定农村金融机构管理法。尽快制定农村金融机构管理法及配套的法规，给农村金融机构以应有的法律保护。三是制定农业保险法。从法律上明确农业保险的实施范围和实施方式。

2. 夯实农村金融发展的经济基础

一是调整农村产业结构。提高认识，转变观念，制定正确的农村经济发展政策，大幅度增加政府对农业的投资，增加农业实力，坚决制止农村工业发展中损农害农的问题，加强农村工业投资项目可行性研究。调整农村各产业内部结构关系，促进各产业内部的协调、稳定发展。二是健全农村土地管理制度。完善相关法律法规和配套政策，推进农村土地管理制度改革。三是完善农村基本经营制度。在稳定和完善家庭承包经营的同时，鼓励适应农村市场经济发展的要求，发展股份合作制、“公司加农户”，完善贸工农一体化、产加销一条龙经营体制。

3. 做强农村金融发展的薄弱环节

一是创新农村金融机构体系。首先是有进有退地加快农村商业性金融的市场化进程。在退出经济效益较差的地区的同时按照“激励有效、风险可控、协调配套”原则，支持各类资本联合在农村地区设立服务“三农”的村镇银行等。其次是重点突出地大力发展农村合作金融。用合作制原则来规范现有的农村信用合作社的同时，借鉴农村合作基金会的经验，汲取政府干预过多和产权不明的教训，构建新的农村社区合作金融体系。再次是调整与充实、完善农村政策性金融。从把农业发展银行建设成为一个多功能、全方位地为农村提供政策性金融服务的政策性银行和建立新的政策性金融机构两方面考虑完善农村政策性金融。最后是规范、引导农村民间金融健康发展。放宽市场准入条件，从法律上明确民间金融合法地位，通过加强金融监管和农村金融体制改革的深化来克服其负面影响。

二是再造农村金融市场结构。研究发现，农村金融市场结构的再造，可分三步走：第一步，放宽准入门槛，填补农村金融服务空白和解决供给不足问题。第二步，以农村信用社为中心，调整现有农业银行和农业发展银行业务范围和发展方向，改变邮政储蓄银行作为农村资金抽取者的角色，初步形成农村金融的市场竞争格局。第三步，通过“自甄别”机制，最终形成寡头主导（国有大银行），大、中、小共存的金融组织结构和垄断竞争的市场结构。

三是建立农村金融持续发展长效机制。主要包括以下方面：完善农村金融的产权政策；建立农村金融的财政政策支持制度；实行差别存款准备金政策，降低农村金融机构存款准备金率，减少农村地区资金外流甚至吸引城市资金流向农村；建立完善的农村金融保证体系，建立农户和农村小企业担保基金，探索建立符合中国农村实际的担保机制，扩充担保内涵，扩大农村抵押担保品范围；设立的突发性支付风险基金，应对金融机构突发性支付风险；建立存款保险制度，通过市场化的风险补偿机制，合理分摊农村金融机构存款和财产损失；加快农村信用体系建设，培育良好的信用意识和信用文化；建设高素质的农村金融人才队伍。

（三）中原经济区城乡金融互动、协调发展措施

1. 战略统筹、统一政策、分类指导，实现城乡制度协调

统筹工业化、城镇化、农业现代化建设，加快建立健全以工促农、以城带乡长效机制，调整国民收入分配格局，巩固和完善强农惠农政策，把国家基础设施建设和社会事业发展重点放在农村，推进城乡基本公共服务均等化，实现城乡、区域协调发展，使广大农民平等参与现代化进程、共享改革发展成果。

第一，战略统筹。构建城乡统筹发展的新机制，从根本上突破城乡割裂发

展的局面，促进城乡一体化。统筹城乡经济社会发展要转变发展战略和发展思路，从城乡分割差别发展转向城乡互通，协调发展，把工业化、城市化与农业农村现代化紧密结合起来，树立以人为本，以民生为本的全面协调、可持续的科学发展观和政绩观，把改善民生作为发展的第一要义，把增加城乡居民收入，提高生活质量和健康水平，改善生态环境作为最主要的政绩，把增进最广大人民群众的物质利益、政治利益和文化利益作为经济发展的根本出发点和落脚点。

第二，统一政策。构建城乡统一管理的新体制，从根本上打破城乡二元结构，促进城乡平等，要破除重城市轻农村、先城市后农村的思维定势和工作惯例，建立城乡统一的产权制度、价格制度、市场体系、收入分配制度、户籍就业制度、社会保障制度、教育医疗制度、财税金融制度等。

第三，分类指导。构建符合不同区域特点的城乡统筹政策，立足实际，强化对实践的指导作用，编制城乡产业发展规划，确定产业发展布局，加大财政对农业和农村基础设施建设的投入，合理布局建设用地、居住用地、农业用地和生态用地，加强分类指导，促进城乡统筹发展的整体协同推进。

2. 优化金融机构网点布局，延伸金融服务链条，实现城乡金融机构协调

在我国，农村金融一直被业界认为是成本高、利润率低、风险大的领域。过去一些在农村设有营业网点的国有商业银行，由于财务的不可持续，不得不纷纷撤离农村金融市场。事实证明，将金融资源引入农村依靠现代商业金融是不行的。对有名无实的合作性金融而言，农村信用社的服务对象正慢慢脱离农村，其资金使用效率也是低效的。因此，要在城乡统筹发展中将金融资源真正引入农村，就要依靠新型的农村金融机构。以村镇银行、农村资金互助社、农业担保公司、小额贷款公司等为代表的新型金融机构是未来农村金融体系的重要成员。实践证明，新型农村金融机构对于构建产权多元、竞争充分的农村金融体系可以起到积极作用。城市金融机构与新型农村金融机构之间可以通过金融控股、参股、同业拆借等形式实现资金的联通。具有良好信用记录的新型农村金融机构，可以通过担保业务架起城市金融与农村金融间的桥梁。城市金融机构也可以通过为农村金融机构提供培训、宣传、信息服务等方式发挥支农作用。

3. 推进货币、股票市场、债券等市场发展，实现城乡金融市场协调

为了有效引导资金回流农村，就要通过城市与农村间金融市场的联通。一是在进一步完善同业拆借市场的基础上形成区域性资金拆借中心，重点是发展银行同业拆借融资，逐步把同业拆借与票据交换、联行清算结合起来，发展交换、清算、融资三位一体的寸头市场。二是发展贴现市场，逐步扩展为区域票据承兑贴现中心。将民间融资票据进行规范，提高区域票据市场的中心地位。

进而，推进货币市场建设。三是扩大农村龙头企业在股票市场、债券市场的融资能力。实行向农村乡镇企业倾斜的上市与融资政策，积极鼓励农村龙头企业上市，积极争取有关 IPO 和再融资的地区倾斜政策，促进上市公司再融资能力的提高。四是解决小额贷款公司“身份”问题，使其进入银行间同业拆借市场和人民银行征信系统，弥补其在金融市场联通方面的缺陷。

4. 推动城乡支付结算系统一体化，实现城乡金融工具的协调

金融工具是城乡金融得以发展的现实载体，城乡金融发展的不协调在很大程度上是因为城市的金融工具或者说支付方式的多样化，而农村金融工具的单一化。要实现城乡金融的协调就要确保城乡金融工具之间的联通。一是提高城乡支付结算的协调程度。尽快将城市先进的支付工具引入农村地区。二是采取激励措施促使农村金融机构改进支付结算工具。三是加快建立城乡一体化的支付结算服务体系。鼓励支持农村金融机构加快建设支付结算设施，加快升级改造支付系统，尽快全面接入 CNAPS，畅通农村支付结算渠道；以税费减免、财政补贴等方式鼓励农村金融机构和商户推广使用现代化支付工具。

5. 加快城乡金融风险补偿机制的建设

一是加强担保体系建设。成立省级财政支持的市、县二级政策性担保和再担保机构，探索以农头企业、农村经济合作组织、协会等为纽带的互助联保体系，支持商业担保体系建设，发展农户联保、结对互保等民间担保方式。二是发展保险业，有效分散农业生产风险。加快发展政策性农业保险，扩大政策性保险覆盖范围、保险品种和补偿力度；完善农业保险再保险机制；构建由再保险、财政巨灾风险基金、共保体共同组建的农业巨灾风险分散机制。三是发展农产品期货市场，增加农产品期货交易品种，分散农产品价格风险。四是积极支持符合条件的“农姓”企业利用资本市场融资，改善其融资方式的“长短腿”现象。

6. 发挥审计、咨询、评估等作用，实现城乡金融服务及配套体系协调

社会化的金融服务配套体系在金融支持城市发展中的作用也不容忽视。会计、法律、评估、评级等服务机构都是不可或缺的，它们通过发挥审计、咨询、评估、监督等作用，保证创新型融资活动的顺畅进行。支持中原经济区城乡金融能否协调发展，金融服务的配套体系建设也至关重要。

参考文献

[1] 李喜梅．基于功能视角的我国农村金融发展研究［M］．北京：中国金融出版社，2009.

[2] 白钦先．金融可持续发展研究导论［M］．北京：中国金融出版社，

2001.

[3] [美] 雷蒙德·戈德史密斯. 金融结构与金融发展 [M]. 上海: 上海三联书店, 1994.

[4] 高铁梅. 计量经济分析方法与建模——Eviews 应用及实例 [M]. 北京: 清华大学出版社, 2007.

[5] 韩廷春. 金融发展与经济增长——理论、实证与政策 [M]. 北京: 清华大学出版社, 2002.

[6] 黄达. 金融学 (第二版) [M]. 北京: 中国人民大学出版社, 2008.

[7] 李志辉. 中国银行业的发展与变迁 [M]. 上海: 上海人民出版社, 2008.

[8] 林毅夫, 姜烨. 发展战略、经济结构与银行业结构: 来自中国的经验 [J]. 管理世界, 2006 (1).

[9] 林毅夫, 孙希芳. 银行业结构与经济增长 [J]. 经济研究, 2008 (9).

[10] 林毅夫, 章奇, 刘明兴. 金融结构与经济增长: 以制造业为例 [J]. 世界经济, 2003 (1).

[11] 张靓, 王定祥. 二元经济结构、政府行为与城乡金融结构演化 [J]. 金融发展研究, 2012 (5).

[12] 陈志新, 张忠根. 城乡金融二元结构的原因及对策分析——以浙江省嘉兴市为例 [J]. 经济论坛, 2011 (5).

[13] 韩正清, 王燕, 王千六. 城乡经济金融二元结构: 理论关系与实证分析 [J]. 财经问题研究, 2010 (2).

[14] 邱兆祥, 王修华. 城乡统筹视野下金融协调发展对策研究 [J]. 教学与研究, 2011 (8).

[15] 杜伟. 二元金融结构下农村社会资金供给分析 [J]. 农村金融, 2010 (4).

[16] 刘志雄. 二元经济结构下经济增长的决定——基于广西 1979—2009 年数据的实证研究 [J]. 广西民族大学学报, 2011 (7).

[17] 闫军印. 河南省城乡经济一体化及特征的实证分析 [J]. 安徽农业大学学报, 2011 (11).

[18] 王千六. 基于城乡经济二元结构背景下的城乡金融二元结构研究 [D]. 西南大学博士论文, 2009.

[19] 刘锡良, 齐稚平. 城乡统筹视野的城市金融与农村金融对接: 成都个案 [J]. 财政金融, 2010 (2).

河南省建设中原经济区的金融支持问题研究

——基于社会融资规模的视角

中国人民银行郑州中心支行课题组[①]

摘要 中原经济区建设面临着巨大的资金需求，河南省省委书记卢展工同志将“钱从哪里来”作为破解中原经济区建设的“四大难题”之首。作为货币政策中间变量，社会融资规模能够全面反映金融与经济关系，等同于一定时期一个区域所获得的金融总投入。本文借助社会融资规模统计这一工具，在收集整理河南省历年数据的基础上，对河南省建设中原经济区的金融总量需求、河南省社会融资结构等问题进行了研究，总结了破解“钱从哪里来”的五大难点，并从解决金融总投入不足与金融结构非均衡两个方面入手，提出相关政策建议。

关键词 中原经济区 社会融资规模 金融支持

第一章 导 论

一、研究背景及意义

中原经济区建设面临着巨大的资金需求，河南省省委书记卢展工同志将“钱从哪里来”作为破解中原经济区建设的四大难题之首。《关于河南省加快建设中原经济区的指导意见》提出研究设立农村金融改革实验区，开展农村金融综合改革创新试点，并对完善金融机构、金融市场和金融产品，形成多层次资本市场体系等提出要求。如何引导全省金融机构为实体经济提供更为有效的资金支持，解决中原经济区建设“钱从哪里来”的问题，是人民银行郑州中心支

---

① 课题主持人：庞贞燕。
课题组成员：帅洪、任远星、袁彦娟、谢森、王浩。

行在服务河南经济、发挥央行职能当中面临的重大课题，具有很高的理论研究意义与政策应用价值。

二、研究对象的界定

中原经济区以历史上的中原地区为基础，以河南省为主体，涵盖晋东南、鲁西南、冀南、皖北五省30个地市。经济区与行政区尽管是两种不同的区域类型，但从改革开放以来，我国逐渐形成了一种以行政区域单元组织经济活动，自成体系、相对独立的，具有综合特点的空间经济，即“行政—经济区”的格局（刘君德，2006）。作为中原经济区的主体，河南省直接推动了中原经济区的谋划与顶层设计，并将在中原经济区的发展建设中发挥绝对主导的作用。因此，本文选取河南省为主要研究对象，立足本省实际，对河南省建设中原经济区过程中面临的金融支持问题开展研究。在与国内主要经济区的比较研究中，也沿用这一思路，选择其主体省份作为研究对象。

三、研究思路

首先，通过实证研究对于河南省建设中原经济区的金融投入总需求进行预测，先行解决“需要多少钱”的问题。

其次，利用主成分分析方法，选取中原经济区（河南）、珠三角经济区（广东）、长三角经济区（浙江）、成渝经济区（四川）、关中—天水经济区（陕西）以及湖北、湖南、江西、安徽等周边省份社会融资规模数据，开展比较研究。

最后，通过上述两项实证分析，提出破解“钱从哪里来”的五大难点，并从解决金融总投入不足与金融结构的非均衡两个方面入手，提出相关的政策建议。

四、本课题的贡献与不足

第一，协调河南省发改委、证监局、保监局以及全省各金融机构，严格按照人民银行总行地区社会融资规模编制方案的要求，整理追溯了2006年以来河南省社会融资规模的季度数据，填补了这一历史数据空白，保证课题数据的准确、可靠、可比。

第二，根据“十二五”时期经济增长年均9%的目标，预测河南省建设中原经济区金融总投入应在1.9万亿元以上，先行解决“需要多少钱”的问题，这在相关中原经济区金融问题的研究中是首创的。

第三，利用课题组自身的信息优势，对国内主要经济区、河南及周边省份的社会融资结构进行了比较研究。由于目前各省社会融资规模数据尚未公开发布，数据获取难度较大，此项比较研究在目前同类研究中也是较为少见的。但因未能获取全部31个省份的数据，此项研究仍存在一定不足。

第四，在正确认识区域经济增长与金融发展具有同向变动、相互因果的关系的基础上，归纳破解“钱从哪里来”的五大难点。

第二章 文献综述

一、社会融资规模的内涵与理论基础

社会融资规模是一定时期内实体经济从金融体系获得的全部资金总额，其内容涵盖了金融机构通过资金运用对实体经济提供的全部资金支持、实体经济利用规范的金融工具在正规金融市场通过金融机构信用或服务所获得的直接融资以及小额贷款公司贷款、贷款公司贷款等其他融资。社会融资规模多角度地全面反映全社会各类融资支持实体经济的状况，较完整地反映金融对实体经济的支持，以及金融服务和支持实体经济的本质要求。

社会融资规模是在整体流动性理论、金融中介理论和货币政策传导机制信用观点理论等现代货币金融理论和国际经验的基础上，结合了危机后各国宏观管理统计指标的发展趋势作出的理论创新，相关的理论研究主要有以下几个方面。

1. 整体流动性理论

20世纪50年代中期，英国《拉德克利夫报告》指出，对经济真正有影响的不仅仅是传统意义上的货币供给，而且是包括这一货币供给在内的整个社会流动性；决定货币供给的不仅仅是商业银行，而且是包括商业银行和非银行金融机构在内的整个金融系统；货币当局所应控制的也不仅仅是这一货币供给，而且是整个社会流动性。流动性“不仅包括银行存款负债，而且包括其他金融中介机构的短期负债”。

2. 金融中介机构理论

20世纪60年代，美国著名经济学家格利（John G. Gurley）和肖（Eduard S. Shaw）提出金融中介机构理论。他们从金融中介机构不仅包括商业银行，而且包括各种非银行金融机构这一事实出发，分析了商业银行和其他金融机构在信用创造过程中的类同性，以及货币和其他金融资产的类同性和相互间的替代性，得出了货币当局不仅应该控制货币和商业银行，而且应该同时控制其他金融机构和金融资产的结论。

3. 货币政策传导机制的信用观点理论

从20世纪50年代起，伯南克、斯蒂格利茨等经济学家陆续提出并最终形成了货币政策传导的信用观点。信用观点认为：由于市场信息不完全充分和非货币金融资产间不能完全替代，以货币为代表的负债方并不能全面反映货币政策的传导过程及其影响；货币政策能够通过影响商业银行信用和金融市场金融资产创造，进而影响实体经济变量，也就是说，信用也能反映货币政策对实体经济的影响。

托宾等对传统信用观点的发展。信用观点的进一步发展表明，货币政策还可通过影响企业、居民和其他金融机构的资产负债表、资产流动性渠道影响银行贷款并最终影响总支出。此外，货币政策还可以引起债券融资、股票融资等其他资产方的变动，进而影响总支出水平。

4. 金融危机的反思和宏观管理趋势

主要有以下方面，一是存款性公司资产负债表不能完全反映货币信贷创造过程。如 Thomas M. Hoeing（2008）认为，随着金融市场的快速发展，目前信用过程更多发生在银行体系之外。二是资产负债期限转化职能不仅局限于传统商业银行。如 UK FSA（2009）认为，整体期限结构转化职能不仅发生在中央银行监管的银行账户内，并且发生在“影子银行”的其他形式内。结构投资工具（SIVs）、管道工具（Conduits）、投资银行和共同基金承担了大量传统银行的期限转化职能。三是宏观审慎管理范围过于狭窄，大量具有系统重要性金融机构、市场和产品游离于金融监管体系之外，成为系统性风险的重要来源。英格兰银行（2009）认为，需要从四个方面考量系统性风险，首先是系统性风险的潜在来源，即总体风险、网络风险；其次是系统性风险的传染途径，即期限错配和杠杆率。

从前面提到的社会融资规模概念和内涵看，社会融资规模是符合现代货币金融理论——整体流动性理论、金融中介理论、货币政策传导机制信用观点理论和危机后各国宏观管理发展趋势的指标，是能更加全面反映金融与经济总量关系的指标。

二、区域金融支持理论研究现状

1. 国际研究

帕特里克（1966）指出，经济发展的早期阶段，供给领先型金融居于主导地位，而随着经济的发展，需求追随型金融逐渐居于主导地位。戈德史密斯（1969）提出了金融发展理论，认为金融发展就是金融结构的变化，金融发展研究必须以金融结构在短期或长期内变化的信息为基础，找出金融发展的道路。他创造性地提出了衡量一国金融结构和金融发展水平的存量和流量指标，即金融相关比率（FIR），通过考察多个国家金融结构与金融发展这两者和经济增长的关系，指出金融上层结构能够促进经济增长，改善经济运行。麦金农和肖

（1955）对发展中国家金融市场特殊性进行了研究，在此基础上提出了著名的金融深化和金融压制理论。

此后的研究认为，金融发展既对经济增长产生影响又受到经济增长的影响。金融发展促进经济增长的作用具体从下面两个方面来加以解释。一是金融中介体和金融市场的发展可以使得更高比例的储蓄转化为投资，这导致经济增长。二是金融中介体和金融市场的发展可以提高资本配置效率从而促进经济增长。

2. 国内研究

当前我国区域金融发展理论的研究主要集中在如何促进区域经济增长上。易纲、张杰、赵志君、谈儒勇、李扬等通过对中国金融资产结构等方面进行定量分析，从不同角度研究了区域金融发展与区域经济增长问题，认为金融在区域经济发展中的作用愈来愈重要，通过金融发展促进经济增长已成为经济欠发达地区经济发展的一条重要途径。周立和王子明（2002）对1978—2000年区域金融发展与区域经济增长关系进行了实证分析，得出了两者存在高度相关性的结论，认为一定时期的金融发展对长期的经济增长有促进作用。胥嘉国（2006）通过比较我国东部、中部和西部地区金融发展的差距，认为各地区金融发展无论是在量的增长上，还是在质的提高上都有助于各地区经济增长，同时金融发展在质的提高方面比单纯量的扩张方面更能促进经济的增长。

以上的研究都说明金融要素在区域经济发展中具有不可替代的重要作用，区域金融发展对区域经济增长有巨大的促进作用，区域经济发展与区域金融发展不可分割、互为条件。

三、中原经济区的金融支持研究现状

在《关于支持河南省加快建设中原经济区的指导意见》中，对中原经济区金融产业发展提出了完善金融机构、金融市场和金融产品、深化投融资体制改革等明确要求。人民银行郑州中心支行也出台了关于金融支持实体经济发展服务中原经济区建设的指导意见，强调了金融发展对促进经济建设的重要作用。

部分学者围绕金融支持中原经济区发展这一命题进行了研究探讨。翟书斌依据河南省历年经济数据，通过建立协整与误差修正模型，实证表明了无论是短期还是长期视角，中原经济区的发展将在很大程度上依赖于该区域金融的成长。胡海峰、贾宪军分析了中原经济区建设中新型城镇化、新型农业现代化以及战略性新兴产业发展与产业优化升级的资金瓶颈，探讨了中原经济区建设的金融体系重构思路。汪来喜、娄恬、武安华等人分别从不同角度分析了中原经济区建设中存在的经济贡献度不足、资本市场发展缓慢、缺乏金融创新及金融生态环境欠佳等问题，并提出了改善措施与建议。

但总体而言，金融支持中原经济区建设的相关研究仍处于初步探索阶段，尤其是与河南省金融发展现状结合的实证分析较少，并且视角主要集中于存贷款结构和银行业体系结构上，而忽略了其他因素对于区域经济发展以及区域金融建设的重要作用。本文将以社会融资视角结合实证分析进行深入探讨。

第三章　河南省建设中原经济区的金融投入需求

一、河南省社会融资规模与结构分析

1. 河南省社会融资规模不断扩大

数据显示，2006—2011 年，河南省社会融资规模不断扩大，从 1 264 亿元增加至 3 487 亿元，增长了 1.76 倍，年复合平均增速达到 22.5%。2012 年上半年，河南省社会融资规模 2 588.6 亿元，较上年同期多 284.4 亿元，与 GDP 之比为 19.1%，比 2006 年上半年提高 1.4 个百分点（见表 1）。

表 1　2006 年以来河南省社会融资规模

年份	2006	2007	2008	2009	2010	2011	2012 年上半年
社会融资规模	1 264.2	1 268	1 618	3 521.3	3 931.1	3 487	2 588.6
表内贷款	1 116.5	985.4	1 490.7	3 118.8	2 451.6	1 819.2	1 526.6
表外贷款	37.9	183.6	−12.7	199.0	1 159.6	946.5	886.9
直接融资	78.6	58.2	85.7	138.4	205.9	568.5	113.4

2. 金融结构多元化发展

近年来，随着全国金融深化程度的不断提高，非信贷金融工具创新步伐加快，河南省金融结构也呈现多元化发展，主要表现为贷款在全省社会融资中的比例不断下降；金融机构表外业务融资功能显著增强；直接融资快速发展，保险及小额贷款公司等非银行金融机构对实体经济的支持力度不断加大。

一是贷款占比下降，受货币政策影响明显。2006 年以来，河南省贷款规模不断扩大，人民币贷款余额从 2006 年初的 7 434.7 亿元增加至 2012 年 6 月末的 19 019 亿元，增长了 1.6 倍。2012 年上半年，河南省金融机构人民币贷款较年初增加 1 510.8 亿元，同比多增 496.3 亿元，外币贷款（折人民币）较年初增加 15.8 亿元。但随着实体经济融资方式的多元化，河南省贷款增速及在社会融资规模中的占比都呈现下降趋势（见表 2）。

表 2　　河南省各融资方式占比情况　　单位:%

年份	2006	2007	2008	2009	2010	2011	2012 年上半年
表内贷款占比	88. 3	77. 7	92. 1	88. 6	62. 4	52. 2	59. 0
表外贷款占比	3. 0	14. 5	-0. 8	5. 7	29. 5	27. 1	34. 3
直接融资占比	6. 2	4. 6	5. 3	3. 9	5. 2	16. 3	4. 4

贷款短期波动则主要受货币政策及季节变动影响，从图 1 中贷款季增量变动趋势可以看出，当货币政策相对宽松（如 2009 年上半年、2012 年上半年等），或上半年金融机构信贷投放力度大时，表内贷款便增加较多。

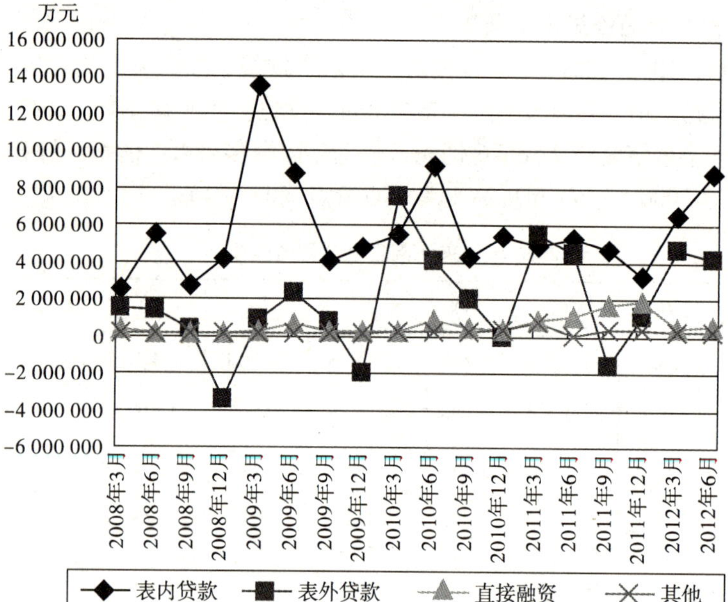

图 1　河南省各方式融资额变动情况

二是表外贷款占比高、波动剧烈，对表内贷款的替代现象明显。河南省社会融资规模中表内贷款占比和表外贷款占比呈现明显的此消彼长现象（见表 2），波动较为剧烈（图 1）。2012 年上半年，河南省表外贷款新增 886. 9 亿元，较上年同期少 139. 3 亿元。其中实体经济通过委托贷款、信托贷款、银行承兑汇票实现的融资规模分别为 110. 7 亿元、142. 9 亿元、633. 3 亿元，委托贷款和银行承兑汇票分别较上年同期少增 7. 9 亿元和 301. 8 亿元，信托贷款较上年同期多增 170. 5 亿元。

河南省表外贷款融资额占社会融资规模比例较高，2012 年上半年，新增表外贷款合计占社会融资规模的34.3%，高于全国15.9个百分点，其中银行承兑汇票占比高于全国16.7个百分点。较高的表外贷款占比部分解释了河南省经济快速增长，而信贷增长略显乏力的现象，同时也意味着在河南省，只将信贷投放作为衡量金融支持实体经济力度的唯一指标是很片面的。

三是直接融资规模不断扩大，但占比依然较低。河南省直接融资方式发展迅速，2011年2月，"河南省中小企业集合债券"（"11豫中小债"）在银行间市场向机构投资者成功发行，这是国内第一只省级中小企业集合债券，也是全国第五只中小企业集合债券。2012年上半年，河南省实体经济通过企业债券及股票净融资113.4亿元，是2006年上半年的2.7倍，但直接融资方式在社会融资规模中的占比依然较低，2012年上半年，河南省社会融资规模中直接融资仅占4.4%，占比低于全国8.1个百分点。

四是非银行金融机构发展迅速。河南省非银行金融机构对实体经济的支持力度不断增强。2012年上半年河南省保险公司赔偿为52.7亿元，是2006年的3.6倍。2012年6月末，河南省共有小额贷款公司193家，贷款余额73.6亿元，较年初新增8.7亿元。

河南省社会融资规模短期呈现出明显的季节特点，主要表现在第一、第二季度社会融资规模较大，而第三、第四季度则出现大幅回落。原因是企业多在上半年新上项目，资金需求量大，同时金融机构年初信贷规模相对宽松，投放力度较下半年大。

二、河南省建设中原经济区的金融总量需求预测

1. 社会融资规模与经济增长的关系研究

地区社会融资规模能够更加全面地衡量一地区某个时段的金融总投入。实证结论显示，社会融资规模与GDP之间存在长期均衡关系（盛松成，2011）。如果河南省社会融资规模与GDP之间同样存在长期均衡关系，再根据"十二五"规划中2015年河南省GDP发展目标，我们就可以给出河南省目标社会融资规模，从而对河南省建设中原经济区需要多少钱的问题给出粗略的估测。

基于2006—2012年上半年河南省社会融资规模及GDP季度数据的协整和因果分析表明：河南省社会融资规模与GDP之间存在长期均衡关系，并且，对数GDP与对数社会融资规模在10%的置信水平下互为Granger原因。

利用LS方法进行协整回归，可得出对数社会融资规模与对数GDP之间的长期均衡关系如下：

$$\ln AFE_t = 1.7228\ln GDP - 8.2761$$

$$(0.2817) \qquad (2.3891)$$

$$(0.0000) \qquad (0.0020)$$

$$R^2 = 0.6091$$

$$\overline{R}^2 = 0.5928$$

$$F = 37.3981$$

$$D.W. = 1.6556$$

其中，第一个括号内为系数的标准误差，第二个括号内为统计检验 P 值。从上述回归结果可以看出，社会融资规模与 GDP 之间存在正的相关关系。

2. 河南省建设中原经济区的金融总量需求预测

2011 年底，河南省 GDP 为 27 232.0 亿元，根据“十二五”期间主要发展指标中 GDP 9% 以上的目标增速，可测算出各年的目标 GDP。

表 3　　“十二五”期间河南省各年目标 GDP　　单位：亿元

年份	2011	2012	2013	2014	2015
GDP	27 232.0	29 682.9	32 354.4	35 266.3	38 440.3

利用基于 Johansen 协整检验得出的长期均衡关系，结合河南省“十二五”规划中经济增长的发展目标，我们对河南省建设中原经济区需要多少钱的问题作出初步的估测，结果显示，为使得 2015 年 GDP 增长速度达到规划要求，2013—2015 年，河南省社会融资规模所需达到的水平分别为 5 543.48 亿元、6 430.7亿元和 7 460 亿元。这意味着，“十二五”剩余的三年内，河南省建设中原经济区合计需要 1.9 万亿元金融投入。

第四章　河南省社会融资结构评价

一、指标体系构建及比较方法选择

首先根据社会融资规模统计制度，将指标分为四类八个指标，即银行业表内信贷投放指标：人民币贷款、外币贷款（折人民币）；银行表外信贷投放指标：委托贷款、信托贷款、未贴现的银行承兑汇票；直接融资指标：企业债券、非金融企业境内股票融资；保险及小额贷款公司等其他金融业发展指标[①]。然后为衡量各类融资方式对经济增长的贡献率，分别用这些指标与 GDP 的比值作为该类融资的贡献率。

要评价一个地区融资结构均衡程度，需要对融资规模的各个组成部分进行

① 此处其他融资包括投资性房地产、保险公司赔偿、小额贷款公司各项贷款等。

赋权，从中反映出不同指标的不同重要程度，赋权有主观与客观两种类型。本文采用综合评价的主成分分析方法，该方法可以更为客观公平地评价统计数据，并且该方法的计算结果可以体现出样本的相对水平，可将各项指标及总指标的得分情况以科学的方式给出最后的排序状况，而且该方法也经常用于对发展水平进行综合评价。

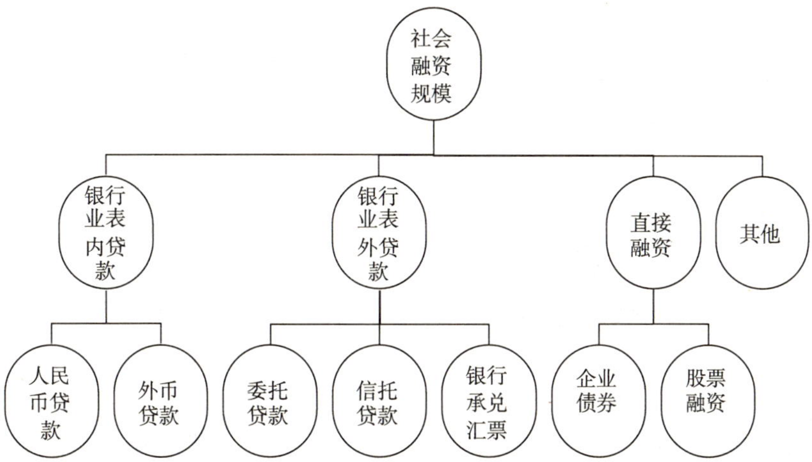

图2 社会融资结构评价指标体系

二、综合评价函数构造

利用主成分分析法，选取2012年上半年中原经济区（河南）、珠三角经济区（广东）、长三角经济区（浙江）、成渝经济区（四川）、关中—天水经济区（陕西）以及河南省周边省份：湖北、湖南、江西、安徽社会融资规模数据，分别计算各表内融资、表外融资、直接融资及其他融资对GDP的贡献率。即

表内融资贡献率 =（人民币贷款 + 外币贷款）/GDP

表外融资贡献率 =（委托贷款 + 信托贷款 + 未贴现的银行承兑汇票）/GDP

直接融资贡献率 =（企业债券 + 境内非金融企业股票融资）/GDP

其他融资 =（社会融资规模 - 表内融资 - 表外融资 - 直接融资）/GDP

分别记为 x_1、x_2、x_3、x_4。对数据进行标准化处理，然后运用KMO和Bartlett检验对四个变量序列进行运算与检验，结果表明数据基本适合进行主成分分析。

$$\begin{aligned} F &= 0.628F_1 + 0.267F_2 \\ &= 0.277VAR1 + 0.279VAR2 + 0.211VAR3 + 0.159VAR4 \end{aligned}$$

$$= 1.643x_1 + 7.429x_2 + 9.542x_3 + 15.255x_4 - 0.527$$

运用 SPSS 软件对各省份金融发展指标序列进行主成分分析，结果表明当我们选取两个主成分时，累积方差贡献率达到 87.536%，表示两个主成分已具有足够的代表性。进一步计算可得出金融发展的综合评价函数如下：

利用上述综合评价函数可以得出国内几个主要经济区及河南省周边主要省份的金融结构的综合评价得分。

表 4　　各省社会融资结构评价得分及各一级指标得分

	总得分	表内融资	表外融资	直接融资	其他
广东省	0.272	0.302	0.155	0.230	0.112
湖北省	0.537	0.270	0.552	0.145	0.097
湖南省	0.035	0.209	0.123	0.164	0.065
江西省	0.166	0.298	-0.057	0.189	0.262
四川省	0.920	0.323	0.552	0.290	0.283
浙江省	0.972	0.353	0.659	0.288	0.199
安徽省	0.389	0.307	-0.028	0.362	0.276
河南省	-0.115	0.107	0.227	0.044	0.035
陕西省	0.400	0.321	0.324	0.185	0.098

三、评价结果分析

对上述得分进行排序，从图 3 中可以看出，浙江省的金融结构最为优化，其次是四川省，河南省排在最末一位。这表明河南省金融结构不合理，对于经济增长的贡献不仅比浙江、广东等较发达省份资金贡献率低，也低于周边的湖

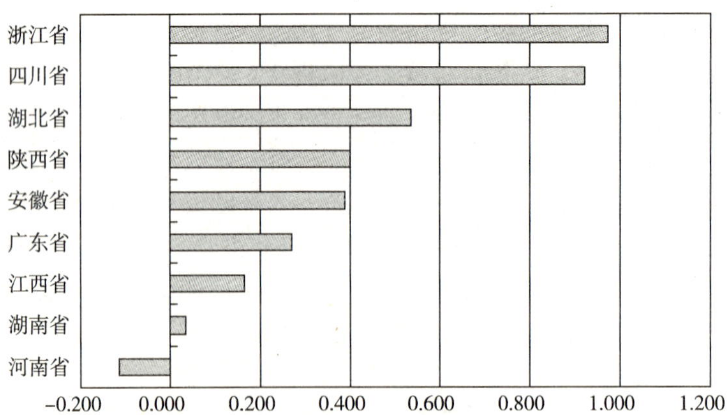

图 3　各省总得分排序情况

南、湖北及安徽等省份。

分项来看，表内融资、表外融资及直接融资最发达的省份分别是浙江省和安徽省，河南省除表外融资排名相对靠前外，其余两种方式均排在末位。这意味着，河南省企业通过各类融资方式获得资金的效率都有所不足，无论是直接融资还是间接融资均存在不足。

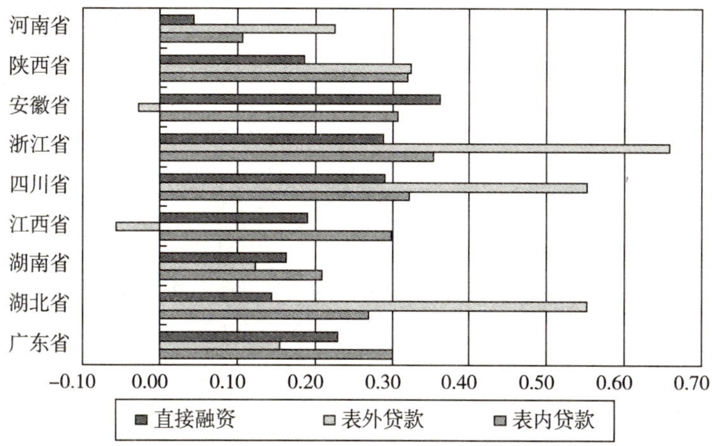

图 4　各省分项得分情况

第五章　破解“钱从哪里来”问题的五大难点

一、贷款独大的融资格局已无法满足中原经济区建设资金需求

随着经济总量的快速增长，河南省贷款总量持续扩大，2000 年“九五”结束时，全省贷款余额尚不足 5 000 亿元，到 2008 年 6 月河南省贷款总量首次突破万亿元大关，成为全国第 9 个贷款总额超万亿元的省份，2012 年上半年河南省贷款余额 19 019 亿元，已接近 2 万亿元大关。但在贷款总量扩大的同时，贷款增长乏力的问题日益突出，贷款增速持续低于全国及其他省份，存差不断扩大，贷款占全省社会融资总量的比重不断降低，贷款增长与经济增长背离、不相称的问题备受关注。

1. 河南省贷款增长持续低于全国及周边其他省份

从历年数据来看，河南省贷款增速一直低于全国。2012 年上半年，河南省人民币各项贷款余额为19 273. 4亿元，同比增长 13. 8%，低于全国 2. 2 个百分点。河南省贷款增速不仅在中部六省中排在最后一位，还低于河北、山东、江苏等周边省份，在全国排到第27位，仅高于贷款余额最大的上海、浙江、北京、广东四省（市），而从存量来说，河南省贷款余额仅为广东省的33.1%、为浙江省的35%。由于增速与存量都不占优势，尽管河南省贷款总量一直在不断扩大，但贷款余额在全国的排名持续下滑，从1998年底的第7位下降至2012年7月的第11位。

2. 河南省存差多年来不断扩大，通过银行渠道的资金流出情况突出

从1998年开始河南省一直处于长期的存差格局，当年存差为234.3亿元，截至2012年上半年，存差已增加至万亿元，扩大到11 189.2亿元，新增存贷比仅为42.4%，在全国31个省排倒数第一。分析外流资金的流向，一是流向东部沿海地区，东部地区经济发达，投资项目广泛，资金回报率偏高，一直以来就是资金流入的金融洼地；二是自身存款资源较为困乏的西部地区，如西藏、宁夏等省份2012年上半年新增存款不足千亿元，但新增存贷比却高于100%，支撑其较高存贷比的只能是来自其他省份的存款资金。相对来说，近年来中部地区经济总量不断扩展，存款增长较快，但由于经济转型偏慢、产业结构不合理、金融生态环境欠佳等因素，贷款吸纳能力不足，贷款增长一直慢于存款增长，从而形成了长期资金外流的现象。

3. 贷款产出比下降，经济增长亟须贷款以外的其他渠道融资

2003年之前，河南省贷款与GDP之比一直处于85%～90%的较高水平，从2003年之后，这一比值呈现逐年下降的趋势，除2009年受当年信贷巨量投放，略有回升以外，河南省贷款与GDP的比值一直呈现下降趋势。2011年底，河南省贷款与GDP的比值仅为0.65，低于全国水平0.58个百分点。与全国平均水平相比，河南省贷款与GDP的比值一直低于全国水平，且近年来两者差距还有逐年扩大的趋势。与山东、江苏等省份相比，河南省的贷款与GDP的比值也处于较低的水平。

二、直接融资渠道不畅，金融对于产业结构调整的作用难以有效发挥

直接融资方式能够更有效地实现跨区域、跨部门的资本整合，从而使资本要素在不同区域、不同生产部门之间的转移更为畅通，在一定程度上要比间接融资渠道的作用更为重要。目前，河南省实体经济通过企业债券及股票净融资仅占社会融资规模不到5%。直接融资比重偏低，拖慢了河南省经济结构调整的步伐，不利于产业结构升级，主要表现为以下几点。一是直接融资偏低、资本市场缺位难以为实体经济提供有利且顺畅的交易条件。二是无法快速地在资本市场上筹集资金，吸引区域内外的资金向主导产业部门流动，难以提供产业结构升级所需要的增量资金。三是无法促进不同产业之间资本存量的调整。

三、金融创新乏力，制约信贷总量增加、降低金融效率

近年来，金融机构推出的创新型金融产品与工具越来越多，但其中适应河南特点的金融产品与工具不足。一是现有的金融产品创新，大多是通过商业银行上而下推行的，能够给河南增加实际金融投入的不多。二是金融产品创新与企业实际情况相脱节。如目前相对成熟的应收账款、存单等动产质押产品的授信条件过于严格，导致企业很难满足。以某行偃师市支行开办的订单融资信贷创新产品为例，当地大运、珠峰等多家摩托车生产企业尽管订单较多，但由于下游客户多为小型经销商，不能满足订单融资信贷产品“订单方规模较大”的要求，无法获得信贷审批。分析导致河南省金融创新不足的原因，一是缺少创新型金融工具的发行机构，除商业银行以外的信托投资公司、融资租赁公司、共同基金、SPV 等新型金融机构较少；二是非金融部门发行的金融工具较少。债券、票据和各种信贷凭证等属于非金融机构发行的金融工具，并且能够直接增加一个地区的社会融资规模。但受制于河南省企业实力不强与资本市场发展滞后，债券等金融工具并未得到充分发展。

四、省级能够调配的金融资源有限，区域金融发展缺少主动性

由于地域广阔、县市众多，河南省地方法人金融机构在数量上具有先天优势，全省法人农村合作金融机构 143 家，城市商业银行 17 家，但在资本实力、资产总量、经营规模方面却远远落后发达省份，至今尚无一家实现跨省经营。除城商行、农信社之外，全省仅有信托公司 2 家、地方法人财务公司 3 家，还没有金融租赁公司、汽车金融公司等非存款银行机构。由于地方法人机构实力较弱，大型股份制商业银行分支机构仍然是河南省的信贷投放和吸储的主力，河南省金融发展的主动性得不到有效发挥。特别是在面临全国统一的宏观调控时，地方法人机构不具备承担增强调控弹性的能力，使河南省在调控宽松时，贷款增长慢于全国水平，却在紧缩调控时，贷款回落快于全国水平。

五、县域金融发展滞后，二元化特征明显

县域经济是国民经济发展的重要组成部分，河南省县域 GDP 已占到全省的近 70%，而县域贷款余额尚不足全省的 30%，2011 年县域贷款同比增速仅为 12.3%，较上年同期回落 9.7 个百分点，始终难以突破增长乏力的困局。一是县域资金外流仍较严重。2011 年底，河南省县域存差为 5 346.4 亿元，较上年扩大了 23.7%，占到全省存差的 58.5%。二是大型商业银行在县域存多贷少。据统计，2011 年末，河南省四大国有银行县域贷款余额合计 1 366.9 亿元，仅占其全

省贷款的22.5%。三是农村信用社发展实力有限。治理结构不完善、管理体制不顺、发展乏力及资本金不足等问题，制约农信社贷款增长，省联社缺乏主动推进农村信用社向农村商业银行改革的动力，甚至成为进一步深化改革的障碍。四是农村新型金融机构未形成规模。截至2011年底，河南省共有村镇银行32家，其中县域28家，县域村镇银行贷款余额为63.1亿元，仅占到县域贷款的1.3%。在现有的村镇银行中，部分行在当地信贷投放不足，而将闲置资金上存发起行，重蹈传统金融机构的原有模式。五是农村信贷产品创新需深入推进。主要反映在农村信贷产品创新与县域核心资产相脱节，县域经济潜能得不到释放。

第六章　政策建议

综上所述，建设中原经济区首先面临金融投入不足的难题，2013—2015年所需建设资金需求高达1.9万亿元。其次，受经济转型偏慢、产业结构不合理的影响，融资比重最大的贷款增速持续下降，而金融发展二元化、债券、资本市场发展慢，直接融资渠道不畅等问题不仅直接制约金融投入的增加，更进一步对河南省经济转型产业升级形成制约，社会融资结构的非均衡使得经济、金融形成两难发展困境。因此，只有从上述两个方面入手，统筹规划，多措并举，才能有效破解“钱从哪里来”的难题。

一、统筹规划中原经济区金融协调发展，制订整体金融发展战略规划

中原经济区不同于传统行政区的概念，河南省作为中原经济区的主体省份，应从经济区的角度出发，制订整体金融发展战略规划，协调五省30个地市，形成联动、一体化发展，通过相互的支持、合作和取长补短，把区内各个行政主体联结成一个有机整体，充分发挥区域的聚合效应，实现金融资源配置优化。在加强区域协作的同时，科学制订中原经济区整体金融发展战略规划。依据产业发展规划，引导金融部门将资金更多地投向主导产业与重点产业。加强同金融监管部门、各类金融机构的协调与沟通，积极引导基础较好的金融机构参与到省内的主导产业和重点战略性产业发展中来，推动中原经济区经济增长及结构调整。

二、壮大地方法人银行体系，改善资金外流现象

当前地区政府可调配的银行业金融资源，包括城市商业银行、农村信用社、农村商业银行、村镇银行，以及地方法人的信托公司、财务公司等。因此，应

该通过提升河南地方银行体系整体实力，增强应对宏观调控的弹性，改善资金外流现象。一是改革现有地方金融机构，提高区域金融发展水平。按照现代银行制度的要求，引入战略投资者、外资金融机构参股省内法人金融机构、探索合资组建区域性商业银行，发挥地方银行体系的主体性带动作用，提高区域金融的发展水平。二是加大对农村金融的支持力度，探索符合河南特色的农村金融运作模式。吸引民间资金投入到农村金融改革之中，形成多元化的产权结构，提高地方性金融机构的竞争力。三是鼓励和规范各种小型、新型农村金融机构发展。借鉴其他省份发展农村新型金融机构的先进经验，积极鼓励各种类型的新型金融机构的发展，提高本省金融机构的整体竞争力。

三、发展资本市场，拓宽区域融资渠道，壮大社会融资规模

壮大社会融资规模，提高中原经济区金融支持能力，最切实的就是要拓宽区域融资渠道。一是加大本省企业上市融资、发债的支持力度，提高企业资本市场融资能力，加大对基础条件较好的、符合国家长远发展需要、对全省经济带动性较大、发展前景较好的公司的支持力度，加强协调积极帮助这些公司在主板或创业板上市。二是推动创投、各类投资基金、地方性证券及期货公司在河南的发展。结合河南经济发展规划，引导创投、各类投资基金参与到重点产业的发展上来；围绕中原经济区的金融发展规划，积极鼓励地方性证券和期货公司做大做强。三是推进地方性产权交易市场的进一步发展。探索构建区域内统一的产权交易市场平台，提高区域产权市场的影响力和竞争力，促进区域内资本市场的规范发展。

四、增强产融资本结合，尝试组建地方金融控股公司

规范地方融资平台，尝试组建地方金融控股公司，促进产业资本与金融资本的融合。组建地方金融控股公司的做法在目前金融业分业经营的前提下，能够有效利用各种金融市场和工具为地方建设提供杠杆化的融资服务，促进地方资本流动，提高金融资源的配置效率，促进河南省地方金融机构股份制改革的进一步深化，还能更好地将产业政策和金融政策进行有机结合，通过产融结合，使产业政策得到充分的贯彻和实施，从而提高资源的结构性合理配置。为应对组建地方性金融性控股公司带来的潜在风险，首先需要将各类融资平台进行优化重组，实现隐性负债向显性负债的转变，由靠银行贷款向发行地方政府债券转变，由指令担保向信用评级转变。同时，应以市场机制改善地方政府融资平台的资本结构，避免关联贷款，从而缓解由于资金过于集中于商业银行所带来的金融风险。

五、加快金融工具创新，吸引更多社会资金支持经济增长和经济结构的调整

当前河南省金融工具创新应重点集中在以下范围：一要加强面对中小企业融资市场的金融创新。根据本省中小企业特点和优势，开发有利于中小企业发展所需金融服务的金融工具和运行制度。二要加强股权类、组合投资类金融工具的创新，满足股票市场上投融资双方在多种风险收益组合上的不同需求。另外，可以尝试在政府规划的项目中加强各类股权类、组合投资类金融工具的创新，成立各类风险投资基金、产业发展基金，不断丰富金融市场的融资平台和金融工具种类。三是加强企业债券类金融工具的创新，进一步为企业直接融资提供条件。

六、完善地方政府金融管理部门职能，规范中原经济区金融运行

一是进一步深化投融资体制的改革。以“政府引导、社会参与、市场运作”为建设目标，规范政府融资平台的运作方式，实现投资主体、投资渠道、投资方式的多元化，发挥政府项目带动投融资体制改革的良好氛围，形成更加市场化的新型投融资运行体制。二是营造良好的中原经济区信用环境。建立健全中小企业信用担保机制，为中小企业的融资问题提供信用担保；要建立健全失信惩戒制度，对于逃废金融机构债务的失信行为进行有效制裁；要整合地方各类信用信息，建立信用信息管理体系，提高区域内的信用信息透明度；要加强舆论宣传，形成良好的中原经济区信用环境。

参考文献

[1] 爱德华·肖．经济发展中的金融深化［M］．上海：上海三联书店，1988.

[2] 贝多广．中国货币资金流动性分析［M］．上海：上海三联出版，1995.

[3] 陈先勇．中国区域金融发展与区域经济增长［M］．武汉：武汉大学出版社，2005.

[4] 戈德史密斯（周朔等译）．金融结构与金融发展［M］．上海：上海三联书店，1996.

[5] 郭忠军．社会融资规模监测的早期实践：人民银行济南分行案例［J］．金融发展研究，2011（8）.

[6] 国家发展和改革委员会．促进中部地区崛起规划．2009. http：//www. chian. com. cn/policy/txt/2010 -01/12/content_ 19218531. htm.

[7] 国务院．关于支持河南省加快建设中原经济区的指导意见．http：//www. gov. cn/zwgk/2011 -10/07/content_ 1953574. htm.

[8] 贺艳红，贺世红．我国五大经济区发展趋势研究［J］．生产力研究，2010（10）．

[9] 胡海峰，贾宪军．中原经济区建设的金融支持政策研究［J］．中州学刊，2011（3）．

[10] 计承江．从国家层面出台中原经济区金融扶持政策［J］．中国金融，2012（6）．

[11] 金雪军，田霖．金融地理学视角下区域金融成长差异的案例研究［J］．河南师范大学学报（哲学社会科学版），2004（2）．

[12] 靳卫东，周光锋．产业结构转化的增长与就业效应——基于我国四大经济区域的经验研究［J］．贵州财经学院学报，2011（4）．

[13] 林毅夫，徐立新．金融结构与经济发展相关性的最新研究进展［J］．金融监管研究，2012（3）．

[14] 刘金焕．中原经济区建设的金融支持政策研究［J］．财会通讯，2012（3）．

[15] 刘君德．中国转型期“行政区经济”现象透视——兼论中国特色人文——经济地理学的发展［J］．经济地理，2006（6）．

[16] 刘仁伍．区域金融结构和金融发展：理论与实证研究［M］．北京：经济管理出版社，2003.

[17] 娄恬．中原经济区建设的金融支持［J］．焦作大学学报，2012.

[18] 陆磊．金融转型的逻辑：从拖延、尝试到推进［J］．金融观察，2006（1）．

[19] 陆磊．区域经济发展与金融创新［J］．金融发展研究，2008（6）．

[20] 麦金农．经济发展中的货币与资本［M］．上海：上海三联书店，1989.

[21] 沈坤荣，孙文杰．投资效率、资本形成与宏观经济波动——基于金融发展视角的实证研究［J］．中国社会科学，2004（6）．

[22] 盛松成．社会融资规模概念的理论基础与国际经验［J］．中国金融，2011（8）．

[23] 盛松成．社会融资总量的内涵及实践意义［N］．金融时报，2011-02-18.

[24] 谭儒勇．金融发展理论与中国金融发展［M］．北京：中国经济出版社，2000.

[25] 谭儒勇．中国金融发展与经济增长关系的实证研究［J］．经济研究，1999（10）．

[26] 唐旭．货币资金流动与区域经济发展．中国人民银行研究生部，1995.

[27] 汪来喜．金融生态环境对金融业及区域经济发展效应分析——以中原经济区金融生态环境的成效及问题为例［J］．企业经济，2012（2）．

[28] 王守贞．海南省社会融资规模、结构特征及政策建议［J］．海南金融，2011.

[29] 温家宝．政府工作报告——2011 年3 月5 日在第十一届全国人民代表大会第四次会议上．人民出版社，2011.

[30] 武安华．中原经济区建设的金融支持研究［J］．市场论坛，2011（8）．

[31] 谢平．中国金融资产结构分析［J］．经济研究，1992（11）．

[32] 胥嘉国．我国区域金融发展差距以及对经济增长影响的实证研究［J］．当代经济科学，2006（6）．

[33] 胥嘉国．我国西部地区经济增长与经济发展关系的实证分析［J］．北京工商大学学报，2006（3）．

[34] 杨圣奎．中国区域金融支持问题研究［D］．吉林：吉林大学，2010.

[35] 易纲．中国金融资产结构分析及政策含义［J］．经济研究，1996（11）．

[36] 喻新安．建设中原经济区若干问题研究［J］．中州学刊，2010（9）．

[37] 喻新安．中原经济区顶层设计的背景、历程与经验［J］．中州学刊，2011（2）．

[38] 袁绍锋，吴洪鹏．产业结构调整与金融发展模式选择——来自“环渤海经济圈”的证据［J］．东北财经大学学报，2007（3）．

[39] 翟书斌，郭艳锋．金融成长与中原经济区发展［J］．河南工业大学学报，2011.

[40] 张杰．中国金融成长的经济分析［M］．北京：中国经济出版社，1995.

[41] 张杰．中国金融制度的结构与变迁［M］．太原：山西经济出版社，1998.

[42] 张军洲．中国区域金融分析［M］．北京：中国经济出版社，1995.

[43] 赵志君．金融资产总量、结构与经济增长［J］．中国金融，2000（32）．

[44] 中国人民银行绍兴市中心支行课题组. 关于地区社会融资规模几个问题的研究 [J]. 浙江金融, 2011 (7).

[45] 周立, 王子明. 中国各地区金融发展与经济增长实证分析 1978—2000 [J]. 金融研究, 2002 (10).

[46] Bank of England. The role of macroprudential policy. 2009.

[47] Basel Committee on Banking Supervision. Countercyclical capital buffer proposal. 2010.

[48] Eggoh C Jude. Financial Development and Growth: A Panel Smooth Regression Approach. Journal of Economic Development, 2010.

[49] Goldsmith. R. W. Financial Structure and Development . New Haven : Yale University Press. 1969.

[50] Hugh T Patrick. Financial Development and Economic Growth in Underdeveloped Countries. Economic Development and Cultural Change, 1966.

[51] James Tobin. Liquidity Preference as Behavior towards Risk. The Review of Economic Studies. 1958.

[52] James Tobin. Money and economic growth [J]. Econometirca, 1965.

[53] Jean – Claude Maswana. China's Financial Development and Economic Growth: Exploring the Contradictions. Journal of Chinese Economics and Finance, 2011.

[54] John G. Gurley, E. S. Show. Financial Aspects of Economic Development. The American Economic Review. 1955.

[55] John G. Gurley. The Radcliffe Report and Evidence, The American Economic Review. 1960.

[56] M. Kabir Hassan, Benito Sanchez, Jung – Suk Yu. Financial development and economic growth: New evidence from panel data. The Quarterly Review of Economics and Finance, 2011.

[57] Thoma M. Hoeing. Central Banks: Changing Markets—Changing Mandates. 2008.

[58] UK FSA. The Turner Review: A regulatory response to the global banking crisis. 2009.

中原经济区社会信用体系建设研究

中国人民银行平顶山市中心支行课题组[①]

摘要 社会信用体系是市场经济体制中的重要制度安排。社会信用体系建设严重滞后，信用失衡、征信业发展滞后、社会信用征信体系发育程度低等“信用综合征”，已成为我国经济转轨期面临的突出问题。尤其是以河南省为主体的中原经济区，社会信用体系建设远远落后于相对发达地区，这不仅制约了中原经济区的经济健康、稳定、持续发展，而且严重影响其区域市场经济秩序的正常运行，信用缺失成为制约中原经济区济健康发展的瓶颈和隐患。加强社会信用体系建设已经成为中原经济区急需解决的矛盾和问题。本文将信息经济学理论和博弈论与中原经济区信用体系构建实证研究相结合，认真分析了中原经济区当前社会信用体系建设存在的问题，借鉴国内外社会信用体系建设的实践经验和启示，结合中原经济区实际情况，提出了以政府推动为主导，以信息共享和披露为核心，以完善法规为保障，以市场化操作为主体，通过正向激励和反向惩戒机制，形成中原经济区完善的社会信用体系建设思路，以推动中原经济区经济金融又好又快协调发展。

关键词 中原经济区 社会信用体系 理论基础 运行机制

一、引言

（一）研究背景及意义

1. 研究背景

社会信用体系是市场经济体制中的重要制度安排。在现代市场经济中，信用直接影响到一个国家或区域内的交易范围、交易规模、交易成本和交易风险，并进一步影响到其参与国际分工和国际竞争的能力。我国的社会信用体系建设

---

① 课题主持人：李高建。
课题组成员：扈永军、王玉芝、闫冬、马国豪、李宏、平光新。

速度滞后，信用失衡、征信业发展滞后、社会信用征信体系发育程度低等“信用综合征”，成为阻碍当前市场经济发展的重要瓶颈。据商务部统计数据显示，我国企业每年因信用缺失导致的直接和间接经济损失高达6 000亿元。目前我国企业坏账率高达1%～2%，且呈逐年增长势头，而相比之下，成熟市场经济国家企业坏账率通常为0.25%～0.5%；我国每年签订的约40亿份合同中，履约率只有50%。

2011年9月，国务院下发《关于支持河南省加快建设中原经济区的指导意见》，中原经济区正式上升为国家战略。2011年，河南GDP达到27 232.04亿元，占全国的5.77%，占中部地区的26.1%，经济总量居全国第五位，中部六省第一。尽管以河南为主的中原经济区经济快速发展，但以“诚信”为标志的社会信用体系建设却远远落后于相对发达地区，甚至落后于其他中西部地区。信用缺失不仅制约了中原经济区经济的健康、稳定、持续发展，而且严重影响了区域市场经济秩序的正常运行，成为制约中原经济区经济健康发展的瓶颈和隐患。对于中原经济区建设而言，如何结合自身实际，统筹计划，加快社会信用体系建设，为中原经济区社会经济发展提供一个良好的外部环境和内部机制，已经成为中原经济区急需解决的矛盾和问题。

2. 研究意义

本文将博弈论和信息经济学理论与中原经济区信用体系构建实证研究相结合，希望能通过对中原经济区社会信用体系构建的研究，提出一条适合中原经济区的社会信用体系建设模式。其实践意义在于：（1）增强经济活力，推动经济快速健康增长；（2）防范信用风险，维护正常的市场经济秩序；（3）打造诚信中原，优化中原经济区外部经济环境。促进中原经济区经济协调发展。

（二）课题研究思路

本课题从理论和实践角度，对中原经济区社会信用体系建设进行研究，提出以政府推动为主导，以信息共享和披露为核心，以完善法规为保障，以市场化操作为主体，通过正向激励和反向惩戒机制，形成中原经济区完善的社会信用体系建设思路。

二、社会信用体系的内涵分析

社会信用体系是以法律法规为依据，以信用活动的参与者为主体，以信用活动者的信用记录为基础，规范信用数据的收集和使用，形成激励守信、惩戒失信的机制，覆盖全社会的诚信系统工程。社会信用体系的内涵非常丰富，我们可以从以下几个方面来理解。

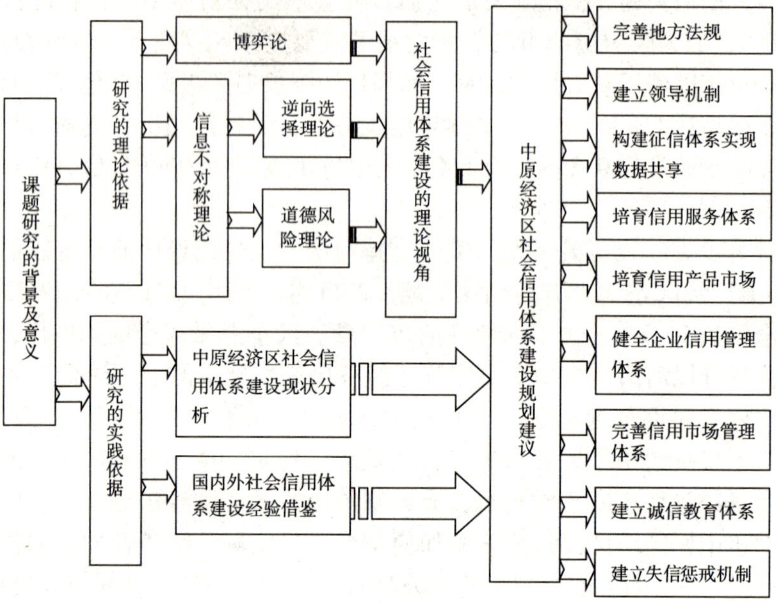

图1　本课题的研究思路

1. 社会信用体系是构建诚实守信的社会氛围和环境的基础

在全社会形成诚实守信的社会氛围和环境，是经济发展、社会进步、人际关系和谐的基本前提。

2. 社会信用体系的基础是信用记录

信用记录是个人和机构在社会经济活动中信用状况的记载，即信用信息。它是经济社会主体了解利益相关方诚信和信用状况，并在此基础上采取激励或惩罚措施的前提，是社会信用体系的基础。

3. 社会信用体系的关键是规范信用信息的收集和使用

记载着个人和机构信用信息的信用记录分散于各类机构之中，其信用信息的内容各不相同，而信用信息的使用者及需求的内容也不尽相同。把不同的信用信息的收集者、使用者及信用信息内容在制度或机制上做一安排，使三者统一起来，是社会信用体系的关键所在。

4. 社会信用体系的核心是形成鼓励守信、惩戒失信的社会机制

收集信用信息，畅通与使用者的渠道，目的在于使用。合理使用信用信息，使守信者得到鼓励，使失信者得到惩戒，这是社会信用体系的核心。

5. 社会信用体系是覆盖全社会的系统工程

社会信用体系建设，就是建立信用记录，合理使用信用记录，形成鼓励守

信、惩戒失信的机制。从社会信用记录的内容来说，包括社会经济活动的各个方面和各个环节；从社会信用记录使用和管理方面来看，也同样涉及经济社会领域的各个方面。社会信用体系建设是覆盖全社会的系统工程。

三、社会信用体系的理论基础与运行机制

（一）社会信用体系的理论基础

1. 信息不对称理论与社会信用

信息不对称理论是指在市场经济活动中，各类人员对有关信息的了解是有差异的；掌握信息比较充分的人员，往往处于比较有利的地位，而信息贫乏的人员，则处于比较不利的地位。信息不对称理论是由三位美国经济学家——约瑟夫·斯蒂格利茨、乔治·阿克尔洛夫和迈克尔·斯彭斯提出的。由信息不对称原理，引申出经济学的另外两种理论现象，逆向选择和道德风险。

（1）逆向选择。逆向选择是指市场交易的一方如果能够利用多于另一方的信息使自己受益而对方受损时，信息劣势的一方便难以顺利地作出买卖决策，于是价格便随之扭曲，并失去了平衡供求、促成交易的作用，进而导致市场效率的降低。在经济学中“逆向选择”是指由交易双方信息不对称和市场价格下降产生的劣质品驱逐优质品，进而出现市场交易产品平均质量下降的现象。

（2）道德风险。西方经济学家提出的经济哲学范畴的概念，即“从事经济活动的人在最大限度地增进自身效用的同时作出不利于他人的行动”。或者说是：当签约一方不完全承担风险后果时所采取的自身效用最大化的自私行为。道德风险主要产生在委托领域，由于受托人并不承担或者承担的损失低于其收益时，受托人就会选择有利于自身而不是委托人的效用最大化的行为。

2. 博弈论与社会信用

（1）博弈论。博弈论，英文为 game theory，是研究决策主体的行为发生直接相互作用时的决策以及这种决策的均衡问题的理论。博弈论是研究在利益相互影响的局势中，理性的参与者为了最大化自己的利益如何选择各自的策略以及这种策略的均衡问题。即研究当一个参与者的选择受到其他参与者的影响，而且反过来又影响到其他参与者的选择时的决策问题和均衡问题。个体的利益不仅依赖于自己的选择，还依赖于其他人的选择，因此个人的最优选择也是其他人选择的函数。

（2）社会信用中的博弈行为。假设两个经济主体甲和乙达成一项合作的协议，在未来的协议执行过程中，这两个经济主体都有两种选择：守信和不守信。如果双方都遵守协议的规定，则都能够获得 3 个单位的收益；如果双方都不守信，则双方的收益都为零；如果一方选择守信，而另一方不守信，则守信的一

方就会遭受2个单位的损失，而不守信的一方则获得5个单位的收益。则该博弈的支付矩阵如表1所示：

表1　　社会信用的“囚徒困境”

乙＼甲	不守信	守信
不守信	0，0	-2，5
守信	5，-2	3，3

该博弈实际上就是博弈论中非常经典的“囚徒困境”博弈，对这个博弈来说，交易双方博弈出现三种情况，一是双方都守信，使利益达到一个均衡状态，总体利益最大化；二是一方守信，而另一方违信，其结果是一方受损，另一方获得利益；三是双方都违信，交易终止，双方都不获利。显然，在第一种情况下，双方总体利益会达到最大化，并因此建立了信用关系，为下次获利提供机会和信心。但就这个博弈来说，其均衡的结果是第三种情况，虽然第一种情况对双方都是有利的。

（二）社会信用体系的运行机制

整个社会信用体系建设重点围绕两个方面进行，一是以信用信息数据共享

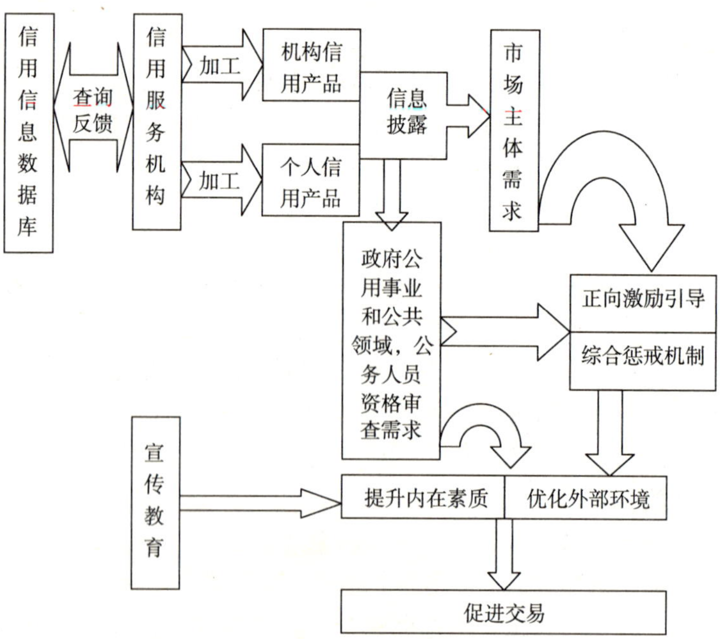

图2　社会信用体系运行机制简图

和披露使用为重点，解决市场交易过程中的信息不对称问题，从而解决由于信息不对称导致的逆向选择和道德风险问题。二是通过宣传教育、政府推动、市场引导和正向激励机制提升居民和组织的诚信意识，优化外部信用环境，从市场主体的自身条件和外部环境影响市场主体的行为选择，降低交易成本，提高交易效率。

四、国内外社会信用体系建设的实践

（一）发达国家的信用体系运行机制介绍

世界主要发达国家经过近200年的实践，已经建立了相对比较完善的社会信用体系，发达国家社会信用体系主要有以美国为代表和以欧洲大陆国家为代表两种模式。

1. 美国：私人信用体系模式

运作模式：完全依靠市场经济的法则和信用管理行业的自我管理来运作，特征是信用服务全部由私营机构提供，信用中介机构发挥主要的作用，其运作的核心是经济利益。政府在社会信用体系中仅负责信用管理立法和监管信用管理体系的运转。美国社会信用体系的框架主要包括以下四方面内容：（1）完善的法律体系和健全的信用管理体系是信用行业健康发展的基础。具有比较完备的信用法律体系，征信数据的取得和使用等都有明确的法律规定。（2）市场化运作的各类信用中介服务机构。美国有许多专门从事征信、信用评级、商账追收、信用管理等业务的信用中介服务机构，目前从事信用服务的企业主要有资本市场上的信用评估机构、商业市场上的信用评估机构以及对消费者信用评估的机构三大类。（3）信用产品的巨大需求和市场主体较强的信用意识促进了信用体系的发展。目前，全球有30万亿美元的负债按照规定要进行评级，全球所有在国际市场融资的国家、商业银行、保险公司、基金组织和上市的大企业都需要进行信用等级的评定。

2. 德国：公共信用体系模式

以德国为代表公用信用管理模式是以中央银行建立的公共信贷登记系统为主体的社会信用管理模式，即主要是以公共信用征集机构为主体的信用管理模式。德国的公共信用征集机构主要是由政府出资，建立全国数据库，并组成全国性的征信信息调查网络；征信信息主要供银行内部使用，服务于商业银行防范贷款风险和供中央银行进行金融监管与货币政策决策；管理机构是非营利性的，直接隶属于中央银行。

3. 日本：混合信用模式

日本的社会信用管理模式以行业协会为依托建立，行业协会的会员制征信机构在信用管理体系中处于主导地位。以行业协会为主建立起来的各个信用信息中心主要为协会成员提供企业和个人的信用信息，通过内部信息共享机制实现征集和使用信用信息的目的。日本的行业协会在经济活动中具有较大的影响力，尤其在个人信用领域，日本的全国银行业协会、全国信用信息联合会与信用卡产业协会分别控制着全国银行个人信用信息中心、全国信用信息中心和日本信用卡产业协会三家个人信用信息征信机构。这些协会的会员包括银行以及非银行金融机构，各类商业企业等，几乎覆盖了日本社会从金融到流通行业的各个方面。

4. 发达国家社会信用体系建设的启示

（1）完善的法律法规是社会信用体系建设的外部保障和支撑；（2）征信业是社会信用体系建设的核心和基础；（3）政府征信机构和社会征信机构应成为征信市场的经营主体，市场化运作是征信模式的基本选择；（4）以公共信用信息基础数据库为基础，建立多层次、全方位的社会信用服务体系；（5）吸收国外政府经营和企业自由经营模式的优点，特许经营是信用服务业发展的必然选择；（6）无论是欧美还是日本，中央银行在信用管理中均扮演重要角色。

（二）我国社会信用体系建设的实践

1. 征信法规、制度和标准初步建立

在人民银行的推动下，国内已经初步建立了有关法规和制度。如目前《征信管理条例》草案已经向社会征求过意见、制定发布了《企业和个人信用信息基础数据库管理暂行办法》、《应收账款质押登记办法》、《关于在银行间债券市场发行债券信用评级有关事项的公告》、《关于加强银行间债券市场信用评级作业管理的通知》、《信用评级指导意见》、《信贷市场和银行间债券市场信用评级规范》等一系列公告和规范性文件，规范银行间债券市场和信贷市场信用评级活动。此外，人民银行积极推动征信标准化工作。截至 2012 年，已经发布了 7 项金融行业标准，1 项标准列入国家标准制订计划。

2. 初步建成全国统一的企业和个人信用信息基础数据库

1997 年，中国人民银行开始建立涵盖企业部分信息的“银行信贷登记咨询系统”，2005 年人民银行启动全国统一的企业信用信息基础数据库建设，2006 年实现了全国联网运行。截至 2012 年 6 月末，中国人民银行企业信用信息基础数据库已经收录企业及其他组织 1 833. 1 万个，其中有信贷记录的企业及其他组织 369 万个。2004 年初，人民银行加快了个人信用信息基础数据库的建设。2005 年在全国范围内逐步推广，2006 年 1 月正式运行。截至 2012 年 6 月底，个人信用信息基础数据库已为 8. 14 亿个自然人建立了信用档案，记录了 2. 766 亿个自然人的信贷交易信息。

目前，企业和个人征信系统已经成为商业银行贷前审查的必经环节，在商业银行贷后管理中也发挥着重要作用。据统计，2004 年人民银行征信系统建设之初，国内商业银行贷款平均不良率为 21.5%，到 2011 年征信系统正式运行 5 年以后，国内商业银行贷款平均不良率仅为 1%，比 2004 年下降了 20.5 个百分点。

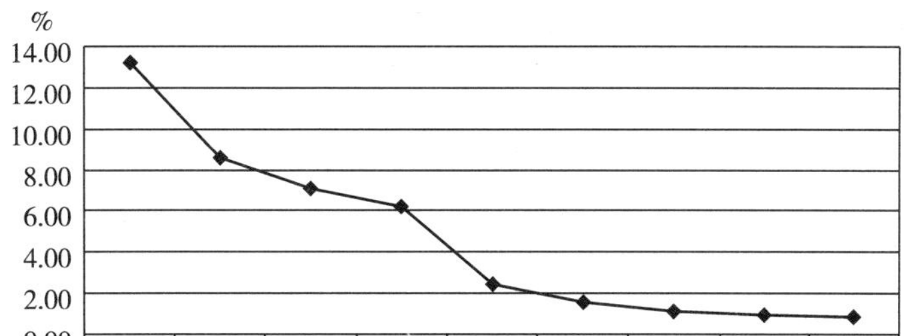

	2004年	2005年	2006年	2007年	2008年	2009年	2010年	2011年	2012年3月
全国不良率%	13.21	8.61	7.09	6.17	2.42	1.58	1.14	1	0.90

图 3　全国主要商业银行不良贷款比率走势图

3. 创新征集模式，填补市场空白，建立应收账款和融资租赁登记公示系统，填补了我国动产担保登记的历史空白，有效解决了动产抵押和融资租赁的信息不对称问题

2007 年 3 月颁布的《中华人民共和国物权法》第二百二十三条规定："应收账款可以质押。" 9 月 30 日，中国人民银行颁布了《应收账款质押登记办法》。10 月 1 日，中国人民银行征信中心应收账款质押登记公示系统上线运行。应融资租赁业界的要求，中国人民银行征信中心与中国外商投资协会租赁业委员会签署合作协议，中国人民银行征信中心建立了融资租赁登记公示系统并于 2009 年 7 月上线运行。截至 2012 年 6 月，应收账款质押和融资租赁登记公示系统共注册用户 10 298 个，累计发生质押登记业务 62.22 万笔，其中质押登记 32.8 万笔，转让登记 29.41 万笔，累计查询 72.98 万次。为保护质权人利益提供了支持，有效缓解了中小企业不动产资源有限问题。

4. 行业信用建设稳步推进

一是各行业的规章制度进一步完善，加强了行政管理与执法力度，加大了违法违规、不诚信的成本；二是归集行业信用信息的信息系统建设进一步加快；三是质检总局、海关总署等部门加快了实施信用分类管理的工作力度，监管效率进一步提高；四是部门间信用信息共享工作继续深化，信息比对和交叉稽核力度加大，提高了联合监管能力。目前正在研究起草的《关于进一步加快行业信用建设的意见》提出，力争用 3 ~5 年的时间，逐步实现部门、行业间信用信息的交换和应用，并依法开展信用信息的社会服务。

5. 地方信用体系建设工作机制在探索中逐步完善

在国务院的推动和人民银行的努力下，各地方结合本地社会信用建设的实际，创新工作机制，开展了各具特色的有益探索。一是组织领导机制进一步健全，明确了牵头部门，落实了工作责任。目前全国已有17个省（区、市）明确由人民银行牵头建立当地的社会信用体系建设联席会议制度或领导小组，许多地市也成立了相应的联席会议或领导小组。二是探索建立相关规章制度，出台了规范信用信息公开、归集和使用的规章。三是部分省（区、市）建立了由当地人民银行、工商、公安等多部门联合参与的统一信息共享平台，归集各部门的政务信息，探索信息共享机制。

6. 以信用评级业为代表的征信市场快速发展

1987年，国家对企业债券实行统一管理，颁布了《企业债券管理暂行条例》，中国人民银行和国家体改委考虑到债券市场统一、规范的特点，提出了在各地组建信用评级机构的设想，继吉林省资信评估公司成立后，辽宁省资信评估公司等银行系统共20多家评级机构先后成立。1995年后，各地附属于银行系统的信誉评级委员会纷纷改制，1997年12月，中国人民银行（银发〔1997〕547号）认可了中国诚信证券评估有限公司、大公国际资信评估有限责任公司等9家从事全国范围内债券资信评估业务资格的评级机构。1999年7月，惠誉国际（Fitch）与中诚信合资，成立了中国第一家合资评级公司——中诚信国际信用评级有限责任公司（“中诚信国际”）。2003年9月，中国人民银行增加了反洗钱和管理信贷征信业两项职责，在培育评级市场的同时也加大了对评级机构的监管力度。截至2012年6月底，在人民银行备案并被获准的从事信贷市场和银行间债券市场评级的机构共80家，其中获准从事银行间债券市场评级的机构5家。2011年，全国共完成信贷市场主体评级47 560户，同比增加13.6%。

7. 中小企业和农村信用体系建设取得重大阶段性进展

2009年，人民银行印发了《关于农村信用体系建设工作的指导意见》，引导涉农金融机构持续推进信用户、信用村、信用乡镇建设；逐步将企业和个人征信系统运行范围扩大至全国农村地区；探索建立农户信用评价体系等，截至2011年12月，全国已有2 455个县（市、区）开展了农户信用档案建设工作，2 157个县（区）已建立农户信用评价体系。全国农村地区金融机构共为1.27亿农户建立了信用档案，并对其中8 037万农户进行了信用评定。

为破解中小企业发展的瓶颈因素，人民银行启动了中小企业信用体系建设工作，并在全国范围内强力推进。截至2011年12月底，全国累计补充完善中小企业信息245.36万户，已有36.36万户补充完善信息的中小企业取得银行授信意向，其中17.6万户中小企业获得银行贷款。

8. 扎实推进机构信用代码工作，推动社会信用体系建设向纵深发展

2010年，为推动社会信用体系建设，助力预防腐败工作开展，改进社会管理方式，国家预防腐败局与人民银行总行针对我国机构主体标识不统一、信息整合与共享困难等问题，对全国机构代码的整体情况进行了调研，提出了“落实金融账户实名制、建立社会信用代码制度”的建议。

2011年4月，人民银行征信中心牵头组织开发了机构信用代码管理系统，2011年9月22日，机构信用代码管理系统上线运行，并成功从账户系统导入了相关信息。

9. 社会信用意识显著提高

随着社会信用体系建设的推进，企业、居民的社会信用意识显著提高。据统计，个人主动查询自己信用报告的数量从2006年的97人次迅速上升到2011年的253万人次。社会信用意识逐步提高的同时，企业和个人的行为方式有所改变，有的企业和个人主动归还欠税、欠薪、欠款等，自觉遵纪守法。社会信用意识已逐步深入人心，社会信用建设的重大意义也得到社会各界广泛认同。

五、中原经济区社会信用体系建设现状及问题

（一）社会信用体系建设相关法律法规缺位明显，缺乏有效的法规支持

尽管《民法通则》、《合同法》等多部法律对经济主体交易的诚信行为进行了规范，但目前全国尚没有一部专门的关于信用体系建设的法律法规，有关部委和部分地方政府虽然出台了一些社会信用体系建设的规章和制度（目前，全国31个省级行政区中有15个省、自治区、直辖市政府出台了18部与社会信用体系相关的地方法规和规章），而中原经济区涉及的5省中只有安徽和山西出台了两部地方规章且涉及的内容有限，作为中原经济区主体的河南，在相关信用法规出台上滞后，中原经济区社会信用体系建设地方性法律法规缺位明显。

（二）缺乏统一的监督管理，信用行业多头监管与无人监管并存

社会信用体系建设作为一项系统工程，需要依靠政府明确一个统一推进和管理的部门从全局上进行协调和管理。中原经济区与全国一样，对社会信用体系建设缺乏统一的监督管理。由于现在的工商、税务、质检等职能部门都具有管理职能，各部门都只是站在各自的条块上行使管理职能，在分割管理上，突出表现在信用评级和担保等中介征信机构领域。信用行业多头监管与无人监管并存的现状，严重阻碍了社会信用体系建设的进度和速度。

（三）信用数据条块分割，信用信息共享机制缺失，征信数据的市场开放度低

一是中原经济区现有的信用信息，特别是能够反映信息主体信用状况的信

用信息涉及金融、财税、工商、物价、海关、司法等多个部门，信用信息分散，信用信息归并整理存在障碍。信用信息征集和共享存在制约性因素较大。

二是受历史和国家整体规划制约，当前中原经济区的信用信息掌握部门和机构都有自己的管理侧重点，有自己的信息数据库和数据标准，数据库系统和机构存在较大的差别，中国人民银行征信中心提供的数据标准、接口规范和信息格式只是一个指导性的标准，对信息提供单位并没有约束力，各部门和单位很难达成一致性意见。

三是从目前来看，部分行业和职能部门都建立了全国共享的信息数据库，但只有个别数据库之间实现了共享，涵盖的内容均相对有限。尤其在全国尚没有达成一致的前提下，地方性信用信息共享平台显得尤为重要，河南省和中原经济区都没有建成信息交互和共享的平台，信用信息分割的局面仍然严重。

（四）现代信用服务体系发展落后

市场上的信用服务机构主要包括信用评级公司、企业信用服务企业和消费者信用服务企业三类企业。目前，河南省和中原经济区其他省份没有一套健全的行业信用信息系统，虽然出现了个别专门从事征信调查、资信评级和信用担保等专业信用服务机构，但经营历史普遍较短，规模较小，行业整体发展水平较低，缺乏得到市场和社会广泛认可的信用服务机构。以信用评级机构为例，截至2012年6月底，在人民银行备案并被获准的从事信贷市场和银行间债券市场评级的机构共80家，中原经济区五省中有15家，其中江苏省5家、山东省3家、安徽省3家、河南省2家，河北省2家。从现实看，中原经济区内专业的信用服务机构规模都相对比较小，而且市场的认可度较低尚没有形成较强的公信力，在社会上的认知程度较低。

（五）信用产品需求和供给过于单一，市场供需矛盾较大

信用产品市场体系是建立现代信用体系的市场基础。目前中原经济区信用市场发育相对滞后，信用产品过于单一，供求矛盾比较突出。一方面，受外部环境和观念的影响，中原经济区内所辖区域，社会和企业信用意识不强，没有主观上对信用产品的要求，除了强制性要求提供以外，自主使用信用产品的市场主体少；另一方面，中原经济区内政府主导和外部推动信用产品使用力度有限。信用服务机构在信用产品市场开发时过于局限和单一，不能根据市场主体的需求提供满足不同层次需要的信用产品。另外，信用服务机构总体水平偏低，提供的信用产品质量不高，社会公信力有限也是导致市场需求不足的一个重要原因。

（六）个人和企业的信用管理和参与意识不强

由于中原经济区所辖区域处在中国内地，长期以来更注重于企业自身利益

和实际发展，没有形成信用管理的习惯，社会居民和企业对自身信用的关注度也明显不够。2011 年对中原经济区某市信用体系建设调查问卷显示，有 31% 的社会公众和企业对“是否了解保护您隐私权的有效途径”选择“不了解”，有 14% 的社会公众和企业对此项问题选择“听说过，但不关心”，有 46% 的社会公众和企业对此项问题选择“部分了解”，由此表明社会公众和企业对自身信用状况关注较弱，公众信用意识还有待提高。在企业信息披露方面，虚假信息严重。中介机构帮助企业制造虚假信息数据，造成企业骗贷和逃废银行债务现象时有发生，中原经济区所辖区域银行业不良贷款比率明显高于全国平均水平，严重影响了金融机构信贷投放的积极性。以河南省为例，自 2004 年以来，河南银行业金融机构的不良贷款比率都远远高于同期全国平均水平。

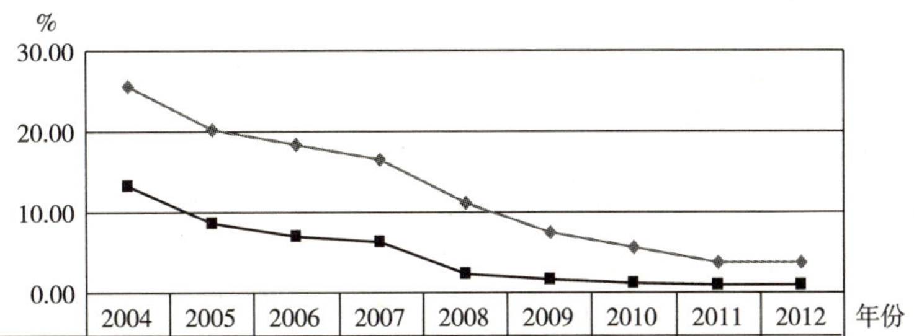

	2004	2005	2006	2007	2008	2009	2010	2011	2012
河南不良率(%)	25.49	20.22	18.34	16.51	11.11	7.39	5.64	3.79	3.63
全国不良率(%)	13.21	8.61	7.09	6.17	2.42	1.58	1.14	1	0.90

图 4　河南省银行业金融机构与全国不良贷款比率走势对比图

（七）政府信用市场管理体系薄弱

中原经济区政府信用管理体系薄弱主要表现在以下几方面：一是信用信息管理没有细化分类，导致信用信息分类不明确；二是信用信息采集主体不明，造成信用信息征集混乱；三是政务信用信息数据库建设没有统一规定；四是监管体系不明了，造成市场管理错位；五是地方政府管理的市场化手段不够，行政色彩严重，造成市场管理的公平性受到质疑，管理理念和方式仍有待改进。

（八）信用信息使用范围有限，失信惩戒机制没有形成合力

虽然近年来，以人民银行征信中心出具的企业和个人信用报告在社会领域中不断拓宽，并逐步推广，但在中原经济区范围内，信用产品的使用范围和内容仍然局限在有限的领域内，主要是银行信贷领域，其他领域仍然十分有限。尤其信息主体的违法、执法信息披露不足，对失信主体不能形成有效的外部压力。对从事资信行业的中介机构和信用评估企业缺乏有效的管理和监督，对失信惩戒的力度仍然不够，失信成本仍然过低，没有在全社会范围内形成惩戒合力。

六、中原经济区社会信用体系的构建

与推进我国社会信用体系建设相同，中原经济区社会信用体系建设要以健全信用法规、制度和标准化体系为基础，以实现政务信用信息共享和完善征信系统为目标，以推进行业信用建设、地方信用建设和征信市场发展为重点，逐步建立健全覆盖全社会的征信系统，构建“激励守信、惩戒失信”的激励约束机制，在全社会形成诚实守信的良好氛围和环境。

（一）中原经济区关于社会信用体系建设的定位

1. 中原经济区社会信用体系建设的原则

中原经济区社会信用体系建设要实行政府推动与市场运作相结合的原则。一是统筹规划，循序推进。二是政府推动，权责明确。发挥政府组织、引导、推动和示范作用。三是市场运作，特许经营。四是健全法规，完善制度。五是央行主导，完善征信。

2. 中原经济区社会信用体系建设的总体定位

制度设计的目标对制度实施的效果有着重要影响，合理的目标定位可以让制度本身的功能和作用得到充分发挥。综合中原经济区的实际情况，中原经济区社会信用体系模式定位应该是“政府引导、市场扩展、公商并行、联合监管”。

政府引导是指在社会信用体系建设初期，政府部门要充分发挥推动作用，推进信用信息共享，建立守信激励和失信惩戒机制，规范信用信息交易行为，积极培育有效市场需求；在信用体系建设中后期，市场机制能够有效发挥作用以后，政府引导主要是通过立法、执法建设为信用体系创造健康有序的运行环境，通过政府信用行为对信用体系施加间接影响。

市场扩展是指要充分利用市场机制的扩展作用，促使信用信息服务行业尽快成长、壮大、形成，成为一个能对国民经济健康稳定发展产生重要促进的新兴行业，信用信息服务市场能够满足经济社会发展的客观要求。

公商并行是指既要建立能满足政府公共职能要求的公共征信系统，又要建立适应不同市场需求的商业化征信机构。

联合监管是指由中国人民银行分支机构负责对征信业务的监管，包括公共征信机构和商业性征信机构的监管，地方政府授权相关部门对其他与社会信用体系建设相关的内容进行监管。

（二）中原经济区社会信用体系建设的措施

中原经济区社会信用体系建设应在省级政府的统筹规划和组织协调下，充分发挥各行业主管部门和基层政府的积极性，共识先行、因地制宜、由点到面，逐步推进。

1. 科学规划，提升地位

建议在制定出台的《中原经济区规划》中，增加系统性的社会信用体系建设规划和指导意见，对中原经济区社会信用体系建设进行统一科学的规划，对发展战略，实施措施，建设目标要有明确的指导，提升中原经济区社会信用体系建设的地位和作用。

2. 构建中原经济区完善的地方性信用法规和制度

中原经济区是一个经济区域，涉及河南周边的多个省市。鉴于协调五个省共同立法存在着差异和效率问题，在地方性法律法规建设中，作为中央经济区的主力，河南省应当走在前列。河南省立法机构可以首先制定和出台《河南省社会信用促进条例》和《河南省信用信息保护条例》，以条例的形式指导河南省信用促进行为，规范信息收集使用，明确河南省社会信用体系建设的责任部门，并根据条例内容，制定出台《河南省政务信用信息管理办法》和《征信业管理办法》，以法规的形式明确区分政务信用信息与非政务信用信息，并根据其不同的特性予以规范，制定科学的市场准入和市场退出规定，规范征信业。为中原经济区的其他省份作出立法实践，并协调和建议其他相关省份建立相应的法律法规，完善中原经济区社会信用体系建设，为中原经济区社会信用体系建设提供法律支持和依据。

3. 明确社会信用体系建设的领导构架和组织体系

关于社会信用体系建设的领导构架和部门，在国家层面上形成了以人民银行为牵头单位的社会信用体系建设部际联席会议。从国际经验来看，美国和欧洲的多数国家是由央行来主导管理征信行业。从实际工作来看，人民银行从2003年起成立了征信管理局，因此，中原经济区应当在法规中明确由人民银行分支机构来管理征信业。

同时，由于社会信用体系建设是一项系统性和综合性的工程，涉及经济社会的各个领域，必须由地方政府来主导，因此我们认为社会信用体系建设必须建立一个以地方主要领导为组长的社会信用体系建设领导小组，在制定法规条例时明确由一个地方政府部门，会同人民银行共同推进。在分工上，由职能部门来统一组织和规划社会信用体系建设的全局性工作，人民银行负责征信行业的日常管理和监督，征信业以外的信用体系建设工作，由职能部门来管理和推进。

4. 推进社会信用信息征信步伐，构建社会信用信息共享平台和机制

科学征集信用信息，依法实现数据共享，规范信用信息披露，最大限度地向交易主体和社会大众提供信用信息是破解信息不对称的最有效的手段，更是解决由信息不对称所带来的逆向选择和道德风险的最优措施，因此，推进社会

信用信息征集步伐，构建社会信用信息共享平台是建设中原经济区社会信用体系的最基础和最核心的环节。

（1）制定和推广信用信息标准和信息主体信用代码，建立信用数据技术支撑体系，为信用信息交换和共享打下技术基础。目前，关于对自然人的识别，以居民身份证作为信息主体标准应当能够被社会广泛认可。对机构信息主体的识别，建议在信用体系建设中使用人民银行建设和推广的机构信用代码。人民银行作为信用体系建设的主管部门和重要组成部分，在企业和个人两大信用信息基础数据库的基础上，要结合两大数据库的实际，制订与两大系统实现对接的统一的信用标准规划，为其他信用信息与人民银行企业和个人信用信息基础数据库实现信用信息共享提供基础保障。

（2）整合信息资源，加快征集速度，推动数据共享。在当前信用信息分割在不同信息部门的情况下，实现信息共享的指导原则应该是分块建立，统一管理；依法共享，合规使用。一是要从整合行政资源入手，把各部门信息资源依法有序开放，充分利用；二是各信息掌握部门按照统一的标准建立数据库，如工商注册数据库及工商年检数据库、银行业借款还款记录数据库、企业产品质量投诉数据库等；三是各行业在建立规范的信用信息数据库基础上，逐步实现省级信息共享；四是以人民银行企业和个人信用信息基础数据库为基础，建立河南省信用信息数据库和信息交换平台，其他信用信息通过直接报送或实行信息交互的方式实现信息共享。

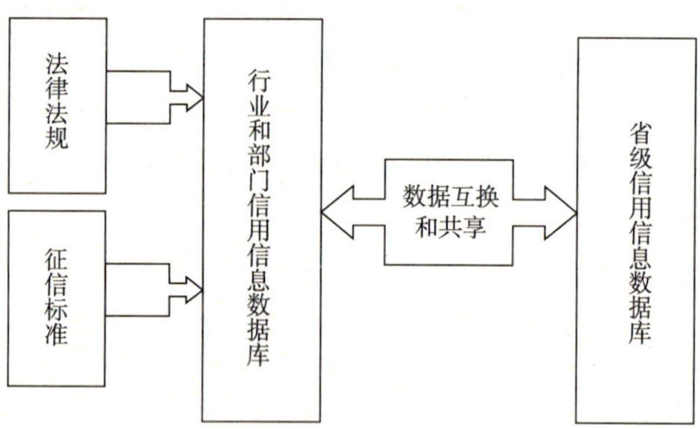

图5　信用信息共享展示图

5. 培育现代信用服务体系

这是中原经济区建设社会信用体系的关键。信用服务业具有智力密集、技术密集、专业化程度高、市场集中度高的特点，承担着信用信息收集、加工、处理和传递的功能，在防范信用风险、促进信用交易方面发挥着重要作用。培育和发展一批具备较高执业资质和道德水准的独立公正市场化运作的信用服务机构对中原经济区的信用体系建设具有重要的作用。

市场上的信用服务机构主要包括信用评级公司、企业信用服务企业和消费者信用服务企业这三类企业。对信用评级机构，应在整合已有企业的基础上提高企业从业水平，严格规范市场准入，加强管理；对企业信用服务机构，设置必要的准入标准，同时提倡适度竞争，鼓励业务向规模大、实力强的公司集中；对消费者信用服务机构，要设置比较严格的资质要求，严格市场准入。在目前信用服务业发展的初期阶段，可以先由政府出面组织和推动，由政府委托或授权的信用服务企业经营，待条件成熟后再与政府完全脱离，实行市场化、商业化运作。

在信用服务市场的培育上，应正确处理政府管理部门与信用服务企业的关系，坚持实行"政府推动、市场化运作"的模式，政府主要发挥规划、指导、组织、协调、服务的作用，创造信用服务企业公平竞争的市场环境，参与制定行业规范与标准，监督管理信用服务市场主体的行为。信用服务企业应成立行业协会，制定行业规划和从业标准以及行业的各种规章制度；提出立法建议或接受委托研究立法和提出有关信用管理法律草案；协调行业与政府及各方面的关系；组织信用管理专业教育，举办从业培训和从业执照考试。

6. 培育信用产品市场体系

在目前信用市场尚在初级阶段的时候，建议通过政府立法、行业组织制定行规来引导全社会对信用服务的需求。如政府有关部门要带头积极利用信用评级、评用报告等产品；对一些行业的市场准入规定其提供信用产品的特殊要求；引导金融机构在对信贷主体实施授信时参考使用外部评级结果等。同时，主管部门和行业协会等自律组织要督促和引导信用服务机构也要适应市场需求的变化，尽快建立完整而科学的信用调查和评价体系，增强技术创新、产品创新和市场创新能力，充分满足社会不断增加的对各类信用产品的市场需求，形成较强的市场公信力和社会认知度。

7. 建立健全企业信用管理体系

建立健全企业信用管理体系是扩大社会信用交易规模和提高信用交易程度的前提。加强企业信用管理，增强信用风险的防范能力，可以形成对失信企业和机构的市场约束机制。通过省级信息共享平台，记录企业的交易记录和违约记录，通过信用信息披露的形式引导企业加强自身信用管理，增强企业信用意识，提升企业的信用管理水平。

8. 建立政府信用市场管理体系

政府信用市场管理体系是建设社会信用体系的组织保证，也是信用服务市场规范运作、科学运转的前提条件。一是实施信用信息管理分类，明确管理职责，提升管理效率和质量。二是各信用信息掌握部门和单位加快建立行业或部门基础数据库的步伐，逐步向省级信用信息数据库提供数据交换和实现数据共享。三是建立信用信息公开制度，依法实现资源共享。四是研究信用服务市场的监管指标和体系，加大对信用服务机构的监督管理。五是政府职能部门的监督管理要建立服务型管理理念，实施依法行政，运用法律和市场的手段来管理，提升政府公信力。

9. 建立社会诚信教育体系

建立社会诚信教育体系是建立社会信用体系的一项长期的基础性工作。开展诚信教育，目前应主要从以下几方面入手。一是利用电视、网络等现代传媒，开展诚信宣传教育活动，在全社会营造诚信的社会氛围。二是普及现代信用知识，开展面向政府、企业的多种类型的短期培训和在职教育。三是行业协会等中介组织可以组织信用服务行业从业人员的培训，提高信用服务从业人员的业务素质和水平。四是在高校增设信用相关课程，培养高层次的信用管理专门人才，满足全社会对高级信用管理、信用教育、信用服务等的需求。

10. 拓展信用信息服务领域，建立健全守信鼓励和失信惩戒机制

建立健全守信鼓励和失信惩戒机制是社会信用体系正常发挥作用的保障。在实际运行中应综合运用法律、行政、经济道德等多种手段，使失信者付出与其失信行为相应的经济和名誉代价，直至被市场淘汰；使守信者得到各种方便和利益，获得更多的市场机会，不断发展壮大。通过建立健全守信鼓励和失信惩戒制度，强化正向激励机制，体现全社会诚信价值取向。此外，也尊重市场自主形成的守信鼓励和失信惩戒机制，共同构成诚信社会的制度安排。

七、研究结论

中原经济区社会信用体系建设要以统一规划、逐步推进为原则，以实现区域经济和谐发展为目标，以法律法规为保障，以征信建设为主力，以信息共享为平台，以正向激励和负面惩戒为引导，以政府推动和部门配合为合力，通过社会共同参与，多种措施并用，从而达到优化环境，促进交易，推动中原经济区社会经济健康发展。

参考文献

[1] 林均跃．消费者信用管理［M］．北京：中国方正出版社，2002.

[2] 徐诺金．金融生态论对传统金融理念的挑战［M］．北京：中国金融出版社，2007.

［3］张静著．金融生态建设理论与实务［M］．北京：中国金融出版社，2006.

［4］张紫平．我国社会信用体系建设对金融生态环境的影响［J］．西南金融，2007（3）.

［5］中国人民银行征信管理局．征信立法国际研讨会文集［M］．北京：中国金融出版社，2010.

［6］征信前沿问题研究编写组．征信前沿问题研究［M］．北京：中国经济出版社，2010：134－137.

［7］戴根有．征信理论与实务［M］．北京：中国金融出版社，2009：19－21.

［8］中国人民银行征信管理局．征信专题研究［M］．北京：中国金融出版社，2009.

［9］杜金富．社会信用体系建设的若干思考［J］．中国金融，2012（8）：10－12.

［10］国务院研究室"建立社会信用体系基本框架研究"课题组．构建我国社会信用体系基本框架的思路和对策［EB/OL］．http：//epaper. jinghua. cn/html/2009－10/26/content－477762. htm.

［11］冉俊．信用评级机构监管问题研究［J］．征信，2011（3）：35－38.

［12］贾灿宇．社会信用体系建设概要［M］．郑州：河南人民出版社，2007.

［13］焦国成．中国社会信用体系建设的理论与实践［M］．北京：中国人民大学出版社，2009.

［14］曾康霖，邱伟．中国转型期信用制度建设研究［M］．北京：中国金融出版社，2007.

［15］苏振芳．美国社会信用体系的构建及对我国的启示［J］．社会主义经济理论与实践，2004（2）.

［16］安贺新．关于我国社会信用制度建设目标模式的思考［J］．中央财经大学学报，2004（6）.

［17］刘荣．欧盟国家信用信息体系的架构及监管［J］．中国征信，2011（30）：63－68.

［18］中国信用评级业发展历史［J］．中国征信，2011（29）：64－65.

［19］陈荣国．社会信用体系建设：问题、形势及政策建议［J］．征信，2012（2）：49－50.

［20］肖玉霞．加强我国社会信用体系建设的思考［J］．征信，2012（2）：

41 -44.

[21] Robert Cole and Lon Mishler, Consumer and Business Credit Management, Irwin/McGraw - Hill Companies, 1998, 11th. Ed.

[22] D. Sappington, "Incentives in Principal - Agent Relationships", Journal of Economic Perspectives, 2, 2000.

[23] Christopher Hudson, Elizabeth Mays (Editor). "Credit Risk Modeling." Hard cover, AMACOM, January 1999.

[24] Carlos Trucharte Artigas. "A Review of Credit Registers and their Use for Basel II." In: FSI Award 2004 Winning Paper. Bank of Spain, September 2004.

[25] Jill Luoto, Craig McIntosh, Bruce Wydick. "Credit Information Systems in Less - Developed Countries: Recent History and a Test." SSRN Working Paper, September 2004.

资产证券化信托模式下河南省地方政府融资路径研究

中国人民银行许昌市中心支行课题组①

摘要 政府融资是一个同财政、金融有着密切联系的独特经济范畴，在我国，政府投融资的主要形式除了政府转贷之外，更多的是通过由各部门直属或控股的政府投融资平台进行融资。资产证券化信托模式作为一种较为新型的融资工具和手段，对政府拓宽融资渠道，解决基础设施建设资金紧张等问题具有较强的现实性和可行性。本文首先论证了政府投融资平台实施资产证券化的必要性；其次，在对资产证券化基本原理进行分析的基础上，通过对国际、国内资产证券化各种模式的理论和实践进行比较分析，得出结论，即资产证券化信托模式不仅是国际上较为通行的融资方式，而且在我国实施该模式具有较强的制度可行性；再次，针对政府投融资平台基础设施类项目资产证券化，进行了经济金融以及效用分析，并讨论可能出现的风险，提出风险控制措施；最后，针对河南省政府投融资平台发展实际，提出基础设施项目资产证券化信托模式的结构设计和运作流程。

关键词 政府融资 资产证券化 信托

第一章 导 论

一、研究背景和意义

（一）研究背景

政府融资是一个同财政、金融有着密切联系的独特经济范畴。它是指以政

---

① 课题主持人：张广见。
课题组成员：刘彪、王晓峰、崔宁、刘倩、任森林。

府信用为基础筹集资金，以实施政府政策为目的，采取投资（出资、入股等）或融资方式将资金投入企业、单位和个人的政府金融活动，是政府财政活动的重要组成部分。在我国，政府投融资的主要形式除了政府转贷之外，更多的是通过由各部门直属或控股的企业进行融资。

一般来说，政府投融资具有三个特征：一是有偿性和公共性；二是兼有金融性和财政性；三是灵活性。政府投融资不同于财政预算，它是根据财政政策的需要和经济建设的需要进行的信用活动，可以按照建设任务具体情况实行不同的投融资方式。

十一届三中全会以来，我国投融资体制的改革始终围绕着两条主线：一是逐步认可并推进市场对资源配置的作用；二是逐步推进投资决策权的分散，由中央到地方、由单一主体到多元化主体。

1988 年，国务院发布了《关于投资管理体制的近期改革方案》，政府的投融资体系由单一的中央投资模式向中央与地方共同投资的模式转变，中央和地方相继成立了专业投资公司，各省、自治区、直辖市和计划单列市相继成立了地方投资公司。1994 年分税制改革成为又一个重要转折，地方财政的不足，导致支持地方建设的乏力。

于是，为了突破资金瓶颈和法律障碍，各地政府开始建立了一系列的专业投融资公司或事业单位承担建设任务，并利用这些单位法人承接银行或信托资金，成为了地方政府获取资金的主要平台。这些以地方投融资平台出现的公司，往往能够获得政府划拨的土地或财政补贴，进而以此为条件向银行等金融机构要求贷款，以用于市政建设等项目。

2004 年国务院发布的《关于投资体制改革的决定》更是在合理界定政府投资职能、拓宽项目融资渠道、健全投资宏观调控体系方面作出了开放性规定。这等于是为地方投融资公司在更大范围内和建立更广泛的融资渠道打开了便利之门。

（二）研究意义

针对河南省政府融资平台融资发展的现状，从中发现问题找出瓶颈和症结并对症下药提出对策必将对河南省政府融资平台的发展有一定的借鉴意义。本文的研究意义在于：（1）有助于深化河南省政府融资平台体制改革建立多元化的产权结构；（2）更新基础设施建设观念建立市场化经营体制；（3）借鉴其他投资模式的优劣势探索资产证券化在基础设施建设中的发展。

二、研究框架

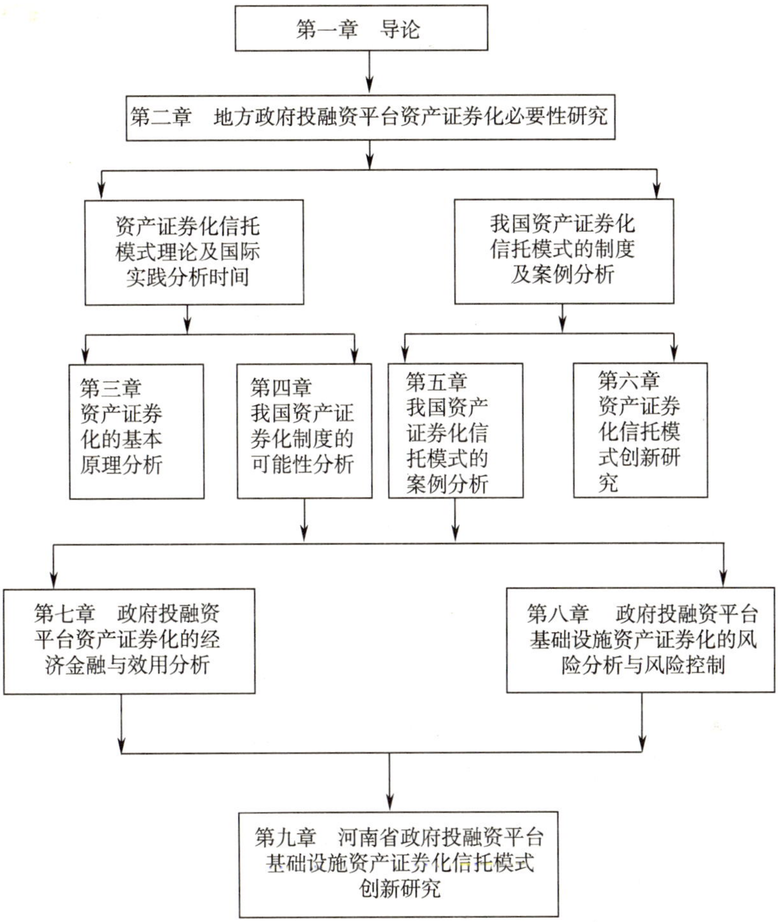

图1 本文研究框架

三、主要创新点

1. 将资产证券化信托模式这种融资方式全面、系统地介绍和应用到政府投融资平台基础设施领域，对该融资方式作了系统研究，构建了政府投融资平台基础设施资产证券化信托模式融资研究体系，比以往的研究成果更深化，更有实践指导意义。

2. 提出河南省政府投融资平台中适合证券化的基础设施存量与增量资产范围，并对从事基础设施投资的企业运用资产证券化信托模式融资设计了具体的实施方案，对河南省尽快利用这一金融创新提出配套建议与设想。

第二章 地方政府投融资平台资产证券化必要性研究

地方政府投融资平台是指地方政府为了融资用于城市基础设施的投资建设所组建的各种不同类型公司，这些公司通过地方政府所划拨的土地等资产组建一个资产和现金流大致可以达到融资标准的公司，必要时再辅之以财政补贴等作为还款承诺，重点将融入的资金投入市政建设、公用事业等项目之中。

我国正处于工业化、城市化的快速发展阶段，各地城市基础设施、公共服务设施建设投资需求比较旺盛，有序利用地方政府投融资平台，是促进我国经济快速稳定发展的重要手段。鉴于地方政府投融资平台在经济生活中发挥的积极作用和地位，国家已经明确表示不会采用“一刀切”的方式“停掉政府投融资平台”，因此，规范地方政府投融资平台建设，创新发展途径将是急需重点解决的问题。

一、当前政府融资渠道不畅的具体表现

1. 地方财政支出大于本级财政收入的现象相当严重

1994 年分税制改革后，中央政府的做法是财权上收，事权下移，导致地方财政支出比重过大，财政自给率下降。通过比较 2005 年各省级政府的财政收支情况来看，大多数省份财政支出是本级财政收入的 1.5 ~2 倍，西部有些省份接近 3 倍。

2. 中央严格控制土地出让

土地出让金被称为地方政府的“第二财政”，经营土地是许多地方弥补资金缺口的重要手段，但这也导致了土地无序开发、大量农业用地流失严重的现象。最近出台的土地出让金纳入地方预算的政策传递了中央严格保护土地的决心，但同时也使地方政府这项融资渠道难以为继。

3. 向商业银行贷款困难加大

最近几年商业银行改革力度很大，为了提高加入 WTO 后的国际竞争力，商业银行将以追求市场效率作为经营的基础。由于公用项目期限长、效益低，与商业银行的效率原则产生矛盾，从而产生流动性约束。

4. 发行市政债券的设想短期不可行

许多学者把解决目前地方政府融资难题寄希望于发行地方市政债券。尽管发行市政债券是国外许多国家地方政府的普遍现象，但依照现行《预算法》第二十八条，地方政府没有被赋予发行地方市政债券的权力。我们认为，在当前

适度偏紧的宏观调控政策下发行市政债券的时机并不成熟，而其根本原因在于地方政府的经济职能没有得到根本转变，诸侯经济仍然相当严重；并且地方市政债券存在大量监管漏洞，如果仓促发债将扩大地方政府的金融风险，可能造成地方政府间新一轮的无序竞争。

二、作为地方政府一条新的融资渠道，资产证券化势在必行

1. 政府掌握有大量可证券化的资产

可证券化的资产一般具备以下特征：可预测的稳定现金流，良好的历史记录和信用担保，本息的偿还分摊于整个资产的持续期等。政府在公用事业建设中掌握大量可以带来收益的准公共物品。以基础设施为代表，其投资规模大、建设周期长的特点，从商业银行贷款的角度来看是缺点，但这恰恰符合资产证券化的要求，因为这些资产可在未来产生较稳定的现金流，并且容易预测。另外，基础设施建设受到中央或地方政府的支持，资信等级高，风险较低。

2. 资产证券化能够调动民间资本和国外资本，提高政府融资效率

目前民间资本和国外资本向公用建设投资仍然面临不少障碍，一方面是市场准入壁垒，民间资本参与公用事业建设需要严格的审批；另一方面缺少有效途径将大量闲置资本与政府的投资建设建立连接。现实表现为：巨额资金沉淀在银行作为储蓄，居民投资找不到出路；而基础设施建设存在着对资金的大量需求。这一对矛盾表现为结构性融资低效率现象。资产证券化方式可以发挥中介作用，寻求搭建沟通两者的桥梁，从而提高地方政府融资效率。

3. 资产证券化方式可以降低政府融资成本

通过资产证券化融资比通过银行贷款和其他资本市场融资的成本要低，主要是三个原因：一是资产证券化通过内部和外部的双重信用增级，可证券化资产获得了更高的信用等级，信用等级越高从而给付的利息越低；二是资产证券化融资的资产池规模一般很大，其规模越大，越有利于分散风险，从而降低证券发行的平均成本；三是在给定还款金额不变的情况下，由于分期的应付利息与还款期限成反比，而资产证券化的还款时间一般较长，所以资产证券化的给付利息也较低。在珠海高速公路收费证券化的案例中表明，ABS融资成本低于当时向商业银行贷款的成本①。

4. 资产证券化方式不会增加政府融资风险和其他风险

由于资产证券化的发行人SPV从原始权益人（本文指地方政府）处购买资产的行为是“真实销售”，因此，地方政府将与SPV互相独立。发行的证券到期

① 刑恩深. 基础设施建设项目投融资操作实务［M］. 上海：同济大学出版社，2005.

以资产收益偿还，政府无须用自己的财政为资产支持证券的偿还进行信用担保，从而不会增加政府的融资风险。这是资产证券化方式优于向商业银行贷款的地方。另外，资产证券化是将被证券化的资产的未来收益权转让给投资者，并不转让资产的所有权。投资者将不直接参与工程的建设与经营，因而可以避免项目被投资者控制的风险。这是 ABS 方式优于 BOT 方式的地方。

第三章　资产证券化的基本原理分析

一、资产证券化的概念

资产证券化是一种迅速发展的金融工具，是金融衍生工具创新的重要成果。国内理论界认为，资产证券化有广义和狭义之分。例如，何小锋认为，广义的资产证券化是指资产采取证券的这一价值形态的过程和技术，它具体包括现金资产的证券化、实体资产的证券化、信贷资产的证券化和证券资产的证券化四种。狭义的资产证券化则主要是指信贷资产证券化。此外，许多学者都把给资产证券化所下的定义视做广义资产证券化的一般性定义。为资产证券化提供了一个一般性的定义它是使储蓄者与借款者通过金融市场得以部分或全部匹配的一个过程或工具。

一般来说，所谓资产证券化，就是将原始权益人卖方不流通的存资产或可预见的未来收入构造和转变成为在资本市场上可销售和流通的金融产品的过程。这种证券有两种形式即抵押贷款证券化和资产支撑的证券化，进行资产转化的公司称为资产证券化的发起人，发起人把持有的各种流动性较差的金融资产，如住房抵押贷款、基础设施收费等，分类整理为一批批资产组合，售给特定的交易机构（简称 SPV），再由 SPV 根据购买下的金融资产为担保发行资产支撑证券，以收回购买资金。受托人管理的存量资产所发生的现金流入用于支付投资者回报，而发起人则得到了用以进一步发展业务的资金。资产抵押证券是以现存和未来可预见现金流量支撑的固定回报的投资票据，而不是以发起人信用支撑的票据。

二、资产证券化融资的基本流程

概括地讲，一次完整的证券化融资的基本流程是发起人将证券化资产出售给一家特殊目的机构，或者由主动购买可证券化的资产，然后将这些资产汇集成资产池，再以该资产池所产生的现金流为支撑在金融市场上发行有价证券融资，最后用资产池产生的现金流来清偿所发行的有价证券。

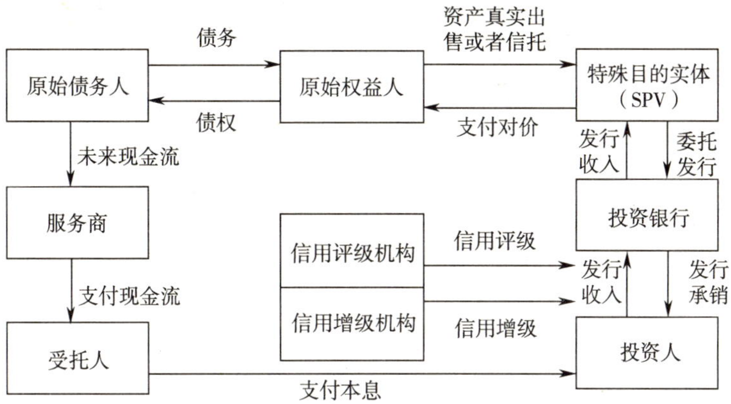

图 2　资产证券化的基本运作流程图

三、资产证券化的核心原理

基础资产的现金流分析成为资产证券化的核心原理，是由现金流的基础作用决定的，可预期的现金流是进行证券化的先决条件。基础资产所产生的现金流的这种可预见性是资产证券化的核心特征之一。

资产证券化所证券化的不是资产本身，而是资产所产生的现金流。因此基础资产的现金流分析是成为资产证券化的核心原理。现金流对于证券化的基础作用还体现在证券清偿所需资金完全来源于证券化资产所产生的现金流，即资产证券化具有“自我清偿”特征。基础资产所产生的现金流在期限和流量上的不同特征会直接影响到以其为支撑的证券的期限和本息偿付特征。所以，在设计资产证券化产品时，必须首先对基础资产的现金流进行分析，在此基础上才能设计出既符合基础资产的现金流特征，又能满足市场投资者需求的产品。

基础资产的现金流分析主要包括资产的估价、资产的风险与收益分析、资产的现金流结构分析。

一项资产要证券化，概括来讲，主要有三种估价方法：现金流贴现估价法、相对估价法以及期权估价法。

第四章　我国资产证券化制度的可能性分析

一、我国建立 SPV 公司模式的法律可行性分析

特殊目的公司通常是针对资产证券化而专门设立的公司，目的单一而特殊，

具有壳的性质。特殊目的载体在达到破产隔离的前提下，应该最大限度地降低成本，并且在资产证券化计划完成后，应予以解散。要在中国设立 SPV 公司模式，涉及公司制度和金融制度的双重变革。

新《公司法》完善了公司设立的规定，将"一人公司"纳入调整范围，规定一个自然人股东或一个法人股东可以设立一人有限责任公司，同时设立了严格的风险防范制度，当一人有限责任公司的股东不能证明公司财产独立于股东自己的财产的，应对公司债务承担无限连带责任，其主要目的是防止一人公司滥用公司制度，损害债权人利益。依照此规定，一人有限责任公司难以实现破产隔离。

从公司制度来看，在我国，特殊目的公司面临设立条件和运行条件的种种限制。《信贷资产证券化试点管理办法》发布于 2005 年 4 月 20 日，《中华人民共和国公司法（修订）》于 2005 年 10 月 27 日由十届全国人大常委会第十次会议审议通过。《信贷资产证券化试点管理办法》发布在前，而《中华人民共和国公司法（修订）》没有考虑资产证券化特殊目的公司的设立。

从公司治理的角度来看，特殊目的公司达到破产隔离的效果要通过良好的公司治理结构来达到。SPV 必须构造成远离自身破产风险的实体，如何远离自身的破产风险，需要在制度层面作特殊的安排。我国的公司治理结构采用的是大陆法系的二元结构，以监事会作为监督机构，同时又引入了独立董事制度，由于监事会和独立董事并存，公司的运行成本增大，对于特殊目的公司的治理不利。另外，新《公司法》规定了揭开公司面纱的公司法人人格否认，当公司独立性不充分时，将面临破产风险。

公司发行债券应当符合《证券法》规定的发行条件，我国公司发行债券的主体资产要求、发行额度、利润状况及资金用途都难以与特殊目的公司的特点相匹配，作为空壳性的特殊目的公司难以取得公司法人资格，更难以取得公开发行证券的资格。

综上所述，无论是从设立还是从功能上分析，通过特殊目的公司来担当 SPV 需要付出巨大的制度和法律成本。

二、我国信托制度对资产证券化的满足程度分析

2001 年 1 月 10 日，中国人民银行发布的《信托投资公司管理办法》初步确立了建立以信托为核心业务的现代信托业的内涵。2001 年 4 月 28 日全国人大通过了我国第一部调整信托关系，规范信托行为的法律——《信托法》，并于 2001 年 10 月 1 日起实施。2002 年 5 月，中国人民银行颁布了根据《信托法》修订的《信托投资公司管理办法》，2002 年 6 月 30 日中国人民银行发布《信托投资公司

资金信托管理暂行办法》。《信托法》首次以法律的形式明确了“信托”是“委托人基于对受托人的信任，将其财产权委托给受托人，由受托人按委托人的意愿以自己的名义，为受益人的利益或特定目的，进行管理或者处分的行为”。“一法两规”确立了我国信托业的基本法律框架。

1. 信托财产的独立性

信托财产的独立性是最具特色的设计。信托财产的独立性最核心的含义是指信托财产不能混同于受托人和受益人的自有财产。我国《信托法》第十五条规定：“信托财产与委托人未设立信托的其他财产相区别。设立信托后，委托人死亡或者依法解散、被依法撤销、被宣告破产时，委托人是唯一受益人的，信托终止，信托财产作为其遗产或者清算财产；委托人不是唯一受益人的，信托存续，信托财产不作为其遗产或者清算财产；但作为共同受益人和委托人死亡或者依法解散、被依法撤销、被宣告破产时，其信托受益权作为其遗产或者清算财产。”《信托法》第十六条规定：“信托财产与属于受托人所有的财产（以下简称固有财产）相区别，不得归入受托人的固有财产或者成为固有财产的一部分。受托人死亡或者依法解散、被依法撤销、被宣告破产而终止，信托财产不属于其遗产或者清算财产。”《信托法》第十八条规定：“受托人管理运用、处分信托财产所产生的债权，不得与其固有财产产生的债务相抵销。受托人管理运用、处分不同委托人的信托财产所产生的债权债务，不得相互抵销。”上述三个条文构架了我国信托法的信托财产独立性制度，包括财产损益的独立性、偿债方面的独立性、继承方面的独立性、抵销方面的独立性、混同方面的独立性。

我国信托法体现的信托财产的独立性与资产证券化风险隔离的制度设计安排是契合的。利用信托可以实现资产证券化的破产隔离和风险隔离功能。通过SPT使信托财产证券化，发行信托受益权凭证，证券化的信托财产权利和原始权益人的交易基础关系相分离，从而使证券化资产的所有权与处分权不再属于原始权益人，不再遭受原始权益人及其债权人的追索；可以阻截原始权益人的义务人对信托受益权受益人的抗辩，可以有效维护信托受益权凭证权利的安全性；可以切断原始权益人对SPV的实质控制关系。证券化资产与破产清算和强制执行的财产区分隔离。

2. 信托财产的真实转移

财政部2005年1月5日发布的《信托业务会计核算办法》对信托财产是否真实转移的会计处理作出了明确规定。委托人设立信托时，应视信托财产所有权上相应风险和报酬是否已实质性转移，判断信托财产是否终止确认，即将信托财产从其账上和资产负债表内转出。当委托人不是受益人且受益人支付对价取得信托受益权的，如委托人将该信托财产所有权上的风险和报酬已实质性地转移给了信托项目，则应终止确认该信托财产；从而真正做到破产隔离。信托财产具有表外优势，有助于改善公司的资产负债结构。

3. 信托具有局部信托特征

信托融资可以像其他金融机构的融资一样，用资金需求方的整体信用作为保证进行融资，偿付保证主要是融资企业的整体信用。同时，可以通过信托的风险隔离功能，使能够产生稳定现金流的资产脱离原有企业的整体资信和破产风险而独立存在，能把用于偿付的未来现金流进行隔离，形成脱离融资企业整体信用的局部信用保证。融资风险具有较强的可控性，信息不对称程度大大下降，融资成本相应降低。

4. 信托受益凭证可以成为现有法律制度下合适的资产支持证券形式

在信托法律关系中，信托受益权通过信托受益凭证得到体现。信托受益权可以分割，根据《信托法》第四十五条的规定，共同受益人按照信托文件的规定享受信托利益，信托文件对信托利益的分配比例或者分配方法未作规定的，各受益人按照均等的比例享受信托利益。信托受益权可以进行量的分割，按照比例分割成持份单位，也可以进行质的分割，通过设定优先受益权和劣后受益权来确定现金流返还的优先顺序，或设定本金受益权和利息受益权确定受益权的权利内容，形成复合化的层次结构。分割信托受益权可以流通，《信托法》第四十八条规定信托受益权可以依法转让和继承。信托受益权的可分割性和可流通性，使其在目前的法律框架下成为资产支持证券的合适形式。

表1　我国信托制度对资产证券化要求的法律契合程度

法律、行政法规依据	《信托法》、《信托投资公司管理办法》、《资金信托管理暂行办法》
特殊目的载体及破产隔离	信托机构设立的信托具有破产隔离功能，可以充当 SPV
真实销售	《信托业务会计核算办法》对信托财产是否真实转移的会计处理做了明确规定
资产转让手续	《信托法》对委托人转移财产设立信托并没有明确要求通知义务，但是按照合同法规定，委托人转让债权必须履行通知义务，另外，信托法也要求需要进行登记的财产必须进行登记
信用增级	可以采用内外部信用增级
证券发行	利用《信托法》对信托受益权的规定发行
证券交易	信托受益权可以分割、流通
证券分档设计	可以对信托受益权进行分档设计

第五章 我国资产证券化信托模式的案例分析

从1999年开始，中国建设银行、国家开发银行就一直积极探索开展信贷资产证券化业务。在这期间专门成立了证券化工作组，多次邀请国内外专家，共同探索适合中国国情的操作程序和预案。经过多年的深入研究和周密论证，设计出了在我国现有法律制度框架下实施信贷资产证券化的交易结构和试点方案，获得国务院批准，成为信贷资产证券化业务的两家试点单位。

首期“开元ABS”的基础资产是国家开发银行所依法拥有的位于重庆、贵州、上海等地的煤电油运、通信、市政公共设施等“两基一支”（基础设施、基础产业和支柱产业）领域的信贷资产，本金余额41.7727亿元。“建元MBS”主要以位于上海、无锡、福州、泉州的居民住房作为抵押担保资产，本金余额30.1668亿元。

开元ABS和建元MBS的成功发行得益于其遵循了国际上证券化的基本规律和结构设计，交易安排皆具备了资产证券化的基本要求，其基本交易结构如图3所示。

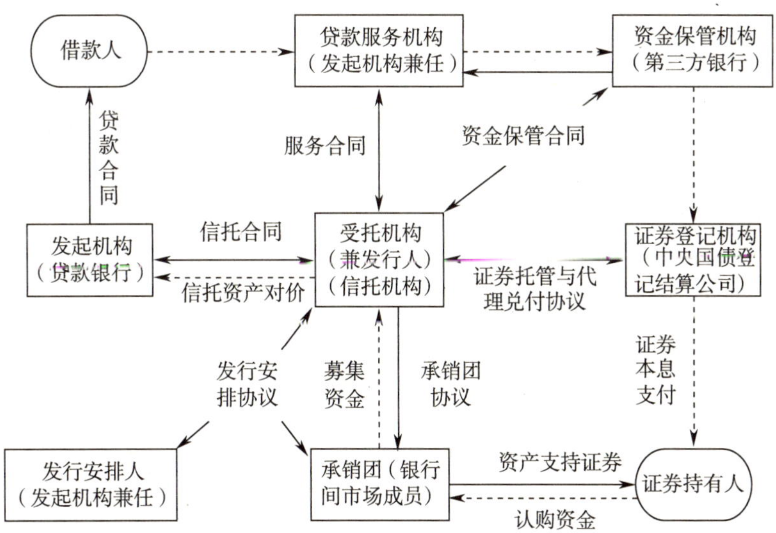

注：双箭头表示证券化安排中的各类法律协议，虚箭头表示基于证券化资产的现金流动。

图3 “开元ABS”、“建元MBS”的交易结构图

一、“开元 ABS”、“建元 MBS”资产证券化信托模式的结构设计

（一）案例模式的资产重组设计

严谨有效的交易结构是保证资产证券化成功的核心条件，而这首先取决于证券化资产的选择和组合。

1. 案例模式的基础资产类别选择

《金融机构信贷资产证券化试点监督管理办法》规定：拟证券化资产应当具有较高同质性、能够产生可预测的现金流收入。在我国的资产证券化试点阶段，存在一个对基础资产优先选择、排序的过程。为了增强资产未来收益的可预期性，选择质量良好的资产率先进行证券化，有利于证券化的迅速推广。证券化资产需要定价，与其他类型的资产相比，信贷资产有容易定价的优势，正常状态下的信贷资产本身的资产价值是量化的，其账面价值是确定的定价基础，未来的现金收益主要是利息，是明确量化的，对其进行证券化，操作性、可行性较其他资产较强。因此，试点办法选定了银行的优质信贷资产作为资产证券化试点的切入点。

2. 资产池的组建

（1）国家开发银行贷款资产组合。国家开发银行入池贷款多为地方基础设施建设中长期贷款，还款周期长、入池贷款的资产质量较高，借款人大部分为财务实力较强的国有大型、大中型企业，普遍具有良好的信用记录。

（2）建行贷款资产组合。建行个人住房抵押贷款的整体质量较好，2004 年末个人住房抵押贷款不良率为 1.2%（按五级分类口径）。为保证本次证券化基础资产的优质性，建行对试点分行现有的个人住房抵押贷款进行了严格的筛选。筛选的主要目的是得到稳定的现金流，要求贷款的利率、偿还期限具有共同的要素，逾期率、违约率、提前还款率在一定比例下，由此汇集组建贷款资产池。

（3）资产池出售的定价。在试点阶段主要通过设立信托明确为“转让信贷资产”的行为，使委托人因转让行为取得资产支持证券发行收入作为“对价”。由于建行和国开行都选择了优质贷款进行试点，建行和国家开发银行作为发起机构，将资产池信托给受托机构，信托财产包括资产池中的贷款、抵押权、附属担保权益所享有的全部权利、权益和收益，资产池定价等于构成资产池的单笔信贷资产的价值的总和。随着资产证券化试点的推进，不同的资产池现金流特征将多样化、复杂化，针对不同的结构和品种，资产池的定价将各具特色。

（二）破产隔离机制的设计

1. 法律上的有限追索

为保证有限追索，“开元 ABS”、“建元 MBS”将基础资产以信托的形式委

托给受托机构，利用信托资产独立性的法律特征，实现了“风险隔离”。在发起机构和受托机构签署的《信托合同》中对资产支持证券持有人对信托财产的有限追索进行了明确约定，证券持有人仅在信托财产的范围内享有相应的信托收益权和追索权。根据《信托法》第十五条和第十六条的规定，以此种模式开展的资产证券化可以实现被证券化的信贷资产与发起机构的其他资产以及受托机构资产的有效区别和隔离。此外，在组织结构上，发起人、受托人与资金保管人三方独立，相互监督和制衡，保证了信贷资产收益的独立性和完整性。

2. 会计上作表外处理

“开元 ABS”、“建元 MBS” 均采用了表外处理模式。通过相关会计、税收处理规定，借鉴了现行国际会计准则的做法，同时考虑中国现行的会计制度，以对“风险和报酬”转移的分析为基本出发点，充分运用实质重于形式的原则建立起了资产终止确认的标准，满足风险、收益和控制权的实质转移要求，从而实现了信贷资产转让的“真实销售”。“真实销售” 带来资产流转环节的额外税收的影响。

（三）信用增级机制的设计

1. 信用增级

“开元 ABS”、“建元 MBS” 因为基础资产的信用质量较高，所以均采用了内部增级手段。第一，设定优先/次级证券结构。其中，开元是三档结构，分为优先 A 档（占 70%）、优先 B 档（占 24%）和次级档（占 6%），上档的利息支付和本金偿付优先于下档，即由 B 档和次级档承担 30% 预期损失为 A 档提供信用支持，由次级档承担 6% 预期损失为 B 档提供信用支持。类似地，建元是四档结构，分为优先 A 档（占 88.5%）、优先 B 档（占 6.75%）、优先 C 档（占 1.75%）和次级档（占 3%）。分档设计使得投资人充分衡量风险，各取所需，投资人承担愿意承担的风险水平，并获得相匹配的收益率，因而成为证券化风险分散的重要技术手段。第二，设置储备账户。开元设置了“流动性准备金”，额度为 A 档、B 档下各信托利益核算期应付利息总额的 50%，同时设置最低限额 300 万元的“费用准备金”，从而降低了贷款利息回收减少对流动性的影响，间接为 A 档、B 档收益的及时性提供了支持。建元本次交易设置了“信托（流动性）储备账户”、“信托（服务转移）储备账户”、“信托（混同和抵消）储备账户”，分别用于补充现金流分配的不足金额、更换“贷款服务机构”的转移费用以及弥补混同或抵消风险。当建行具备“必备评级等级”时，上述储备账户中的储备金额为零，当不具备“必备评级等级”时，则根据约定拨备储备资金。

2. 信用评级

因为“开元 ABS”和“建元 MBS”都是以人民币计价，针对的也是境内机构投资人，因此采用中国国内评级，显然是切合实际的适宜安排。开元、建元参与评级的各档资产支持证券的信用级别均为投资级以上，其中 AAA 级占到 70% 以上。

第六章 资产证券化信托模式创新研究

一、河南省政府投融资平台的整体情况

河南省是全国较早明确提出尝试建立三级地方投融资平台的省份，且提出了注意监管和风险风范的意见，在新型投融资平台建设方面进行了许多探索。

为增强省级调控能力，运用多种手段促进经济发展，河南省政府整合资源于 2007 年 10 月首先组建了河南省规模最大、功能最全的金融控股集团——河南省投资集团有限公司（以下简称河南投资集团）。

2009 年 8 月 15 日，河南省政府下发《关于推进地方政府投融资体系建设的指导意见》，要求省市县三级政府建立投融资机构，整合国有“四资”（资源、资本、资产、资金），拓宽融资渠道。

在此前后，中原大省的各级投融资平台纷纷开花。河南交通投资集团有限公司、河南铁路投资有限公司、河南水利建设投资有限责任公司成立，河南省中小企业担保集团、河南省国有控股公司等省级投融资平台陆续成立。

二、河南省政府平台贷款迅速扩张中存在的问题

由于平台贷款普遍额度大、期限长，用途监督存在一定困难，信用风险仍需予以关注。另外，部分平台运作机制不健全，缺乏可持续发展能力，自身风险也不容忽视。

目前河南政府投融资平台面临着一些困难和问题，传统的政府投融资模式将越来越难以满足河南地方建设的需求。一方面，从注册资本上看，实力较小，河南最大的投融资机构——河南省投资集团注册资金也只有 120 亿元，与外省相比，如四川省政府投融资平台的四川发展（控股）公司注册资本为 800 亿元，差距很明显。根据河南省铁路、民航发展规划，2009—2015 年河南省共有 15 个铁路项目，总投资约 2 760 亿元，需河南出资约 371 亿元；郑州机场二期扩建总投资 90 亿元，需筹措资本金 45 亿元，资金缺口很大。另一方面，河南政府投融资平台的主要融资渠道集中在债务融资方面，债务融资中银行债务占 60% 左右，风险比较集中。再者，还存在投融资渠道和方式有待创新，投融资平台本身可持续发展能力弱等问题。

三、解决河南省政府投融资平台融资问题的途径探索

对于河南省政府投融资平台，中国人民银行郑州中心支行曾经做出相关调研。“政府把投融资平台完全作为一种筹措资金的手段而进行扩大化，实际上这种融资平台也给政府本身带来了隐性负债，带来了无形的风险。特别是在政府干部被调离后，其在任时铺开的项目仍在进行当中，而当这些贷款期满时，将会给继任的领导带来很大负担。”

对于投融资平台，河南省金融办认为，下一步关键是在清理的基础上，针对符合要求的投融资平台，重点发挥其功能和作用。中国人民银行郑州中心支行行长计承江曾经撰文建议，应逐步提高融资平台和地方政府的负债透明度。他建议建立由地方政府部门牵头，财政部门、人民银行、银监部门共同参与的融资平台贷款监测联席会议制度，共同研究加强监测的有关措施和办法，并负责统计和评估各融资平台和各地方政府的负债情况，定期向金融机构进行通报。而在郑州大学 MBA 中心主任刘伟看来，后转型时期的中国，应当逐步加大民间投资主体的作用。“政府投融资平台加大了政府使用资金的力量，对民间资金有挤出效应，占据了很多升值空间很大的资源。作为政府要从政绩导向回归本位。”“在根本上，这些投资主体的产权是虚置的，国有产权界定模糊，势必造成运营过程中的种种问题。”

四、河南省政府投融资平台基础设施资产证券化信托模式研究

（一）运作模式

为符合相关融资规定，政府投融资平台一般通过注册具有独立法人资格的经济实体，即成立平台公司的形式来实现融资。

（1）委托人（证券化标的资产的原始权益人或发起人）将基础设施资产，打包成资产池。

进入资产池的资产个案将涉及一笔或数十笔。对打包资产作结构设计，根据基础设施资产的还款期限、还款利率、每月的还本付息额、可能的违约率等多项指标，对这部分资产做本金现金流、利息现金流的切割，归为不同层、不同评级的几档。确定资产的档级和数量，确定分割为几档，每档数量多少，并以法律文件明确具体条款。

（2）利用信托投资公司作为特殊目的机构（SPT），资产的真实出售给 SPT。资产实质出售给特殊目的机构，资产转移给信托机构后，将标的资产设定为信托财产，其目的是为了实现证券化资产与原始权益人之间的“破产隔离”——原始权益的其他债权人在其破产时对已证券化资产没有追索权。

以真实出售的方式转移证券化资产要做到以下两个方面：一方面，证券化资产必须完全转移到SPT手中，这既保证了原始权益的债权人对已经转移的证券化资产没有追索权，也保证了SPT的债权人（投资者）对原始权益人的其他资产没有追索权；另一方面，由于资产控制权已经由原始权益人转移到了SPT，因此应当将这些资产从原始权益人的资产负债表上剔除，使资产证券化成为一种表外融资方式。

（3）信用增级。为吸引投资者并降低融资成本，对资产证券化产品进行信用增级，以提高发行证券的信用级别。信用增级可以使证券在信用质量、偿付的时间性与确定性方面更好地满足投资者的需要，同时满足发行人在会计、监管和融资目标等方面的需求，信用增级可以分为内部增级和外部信用增级两类，具体手段有很多种，如内部信用增级的方式有划分优先/次级结构、开立信用证、进行超额抵押等。外部信用增级主要通过金融担保来实现。

（4）信用评级。在资产证券化交易中，信用评级机构通常要进行两次评级初评与发行评级。初评的目的是确定为了达到所需要的信用级别必须进行的信用增级水平。在按评级机构的要求进行完信用增级之后，评级机构将进行正式的发行评级，并向投资者公布最终评级结果。信用评级机构通过审查各种合同和文件的合法性及有效性，给出评级结果。信用等级越高，表明证券的风险越低，从而使发行证券筹集资金的成本越低。

（5）发售证券。信用评级完成并公布结果后，将经过信用评级的证券交给证券承销商去承销，或者由信托投资公司直接发售，可以采取公开发售或私募的方式来进行。资产支持证券在全国或国际债券或其他市场上发行和交易。由于这些证券一般都具有高收益、低风险的特征，所以主要由机构投资者（如保险公司、投资基金和银行机构等）来购买。

（6）向发起人支付资产购买价款。SPT获得发行现金收入，然后按事先约定的价格向发起人支付购买证券化资产的价款，此时要优先向其聘请的各专业机构支付相关费用。

（7）管理资产池。SPT要聘请专门的服务商来对资产池进行管理。服务商的作用主要包括：①收取债务人每月偿还的本息；②将收集的现金存入在受托人处设立的特定账户；③对债务人履行债权债务协议的情况进行监督；④管理相关的税务和保险事宜；⑤在债务人违约的情况下实施有关补救措施。

（8）清偿证券。按照证券发行时说明书的约定，在证券偿付日，SPT将委托受托人按时、足额地向投资者偿付本息。利息通常是定期支付的，而本金的偿还日期及顺序就要因基础资产和所发行证券偿还安排的不同而异了。当证券全部被偿付完毕后，如果资产池产生的现金流还有剩余，那么这些剩余的现金流将被返还给交易发起人，资产证券化交易的全部过程也随即结束。

（二）河南省政府投融资平台基础设施资产证券化操作设计

由于基础设施收费而形成的现金流量都是人民币，如果在境外销售资产证券化证券，则涉及发行收入结汇和支付投资回报的换汇，而在国内销售，可以避免这一方面手续及发生的成本。

1. 存量资产的证券化操作

由于河南省水投公司、铁投公司、交投集团等政府融资平台拥有自身的收益性资产，在此条件下，我们可以进行如下操作

（1）从存量资产中挑选出有良好收费对应的资产，并进行结构重组。如自来水收费随居民用水量的变化，现金收入夏季多，冬季少煤气销售正好相反，冬季多，夏季少，可以将预期的煤气收入和自来水收入组合。

（2）挑选一家信托公司作为 SPT，由水务资产和市政资产公司分别将预期对应资产的收入销售给 SPT，实现破产隔离。

（3）对资产进行结构设计，分成优先次级证券进行销售。省投资集团作为独立投资者，购买部分或全部次级证券，既可以获得相对较高的投资回报，又对资产进行内部增级。将证券销售收入大部分按买卖合同约定，支付两家资产公司，从而使资产公司获得现金流。

（4）证券销售前，由一家信用评级较高的金融机构对资产证券化证券的支付进行担保，实现外部信用增级。省投资集团视情况提供反担保。

（5）委托水投、市政资产公司等继续管理自来水等资产项目的收费，并由其将收费交委托的现金流托管机构，以保证及时支付证券投资者。

上述的操作流程只是主要步骤，不包括聘请财务顾问、评级机构、流动资金提供机构等操作。

2. 新建项目的资产化操作

由于资产证券化证券是由有稳定现金流的资产支持的，而在建项目无法形成稳定的收益，只有建成投产，并有良好的收益记录后，才适合证券化。所以投资主体无法在建设期直接将基础设施收费权进行证券化操作，但可以采取变通的方式：

（1）若项目投资商将收费权进行质押贷款融资，则可以由提供贷款的金融机构对贷款进行资产证券化操作。对于金融机构来说，只要质押贷款能够按贷款合同规定，每期如数支付，就符合资产证券化操作的基础资产特征，适合进行证券化。由金融机构作为原始权益人，将贷款出售给 SPT，而项目投资者只是质押贷款的债务人，每期的本息归还，根据 SPT 的要求，可以继续支付给金融机构，也可以直接支付 SPT 指定的资产服务公司。

（2）若项目投资商未将收费进行质押贷款，投资者可以自己作为原始权益人，将收费权进行资产证券化操作。由于项目的建设周期有先后，对同一投资者，有的项目已经开始产生收益，而有的正是用款高峰。投资者可以将建成有收益的项目收费权进行资产证券化操作，回收的资金用于在建或新建项目，提高资产流动性，降低融资成本。

参考文献

[1] 王辉. 加快我国基础设施资产证券化进程的思考 [J]. 商业经济与管理，2001.

[2] 罗伯特·齐鲁夫. 债券市场运作. 清华大学出版社及西蒙与舒斯特国际出版公司，1998.

[3] 彭冰. 资产证券化的法律解释 [M]. 北京：北京大学出版社，2001.

[4] 涂永红，刘柏荣. 银行信贷资产证券化 [M]. 北京：中国金融出版社，2000.

[5] 詹向阳. 银行资产证券化与债转股 [M]. 成都：西南财经大学出版社，2000.

[6] 于凤坤. 资产证券化理论与实务 [M]. 北京：北京大学出版社，2002.

[7] 王开国. 资产证券化论 [M]. 上海：上海财经大学出版社，1999.

[8] 何小锋. 资产证券化中国的模式 [M]. 北京：北京大学出版社，2002.

[9] 许洁萍. 关于资产证券化的运作工具 [J]. 中国城市金融，1999 (11).

[10] 耿明斋，郑一帆. 有关我国信贷资产证券化的思考 [J]. 经济学动态，2002 (7).

[11] 刘锡良，罗得志. 论我国银行不良资产的根源 [J]. 金融研究，2001 (10).

[12] 邢恩深. 基础设施建设项目投融资操作实务 [M]. 上海：同济大学出版社，2005.

[13] 吴显亭，马残阳. 资产证券化的国际实践和中国的发展选择 [J]. 中国金融，2006 (2).

[14] 杨波，杨亚西. 我国城市基础设施收费资产证券化的模式设计 [J]. 特区经济，2006 (3).

[15] 黄佳. 基础设施 ABS 融资模式研究 [J]. 国际经济合作，2007 (7).

［16］胡颖森．新形势下对我国资产证券化实践与发展的反思［J］．武汉金融，2010（2）．

［17］尹继志．我国资产证券化发展进程、问题与政策建议［J］．投资研究，2010（3）．

［18］财政部．企业会计准则23号——金融资产转移［M］．北京：经济科学出版社，2006.

［19］财政部会计司编写组．企业会计准则讲解［M］．北京：人民出版社，2008.

［20］财政部．信贷资产证券化试点会计处理规定［EB/OL］．http：//www. cbrc. gov. cn/upload/zwgk/ml3/2/8－1－5. doc，2005－05－16.

［21］党亚娥．资产证券化会计处理的难点问题［J/OL］．http：//www. studa. net/kuaiji/090406/11011374. html，2009－04－06.

［22］财政部、国家税务总局．关于信贷资产证券化有关税收政策问题的通知（财税［2006］5号）［EB/OL］．http：//www. law－lib. com/law/law_view. asp？id＝140765，2006－02－20.

［23］中国证券监督管理委员会．关于证券投资基金投资资产支持证券有关事项的通知．2006.

［24］中国资产证券化网研究部．2005年第一期开元信贷资产支持证券发行办法．2005.

民间资本进入金融领域问题研究

中国人民银行三门峡市中心支行课题组①

摘要 民间资本进入金融领域已是大势所趋。本文从匡算民间资本的规模及现状入手，分析其进入动因，通过对现有民间资本进入路径的对比分析及国内外经典案例的实践借鉴，大胆提出我国民间资本进入金融领域应是“以国有商业银行的股份制改革为前提，以健全有效的金融监管体系为基础，把股份制商业银行和地方性中小银行的民营化改造作为重点，并谨慎地探索建立民营银行试点，从而最终引入新建金融机构”的整体思路，民间资本进入金融领域应是一个分阶段、分步骤、分地区的过程。本文采用1999—2010年面板数据构建BP神经网络评估模型，评估民间资本进入银行业的绩效水平。本文还对民间资本进入可能带来的风险及如何监管进行阐述，并给出我国民间资本进入金融领域的相关政策建议。

关键词 民间资本 金融改革 路径选择

第一章 导 论

一、问题的提出与研究意义

近年来，中央对民间资本进入金融领域问题高度重视，从2005年“非公36条”、2010年“新36条”的颁布，到温州金融综合改革试验区的批准成立，再到2012年6月外汇管理局、保监会和银监会三部门鼓励和引导民间资本投资金融领域的实施意见的出台，更是开辟了民间资本进入金融业的快车道。民间资本的进入不仅有利于资源合理配置，也是实现经济“稳中求进”

---

① 课题主持人：张银仓。
课题组成员：白崇建、韩志伟、尚蕊、侯春峰、尚晓利。

的内在要求。

既然民间资本进入金融领域已成大势所趋，那么民间资本“以什么方式进入、进入之后怎样监管”就成为亟需解决的现实问题。本文运用规范和实证的分析方法，对民间资本进入金融领域的路径选择进行了探索研究，对民间资本可能带来的风险及如何监管进行阐述，并给出我国民间资本进入金融领域的相关政策建议。

二、国内外研究综述

关于民间资本进入金融领域的动因研究的相关理论包括金融抑制与约束需求理论、银行市场结构理论、信贷配给理论以及产业资本向金融资本转化发展理论。

关于民间资本进入金融领域的障碍。宋颖（2007）认为在以国家信用为保障的金融体系中，民营金融机构的自负盈亏性质是其成长壮大的最大阻碍，在存款保险制度没有建立的大环境中，民营银行所面临的市场信誉问题不容乐观。

在民间资本进入金融领域的发展路径方面，目前主要集中在增量改革，还是存量改革这两种方案上。樊纲（1996）认为，渐近式改革是增量改革，即通过增量改革来发展新体制，并以此来促进新体制增量的成长。以王自力教授为代表的学者们强调以“产权改造”来进行“存量改革”，即认为应改造现有的股份制商业银行，城市商业银行、城信社和农信社。

对民间资本进入我国金融领域绩效评估的研究，姚树洁等人（2004）使用随机边界方法（SFA）中的随机前沿生产函数的方法对我国银行业的绩效分析也表明，股份制商业银行的绩效和国有商业银行的绩效分别为77.48%和59.67%，前者比后者大约高18个百分点，而且两者的绩效有相似的变化趋势。

三、研究方法

1. 相关理论借鉴和引申的方法

目前研究民间资本进入金融领域的相关文献较少，本文从金融深化的角度研究民间资本进入金融领域发展模式的问题，必然要借鉴作为理论依托的金融深化理论、金融结构与发展理论的相关成果并加以引申。

2. 比较研究的方法

本文从中外民间资本进入金融领域的比较中确定中国民间资本进入金融领域的发展模式和战略，并对民间资本进入金融领域的股权结构不同模式进行比较，用以指导中国民间资本进入金融领域的发展。

3. 规范研究与实证研究相结合的研究方法

本文利用BP神经网络模型对现有民间资本进入银行业的绩效进行评估，说明其进入的有效性，同时通过抽象分析，总结出具有规范意义的理论结论。

四、创新与不足

本文是在经济学、金融学理论框架下，为找出民间资本进入金融领域路径及监管的一个尝试性研究，笔者认为本文可能的创新之处有以下几个方面。

第一，利用BP神经网络评估模型对现有民间资本进入银行业的绩效进行评估，说明其进入的有效性。

第二，通过对现有民间资本进入路径的对比分析及国内外经典案例的实践借鉴，大胆提出民间资本进入金融领域应是“以国有商业银行的股份制改革为前提，以健全有效的金融监管体系为基础，把股份制商业银行和地方性中小银行的民营化改造作为重点，并谨慎地探索建立民营银行试点，从而最终引入新建金融机构”的发展模式。

第三，对民间资本进入金融领域的风险进行了较为系统的研究，提出了从微观以及宏观方面，全面防范风险的措施建议。

存在不足：一是在对民间资本进入金融领域研究时，把研究重点放在民间资本进入银行业领域。二是由于民间资本的相关数据较难获取，实证研究方面有些数据做了近似处理，难免有失偏颇。

第二章　民间资本进入金融领域动因研究

一、民间资本的概念界定

民间资本是中国特有的概念，还没有统一的定义。根据《浙江统计年鉴2004》的规定，将民间资本定义为非政府拥有的资本。具体而言，民间资本就是民营企业的流动资产和家庭的金融资产。

根据以上定义，对近年民间资本供给总量进行估算如下：

民间资本主要由居民储蓄存款和民营企业流动资产构成，其余部分如居民手持现金、企业库存产品等不作考虑，因此对民间资本的大致匡算从以下两部分进行。

1. 居民储蓄存款

居民储蓄存款是民间资本主要存在形态之一。2007—2011年储蓄存款见表1。

表1　主要金融指标（年末余额） 单位：亿元

项目 \ 年份	2007	2008	2009	2010	2011
货币和准货币（M_2）	403 442.2	475 166.6	610 224.5	725 851.8	851 590.9
货币（M_1）	152 560.1	166 217.1	221 445.8	266 621.5	289 847.7
流通中货币（M_0）	30 375.2	34 219.0	38 247.0	44 628.2	50 748.5
金融机构各项存款	389 371.2	446 203.3	597 741.1	718 237.9	809 368.3
储蓄存款	172 534.2	217 885.4	260 771.7	303 302.5	343 635.9
非金融企业存款	138 673.7	157 632.2	217 110.0	244 495.6	303 504.3
金融机构各项存款	261 690.9	303 394.6	399 684.8	479 195.6	547 946.7

注：本表数据“城乡居民存款”更名为“储蓄存款”，以上数据来自2011年人民银行年报。

2. 民营企业存款

民营企业的流动资产是构成民间资本的另一重要部分。据经济之声《天下财经》报道，和讯与数字100联合发布了中国民营企业调查报告。数据显示，目前中国民营企业已经超过840万家，占企业总数的87.4%，占GDP的贡献率也从最初的1%发展到现在的超过60%，据此估算出2007—2011年民营资产总量如表2所示。

表2　2007—2011年民营企业资产总量 单位：亿元

项目 \ 年份	2007	2008	2009	2010	2011
GDP总量	265 810.3	314 045.4	340 902.8	401 202.0	471 564.0
民营企业资产总量	15 946.18	188 427.24	204 541.68	240 721.2	282 938.4

以上两项是民间资本的最主要组成部分，因此，根据上述民间资本的主要组成部分的匡算估计，截至2011年末，中国民间资本已逾120 000万亿元。2011年，民间资本投资额同比增长34.3%，比同期全社会固定资产投资增幅高10.5个百分点，占同期全社会固定资产投资的比重为58.2%，同比提高7.1个百分点。

二、民间资本进入金融领域理论依据

与民间资本进入金融领域相关的理论研究包括金融抑制与约束需求理论、银行市场结构理论、信贷配给理论、产业资本与金融资本结合发展理论。1973年美国斯坦福大学经济学教授爱德华·肖指出“发展中国家的经济不发达的重要因素是有限资源得不到有效配置，而资本得不到有效配置根源于经济的被分制，把发展中国家经济欠发达的原因归咎于金融抑制，主张进行金融深化，极力倡导和推行金融自由化”①。银行业的市场结构是指在银行市场中各种金融要素之间的内在联系及其特征。信贷配给是指商业银行在面临对贷款的超额需求时，不仅是通过提高利率的途径，来增加存款供给，同时抑制贷款的需求来实现信贷市场的均衡。产业资本与金融资本结合一般简称产融结合，是指工商企业与金融企业通过互相参股、人事派遣等互相渗透的方式进行资本合作的行为。

三、民间资本进入金融领域的动力基础

现阶段，我国银行业市场已经对外国资本逐步开放，民间资本进入金融领域意义重大，一是民间资本的进入可以促进国有商业银行提高经营管理水平，逐步建立起具有国际竞争力的金融机构；二是民间资本进入可以缓解中小企业融资难的问题；三是民间资本的进入可促进金融体制改革的发展与完善。

第三章 国外及我国台湾地区民间资本进入金融领域的实践探索

一、国内外民间资本进入金融领域的实践探索

（一）匈牙利、波兰银行私有化路径

由于我国的金融体制与东欧国家转轨前的金融体制非常类似，转轨目标又都是建立与市场经济相适应的金融体制，因此，东欧国家银行转轨私有化的模式对于民间资本进入金融领域具有较大的借鉴意义。本文特选取匈牙利、波兰两个转轨较为成功的国家银行私有化模式，为我国银行民营化提供可借鉴的经验。

1. 匈牙利、波兰银行私有化的进程

伴随着前苏东经济的解体、政治经济危机的凸显，多数转轨国家的金融体系迅速陷入混乱状态。1991—1997 年，匈牙利政府推出了包括实施紧急措施、推行民营化和改革监管法规的一揽子方案解决银行业危机。其内容主要包括以下各方面（见图 1）。

经过政府对银行业的不良资产收购、注资和整顿，到 1994 年，匈牙利和波兰的银行业开始显示出较好的经营发展，利润上升，资本收益率基本都超过了 30% 的水平。从 1995 年开始，政府集中于对整顿后的银行实行较为全面民营化发展。

---

① 爱德华·肖. 经济发展中的金融深化［M］. 上海：上海人民出版社，1998.

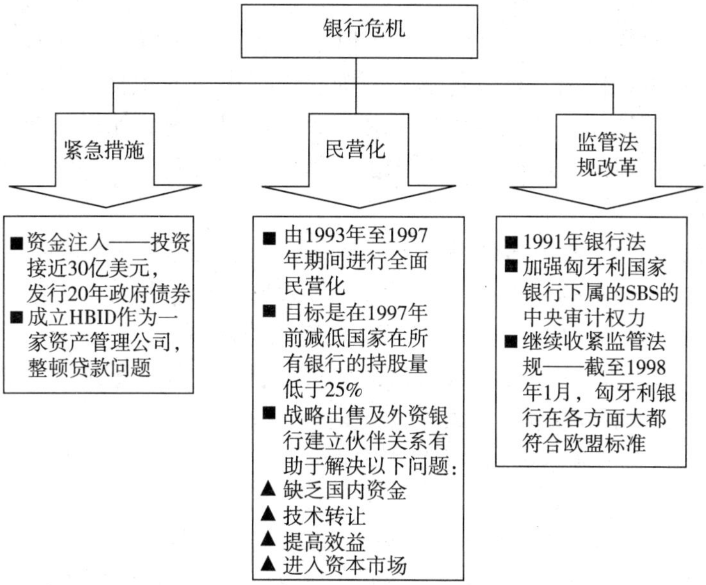

图 1　匈牙利政府解决银行业危机的一揽子措施

波兰的银行重组计划是在 1993 年推出的，其主要内容包括监管法规改革、民营化和“姊妹银行”计划（见图 2）。

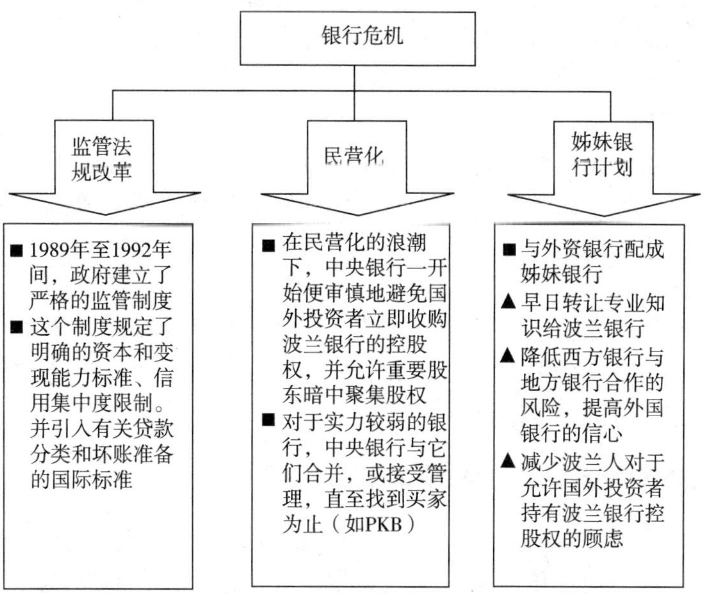

图 2　波兰政府解决银行业危机的措施

2. 基本经验

匈牙利、波兰的银行私有化提供了以下经验：一是以不同的所有权充分发挥竞争机制和市场作用，有效化解了原国有银行多年的积弊；二是银行私有化的路径是渐进式的；三是充分创造及时有效的法律环境，保证了银行私有化过程的平稳过渡；四是合理推进与外资银行的融资和合作。

3. 教训

匈牙利、波兰是在国内金融的矛盾激化后被动地施行银行重组直至私有化的，政府付出了较高的成本。在银行重组过程中，匈牙利政府为国有银行的注资，核销呆、坏账等总共花费了超过30亿美元的调整成本，相当于1991—1994年该国平均GDP的2%，波兰政府借助外资力量，在银行重组中花费成本较匈牙利相应较低，约20亿美元，相当于国内生产总值的1%。

（二）台湾民营资本进入银行业的路径

1. 背景

台湾民营资本进入银行业主要是由三方面因素促成的，一是经济的高速成长需要金融现代化的配合；二是20世纪80年代出口扩张的发展策略使台湾出现了超额的贸易差额；三是金融二元性格局严重影响着公营银行的金融中介功能。多方面原因导致台湾出现了地下金融猖獗的现象，使整个金融体系的秩序趋于混乱。

2. 台湾设立民营银行的路径

台湾银行民营化的进程有以下特点：一是新设民营银行在先，公营银行民营化在后；二是官僚大财团的股本占支配地位；三是采用“法律领先”的积极变革态度。

3. 基本经验

分析台湾银行民营化的过程，可以得知：一是台湾银行民营化采取渐进式的推进策略，保证了改革平稳着陆；二是在放松管制的同时加强金融监管，减轻放松管制带来的震荡。

4. 几点教训

台湾银行民营化也透露出两个问题：一是新设银行过多，导致银行过度竞争，影响了银行效率的提高；二是由于政府与官僚资本的色彩过重，民营化的银行没有构建完善的治理结构。

二、国外民间资本进入金融领域带来的启示

每个国家均有自身的模式，由于各国国情有别，即使是别国成功的经验，也不能照抄照搬，而应该立足于本国实际，选择自身适合的发展路径，比较分析各国民营化的进程，得到以下启示：一是坚持渐进式的发展策略，即总体规

划，逐步推进，分步到位；二是选择合适的股权结构和体制创新时机；三是民营银行的放开与充分审慎监管并行并重。

第四章 我国民间资本进入金融领域的主要路径、现状和主要障碍

一、民间资本进入金融领域的主要路径

关于民间资本进入金融领域的发展路径，目前主要集中在增量改革、存量改革这两种方案上。

（一）增量改革路径

以徐滇庆教授为代表人物的学者们持增量改革方案，主张以“新建”的方式形成民营银行，即通过放松行业准入，让符合条件的民营资本创办起中国的中小金融机构体系，认为现有银行体系积重难返，创建全新的民营主体才能真正引入竞争。

新建民营银行要具备下列属性：一是实行公司化，即现代企业制度；二是具有典型的股份制形式；三是国家股、法人股、个人股具有平等地位；四是防止“一股独大”，股权尽量分散。

（二）存量改革路径

以王自力教授为代表的学者们强调以“产权改造”来进行“存量改革”，即认为应改造现有的股份制商业银行，城市商业银行、城信社和农信社。

从理论上分析，首先，目前我国银行业经营机构林立、业务结构雷同、经济效益低、竞争剧烈，急需依靠并购等重组方式，提高银行业务发展水平与经营效率，进而增强我国银行业参与国际竞争的能力。其次，从成本核算的角度看，将农村信用社和城市商业银行运用股份制改造方式改组为民营银行更利于节省开支、降低成本、提高经营效益。再次，有利于民营银行快速发育和健康发展。最后，存量改革有利于维护和保持整个银行业的安全与稳定。

二、民间资本进入金融领域现状

（一）民间资本进入金融领域的规模及发展趋势

民间资本已成为我国国民经济的主要成分，据银监会统计显示，截至2011年底，股份制商业银行（见表3）和城市商业银行总股本中，民间资本（含境内法人股、自然人股和其他社会公众股）占比分别为42%和54%；农村中小金融机构整体股权结构中，民间资本占比已达92%。我国的民营银行从无到有，

且数量逐渐增多，有效地缓解了中小企业融资难的问题。

表3　　2011年8家股份制银行民间资本占比　　单位：%

	国有	外资	民资
交行	37.22	36.69	26.09
兴业	29.55	16.68	54.98
华夏	45.35	19.99	34.66
招商	33.17	17.86	48.97
浦发	26.062	0	53.938
民生	0	20.21	79.79
中信	63.2	30.92	5.88
光大	66.21	4.35	33.79

注：以上占股比例根据各家银行2011年年报数据算出。

（二）民间资本进入金融领域特点

1. 民间资本投资范围狭小

当前民间资本主要是投资中小银行，例如城镇银行、农村信用合作社，而对于商业银行则投资机会较少。一方面，尽管民间资本数额巨大，相比于金融资本来讲还是少数，民间资本对一些大的商业银行或者股份制银行没有那么大的吸引力；另一方面，一些老股东对民间资本存在偏见，担心股权遭到稀释或是质疑民间资本入股动机，担心民间资本借助银行圈钱，给银行带来损失。

2. 民间资本投资金融领域的发展不平衡

在东部沿海地区例如浙江、江苏、广州等，有些中小银行的民间资本股权已经占据了大多数。根据浙江银监局提供的数据显示，截至2012年6月，全省156家地方法人银行业金融机构，民资持股占比已达74.08%，其中40家地方法人银行业机构均为100%民资持股。而我国东北部以黑龙江省为例，则大部分银行多是国有大中型企业控股或是地方政府控股，而民间资本很少有机会进入。

三、民间资本进入金融领域的主要障碍

民间资本进入金融领域包括内部障碍和外部障碍。其中，内部障碍又包括两方面，一是民间资本缺乏银行业的从业经验；二是民营银行股东关联交易频繁。

调查显示，人们对民营银行的态度非常谨慎，明确表示在那里开户的人只有2.4%，而大多数人则会持观望态度；人们对民营银行信誉看得最重，53.6%的人会考察民营银行的信誉，以决定是否把钱存入其中①。由此得知，民间资本

① 张吉光，郭凌凌.2003.

进入金融领域除受政策壁垒影响外，存款保险制度的缺失也阻碍了民间资本的进入。

第五章 民间资本进入我国金融领域绩效评估的实证分析

一、BP 神经网络评估模型的构建

（一）相关绩效评估方法述评

若采用定性评估，对银行业的绩效评估大多只有原则笼统的规定，不能真正反映出银行的真实资产状况、业绩及其管理人员的管理水平等，从而无法指导银行采取相关的改进措施；银行业的绩效评估体系是一个具有多层次、多指标的复合体系，采用层次分析法难以科学确定，难以避免一些主观成分；模糊评估法必须构造出判别函数，而对于十分复杂系统的评价则很难建立精确的数学模型来求解，限制了应用的范围；DEA 模型也存在许多局限性，比如 DEA 模型的假设前提是投入越少、产出越大就越好。但是在实际上有些产出是“不好”的产出，同时还有一些投入是越大越有利等。

（二）BP 神经网络模型

1. BP 神经网络简介

人工神经网络（Artificial Neural Networks，ANN）理论是 20 世纪 80 年代中后期世界范围内迅速发展起来的一个前沿研究领域，当前在许多研究领域特别是工程研究领域已有较多的应用，广泛用于预测、优化、控制、评价和模式识别等。根据连接方法的不同，目前已有 60 多种神经网络的结构形式，其中使用最多，最具代表性的是误差反向传播的多层前馈式网络，即 BP（Back - Propagation）网络。BP 是一种前馈网络，分为输入层、隐含层、输出层。层与层之间采用全互连方式，同一层单元之间不存在相互连接。其中每层的节点（相当于神经细胞）都是一个简单的计算装置，其特性由简单的数学函数描述。

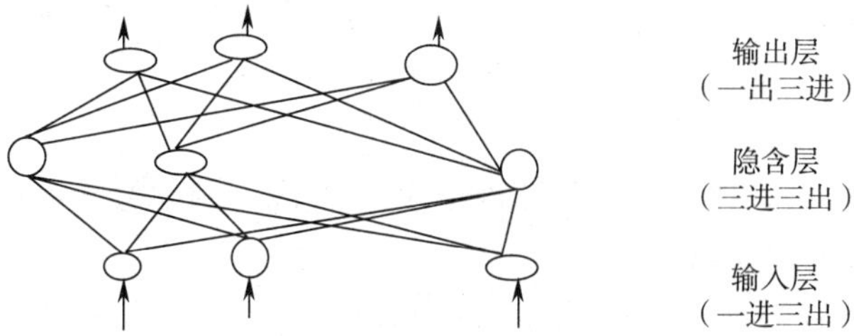

图 3 三层人工神经网络示意图

2. BP 神经网络训练过程

经过训练的神经网络具有某一类问题的处理能力，但是在训练之前，神经网络不具备这种能力，BP 网络通常采用监督式的学习方法，BP 网络的学习过程按以下步骤进行：

①网络参数的初始化：赋予网络的权值 W_{ji} 和 V_{kj} 以及阈值 θ_j 和 r_k 赋予［－1，1］的随机数。

②随即选择一模式对 $A_k=(a_1,a_2,\cdots,a_m)$，$C_k=(c_1,c_2,\cdots,c_p)$ 作为网络的输入信号提供网络学习。

③隐含层各神经元输出的计算式：

$$U_j=\sum W_{ji}I_i+\theta_j \quad H_j=f(U_j)$$

其中，f 采用 Sigmoid 函数（以下同）：

$$H_j=f(U_j)=\frac{1}{1+\exp(-u)}$$

④输出层各神经元输出的计算式：

$$S_k=\sum V_{kj}H_j+rk,\ O_k=f(S_k)$$

⑤计算输出层神经元的误差信号：

$$\delta_k=(T_k-O_k)O_k(1-O_k)$$

式中：T_k 为期望值。

⑥按下述公式计算隐含层神经元的误差 σ_j：

$$\sigma_j=\sum\sigma_k V_{kj}H_j(1-H_j)$$

⑦修正输出层神经元的权值 V_{kj} 和阈值 r_k：

$$V_{kj}=V_{kj}+a\delta_k H_j;\ r_k=r_k+\beta\delta_k$$

⑧修正隐含层神经元的权值 W_{ji} 和阈值 θ_j：

$$W_{ji}=W_{ji}+a\sigma_j I_i;\ \theta_j=\theta_j+\beta\sigma_j$$

α、β 是网络调整参数，其值在（0，1）范围内随机选取。

⑨取下一个学习样本作为输入信号，如果输入样本轮序一周，则计算全部样本的误差和 ε。

$$\varepsilon=\frac{\sum(O_k-T_k)^2}{n}$$

n 代表样本数。如果 ε 值小于指定的误差范围，则学习终止；否则更新学习次数，返回②进行再训练。

（三）BP 神经网络评估模型的构建

Kosmogorov 定理证明，在合理的结构和恰当的权值条件下，三层 BP 网络可以逼近任意的连续函数。所以，我们可以选取结构相对简单的三层 BP 网络方法评价银行经营绩效。作用函数是反映神经网络下层输入对上层节点刺激脉冲强度的函数，又称刺激函数，本文选择数值区间为（0，1）的连续取值 Sigmoid 函数：

$$f(x) = \frac{1}{1 + e^{-x}}$$

隐含层单元数目的确定与输入输出单元的多少有直接关系。一般情况下可以按照如下的经验公式计算给出：

$$n_H = \sqrt{n_I + n_O} + l$$

其中，n_H：隐含层神经元数目；n_I：输入层神经元数目；n_O：输出层神经元数目；l：1～10 的整数。

二、我国银行业绩效评估的指标体系设计

（一）银行业绩效评估指标体系设计原则

商业银行的绩效是其在一定时期内实现的经营业绩和经营效率，一般是从银行微观经营活动的视角展开的，多以经营的财务数据为基础。建立指标体系的目的，在于结合实际数据资料对经济现象进行综合评价。为保证商业银行经营绩效评价的科学性、客观性和公正性，建立有效的指标体系，必须遵循全面性、科学性、层次性原则。

（二）绩效评估指标的确定

我国《商业银行法》第四条明确规定“商业银行以安全性、流动性、效益性为经营原则，实行自主经营，自担风险，自负盈亏，自我约束”，商业银行应在保证安全性和流动性的前提下，追求最大限度的效益。为此，本文拟定指标草案，针对银行的“规模实力状况”、“综合财务状况”、“风险控制能力”、“市场成长能力”四个方面选取了 15 个指标（见表 4）。

表 4　　银行绩效评估的指标体系表

评价内容	评价指标	计算公式
规模实力状况	贷款份额	贷款份额 = 某银行贷款/所有样本银行贷款总额
	存款份额	存款份额 = 某银行存款/所有样本银行存款总额
	总资产份额	资产份额 = 某银行总资产/所有样本银行总资产总额
综合财务状况	净资产收益率	净资产收益率 ROE = 净利润/净资产
	总资产报酬率	总资产报酬率 ROA = 税前利润/总资产
	成本费用利润率	成本费用利润率 = 本期利润/本期成本费用总额

续表

评价内容	评价指标	计算公式
风险控制能力	资本充足率	资产充足率＝自有资本/加权风险资产总额
	不良贷款比率	不良贷款比率＝（次级贷款×20%可疑贷款×50%＋损失贷款×100%）/各项贷款余额
	存贷款比率	存贷款比率＝期末贷款总额/期末存款总额×100%
市场成长能力	存款增长率	存款增长率＝本年存款增长额/上年末存款余额
	总资产增长率	总资产增长率＝本年总资产增加额/上年总资产余额
	贷款增长率	贷款增长率＝本年贷款增长率/上年末贷款余额
	非利息收入增长率	非利息收入增长率＝本年非利息收入增长额/上年非利息收入
	营业收入增长率	营业收入增长率＝本年营业收入增长额/上年营业收入

三、样本选择及数据描述

（一）样本的选择

由于本章是对我国商业银行的经营绩效进行综合评价，为了能全面、客观地反映各商业银行现阶段的绩效情况，本文基本把样本分成两类：一类是国有控股商业银行；另一类是民间资本进入程度相对较高的股份制商业银行。

本文共采用41家银行2010年的截面数据和8家银行从1999—2009年的时间序列数据作为样本。数据均来源于各商业银行年报和《中国金融年鉴》，为使相关指标值能满足BP神经网络模型对于数据的要求，本文对数据做了一定的近似处理①，但不会影响文章结论和研究的严谨性。

（二）数据来源

本章研究中所运用到的数据主要通过以下资料获得：一是2000—2010年的《中国金融年鉴》；二是通过网页搜索查找我国各商业银行1999—2010年的年报。根据第二章中设计的评价指标体系，我们对收集到的数据进行初步处理，得到我国商业银行绩效评价指标的原始数据。

（三）仿真实验

本文采用美国MathWorks公司开发的MATLAB7.0软件②，选择BP神经网络对银行绩效评估进行样本训练及其仿真。设计的BP神经网络的模型如图4所示。

① 如把绝对数指标统一为相对数指标，又如逆指标的正向化，以百分数的形式存在的不良贷款率，作为一项逆指标，在对其进行同向化处理时，采用100逆数值的方法，使其正向化。

② 施阳，李俊，1998.

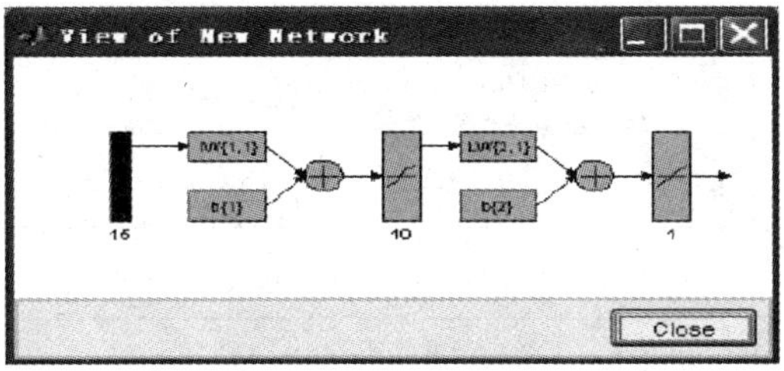

图 4　BP 网络模型

测试样本和网络学习结果的比较见图 5。从图 6 可以看出，网络的学习结果和训练样本中的专家综合评价拟合程度较好；从图 7 可以看出，网络的仿真结果和仿真测试的样本中的专家综合评价基本上重叠。

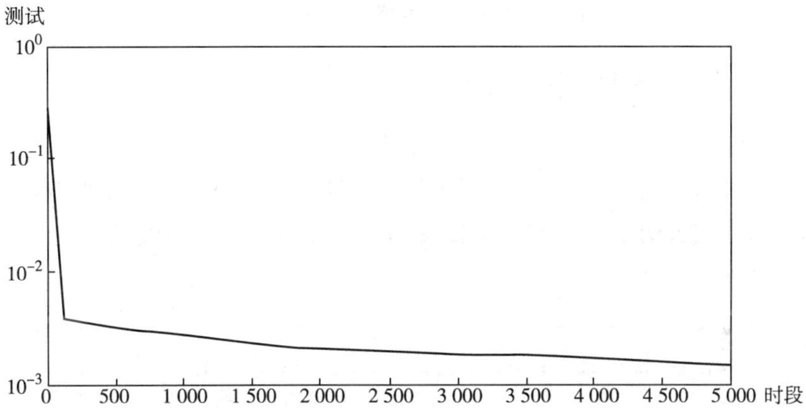

图 5　BP 神经网络训练误差下降图

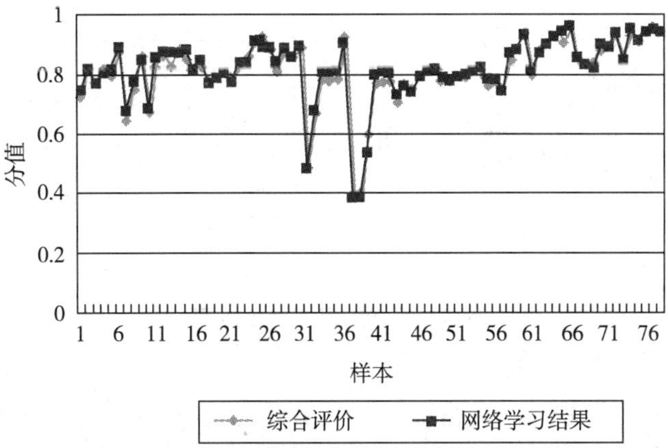

图 6　训练样本和学习结果比较图

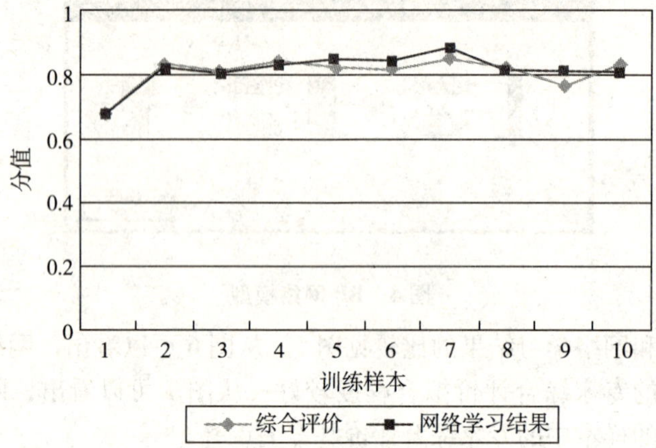

图 7 测试样本和网络仿真结果比较图

四、BP 神经网络模型的评估分析

（一）效果分析

从图 8 可知，网络仿真结果的误差都控制在 5% 以下，说明模型取得了良好的评估效果。这表明了神经网络方法能够充分吸收专家的判断经验，对测试数据作出较准确的评价。

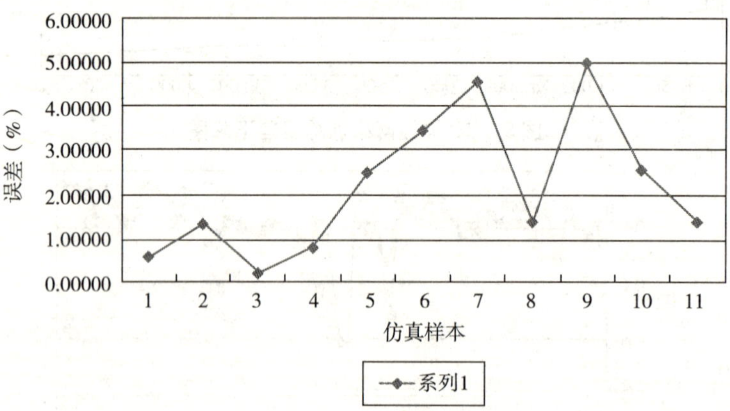

图 8 网络仿真误差分析图

（二）结果分析以及原因分析

从上述神经网络模型的网络学习结果来看，就 2010 年的截面数据来说，把 41 个样本的网络学习结果分为两组：一组为 37 家股份制银行和城市商业银行，另一组为4家国有银行。把这两组的网络学习结果分别简单平均，第一组的平均值为0.879385135，第二组的平均值为0.848485。所以，从2010年的绩效评价结果来看，民间资本进入程度比较高的股份制银行和城市商业银行的经营绩效要好于国有银行。

按经营地域划分，把四大国有银行之外的37家银行分为东部地区银行、中部地区银行、西部地区银行、东北地区银行和全国性股份制银行，2010年的数据表明，它们的网络学习结果的均值分别为0.854815294、0.768011667、0.797046667、0.80633333和0.808056667。从四组的结果比较来看，可以看出网络学习结果和网络评估结果在0.85以上的城市商业银行主要集中在东部地区，其经营绩效明显高于其他地方商业银行的经营绩效；中部地区和西部地区城市商业银行的经营绩效较低，网络评估值基本在0.8以下；全国性股份制商业银行的经营绩效水平居中。这在某种程度上说明了银行的经营绩效与地方经济发展程度存在一定的正相关关系，说明了地域经济整体发展水平对银行经营绩效能产生一定的影响。

从全国银行的平均水平来看，评估得分为0.818323707，说明总体上2010年全国商业银行的经营绩效良好，但也还存在着较大的绩效提升空间。

从1999—2010年的时间序列数据分析，分别选取了4家国有商业银行和4家全国性的股份制商业银行做样本。1999—2009年，国有银行和全国性的股份制商业银行的网络学习评价平均值分别为0.78433125和0.89232875，再一次充分说明了在民间资本进入程度较高的商业银行的经营绩效要高于同时期国有银行的水平。

从前面的分析可以看出，民间资本进入程度较高的商业银行的经营绩效水平普遍高于同时期国有商业银行的经营绩效，并且似乎存在一种现象：民营银行的发展促进和带动了国有商业银行经营绩效的提高。很多学者的研究也得出了类似的结论①，这种变化规律的主要原因是：

1. 民间资本进入银行业有效降低了我国银行业的集中度

1970年席勒（Scherer）的《产业市场结构与经济绩效》在贝恩研究成果的基础上提出了完整的SCP范式，他认为是不同市场结构下的市场行为决定着市场绩效，而非市场结构直接影响市场绩效。

---

① 贺春临（2004）使用DEA方法对我国的银行业的绩效分析表明，四大国有银行的综合效率相比较而言较低，其综合效率平均值和股份制商业银行综合效率平均值之间有较大的差距。

姚树洁等人（2004）使用随机边界方法（SFA）中的随机前沿生产函数的方法对我国银行业的绩效分析也表明，股份制商业银行的绩效和国有商业银行的绩效分别为77.48%和59.67%，前者比后者大约高18个百分点，而且两者的绩效有相似的变化趋势。

2. 民间资本进入银行业有效降低银行业的成本费用

通过考察民间资本进入银行业后整个银行业的成本费用的变化，可以分析这种变迁对银行业经营绩效的比较。本文按营业支出计算成本费用，其主要包括利息支出、营业费用以及其他营业支出，见表5。

表5 **银行成本费用比较表** 单位:%

	资产费用率				存款费用率			
	1999年	2003年	2006年	2009年	1999年	2003年	2006年	2009年
工商银行	5.01	4.68	4.23	3.76	5.95	5.36	4.87	4.12
农业银行	4.2	2.76	2.23	1.04	6	3.22	2.31	1.58
中国银行	4.48	2.68	2.01	1.57	9.19	3.47	2.16	1.83
建设银行	4.67	2.89	1.97	1.24	5.82	3.46	2.39	1.86
国有商业银行合计	4.59	3.43	2.61	1.91	6.74	4.08	2.91	1.82
交通银行	3.84	3.17	2.67	2.14	6.1	3.53	2.05	1.27
中信银行	3.64	3.39	3.01	2.74	4.37	2.7	2.13	1.94
光大银行	2.99	2.81	2.68	2.57	4.51	3.22	2.87	1.63
华夏银行	4.79	2.66	1.99	1.65	5.77	3.14	2.24	1.86
民生银行	3.33	2.66	2.03	1.48	4.17	3.5	2.75	2.01
广发银行	4.79	3.28	2.84	2.16	7.71	3.79	2.31	1.49
深圳发展银行	3.9	2.56	1.98	1.43	4.86	3.49	2.91	1.64
招商银行	3.67	1.99	1.62	1.25	4.57	2.46	2.01	1.35
兴业银行	3.36	2.84	2.28	1.73	5.14	3.52	2.62	1.29
浦发银行	3.53	2.24	1.72	1.09	4.44	2.58	1.81	1.09
恒丰银行	11.47	3.33	2.16	1.09	13.84	5.11	3.46	2.08
股份制商业银行合计	4.48	2.7	1.94	1.15	5.95	3.19	2.74	1.61

从表5中可以看出1999—2009年，中国各商业银行的成本费用比率均有了较大幅度的下降，国有商业银行和股份制商业银行相比，股份制商业银行的资产、存款和贷款费用率要更低一些，银行业整体的成本开支在下降，这表明各商业银行在逐步地注意控制成本费用的支出，并取得了一定成效。

3. 民间资本进入银行业在一定程度上改变了国有银行的经营理念

国有银行相对来说市场根基较牢，网络覆盖面广，民营化程度较高的银行要想与国有银行竞争，大多采取了差异化营销战略，逐步以新兴业务带动传统业务的发展。在新兴业务领域，民营化程度较高的银行相对来说进入较早，其经营理念、业务流程的先进性和完善性方面、业务开发能力和服务提供能力以及服务质量方面都具有领先优势。

以上分析表明民间资本进入我国银行业对银行业的整体绩效将产生帕累托改进效应，能促进整个福利水平的提高，在已经渡过加入 WTO 的保护期、外资银行在经营业务和地域方面的限制已经取消的背景下，提高我国民族银行业的整体竞争力是大有裨益的。

第六章　民间资本进入金融领域发展模式构建

一、民间资本进入金融领域的总体路径选择

民间资本进入金融领域的发展模式选择是本论文研究的最终关键所在。民间资本进入金融领域主要有两种模式：增量和存量发展模式（改造和新设模式）。这两者都是偏重于一种方式的选择，就我国现有金融制度和金融现状来看都是相对片面的。对民间资本进入金融领域的模式选择应该是在考虑了我国金融经济改革的总体趋势以及地区差异，在进行了综合的成本收益分析后才作出的。设立方式的选择应该建立在两者利弊权衡的基础上，我们可以借鉴下面的理论模型帮助分析：

$$\beta = \frac{Y_1 + Y_2 - C_1 + \varepsilon_1}{Y_3 - C_2 + \varepsilon_2}$$

其中，Y_1 表示通过重组方式化解金融风险带来的收益；Y_2 表示利用重组对象资源带来的收益；C_1 表示处理被重组对象遗留问题产生的成本；Y_3 表示银行没有遗留问题的负担而带来的收益；C_2 表示诸如开办费等产生的成本；ε_1、ε_2 则是对成本及收益产生影响的其他因素。

只要 β 值大于 1，我们就应该选择以改造重组的方式建立；当它等于 1 时选择哪种方式是无差异的；当 β 值小于 1 时我们应该选择以新设的方式建立。而 β 值本身是时间的函数，随着时间的变化而变化，因而在确定 β 值时理应考虑中国金融经济改革的总体趋势和方向。

而当前在我国复杂的经济金融环境下，运用何种模式实现民间资本进入金融领域并不像理论表述得那么简单。面对这一迫切需要解决的问题，改革的方

式和手段在保证不单一、不片面的基础上，最重要的还是不要急于求成，民间资本进入银行业的总体思路为：在坚持公平竞争原则、循序渐进原则、宁精勿滥原则、底层推进原则、效率优先原则的前提下采取渐进式的发展战略。一是继续推行国有商业银行的股份制改革，逐步注入民营成分；二是重点开展股份制商业银行和地方性小银行的民营化改革；三是在条件发展完备的地区开展“民营银行试点”工作，当条件进一步成熟时设立完全由民间资本所控制与经营、拥有合理产权结构和实行市场化公司治理的现代金融企业。

二、民间资本进入金融领域的地区路径选择

（一）东部发达地区：增量与存量两手抓

我国东部发达地区有着雄厚的经济基础、广阔的市场空间，以及较为完善的金融环境。因此，在民间资本进入路径的选择上，应结合银行的实际状况与当地的金融需求，在推行存量改革为主的基础上谨慎而大胆地推行增量模式，以改造现有银行为主力军、一小部分“新建”民营银行为先导，通过新建民营银行的引入，带动国有银行的改革，使金融体制的改革落到实处并进一步深化。

（二）中西部欠发达地区：以存量为主

中西部地区虽然拥有比较发达的民营经济以及较为完备的金融环境，也基本满足了民营银行发展所需的基础与条件，但与东部发达地区相比较而言仍然存在着很大差距。考虑到“新建”民营银行所需的巨额成本以及存在风险的高诱发性，中西部地区民营银行的发展必须以金融体系的稳定为前提，谨慎小心地推行存量改革模式。中西部地区存量改革的重点在于对城市商业银行和农村信用社的改造。

三、我国民间资本进入金融领域股权结构的路径

（一）参股型

参股型模式主要指民间资本拥有金融部门的部分股权，不以控股为目的，一是可以通过多元化经营来分散风险，二可以分享金融业的高收益，三还可以通过金融企业的渠道来为自己融资、投资创造便利。

（二）联合控股型

联合控股是指多个相互关联的企业共同持有某一家金融企业的股份，虽然每一家企业持有的股份比例不高，但多家关联企业的持股比例总和却比较客观，在金融企业中，联合控股模式比较普遍。表6是民生银行十大股东股权结构表，刘氏兄弟的希望系联合控股民生银行清晰可见。

表 6 民生银行十大股东股权结构表（截至 2012 年 3 月）

排名	股东名称	持股数量（股）	占总股本比例（%）	股东性质
1	香港中央结算（代理人）有限公司	4 127 130 600	15.448894	其他金融（服务）机构
2	新希望投资有限公司	1 333 586 825	4.991953	投资、咨询机构
3	中国人寿保险股份有限公司—传统—普通保险产品	1 151 307 314	4.309634	保险理财产品
4	中国船东互保协会	905 764 505	3.3905056	（非政府机构、事业单位、金融机构）一般企业
5	东方集团股份有限公司	888 970 224	3.3276403	（非政府机构、事业单位、金融机构）一般企业
6	上海健特生命科技有限公司	805 600 038	3.0155647	（非政府机构、事业单位、金融机构）一般企业
7	中国中小企业投资有限公司	737 955 031	2.7623522	投资、咨询机构
8	中国泛海控股集团有限公司	698 939 116	2.6163058	（非政府机构、事业单位、金融机构）一般企业
9	南方希望实业有限公司	558 306 938	2.089884	（非政府机构、事业单位、金融机构）一般企业
10	福信集团有限公司	550 151 500	2.0593562	（非政府机构、事业单位、金融机构）一般企业

（三）交叉持股型

交叉持股，或称相互持股，是指企业集团及其相关企业在成为金融企业股东的同时，金融企业及其关联机构也持有企业集团的股权。产业资本与金融资本的相互渗透，交叉持股，多种形式的相互持股，即能够通过控制权防止来自外部的收购和对企业经营的干预，又能通过持股产生的收益为企业经营提供缓冲器和安全阀。

（四）集团控股型

集团控投是指企业集团通过旗下的若干家子公司分别持有一定比例的被控制金融机构股份，从而以持有股份总和大于其他股东而占据被控制金融机构第一大股东的地位。采用这种方式可以有效地规避国家对于单个企业法人在金融企业中的持股比例有严格的限制，达到民间资本进入金融领域进而控股金融企业的目的。

（五）绝对控股型

绝对控股型是指民营资本占金融机构股份的绝大多数，即所谓的民营银行，如浙商银行，浙商银行现有股东22家，注册资本100亿元，监管资本270亿元，其中21家是民营企业，民营资本占85.71%。当前，民营银行的股权结构有股权高度集中型、股权高度分散型、股权相对集中型三种类型。我们认为，在有效控制风险的前提下，应当积极稳妥地推进绝对控股的发展模式。

第七章　民间资本进入金融领域的风险监管

一、民间资本进入金融领域的准入风险及防范措施

银行经营具有很强的规模效应，如果一国银行数量太多，将形成恶性竞争，因此要把握好民营银行的准入关。中国经济发展的地区差异十分明显，在民营银行准入问题上，不能采取“一刀切”政策，应该根据中国各地区经济发展的差异性和市场化程度的层次不同，让市场来选择。为了预防风险，民营银行市场准入应严格遵照渐进开放、规范标准、信息公开、社会监督的原则，根据所在区域的金融资源供给与需求，依当地现有银行的发展情况而定。同时，民营银行的市场准入应把握好两个标准，一是要适应经济发展需要，根据区域经济发展的特点和需要来考虑区域性民营银行的开放；二是要促成合理的竞争。

二、民间资本进入金融领域的运营风险及防范措施

民间资本进入金融领域的运营风险主要包括信用风险、道德风险以及经营风险。其中，对信用风险的防范包括建立完善的存款保险制度；加强信息披露，提高透明度等。对道德风险的防范可以从监督银行保有充裕的资本充足率、严格出资人及管理人员的资信标准等方面实现。根据Berger（1999）所做分析可知，未来金融服务业，将出现如制造业的情形，亦即整个金融服务供给链将解构（Deconstruction）①，因此对经营风险可以从三方面防范。一是建立完善的社会信用体系；二是健全的公司治理结构；三是强化核心竞争力，增强银行生存实力。

三、民间资本退出金融领域的风险及防范措施

金融业是建立在信用基础上的，破产、倒闭的金融企业尤其是银行可能在存款人对整体银行信用的恐慌性预期作用下，给整个银行体系带来多米诺骨牌效应式的银行挤兑现象。因此，民营银行的退出必然要纳入关于民营银行制度

① Berger（1999）.

最初的构建设计，建立、完善民营银行的市场退出机制。主要从以下三个方面进行风险防范：一是完善相关法律框架，规范银行市场退出行为；二是加快建立银行风险预警和危机紧急处理机制；三是完善有问题银行救助资金的筹措制度，使资金来源多样化。

第八章 我国民间资本进入金融领域的环境治理

一、为民间资本进入金融领域营造良好的外部环境

（一）推进利率市场化改革步伐

国家应当从金融政策方面为民营银行创造市场化的环境，扩大民营银行的利率决定权。根据国际成功的利率市场化改革经验，应按照利率弹性的原则，分期分批地放开管制。对利率弹性各异的各种产品区别对待，循序渐进地分步骤进行。

（二）建立完善的存款保险制度

根据中国的国情，在我国建立存款保险制度时，不妨以有利于发展民营银行为重点，成立由政府和投保金融机构共同出资建立的、直属于中国人民银行的存款保险公司。在金融机构投保时对他们进行严格的资格审查，对那些资本金严重不足、不良资产比例太高、信用级别过低的高风险银行，不能将其纳入存款保险体系。引入保险机制的宗旨就在于需要有人来监管银行的账目[①]。

（三）建立社会信用体系

民营银行作为一种具有新型金融产权形式的金融机构，其存在和发展更依赖一个良好的社会信用环境。对民营银行的社会信用环境来讲，主要包括两个方面的建设：一方面，要加强对中小企业（主要是民营企业）贷款的信用担保体系的建立健全；另一方面，要建立一套适合民营银行的信用评级制度，努力促进银行信用与民间信用的相互渗透，形成全方位、多元化的健康的信用市场，为民营银行的发展创造良好的社会信用环境。

二、完善民营银行运营的内部环境

（一）完善民营银行内部治理结构

民营银行公司治理就是在民营银行的所有权和控制权相分离的条件下，用以协调股东、董事会、经理、雇员和债权人之间的利益关系，保证银行经理人

① 徐滇庆，2002.

员决策的科学化，保证各方面利益相关者的利益最大化的一系列正式的或非正式的、内部的或外部的制度安排。良好的民营银行公司治理中最主要的需要具备清晰的产权结构、良好的制衡机制及有效的激励和约束机制等。

（二）完善民营银行的信息披露机制

在当前的银行业经营环境中，银行业信息屏蔽已成为金融风险的一个重要来源。要保证监控有效，就要强调相对充分的信息，保证银行业运行的透明度。我国民营银行应按照国际标准尽快建立与完善信息报告与信息披露制度。在信息披露制度建设方面，首先，采取自愿披露与强制披露相结合的原则；其次，采取补充报表披露。

（三）加强民营银行的关联交易监管

对待民营银行的关联交易，关键还是在于进行事前的控制上。金融监管当局在核准民营银行的进入时，就应当采取一系列切实可行的措施加以控制、预防。比如，对一些试图通过申请牌照或者改组现有机构或者收购股权等形式加入银行业的民营企业，要求其在遵守现有法规的基础上，主动承诺在一定的年限之内（例如3~5年）不发关联贷款，以显示自身专注于银行经营，而不是以套取资金为目的的市场进入目标，等到已经在市场形成一定的信誉，内部控制制度比较健全之后再适度允许其谨慎地从事这项业务①。总的来说，我们可以从以下几方面加以考虑：首先是对总量的控制，其次是对贷款条件的控制，再次是从内部治理角度的防范，最后是信息披露。

参考文献

［1］爱德华·S. 肖. 经济发展中的金融深化［M］. 上海：上海三联书店，1993.

［2］罗纳德·I. 麦金农. 经济发展中的货币与资本［M］. 上海：上海三联书店，1997.

［3］雷蒙德·W. 戈德史密斯. 金融结构与金融发展［M］. 上海：上海三联书店，1994.

［4］徐滇庆. 金融改革路在何方——民营银行200问［M］. 北京：北京大学出版社，2001.

［5］丁瑞莲. 金融发展的伦理规制［M］. 北京：中国金融出版社，2010.

［6］徐滇庆. 打通中小企业的融资渠道——与王自力博士商榷［J］. 2002.

［7］王自力. 民营银行准入：目前还宜缓行［J］. 金融研究，2002（11）.

① 巴曙松，2003.

[8] 胡敬新，李天忠．论发展我国民营金融的对策 [J]．河南金融管理干部学报，2005 (4)：13 ~ 17.

[9] 刘煌辉，尹振涛．中国城市商业银行竞争力分析 [J]．投资北京，2007 (9)：2 ~ 9.

[10] 林毅夫，李永军．中小金融机构发展与中小企业融资 [J]．经济研究，2001：10 ~ 18.

[11] 王清星．论民营银行成长的逻辑——一个基于国家效用函数的分析框架 [J]．商业研究，2006 (11).

[12] 巴曙松．想搞关联交易，就别做民营银行 [J]．科技智囊，2003 (9).

[13] 孙世重．发展民营银行需要进一步澄清的几个关键问题 [J]．金融研究，2003 (2).

[14] 熊继洲，罗得志．民营银行：台湾的经验和教训 [J]．金融研究，2003 (2).

[15] 林玲．民营银行的发展与监管之我见 [J]．武汉大学学报，2003 (5)：564 ~ 570.

[16] 张秋华，周毅．论我国金融法制理念的重构 [J]．税务与经济，2004 (4).

[17] 郑耀群．民营金融制度的内生性及其发展中应注意的问题．2004.

[18] 李善山．民营银行金融风险监管机制的完善．2005.

[19] 散歆．我国商业银行风险外部监管的法律制度完善．2009.

[20] 刘克崮．大力发展草根金融 [J]．中国金融，2009.

[21] 国务院．关于鼓励和引导民间投资健康发展的若干意见．国发〔2010〕13 号．

[22] 丁平．我国民间资本投资金融领域的现实意义与挑战 [J]．武汉金融，2010.

[23] 李建军．中国地下金融规模与宏观经济影响研究 [M]．北京：中国金融出版社，2005.

[24] 黄永明．金融经济支持与中小企业的发展 [M]．上海：华中科技大学出版社，2006.

[25] 刘煜辉．银行改革争论的关键问题 [J]．银行家，2006.

[26] 宋颖．民营资本进入银行业的潜在风险及其防范 [J]．南方金融，2007.

[27] 钟志勇，谢蓉蓉．民营银行市场准入的法律问题研究 [J]．2007.

［28］陈建廷．民资进入金融业还需跨三道坎．上海金融报，2012.

［29］景小华．国务院强力破解民资准入“玻璃门”［J］．南方日报，2012.

［30］谢丹凌．我国民间金融法律制度监管研究［D］．厦门：厦门大学硕士学位论文，2008.

［31］赵赞扬．我国商业银行市场退出法律制度研究［D］．北京：北京交通大学硕士学位论文，2008.

［32］Train K. Optimal Regulation：The Eeonomie Theory of Natural Monopoly［M］. Cambridge ：MIT Press，1991：36－45.

［33］Stiglitz，Weiss Rationing in Market with Imperfect Information［J］. The American Economic Review，1988（3）：821－845.

［34］Zilibotti F. Endo genous Growth and Intermediationinan ArchiPelago，Eeonomy［M］. Economie Joumal，1994，（103）：462－473.

［35］Steinfeld. Forgingin China：The fate of state－owne dindustry. lstedition. London：Cambridge University Press，1998.

［36］Foley，Hellwig. Anote on the budgete on straini in a model of bormwing. Journal of Economic Theory，1975（77）：304－314.

［37］Bester. Sereening vs. rationing in credit markets with imperfect information. American Economic Review，1985（75）：850－855.

［38］Diamond. Finaneial intermediation and delegated monitoring. Review of Economic Studies，1994（51）：293－414.

民间借贷市场规范与发展问题研究

中国人民银行安阳市中心支行课题组①

摘要 2011年，浙江温州和义乌、内蒙古鄂尔多斯、河南安阳、江苏泗洪等地相继发生民间借贷市场崩盘，带来较大的经济冲击和社会震荡。民间借贷近年来的非理性膨胀，直接起因于2010年以来的货币从紧政策，中小民营企业在先松后紧的货币环境下成为银行压缩信贷的首要对象。同时，近年来居民投资受阻、"负利"长期存在，导致民间资金市场供需两旺。表面上看，民间借贷所表现的风险主要在于其高利贷化和全民放贷狂潮的倾向，而长期以来金融体制改革的滞后，资金价格扭曲导致资源在正规金融市场上得不到平等、有效配置，则是民间借贷风险爆发的深层次诱因。

首先，规范管理民间借贷，法制规范是一个最根本也是绕不开的问题，是正确引导民间借贷市场行为、避免包括政府部门在内的群体性行为失范的基础，脱离了这一基础，任何形式的创新都不可能取得根本成效。其次，解决民间借贷风险问题，"釜底抽薪"要比"搭台唱戏"更为彻底和有效，也更符合一个现代经济社会发展的主流需要，通过改革金融体制，分流和引导民间借贷市场的需求与供给，从而达到缩小民间借贷规模、避免风险扩大的目的。再次，要建立一套有针对性的民间借贷管理办法、机制和措施，以对民间借贷实施必要的管理和约束。最后，诚实守信、仁义道德等社会伦理环境和诚信机制建设也是不容忽视的重要方面，从某种意义上说，集资诈骗等违法行为以及那些一味地追求高利回报而不顾及自身和他人资金风险的赌徒心理所造成的民间借贷负面影响，正是动摇了这一基石的结果。唯有解决以上这些根本问题，才能真正避免民间借贷风险对社会经济再次造成大规模冲击。

关键词 民间借贷 金融监管 法律规制

---

① 课题主持人：王家进。
课题组成员：郭金生、李海金、李伟、王燕锋、翟晓鲁。

一、研究背景与意义

民间借贷是以亲缘、地缘、业缘等社会关系为基础而自发的一种经济行为，其从来就是以社会经济发展中不可或缺的一个资金融通方式而广泛存在，由于社会发展阶段和经济金融政策不同，民间借贷在某些特定阶段和领域仍旧是对正规金融借贷的重要补充并对经济发展起着正向促进作用。

与市场经济发展相对应，正规金融市场上结构性资金供给不足、金融资源配置效率不高，以及地区间经济发展阶段和结构存在巨大差异等因素，导致我国民间借贷在某些地区和领域日益活跃。以温州为代表的民营经济发展迅速的地区，民间借贷市场的发展也相当迅猛；而一些经济发展程度较低的地区在个人追求致富和政府渴望发展的强烈冲动及行为暗示下，民间借贷市场规模也不断膨胀，同时伴生的是民间借贷不规范和非理性所带来的风险集聚。2011 年以来，温州、鄂尔多斯等地民间借贷市场风险集中爆发，地处中原的河南安阳也出现民间借贷资金链断裂，进而迅速地形成大规模的风险爆发和蔓延，所带来的破坏性影响渗透到经济社会各个层面，从而引发社会各界对民间借贷问题的新一轮讨论，促进政策层加快对民间借贷市场规范发展的研究和试验性政策举措。其实，民间借贷市场崩盘在我国多个地方都不同程度出现过，甚至在有些地方反复发生，这更应当引起我们的警觉和深层次思考。

本文基于这一背景，立足我国经济金融及社会发展现状，通过对民间借贷市场的系统研究，主要解决以下几个问题：一是民间借贷的合理、合法边界的界定，二是分析民间借贷市场风险演变过程，三是分析制约民间借贷市场良性发展的关键因素。最后期望在以上问题的研究基础上提出规范我国民间借贷市场行为及促进其良性发展的原则与建议，从而能够在最大化保证民间借贷市场以自生性、自律性为基础的自由化资源配置特征的同时，防范由于各种借贷行为的不规范而导致风险过度集中并引发经济、金融各领域的系统性风险。

二、民间借贷市场的发展基础

（一）民间借贷是传统民间经济行为的延续

在我国，作为传统民间经济活动的小农经济形态一直以来都没有得到根本的改变，民间借贷活动的产生和延续还在很大程度上受到传统经济和自身延续的影响。关于这一点，Alston 在其《制度变迁的经验研究》一文中的相关解释是：因为大多数社会发展路径都被其过去所影响，制度变革的动力学时常包括自始至终呈现的、事与愿违的结果，对历史的分析和理解也是非常重要的。传统的中国农业社会，乡邻亲友关系异常亲密，加上血缘关系和地缘关系，人们之间的借贷活动便成了有无共济的义举，并被视为理所当然的行为准则和社会公德。因此，长期以来以互助为目的、以人为信用主体的各类民间金融组织和借贷活动便应运而生，绵延至今而不断。

（二）民间借贷市场资金配置供需两旺

随着我国经济的市场化程度不断提高，民营经济取得了长足发展，随着其规模的扩大和生产能力的提高，仅靠自身内部积累已很难满足巨大的投资和发展需求。但是由于中小企业自身发展能力不强、中小企业信用担保体系不完善、正规银行机构信贷投放机制不灵活等因素，民营中小企业的融资需求远远得不到满足，尤其是在现阶段全球金融危机不断蔓延的大背景下，外需疲软和成本上升使许多中小企业迫切需要大量融资来渡过难关。

与此同时，随着我国经济的高速发展，居民收入不断提高，私人财富逐年增加，私人部门资本存量非常巨大。2008 年统计数据显示：我国城镇居民人均可支配收入 15 781 元，相比 10 年前增长了近 3 倍；当年末，我国居民储蓄存款余额为 217 885 亿元，比 10 年前增长了 4 倍。到 2010 年，我国城镇居民人均可支配收入和年末居民储蓄存款余额更是增长到了 19 109 元和 303 302 亿元。① 但

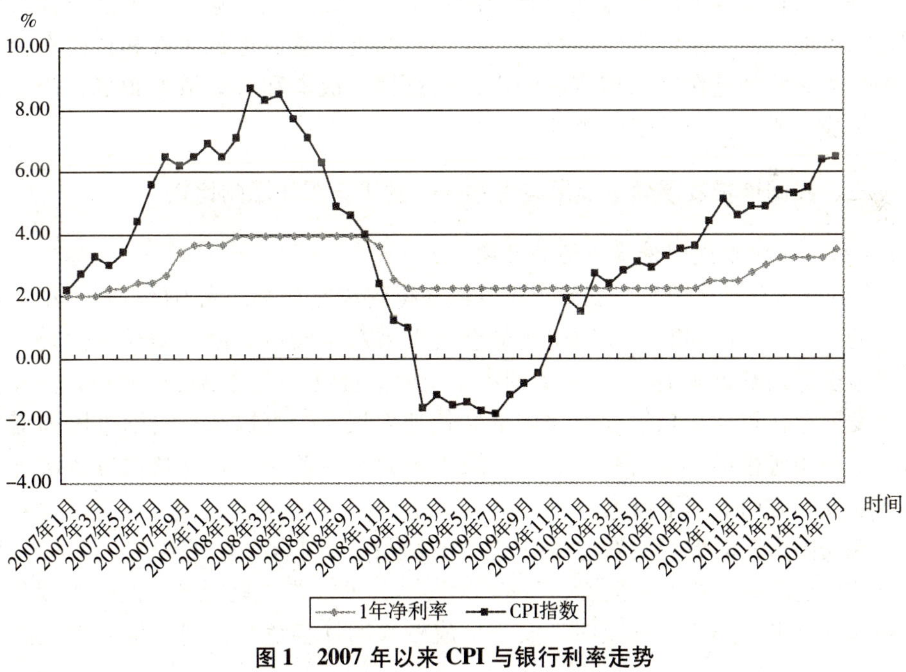

图 1　2007 年以来 CPI 与银行利率走势

① 2011 年中国统计年鉴［M］. 北京：中国统计出版社，2011.

从2003年11月开始，我国步入了负利率时代，特别是自2008年以来，CPI涨幅高居不下。同时，受全球经济金融危机影响，私人部门的投资受到重创。这些因素共同推动社会资金在金融体系外循环，形成庞大的民间借贷市场规模。

（三）民间借贷形式与中小企业融资需求高度契合

民间借贷的结算方便、程序简便，可以针对企业的不同信用状况、资金用途等设计个性化借贷合同。相对于正规金融借款审批手续复杂、审批时间长等，民间借贷更能够满足中小企业资金需求“短、频、急”的特点。虽然没有任何成文规定，但参与者都共同遵守约定俗成的惯例。

民间借贷资金利用效率高。相比国有或大型股份制正规金融机构而言，民间资本明晰的产权归属具有更好的激励约束功能，正规金融机构所存在的委托代理问题在民间借贷市场要少得多，因而极少出现过度风险承担或风险回避的倾向。这与中小企业具有很多的相似性和兼容性，从而更容易使两者之间形成协作。

民间借贷具有明显的信息优势和成本优势。民间借贷多发生在熟人之间，彼此间比较了解，与借贷相关的信息透明度较高，因而可以有效避免信息不对称问题。借贷双方可以保持相对频繁的接触，使贷款人能够及时把握贷款按时归还的可能性，并采取相应的行动，在一定程度上减少道德风险和逆向选择问题的发生。此外，在民间借贷过程中，信息搜寻成本和管理成本很低，因而借贷交易成本明显低于正规金融机构。

三、民间借贷发展轨迹及风险考察——基于安阳和温州比较

（一）安阳市民间借贷市场的发展

20世纪80年代以来，安阳市民营经济得到快速发展，成为区域经济中不可或缺的一部分。但同时，安阳市正规金融发展严重滞后于经济增长，信贷过于向当地优势国有企业集中。[①] 一方面中小企业信贷资金供给不足，另一方面民营经济发展存在较大缺口，促使民间借贷快速发展。一直以来，安阳市民间借贷市场发展相对稳定，年利率水平一般保持在15%～25%，在支持地方经济和中小企业发展方面发挥了巨大作用。

在安阳市民间借贷发展过程中，也曾爆发出个别非法集资案件，包括20世纪末的华通翻译公司非法集资、“读来读去”读书社非法集资等，但由于涉及金额和人群范围较小、处理及时，没有形成较大的社会危害，同时也未能起到必

① 据统计，2011年底，仅安阳钢铁集团一家贷款余额就占全市企业贷款总余额的22%，大型企业贷款余额占全市贷款余额的42%。

要的警示作用。2008 年以来，在房地产市场持续升温且预期强烈的情况下，伴随国家正规金融调控政策的转向和深化，民间借贷市场加速膨胀，房地产开发及一些受到调控的行业对民间借贷资金的依赖程度不断强化，进一步推动资金向民间借贷市场流动，一度出现“储蓄资金大搬家”的现象。商业银行资金来源大量减少，放贷能力受到制约，又进一步带来正规信贷供给的更加紧张，迫使更多的实体企业转向民间借贷市场进行融资，形成恶性循环。高涨的投资热情造成投资行为的非理性膨胀，被一些以诈骗为目的公司和个人所利用，利率一路飙升，月利率高达到 8%，更甚者达到 15%。

2011 年，安阳市民间借贷市场全面崩盘，不仅在短期内造成居民财产损失，甚至对社会稳定造成剧烈冲击，并且其影响力迅速向外延伸。一是影响区域信用环境，正规金融将大幅压缩本地区的信贷供给。2011 年安阳市各项贷款仅增 40.79 亿元，较 2010 年同期少增了 61.44 亿元，多数已申报的信贷项目被搁浅。二是对正规金融构成冲击，由于部分居民和企业从银行取得贷款并将资金投入民间借贷市场，形成损失后无力偿还，导致银行体系不良贷款增加。三是严重削弱了中等收入家庭消费能力，导致消费拉动经济增长的作用减弱。四是沉重打击了民间资本的投资热情，民间借贷崩盘使民众对风险有了重新的认识，投资更加谨慎，民间借贷市场风暴过后处于近乎停滞的状态，并将延续较长时间。

（二）安阳市与温州市民间借贷特征比较

民间借贷具有典型的内生性，是不完全的经济金融配给制度所内生出来的一种非正规融资方式。民间借贷也具有普遍性，即无论区域经济发达还是不发达，民间借贷都普遍存在，规模大小与经济金融发展程度有着密切联系。然而，民间借贷还具有典型的区域性，一个地区民间借贷表现出的具体特征与当地经济发展程度、经济结构、金融发展程度、居民投资习惯、社会伦理关系特征等息息相关。以下我们以经济欠发达的河南安阳地区为例，与民营经济发展程度较高的浙江温州地区进行特征比较。

1. 民间借贷市场发达程度不同

温州市处于我国改革开放前沿，民营经济非常发达，资金需求旺盛，民间借贷市场也较安阳市发达。一是民间借贷市场规模不同。2011 年的官方统计数据显示：温州民间借贷规模约在 4 500 亿元至6 000亿元之间，而我们测算出的安阳市民间借贷资金总量在 500 亿元左右，仅为温州民间借贷规模的 1/10。二是民间借贷形式不同。温州民间借贷在长期发展过程中则内生出一些组织形式，如“干会”、“合会”等，这种形式没有利息，完全是一种互助。还有一种以招标的方式确定当月谁拿回入会款和有关利息，直到所有的会员都拿回自己的资金和利息，被称为“活会”。[①] 而安阳市民间借贷方式主要是通过亲朋关系将资金借于需要资金的企业。三是民间借贷资金流向不同。温州经济发达，对资金也有较强的吸纳能力，不仅可以吸收本地民间资金，同时还对域外资金形成较强的吸引力。而调查显示，近年来安阳市大量资金通过民间借贷流向其他地区，其中包括河南、天津、安徽、辽宁、内蒙古、海南、黑龙江等。

2. 民间借贷产生及运作机理不同

区域经济的特性决定了民间借贷产生的机理。改革开放后，由于存在计划时期的“体制落差”，温州率先放弃了初始制度的演化路径，对内源性的民间经济改革加以肯定、支持，形成“通商惠工”、“扶持商贾”的浓厚经商氛围，快速走上了民营工业化的道路。民营经济快速发展所带来的资本需求与金融供给不足之间的摩擦也随之加剧，催生了内生性的民间金融，这就是以温州为代表的民间借贷市场产生的区域特点。而安阳市产业结构以钢铁、有色金属、水泥和煤化工等制造业上游产业为主。21 世纪以来，国家产业政策限制“两高一剩”产业发展，加大落后产能淘汰力度，安阳市多数产业及中小企业处于政策限制和淘汰范围，较难取得信贷资金。安阳市的资金供需矛盾更多的是经济结构不合理导致资金配置不足的结构性矛盾，其民间借贷的产生机理中蕴含地区经济结构与国家产业政策的矛盾。

除以上不同之外，安阳市与温州市民间借贷在发展中存在以下共性：

一是正规金融的结构性缺位与实体经济发展需要存在矛盾。20 世纪八九十年代我国企业体制改革选择“抓大放小”，将优质的大型国有企业改制为国有控股公司，小型国有企业和集体企业或被淘汰或改制为民营企业。这种制度安排不仅强化了国有企业在行业中的优势地位，而且使其更加符合银行低风险高收益的目标要求，从而吸引了大量银行信贷资金。在民营经济快速发展的同时，我国金融体制却相对滞后，民营经济发展所产生的巨大资金需求与成本高、效率低的区域正规金融供给之间的矛盾越来越大。我们以金融相关比率这一反映经济与金融相关程度的重要指标来对安阳市金融相关性进行分析，以 GDP 表示经济总量，S 表示存款余额，L 表示贷款余额，那么金融相关比率 FIR =（S + L）/GDP。通过计算，FIR2009 = 1.24，FIR2010 = 1.21，FIR2011 = 1.14。这说明，自 2009 年以来，安阳市金融相关比率逐年降低，说明这一时期正规金融机构金融资产的增长逐年落后于 GDP 的增长，金融深化程度持续弱化，作为支撑 GDP 增长重要载体的中小企业信贷获得性不断下降，民间借贷也正是在这几年中逐步升温。

---

① 邵燕翔．浙江中小企业民间融资问题探讨［J］．特区经济，2008（9）：60－61.

二是宏观经济调控是民间借贷非理性膨胀的时代背景。2008 年以来，为防止宏观经济急速下滑，政府相继出台了一系列刺激政策，导致市场流动性过剩，不少行业出现投资过热现象，其中以房地产业最为突出。房价在宽松的货币政策环境下一路攀升，形成全民购房、炒房热潮，进一步诱导更多的资本进入房地产开发。为将经济拉回良性增长轨道，政府对房地产业实施了严格的调控措施，同时加快经济结构调整步伐，加速对落后产能的淘汰。房地产业和受到调控的其他产业实际上形成了与政策博弈的局面，民间借贷则成为相关产业用于与政策博弈的主要工具。民间借贷市场原本相对均衡的局面被打破，利率迅速推高，为维系资金链条，企业只能借新债还旧债，雪球越滚越大，企业融资成本急剧攀升，利息成本远远超出承受能力，民间借贷市场呈现出借贷双方的非理性混乱局势。

三是投资渠道单一造成社会资金向民间借贷市场集聚。改革开放以来，城乡居民家庭收入不断增加。据统计，安阳市城镇居民人均可支配收入由 1990 年的 1 276 元增至 2011 年的 18 686 元，农民人均纯收入由 584 元增加至 7 586 元。城乡居民掌握了越来越多的资金资源，而可供理财的投资市场却发展缓慢。2007 年 10 月 16 日中国证券市场达到 6 124 点峰值后一路下挫，虽然在 2009 年 8 月反弹至 3 500 点之后反复振荡下滑，振幅区间较大，增大了市场投资风险，居民投资股票、基金意愿接连创下新低。这一背景下，民间借贷市场则成为居民投资理财的“场外市场”。

四是实体经济空心化与民间借贷非理性膨胀相伴而生。当民间借贷利率高于市场均衡利率时，资本会逐渐脱离实体经济形成自我循环，造成实体经济空心化。其一是越来越多的民间资金进入民间借贷市场，由于利率超出实体经济所能承受的范围，使真正具有资金需求的企业无法融到资金，民间借贷对正规金融的补充作用被弱化；其二是在高利引诱下，部分经济实体加入到资金炒作当中，减少了生产投入，社会生产能力下降；其三是资金过度向房地产业集中，导致房价持续攀升，投机盛行。从温州和安阳的案例调查可以看出，脱离实体经济的民间借贷逐步演变为炒钱游戏，在财富神话的诱惑下，越来越多的人被绑进了这个击鼓传“钱”的游戏中，甚至许多人放弃实业而专职投入其中。这种现象不仅存在于安阳、温州，在全国其他民间借贷市场膨胀的地区也是相当普遍。

（三）民间借贷市场的风险与演化

1. 民间借贷市场由于自身缺陷而存在风险

一是诚信风险和偿债能力风险。民间借贷中贷款者的风险按来源可分为：借款者的诚信风险和偿债能力风险。偿债能力风险来自借款者所借钱的用途风险、家庭原有经济资产状况及其他方面。诚信风险越来越大，主要表现为隐藏借款目的、改变借款用途、隐藏偿债能力等。同时，经济环境变化带来的非主导产业市场风险的增加使偿债能力的风险也越来越大，从而导致高利贷现象越来越严重，成为解决逆向选择、道德败坏的一种最不合意的现实选择。二是契约约束不强。主要表现在：协议不规范、没有担保、抵押等。有学者指出：民间借贷一般是口头契约或私下协议，多没有合法的法律手续、可靠的信用担保和资产抵押。资金收益的非法高利决定其无法受到法律的正当保护，因此债务纠纷往往只能私下解决。尤其是在民间借贷逐渐突破原始的伦理关系之后，由于缺乏必要的监管机制，更容易处于混乱的自发状态而给违法行为以可乘之机。

2. 在民间借贷市场的发展过程中一些传统风险因素发性变异

一是人格化的民间借贷伦理关系异变。正常的民间借贷一般是依附在“亲缘、地缘、业缘”之上的一种人格化交换关系，是建立在个人之间相互了解基础之上的交换，因而违约率通常并不高。但是，如今的民间借贷逐渐脱离“三缘”关系，大量组织和个人参与其中扮演了中介和掮客角色，打破了传统的借贷关系纽带，导致传统民间借贷主体之间的信任度逐渐降低。当前，不仅有小额贷款公司、典当行、寄售行、担保公司、投资公司等机构参与民间借贷，还有为数不少的各类地下机构参与其中，机构违规从事高息融资和高利转贷活动的现象非常普遍。一旦资金链断裂，将造成民间借贷风险呈现多米诺骨牌效应，不但造成参与者的财产损失，还会进一步扰乱正常的金融秩序，冲击信用体系，波及实体经济。二是常受到非法现象的牵制和冲击。据调查，相当一部分民间借贷与高利贷、赌博等非法行为相关。如安阳市一起非法吸收公众存款案例，吸纳资金达亿元之巨，转而在境内外从事赌博，造成大量资金无法收回。此外，由于民间借贷往往没有较正规的法律程序，担保和抵押环节缺失，风险发生后往往引发暴力催债等行为。三是民间借贷风险向正规金融市场传递。一直以来，银行对中小企业的贷款大多在基准利率之上，上浮幅度为10%～30%，但仍和民间借贷利率存在较大利差，包括个人信贷在内的各种信贷资金就直接或间接地成为了民间借贷资金的来源之一。据调查，银行信贷资金流向民间借贷市场的渠道主要有四种：第一，企业和个人将获得的银行贷款投入民间借贷市场；第二，银行职员直接放贷；第三，从银行申请办理信用卡，通过刷卡套现进行放贷；第四，在银行信贷规模紧缩的背景下，一些自身质量较好，或有关系和能力获得银行贷款的少数企业，也成为“放贷”大潮中的重要成员。如此，就会形成民间借贷市场对正规金融的绑架，一旦民间借贷市场资金链断裂，将对银行系统造成较大冲击。据调查，2012年以来，安阳市各家银行的不良借贷均有所增加，其中直接或间接受民间借贷影响的不占少数。

3. “一元租车”——融资借贷行为的异变

所谓“一元租车”是指租赁公司向汽车销售公司租用汽车，再以每天一元钱的价格出租给承租方，承租方需交纳相应车辆价格两倍左右的车款作押金保证，根据合约规定，由承租方归还租车，租赁公司退还保证金的租车模式。具体来说，承租人只需提前预交1.5～2倍押金，随后只需缴纳365元的会员费，即每天只花一元钱，便能做有车一族。不仅如此，上牌照、交保险、做养护，甚至交通事故处理费用均由租赁公司承担。甚至有的公司为了招揽客户，不断推出更为优惠的活动，如低于1.5倍押金对外租车、租车代驾、赠送加油卡、24小时事故救援、全年免费洗车等，更有公司打出租用三年送车权的活动。

安阳市自2007年才出现“一元租车”模式，短短两三年时间，大大小小从事汽车租赁的公司就由最初的不到10家迅速发展到80余家，其中包括一些兼营汽车租赁的销售公司，该模式下所形成的资金吸收和流动规模相当巨大。这一模式下的汽车租赁公司多没有实业基础。2011年，由于其中一家规模最大的汽车租赁公司出现资金链断裂，引发全市租车市场挤兑风潮，并成为整个民间借贷市场风险全面爆发的导火索。

有业内人士测算，在该模式下，一辆车从上牌照、交保险、日常及事故维修到其他全年费用加起来，其融资成本月息高达3%左右。换句话说，公司年化投资收益率达到36%才能保持盈亏平衡。实际上，“一元租车”就是一种变相的民间借贷融资行为，其中以低廉价格获得的租车使用权其实是变相地给予承租人“利息”，从而在不知不觉中完成资金吸收过程，但由于所签署的是租赁合同，从形式上规避了一定的法律风险。“一元租车”市场崩盘后，人们开始关注其吸收的资金去向。有调查指出，租车市场所收取的押金大部分流入担保、信托和投资公司等民间借贷中介机构，有的直接进入地下钱庄或直接从事对外高利放贷，还有的直接投资于房地产、矿场开发等高利行业。

四、制约民间借贷市场良性发展的主要因素

（一）民间借贷法制规范性不强

任何阶段民间借贷的制度安排都是一个完整体系，除了伦理、风俗、意识形态等非正式约束的“软”制度，还有宪法、法律、法规等表现为正式约束的“硬”制度及其实施机制等制度运行环境。从制度供需的角度来看，我国金融市场的发展正处于一种制度供给过剩和制度供给不足并存的状态之中，主要表现在对正规金融的过多管制，特别是行政审批制度，不仅提高了正规金融组织的交易成本，也给地下金融提供了一系列的寻租机会，同时对民间金融的制度供给不足也比较明显。

法制环境的二元化还表现在各阶法律对民间借贷行为认定的不一致性。现行关于民间借贷的相关法律法规条款散见于众多法律规范之中，难免存在冲突。一是《合同法》与《刑法》、《非法金融机构和非法金融业务活动取缔办法》等法律规范之间的冲突。合同法明确规定合法的民间借贷行为受法律保护，最高人民法院在有关司法解释中确认了民间借贷利息在不高于银行同期贷款利率4倍的范围内都受法律保护，这无疑确认了公民与非金融企业之间借贷的合法性，只要双方当事人意思表示真实即可认定有效。但这样的民事行为在《刑法》和相关司法解释以及《非法金融机构和非法金融业务活动取缔办法》中就可能被认定为违法活动，特别是企业向超过一定数量的个人借贷发展资金的融资行为就成为专门法中的非法吸收公众存款或非法集资等违法行为。二是《合同法》与《贷款通则》之间的冲突。《贷款通则》第六十一条关于企业之间不得违反国家规定办理借贷或变相借贷融资业务的规定与《合同法》借贷合同主体没有限制的立法精神不符。而且随着民间经济活跃程度的提高，对企业之间借贷行为制度限制在执行上也有所松动。如在《关于为中小企业创业发展提供司法保障的指导意见》（浙高法发〔2010〕4号）中就明确规定："企业之间自有资金的临时调剂行为，可不作无效借款合同处理。"① 这些法律制度在制定和执行上存在的二元性，必然导致社会对民间借贷合法性判断的模糊和困惑，形成不正确的导向性作用。

（二）民间借贷市场需求规模与效率矛盾

民间借贷市场需求规模十分庞大，但由于存在信息不对称，民间借贷资金供需双方缺乏一个合适的渠道和平台进行信息和相应资金规模的对接，为满足庞大的资金需求，融资方需要付出较大的搜寻成本，而资金供给方由于信息不对称等原因需要付出较大的等待成本、机会成本和效率成本。因此，在民间借贷市场中就存在分散的资金需求与更为分散的资金供给之间的矛盾，催生出非正规的借贷款中介人或者经纪人，利用自己在信息和信用上的优势为借贷双方牵线搭桥促成信贷交易，并且向借贷双方收取介绍费、手续费或者担保费，发生纠纷时，中介人充当担保人的交涉，成为实际上的信用经营者。甚至有一些人专门从事资金转贷，被俗称为"资金掮客"。由于缺乏一套系统的民间借贷中介管理规则，这些民间借贷中介资质参差不齐，而且在资金流转的过程中，借贷双方的信息在中介的作用下被逐级过滤甚或掺杂虚假信息，极易引发道德风险。

（三）民间借贷市场非理性预期及决策

民间借贷资金用途主要分为以下几种情况：一是用于中小企业的生产经营；

① 民间借贷法律政策案例适用指南［M］. 北京：中国法制出版社，2012.

二是用于房地产项目投资；三是集资炒房，参与股市、农产品、矿产开发等领域的炒作；四是用于还贷垫款、票据保证金垫款、验资垫款等短期周转；五是非法从事其他如赌场等。从借出方来讲，这中间存在两种非理性的民间借贷行为值得关注。一是借贷资金流向国家宏观调控或高风险行业，而这些行业或领域往往由于通过正规金融难以获得贷款转而从民间市场大规模高息借贷，一旦形势逆转，行业性危机会迅速向民间借贷市场传递。二是部分民间借贷行为已经超出了上述传统借贷行为的范畴而异化为“炒钱游戏”，与流向投资领域不同，这部分民间借贷仅仅停留在借贷市场空转，类似于“庞氏骗局”，也被民间称之为“传销式集资”。在类似金字塔结构的借贷链条中，每一层的放贷人都需要获得利差，而且民间借贷网络一旦形成，就会如同一个黑洞吸引着更多资金聚集。其特点是借出方并不重点考虑资金投向何处，而更多地看重是否能获取高利，最终必然资金链发生断裂，诱发“崩盘”。

究其根本原因，第一种情形下的风险缘于民间借贷双方不同投资角度上的非理性预期和决策。如近几年的房地产热就是民间借贷资金投向的主要领域，甚至在国家调控措施趋紧的情况下，民间借贷资金流向这一领域仍然有增无减，由于拥有开发权，因此拿别人的钱赚钱也已经成为一些房地产开发的主要模式，这些都是对房地产市场预期的不理性所致。第二种情形的风险主要缘于民间资金借出方的投资不理性，有调查表明，相当一部分资金借出方明知风险存在却仍然抱着侥幸心理沉醉于这种炒钱游戏所带来的快速致富幻想之中，在畸高的利率诱导下丧失了对投资风险的基本判断。

（四）民间借贷市场监管及风险处置效率较低

既有市场，必存在风险。民间借贷亦是如此，任何试图杜绝一个自由市场风险的设想都是不现实的，重要的是如何防范和规避风险，以及面对风险能否有一套迅速、有序的风险管理和处置程序来应对。民间借贷市场作为一个自运作和自规范性较强的市场，不像正规金融系统一样由监管部门约束来实施系统的风险预警、管理和处置措施，因而民间借贷市场风险集聚犹如“温水煮蛙”一般难以引起政府足够重视，直至风险爆发形成大规模的群体性事件。而在民间借贷市场风险显露的初期，政府介入却又往往由于担心风险的继续扩大而无从下手。同时，由于参与民间借贷的资金来源较为复杂，在风险处置过程中往往会存在一些干扰因素影响风险处置的公平性，如提前得到消息运用不正当手段抽回资金或转移待处置风险资产，又如在涉案企业的资产处置过程中由于缺少有效监督而使处置资产价格明显有失公允，引发群体性不满情绪。此外，在实践中，“成王败寇”的思想往往成为政府和执法部门衡量企业集资行为合法与否的标准。也就是说，如果违规集资企业能够正常经营、正常还本付息就不会受到法律追究，如果企业资金链断裂无法偿还集资款，就会被认定为违法。这些都是民间借贷市场缺少规则的表现，成为制约民间借贷市场良性发展的重要因素。

五、规范民间借贷市场的原则与建议

（一）规范发展民间借贷市场的总体原则

1. 经济安全原则

民间借贷作为民间融资活动的主要形式在经济领域已占有一席之地。越来越多的民间资本投入融资市场，且规模和资金用途范围日渐扩大。由于民间借贷的利率明显高于正规金融机构融资利率，对国家宏观调控政策的实施都产生了一定的影响，更催生了带有非法集资性质的组织，给我国金融秩序与经济安全带来了相当大的干扰。又由于融资性民间借贷缺乏完善的交易规则与保障措施，使其风险加大，并远远超出了经济范畴而影响到整个社会的稳定。因此，在考虑民间借贷规范化管理问题时，经济安全应当作为首要的保障原则。在法律制度的确立与监管体制的设计过程中，要对民间借贷有可能引起的金融风险、经济风险和社会风险作出准确的预测与评估，设计与之相对应的风险控制手段和处置方案，在保护正常民间借贷活动的同时，防止系统性风险。

2. 依法监管原则

在对金融活动的管理过程中，政府管理能够弥补市场调控的不足，起到促进市场发展完善的作用，但其权力的行使必定会对受监管对象及其活动产生一定影响。为了防止权力滥用导致合理民间借贷行为受到压制甚至产生权力寻租，就必须为这一权力划定明确的边界，将权力的行使严格控制在权力边界范围之内。政府依法监管在实体权益方面，主要体现在监管权的内容、形式、行使主体、行使方式、行使手段与行使力度都要严格依照法律的相关规定；在程序方面，要确保调整实体权益和相关程序的法律规范的制定应严格按照法律规定进行；在责任方面，要明确违反法律规定的行为应承担的责任，以及政府越界监管行为应承担的责任。

3. 适度管理原则

民间借贷市场的特殊之处就在于其较强的自发性和自我规范性，如果全盘纳入正规金融管理范畴，或照搬正规金融市场的管理规则，必然会使民间借贷市场丧失其存在的优势和价值。甚至在政府监管行为影响其生存发展的情况下，市场自治力量出于本能会采取规避等方式排斥政府管制，由此导致的后果是必要的政府管理效果的削弱、无效以及民间借贷市场风险的加剧。如 2012 年在温州成立的借贷登记中心，实际运行效果并不理想，一个根本的原因是违背了民间借贷所赖以维系的社会伦理关系和市场主体对财产信息的私密性要求，从而不能达到预期目的。因此，在依法监管民间借贷市场的前提下，应当把握适度管理原则，即监管行为必须尊重和符合民间市场的发展规律，符合客观实际；要兼顾调控和规制的需要与可能，保障各类主体的基本权利。对民间借贷适度监管要求监管权的行使、监管手段的选择都要适度，要把对民间借贷活动参与主体的财产权益和其他相关权益的侵害降到最低，实现政府监管与市场伦理规制的平衡、各类主体法定权益保护的均衡和经济社会的平衡。

4. 分流与打击并重原则

民间借贷市场风险集中爆发形成大规模的不良影响，主要原因在于：一是由于民间借贷市场规模过于庞大，对社会经济各个层面的影响过广过深；二是违法行为肆虐于民间借贷市场，由于形式隐蔽、法律法规不完善，长期以来得不到有效打击。因此，从保障社会经济安全稳定的角度来讲，根本性的管理手段应坚持分流与打击并重的原则。所谓分流，是指通过完善金融体制，一方面分流民间借贷市场的需求，使正规金融体系能够更大程度地满足民间借贷资金需求；另一方面分流民间借贷市场的资金供给，使正规金融体系能够对民间资本具有更大的吸引力。通过分流从供需两个方面减少民间借贷市场规模，从而减少或减轻民间借贷市场的风险规模和对社会经济的冲击程度。所谓打击，是指通过完善的法律法规、高效的监管机制和执法程序，对法律明确认定为违法违规的行为给予必要惩罚。

（二）具体对策与建议

1. 以基础法律法规建设规范民间借贷行为

理论上，民间借贷是经济金融生态自我调节的产物，也是资金资源的一种正常和合理的配置方式。因此，无论是从法律上还是政策上，应给予明确的定位和肯定。因此，应尽快修订和完善刑法、民法、行政法以及有关民间借贷的相关法规和管理办法，制定专门的《民间借贷条例》，统一民间借贷的法律地位以及合法边界，或依据当前政策框架，根据当地民间借贷市场现状，实验性地制定地方性《民间借贷管理办法》，形成全社会统一的对民间借贷法律规范的认知和判断标准，进而形成对民间借贷行为的正确引导。民间借贷的法律规定要求：一方面要确定法律内容，如对民间借贷行为的主体、客体、准则、要求及相应的权利义务和法律责任，让民间借贷合法化和契约化，并使民间借贷的权利和义务具有确定性和可预测性；另一方面根据民间借贷的目的不同进行相应的法律调整。一是针对企业真实生产需求背景规定合理的民间借贷频率和规模，作为判断其合法与非法的标准；二是对无实体生产经营需求的公司以非法占有为目的的民间借贷，依照法律规定进行细化，作为重点打击和关注对象；三是对于单纯从事放贷并盈利的公司和个人，超过法律规定利率放贷的给予明确定性并施以严厉的经济或刑事处罚。

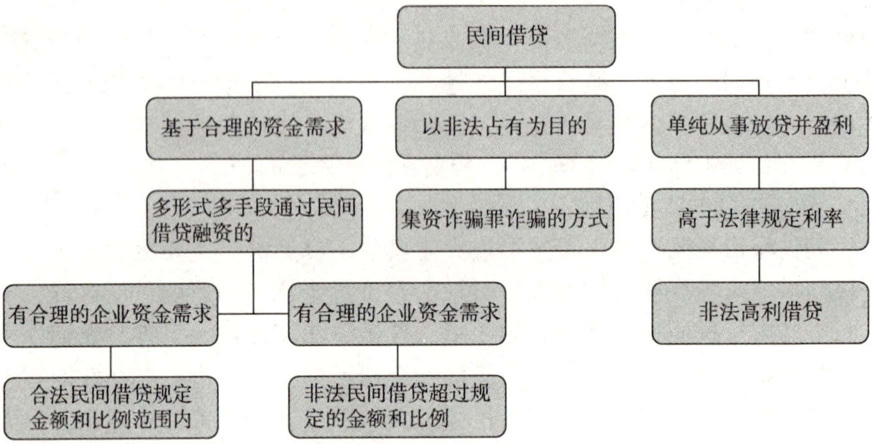

图2 民间借贷法律规制框架

2. 建立规范的民间借贷管理机制

民间借贷市场风险爆发并引起事态逐步升级，其中一个主要原因在于地方政府及有关职能部门对民间借贷市场风险的敏感度不够，对明显的违法违规行为的有意或无意放纵，从而形成“民不告，官不纠”和“事不发，官不查”的管理盲区，给民众带来较大的误导。因此，对民间借贷的管理非旦必要而且重要。但民间借贷的“民间”性或“非正规”性都意味着法律在此领域应保持最小的干预，管理过程中应抓住重点领域、重点企业，对有可能对社会经济造成较大危害的民间借贷行为进行适度的、有针对性的监管。一是确立民间借贷市场主管部门，负责有关民间借贷行政管理措施和相关政策的制定以及具体落实，定期进行民间借贷市场的信息采集和数据收集，在监管体系内加强对重点领域和企业的民间借贷资金规模、性质、利率、流向和风险等情况的动态监测，及时进行风险提示。二是确立合适的划分标准实施分类监管，以保障中小企业合法有效的民间借贷，通过政策引导放宽合法民间借贷中介机构准入规则，并进行必要的监督、管理和专业帮扶。三是建立民间借贷登记管理制度，规定必须由参与民间借贷的企业向管理部门进行登记方可开展借贷，将有效登记作为企业民间借贷行为合法的基础条件之一，① 但借款规模和人次不得超出法律规定，

① 如中国香港规定：任何人经过注册都可以从事放债业务，利率不得超过年息48%。任何以逾年息48%的利率发生借贷，则属敲诈。以超过年息60%的利率贷出款项或要约贷出款项，即属犯罪，最高可处罚款500万港元及监禁10年。南非规定：5 000元以下贷款，不论利率高低，登记即合法。针对我国当前民间借贷发展现状，我们认为由借款企业来进行登记似乎更为合适。

并辅以监督、查处和惩戒等配套措施。这样一方面可以对融资方形成一定的监测和控制，另一方面由于并不强制要求资金借出方登记个人信息，从而形成对个人财产信息私密性要求的尊重。四是建立规范的民间借贷危机处置机制，针对有继续发展可能的民间借贷危机企业实施有计划的融资救助，防止风险进一步扩大；针对危机严重的企业要有一套科学的快速的资产处置机制，最大限度地保护各方利益公平。

3. 依靠社会化信用监督强化民间借贷自律和违法违约惩罚

一是建立民间借贷管理信息平台，实时公布登记备案企业的基本信息和借贷规模，并以此为平台建立畅通的民间借贷违法举报、违约投诉、案件受理及查处信息公布渠道，充分发挥民间借贷的民间监督作用。并以此为基础，建立长效的打击非法民间借贷的多部门联动机制，对违规行为和不稳定因素及时给予警示、监测并加以规范。二是政府主导建立民间借贷中介自律机制，强化民间借贷市场的自我约束、自我教育和自我管理。通常情况下，建立在亲缘、地缘、业缘基础上的民间借贷违约率并不高，在此基础上的个人间的借贷行为完全可由基础的民事法律和伦理进行约束。但对于以企业融资为目的的民间借贷，随着中介人和中介机构的介入，以及资金链条的拉长，信用风险就产生了扩大化的可能。因此，在民间借贷市场发展比较成熟的地方可以由政府主导，鼓励、推动建立民间金融中介自律会员组织，开展会员交流、统一业务标准、相互监督、诚信建设等。进一步通过专业部门对民间借贷中介普及有关国家信贷政策、产业政策、金融知识、法律知识等，提高民间借贷中介的自我规范意识。

4. 加快发展地方性金融，分流民间借贷市场需求

民间借贷市场的活跃表明，当前我国金融市场上契合中小企业发展需求的融资渠道还不够畅通。这一困境的解除需要寻求以内生性为特征的金融制度创新。因此，应大力发展地方性金融服务体系，鼓励民间资本进入地方金融领域，打通中小企业与民间资金的对接通道。一是要按照"低门槛、严监管、强退出"的原则，大力发展小额贷款公司、典当行等地方性非存款类准金融组织，制定严格的地方性非存款类准金融机构经营规则和监管办法，促进民间借贷市场阳光化、规范化。二是鼓励民间资本组建新型金融机构，争取由民营企业甚至是合格的自然人发起设立社区民营银行的试点工作，逐步将经营业绩好、公司治理完善、管理团队能力和素质高的小额贷款公司改制成村镇银行或社区银行，从而将尽可能多的民间借贷市场上的正常企业资金需求分流至正规金融领域。

5. 通过利率市场化分流民间借贷资金供给

从经济学的角度来看，民间借贷在我国长期存在及发展的根源在于正规金融市场对资金价格的发现功能缺失，进而指向正规金融市场利率市场化形成机

制的不完善。一般情况下，金融机构只有在建立完善利率风险定价制度，并能够通过风险溢价获得覆盖高风险贷款损失的权利之后，才会有积极性去按照风险收益对称原则对中小企业发放贷款。有关统计数据表明，中小企业的融资约束与利率管制存在着较大的关联，利率管制一方面造成信贷配给问题，中小企业被迫成为“挤出”的对象；另一方面造成正规金融市场和民间借贷市场上的“利率双轨制”，引发金融秩序的混乱。因此，应进一步加大利率市场化的改革力度，逐步缩小正规金融领域和民间借贷市场的利率差异，从民间借贷市场资金供给角度引导民间资金回流于正规金融体系，从而减少民间借贷市场资金供给，降低民间借贷市场的规模性风险。

6. 依托社会征信体系强化民间借贷市场伦理规制

信用是市场经济赖以存在的基础，社会信用体系的培育比较复杂，涉及法律、经济、教育、社会道德、个人知识结构等各个层面。健全和完善社会信用体系是降低民间借贷市场风险的重要手段，能够依靠正规规制手段对民间借贷市场中的伦理规制形成强化作用，进一步提高社会公众在从事民间借贷活动中的诚信履约意识。首先，地方政府及相关职能部门应对社会征信系统的建设和完善给予大力支持，积极探讨建立以人民银行征信系统为基础的，覆盖司法、公共事业等多层次、多方位征信信息系统和企业融资信息检索平台，实现企业融资信息资源的共享，并增强信用报告的社会化应用；其次，探讨建立企业融资公示制度，充分依靠社会监督、举报功能，督促企业诚实守信；再次，建立企业融资激励和惩处制度，通过各类政策优惠，激励企业守法守信，对失信企业采取制裁措施，提高其违法、违约、违规成本；最后，应进一步加强社会诚信教育，把强化信用意识作为一项基础工程来抓，增强崇尚信用的社会伦理基础，如有计划地实施民间经济行为伦理教育，开展公开、透明的民间经济活动的伦理评价和道德行为记录，在政府管理经济活动中多强化对经济活动中的诚信行为的正向激励等，从而促进民间借贷活动在社会伦理规范的基础上通过社会征信约束机制得以良性发展。

参考文献

[1] 王琦，赵志强，曲士英. 民间融资中的金融伦理 [M]. 杭州：浙江大学出版社，2008.

[2] 胡方松，林坚强. 温州民间借贷风暴 [M]. 北京：中国民族摄影艺术出版社，2012.

[3] 谢平，陆磊. 中国金融腐败的经济学分析 [M]. 北京：中信出版社，2005.

[4] 法例新选组. 民间借贷法律政策案例适用指南 [M]. 北京: 中国法制出版社, 2012.

[5] 李建军. 中国地下金融调查 [M]. 上海: 上海人民出版社, 2006.

[6] 罗丹阳. 中小企业民间融资 [M]. 北京: 中国金融出版社, 2009.

[7] 李新平. 中小企业融资制度变迁与创新研究 [M]. 北京: 中国水利水电出版社, 2009.

[8] 林毅夫, 李永军. 中小金融机构发展与中小企业融资 [J]. 经济研究, 2001 (1).

[9] 秦玉洁. 民间借贷若干法律问题研究 [J]. 现代金融, 2010 (2).

[10] 段炳德. 民间借贷危机的背景、根源与对策 [J]. 理论学刊, 2012 (3).

[11] 巴曙松. 需要打击的仅是非法民间融资 [N]. 新京报, 2005 - 05 - 31.

[12] 范振喜. 正确引导和规范民间借贷发展 [J]. 金融理论与实践, 2005 (3).

[13] 孟宪东. 关于完善民间融资法律体系的思考 [J]. 中国金融, 2010 (5).

[14] 杨海平. 引导民间融资不应止于修修补补 [J]. 中国金融, 2010 (11).

[15] 巴曙松. 资金体外循环凸现金融体制缺陷 [J]. 金融·证券, 2005.

[16] 王曙光. 民间金融的演变和走势 [J]. 银行家, 2009 (2).

[17] 赵勇. 中国民间借贷风险研究——风险表现、成因剖析与对策建议 [J]. 南方金融, 2012 (2).

[18] 张书清. 民间借贷法律价值体系的重构 [J]. 上海金融, 2009 (2).

[19]《中国统计年鉴 (2008—2011)》.

[20]《河南金融统计年鉴 (2005—2011)》.

郑汴金融产业同城化发展实现路径研究

中国人民银行开封市中心支行课题组[①]

摘要 2011年10月发布的《国务院关于支持河南省加快建设中原经济区的指导意见》（国发〔2011〕32号）提出，要“支持郑汴新区加快发展，建设内陆开发开放高地，打造‘三化’协调发展先导区，形成中原经济区最具活力的发展区域。推进教育、医疗、信息资源共享，实现电信、金融同城，加快郑汴一体化进程”。郑汴一体化发展被提升为国家发展战略。但郑汴金融产业同城作为郑汴一体化的重要组成部分，经过7年的发展，仍有许多制约因素尚未被破解。政府部门、金融系统就如何确切定义郑汴金融同城的内涵和外延，如何定位郑汴金融同城中两地的战略地位、协同关系、发展方式等方向性内容还未形成科学、统一的共识。因此，探索和金融同城的实施路径对推进郑汴一体化发展乃至加快中原经济区崛起具有重大战略意义。本文分七个部分进行论证，在六个方面进行了创新，立体、全面地提出了郑汴金融产业同城化发展的实现路径，期望能对决策层规划指导郑汴金融产业的融合发展提供富有实践价值的参考。

关键词 郑汴 同城 金融产业 对策研究

一、绪论

（一）研究背景和研究意义

2011年9月发布的《国务院关于支持河南省加快建设中原经济区的指导意见》（国发〔2011〕32号）（以下简称《指导意见》）提出，要“支持郑汴新区加快发展，建设内陆开发开放高地，打造‘三化’协调发展先导区，形成中原经济区最具活力的发展区域。推进教育、医疗、信息资源共享，实现电信、金融同城，加快郑汴一体化进程”。郑汴一体化发展自2005年首次被提出后再次被推向

---

① 课题主持人：赵继鸿。
课题组成员：郭永强、葛延青、张婧洁、王淑霞、张婷婷。

新的高度，被提升为国家发展战略。2011 年 10 月《指导意见》出台后，中原经济区各地都掀起了如何建设中原经济区的理论大讨论，尤其在郑汴两地，开展了一系列推进郑汴金融同城的各种理论研讨会、形势分析会，还组成了郑汴金融同城研究专家组，对郑汴金融业同城化发展是众说纷纭，但一些讨论仍旧没有跳出原有的套路。同时，政府部门、金融系统就如何确切定义郑汴金融同城的内涵和外延，如何定位郑汴金融同城中两地的战略地位、协同关系、发展方式等方向性内容还未形成科学、统一的共识。对什么情况是真正的“同”，究竟如何“同”，又如何操作“金融行业”的“同”，还缺乏真正权威的言论和明确标准。对“同城”之前要如何筹划，推进“同城”要采取什么具体措施，实现“同城”后如何持续健康发展，也没有相关部门和机构推出实施郑汴金融同城的具体规划方案。所以，探索实现郑汴金融产业同城化发展成为一个亟需研究的重大课题。

（二）研究内容、研究方法与主要创新性工作

1. 研究的主要内容

为了更加科学合理地提出实现路径，遵循了研究历史评述—概念的目标的阐述—可行性论证—经验借鉴—问题分析—提出对策—得出结论的逻辑链条展开七个部分的论证。第一部分从评述郑汴金融同城的研究历程开始，梳理了 2005 年郑汴金融融合发展的概念产生以来从金融支持郑汴一体化发展到郑汴金融一体化发展最终到郑汴金融同城不同阶段的研究内容和成果，评述了前期研究的主要内容，并指出其存在的客观局限性，简单勾勒了郑汴金融产业同城化发展轮廓。第二部分，提出了郑汴金融产业同城化发展的概念和内涵，并指出了金融产业同城化发展发展的三个不同层次。第三部分，初步设定了金融同城的五个阶段的目标。在可行性分析上，本文从三个方面分别给予了理论和实证角度证明，而后通过分析金融同城的基础条件和内在联系对郑汴金融产业同城化发展进行了现实论证。第四部分，主要是借鉴国内同城化发展的经验，分析了广州和佛山、西安和咸阳以及长株潭地区的金融同城的经验和成效。第五部分，从五个方面分析了面临的问题和困难。第六部分，描绘了实现郑汴金融产业同城化发展的实现路径，同时也是推进系统工程的策略，主要包括从观念、制度、技术、载体和项目五个方面综合立体地提出郑汴金融产业同城化发展的实现路径。第七部分，总概全文研究，提出相应对策，得出本课题的最终结论。

2. 研究方法

本课题采用理论和实证分析相结合的方式，通过政策理论定性分析和有效数据定量分析来对郑汴金融业同城化发展进行描绘，并对相关困难和问题进行研究，在尽可能全面占有大量数据资料的情况下，立足中原经济区和郑汴两地实际，借鉴国外同城化发展的经验规律和国内广佛金融同城化建设发展、西咸

支付一体化以及长株潭金融同城的经验，提出郑汴金融业同城化发展的战略思路和实现路径，并就如何实施提出相关建议。

3. 主要创新性工作

一是全面梳理了郑汴金融业融合发展的研究历程。展现了2005年郑汴金融融合发展的概念产生以来从金融支持郑汴一体化发展到郑汴金融一体化发展最终到郑汴金融同城不同阶段的研究内容和成果，评述了前期研究的主要内容，并指出其存在的客观局限性，勾勒了郑汴金融产业同城化发展轮廓。二是深入挖掘郑汴金融产业同城化发展的概念和内涵，并为金融同城划分了三个层次。三是大胆设想了郑汴金融产业同城化发展五个阶段的目标。四是首次全面地分析了国内广佛、西咸、长株潭金融同城的经验，探索金融同城化发展的内在规律。五是系统地阐述了郑汴金融产业同城化发展面临的困难和问题，并首次提出了思想观念方面的因素。六是从观念、制度、技术、载体和项目五个方面综合立体地提出郑汴金融产业同城化发展的实现路径。

（三）郑汴金融同城研究综述

1. 郑汴金融同城研究的初期阶段（2005—2009年）

2005年，河南省出台《中原城市群总体发展规划纲要》，提出积极推进郑汴一体化发展是中原崛起的重要内容。2006年国务院出台了《关于促进中部地区崛起的若干意见》将中原城市群纳入中部地区。为积极响应国家有关中部地区崛起和中原城市群建设的号召，河南省金融系统密切关注并开始探讨如何提升金融业在支持中原城市群发挥的作用。中国人民银行开封市中心支行在2006年开始专门组织人员开展了相关研究。在研究过程中相继提出过“金融支持郑汴一体化发展”、“郑汴两地金融联动发展”、“郑汴金融同城”的概念，并先后于2006—2009年进行了题目为《郑汴金融一体化发展问题研究》、《中原城市群金融一体化发展问题研究》、《国内城市群金融竞争力研究》、《中部地区城市群金融竞争力测度比较研究》的重点课题研究。其中《郑汴金融一体化发展问题研究》[①] 提出，“作为郑汴一体化的重要组成部分，郑汴金融同城化是指郑汴两市金融业互相取消针对对方的非同城限制，金融业可以在两市地域内以同城待遇互相开展业务活动，实现两市金融市场的一体化运作，各种金融要素可以突破行政区划的各种壁垒约束无障碍地自由流动，金融资源可以在两市的区域内共享并得到优化配置，形成一个互相竞争、优势互补、互利共赢的有机整体”。

这个阶段，主要是在郑汴一体化发展的大背景下，讨论如何提供充足的金融支持，为两地经济社会发展与融合提供更加完善的产品和服务，以促进中原

① 《郑汴金融一体化发展问题研究》，中国银行开封市中心支行研究报告，2006.

地区核心增长极的快速发展并进一步带动中原地区经济腾飞。从整个研究历程看，这个阶段属于郑汴金融产业同城化发展的初级研究阶段，原因如下：一是未将金融同城作为一个独立的概念来提出和阐述，而是将金融业融合与金融体系的完善发展等并列起来作为推进郑汴一体化发展的重要因素进行研究；二是没有将金融业作为一个产业进行认识和规划，没有设立产业发展的目标和方向，没有将其作为与其他产业并列的一个类别来研究，而是仅仅归为一种重要的服务业；三是郑汴金融同城多停留于探讨阶段，没有具体成型的规划措施研究，尚未出现同城必需的制度和机制，整个研究比较模糊；四是对郑汴金融同城的研究论证主要集中在必要性和可行性上，这也是符合当时的实际情况的，因为该概念提出不久，需要对其必要性和紧迫性进行分析，唤起大家对金融同城的关注和认同。

2. 郑汴金融同城研究的深入阶段（2010—2011 年）

2009 年 9 月，国务院原则上通过《促进中部地区崛起规划》，2009 年末，“中原经济区”概念被提出。在这样的背景下，郑汴两地政府职能部门和金融系统重新开始关注并深入研究在新概念——“中原经济区”战略下的“郑汴金融同城”问题。新一轮的研究突破了原有中部城市群和中原城市群的概念，将整体研究置于将“中原经济区”推入国家战略的思路中。2011 年人民银行开封市中心支行组织人员在经过长期研究后形成了《开封建设中原地区金融副中心的构想》① 调研报告。随后的半年时间里，开封市金融办组织人民银行开封市中心支行及辖内金融机构研究人员联合河南大学相关研究人员对郑汴金融同城进行了分块研究，并汇总成政策建议提交省委、省政府讨论。

2011 年 9 月 28 日，国务院下发了《指导意见》（国发〔2011〕32 号），中原经济区发展上升为国家战略。《指导意见》明确指出，“要支持郑汴新区加快发展，推进资源共享，实现金融同城，加快郑汴一体化进程”。郑汴金融同城已成为国家战略发展的一个组成部分。在此基础上，2011 年 10 月，人民银行开封市中心支行课题组进一步推出了郑汴金融同城的研究成果——《深入推进郑汴金融同城化的思考——开封视角》②，该论文首次全面深入阐释了金融同城的概念和内涵以及初步推进金融同城的方法路径，在当时已经论述得较为全面，成为郑汴金融同城研究的一个新的高度。

以上这个阶段，“中原城市群”概念升级为“中原经济区”，郑汴金融一体

① 中国人民银行开封市中心支行．开封建设中原地区金融副中心的构想［J］．专报信息，2011（1）．

② 郭水强．深入推进郑汴金融同城化的思考——开封视角［J］．金融理论与实践，2011（11）．

化的提法也逐渐淡出，更多以郑汴金融同城的概念出现，这个阶段开始对郑汴金融同城的概念和内涵有了一定的阐述，金融同城也开始作为一个较为独立的体系来研究和论述，金融作为中原经济区一项重大产业的趋势越来越明显，对推动金融同城的措施和办法也有了较为明朗的思路，各职能部门的职责和分工也逐渐清晰，郑汴金融同城的研究也逐步推向深入。但是研究中还存在一定的不足：一是仍未将金融作为产业来考虑，对金融产业的认识和在中原地区的发展态势尚未有明确的规划；二是金融同城的概念尚需进一步挖掘，对其概念的认识仍旧停留在两地金融业的要素流动无障碍、金融产品和服务的无歧视供给以及金融机构的管理和设置更加符合同城的需求，对金融业的同城发展缺乏多层次的考虑；三是缺乏长远的战略考虑，对郑汴核心增长极金融业同城的理解仍停留在两地趋于同质化的发展合作层面上，仍将开封作为郑州的卫星城市而不是同一个核心增长极来考虑，未真正当做“同城”来进行战略规划，没有对两地金融产业发展进行分工，没有将错位发展作为同城发展的核心理念。如果按照这样的思路研究下去，未来可能导致两地金融业同质化发展而形成恶性的资源竞争和地域性歧视，最终使当前金融业实力相对薄弱的开封逐渐流失金融资源，丧失同城能力，对实现金融同城会造成极大的负面效应。

二、郑汴金融产业同城化发展的内涵与目标设想

（一）郑汴金融产业同城化发展的概念与内涵

金融产业同城化是指在区域经济发展过程中，为打破传统的城市之间行政分割和保护主义限制，促进区域金融市场一体化、金融产业（体系）一体化、基础设施一体化，以达到资源共享、统筹协作，提高区域金融整体竞争力的一种城市发展战略。它是在行政区经济向一体化经济转化的过程中产生的一种开放式的区域金融合作模式，通过弱化城市间的属地意识，强化城市间的集体认同，从而达到共享城市经济和社会发展成果的目标。

在此基础上的郑汴金融同城，是郑州与开封之间的金融活动在服务中原经济区发展的过程中实现相互渗透、相互影响而形成一个错位分工、协调联动的整体发展态势，以集聚、流动两地各有的金融资源，拆除区域内资金流动的障碍为目标，建立区域内统一的资本、货币、外汇、保险和期货市场等金融平台为目的，使郑汴两地资金、人才、信息等要素在区域内自由流动，建立起覆盖两地金融机构间的统一、方便、快捷、高效的服务体系，形成同城化的要素市场，更好地促进郑汴经济社会一体化发展，提高两地整体的经济实力和人民生活水平。

相对一般意义上的同城化，郑汴金融产业同城化应包括两个层次内容：一

是实现金融产品、要素、劳动力和资本等资源要素在区域内的自由流动及优化配置，发挥地区的综合优势，促进整个区域的共同繁荣；二是通过同城化发展，金融产业得到整合，区域金融行业分工得以深化，资源得以共享，资源配置效率得以提高，形成合理的分工协作体系。①

我们认为，郑汴金融产业同城应是一个渐进式演化的过程，是一个从强化互动联系、共同发展金融产业的“双城记模式”逐步过渡到金融产业在郑汴两城市间实现统一规划、共建基础设施、共举产业发展、没有明显界限“洛杉矶同城模式”。未来，随着中原经济区的发展，郑汴两地如果能够成为同一城市，那么就实现了终极的金融同城，金融同城的研究也可以终止。

（二）郑汴金融产业同城化发展的三个层次

郑汴金融同城应是金融产业的同城，是金融产业在郑汴两地进行统一规划、协调配合、错位互动发展的一种状态，应是郑汴两个行政相互独立的区域在金融产业方面的合作，在不同行政区域内统一金融产业发展区域，实现行政区域和产业发展区域的交叉共存。郑汴金融产业同城化发展既然是一种合作，那么不仅要遵循金融产业发展的规律，也要合乎合作由浅到深、由低级到高级的一个渐进过程。因此，金融同城应有三个不同等级的层次。

第一个层次是金融服务同城（金融合作的初级阶段），即基本的存取款和支付服务两城无差异；第二个层次是金融资源同城（金融合作的中级阶段），即金融资源共享，信贷资金和金融资本流动渠道顺畅；第三个层次是金融产业同城（金融合作的高级阶段），即两城金融业融为一体，金融产业统一规划发展，互为依托，相互依赖，实现合理布局与分工，步入协调互动发展态势，实现跨行政区域的产业区域分工协作一体化。

这三个层次是同城级别的一种划分，初级的同城是服务的同城，目前国内如广州和佛山、西安和咸阳、长株潭地区等都已经实现了异地存取款的同城，基本达到了初级同城的层次，其中广州和佛山的金融产业同城也实现了跨越式发展，2007 年广东金融高新区成为两地金融同城的重要载体和快速推进的标志。而西安和咸阳以及长株潭地区距离真正的金融产业统一规划布局的高级同城还有很长的路要走。在时间序列上，可以将实现三个层次的同城细分为不同的阶段，按照各地的实际情况进行科学安排。

（三）郑汴金融产业同城化发展的目标设想

虽然上面提出的了金融同城的三个不同的等级层次，但在时间序列上并不是一定要严格按照三个层次设定目标，可以郑汴两地经济和金融产业的发展情

① 郭永强．深入推进郑汴金融同城化的思考——开封视角［J］．金融理论与实践，2011（11）．

况和郑汴同城化发展的进度在时间序列上合理设定郑汴金融产业同城化发展目标。本文认为，郑汴金融产业同城化发展的目标应该包括近期、短期、中期、长期、终极五个时间阶段。

近期目标（初级阶段目标：2012—2014 年）。由省级层面牵头率先建立一体化的存取款体系。居民储蓄存款可在郑汴两市通存通兑，且无须支付异地存、取款手续费。银行卡、POS 机、ATM、金融 IC 卡系统也实现同城化。银行卡同城结算，客户在两市范围内取款无须支付手续费，且随时可以在两市任何一家自助柜员机上办理存、取款和查询业务。

短期目标（初级阶段目标：2013—2015 年）。建立一体化的支付与资金结算系统。一是开办“大同城”票据交接业务，实现两地资金往来转账结算，为两市银行业金融机构之间的同业拆借资金、票据转让贴现、发放银行贷款等创造便利条件。二是建立覆盖两市各银行业金融机构的高科技电子结算系统，使各银行之间支付、结算同城化，对两市工业企业、商业企业及事业单位账户实行统一管理，从而形成方便、快捷、高效的两市一体化结算网络。三是使支票、汇票、本票等各种支付结算工具在两市范围内得到全面使用。

中期目标（中级阶段目标：2015—2017 年）。一是实现借贷管理系统同城化。郑汴联合向企业发放在两市通用的贷款证，所有银行业金融机构按同城方式放贷，两市共享贷款资源和贷款信息，两市企业均可在郑汴两市的任意一家商业银行获得贷款资助。二是信息平台同城化。建立统一的企业信息平台，将符合国家产业政策，发展势头好，管理规范，经营指标达到一定要求的中小及微小企业纳入平台，实行动态管理，鼓励银行业机构对平台内企业加大信贷支持力度，郑汴两地企业享受同城待遇。三是人才战略同城化。金融要发展，关键是人才，两城的金融人才分布要和两城的金融资源规模相匹配，以适应两地银行业务同城化需要。各银行业机构省分行要从郑汴同城战略出发，将开封分支机构纳入同城管理范畴，统一人才培养规划，统一薪酬福利待遇，加大高管交流力度，积极引导金融人才在两地间合理流动。四是银行监管同城化。目前，郑州市仅设立河南银监局，该局对全省银行业行使监管职责，对市区银行机构监管相对薄弱。两地同城后，监管部门在机构准入、业务准入、高管资格审核等方面要承担大量任务，为此，应对开封银监分局进行组织升格和力量充实，专门行使郑汴两地银行业监管职责。

长期目标（中级阶段目标：2017—2020 年）。郑州与开封之间的金融活动在服务中原经济区发展的过程中实现相互渗透、相互影响而形成一个联动整体的发展态势。集聚、流动两地各有的金融资源，拆除区域内资金流动的障碍，建立区域内统一的资本、货币、外汇、保险和期货市场等金融平台，使郑汴两地资金、人才、信息等要素在区域内自由流动，建立起覆盖两地金融机构间的统一、方便、快捷、高效的服务体系，形成同城化的要素市场，更好地促进郑汴经济社会一体化发展。

终极目标（高级阶段目标：2020—2023 年）。实现产业错位分工协作的终极金融同城。在行政区划不变的基础上，以统一两地金融产业发展规划和布局为前提，发展郑州为金融产业前台，开封为后台。集中优势发展郑州为中原地区的区域性金融中心，不断提升金融业实力。吸引区域性金融总部落户郑州，构建完备的金融产业和市场体系，为金融要素的聚集和流动创造良好条件。以金融产业后台服务为主，将开封发展成为区域性金融副中心，吸引区域性金融机构为前台业务提供服务和支撑的功能模块和业务部门，如数据中心、清算中心、银行卡中心、研发中心、呼叫中心、灾备中心、培训中心等，在中原经济区核心增长极打造前后台分工协作的金融产业“双核”，成为中原经济区经济社会快速发展的强大引擎。

三、国内金融产业同城化发展的经验

通过全国同城化地区的比较（见表 1），当前国内初步实施金融同城的地区只有两个，即广佛和西咸，郑汴同城化及金融产业同城化可借鉴国内经验推进实施。

表 1　　国内地方政府推进同城化的实施措施

实施措施	广佛	郑汴	沈抚	长株潭	西咸	乌昌	太榆
区域共建市政设施	✓			✓			—
成立领导小组	✓	✓	✓	✓	✓	✓	—
网上专栏	✓	✓	—	✓	✓	—	—
区域合作发展论坛	✓	✓	✓	✓	✓	✓	✓
道路规划衔接	✓	✓	✓	✓	✓	✓	✓
取消收费站	✓	—	✓	✓		✓	—
取消电话漫游	✓	—	✓	—	✓		—
公交车	✓	✓	✓	✓	✓	✓	✓
协调区规划	✓	✓	✓	—	✓	✓	—
金融同城	✓	—	—	—	✓	—	—
成立两地财政局	—	—	—	—	—	✓	—

资料来源：王德，宋煜，沈迟，朱查松．同城化发展战略的实施进展回顾［J］．城市规划学刊，2009（4）．

（一）广佛金融产业同城化的经验

1. 广佛同城化的深入推进为两市金融产业同城营造了肥沃土壤

作为广佛同城化的重要内容，金融产业同城在广佛同城化发展的制度和机制框架下，获得了强大的生命力。各种规划、协议和备忘录以及各式领导组织和协调会议的不断制定和完善，为金融产业同城营造富有生机的沃土。同时，各项产业的科学分工和不断融合为金融同城化发展提供了充足的外生动力。一是加强沟通，增进共识。《珠江三角洲地区改革发展规划纲要》将广佛合作概念定格为广佛同城化，并上升到国家战略，两市对推进广佛同城化建设达成高度共识。二是健全机制，形成合力。成立了广佛两市党政主要领导组成的四人领导小组，负责特别重大事项的决策和协调；建立市长联席会议制度；建立分管副市长牵头的工作协调机制；建立多层次的具体工作推进机制，成立重点领域专责小组，合力推进同城化具体工作。三是规划先行，引领发展。编制出台作为国内第一个跨市共同编制的同城规划，《广佛同城化发展规划》涵盖了发展基础与环境、总体要求和发展目标、空间发展布局、重点协调区域和八大发展重点等内容；以总体规划为指导，研究制订专责小组 3 年工作规划，细化目标任务，落实工作措施。四是突出重点，深化合作。两市坚持“统筹规划、分步实施”和“循序渐进、力求实效”的原则，每年度按照“启动一批、推进一批、建成一批”的工作思路，筛选安排两市当前最紧迫、成效最明显、群众最受益的合作项目作为工作重点，集中开展了重点规划研究、重点基础设施、重点产业协作、重点政策对接和重点联合行动等五大类合作，合作领域不断向纵深推进。

2. 金融监管层合作推动为金融同城打开了局面

一是签署《广佛肇金融合作备忘录》。2010 年 3 月，人民银行广州分行与佛山市中心支行、肇庆市中心支行在佛山市南海区共同签署《广佛肇金融合作备忘录》，提出“整体规划、错位发展，先易后难、循序渐进，统筹协调、合力推进”的工作思路，确立了“构建功能完善、协调发展的区域金融服务体系，共同打造现代金融产业体系建设先行区、金融产品和服务创新试验区、区域金融一体化示范区，以促进广佛肇三地经济协调发展”的工作目标。二是出台金融同城实施意见。2012 年 1 月，广佛两地金融办出台了《关于推进银行业金融机构全面实现广佛金融同城化的实施意见》，制定了总体目标，即“推进银行业金融机构取消广佛两地行内系统异地存、取款手续费和汇兑费用；推进银行业金融机构积极利用广东省金融服务平台，实现佛山辖内同城跨行存、取款手续费和汇兑费用的减免推进广佛两地跨行通存通兑，逐步实现广佛两地银行业金融机构对个人与企业跨行通存通兑业务免收手续费”。三是多措并举保障金融同城顺利推进。金融监管部门每半年公示一次辖内各银行机构开展金融同城化的工作进度，接受社会监督；对已经实现省内行内系统异地存、取款手续费减免的银行机构加强正面宣传报道，使市民了解其服务价格优势，通过银行间竞争方式来推动各银行机构尽快走向汇兑费用同城化；大力支持人民银行佛山市中心支行联合广州电子清算中心举办佛山银结通宣传推广活动，加大跨行通存通兑推广力度；金融局、人民银行、银监会、银行业协会及相关银行业金融机构加强沟通协作，共同推动辖区内银行业金融机构实现广佛金融同城及跨行通存通兑。

3. 科学谋划，稳步推进金融服务同城

2011 年"加速推进广佛金融同城化工作会议"指出了三步走实现金融服务的同城化。第一步，在广州实现的跨行通存通兑的银行将其业务扩展到佛山；第二步，争取大型国有银行取消同行异地存取款的手续费，实现同行异地免费通存通兑；第三步，所有银行在两地实现通存通兑。在金融同城化过程中按先易后难的原则推进，按照银行卡业务、存取款业务、定期存取款业务的顺序逐步推进。同时，在人民银行广州分行指导下，农行、建行进行凭证式国债在广佛肇三地同行跨区域自由流通的试点工作。

4. 统一布局金融产业格局，强力打造广东金融高新区成为金融错位同城的空间载体

一是广东金融高新区落户佛山。2006 年，广东省正式把金融作为一个产业来对待，并提出在佛山规划建设广东金融高新技术服务区。当时的佛山，金融业对地方税收的贡献并不突出，但佛山市南海区仍然主动拿出核心地段价值上千亿元的土地，并累计投入超过 350 亿元用于区内配套设施建设。现在来看，当时在佛山建立金融高新区的决定为广佛金融产业同城发展奠定了良好的基础。二是明确定位，形成错位分工 。广东金融高新区定位为与广州、深圳错位，专注金融后台领域，与广州区域金融中心错位发展，利用广佛同城，形成"广州前台佛山后台"的合理分工。三是打造了良好的基础优势。目前广东金融高新区已打造了坚实的区域发展的基础优势，这为金融业的长足发展创造了一方沃土。截至 2012 年 6 月底，金融高新区已吸引 85 家国内外知名金融企业落户，总投资额逾 270 亿元，总建筑面积约 210 万平方米。

（二）西咸支付服务一体化项目建设经验

1. 省市两级高度重视，金融系统积极参与，科学确立项目目标

"西咸支付服务一体化"即实现西安、咸阳两市各银行业金融机构支付结算业务、服务质量、收费标准一体化。具体为：西安市和咸阳市（含所辖县、区）各银行业金融机构所辖营业网点在办理各类支付结算业务（包括系统内通存通兑、ATM 存取款、资金汇划、网银等）时，其办理时效、到账时间、收费标准

等均按照西安市同城标准执行。“西安—咸阳支付服务一体化项目”于2010年7月启动，计划在2012年底前全面完成。项目完成后，企事业单位或个人在西安市和咸阳市（含所辖县、区）内各银行业金融机构办理支付结算业务将突破咸阳和西安互为异地的行政区划“屏障”，实现两地支付服务“同城化、统一化、标准化”，有效降低西安、咸阳两市间的资金流通成本，提高资金使用效率，取消两地之间的资金异地汇划费，实现让利百姓的目的；充分发挥金融服务支持区域经济一体化发展的积极作用，对于其他相关金融服务一体化进程具有重要的示范作用和推动作用，有效带动各银行业金融机构和其他相关金融机构积极推进西安、咸阳一体化，加快“一体化”进程；有效提升两市经济发展的融合度，促进两市优势互补、共同发展。

2. 四方面措施合理推动项目进展

西安、咸阳两地主要采取了四方面的措施推动项目进展，一是统一认识，加强领导，全面组织落实相关工作任务。省市政府、银行业金融机构从讲政治的高度，充分认识实现“西咸支付服务一体化”目标的重要意义和作用。同时，充分发挥在省政府（金融办）领导下的“支付系统推广建设领导小组”管理职能，制定方案，明确目标，精心组织，主动协调相关部门开展工作。二是积极宣传，扩大影响，使广大客户共享便民举措。省市政府通过新闻媒体积极宣传和有效推介“支付服务一体化”项目，积极争取社会理解支持，努力营造良好工作氛围。银行业金融机构通过印发宣传折页、大堂经理主动引导或设立服务窗口等方式，帮助客户了解掌握办理相关业务的流程和要求。同时，做好对营业网点一线人员的业务培训，正确办理相关业务，并接受客户及社会舆论的监督。三是定期报告，充分沟通，及时解决工作中所出现的问题。各银行业金融机构工作报告制度，定期向陕西省金融办、人民银行西安分行报告工作开展情况以及所遇到问题和采取的措施，以便及时研究解决，确保各项工作任务保质按期完成。四是总结经验，考核评比，促进工作任务高质高效完成。陕西省金融办、人民银行西安分行将此项工作纳入陕西省支付系统直接参与者年度考核，对工作积极、成效显著的单位将给予通报表彰。

四、郑汴金融产业同城化发展面临的制约因素

（一）对郑汴金融产业同城化发展的认识有待深化

1. 对郑汴两地的发展关系缺乏正确认识

2011年郑州市GDP为4 912.7亿元占全省GDP 27 232.04亿元的18.04%，相当于开封同期GDP 1 093.64亿元的4.49倍，其区域经济实力和发展潜力都位于省内第一。开封从2007年至2011年5年间，经济发展水平在河南省各地级市

排名中一直处于第13名。郑汴两地在经济发展水平、政治集中程度、产业和人才资源配备上存在较大差异。因此，在郑汴同城化发展上，社会各界认为两者应该是依附与被依附关系，客观上，这种观念就成为阻碍两地经济社会同城发展的思想壁垒，造成了开封积极建议并着力推动郑汴同城，而郑州却缺乏应有的积极性。

2. 在金融产业发展方面缺乏清晰定位

社会各界甚至部分金融部门和研究机构未对郑汴金融产业同城化发展中两地实现的功能进行区分，一味强调开封要加快聚集金融资源，形成郑州以外的河南省金融资源聚集地，没有看到当前两地金融产业发展的客观差距，这样极易形成错误的社会舆论，对两地在未来金融产业发展上形成错位分工、相互补充、互相依存的关系造成不利影响。

3. 对金融产业同城化发展的复杂程度认识不足

在金融同城初级阶段，金融仅仅是一种服务方式，是与水电煤气、通讯、网络类似的一种社会服务。但是当金融作为现代经济发展的核心要素时，就要强调其对经济发展的重大作用，调动社会资源和促进生产力的重要生产要素，是经济发展的重要内容，在这个层次中，金融是经济的核心，但是尚未上升到产业的层面。随着经济的发展，金融业的不断繁荣昌盛和其对经济社会的贡献率日益增加，必然将形成一个产业，与纺织、机械、建筑、食品加工等产业相并列的产业，这是金融业发展的高级阶段。当然，金融业的发展是核心产业，是关联性最强的产业，高于其他产业而存在。因此，社会各界亟需提升对金融产业同城复杂性的认识，认清金融同城过程中的困难，对金融同城的持久推进保持宽容和耐心。

（二）缺乏金融同城的规划、协议

市场自发融合和行政规划分别是郑汴金融产业同城化发展的内生动力和外生动力，在两地金融产业及市场融合的内生动力不强的情况下，行政规划就变成快速推进金融同城的关键力量。但到目前为止，还未出现有关郑汴经济同城的系统的规划安排，两地政府金融办和金融管理部门都未在具体推进郑汴金融同城方面签订合作协议或备忘录，对郑汴金融同城没有建立相应的协调机制，并未就从逐渐合作到金融产业同城布局达成确定的共识，对郑汴金融同城化发展还停留在模糊的探讨阶段，对推进金融同城的各项重大问题尚未出台具体措施。

（三）地域划分造成了两城金融产业融合诸多壁垒

1. 行政区划形成的壁垒

金融同城化发展需要金融资源能够在更广泛的范围内自由流动，然而行政壁垒的存在导致了金融资本断裂的现状。一方面，由于税收、法院以及工商部门的信息都掌握在政府手中，而且重大基础设施项目要有地方政府财政作保障，所以金融机构不得不依赖于当地政府获取业务；另一方面，金融资源是支持地方经济发展的重要力量，由于行政和金融体制的历史原因，地方金融业部分地成为地方政府的“第二财政”，在完成发展地区经济的严峻任务压力下，金融资源就显得更为关键。地方政府控制本地市场的意愿非常强烈，不希望本地区优质的金融资源与他人共享，导致区域金融资本难以实现合理配置或金融资本配置的低效率。

2. 金融体制和信贷政策形成的壁垒

我国的金融机构体制基本上是总分行（总部和分支公司）制度，即除总部之外，以行政区域为边界划分分支机构的经营界线。这就客观上造成了各平级分支机构之间的业务和资源竞争，如果无法统一考核和激励机制，地方金融机构就会极力维护其所在经营辖区内的业绩和收入，对金融同城和资源共享抱有一定的抵触情绪。同时，金融机构的“总部—分支机构”的体制安排倾向于权限的向上集中，且各银行机构同一种业务的收费标准存在差异，无论对于手续费减免还是信贷审核标准的统一等金融业务融合，地市级甚至省级分行都没有足够的权限，均需总行进行统一修订审核相应制度并进行业务系统权限设置，在此方面的协调也存在一定难度。

3. 银行业金融机构属地监管形成的壁垒

就我国金融体系的发展程度看，金融体系和金融产业还处于银行主导型阶段，银行业的业务同城决定了郑汴金融产业同城化发展的进度。但当前，我国采取银行业属地监管政策，这使监管部门和银行业机构更加贴近的同时，造成银行业机构相向发展和衔接遭遇地域障碍。此外，受多种因素影响，央行在两地的派出机构在宏观调控和区域金融协调能力上存在差距，也制约金融同城化的形成与发展。

（四）金融产业同城化发展的载体匮乏

1. 金融体系不健全，同城的市场载体不够成熟

郑州作为省会城市，具有相对完善和优越的金融组织体系，可以提供多层次的金融服务，能够满足不同的金融需求。但是作为未来的区域金融中心，郑州与青岛、武汉等区域中心城市相比，无论金融交易功能、金融服务功能，还是金融辐射功能都还有一定的差距，现有的金融组织体系有待进一步完善。而开封市的金融组织体系还不十分健全，除四大国有商业银行外，地方性金融机构资金实力单薄，截至 2012 年 9 月仅有 2 家股份制商业银行在开封设立分支机构。且金融服务产品少，创新能力不强，中间业务发展相对缓慢，还没有形成

两市金融机构跨地区信息资源共享的高效运行机制，难以承载郑汴一体化带来的巨大资金压力和多样化的金融需求。

2. 金融产业统一发展缺乏空间载体

金融集聚区对金融产业具有核心凝聚作用，也便于两市金融产业在此空间载体内进行统一规划和分工，形成错位发展的区域性优势，塑造强有力的金融凝聚核。2009 年出台的《郑汴新区总体规划方案》将金融商贸功能定位于郑东新区和汴西组团两个地域，但截至目前对“金融集聚区”的勾画尚未形成，在商务区选址、建设周期、规划用地、投资规模、运作机制、后续发展等方面还缺乏相应的安排。

五、郑汴金融产业同城化发展的实现路径

郑汴金融产业同城化发展是一项复杂的系统工程，做好此项工作需要从观念、制度机制、技术合作、载体和具体项目层面分别展开。

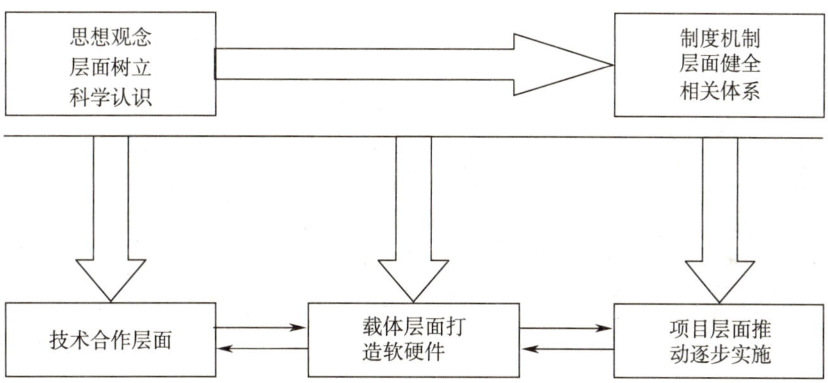

图 1 金融产业同城化发展实现路径图

（一）从观念层面建立对郑汴金融同城的科学认识

1. 摆正两城在金融同城中的位置关系

正确的合作关系是郑汴金融同城的思想基础，是郑汴金融同城能否快速推进的关键环节。在郑汴金融同城的发展中，平等发展、合理分工是必须坚持的原则。既然要实现郑汴金融同城而不是郑州单极发展，就要摒弃郑强汴弱，郑州优先发展的思想，实现金融产业统一规划，同时同步错位发展。

2. 正确看待金融同城的复杂性和推进同城的渐进性

金融同城是在行政区划不变的情况下建立两成统一的金融产业发展区域，不可避免地会形成产业发展区域和行政区域的交叉。在整个过程中，需要解决的困难是多样化、多层次、多根源的。同时，随着金融产业的不断发展和金融

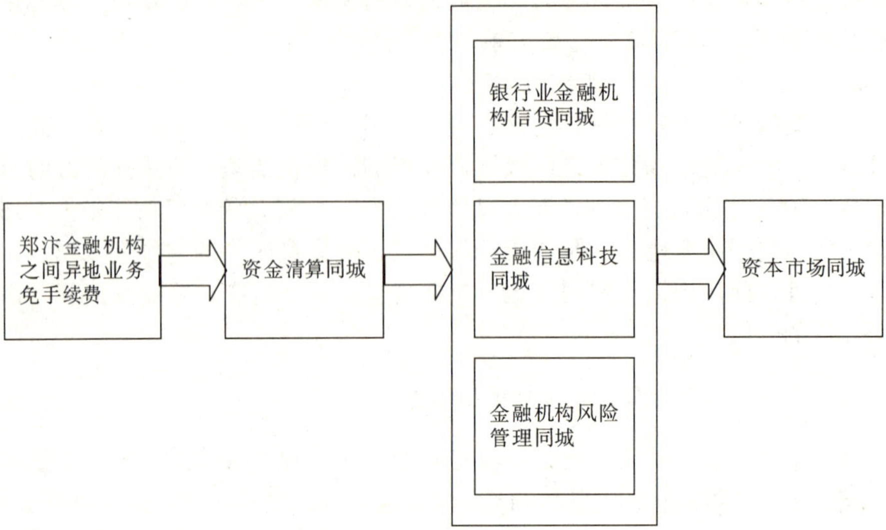

图 2　项目推进路径图

体系的逐步完善，金融与经济社会的关系会日益密切，金融同城会逐渐从外生的行政力量主导过渡到内生的金融产业自发力量主导，金融同城也会从存取款免收手续费这样的初级阶段逐渐发展到两市金融产业的合理分工、错位一体发展。因此，作为金融产业同城化发展的主导力量，政府和金融管理部门要正确认识金融同城的复杂性和渐进性，杜绝不分层次、一气呵成地盲目冒进，防止过度扭曲正常的金融发展节奏和规律对金融同城造成严重的负面效应。同时，要通过各种宣传手段，统一和增强社会各界对该项工程的认识，争取更大范围的支持和认同。

（二）从制度层面尽快完善规划和机制体系

1. 进一步提高对郑汴金融同城的重视程度

郑汴金融同城不是一项业务的综合、同化，而是一项系统工程，省市党委政府的高度重视是实现郑汴金融同城的先决条件。郑汴两市金融同城，有利于两市经济发展和民生改善，但是也会出现一些障碍和问题，尤其在短期利益的协调上，需要做大量的工作，仅仅靠两地金融管理部门和金融机构来推动，层面低、难度大、权威弱，很可能会出现进程慢、问题多的情况，很多工作可能会流于形式。因此，金融同城还需省级党委政府牵头，由两市党委政府共同努力带动金融管理和经济相关职能部门共同完成。

2. 编制金融同城规划，健全配套政策和法规

实现郑汴金融同城化发展，要把两个城市作为同一整体来考虑，抓紧讨论

并编制郑汴金融同城发展规划。同时，在完成第一阶段的理论大讨论的基础上，深入金融机构和经济职能部门及社会民众开展务实调研，推动操作层面的工作开展，并由此制定具体的目标任务，实现从单项业务服务同城到全面同城。另外，要尽快研究制定统一的政策和法规，完善各种协调机制，通过加强制度建设来推进同城化，营造无差异的体制和政策环境，使金融同城化发展纳入法制轨道，使其有法可依。

3. 完善相关制度机制

一是制定考核奖励与利益补偿机制。制定一系列的考核奖励办法，形成长效机制。安排好配套的利益补偿和协调机制，对在推进金融同城进程中有短期利益损失的机构进行一定的政策优惠或资金补偿。二是形成新闻发布制度与定期研讨论证机制。由两市成立新闻发布工作小组，不定期发布郑汴金融产业同城化发展的权威信息，切实加强舆论宣传工作。在郑汴两城定期召开金融同城发展论坛或研讨会，对金融同城过程中的重大问题展开分析论证，保证金融同城化进程能充分体现金融行业及社会各界的利益诉求。

（三）从技术层面破除各种壁垒，打通金融同城渠道

1. 加强两地监管部门组织体系的对接

郑汴金融同城化要求金融监管实现同城化，打破行政区划隶属关系，在市场准入、资产质量、内部控制等监管标准方面实现对接。首先，统一两市金融服务定价标准，取消郑汴金融机构之间异地业务收费项目；其次，在不同金融机构的经营地域范围、业务种类等方面统一标准，并建立相关协调机制进行推动，避免两地金融监管标准不同所带来的区域分割和规避监管现象。

2. 突破金融资源条块分割格局，加快金融业内部改革进程

实现两市金融同城，首先要突破金融资源条块分割格局，形成市场化的金融运行平台，因此，要加快两地金融业内部改革进程。一是机构重组。将开封分行所属分支机构归并河南省分行营业部，修改目前开封所有分支机构的支付系统行名行号和机构代码，修改各行综合业务系统有关参数，合并两市原综合业务系统数据库。二是合并业务系统。通过各银行业金融机构省级部门，修改调整或重新设置系统参数，统一郑州和开封城市号段，使系统自动免收费，实现郑汴两市活期存折、定期存折的通存通兑。

3. 完善金融业协作，打造合作平台

健全地方金融风险防范和处置机制，探索完善区域内金融协调机制和区域间金融交流合作机制。在鼓励公平竞争的基础上，推动银行同业及银行与证券、保险等其他行业在更大范围开展更加密切的合作，通过学习产品和技术，延伸服务渠道，设立产品研发平台，不断创新服务产品，进一步提高发展质量。加

大开办资金拆借、代理结算、银团贷款、委托贷款、信贷资产转让等业务合作范围，形成优势互补，竞争合作格局。继续加强与会计师事务所、律师事务所等中介机构和新闻媒体的合作。最终，形成一个内外运转协调的合作平台。

（四）从载体层面进一步建立完善“硬件”和“软件”环境

1. 推动建设郑州区域金融中心和开封金融副中心

以郑州本地经济为依托，以郑汴两地经济供求为拉动，完善金融组织体系，培育发展本地金融业，鼓励外地金融机构前来投资和设立办事机构，从而加快郑州区域金融中心的集聚和形成进程，逐步形成辐射郑汴两地的金融资源供求集聚中心和金融服务中心，进而有力地推动郑汴金融同城进程。以促进开封金融产业科学发展，为郑汴地区和中原经济区一体化发展服务为宗旨，加快推进开封金融产业机构聚集和结构优化升级。结合开封经济社会发展实际，立足与郑州和中原地区城市间的金融合作，接受郑州区域金融中心辐射，聚集金融机构与金融资本等产业要素，建立“一站式、全方位、标准化”的中原地区金融后台服务基地，逐步形成与郑州区域金融中心错位发展、业务互补的开封区域金融副中心，对中原经济区内其他城市提供金融服务和金融支持。未来将在此基础上，逐步融合郑汴金融资源，打造中原经济区的郑汴金融中心。

2. 郑汴共同规划建设金融产业集聚区，打造金融同城的空间载体

以郑汴新区或开封新区为载体，在10平方公里左右的范围内，高起点规划、分阶段推进、高标准建设环境优美、功能完善的金融核心区，引导金融机构集中布局。将金融集聚区规划为产业金融区、科技金融区、商务金融区、金融外包基地区五大特色功能区域，建成一系列标志性建筑，逐步完善通信、交通等配套硬件设施，将金融商务区打造成国内知名的新兴金融产业聚集区，为金融产业企业落户和金融行业融合发展提供良好的硬件载体。

3. 积极营造诚信氛围，打造优质金融生态环境

积极围绕建设“诚信郑汴”的目标，把创建“中国金融生态城市”列入重要议事日程，大力开展以农村信用工程、企业信用工程、社区信用工程和区域信用工程为主体的“四大信用工程”建设。促进信用环境改善，构建平等竞争环境，保证金融活动的有序进行。加强金融知识宣传，为银行业发展创造良好的舆论环境。完善社会信用体系和信用评价机制，建立和完善信用信息管理制度，推进信用评价体系建设，建立失信惩戒机制。加强金融基础设施建设，进一步改善市场交易体系、支付结算体系和支付保障体系。大力发展信用中介机构，建立评估科学、客观公正、权威性强的企业资信评估体系。健全政府主导、监管机构推动、部门联动、社会参与的金融环境建设长效机制，优化金融司法环境和行政服务环境。

（五）从项目层面由易到难逐步实现金融同城

1. 郑汴金融机构之间异地业务免手续费的实现路径

主要内容：一是促使郑汴两市银行业金融机构实现活期存折、定期存折在两市间通存通兑。二是取消郑汴两市各银行业金融机构系统内银行卡、活期存折、定期存折在两市间存取现金的收费项目，从而使郑汴两市支付结算一体化。

方案一：郑汴两市各银行业金融机构进行机构重组。如工行开封分行并入工行河南省分行营业部，开封分行所属分支机构，直接归合并后的工行河南省分行营业部管理，修改目前开封工行所有分支机构的支付系统行名行号和银行机构代码，全部归属工行河南省分行营业部。同时修改工行综合业务系统有关参数，合并两市原综合业务系统数据库。郑汴两市其他各银行业金融机构可根据自身实际情况，比照工行机构重组模式进行，这样可以彻底实现郑汴金融同城，但这种方案涉及面广、较复杂，难度较大。

方案二：业务系统合并。一是由于所有收费项目都是在系统中事先设置的，系统识别是否收费，首先识别银行卡、活期存折等是否为同一城市，主要识别银行卡、活期存折等卡（账）号中代表城市代码的几位数字（简称代表城市号段），如果代表城市号段相同，则免收费，否则系统自动进行计算收费金额，并直接进行扣除。因此可以通过各银行业金融机构省级部门，修改调整或重新设置系统参数，统一郑州和开封城市号段，从而达到系统在识别城市号段时，开封与郑州一致，使系统自动免收费。二是将郑汴两市浦发银行和交通银行作为两地实现活期存折、定期存折通存通兑的试点，组织业务技术人员开发程序，并尽快实现活期存折、定期存折在两市间通存通兑，方便两市居民。

操作建议：一是由郑汴金融同城管委会，向省委省政府进行郑汴金融同城化方案的汇报，征得省委省政府支持后，由省委省政府下发指导性意见。二是由省政府有关部门以及郑州市、开封市政府根据省委省政府下发的指导性意见出面协商人民银行郑州中支、河南银监局，联合制定一个草拟方案。三是人民银行郑州中支、河南银监局根据方案协商银行业金融机构，征求可行性。四是银行业金融机构省级分行，在进行可行性研究后，向其总行申请或备案，征得总行同意后，组织有关业务、技术人员进行操作。

2. 资金清算同城的实现路径

此项工作是两市金融同城的基础工作。应以两地银行统一票据清算、电子联行和会计核算系统三位一体建设为目标，实现两市电子联行的对接，建设郑汴两市之间的电子支付清算网络系统和城市支付与资金清算系统。一是两市电子联行与中央银行会计核算系统对接；二是两市中央银行会计核算系统与同城票据清算系统对接；三是两市人民银行与国有商业银行网点对接；四是以郑汴金融网络系统为基础，统一同城票据清算。

3. 银行业金融机构信贷同城的实现路径

一是建立信贷担保资源共享制度。加强两地银行业金融机构内部之间的合作，互相监管对方贷款项下位于本地的保证人、抵押物，实现区域系统内部资源的整合，并以此带动各行间外部信贷资源的共享，破解金融同城对异地保证人、抵押物监管难的问题。

二是建立郑汴两地共享的评信系统。在省级金融管理部门指导下，共同搭建的标准化、专业化的企业信用评级平台。通过"评"价企业的资"信"状况，挖掘优秀企业供银行选择，为企业提供快速、低成本的融资途径，建立起郑汴两地企业尤其是中小企业的融资通道。

三是建立健全联合授信管理。对跨区投资、分支机构、关联企业的客户，郑汴两地各银行业金融机构内部可联合对客户核定总的授信额度，把握贷款项目经营和风险状况、实际需要，将额度分配给贷款项目所在地的分行安排使用，并联合对客户整体进行信贷风险管理。

四是建立信贷业务委托制度。两地银行业金融机构对跨地区经营的信贷业务可充分利用自身的机构网络优势，实施跨地区委托代理，降低经营管理成本，提高市场竞争力。对有跨地区投资、分支机构、关联企业的客户，各行可委托贷款项目所在地的分行，对办理的信贷业务进行调查；对已审批的信贷业务，各行间可委托贷款项目所在地的分行对贷款项目的信贷资金使用、经营和财务状况、风险状况进行监管；对由境外公司或自然人承借的风险贷款，可互为委托贷款项目所在地的分行代为追收和风险处置。

五是建立郑汴银行业金融机构联动营销协调机制。首先，建立联合营销项目库。两地各银行业金融机构内部之间密切配合，按照明确的标准和条件，汇总和筛选跨地区大客户，并列出跨地区大客户的目录清单，作为联合营销的目标。其次，建立联合营销主办行与协办行制度。在联合营销过程中，要明确主办行和协办行各自的目标和职责，达到各司其职、优势互补的目的。

4. 郑汴金融信息科技同城的实现路径

构建两地银行业金融机构科技平台，为区域发展提供技术支持。为此，必须对两地银行业金融机构的科技网络及其软件开发进行整合，尽快实现银行业金融机构系统网络连通、共性产品统一开发，为郑汴两地银行业金融机构的联动发展提供科技支持平台。一是统一全行电话银行自助语音流程规范，使电话银行服务标准化、规范化，促进两地合作各方通过联网方式，实现呼入互转，并建立有效的协调机制，快速处理跨地区业务。二是将目前推广应用银行业金融机构内部的信贷管理系统的查询功能进一步强化，实现两地相互开放，从而在技术上保证信贷信息共享的快捷性与方便性。三是组建郑汴银行业金融机构科技开发联动小组，其主要职能是统筹研究郑汴银行业金融机构自身的科技发展规划、区域内重大科技开发创新及新产品的技术研究等问题，组织实施郑汴两地银行业金融机构的科技互联互通。

5. 郑汴金融机构风险管理同城的实现路径

构建郑汴两地银行业金融机构内控风险平台，提升风险防范能力。郑汴两地的各家银行业金融机构要在客户资源共享、网点共享、信息共享的基础上，重点抓好集团客户、跨地区客户以及相关产品的风险管理，以具体的集团服务或综合项目为载体，确定主办行、协办行关系，建立客户经理协调机制，对跨区域的高级客户经理统一服务政策、统一业务权限、统一服务标准。同时，根据集团客户的类型、规模、资信程度等，统一授信，区别对待，在业务推动和产品创新上整合资源配置，两地银行与属地的分行联手完善异地贷款和委托贷款业务，推行系统内银团贷款业务。在区域客户的信息共享上，要完善内部征信体系，建立客户预警信息通报制度和健全风险联动反应控制机制等，采用风险的“区域联防”战术，对于大型跨区域项目，组成郑汴两地风险评审小组联合评审，全方位考核项目发展前景和银行贷款风险情况，以有效控制跨地区客户的违约风险。

6. 资本市场同城化的实现路径

一是以郑州、开封两地为主体，发行政府债券，发债募资在两地统筹安排使用。二是设计发行银信合作的集合信托计划。设计发行资产证券化产品——以同城两地联合的银行债权资产包作为标的。同城两地联合在一起，设计出需要资产证券化的银行资产包。通过对两地商业银行的相关资产进行证券化，有效地缓解两地商业银行的自有资本消耗，缓解当前信贷资金紧张，对经济形成的资金约束。三是证券、保险业务同城。对两市证券、保险业务适当整合，实现居民投资、保险的同城化；统筹服务两地企业上市融资。

郑汴金融产业同城化发展是一项复杂的系统工程，是加快中原经济区建设的主要内容，是关系到经济社会健康、快速发展的重要工作，也是涉及两地居民乃至影响中原经济区 1.7 亿人的重大项目。虽然面前道路荆棘，虽然推进过程步履维艰，但是在河南省委省政府的领导下，在社会各界共同努力、共襄大业的决心下，在郑汴两地政府、金融管理部门、金融机构和广大社会居民团结一心、众志成城的强大力量的推动下，郑汴金融同城定能突破层层“雾霭”，冲破种种壁垒，迎来胜利的曙光，走上和谐发展的“高速公路”，在推动中原经济区实现跨越式发展中发挥重大支撑作用，成为中部地区崛起的强大“引擎”。

参考文献

[1]《中共中央国务院关于促进中部地区崛起的若干意见》（中发〔2006〕10号）.

[2]《国务院关于支持河南省加快建设中原经济区的指导意见》（国发〔2011〕32号）.

[3]《批转省金融办加快推进广东金融高新技术服务区建设工作方案的通知》（粤府函〔2010〕194号）.

[4]《关于进一步做好“小额支付跨行通”和“西咸支付服务一体化”相关工作的通知》（西银办〔2011〕159号）.

[5] 开封市现代金融业发展规划（2010—2015年）.

[6] 中国银行开封市中心支行研究报告．郑汴金融一体化发展问题研究．2006.

[7] 开封建设中原地区金融副中心的构想．中国人民银行开封市中心支行《专报信息》，2011（1）.

[8] 郑州市统计局．2005—2011年开封市国民经济与社会发展统计公报．

[9] 开封市统计局．2005—2011年开封市国民经济与社会发展统计公报．

[10] 郭永强．深入推进郑汴金融同城化的思考——开封视角［J］．金融理论与实践，2011（11）.

[11] 孙丽霞，梁燕君．珠三角区域金融一体化发展探讨［J］．南方金融，2011（5）.

[12] 中国人民银行咸阳市中心支行课题组．西咸区域金融一体化问题研究［J］．西部金融，2010（11）.

[13] 杨海华．广佛同城化的生成机制和合作模式研究［J］．广东经济，2010（8）.

[14] 李王．城市经济圈同城化效应的国内比较及启示［J］．特区经济，2010（3）.

[15] 张英．如何构建中部区域金融中心［J］．中国金融家，2010（12）.

[16] 陆岷峰，张惠．由南京构建区域金融中心争论所引发的思考［J］．金陵科技学院院报，2010（3）.

[17] 彭化非．论广佛金融服务一体化［J］．南方金融，2010（7）.

[18] 王德，宋煜，沈迟，朱查松．同城化发展战略的实施进展回顾［J］．城市规划学刊，2009（4）.

[19] 杨林，何春霞．泛珠三角区域金融合作的策略［J］．粤港澳市场与价

格，2008（8）.

[20] 解春苓. 京津廊区域金融合作发展的问题研究 [J]. 北华航天工业学院学报，2008（6）.

[21] 王伟藩. 长三角地区金融合作优势与前景探讨 [J]. 国际经济合作，2006（12）.

[22] 王景武. 加强京津冀金融合作构建环渤海区域金融体系 [J]. 港口经济，2006（1）.

[23] 吉洪. 搭建泛珠三角区域商业银行合作发展平台 [J]. 南方金融，2006（7）.

[24] 张京祥. 全球化背景中的区域发展与规划转变 [J]. 国外城市规划，2004，19（3）

[25] Merton, Robert C., 1995. "A Functional Perspective of Financial Intermediation." Financial Management, 24.

[26] Boot. A. W. and A. V. Thakor. 1996. Financial system architecture, Working Paper (Indiana University).

[27] Niels H., Robea L.. Foreign Direct Investment, Financial Development and Economic Growth [J]. The Journal of Development Studies, 2003.

河南省存差扩大与信贷增长缓慢问题研究

中国人民银行郑州中心支行金融研究处课题组①

第一节　河南省经济增长与信贷投入的基本情况

一、经济长期保持较快增长，但结构不尽合理

改革开放以来，我国的经济增长举世瞩目，河南省的经济也得到了飞速发展。河南省经济规模大、增长迅速。从总量看，1997 年以来，河南省 GDP 总量基本上处于全国各省（直辖市、自治区）第 5 位（2003 年排在第 6 位）；长期稳居中部六省首位。从增速看，河南省 GDP 自 2003 年起持续保持两位数的增长速度，增速持续高于全国水平。2011 年，河南省实现地区生产总值 27 232 亿元，同比增长 11. 6%，高出全国增速 2. 4 个百分点。

虽然河南省经济总量较大，增速较快，但经济结构不尽合理。从三次产业对 GDP 的贡献率来看，对河南省经济增长贡献最高的是第二产业，其次是第三产业，但与全国平均水平相比，河南省第三产业发展相对滞后，对 GDP 的贡献率低于全国水平。2011 年底，河南省三次产业结构为 12. 9∶58. 3∶28. 8。其中第一产业贡献率高出全国平均水平 2. 8 个百分点，主要是传统种植业等，整体竞争力不强；第二产业贡献率高出全国平均水平 11. 6 个百分点，但主要是产业层次相对较低、资源指向明显的采掘工业、资源加工工业和农产品初级加工业等，与湖北的汽车工业优势，安徽的电气机械及器材制造业、汽车、通用设备制造业优势等相比，差距明显；第三产业贡献率较全国低 14. 3 个百分点，主要是金融、信息服务、科技服务、商务与租赁服务等现代服务业发展相对滞后。

---

① 课题主持人：张树忠。
课题组成员：郑豫晓、王淑云、袁彦娟、沈志宏。

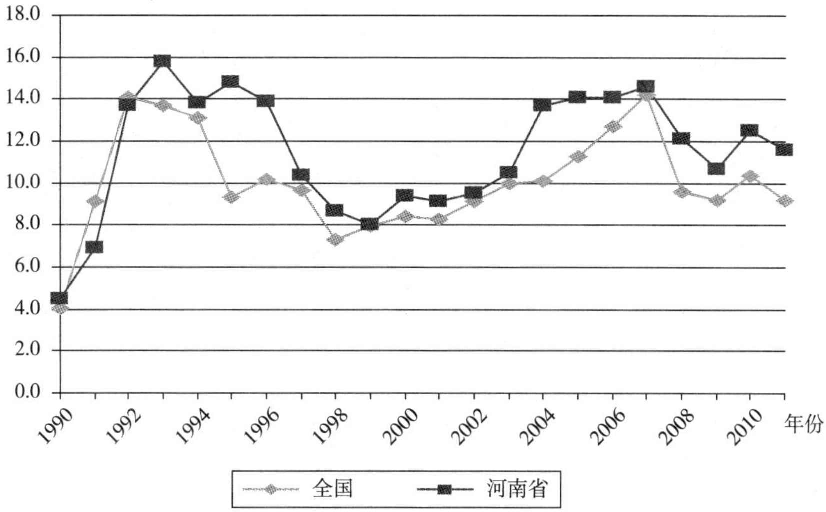

图1 全国及河南省 GDP 增速对比图

二、银行贷款规模不断扩大，但增速长期低于全国平均水平

河南省的信贷投入自改革开放以来实现了持续、稳定的增长，但增速长期低于全国平均水平。2011 年底，河南省金融机构人民币贷款余额为 17 506.2 亿元，较 1998 年增加 13 996.2 亿元，增幅达到 398.7%。但从增速看，河南省贷款增速一直低于全国水平。2011 年底，河南省金融机构人民币各项贷款同比增长 11.5%，比全国平均水平低 4.6 个百分点，在全国 31 个省、自治区、直辖市中排在倒数第二位。同时河南省贷款余额在全国的排名持续下滑，从 1998 年的第 7 位下降至 2011 年底的第 11 位，资金外流现象较为严重。

三、金融机构存差逐年增长，存贷比不断下降

1998—2011 年，河南省银行业金融机构存差由 234.3 亿元扩大到 9 140 亿元；人民币余额存贷比由 96% 下降到 66%。2011 年河南省存贷比首次低于全国平均水平，在全国的排名从 1998 年的第 14 位下降至 2011 年的第 18 位，仅高于北京、山西、西藏、黑龙江等地，资金外流现象较为严重。

四、金融发展程度相对较低

如果利用贷款余额/GDP 作为金融发展程度的衡量指标，河南省的金融发展程度与全国其他地方相比，处于相对落后的位置。2011 年，河南省贷款与 GDP

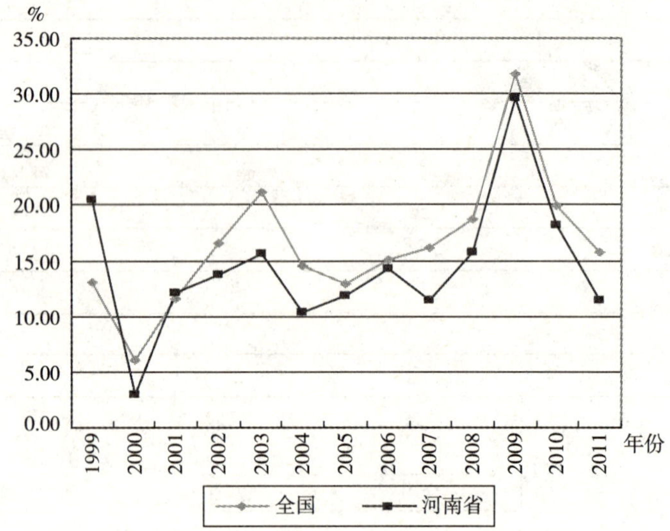

图 2　全国及河南省贷款增速对比图

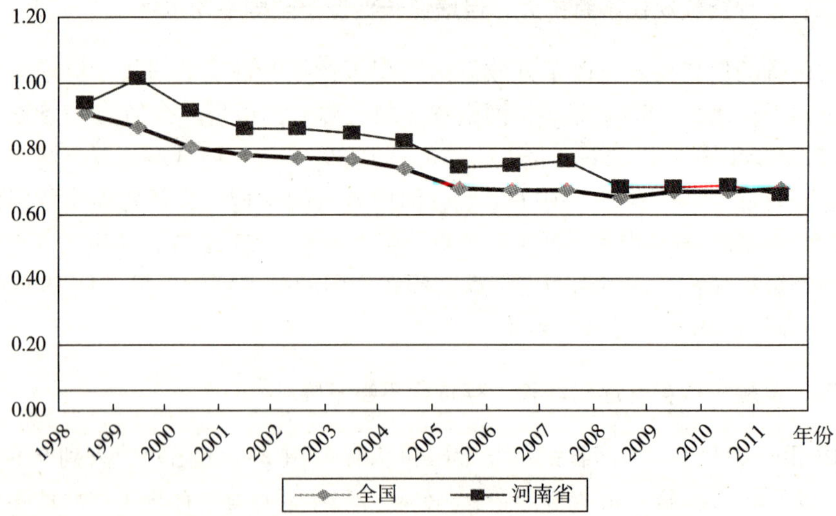

图 3　全国及河南省存贷比走势图

的比值为 0. 64，处在全国倒数第一的位置，较 1998 年下降了 0. 17。虽然仅用该指标度量金融发展程度有一定的片面性，但在一定程度上依然能够说明，与全国不少省市相比，河南省金融深化程度较低，金融业发展滞后于经济发展。

从河南省经济增长与信贷投入的基本情况可以看到，存差的不断扩大和信贷增长相对缓慢是目前河南省经济金融发展中突出的问题，同时，在信贷增长相对缓慢的情况下，又是何种资金支撑了河南省相对快速的经济增长也成为困扰我们的关键问题。

第二节 河南省存差扩大和信贷增长相对缓慢的共性原因分析

从前一节的分析中可以发现，近些年河南省金融机构的存差不断扩大，存贷比有所下降，贷款与GDP的比值在全国排名比较靠后，信贷增长相对于全国平均水平略慢。从其他省份的情况来看，存差不断扩大以及信贷增长在经历2008年、2009年的高峰期后逐年减慢是普遍现象。因此，本节主要基于制度性、政策性以及经济金融发展等角度，就河南省存差过大、信贷增速减慢等问题与全国及其他省份的一些共性原因进行分析。

一、贸易顺差加大以及1994年银行结售汇制度的实行导致外汇占款剧增是存差出现的直接原因

1990年以后，随着经济的发展及国内生产能力的大幅提高，出口趋于旺盛，贸易顺差出现，且增长迅速呈现逐年扩大的趋势。1994年我国进行外汇管理体制改革，实行银行结售汇制度，中资企业经常项目下的外汇收入除少数非贸易非经营性收入之外都必须卖给指定的银行。在此背景下，央行为购入外汇投入的人民币数量也因此大幅增长，这些货币投放最终反映为企业或个人在金融机构存款的相应增加。

另外，由于强制结售汇制度下外汇储备大量增加，引起基础货币被动投放，央行为抑制通货膨胀，采取公开市场操作、收回再贷款等对冲方式来收回流动性，客观上压缩了金融机构的贷款供给能力，导致了存差出现。

二、信贷监督管理制度的变化使各地区存差出现并不断扩大成为必然

1995年，我国第八届人民代表大会第十三次会议通过了《中华人民共和国商业银行法》，并于2003年进行了修订。商业银行法从维护经济金融安全角度出发，在法律上提出监管要求，明确规定商业银行资本充足率不得低于8%，贷款余额与存款余额的比例不得超过75%。这种法律、规章制度上的严格规定，使得商业银行不断调整原有的资产结构，消化原有体制下超负荷运转所形成的贷差，并使得存差成为银行体系运行的常态。

1994年之后，商业银行的信贷管理制度发生很大变化。商业银行实行资产

负债比例管理。同时商业银行的存款还要缴存准备金、备付金等，因此，商业银行存款创造贷款的能力逐步下降。同时，商业银行普遍建立了严格的授权授信制度，大幅度提高了贷款准入门槛，上收了分支机构的贷款审批权限。分支机构也普遍实行贷款责任追究制，要求信贷人员对每一笔贷款负责到底，将职工职位晋升、工资福利与贷款质量和盈利状况挂钩，一旦贷款出现损失，贷款责任人要停职收贷。严格审慎的贷款管理制度促使商业银行更加理性地把握贷款投放。

三、商业银行贷款剥离与核销是存差扩大的重要偶然性因素

计划经济向市场经济过渡时期，金融业承担了体制转轨的成本，直接导致专业银行的巨幅不良贷款。亚洲金融危机以后，国家开始推进国有商业银行股份制改革，不良贷款的剥离与核销成为商业银行资产处置的主要途径。不良贷款的剥离是使国有商业银行资产方的不良贷款转变成等额的优质资产，而不良贷款的核销，是国有商业银行用其所有者权益抵消不良贷款带来的损失。对于国有商业银行而言，不良贷款的剥离与核销仅仅使资产方的不良贷款下降，而负债方的存款没有变化。因此，直接导致的结果就是存差的增大。

四、金融机构资产多元化和表外融资的快速增长一定程度上挤压了贷款的增长

20 世纪 90 年代以来，随着我国银行业改革的不断推进，银行资产多元化成为必然趋势。四大国有商业银行在上市准备中为了增强抵御风险的能力，提高资本充足率，纷纷把提高银行资产多元化程度作为重点。在具体操作中各大商业银行通过购买国债、企业债、短期融资券等有价证券，不断增大低风险资产的比重，增加银行资产种类，提高资本充足率和风险防范能力。在银行资产多元化的同时也从一定程度上减少了贷款所占比例，使得存差进一步扩大。

从河南的情况来看，金融机构资产多元化对贷款的挤压现象，以及各项贷款、有价证券投资的变化趋势与全国规律大体一致。1999 年以来，金融机构有价证券及投资在资金运用中的占比持续提高，从 1999 年的 1.19% 上涨到 2010 年的 3.66%。随着有价证券等投资的增多，贷款占比呈下降趋势，商业银行资产多元化在一定程度上影响了贷款的增长。

五、宏观政策调整对存差及贷款投放形成较大影响

20 世纪 80 年代以来，宏观政策调整大部分时间偏重于预防和抑制通货膨胀，压缩银行可放贷款空间是主要选择之一。2003 年到 2008 年上半年，我国实

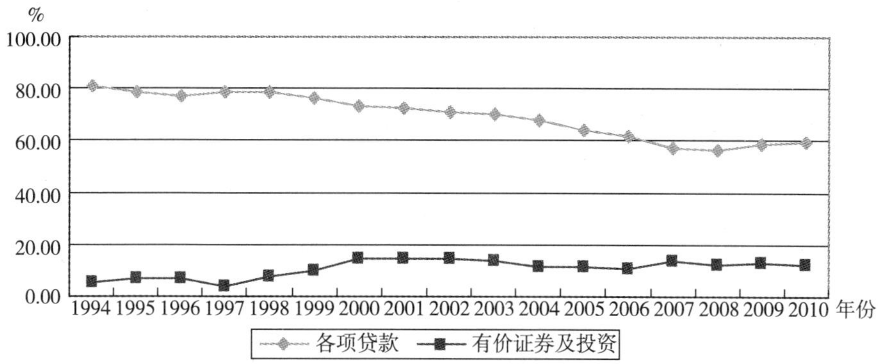

图4 1994—2010年全国金融机构各项贷款、有价证券及投资在资金运用中的占比情况

施稳健型及适度从紧的货币政策，存款准备金率从7%上升到17.5%，其间信贷增长基本平稳。之后，随着国际金融危机的爆发，我国货币政策及时调整，存款准备金率下调至2008年底的13.5%，加上当时积极财政政策的实施，信贷增长迅猛。2010年以来，为抑制通货膨胀，央行连续12次上调存款准备金率，全国性大型银行和全国性中小型银行的法定存款准备金率分别达到21.5%和18%的历史高位，银行体系的流动性大幅收缩，信贷扩张势头快速放缓。

六、存差的不断扩大已经成为普遍现象，不能以此来衡量金融对经济的影响

（一）经济总量和信贷总量不断增长带来存差的扩大

经济总量扩张必然导致企业和居民收入提高、企业存款和储蓄存款增加，同时，由于法定存款准备金的规定和满足日常现金需求，所增加的存款必然有一部分以法定存款准备金的形式游离于实体经济之外。这是整个经济系统为维持金融稳定和经济稳定必须付出的成本。就区域经济而言，还由于商业银行二级准备的存在进一步强化了这种“存款漏损”。

根据经济学里的“边际效益递减规律”，随着信贷投放总量的增大，在其他生产要素投入基本稳定的条件下，资金投入的边际产出效益会逐渐下降，项目边际产出的下降必然降低偿还商业银行贷款的保障程度，商业银行信贷资金的隐含风险增大。审慎的商业银行经营理念和严格的商业银行监管制度必然促使商业银行更加谨慎地进行信贷项目选择，理性地控制信贷投放规模，这些现实或潜在的约束客观上使商业银行的存差呈现不断增大的趋势。

（二）存差的存在及不断扩大已成为全国各地区的普遍趋势

回顾全国各地区的存差出现及变化情况看，沿海相对发达地区首先出现

存差，广东、浙江、江苏、山东分别于1991年、1991年、1993年、1994年由贷差转为存差，这与其外向型经济比较发达有很大关系。全国总体于1994年转为存差，之后中西部地区陆续转为存差，河南于1999年转为存差。而无论是发达的地区还是相对落后的中西部地区，存差不断扩大的趋势是一致的。

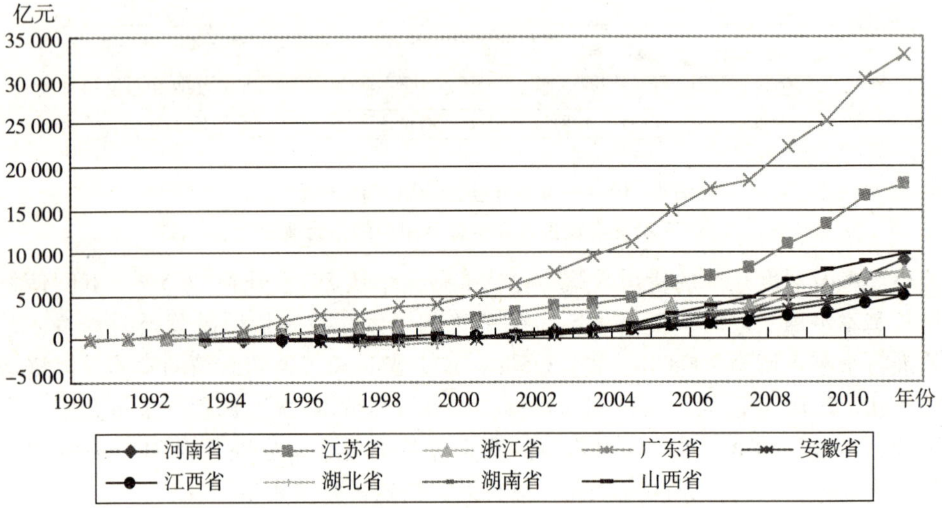

图5 部分省份历年存差变化图

（三）存差既不能涵盖社会资金供求状况，也不能反映银行资金松紧程度，更不能衡量金融支持经济水平

存差已经不能全面描述社会资金供求的总体状况。在大一统的金融体制下，金融机构只有银行，银行资产只有贷款。金融体制改革后，各类型金融机构林立，金融市场加速发展，货币投放渠道和金融资产日趋多元化，使得银行资产除贷款外，增加了证券投资、外汇占款等。现阶段在银行资金来源中，存款占绝大多数，而在银行资金运用中，外汇占款比重快速上升，有价证券及投资比重也不断上升，许多资金以非贷款形式直接或间接投向实体经济。

存差不等于银行系统的闲置资金，存差不断扩大也不代表银行贷款不积极。考察银行的贷款能力要考察其超额准备金和实际可贷资金等。超额准备金是商业银行超过法定准备金以外的储备，表现为商业银行在中央银行的部分存款和库存现金，传统意义上，商业银行的超额准备金要在满足日常结算和维持流动性的情况下才能贷款。

事实上，商业银行实际可贷资金的范围还要小，须将存差中不可动用或较难动用的部分扣除后才能得出商业银行可用于发放贷款的资金。商业银行的存差主要包括以下6个不可动用或较难动用的部分：一是中央银行资金来源，包括邮政储蓄转存款和财政库款，此两项资金不能用于商业银行贷款；二是法定存款准备金；三是二级准备金，即非法人金融机构上缴其总行统筹调度的资金；四是商业银行必须持有的为满足客户提取现金需要的库存现金；五是超额准备金，商业银行主要用于满足日常结算和维持流动性的需要，除此之外不排除商业银行在贷款有效需求不足时将资金转存人民银行获取低风险收益的可能；六是不良贷款剥离，统计上造成在存款余额不变的同时贷款余额虚降，这部分存差只是反映在统计数据上，并不是真实可用的资金。

总之，随着经济的不断增长，金融业的不断发展创新，各种金融机构和融资手段的丰富，要改变对银行贷款的过度关注和依赖，银行贷款的合理增长主要是受商业银行的市场化行为影响，银行贷款增长的相对弱化也是目前我国所处的经济金融发展阶段的必然特征和趋势。存差在金融业不断发展的今天已不能完全来衡量银行信贷的经济支持水平，它是实施货币政策和财政政策的基础，也是保证商业银行流动性的根本需要，存差的不断扩大已成为目前全国各地区的普遍情况。

第三节　河南省存差扩大和信贷增长相对缓慢的个性原因分析

一、人均指标偏低，地区普遍不富裕，信贷增长缺乏资金基础支撑

从经济总量来看，河南省全国排名第五位，但由于河南省是人口大省，人均指标偏低。人均GDP、人均财政收入、农村居民人均收入和城镇居民人均可支配收入这四个指标，河南省均不及全国平均水平，更落后于江浙等发达省份。2011年河南、江苏和浙江三省人均GDP与人均财政收入之比为1∶2.37∶2.25和1∶3.97∶3.51，而地区生产总值之比是1∶1.78∶1.18，人均指标的差距显而易见，而且自身城乡差距更大。各项人均经济指标的巨大差距，折射出河南省整个地区的富裕状况，一方面导致整个社会可利用资本财富相对不足，另一方面，信贷增长缺乏有力的资金支撑。2011年，江苏、浙江两省的各项存款分别是河南省的2.54倍和2.29倍，相比2002年差距有不断拉大的趋势。同时，从金融机构数据来看，河南省银行类营业机构数量比江苏、浙江两省要多，但是机构的资产总额却远远不及江浙两省，相差两倍要多，这与整个地区的富裕状况是有重要关系的。

表1　2011年河南、浙江、江苏三省人均指标的对比情况　单位：元

地区	人均 GDP	人均财政收入	农村居民人均收入	城镇居民人均可支配收入
河南	25 962	1 641	6 604.03	18 194.8
江苏	61 534	6 517	10 805	26 341
浙江	58 576	5 768	13 071	30 971
全国	35 008	7 701	6 977	21 810

注：数据来源于2011年中国统计公报及各省统计公报。

二、产业结构优化升级与信贷投入不尽匹配

（一）第一产业对GDP贡献较大，但是信贷吸纳能力较弱

河南省第一产业对GDP的贡献较大，属于第一产粮大省，但粮食产量主要靠播种面积总量保证，单位产出效率不高，农业产业化、组织化、标准化、科技化程度不高，农产品加工主要以面粉、方便食品等初级产品为主，产量大但附加值低，作为农业大省的资源优势和效益未能充分发挥。特别是农业产出比重与劳动力投入比重不对称，农业生产占用劳动力较多、劳动生产率低下。同时，种养殖业规模化和现代化程度也比较低并且分散，产业层次相对较低，因此，难以与银行贷款形成有效对接，信贷吸纳能力受限。从河南省2005—2011年信贷投放的情况可以看出，2011年河南省第一产业对GDP的贡献为12.9%，但是贷款投入占比仅为4.9%，且第一产业的贷款占比呈不断下降趋势。

表2　三产比重对比情况

地区	2002年	2011年
河南	20.8:47.9:31.3	12.9:58.3:28.8
江苏	10.6:52.1:37.3	6.3:51.5:42.2
浙江	8.8:51.2:40.0	4.9:51.3:43.8
安徽	21.7:43.5:34.8	13.4:54.4:32.2
山西	9.7:52.5:37.8	5.8:59.2:35
江西	21.9:38.3:39.8	12.0:56.9:31.1
湖北	14.2:49.2:36.6	13.1:50.1:36.8
湖南	19.5:40:40.5	13.9:47.5:38.6
全国	14.5:51.7:33.7	10.1:46.8:43.1

注：数据来源于全国各省、市、自治区年度统计公报。

（二）工业发展的能源依赖度较高，“两高一资”和初级产品行业贷款投入较多，而高附加值与新兴产业规模较小，限制了贷款的增长

河南省的工业发展中，重工业比重偏大，属于典型的偏重型结构。同时能源原材料等初级产品占比较大，经济发展对资源依赖度非常高。2010 年，河南省规模以上工业中，能源原材料行业工业增加值占 50.7%，比全国平均水平高近 10 个百分点，而国家鼓励大力发展的装备制造业仅占 17.95%，比全国平均水平低近 16 个百分点。同时，高耗能行业占比也比较高，2010 年，河南省六大高耗能行业的规模以上工业增加值占比为 20.75%，高出全国平均水平 7.5 个百分点，并呈现逐年上涨的趋势。

从信贷投入来看，第二产业中，对初级产品和“两高一资”行业的贷款投入偏多，高附加值和新兴产业的投入偏少。河南省金融机构贷款多投向高速公路、钢铁、煤矿、有色金属等传统优势行业和初级产品行业。2011 年底，金融机构前十大工业行业中长期贷款中，有六大行业为高耗能行业，其中中长期贷款余额占工业中长期贷款余额的比重高达 86.4%，特别是电力、热力的生产和供应业及煤炭开采和洗选业占比高达 37% 和 32.2%。作为高附加值行业，河南省重点发展的装备制造业中长期贷款余额占比仅为 3.1%。

表 3　规模以上工业中各种工业行业的占比情况　单位：%

	全国	河南	
	2010 年	2009 年	2010 年
能源原材料工业①	40.16	46.28	50.7
消费品工业②	23.56	29.5	29.37
装备制造业③	33.93	16.71	17.95
六大高耗能行业④	13.28	19.89	20.75

注：①能源原材料工业主要包括煤炭开采和洗选业、石油和天然气开采业、黑色金属矿采选业、有色金属矿采选业、非金属矿采选业、石油加工炼焦及核燃料加工业、化学原料及化学制品制造业、橡胶制品业、非金属矿物制品业、黑色金属冶炼及压延加工业、有色金属冶炼及压延加工业、电力热力的生产和供应业。

②消费品工业主要包括农副食品加工业，食品制造业，饮料制造业，烟草制品业，纺织业、纺织服装、鞋、帽制造业，皮革、毛皮、羽毛（绒）及其制品业，家具制造业，造纸及纸制品业，印刷业和记录媒介的复制，文教体育用品制造业，医药制造业和塑料制品业。

③装备制造业主要包括金属制品业，通用设备制造业，专用设备制造业，交通运输设备制造业，电气机械及器材制造业，通用设备、计算机及其他电子设备制造业和仪器仪表及文化、办公用机械制造业。

④六大高耗能行业主要是指煤炭开采和洗选业、石油和天然气开采业、黑色金属矿采选业、有色金属矿采选业、非金属矿采选业和化学原料及化学制品制造业。

⑤数据来源于《2011 年中国统计年鉴》和《2011 年河南省统计年鉴》。

在工业化的初期，工业基础极其薄弱，而煤炭、有色金属、非金属矿产等资源比较丰富是河南省的比较优势，依靠资源大力发展工业也是当时的最优选择，也极大地促进了工业的发展，并成为经济增长的重要源泉。在那段时期，能源型行业发展很快，对信贷的吸收能力很强，大量的信贷资金集中投放在这些行业。但随着工业化进程的不断推进，其行业效益必然出现“边际效益递减”，高附加值、高技术含量、低耗能、低污染则成为发展的方向，也是经济新的增长点。而“两高一资”行业与低附加值行业都不属于国家鼓励的行业，因此贷款授信审批受国家宏观调控政策影响大，投放难度大。国家鼓励的高新技术产业与新兴产业目前在河南还没有形成规模，对贷款的吸纳能力有限。因此，目前河南省的工业结构和信贷投入结构使得有限的贷款资源滞留在国家不鼓励发展的行业，贷款的增长面临瓶颈。

（三）第三产业发展滞后，现代服务业发展缓慢，信贷投入结构不尽合理，贷款增长受限

河南省的第三产业整体上处于落后状态，对经济社会发展的带动作用还远远不够。河南省 2011 年第三产业占比为 28.8%，低于全国平均水平 14.3 个百分点，也低于中部六省的其他五个省份，更远低于沿海发达省份，连续多年排名全国最后一位。在第三产业的行业结构中，投资主要集中在交通运输业，交通运输、批发零售等传统服务业占比较大，而金融、商务与租赁等现代服务业发展缓慢。相对于发展比较滞后的第三产业来说，对第三产业的信贷投入占比相对较高，但信贷投入结构不尽合理。2011 年底，三次产业贷款余额的占比分别为 4.9%、46.9% 和 48.2%，对第三产业的信贷投入占比高出其增加值占比近 20 个百分点。但信贷投入主要投向了传统服务业，对现代服务业的信贷投入偏少。近些年，在现代服务业增长缓慢的情况下，原有的传统优势服务业也出现了快速放缓趋势，尤其是交通运输业，交通运输业对 GDP 的贡献已经从 2005 年的 5.9% 下降至 2010 年的 3.8%，批发零售业和住宿餐饮业对 GDP 的贡献也有所下降。在这种情况下，信贷结构的不尽合理以及未能及时调整，降低了贷款的投入效益，也限制了贷款的良性增长。

三、固定资产投资高峰渐过，新上项目相对滞后，投资为主的经济增长方式在信贷吸纳上面临瓶颈制约

河南省投资拉动型的经济增长特征突出。近年来，在河南省的三大需求中，固定资产投资高速增长，所占比重越来越大，对经济的拉动作用最强，是经济高速增长的主要原因。2004—2009 年，河南省固定资产投资连续数年增速达到 30% 以上，一直高于全国平均水平。在河南省最近一轮的固定资产投资高峰中，

基础设施投资占城镇固定资产投资的20%，高速公路、电力等大项目发展很快，加上当时较为宽松的货币政策以及后来国家4万亿元的经济刺激政策推动和地方融资平台的快速发展，对银行贷款的吸纳能力很强，信贷增长较多。然而，随着产业结构调整和经济方式转变进入关键时期，依赖固定资产投资的现象必然要改变。最近两年随着各种基础设施建设投入的结束，固定资产投资高峰渐过，同时，对政府融资平台贷款的控制不断加强，信贷投入受到较大制约。而且，相对于全国而言，近年来河南省发展后劲足的大项目、好项目还不多，没有形成相应配套的信贷资金需求，并且在各商业银行总行争取贷款时处于不利地位，限制了银行信贷业务的拓展空间。

表4　　中部和周边省份单位施工项目平均投资额与河南的比较

单位：万元/个

年份	全国	湖北省	湖南省	安徽省	山西省	江西省	河北省	山东省	河南省
2008	8 778	8 283	5 131	5 312	11 087	7 769	6 128	6 775	4 508
2009	9 103	8 062	6 612	5 276	11 312	7 843	6 868	7 779	4 928
2010	11 066	9 000	7 412	5 806	9 875	8 470	10 158	10 805	7 349
2011	13 083	9 662	7 771	7 399	16 795	9 612	14 152	10 823	10 273
2012年5月	3 404	3 528	2 199	3 166	3 351	3 492	4 621	3 696	3 092

四、城镇化发展总体水平仍然偏低

近年来，随着国家和河南省一系列加快城市经济社会发展战略的实施，河南省城市空间得到了进一步拓展，城镇化水平不断提高，但由于河南人口多、农业比重大等因素，全省城镇化发展总体水平仍然偏低。目前河南省的城镇化率仅为40.57%，与城镇化率60%左右的国际标准相比，滞后近20个百分点，与全国平均水平相比，也滞后近11个百分点。在中部六省中，河南省的城镇化率排在最后一位，不及严重资源型省份山西省，与广东等发达省份的差距更是明显。一方面，城镇化水平低制约了产业的转型升级，制约了农业现代化进程。另一方面，城镇化进程缓慢，土地资本化的速度受到限制，土地利用率低，涉及土地的项目对银行信贷的诱惑性小，房地产贷款增长缓慢。同时，城镇化进程缓慢，对于缺乏抵押担保品的农村经济来说，在土地抵押、承包经营质押等方面的探索受到很大限制，直接影响了银行信贷的投入。

五、金融业发展相对滞后

（一）河南省银行类金融机构实力不强，贷款供给能力受限

近些年，河南省银行类金融机构体系建设取得一定成效，营业机构数量和

资产总额在中部六省都排在第一位，营业机构的个数也超过了江苏、浙江两省（主要是因为河南省城市商业银行、农村合作机构的数量相对较多），但在数量占据优势的情况下，河南省银行类金融机构的实力却普遍不强。资产总额方面，与中部其他省份相比，河南省略占优势，但与江苏、浙江、广东等发达省份相比，差距非常大。从平均资产来看，在中部六省中，河南省银行类金融机构的平均资产额与湖南省相当，低于安徽、江西、陕西、湖北四省，更远远不及江苏、浙江、广东等发达省份。同时，河南省地方性金融机构的实力也比较弱。

表 5　　2011 年底部分省份银行类机构资产对比表

	营业机构（个）	资产总额（亿元）	平均资产（亿元）
河南	11 854	32 514.3	2.74
安徽	7 690	24 663	3.21
江西	6 285	17 843	2.84
山西	6 207	25 055.8	4.04
湖北	6 953	30 083	4.33
湖南	9 085	24 933	2.74
江苏	11 711	81 863	6.99
浙江	10 940	75 545	6.91
广东	15 393	121 037	7.86

注：数据来源于各省 2011 年金融运行报告。

（二）金融结构不尽合理，直接融资发展不够，中小型银行欠缺

第一，金融市场长期以间接融资为主，直接融资发展缓慢。直接融资在整个社会融资中的占比仍然较低，2012 年上半年，河南省社会融资规模中，企业直接融资占比仅为 1.34%，低于全国的平均水平达 8 个百分点。河南省的证券机构以及经营实力在中部六个省份中没有明显优势，总体情况排名比较靠后，与江苏、浙江等沿海省份的差距巨大。2011 年末，总部设在河南省的证券公司仅有 1 家，而安徽、江西等其他中部省份都有 2 家或 3 家，江苏省更是达到 6 家。第二，银行体系中，大银行为主，中小型银行欠缺。2011 年末，江苏、浙江、广东三省的股份制商业银行机构数量分别是河南省的 4.5 倍、3.3 倍、6 倍。至今河南省还没有一家本省品牌的股份制商业银行，股份制商业银行驻豫分支机构也主要集中在郑州，其他各省辖市少有布点，而广东省已经有 3 家本省的股份制商业银行。2011 年末，江苏、浙江、广东三省外资银行营业机构分别达到 52 家、27 家、181 家，并且各自都有属于本地的法人机构，湖北和山东也已分别拥有外资金融机构营业网点 10 家和 29 家，而河南省的外资银行的引入则仅处于刚刚起步阶段，自 2008 年结束没有外资银行的历史后，目前也只有汇丰和

东亚两家外资银行入驻。第三，其他多样性、多门类的准金融不发达。河南省目前这种不尽合理的金融结构，不利于银行信贷的良性增长，也最终影响了经济金融的良性互动。一方面，直接融资和其他各种类型金融不发达，使得投资渠道和融资渠道都不畅通，银行存款仍是大部分人的首选，储蓄率居高不下。而银行贷款也成了各种类型企业追逐争抢的对象，加之中小型银行机构缺乏，银行的竞争不充分，大型银行创新缺乏动力，信贷业务仍旧停留在传统方面，银行不会主动地开发新产品，以致银行贷款粗放式增长，新的贷款增长点缺乏。另一方面，大型企业难以通过上市或是债券市场融资，一定程度上挤压了中小型企业从银行融资的机会。在缺乏竞争的环境中，大型银行的贷款对象仍然首选大型企业，贷款对象不会主动下移，加上中小银行机构和网点的严重缺乏必然使得中小企业的贷款更加困难。

（三）金融基础服务与实体经济需求存在差距

首先，作为内陆省份的河南，与沿海发达地区相比，金融创新意识滞后、金融服务手段单一。当前河南省金融机构提供的服务高度集中于信贷领域，贷款以外的服务，如理财、信托、咨询、投资银行等业务相对较少。一些省份的相关区域早在2006年已实质性步入金融创新实施阶段，目前河南省还处于探索阶段，而且金融手段匮乏，如贷款风险补偿基金、贷款贴息、知识产权质押贷款等在河南省未出现或未有效开展。其次，在争取更高层面的政策支持上步伐相对缓慢。2007年和2008年我国确定的首批五市一区和第二批四市二区科技保险创新试点城市（区）中，河南的城市或高新区均未入围。2011年，科技部、“一行三会”确定的首批16个地区促进科技和金融结合试点地区中，河南仍未入围。最后，金融基础设施建设不够，缺乏有效的金融服务平台支撑。在高新区、园区等领域建立为中小企业提供融资服务的金融（服务）集团等未有效铺开，未系统化、规模化，明显落后于中关村科技园区、浦东新区、苏州高新区、无锡高新区、成都高新区等地金融服务体系平台。在目前市场竞争不够充分的情况下，一些政策支持力度以及服务平台方面的建设可能成为银行信贷增长或金融发展的关键。

（四）金融辅助业发展不够，中介服务种类不全，结构不合理

近年来，随着河南省金融行业的不断发展，省内金融中介服务机构也得到了发展和完善，目前已初步形成了包括提供融资担保、会计审计、工程造价审价、税务、法律服务、信用评级等服务的中介机构体系，相应的中介行业协会正处于成长发展期。但与发达地区相比，河南省的金融中介服务机构存在种类不全，结构不合理。目前市场中介多是以经济鉴证类和咨询服务类为主的各种专业服务机构，而为银行业金融机构参与金融市场活动的中介服务配套不齐。

一是存在中介服务空白点，如票据经纪公司、保理公司、应收账款管理公司等；二是缺乏为银行项目融资服务的财务监理、银团贷款专门中介等；三是缺少权威的培训认证机构、安全认证机构、银行业及其中介业信用评级机构等。即使现有的经济鉴证类和咨询服务类中介服务机构也存在竞争力不足，服务质量良莠不齐的现象。中介服务业发展缺少统一规划和激励政策，宏观管理尚未理顺是造成河南省金融中介发展落后的最主要原因。金融中介机构发展的严重不足，使得金融市场交易中的交易成本、信息成本、担保成本以及征信成本等不能得到有效的降低，一定程度上限制了交易量的提高和金融机构各种业务的创新与拓展。

六、金融生态环境的负面影响不容忽视

金融机构所吸收的存款能否就地转化为信贷投资，同当地的金融生态环境有很大关系。近年来河南省金融生态环境建设得到长足的改善。但是，与其他省份相比仍然落后。如不少中小企业的财务核算不够规范，增加了银行贷前调查难度；一些发展前景较好的中小企业，常常因为资产登记不全、“两证”不齐备等原因而导致抵押贷款难实现；部分贷款户诚信意识较差，骗贷、赖账的现象时有发生；信用体系建设不完善，依法收贷执行难；金融担保体系不健全等问题依然存在。金融生态环境方面的问题，导致金融机构的信贷投放方式主要集中在担保抵押贷款，而信用贷款、质押贷款、联保贷款未能有效开展，形成了企业、个人贷款难与金融机构难贷款的“两难”局面。同时，受累于金融生态环境较差的负面影响，不少商业银行总行在政策收紧时首先下调对河南的评级和授权授信额度，河南省在贷款规模等信贷资源分配中不占优势。

表 6　　2010 年河南与中部和周边省份信贷资产质量排名比较

	湖北省	湖南省	安徽省	山西省	江西省	河北省	山东省	河南省
全国排名	17	19	18	29	24	27	21	28

第四节　河南省经济增长的资金因素分析

一、河南省社会资金供给分析

对于社会资金供给，目前还没有一个确切的定义，而一个地区的资金供给来源渠道主要有四个部分：自身积累、金融机构融资、资本市场融资和引进外资。因此，从生产的角度，我们认为社会资金供给主要包括财政支出（包括预

算内、预算外）、金融机构贷款和表外融资、股市筹资、债券投资、利用省外资金、利用国外资金和自筹资金等部分。

（一）财政支出对 GDP 贡献尤为突出

财政支出是河南省经济增长的重要资金来源，不仅对地区 GDP 的贡献较大，而且对 GDP 增长的积极性较高。总结近些年河南省财政支出状况，主要有以下特征：

1. 增速较快

改革开放以来，河南省的财政支出稳步快速增长，1996—2011 年的 17 年间，财政一般预算支出从 255.29 亿元增加到 4 248.82 亿元，增长了近 16 倍，年平均增长率达 19.7%，高出全国平均水平 3 个百分点，略高于山东省的 18.8%，略低于江苏省的 20.9%。

2. 对经济增长的贡献突出①

一方面，河南省财政支出占 GDP 的比值呈现逐年上涨的趋势，另一方面，河南省财政支出对 GDP 的贡献显著高于中部省份和一些沿海发达的省份。虽然江苏省的一般预算支出远高于河南省，并且其增速也略高于河南省，河南省财政一般预算支出与 GDP 的比值在 17 年间基本都高于江苏和山东两省，财政支出在经济增长中的重要地位足可体现。

3. 中央转移支付在财政支出中占比较高

在河南省历年的财政支出中，中央转移支付占有较大的比重，2009 年、2010 年、2011 年中央对河南省的转移支付占财政支出的平均比值为 52.03%，高于同为中部省份的安徽省 3.43 个百分点，更是远远高于江苏省。作为东部较为发达的省份，江苏省 2011 年的财政支出为 6 221.72 亿元，是河南省的 1.45 倍，但是中央转移支付仅为 704.38 亿元，仅为河南省的 1/3。可以看出，在河南省的经济增长中，中央转移支付是重要的资金来源。

表 7　　河南、江苏、安徽三省中央转移支付情况

	河南省		江苏省		安徽省	
	总额（亿元）	占比（%）	总额（亿元）	占比（%）	总额（亿元）	占比（%）
2008 年	797.9	35	272.32	8.4	—	—
2009 年	1 516.3	52.2	385.41	9.6	1 033	48.2
2010 年	1 727.66	50.6	497.27	10.1	1 240	47.9
2011 年	2 265.6	53.3	704.38	11.3	1 644	49.7

注：数据来源于河南、江苏、安徽三省财政厅网站。

① 所谓对经济增长的贡献突出，在这里主要是相对而言。主要是与其他一些相对发达的省份相比，财政支出对 GDP 的贡献相对较大。

4. 财政支出的 GDP 增长偏好

分税制改革之后，中央政府财政收入集权而财政事权下放，地方政府为了发展本地经济，解决财政资源不足，财政支出结构逐步转变为以经济建设和行政管理支出为主，而不是以提供公共服务产品为主，这种地方政府财政被称为建设型财政或者经济型财政。许多学者通过理论和实证研究验证了这种现象。一些学者通过实证分析就发现，我国地方政府的经济职能过强，社会职能过弱；社会管理职能过强，公共服务职能过弱。还有一些学者通过研究不同类型的财政支出与经济增长的关系发现，经济建设性财政支出对短期 GDP 增长有着最强的拉动作用。因此，长期以来，地方政府的财政支出对 GDP 增长保持浓厚的积极性，处于中部地区的河南省更是如此。

通过分析河南省财政支出数据发现，河南省经济建设类[①]支出占全国财政支出的比例高于浙江、江苏、山东等沿海发达的省份，也略高于全国的平均水平。以 2011 年为例，河南省经济建设类支出占全部财政支出的比例为 28.4%，而浙江、江苏、山东省分别为 26.6%、23.7% 和 19.5%，全国的平均水平为 28%，也略低于河南省。

（二）金融机构融资和直接融资在整个资金供给中劣势明显

改革开放以来，河南省金融机构融资额也是稳步增长，但相对于其他社会资金供给渠道而言，河南省金融机构融资和直接融资的劣势非常明显，主要表现为以下几个方面。

（1）贷款稳步增长，但增速相对较慢，贷款与 GDP 的比值相对较低。作为河南省社会资金的重要来源，金融机构各项贷款虽稳步增长，但是增速却相对较慢，不仅低于全国平均水平，与江苏、山东等发达的省份相比更是存在较大的差距。2011 年，河南省金融机构人民币贷款增长 11%，比全国平均水平低 3.27 个百分点，在全国 31 个省、自治区、直辖市中排名倒数第二位。河南省金融机构各项贷款与 GDP 的比值相对较低，低于江苏、山东等发达省份，更远远低于全国的平均水平。2011 年河南省贷款与 GDP 的比值在全国 31 个省、自治区、直辖市中排名最后一位。

（2）河南省直接融资快速发展，但占比仍然较低。随着资本市场的发展，河南省直接融资快速发展，股市和债券市场筹资增长很快，2011 年，河南省股市筹资和债券筹资分别是 2006 年的 7 倍和 6 倍，成为社会融资的重要组成部分。

① “经济建设类财政支出”主要包括财政部《2007 年财政收支分类科目》中的“环境保护、农林水事务、交通运输、资源勘探电力信息事务、商业服务业等事务、金融监管支出、地震灾后恢复重建支出、国土资源气象等事务、粮油物资储备管理等事务”等项。

但相对来说，直接融资在整个社会融资中的占比仍然较低，2012 年上半年，河南省社会融资规模中，企业直接融资占比仅为1.34%，低于全国的平均水平仅8个百分点。此外，与一些沿海的发达省份相比，股市、债券融资与 GDP 的比值仍然较低。

（三）承接沿海产业转移，利用省外资金和国外资金面临良好机遇、增长迅速

近几年，随着珠三角、长三角和环渤海湾等沿海发达地区产业向中西部转移，河南省利用省外资金的规模和质量不断提高。2008—2011 年，河南省实际利用省外资金从 1 849.2 亿元增长到 4 016.3 亿元，增长了 117%。2012 年上半年，全省新增省外资金项目 3 169 个，增长 14.8%；合同利用省外资金7 760.2 亿元，增长 53.5%；实际到位省外资金 2 612.9 亿元，增长 35.7%。对比中部其他省份[①]，从绝对数来看，河南省利用省外资金仅次于安徽省，远远超过湖南省和江西省，2011 年河南、湖南、江西、安徽四省利用省外资金分别为4 016.3 亿元、2 086 亿元、2 579.2 亿元和 4 181.2 亿元。从相对数来看，河南省利用省外资金的增长速度比较快，尤其是 2011 年同比增速超过湖南、江西、安徽三省。但就利用省外资金与 GDP 之比情况看，2008 年、2009 年、2010 年、2011 年，河南省仅比湖南省略高，与江西、安徽省存在很大差距。从发展前景看，河南省利用省外资金潜力很大，得益于交通便利，当前又处于承接产业转移的有利时机，富士康等大型企业项目的引入会源源不断地带来资金资源。

表 8　　河南、湖南、江西、安徽利用省外资金对比情况

年份	河南省			湖南省		江西省		安徽省	
	总额	增速	与 GDP 的比值	增速	与 GDP 的比值	增速	与 GDP 的比值	增速	与 GDP 的比值
2008	1 849.2	—	0.103	16.8	0.11	—	0.17	—	0.364
2009	2 201.9	19.1	0.113	17.3	0.112	24.2	0.18	43.8	0.462
2010	2 743.4	24.6	0.119	20.1	0.109	41	0.204	47.9	0.56
2011	4 016.3	46.4	0.147	20.4	0.106	33.8	0.223	-39.1	0.277

注：数据来源于河南、湖南、江西、安徽四省历年统计公报及安徽合作交流网。

改革开放以来，河南省利用外资规模呈逐年扩大的趋势，近几年来表现得

① 因为沿海发达省份近些年在国内主要是向中西部投资，例如，2012 年上半年，向河南省产业转移的省份主要是广东省、北京市、浙江省、江苏省、上海市和福建省，因此，本课题主要选择了中部的省份就利用省外资金情况进行对比分析更具可比性。

尤为突出。从增速看，与江苏、山东等沿海发达的省份以及中部其他五个省份对比，河南省实际利用外资增长速度是最快的，超过了江苏、山东、江西、安徽等省。从规模上看，河南省利用外资的规模略低于山东省，与江苏省还存在着很大的差距，但是也已经远远超过了中部其他省份。从利用外资的GDP占比情况看，并不如增速表现得那么突出，近两三年才略高于山东省，与江苏省相比还有很大差距。与中部其他省份相比也基本上处于中间位次，优势不是非常明显。总体来说，近些年引进外资的增长势头很好，潜力还非常大，要不断优化产业结构，吸引更多的国外资金。

表9　2011年中部六省引进外资对比情况

	总额（亿元）	增长率（%）	与GDP之比
河南省	100.82	61.39	0.0037
江西省	60.59	18.78	0.0052
山西省	20.7	37.09	0.0019
湖北省	46.55	14.94	0.0024
湖南省	61.5	18.63	0.0031
安徽省	66.3	32.34	0.0044

注：数据来源于中部六省2011年统计公报。

（四）自筹资金一直是固定资产投资的主要来源，河南省的情况尤为突出

近些年来，河南省固定资产投资中国家预算内资金和利用外资急剧下降，目前国家预算内资金所占比例基本上保持在2%～3%，利用外资的比例已经相当小。贷款对固定资产投资的投入也呈不断减少的趋势，占比从2001年的23.2%下降到2010年的9.5%，最低时达到过6.7%，2011年又有所回升。自筹资金一直是固定资产投资最主要的资金来源渠道，2000年之后经历过一个占比不断下降的过程，但是之后占比又不断上升，最高时达到81.7%，最低时也在50%左右，近几年，基本稳定在70%以上，占比高于江苏、安徽等省份以及全国的平均水平。

表10　2004—2010年固定资产投资资金来源平均占比对比情况　单位：%

地区	国家预算内	国内贷款	利用外资	自筹	其他
河南省	2.52	11.57	0.98	74.53	10.36
江苏省	0.9	13.1	7.6	62.8	15.6
安徽省	5.26	13.87	1.87	65.75	13.26
江西省	6.37	11.24	3.38	66.09	12.91

注：数据来源于2005—2011年历年中国统计年鉴。

二、资金周转率分析

对于整个社会的资金周转率，目前还没有确定的计算方法，有些学者通过分析社会资金流量表来解释社会资金的使用效率。著名的经济学家很早就提出“货币流通速度”的概念，用来解释一定时期内单位货币的周转次数。2009 年之前，人民银行对金融机构的人民币贷款的累收累放情况做过统计，并计算其周转次数和周转天数，一定程度上也反映出了贷款的使用效率。因为社会资金流量表的数据较为陈旧，且其他省份的数据较难取得，无法进行对比分析，因此，本文在此只对货币流通速度和贷款周转率进行分析，以反映河南省的资金周转情况。

（一）金融机构贷款的周转速度大幅提高

从贷款累放、累收情况看，近几年河南省金融机构贷款周转速度迅速加快，贷款周转次数不断增多，周转天数不断减少。2004—2009 年，河南省金融机构贷款的周转次数从 0.71 次提高到 3.9 次，周转天数从 513 天减少到 94 天。

表 11　　河南省金融机构贷款周转情况

年份	周转次数	周转天数
2004	0.71	513
2005	0.91	400
2006	1.05	349
2007	1.45	252
2008	1.86	196
2009	3.9	94

注：数据来源于中国人民银行。

（二）河南省的货币流通速度相对较高

货币流通速度等于名义 GDP 与名义货币供给量之比。因为某一个地区的货币供给量目前未作统计，用金融机构各项存款代替，不影响比较意义。通过对河南省以及全国和其他一些省份的货币流通速度的计算发现，无论是与沿海发达的省份相比，还是与一些中部省份或全国平均水平相比，河南省的货币流通速度都是比较高的。

表 12 2008—2011 年货币流通速度的对比情况

	河南省	全国①	江苏省	浙江省	山东省	江西省
2008	1.2	0.66	0.8	0.61	1.14	0.89
2009	1	0.56	0.68	0.51	—	0.81
2010	0.99	0.55	0.68	0.5	0.95	0.78
2011	1.02	0.57	0.72	0.53	0.97	0.81

注：数据来源于中国区域金融运行报告。

影响一个地区货币流通速度的因素主要是金融发展水平、经济货币化程度、城乡居民的储蓄率等。金融发展水平和经济货币化程度与货币流通速度是负相关的，也就是说，一个地区的金融发展水平和经济货币化程度的提高会降低货币流通速度，而城乡居民的储蓄率与货币流通速度是正相关的。从货币流通速度的变化趋势来看，各地区基本上都是货币流通速度不断下降的趋势，其原因就是，近些年来，各地区金融总量的不断增长，金融结构的不断优化，以货币为媒介的经济活动的比例不断增长以及城乡居民储蓄率的不断下降。作为中部省份的河南省，其货币流通速度高于沿海发达省份以及全国平均水平，恰恰反映出了河南省在信贷不断优化增长的同时，直接融资、金融创新未同步发展，金融所有制结构和组织结构仍不尽合理，金融产业相对缓慢，这是河南省经济发展的短板。

第五节　启示及建议

一、规律与启示

（一）“结构性减速”是经济发展的必然规律，表现为对投资依赖的下降，产业结构调整和经济发展方式转变进入关键时期

“结构性减速”规律主要是源于对国际上发达国家的经验总结，认为 1970 年以后发达国家经济增长的减速，与其产业结构服务化有很大的关联。在产业结构发生由第二产业向第三产业的演化时，将会发生“结构性减速效应”。国内的许多专家学者针对经济周期也做过许多研究，对固定资产投资与经济增长关系的关注也很多。他们对中国各地区经济增长与固定资产投资的数据进行总结

① 为与局部省份数据具有可比性，在计算全国货币流通速度时，特用全国金融机构各项存款替代名义货币供给量，因此可能导致全国货币流通速度比实际数值稍大，但并不影响对比分析的意义。

分析，发现中国的经济增长周期与固定资产投资有重大关系，认为一个地区的经济从启动到相对稳定一般会经历2～3个投资高速增长周期，之后固定资产投资占GDP的比重会不断下降并趋于稳定，对投资依赖的状况会不断得到改观。我国沿海的一些发达省份先后经历了这样的发展阶段。

2012年以来，经济增速不断放缓可能受到了国际经济环境以及欧债危机的影响，但不可否认的是，全国已经进入了经济结构调整的关键时期，从经济增速看，比较发达的省份和直辖市目前正处于经济转型调整的“结构性减速”时期，其经济增速相对放缓更早、更快，而中西部的一些不发达省份因承接沿海产业转移，会晚于发达省份一段时间进入转型期。笔者认为，经济转型一个非常重要的标识指标就是固定资产投资，表现为对投资依赖的不断下降。通过数据可以发现，江苏、浙江等沿海发达省份的固定资产投资增速经历2003年的高峰期后一直不断下降并趋于稳定，河南省目前的固定资产投资增速也开始放缓，投资作为拉动经济增长的主要因素必将发生改变，产业结构调整和经济发展方式的转变进入了关键时期。

（二）从全国的情况来看，存差的不断扩大已经成为普遍趋势

回顾全国各地区的存差出现及变化情况，沿海相对发达的地区首先出现存差，广东、浙江、江苏、山东分别于1991年、1991年、1993年、1994年由贷差转为存差，这与其外向型经济比较发达有很大的关系。全国总体于1994年转为存差，之后中西部地区陆续转为存差，河南于1999年转为存差。而无论是发达的地区还是相对落后的中西部地区，存差不断扩大的趋势是一致的。比较发达的广东省和江苏省的存差扩大趋势同样非常明显。

（三）随着金融改革与金融创新的不断推进，银行信贷作为一种融资方式，有不断弱化的趋势

在大一统的金融体制下，金融机构只有银行，银行资产只有贷款。金融体制改革后，各类型金融机构林立，金融市场加速发展，货币投放渠道和金融资产日趋多元化。一方面，近些年，直接融资增长迅速，为实体经济提供了大量的资金。据人民银行统计，2011年企业债券和股票融资占整个社会融资规模的10.6%，而2002年，这一占比仅有1.6%。2011年，证券、保险类对社会实体经济的融资达到了1.55万亿元，是2002年的7倍。各地更是加大了企业上市和债券融资的支持力度，无论是相对落后的中部省份河南省，还是沿海较为发达的江苏、山东两省，近些年直接融资增长迅速，并且河南省增长速度还超过了江苏、山东两省。直接融资的发展，直接减少了对贷款的过度依赖。另一方面，非银行类金融组织和金融创新发展迅速。担保公司、小额贷款公司、典当行等机构发展迅速，为实体经济提供了大量的资金，更是中小企业融通资金的重要

渠道。这些金融业的发展对银行信贷直接形成了替代效应。银行信贷不再是“唯一”的融资手段，企业对银行信贷的依赖逐渐下降，相对来说，银行信贷的功能逐渐弱化。

（四）金融结构、信贷结构的不断优化调整以及与产业结构的良性互动是经济金融步入良性循环的关键，地方政府作用的发挥尤为重要

从对河南省信贷增长相对缓慢的个性原因的分析中发现，产业结构、金融结构、信贷结构的不尽合理以及相互强化造成的产业结构升级缓慢、经济发展方式粗放和贷款难以有效投入是根本性原因。在目前的经济金融发展中，经济结构调整是个长期的过程，尤其是部分经济增长薄弱环节的培育和发展需要一定的时间，而商业银行的利润回报则要求在短期内实现。如“三农”、民生、节能减排等领域存在“社会效益好、自身效益低”的状况，高新技术等自主创新则需要较长的研发和转化时间，中小微企业普遍竞争力弱、经营稳定性较差且缺乏抵押担保等，这些都对以逐利为目的的信贷资金缺乏吸引力。而在当前间接融资为主直接融资发展缓慢、大银行为主中小金融机构欠缺的情况下，金融竞争非常不充分，大型商业银行没有动力下移贷款对象，没有动力推进各种金融产品和服务的创新，没有动力将有限的信贷资源投入风险较高、效益较低的“三农”、高科技等领域。金融结构与产业结构进入了相互制约的瓶颈阶段。

金融结构的不断优化有利于信贷结构的调整并最终对产业结构优化起到引导促进的作用。而金融结构的改善，以多元化、多样性金融发展为重点的制度性金融创新的推进必须借助于政府主导作用进一步发挥，这不仅是由于地方强势政府对资源配置和制度改革拥有巨大的权威，更基本的原因在于，改革开放以来被证明是有效的有中国特色的政府主导的金融发展模式。地方政府在促进河南省金融结构改善中的引导、推进作用尤为重要。

二、相关建议

（一）积极调整和优化经济发展结构，支持实体经济的发展

2012年以来，河南省的经济增速已经有所放缓，相对于沿海地区的滞后表现也恰恰说明了河南省会跟随沿海发达省份逐渐进入经济结构调整的关键时期。从经济发展规律看，“结构性减速”是必然，因此，依赖投资发展经济的模式不可持续。要积极调整和优化经济发展结构，继续加快第一产业结构的调整步伐，在大力发展第二产业的同时，优化行业结构，在巩固和发展河南省传统产业的基础上，集中优势力量发展具有比较优势的高技术产业，提高新技术产业在工业中的比重。大力发展第三产业，提高第三产业在整个国民经济中的比重。积极发展现代服务业。同时，继续促进所有制结构的调整，大力发展民营经济，

在基础产业、基础设施和公用事业等领域进一步对民营资本开放，运用财政金融政策，支持中小企业的发展。

（二）转变金融发展观念，正确处理经济与金融发展的关系

在我国现行的体制机制下，政府部门对金融业的发展还起着至关重要的作用，而其金融发展的观念尤为重要，沿海发达的省份，政府部门开明的态度和超前的金融发展观念是金融业蓬勃发展的重要原因。必须用科学的发展观指导金融工作，正确处理好当前与长远、深化改革和防范风险与支持经济可持续发展的关系；要把国家宏观调控目标、金融业自身经营特点与地方经济社会发展实际有机地结合起来，更好地发挥金融对于经济发展的促进作用。

（三）营造宽松环境，积极发展各种形式的金融组织和业态

1. 大力发展中小银行和地方性金融机构

增加金融市场的供给主体，开拓大型商业银行不愿涉足的中小企业信贷市场，改变河南省大型银行占主导的金融结构，积极争取更多的股份制商业银行或外资银行设立分支机构。大力发展地方性金融机构，进一步深化农村信用社产权改革，通过公司治理结构的完善，提高经营管理水平，使农村信用社成为河南省新农村建设的生力军。争取在河南成立具有法人资格的区域性商业银行、保险公司等，并在条件成熟时，成立河南省金融控股集团，完善河南省金融组织体系。

2. 创造宽松的环境，积极鼓励金融创新

政府部门要积极创造宽松的政策环境，争取国家支持，以敢为天下先的精神大力进行金融创新，目前不少创新型金融机构在河南省还属空白或者起步，如融资租赁业，河南省目前还没有一家融资租赁公司能够提供大额资金业务。此外，河南省在股权投资基金、产业投资基金等方面仍属空白，创新型金融机构的发展远远落后于上海、浙江等经济较为发达地区，也落后于天津、重庆和其他积极筹建金融中心的地区。要争取信贷资产证券化、股份代办转让、要素市场交易等金融业务率先在河南试行。

要鼓励、培育、促进多样性、多元化小金融的发展，构建多层次的金融服务体系。要在地方政府的权限范围内，提供更加宽松的政策环境，在风险可控的原则下，争取先行先试、自主创新，在担保、典当、期货、保理、服务外包、财务公司、风险投资、多种所有制金融企业等方面取得重大突破。要发展壮大信托业，扩大资本规模，进一步开拓信托业务。积极发展商业担保机构，鼓励大型企业、民间资本组建担保公司。鼓励企业采用会员制等形式组建自我服务、风险自担、不以盈利为目的的互助担保机构。积极探索动产抵押、权益质押等多种担保形式，制定有效的担保保险措施，创造条件发展中小企业担保机构和

农业担保机构。发展壮大财务公司，增强优势产业发展的融资能力。鼓励金融机构、大型企业或其他机构出资筹建金融租赁公司，积极引进省外金融租赁机构在河南设立分支机构。创新租赁品种，为设备设施项目解决固定资产投资资金，满足中小企业投融资需求。同时，还应加大对产权交易中心的扶持力度，为股权投资提供信息和推出平台。

3. 推动贷款以外融资渠道发展，进一步优化融资结构

一是引导金融机构加快发展风险小、资金占用少、利润率高的中间业务和表外业务。探索创新授信产品，努力为企业提供全方位的金融服务。二是积极发展直接融资。对企业宣传好短期融资券、中期票据、中小企业集合票据等银行间市场债务融资工具，推动企业债务融资工具创新，积极探索新的债务融资模式，形成银行间市场直接融资与信贷融资并重的梯次融资结构。

4. 积极引导和规范发展民间金融

民营资本进入金融领域是市场经济改革的必然，是大势所趋。应抓住当前民间借贷活跃的良好契机，顺势而为，在规范和引导基础上，正确处理积极发展与防范风险的辩证关系，为建设中原经济区动员更多的社会潜力资金。可以借鉴温州和鄂尔多斯的做法，积极成立民间借贷登记中心和民间资本管理中心，将民间“地下”投资的资金引上“地面”，实现民间资金有序流动和有效管理。有必要建立地方的金融监管中心，通过建立完备而统一的监管体系，组建专职队伍，在防范金融风险的基础上，推动河南金融加快发展。同时建立民间借贷跟踪监测管理体系，加强对民间借贷的资金来源、流向和利率水平的跟踪监控，有效防范金融风险的发生。鼓励民营资本进入农信社、城商行、村镇银行、融资租赁公司等正规地方金融机构。在风险可控的基础上，大力发展小贷公司、典当行、担保公司、风投公司等民间融资机构，并加强对这些机构的监督管理。

5. 大力发展金融辅助业

发展为金融提供服务的信用评级、投资咨询、资产评估、担保、服务外包、会计、审计、法律等中介服务组织。鼓励金融中介服务机构创新服务方式和手段。鼓励从事证券业务的会计、评估机构强强联合，开拓业务空间。畅通信用担保机构资本金补充渠道，完善风险补偿机制，放大增信和担保倍数。拓展金融信用调查、信用评估等中介服务市场，规范发展金融经纪和代理市场，逐步实现金融中介服务的社会化，降低金融交易费用。

（四）优化金融生态环境，增强区域经济对信贷资金的吸引力

从经济发展的长远角度考虑，加强金融生态环境建设，是减少本地资金外流、提高银行资金使用效率的关键。要围绕打造更高水平金融生态省的目标，从社会信用环境、司法环境和行政环境等方面入手，为金融机构支持经济发展

创造良好的信贷投放环境。通过在城镇推进信用企业、信用私营个体业主活动，在农村开展信用乡镇、信用村、信用农户活动等方式，强化居民和企业的诚实守信观念，营造优良的社会信用环境；建立企业、个人征信系统和失信惩戒制度，加强对企业的管理，增强企业的诚信意识和自律能力；加强司法环境建设，支持金融部门依法维权，增强金融机构贷款信心；建立健全以政府为领导的、社会广泛参与的改善区域金融生态环境的工作机制，实现政府诚信、企业守信、银行授信的良性循环；改善社会软环境，引导各职能部门树立争取银行业金融机构支持也是招商引资的观念，协调房产、工商、国土、公证、交管等部门办理抵押贷款所需相关手续，方便企业办理贷款；有效运作中小企业担保基金，提高担保效力，鼓励民间资金介入担保体系，扩大担保能力，以适应企业、个人对信贷资金日益增长需要。

参考文献

[1] 庞贞燕．河南省信贷结构与产业结构的对比分析［J］．金融理论与实践，2012 (7).

[2] 中国人民银行上海总部调查统计研究部．上海金融支持实体经济现状调查报告［J］．金融研究报告，2012 (3).

[3] 张军．中国的信贷增长为什么对经济增长影响不显著［J］．学术月刊，2006 (7).

[4] 程棵，刁思聪，杨晓光．中国信贷投放对经济增长影响的实证研究［J］．经济理论与经济管理，2012 (1).

[5] 单克强．我国信贷扩张与经济增长关系探讨［J］．金融纵横，2011 (12).

[6] 张树忠，李天忠．河南省信贷结构调整问题研究［J］．河南社会科学，2005 (11).

[7] 潘敏，罗霄，缪海斌．银行信贷的行业产出与溢出效应［J］．投资研究，2011 (8).

[8] 彭兴韵．实体经济增长与银行信贷增长背离的结症［J］．现代商业银行，2006 (10).

[9] 韩爱华．扩大信贷投放与 GDP 增长关系：对上海市的实证研究［J］．上海经济研究，2009 (9).

[10] 中国人民银行南昌中心支行课题组．信贷资金效益比较研究——基于广东、江苏、江西、贵州四省的实证分析［J］．武汉金融，2007 (10).

郑东新区金融集聚核心功能区建设路径研究

中国人民银行郑州中心支行金融研究处课题组[①]

一、引言

在国办发〔2011〕32号文件《国务院关于支持河南省加快建设中原经济区的指导意见》的指引下，河南省与郑州市正在大力推进郑东新区金融集聚核心功能区的建设工作，制定优惠政策，引进金融机构进驻，在中央商务区（CBD）金融高度集聚的基础上，规划建设龙湖金融中心（CBD副中心）与金融后台服务产业园区等，各项规划与建设工作正如火如荼地展开。但是，在全国众多中心城市均提出建设金融中心的背景下，郑东新区金融集聚区的目标定位是什么，与全国其他提出建设金融中心目标的城市相比，郑东新区金融集聚区有什么特色，有哪些竞争优势，目前，还有哪些差距，如何补强这些差距与不足。为有效解决这些问题，需要系统地研究世界成熟金融中心成长与演变的规律，深入分析我国金融改革与发展趋势，比较全国各地金融改革实践，梳理河南与郑州经济金融发展现状，明晰基础与优势，对比分析差距和不足，借鉴成熟金融集聚区的建设经验，结合本地实际，为郑东新区金融集聚核心功能区明确目标定位、规划建设步骤与措施，供集聚区建设参考与借鉴。

二、理论研究与启示

金融集聚区建设的理论依据是企业区位选择理论和产业集聚理论。虽然金融业是一个特殊的产业，具有不同于其他产业集聚的特点，但产业集聚的需求因素、供给因素和技术条件因素等基本原理同样适用于金融集聚，企业区位选择理论也能在一定程度上解释金融机构集聚的动机和金融集聚区的形成、发展

---

① 课题主持人：张明辉。
课题组成员：刘磊。

与演变规律。

（一）企业区位选择理论

企业区位选择理论认为影响企业选址决策的主要因素是需求与供给环境及与其他备选地之间的优劣差异。其中，供给因素主要包括资金供应、办公环境与成本、人力资源、生活环境与成本等；需求因素指对该企业产品与服务需求的多寡，决定于当地的经济活跃度和贸易发达程度。企业在做选址决策时，会根据不同目标市场进行供给需求等各方面条件的综合比较，依据最优成本效益原则选定目标市场。并且，一旦选定一个地址，由于前期投入成本的沉淀，在短期内企业一般不会进行迁移，倾向于在当地经营发展。

英格兰银行经济学家 Davis（1998）首次将企业选址理论运用到金融服务产业集群形成的研究中。他认为，金融中心是金融企业活动和集聚的地区，金融企业选址的关键是看能否使自身获得更大的净收益。因此，金融企业在进行区位决策时，主要考虑以下三个要素：一是供给条件，主要包括金融机构运行所必需的生产要素和商业条件，比如办公环境、通信设施、人才获得的便利度等；二是需求条件，主要指对金融服务的需求规模和挑剔程度等；三是影响金融机构的规模经济因素，主要指金融体系的规模、健全程度、专业化和金融创新等。Davis 通过对金融服务业领域的调查发现，在大都会区域，不论是大、中小型的金融服务产业都倾向形成集群。因为他们有相同的需求，即专业的劳动力人才以及其他相关领域的企业联系，如会计业、保险精算业、法律咨询业等。有了这些相关产业的配合，将可以更加接近市场，减少交易成本，集聚区金融机构员工通过业务合作或私下交流知识与经验，容易激发出业务创新灵感。

（二）产业集聚理论

美国学者迈克尔波特（1998）将产业集群的定义为：在一个特定区域的一个特别领域，集聚着一个相互关联的企业群体，企业之间共享基础设施、市场信息，它们之间既开展合作，也进行竞争，通过合作与竞争有效降低经营成本、提高运作效率，形成区域集聚效应、规模效应、外部经济效应和区域竞争力。产业集聚理论同样能够解释金融集聚区的形成和发展，秦晟（2009）认为，金融产业集群是金融企业及相关社会中介服务机构在一个特定的区域内通过市场和非市场联系形成的，相互竞争、相互合作、共享金融资源禀赋、提高运营效率的具有集群特征的产业组织形态，对区域经济的发展具有积极的促进作用。王步芳（2006）认为，金融产业集群指的是金融企业和金融机构根据专业化分工以及竞争合作关系，在特定地区大量集聚而形成具有聚集经济特征的产业组织。金融产业集群在功能上结合了金融市场和金融企业科层组织的功能，是一个具有稳定性和持续性的有序的金融生态组织。金融产业集群在整合力、竞争力、吸引力和影响力等各方面所具备的整体竞争优势，是金融市场或金融机构科层组织都不具备的。干杏娣（2003）认为，金融中心是特定区域内金融企业高度集中和发达、资金融通与集散功能强、金融业务辐射范围大的经济中心城市。这些城市基本都是某一地区、全国、大区域乃至全球的经济中心或金融中心。它既是金融资产或金融工具的定价、信息中心，也是各类贸易活动、物流运输、投资理财的清算中心，还是资金周转与融通的中心。资金清算功能、信息聚散功能和金融创新功能是国际金融中心的核心功能，发挥着枢纽与示范作用。

（三）启示与借鉴

国内外的理论与实证研究，为金融集聚区建设提供了有益的启示：

1. 金融集聚区必须要有良好的经济腹地支撑

金融机构集聚一个地区，看中的是当地的经济规模和活跃度、能否为其提供充裕的商业利润机会。否则，即使地方以优厚的政策进行招商，金融机构也不会进驻。因此，金融集聚区建设应该是一个循序渐进的过程，通过大力发展本地经济，扩大内外贸的活跃度，将能够增强金融机构的吸引力，促进金融集聚。

2. 为金融机构创造良好的金融环境

金融集聚对外部环境要求较高，如优越的地理位置、便利的交通、完善的通讯设施、高档的生活与服务设施、金融教育与培训便利、金融人才集聚等。

3. 提供优质的政务服务

除硬件环境外，金融集聚对税收、金融法律执行力度、政府服务的效率和社会诚信环境等方面要求也非常高，需要地方政府部门强化金融意识，改善政务效率，加强诚信环境建设，维护金融机构合法权益，为金融机构提供充分的信息发布、积极的政策沟通与咨询等服务。

三、郑东新区金融集聚核心功能区的功能定位

金融集聚区建设的功能定位决定着集聚区的发展方向，是集聚区建设的灵魂。如果脱离全国大趋势和本地实际，功能定位出现了偏差，集聚区建设将事倍功半，造成极大的资源浪费，也影响中原经济区和郑州都市区建设的步伐与效果。因此，郑东新区金融集聚核心功能区必须依据我国金融改革发展趋势，结合中原经济区建设的实际需要，准确定位。

（一）我国金融改革发展趋势

各国金融发展均有自己的特色，我国也不例外，在融资结构上，以银行信贷为主的间接融资占主导地位，股权与债券占比偏低，但发展迅速，尤其是以

银行间市场发行的短期融资券、中期票据、中小企业集合债等债券融资突飞猛进，在社会融资结构中占比不断提高。在金融监管上，仍实行分业经营分业监管，但允许以金融控股公司为主导的混业经营，全国也涌现了一批控制了银行、证券、保险、信托等金融机构的金融控股集团。在金融改革方面，仍处于选择一些金融发展程度较好的城市开展金融改革试点的探索阶段，例如，在天津、温州开展的金融综合改革试点，也有些地方由于观念较为领先，在一些市场化程度较高的领域进行探索，如武汉金融后台服务基地的建设，一些省份省级商业银行的组建等。这些地方由于中央的政策倾斜，或者自身金融意识的超前，均获得了一定的金融改革收益，并且这些收益有自我增强的趋势。如果一个省份或城市金融发展基础较好，中央政府倾向于在该地推行金融改革，使其享受金融率先发展的收益，例如，深圳最近获得金融改革创新权；国务院新批准了三个城市试点“新三板”，武汉东湖高新区即是其中之一。

（二）金融改革与创新实践对郑州金融改革与发展的启示

全国金融改革与发展趋势和各省市金融改革与创新实践，给郑州发展金融产业提供了有益的启示。一是要顺应全国金融发展的大趋势。全国金融发展的基本趋势为以股票与债券融资为主的直接融资迅速发展和金融混业化趋势不断增强。因此，我们应当大力发展多层次资本市场，扩大直接融资规模，提高股权与债券融资比重；及时组建金融控股公司，通过控股公司整合现有法人金融机构，并发起设立或参与设立新型金融机构，迅速做大做强郑州金融品牌。二是要深入研究与设计金融改革创新方案。国务院已经赋予河南和郑州一些金融改革政策，总体来说，这些政策均比较笼统，只是指出了大致的方向，需要我们深入研究，提出切实可行的改革与创新措施，及时向国家申请试点。在研究时，应注意把政策用活用透，措施要具有前瞻性和可行性。三是要加快金融开放步伐。包括金融意识、金融人才和金融产业等各方面都需要加快革新与开放，加大金融知识宣传与培育、金融人才的培养与引进和金融资源走出去与引进来的工作力度。

（三）郑东新区金融集聚区功能定位

从全国金融发展趋势和郑州金融产业的特色来看，郑东新区金融集聚区的功能定位应围绕银行信贷、股权债券融资、期货市场和支付结算来探讨。原因有三：一是银行业在金融产业中占绝对比重，虽然与全国其他城市相比，郑州银行业不具有突出优势，但其仍是社会经济建设所需资金的最主要供应者，应当重点发展。二是以股权和债券融资为主的直接融资是未来的发展趋势，提前筹备将抢占先机，并且民间资本充裕，将其合理引导向金融行业，不但能够为社会经济建设提供大量资金，而且能够在一定程度上规避民间金融不规范运作所导致的风险。三是期货市场是郑州金融的品牌，也是郑州与全国其他大中城市竞争的优势，需要我们大力维护和支持其发展。四是支付结算中心。根据国际金融中心城市发展的经验，支付结算是金融中心的基础，不但能够为金融机构提供资金清算的便利，而且能够汇集大量资金。并且，国家将郑州定位为电子商务试点城市和电子商务国际结算中心①。因此，郑东新区金融集聚区的功能定位应为：信贷审批中心、资本运营中心、期货管理与交易中心和支付结算中心。围绕该功能定位，应大力发展地方法人银行业金融机构，引进全国性银行的区域性和功能性中心；整合产权交易机构并积极向国家申请加入全国性场外交易系统试点，建设区域性股权交易中心；加快建设土地、排污权、大宗农产品、农业生产资料和矿产资源的全国或区域性交易市场；加快发展产业投资基金、风险投资基金，充分利用民间资本服务实体经济的创新和创业；支持郑州商品交易所做好产品研发，进一步做大期货交易总量、扩大期货市场影响力和向心力；加大与国家相关主管部门的沟通协调，创造条件开展电子商务国际结算业务，并逐步发展成为服务中西部的电子商务国际结算中心。

四、郑东新区金融集聚核心功能区的建设路径

金融集聚区是金融机构集群发展的核心区域，既要大力引进区域外的大型金融机构，又要注重培育本地金融品牌；不但要建设好硬件设施，更要注重金融文化、金融生态等软环境建设。

（一）积极打造河南和郑州本土金融品牌

（1）组建金融控股集团。为顺应金融混业经营的趋势，缓解单一的金融企业和业务领域信息不对称的困境和风险较大的问题，需要打造专职于金融资本运作的省级金融控股集团，以便优势互补，发挥银行、保险、证券和信托等不同领域的整体优势，强化对本地企业的金融服务和支持力度，促进地方经济发展。

（2）组建区域性股份制商业银行。近年来，为进一步完善地方商业银行的法人治理结构，扩大资本规模，实施跨区域扩张，各地纷纷打造区域性甚至全国性股份制商业银行。2006 年安徽省率先重组省内城商行和城信社成立徽商银行，全国各地积极效仿，江苏、吉林、广西、山西、河北、黑龙江、陕西、宁

① 《国务院办公厅关于支持河南省加快建设中原经济区的指导意见》（国办发〔2011〕32 号）明确指出，支持郑州创造条件申请设立电子商务国际结算业务试点；在《国家发改委办公厅关于组织开展国家电子商务示范　电子商务试点专项的通知》（发改办高技〔2012〕1137 号）把郑州列为电子商务试点城市。

夏等省份均组建了省级商业银行。截至目前，作为中西部经济总量最大、人口最多的省份，河南省没有一家属于“本土”的省级商业银行。为打造本地金融品牌，河南及郑州亟需组建“本土”全国性或区域性商业银行。

（3）支持信托机构发展壮大。2007 年以来，我国信托业发展迅猛，管理资产规模持续飙升，从 2008 年末的 1.22 万亿元，增长到 2011 年末的 4.81 万亿元。从 2011 年末各资产管理行业管理的资产规模来看，证券投资基金资产净值 2.19 万亿元，银行理财产品 4.57 万亿元，保险资产规模 6.01 万亿元，各类创投与私募股权投资 4.77 万亿元，信托资产规模已经超越公募基金规模，与保险行业的差距正在逐步缩小。在过去 5 年，信托业已经成为我国资产管理行业的“领跑者”之一。未来，随着金融脱媒的加剧和金融资产重构的加快，信托业还有巨大的发展空间。2009 年上半年以来，信托行业管理新规频出，对信托公司业务范围和创新业务进行松绑和规范，涉及范围之广为近年罕见，彰显了管理层面对信托公司做大做强的用心。作为郑州金融产业的一个重要行业，信托公司应加快改革进程，做大做强，发挥积极的作用。

（4）支持和鼓励大型企业集团在郑州设立财务公司。当前，我国已经设立财务公司 100 多家，几乎所有重点央企和部分大型民营企业集团均设有财务公司。目前，河南及郑州一些大型集团公司符合设立财务公司的要求，并且在将来产业结构调整和升级过程中，也会诞生一批大型企业集团公司。我们应该顺应国家监管部门鼓励大型企业集团设立财务公司的政策导向，抓住这一政策机遇，鼓励驻郑大型企业集团积极设立财务公司，在一定程度上提高资金管理和利用效率，帮助企业做大做强。

（5）支持期货公司加快发展。郑州拥有全国 3 家期货交易所之一，发展期货业具有得天独厚的优势，但本地法人期货公司却发展迟缓。截至 2011 年末，郑州有 3 家法人期货公司，而同样拥有期货交易所的上海、辽宁分别有 26 家和 7 家法人期货公司，北京有 20 家，广东有 24 家，浙江有 12 家，天津有 6 家。为进一步加快郑州期货业的发展壮大，需要大力支持本地法人期货公司加强与境内外期货市场参与方的合资合作，增强资本实力和开拓境内外市场的业务能力，进一步提高行业地位。同时，积极引导本地金融机构和大型企业集团加强与期货公司的合作，通过业务联合增强本地期货公司的经营实力。政府部门应加强与本地期货公司的沟通，努力为其解决发展中遇到的困难和问题，通过营造良好发展环境留住企业和支持本土期货公司发展壮大。鼓励社会资金发起设立新的期货公司，壮大期货经纪队伍。

（6）组建地方法人保险公司。2011 年，河南保险业实现保费收入 839.8 亿元，居全国第四位，但目前仍无一家法人保险公司。截至 2011 年末，我国保险公司法人机构注册地主要在北京、上海、广州和深圳，分别为50家、43家、16家和15家，除新疆、宁夏、青海、甘肃、西藏、贵州、海南、广西、湖南、江西、内蒙古、河北12个省份外，各省均有至少1家注册在当地的法人保险公司，其中，陕西、湖北、江西、浙江各2家，江苏、四川、重庆各3家，山东、安徽、吉林、黑龙江、云南、山西各1家，天津、辽宁各4家。在保险资金运用由保险公司总部决定的情况下，缺乏法人保险公司的省份，利用保险资金支持社会经济建设的难度较大，保险资金外流严重。例如，2011年，河南保费收入839.8亿元，各类赔款给付171.1亿元，保险资金筹集与利用差额巨大。为减缓这一趋势，除加大与各保险公司总部加强沟通与协作，争取引进更多保险资金投资于河南社会经济建设外，还应加强与保险监督管理部门的沟通，积极组织社会资金出资组建法人保险公司，加快本地保险机构组建的步伐。

（7）加快投资基金业发展。风险投资对一个国家或地区创新能力的提高及创新经济的发展具有重要的战略意义。风险投资的资金主要来源于公司企业和富裕个人，它将若干分散的投资资金聚集起来进行投资，无疑将有利于发挥资金使用的规模效益。在当前我国民间资金充裕、缺乏有效投资渠道、民间金融风险极大的情况下，把民间资金引向风险投资行业，将实现资金利用和金融稳定的双赢。目前，河南风险投资发展迟缓，风险投资机构数量少，注册资本与投资规模小。应参考借鉴其他省份风险投资业发展经验，重点培育本土风险投资机构。

（8）培育本地融资租赁公司。截至2011年末，我国已设立融资租赁公司约300家。在区域分布上，我国的融资租赁公司总部主要设在北京、天津和上海等大城市，沿海的山东、浙江、福建、江苏等省份也超过10家以上。近年来，天津市融资租赁业发展迅猛，成为我国租赁业发展的典范。2011年末，天津市注册融资租赁企业53家，注册资金约365亿元，约占全国1 032亿元的1/3，融资租赁合同余额约为2 300亿元，融资租赁业务量占全国业务总量的24.7%。在河南及郑州的经济结构中，基础设施建设、汽车和重型设备制造占有较大比重，具有发展融资租赁的良好市场，但迄今河南仍无一家本地法人融资租赁公司。当前，郑州正在着力推进航空港建设，将产生大量飞机、设备的引进需求。在银行信贷资金有限的情况下，郑州航空港建设将为融资租赁业发展提供巨大的市场空间，融资租赁业也将迎来良好的发展机遇。我们应该借鉴天津、上海、浙江等地的先进经验，加快融资租赁业发展。

（9）引导金融机构和社会资金积极发起设立或参股汽车金融公司、消费金融公司、村镇银行、贷款公司和农村资金互助社等新型金融机构。近年来，新型金融机构的发展风起云涌，村镇银行、小额贷款公司、汽车金融公司异军突起，迅速扩大了市场份额，村镇银行和小额贷款公司在一定程度上缓解了中小企业和农村融资困难，应继续加快组建步伐，并对新型金融机构的合理需求，协调予以解决。

（10）大力培育本土金融中介服务机构。支持和培育本地法律、会计、征信、评估和第三方支付等中介服务机构，鼓励地方法人金融机构在郑州建设资源共享的后台服务中心。

（二）构建多层次资本市场

（1）支持符合条件的企业到主板、中小板、创业板市场和境外资本市场上市融资。加强上市后备企业培育工作，对后备企业给予项目、资金、建设用地等方面的政策支持。引导上市企业改善公司治理结构和财务水平，加强市场运作，增强其通过配股、增发、可转换债券等途径进行再融资的能力。

（2）扩大企业债务融资规模。近年来，随着银行间债券市场的创新发展，企业债券市场发展迅速，在社会融资结构中所占的份额直线上升。2011 年全年社会融资规模为 12. 83 万亿元，从结构看，银行信贷占 82. 5%，企业债券占 10. 6%，非金融企业境内股票融资占比 3. 4%。2011 年，河南省通过股票市场融资 269. 6 亿元，通过债券融资 303 亿元，债券融资额已经超过股票融资。因此，省市两级政府应加大利用债券融资的力度，引导符合条件的企业通过发行企业债券、公司债券、中期票据、短期融资券、区域集优、中小企业私募债筹集资金，努力扩大企业债务融资规模。积极推动中小企业发行集合债券、区域集优债券和私募债，支持符合条件的企业发行可转换公司债券。鼓励本地法人金融机构创造条件申请发行次级债等资本性债务工具，改善资本充足状况。积极向国家争取把郑州纳入自主发行市政债券的试点城市。

（3）推动产权交易改革创新。支持产权交易机构整合，构建统一有序、规范权威的产权交易平台。继续探索中小企业股权流转新途径，积极向国家争取新三板在郑州高新区进行扩容试点。

（4）建立健全要素市场。探索建立农村土地交易市场，推动农村土地使用权有序流转，推进农业产业化经营和城乡统筹协调发展。积极向国家申请建立碳排放权交易市场，促进节能减排和产业结构调整与升级。探索建立大宗农畜产品现货与期货交易市场，通过中远期交易，充分发挥价格发现、市场调控、套期保值的作用，稳定大宗农畜产品市场价格，与郑州商品交易所、郑州粮食批发市场实现优势互补。

（三）加快引进国内外各类金融机构及金融中介服务机构

扩大金融对外交流与合作，制定、完善吸引国内外金融机构进驻的优惠政策，鼓励境内外金融机构进驻郑东新区金融集聚区设立区域管理总部与分支机构，或者参与地方金融机构的整合、重组和股份制改造，提升本地金融机构的资本实力和经营管理水平。充分发挥郑州区位、科教、劳动力和资源优势，吸引中外各类金融机构在郑东新区设立客户服务、人才培训、档案管理、财务结算、数据灾备、产品研发等后台服务机构。积极引进国内外知名的会计、审计、法律服务、信用评级、资产评估、投资咨询等与金融相关的中介服务机构在郑东新区设立法人机构、区域总部或分支机构。

（四）进一步提升期货市场的影响力

支持郑州商品交易所做大做强现有上市期货产品的基础上，推出符合郑商所功能定位和具有区域优势的期货品种。支持将具有区位优势的战略性期货产品在郑州商品交易所上市，逐步把郑州商品交易所建设成为集农产品、能源、原材料、工业品、商品指数期货及期权的综合性、现代化的期货和期权交易所。加强国际交流与合作，不断提高郑州商品交易所的国际地位和影响力。推进郑州商品交易所与中西部地区的合作，完善交割库点布局，形成连接中西部、辐射全国的价格、资金、物流、信息中心。

（五）培育与发展货币市场体系

（1）提高对全国货币市场的参与度。扶持和引导本地中小金融机构积极参与货币市场交易，利用全国性货币市场融通资金、改善资本资产结构、提高资金流动性与经营能力。

（2）稳步推进区域性票据交易平台建设。鼓励大型商业银行在郑东新区金融集聚区设立票据交易专营机构，建立区域性票据交易平台。加大票据品种引进与研发，重点推广商业承兑汇票，增强郑州区域性票据市场的投融资功能和影响力，逐步形成覆盖中原、辐射全国的区域性票据交易中心。

（3）探索建立金融资产转让市场。积极创造条件，组建金融资产交易平台，逐步开展 PE 份额、企业股权、租赁资产、信托产品、票据资产以及保险理财类等金融性资产的公开交易创新业务，为各种金融资产提供从登记、交易到结算的全程式服务，以及金融资产投融资咨询和相关增值服务。

（4）推动电子商务国际结算业务开展。积极研究开展电子商务国际结算业务开展的基础和条件，加强与国家相关主管部门的沟通协作，为世界 500 强企业在郑设立结算中心创造条件。吸引国内外著名的商业银行在金融集聚区设立金融电子商务中心，提高国际贸易外汇结算业务的便利度。

（六）加强金融发展环境建设

（1）加强硬件环境建设。在金融集聚区规划与建设过程中，充分征求金融机构的意见，参照世界成熟金融集聚区对电力、通信、视频影像传输、商务会议、办公场地等的要求进行设计和建造，确保硬件先进、信息传输安全快捷。

（2）加强软件环境建设。进一步整合工商、税务、环保、海关、质检、公检法等有关部门的信用信息资源，充实完善企业和个人信用信息数据库，建立信用信息共享机制，为社会各方提供方便快捷的信用信息查询服务。推进信用评级和监督，建立完善的失信惩戒机制。进一步优化司法环境，支持全面建立金融审判庭、执行庭，提高金融案件审结率和执结率，维护金融机构合法权益。

（七）加强金融智力资源建设

（1）成立金融咨询专家委员会。邀请国家金融管理部门、国内外知名金融机构的主要负责人和业界知名专家学者组成专家咨询委员会，定期或不定期召开研讨会，为金融集聚区建设把脉问诊，出谋划策。

（2）实施金融人才引进与培训工程。支持金融机构面向海内外引进各类熟悉金融市场、金融业务管理、金融创新技术、金融资本运作等方面的高层次金融人才。借鉴吸收上海、天津、深圳等城市的经验，落实和完善金融人才政策，为驻郑金融人才提供良好的工作和生活条件，确保人才引得进、留得住。建立由高等院校、培训机构、金融行业协会和地方政府各方共建共享的多层次金融人才培养体系，有计划地开展以金融管理、金融创新为核心内容的职业培训。

参考文献

[1] 王步芳．首都金融产业集群优势与发展研究［J］．北京市经济管理干部学院学报，2006（4）：11－16.

[2] 秦 晟．金融产业集群形成演化机制与上海国际金融中心建设［D］．上海社会科学院博士研究生学位论文．

[3] 干杏娣．开放与成长：新世纪上海国际金融中心的建设［R］．2003.

[4] Davis E P（1998）. International financial centers—An industrial analysis. Bank of England Discussion Paper，No. 51：123.

[5] Porter M.．Clusters and New Economics of Competition［M］．Harvard Business，1998.

金融支持产业集聚区建设研究

中国人民银行商丘市中心支行课题组[①]

摘要 产业集聚区发展是河南省促进“三化”协调发展、推动中原经济区建设的有效载体和重要依托，产业集聚区的发展需要配套融资服务的支持。本课题在对河南省产业集聚区的形成与发展系统归纳的基础上，详细剖析了产业集聚区投融资制度安排与现实缺陷，通过研究产业集聚区企业融资现状，对当前产业集聚区融资的主要模式进行了讨论，探讨在当前中小企业正规渠道融资困难的情况下，提出通过加快金融产业和服务方式创新，建立多元化、分层次的产业集聚区投融资体系，有效推动产业集聚区的建设与发展思路。

关键词 中原经济区 产业集聚区 金融支持

产业集聚区是以若干特色主导产业为支撑，产业集聚特征明显、产业和城市融合发展、产业结构合理、吸纳就业充分、以经济功能为主的功能区。与传统的产业集群相比，产业集聚区更多地由政府主导，实现企业的空间集聚，最大限度地实现资源集约利用，提高土地投资强度，实现基础设施共建共享，促进产业与城市协调发展。构建多元化、分层次的投融资体系是产业集聚区协调快速发展的重要支撑，是促进东部产业向内陆转移与承接的重要平台。

一、绪论

（一）选题背景

产业集聚是一个世界性的经济现象。近年来，随着经济全球化的加快和中国经济的快速发展，我国的产业集聚现象不断推进，并且出现了一些新的特点：加工制造业进一步向沿海地区集中，初步形成了若干制造业带的雏形，产业集群化的趋势在逐步加快，出现了新型产业分工格局的雏形。20 世纪 90 年代中期

---

① 课题主持人：郭立。
课题组成员：蒋龙兴、刘心红、杨安堂、丁涛、侯国强、曹秋华。

以来，在浙江、上海、广东等东部沿海省（市），形成了大片的“产业镇”和“产业片”，产业集群发展成为区域经济增长的重要动力。在这一时期，我国中西部地区大力推动经济开发区建设，但由于资金、技术、市场跟不上，不但没有形成产业集群，还使部分原有的产业集群出现衰退，集群内部产业链不够完善，产业竞争力和产业集群抗拒风险的能力不高等。在国际金融危机的大背景下，产业转移和产业集聚明显加速，河南等省份提出了加快发展产业集聚区，重新整合原有的经济开发区、小规模产业集群区，努力实现产业的突破性进展，逐步显现出产业成片集约发展的优势。

产业集聚区是指包括经济技术开发区、高新技术产业开发区、工业园区、现代服务业园区、科技创新园区、加工贸易园区、高效农业园区等在内的各类开发区和园区。产业集聚区是优化经济结构、转变发展方式、实现节约集约发展的基础工程，是构建现代体系、现代城镇体系和自主创新体系三大体系的有效载体，是河南省实现“两大跨越”、促进中原崛起的战略支撑点。发展产业集聚区符合经济发展规律，符合科学发展观要求。通过产业集聚发展，能有效解决资源环境等瓶颈约束，创造有利于创业生存发展的环境和条件，创造和扩大市场需求，促进经济发展良性循环。加快推进产业集聚区建设，有利于培育区域经济增长极，为现代产业体系建设提供支撑；有利于以产带城，加快城镇化进程，构建现代城镇体系；有利于促进产业集聚，为自主创新体系建设创造条件；有利于发挥规模效应，实现污染集中治理和土地节约集约利用，为发展循环经济创造条件。

2009 年，中共河南省委首先提出在全省推进产业集聚区科学规划科学发展的指导意见，要求全面贯彻落实科学发展观，以解放思想、深化改革、扩大开放为动力，着力优化产业空间布局，更加突出城市与产业事例发展[①]，更加突出产业结构优化升级，更加突出体制机制创新，更加突出循环经济和节约集约[②]发展，提升产业集聚水平和人口承载能力，培育一批规模优势突出、功能定位明晰、集聚效应明显、辐射带动有力的产业集聚区，使之成为先进产业集中区、改革创新试验区、现代化城市功能区和科学发展示范区，促进二三产业协调发展，实现发展方式转变，推进工业化和城镇化，为加快“两大跨越”、实现中原崛起创造条件、提供支撑。

根据全省城镇体系规划、土地利用总体规划和产业发展规划的要求，为集中土地等要素资源配置，对全省产业集聚区实行统一规划建设。总体发展目标

① 见豫发〔2009〕14 号文件。

② 同上。

是：到2012年，力争培育营业收入1 000亿元以上的产业集聚区2～3个，500亿元以上的10个，100亿元以上的50个；到2020年，把产业集聚区建成省内各区域的经济增长点，形成具有较强科技创新能力、现代产业集聚、循环经济全面发展的主体区域，成为城市功能完善、充分体现人与自然和谐发展的宜居宜业新城区，成为带动全省基本实现工业化和中原崛起的主导力量。

产业集聚区作为当代产业生存与发展最有效的组织形态，在集聚生产要素、优化资源配置、加快制度创新、营造产业生态环境等方面发挥着越来越重要的作用，工业发达国家几乎所有竞争力强的产业都采取这一发展模式。

通过几年的持续推进和发展，河南省产业集聚区建设已经取得了令人瞩目的成绩。而在这一建设过程中，融资问题越来越成为产业集聚区发展的核心，2012年提出全年产业集聚区融资规模力争达到1 800亿元，最大限度地满足产业集聚区建设资金需求，促进产业集聚区较快发展。这一规模相当于2011年全省新增贷款总量（各项贷款余额17 648.91亿元，其中当年新增1 812.5亿元）。可见，产业集聚区在2012年及至今后的几年里，将逐步成为金融支持和服务的核心区域。

产业集聚区的发展需要配套融资服务的支持，本课题拟通过产业集聚区企业融资现状，以案例研究方法探讨在当前中小企业正规渠道融资困难的情况下，通过加快金融产业和服务方式创新，有效解决集群企业融资困境的思路。

（二）产业集群发展的理论基础

产业集群发展理论是20世纪20年代出现的一种西方经济理论。产业集群发展理论是在20世纪90年代由美国哈佛商学院的竞争战略和国际竞争领域研究权威学者麦克尔·波特创立的。其含义是在一个特定区域的一个特别领域，集聚着一组相互关联的公司、供应商、关联产业和专门化的制度和协会，通过这种区域集聚形成有效的市场竞争，构建出专业化生产要素优化集聚洼地，使企业共享区域公共设施、市场环境和外部经济，降低信息交流和物流成本，形成区域集聚效应、规模效应、外部效应和区域竞争力。

解释集群的形成原因及其内在机理的文献是集群研究中的一个重要方面。在研究企业集群的文献中，各种理论和学派受其理论渊源的影响在解释产业集聚方面各有侧重，主要被引用的观点有马歇尔的外部经济和三要素论、集聚经济理论和新经济地理思想等。

马歇尔继承斯密的分工理论，提出了外部经济的概念。外部经济是指企业生产规模扩大对该产业的所有企业产生有利影响，外部经济相当于正的外部性或正的溢出效应。通过对产业区的分析，马歇尔认为，外部经济使得同行业企业集聚于同一地区而获得运输便利和信息优势，他通过三要素（劳动力市场共享、中间产品投入和技术外溢）对产业集聚作出解释，前两者称为“金融外部性”，后者称为“技术外部性”。虽然外部经济难以度量，马歇尔的外部经济分析法仍然提供了一个在完全竞争环境框架下的考察收益递增的分析工具。

韦伯在区位论方面作出了开创性的研究，并首次提出了集聚经济（Agglomeration Economy）的概念。韦伯产业区位理论的核心，就是在配置产业时，尽量降低成本，尤其是把运输费用降到最低限度，以实现产品的最佳销售。韦伯认为，一个企业可以通过两种主要方式获得集聚的经济效益，即（1）扩大生产规模，增加生产的集聚程度，从而可以降低产品成本；（2）通过选择与其他工厂紧密相连的配置，可以获得收益。这种集聚，使企业共同使用专用设备，共同利用劳动力市场，共同使用公共设施，从而使每一个工厂减少成本。韦伯还对产业集聚做了定量研究，试图以等差费用曲线作为分析工具来确定产业的集聚程度。

相似的研究还包括有关空间联合体的讨论：Florence 开始了集聚经济凝聚性趋势及其空间联合体的讨论，其追随者有 Streit、Richter、Czamanski 和 Czamanski，他们检验了集聚经济的假设，认为集聚经济并不仅仅是城市中心的一般吸引力的结果，而是不同产业相互作用的结果，提出了产业间互动的重要性。帕鲁（Perroux）的增长极理论，通过增长极概念描述了产业间的关系。Chlnitz 的贡献在于通过对市场结构、企业家行为和产业组织等因素的分析重新认识了集聚经济。在20世纪70年代一系列运用生产功能理论的研究试图通过不同的指标度量集聚经济的地区生产率。

对于产业集聚机理的探讨另外一个值得关注的就是克鲁格曼的新经济地理思想。新经济地理主要是整合了新古典经济理论与传统的区域经济理论，通过规模报酬递增和内生的集中经济解释产业的空间集聚问题。克鲁格曼通过其新贸易理论，发展了其集聚经济观点，理论基础仍然是收益递增。他的产业集聚模型假设一个国家有两个区位，有农业和制造业两种生产活动，在规模经济、低运输费用和高制造业投入的综合作用下，通过数学模型分析，证明了工业集聚将导致制造业中心区的形成。另外，他的垄断竞争模型在融合传统经济地理学理论的基础上，综合考虑多种影响因素：收益递增、自组织理论、向心力和离心力的作用，证明了低的运输成本、高制造业比例和规模有利于区域集聚的形成。

而在产业集群发展理论的研究上，则出现了如马歇尔（Marshall）“产业区理论”，韦伯（Weber）“工业区位理论”、帕鲁（Francois Perrour）“增长极理论”、“地域生产综合体理论”、意大利学者巴格纳斯科（Bagnasco）“新产业区理论”等多种理论学派。

（三）企业集群融资文献综述

由于产业集聚区的提出和形成时间不长，理论界对基于产业集聚区的企业融资研究还非常鲜见，但对产业集群特别是中小企业集群融资进行了广泛的研究，其内容主要包括企业集群融资的优势与融资模式。

1. 企业集群特点及融资优势

仇保兴（1999）发现在产业集群中，与地缘、亲缘相联系的人文纽带可以加强客户和供应商之间的信任，从而使得中间产品的交易能够顺利完成，交易的稳定性和非契约性、贷款的赊欠甚至互相拆借资金等现象都很普遍。此外，他认为当地政府应当加强集群融资网络建设，建立政府与银行共担风险的担保制度，以改善对中小企业的金融服务。

魏守华、刘光海和邵东涛（2002）认为，中小企业由于地理接近性和产业专业化的特性，在间接融资方面具有不同于一般单个游离中小企业的特点即能够增加银企之间信息对称性，减少交易成本，提高银行收益降低信贷风险。并且论证银行与中小企业在重复的动态博弈中能建立起合作关系，进而可以发展中小企业信用贷款，解决中小企业贷款过程中抵押担保不足的重大难题。

刘彪文（2004）认为，产业集群在直接融资和间接融资方面都有利于解决中小企业融资难问题。中小企业集聚成群后有利于提高银行的信贷收益，降低信贷成本，增加中小企业获得抵押贷款的可能。促进民间资本的发展，有助于中小企业直接进入资本市场融资，有利于获得政府金融支持。

古赞歌和卜庆军（2006）认为，集群融资能有效缓解融资中的信息不对称问题，解决中小企业的融资担保问题，降低金融机构对中小企业融资的交易成本和风险。

张淑焕和陈志莲（2006）认为，集群企业建立起来的价值链和供应链衍生出信誉链，以中小企业信誉链为基础形成的融资链能有效增加银企之间的信息对称性，减少了中小企业与金融机构之间直接讨价还价的成本，可获得规模效应和乘数效应。

刘峰（2007）在对中小企业融资研究过程中发现集群融资除了信息优势、成本优势和风险优势外还具有发展优势。当中小企业集群形成以后，企业的同质性必会引发企业间的竞争，企业在竞争过程中也会相互模仿、学习，提升整个集群的竞争力。企业在这一过程中获利，银行因为给予集群企业贷款而获得收益，选择继续放贷，在群内双重乘数效应的作用下，集群内的投资也相应放大，区域经济快速增长，银行获得的收益继续增加，银企双赢。

魏剑锋（2008）认为，产业集群能有效拓展金融机构信息收集渠道同时专业化的生产方式有利于金融机构对中小企业经营风险的预测：（1）可以低成本地辨识企业在产业链中的位置和经营状况；（2）可以有效地预测企业的预期利润前景。

刘轶和张飞（2009）将社会资本因素引入集群企业的融资过程中，分析了社会资本对集群企业融资的影响。发现社会资本在集群企业融资过程中能起到提供“软担保”的作用，降低金融机构对企业贷款抵押和担保的要求，是解决中小企业融资难问题的有效途径。

马鸿杰和胡汉辉（2009）以常州湖塘纺织、横林地板、邹区灯具三大集群为例通过实证分析得出企业的盈利能力、有无充足抵押物、企业所在地产业集群化程度是影响中小企业信贷融资能力的重要因素。

2. 中小企业集群融资模式

学者们大多把注意力集中到集群融资带来的优势上，认为集群企业解决了信息、成本、风险等问题，在信用声誉等机制的共同作用下，集群企业便能顺利获得银行贷款。部分学者认为，集群企业有其独特性，因此有必要探索与之相匹配的融资模式。

魏守华（2002）提出区域性试行契约型主办银行模式，从我国制度环境以及经济结构性过剩角度分析该模式的必要性和可行性。契约型主办银行因为商业银行参与管理，能有效解决信息不对称问题，并且能为企业提供稳定的金融支持。

张炳申（2003）认为，改进我国企业集群融资的对策，需拓宽民营金融的经营范围，加快企业集群区域民营金融的发展。庄永强等（2004）认为，集群中小企业融资需发展关系型借贷。赵祥（2005）指出，随着企业集群规模的扩大和市场交易的扩展，企业集群的融资机制突破了非正式融资安排的局限，向基于正式制度的融资方式转变。洪金镖（2005）提出依托群内行业公会成立中小企业互助担保机构并与商业担保机构联合为群内中小企业担保的模式。古赞歌等（2006）认为，需加快发展集群内中小民营金融机构。李渝萍（2007）认为，可以建立集群创新发展基金，疏导民间资金，拓宽中小企业集群内直接融资的渠道。高连和（2007）开创式地将集群内源优势与外源优势相结合，提出准外源性融资性质的集群财务公司代理担保制的关系型融资模式，群内财务公司与金融机构相比，具有产融企结合、系统自组织和内部金融市场等竞争优势。彭佳等（2008）提出银行、中小企业以及连接中小企业与银行的金融服务机构三者相互关联、协作的融资模式——“鸟巢模式”。何杨英（2008）提出“产业集群框架融资”，首次提出将集群以一个整体的形式进行融资。王晓杰（2008）认为，可以建立一个群内互助担保协会，群内企业可以在担保协会的担保下向银行间接融资，或是以资产债券化的形式向其他企业借款。黄真真（2008）认为群内社区银行的发展有助于群内企业融资。李日新（2009）从关系嵌入角度提出建立以互助担保公司为中心的外源性融资模式。罗正英（2010）认为，建立根植于中小企业集群的内生性的合作金融机构能够充分发挥中小企业集群的内生优势。张卫国、冉晖（2010）提出将团体贷款引入集群融资中，并且认为企业集群的网络优势能够成功化解团体贷款的应用困境。

3. 评述

产业集群是近几年区域经济研究热点，但主要还是研究集群发展对群内企业以及区域经济的提升作用，融资问题向来不是产业集群研究的重点内容。关于中小企业集群融资，国外相关研究匮乏，主要以国内研究为主。企业集群融资比单个企业融资在信息、交易成本等方面具有明显优势，但是要充分利用集群优势则需要相应的融资模式与之呼应。

区域性契约型主办银行，需要银行同时成为企业的融资人和重要股东，建立长期合作关系，这便于银行获取企业经营信息，了解行业动态，但我国制度规定银行不得持有企业股权，因此该模式的具体应用还需要法律制度的配合。

“鸟巢模式”中小企业通过中介服务机构与银行发生业务联系，由中介服务机构的承贷平台向银行申请授信，由于中介服务机构本身设有信用评估机制，设置一定的准入要求，因此能降低银行的授信风险，实现批量信贷。该模式的不足之处在于中介服务机构游离于企业集群之外，并未真正内生于中小企业集群，功能单一，不能充分利用中小企业集群优势。

企业间互助担保模式能够降低银行授信风险，但是借款主体之间的契约并没有明确的法律进行约束。互助担保协会属于政策型担保机构，政府给予政策扶持、资金支持，经验表明政府的参与会导致资源配置的低效反而会增加逃废债发生的概率。

建立社区银行、区域民营中小金融机构能有效利用集群企业间紧密联系的特性，发挥关系型借贷的优势，但是银行仍需单个审批中小企业信贷业务，不能实现对中小企业的批量信贷。创立集群创新发展基金，能够吸引民间资金，拓展中小企业直接融资渠道，但是需要地方性法规进行约束，同时基金资本资源有限，只能解决部分企业的融资需求。

集群企业资产债券化存在应用局限性，首先，我国金融市场不发达，债券交易不活跃；其次，集群企业债券相比大型优质企业的企业债、国债安全性较差，对投资者缺乏吸引力。因此，集群企业资产债券化只适合发展水平高特别是技术集约型的集群，对于一般的企业集群不具有适用性。

群内财务公司模式，提出内生于中小企业集群的合作金融机构的一种新模式。集群团体贷款模式，是指群内企业“抱团”向银行申请授信，但该模式的有效运作，需要中介组织支持和政府机构的协调。

现有的融资模式学者专注于如何提高群内中小企业向外部金融机构贷款的成功率，而事实上群内资金也是很好的资本资源，构建一种内生于中小企业集群的既能有效流转群内资本，提高群内资本利用率又能帮助群内企业向外申请贷款的，准内源融资与外源性融资相结合的模式很有必要。

（四）研究路径

本课题研究的对象是金融支持产业集聚区发展的模式与效率。相对自然形成的产业集群，产业集聚区作为政府主导的产业发展载体，在规划建设之初就作了一定的融资体系和制度安排，如设立政府融资平台、创立产业投资基金、组建担保公司等，为区内企业提供融资便利。但在实践中，这种融资制度还难以有效发挥作用，特别是中小企业资金短缺、融资难仍是一个突出的问题。

为此，本课题的研究思路主要是，以产业集群发展理论为导向，在综合分析现在企业集群融资优势与融资模式的基础上，理清河南省推动产业集聚区发展的战略政策，分析产业集聚区融资的制度安排，结合实践与案例比较不同融资制度与融资模式的适应性，提出构建河南省产业集聚区投融资体系的架构设计，为今后一段时期金融支持河南省产业集聚区的建设发展提供理论与实践依据。

二、河南省产业集聚区建设与融资制度安排

（一）河南省产业集聚区的形成与政策回顾

2008 年，河南省人民政府提出加快产业集聚区建设，着力打造东部产业向中西部转移的承接平台。有关部门对全省 312 个省级以上经济技术开发区、高新技术产业开发区和各市、县具有一定规模和基础的各类产业集聚区调查摸底后，通过整合规范，于 2008 年 10 月初步确认了首批 175 个产业集聚区，共入驻企业 21 052 家，从业人员达到 199.1 万人，2008 年实现总收入 9 647.3 亿元，税收 325.8 亿元，完成固定资产投资 17 502 亿元。

2009 年河南省《政府工作报告》中明确提出，要“大力发展产业集聚区，把产业集聚区作为优化经济结构、转变发展方式、实现集约化发展的基础工程来抓，以产业聚集程度决定城镇发展规模，促进城镇化与工业化协调发展”。2009 年 4 月，中共河南省委、河南省人民政府印发了《关于推进产业集聚区科学规划科学发展指导意见》（豫发〔2009〕14 号），提出了加快产业集聚区建设与规划的思路，指出产业集聚区建设是构建现代化体系、现代化城镇体系和自主创新体系等三大体系的有效载体，是河南省实现“两大跨越”、促进中原崛起的战略支撑点，着力打造东部产业向中西部转移的承接平台，明确了产业集聚区发展的总体思路、发展目标、重点任务和政策框架。8 月，河南省人民政府印发的《加快产业集聚区科学发展若干政策（试行）》，明确了加快产业集聚发展、构建投融资平台、加大财税和金融扶持力度、在建设用地和环境容量上给予支持、加强自主创新体系建设、完善基础设施和公共服务体系等支持政策，从土地、用电、税收、人才引进等多个方面推动河南省产业集聚区加快发展。

2010 年 3 月，河南省人民政府印发了《关于进一步促进产业集聚区发展的

指导意见》，明确提出了集聚区是以若干特色主导产业为支撑，产业集聚特征明显，产业和城市融合发展，产业结构合理，吸纳就业充分，以经济功能为主的功能区。其基本内涵包括企业（项目）集中布局、产业集群发展、资源集约利用、功能集合构建，其载体包括城市新区、集聚区、专业园区 3 个层次，并从 10 个方面着力建立完善集聚区集聚机制。4 月，河南省人民政府下发了《建立完善产业集聚区推进工作机制的通知》，完善了产业集聚区发展联席会议制度，明确了 17 个联席单位的职责与分工。随后陆续出台了《河南省人民政府办公厅关于完善财政激励政策促进产业集聚区加快发展的通知》（豫政办〔2010〕30 号）、《河南省人民政府办公厅关于印发河南省产业集聚区发展考核办法的通知》（豫政办〔2010〕33 号）、《河南省人民政府办公厅关于省产业集聚区建设工程 2010 年工作方案的通知》（豫政办〔2010〕38 号），确定了产业集聚区发展考核指标体系与考核办法，提出 2010 年产业集聚区的工作目标，提出了强化融资平台建设与信用担保平台建设。支持有条件的产业集聚区设立产业投资基金，发行企业债券、中期票据。强化信用担保平台建设。发挥政府引导作用，吸收金融机构、企业和社会资本，成立一批产业集聚区中小企业信用担保公司。发挥省中小企业担保集团作用，为集聚区担保机构提供再担保增信服务，提高其融资担保能力。加强银行与担保机构的合作，开发适合产业集聚区发展的融资担保产品。加快小额贷款公司试点工作，力争每个产业集聚区成立 2 家以上小额贷款公司。

2011 年 3 月，河南省人民政府批转的《2011 年河南省加快产业集聚区建设专项工作方案》中，要求深入贯彻落实科学发展观，把加快产业集聚区建设作为事关经济发展全局的中心工作和综合性举措，围绕“两提两扩”（提升速度、提高水平，扩大规模、扩大效果），抢抓国内外产业加速转移机遇，深入推进产业集聚发展、承接产业转移、基础设施建设、要素平台支撑，全面提升产城互动发展、科技进步和创新、人力资源保障水平，积极开展典型示范创建，进一步加大政策扶持力度，创新体制机制，促进“四集一转”（企业、项目集中布局，产业集群发展，资源集约利用，功能集合构建，人口向城镇转移），加快经济结构调整和发展方式转变，推动全省产业集聚区实现更大规模、更高水平的发展。提出全年产业集聚区的发展目标是力争完成投资 6 500 亿元以上，规模以上工业实现主营业务收入 16 000 亿元以上，特色产业集群快速壮大，产业结构明显优化，集约节约发展水平明显提升，对全省经济发展的支撑和带动能力进一步增强。

2011 年 4 月，河南省人民政府出台的《关于印发河南省国民经济和社会发展第十二个五年规划纲要的通知》中，提出按照“企业（项目）集中布局、产业集群发展、资源集约利用、功能集合构建、促进农村人口向城市转移”的要求，强力推进产业集聚区建设。进一步推动要素资源集中配置，完善投融资、中小企业贷款担保和土地整理储备平台，着力提高基础设施、公共服务、产业支撑和集聚发展四大保障能力。力争到2015年全省产业集聚区从业人员达到240万人以上、主营业务收入超过4万亿元，建成一批功能定位明晰、竞争优势突出、资源高效利用、产城互动发展的产业集聚区。一是培育壮大产业集群，力争到2015年培育形成10个主营业务收入超千亿元、100个超百亿元的特色产业集群。二是推动产城互动发展，力争到2013年产业集聚区农业人口全部转变为城镇居民，率先实现城乡一体化。三是推进集约节约发展，建立完善产业集聚区土地集约利用考核评价体系，创建国土资源节约集约示范集聚区。四是推动创新发展，进一步完善政策支持体系，提高产业集聚区要素聚集、自我积累和自主发展能力。

2011年10月，河南省人民政府办公厅转发了《关于全面推进全省产业集聚区招商引资工作指导意见》，提出以主导产业为引领，以转型升级为主线，以引进大项目为核心，大力开展产业集群招商，差异化承接产业转移。持续深入推进大招商活动，提高招商引资实效，"十二五"期间争取引进境内外资金年增长35%以上。重点培育50个对外开放示范产业集聚区、20个境外招商工业园、20个区域产业园、30个特色产业园，大力开展产业集群招商，以产业集聚区为主要载体，以招商引资为突破口，抢抓国内外产业加速转移机遇，不断增强竞争优势，推动产业集聚区跨越式发展。

2012年3月河南省人民政府办公厅转发的《2012年河南省加快产业集聚区建设专项工作方案》中，提出全省产业集聚区建设的目标是力争完成固定资产投资1万亿元，同比增长40%，占全省的比重超过45%；引进省外资金3 400亿元，同比增长30%以上，占全省的比重超过60%；规模以上工业企业实现主营业务收入2.7万亿元，同比增长30%以上，占全省的比重超过40%；从业人员超过280万人，新增40万人以上。随后，河南省人民政府又印发了《关于促进全省产业集聚区持续健康快速发展的若干意见》（以下简称《意见》）（豫政〔2012〕34号），指出经过两年多的规划建设，全省产业集聚区发展成效日益显现，发展水平不断提升，已经进入新的发展阶段。为进一步促进产业集聚区持续健康快速发展，有力支撑"三化"协调科学发展和中原经济区建设，《意见》提出加强规划指导，优化空间布局；突出主导产业，壮大产业集群；完善土地整理平台，落实土地利用管理三项机制；做大资金融通平台，强化资金保障；强化扶持政策，完善激励机制等。

为加强产业集聚区金融服务工作，2012年5月，河南省人民政府办公厅转发了《河南省2012年产业集聚区金融服务行动计划工作方案》，提出建立省市县、银政企联动对接机制更加完善，产业集聚区社会信用体系建设取得重大进展，多种新的融资模式得到成功推广，多种融资渠道互促共进局面基本形成，全年融资规模力争达到1 800亿元，最大限度满足产业集聚区建设资金需求，促进产业集聚区较快发展。并针对产业集聚区基础设施建设项目融资和产业集聚区内企业（项目）融资提出了共计13项融资方案与融资模式，建立融资工作机构，加大政策扶持力度，建立项目融资对接制度等。

（二）河南省产业集聚区融资制度安排

在全面展开产业集聚区建设以来，在省政府相继制定的各项产业集聚区政策与文件中，在推动和规范产业集聚区发展的同时，也提出了产业集聚区投融资体系的建设与制度安排。其总体思想是以产业集聚基础设施项目融资和落地企业、项目融资为重点，坚持省（市）级投融资公司、金融机构、产业集聚区投融资公司联动，坚持银行业金融机构、政策性担保机构、落地企业联动，坚持龙头企业、配套企业、产业集群联动，加快金融创新，加强产业集聚区社会信用体系建设，探索和推广企业融资、项目融资新模式，推动通过贷款、信托、融资租赁、股权投资基金、发债、上市等多渠道融资，推动以债促贷、股权投资促贷和上市融资，增强产业集聚区基础设施建设和落地企业发展的资金保障能力，实现产业集聚区快速健康发展。具体包括以下几个方面：

一是组建建设性投融资公司。深化产业集聚区投融资体制改革和机制创新，建设公司制产业集聚区投融资平台，多渠道筹集建设资金，进行土地前期开发，投资基础设施和公共服务体系建设，不断增强投融资公司资本实力。2009—2012年，省级财政设立扶持县（市）产业集聚区发展专项引导资金，计划四年共筹措30亿元，支持县（市）产业集聚区投融资体系建设。各省辖市、县（市）要安排相应财政专项资金，向产业集聚区投融资公司注入资本金。扩大投融资公司资本注入来源，鼓励将产业集聚区基础设施存量资产以及财政历年投入所形成的实物资产，包括土地、道路、标准厂房等各种可用于抵押的资产，通过划转、授权注入投融资公司。

二是加大金融支持力度。鼓励金融机构进一步加大对产业集聚区重点产业项目和重大基础设施建设的支持力度，扩大对产业集聚区投融资公司和重点企业的授信额度，对符合条件的中小企业要重点扶持，加快审批。支持符合条件的产业集聚区投融资公司和重点企业通过发行债券、上市等方式，扩大直接融资规模。支持在产业集聚区内开展小额贷款公司试点工作，信用担保机构要重点支持产业集聚区内企业。

三是建立基础设施投资建设机制。加快建立以集聚区投资开发公司为主体，市场化运作、社会化参与、多元化投入的基础设施投资建设机制，引导财政资金、国有资产等优质资产向集聚区投资开发公司优化配置，增强投融资能力。按照“谁投资、谁受益”的原则，支持外资、民资和社会资本采取BOT（基于基础设施特许权的“建设—经营—移交”投资模式)、BT(投资非经营性基础设施项目的“建设—移交”投资模式)、PPP(公共部门与私人企业合作模式)等方式，投资建设集聚区基础设施。

四是推动投融资中介服务体系。采取政府扶持、企业股份制合作方式成立集聚区中小企业担保公司，提高企业信贷担保能力。发挥省中小企业担保集团的作用，为集聚区担保机构提供再担保增信服务，提高融资担保能力。努力拓宽融资渠道，支持银行加大对集聚区投融资平台的贷款力度，支持有条件的集聚区设立产业投资基金，组织符合条件的集聚区发行企业债券、中期票据，将集聚区企业优先纳入省重点上市后备企业培育工程范围，积极争取国家各类专项资金、政府间和国际组织的援助资金。

通过近几年的实践，产业集聚区融资体系还存在一些缺陷，主要表现在：一是集群融资优势难以有效发挥。理论上，中小企业集群融资是以产业集聚区区域核心竞争力的整体力量作为担保或抵押来向金融机构和金融市场筹措或运作资金，而不是区内各个企业借助区域品牌的优势、以单个利益代表者向贷款者融资的过程，其融资模式比单个中小企业融资具有截然不同的信用优势、信贷优势和集体理性优势等独特优势。然而，从当前商丘市乃至更多的产业集聚区融资情况来看，显现这一优势的发挥还很单薄，还有相当多的中小企业融资需求不能通过正规金融机构满足。二是政府融资平台作用有限。2011 年前 5 个月，全省有 20 个集聚区基础设施投资不足 1 000 万元。省里下达 10 亿元资金，用于产业集聚区投融资平台建设，而目前全省还有 28 个产业集聚区没有组建投融资平台，有的虽然已经组建，但融资渠道较少、手段单一，在资金的运用上也主要局限在基础设施建设上，没有真正发挥作用。三是直接融资进展缓慢。企业自筹、民间借贷、银行信贷仍是产业集聚区企业融资的主要渠道，通过主板、中小企业板和创业板进入资本市场融资的难度还比较大，开展 OTC 场外交易还处于试点阶段。

(三) 河南省产业集聚区发展现状

通过近几年的政策推动，河南省委、省政府坚持把加快产业集聚区建设作为加快经济发展方式转变的有效抓手，全面启动了产业集聚区规划编制和建设工作，在全省 312 个产业集聚区中确定了 180 个集聚区进行规范发展，相继出台了一系列政策措施。全省产业集聚区规划建设加快推进，产业集聚区的集群效应对区域经济的带动作用不断增强，集聚发展态势初步形成。

至 2012 年上半年，全省产业集聚区继续保持了快速发展的良好态势，特别在全省经济下滑、结构性矛盾突出的形势背景下，产业集聚区综合带动作用进一步凸显，有力支撑了全省经济的平稳较快发展。

1. 投资拉动持续增强

截至2012年6月末，全省产业集聚区建成区面积达到1 470.94平方公里，比2011年末增加65.19平方公里。1－6月，集聚区完成固定资产投资4 108.6亿元，同比增长38.5％，对全省投资增长的贡献率达到67.8％。在建亿元及以上项目3 283个，比上年同期增加1 119个，占全省亿元及以上项目的59.3％。其中，新开工亿元及以上项目1 291个，同比增加404个。孟州市、伊川县、长葛市、沁阳市沁北、宜阳县、武陟县、汝州市、新安县、郑州高新技术、林州市等47个集聚区完成投资超30亿元。

2. 效益水平不断提升

2012年前6个月，集聚区规模以上工业实现主营业务收入10 509.1亿元，同比增长21.9％，对全省的贡献率超过50％。集聚区税收收入比上年同期增长28.5％，增速高于全省12.5个百分点。民权县、武陟县、唐河县、漯河市东城等44个集聚区规模以上工业主营业务收入增速超过40％，其中，郑州航空港区、泌阳县、郏县、平顶山平新、信阳市上天梯、汝阳县、宝丰县、商丘市睢阳、浚县、中原电气谷核心区、濮阳市濮东、太康县等12个集聚区主营业务收入增速超过100％。

3. 招商引资成效明显

2012年上半年，全省集聚区共引进省外资金项目1 088个，实际到位省外资金1 394.8亿元，占全省的比重达到53.4％，比第一季度提高3.3个百分点。民权县、商水县、淮阳县、禹州市、郑州高新技术等5个集聚区引进省外资金项目超过20个，滑县、宝丰县、安阳高新技术、商丘经济技术、新安县、平顶山化工、汤阴县、三门峡、济源市虎岭、通许县等64个集聚区实际到位省外资金超过10亿元。长城华中总部基地和生产基地、焦作奇瑞61万台汽车发动机、万宝公司产业园、诚海纺织服装园等一批龙头项目落户集聚区。

4. 结构调整步伐加快

2012年上半年，全省集聚区规模以上工业增加值同比增长22.7％，对全省工业增长贡献率达到53.5％。其中，高技术产业增加值同比增长114.6％，六大高成长性产业增加值增长28.6％，拉动集聚区规模以上工业增长16.2个百分点，成为拉动增长的主导力量。

总体上看，全省产业集聚区保持持续较快发展的良好势头，主要表现在：一是主导产业规模扩大。河南省产业集聚区在建设中依托骨干企业，集中优势资源，做强优势产业的同时，促进企业和项目向产业集聚区集中，加速主导产业聚集，不断壮大主导产业规模。二是产业配套能力增强。截至2011年底，全省产业集聚区建成区面积达到1 100平方公里，建成道路7 241公里、给水管道

6 703 公里、排水管道 7 825 公里、多层标准厂房 1 542 万平方米、燃气管道 1 803公里、热力管道802 公里，年内新增变电容量430 万千伏安、电网线路785 公里，20 个省级质检中心落户产业集聚区，承接产业转移和企业（项目）入驻的支撑能力进一步增强。三是龙头企业项目建设卓有成效。以产业集聚区建设为平台，通过实施项目带动、资金扶持等一系列措施，结合各产业集聚区的主导产业，加快培育行业龙头企业的步伐，在装备制造、食品加工、纺织服装、医药、电子信息、印刷包装等多个行业，一批龙头企业加速成长起来。同时，富士康、嘉里集团、华晨汽车、福建恒安等一批行业龙头企业和重大项目纷纷入驻产业集聚区。2011 年，河南省产业集聚区实施亿元以上项目 1 745 个，占全省的 52.4%，完成投资 2 244 亿元，占全省的 52.6%。四是形成一批特色产业集群。以特色产业为主导，在食品加工、机械制造、工艺陶瓷、冶金、纺织服装、化工医药、煤炭、汽车配件等许多行业形成了特色产业集群，已形成了郑州百万辆汽车、洛阳动力装备、中原电气谷、周口鞋业、鄢陵箱包等一批重大产业基地和特色产业集群，主营业务收入超过 100 亿元的产业集聚区超过 40 个，完成投资超 50 亿元的集聚区超过 20 个。

表 1　全省产业集聚区固定资产投资和主营业务收入汇总表

序号	地市	1～6 月固定资产投资		序号	地市	1～6 月主营业务收入	
		总额（亿元）	平均额（亿元）			总额（亿元）	增速（%）
全省		4 108.59	22.83	全省		10 509.1	21.9
1	焦作	278.92	30.99	1	郑州	1 334.14	53.1
2	许昌	247.14	30.89	2	商丘	401.91	33.5
3	南阳	394.65	28.19	3	漯河	554.11	30.2
4	商丘	306.40	27.85	4	周口	526.22	29.5
5	鹤壁	105.71	26.43	5	驻马店	447.34	27.2
6	安阳	222.40	24.71	6	焦作	801.06	25.0
7	三门峡	170.15	24.31	7	濮阳	289.91	24.8
8	郑州	353.01	23.53	8	许昌	580.31	24.0
9	洛阳	390.72	22.98	9	南阳	663.37	22.6
10	济源	68.87	22.96	10	信阳	409.44	21.4
11	漯河	136.42	22.74	11	开封	338.93	20.8
12	开封	173.96	21.75	12	三门峡	539.04	17.6
13	濮阳	171.61	21.45	13	新乡	665.22	16.9
14	平顶山	202.36	20.24	14	鹤壁	309.78	15.1
15	周口	213.47	19.41	15	洛阳	1 443.8	13.3
16	新乡	244.99	18.85	16	平顶山	388.34	7.5
17	驻马店	203.84	16.99	17	济源	296.07	6.9
18	信阳	223.96	14.93	18	安阳	520.07	-6.0

注：各省辖市固定资产投资排序以平均额为序，主营业务收入排序以增速为序。

三、产业集聚区融资的主要模式

在河南省人民政府办公厅转发的《河南省2012年产业集聚区金融服务行动计划工作方案》（豫政办〔2012〕61号）中，提出了产业集聚区融资的工作目标，即省市县、银政企联动对接机制更加完善，产业集聚区社会信用体系建设取得重大进展，多种新的融资模式得到成功推广，多种融资渠道互促共进局面基本形成，全年融资规模力争达到1 800亿元，最大限度满足产业集聚区建设资金需求，促进产业集聚区较快发展。本课题将结合实践与理论研究分析对这些融资模式的适应性，进一步提出优选方案。

（一）产业集聚区基础设施建设项目融资

1. "三方协议"反担保的贷款融资模式

按商业化原则，由依《中华人民共和国公司法》注册成立的产业集聚区投融资公司作为承贷主体，运作实施整体开发项目；大型担保公司提供担保，开发银行提供贷款；产业集聚区所在地政府、实施项目投融资公司和大型担保公司签订"三方协议"反担保，省发展改革委和省财政厅协调、推广产业集聚区基础设施项目贷款融资模式，支持产业集聚区基础设施项目建设。其基本流程图如下：

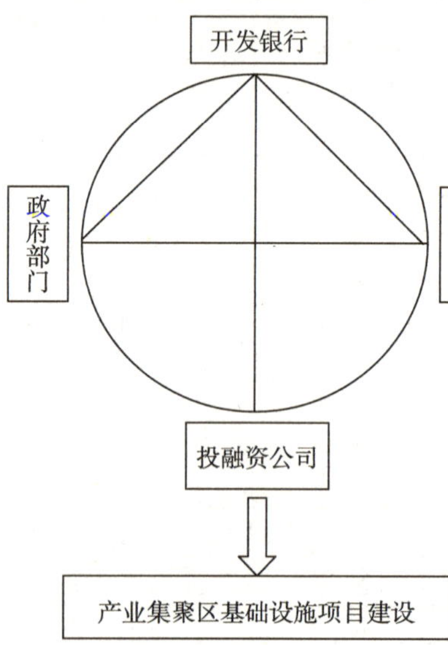

图1 "三方协议"反担保融资示意图

这一模式的优势在于，一是由政府部门、大型担保公司和开发银行共同合作，融资规格高，融资总量大，对产业集聚区基础设施的建设具有较大的推动作用。二是由发改委、财政等部门出面协调，融资效率高。但由于其融资规模较大，对担保公司的要求也较高，需要省级以上的大型担保公司或者担保集团才能完成担保工作；同时，承贷主体是产业集聚区投融资公司而不是具体的项目开发主体，容易造成融资责任不明。三是其资金主要用于基础设施建设，基本上属于公用投资，没有明确的还款红利收入，贷款的偿还基本上要靠产业集聚区财政收入来解决，无形中增加了地方财政的举债与还款压力。

2. 推动产业集聚区投融资公司融资

按照《中华人民共和国公司法》等法律、法规及有关政策规定，整合注入优质资产，积极引入民间资本，提高运作水平，重点打造一批注册资金超 5 亿元的投融资公司，增强产业集聚区融资能力。鼓励投融资公司参与土地出让前的开发。支持投融资公司、房地产公司、银行业金融机构加强合作，开展产业集聚区内村庄异地迁移建设，发挥补偿资金作用，提高迁建户收益，扩大贷款融资规模。推动不能满足银行信贷融资条件的投融资公司积极利用信托、BT（建设—移交）、BOT（建设—经营—移交）等方式扩大融资规模，支持产业集聚区基础设施项目建设。

省政府圈定的这 10 家省级投融资公司是：河南投资集团有限公司、河南交通投资集团有限公司、河南省国有资产控股运营有限公司、河南省农业综合开发公司、河南铁路投资有限责任公司、河南省文化产业投资有限责任公司、河南水利建设投资有限公司、河南省直属行政事业单位国有资产管理中心、河南省国土资源开发投资管理中心、河南省民航发展投资有限公司。按照河南省人民政府办公厅《关于印发 2012 年省级投融资公司工作方案的通知》，各省级投融资公司 2012 年力争实现新增融资 651. 39 亿元，其中银行贷款 395. 96 亿元，债券融资 101 亿元，信托融资 55 亿元，金融租赁融资 25 亿元，BT（建设—移交）、BOT（建设—经营—移交）等其他方式融资 74. 43 亿元。各省级投融资公司争取铁路、公路、航空、水利、保障房建设等重点项目实现投资 607. 89 亿元，确保各重点项目按计划稳步推进。

表 2　　2012 年度省级投融资公司投融资目标统计表　　单位：万元

单位名称	融资数额								投资数额
	间接融资		直接融资					融资总额	
	短期贷款	中长期贷款	股票融资	债券融资	信托融资	金融租赁融资	BT、BOT 等其他方式融资		
河南投资集团有限公司	50 000	100 000	—	150 000	160 000	—	120 000	580 000	684 226
河南交通投资集团有限公司	560 000	720 000	—	600 000	300 000	250 000	170 000	2 600 000	1 300 000
河南省国有资产控股运营有限公司	30 000	—	—	30 000	10 000	—	—	70 000	364 111

续表

单位名称	融资数额								投资数额
	间接融资		直接融资					融资总额	
	短期贷款	中长期贷款	股票融资	债券融资	信托融资	金融租赁融资	BT、BOT 等其他方式融资		
河南省农业综合开发公司	—	50 000	—	—	80 000	—	170 000	300 000	345 000
河南铁路投资有限责任公司	—	—	—	200 000	—	—	110 000	310 000	251 392
河南省文化产业投资有限责任公司	6 500	—	—	—	—	—	153 900	160 400	194 400
河南水利建设投资有限公司	—	93 100	—	30 000	—	—	20 420	143 520	143 520
河南省直属行政事业单位国有资产管理中心	100 000	1 900 000	—	—	—	—	—	2 000 000	1 948 331
河南省国土资源开发投资管理中心	—	350 000	—	—	—	—	—	350 000	646 021
河南省民航发展投资有限公司	—	—	—	—	—	—	—	0	247 800
合计	746 500	3 213 100	—	1 010 000	550 000	250 000	744 320	6 513 920	6 078 920

注：此表中数据为对外公布数据，不宜修改。

资料来源：摘自《关于印发 2012 年省级投融资公司工作方案的通知》。

对各地市产业集聚区而言，由于投资主体与承贷主体的差异，以及地方政府的财政收支不敷，国家在 2010—2011 年对地方政府融资平台进行了清理与整顿，目前具有投融资功能的融资平台已经大量压缩。调查显示，各地区地方政府融资平台清理规范工作有效推进，2010 年地方政府融资平台贷款持续高增态势有所缓解。2010 年末多个省市地方政府融资平台贷款增速回落明显，由 50% 以上降至 20% 以下。按照国务院文件规定，依靠财政性资金偿债的公益性项目融资平台公司得到重点清理规范，贷款平稳收缩。由此可见，对产业集聚区投融资公司来说，获得银行信贷融资的门槛正逐步抬高，其满足银行信贷融资的条件也越来越苛刻。

因此，产业集聚区投融资公司融资必须坚持以省级公司为重点，逐步建立和完善多层次的政府投融资体系。首先，要明确省级政府投融资平台功能定位。省级政府投融资平台主要发挥公益性、引导性、发展性作用，其重点投资方向。一是交通、能源、水利、环保、信息化等跨区域的基础设施和基础产业建设；二是促进产业结构调整、农业产业化及企业改制重组；三是引导科技进步和自主创新；四是探索利用市场化的手段促进文化、教育、卫生设施及经济适用房等公益性事业发展；五是对各省辖市、县（市、区）的政策性中小企业担保公司进行增信和再担保。强化投融资公司与土地收储、优质资产整合等多种方式，提高其风险防控水平，切实降低信贷风险，始能发挥投融资公司在产业集聚区基础设施建设中的筹资功能。此外，要积极利用信托、BT（建设—移交）、BOT（建设—经营—移交）等方式，切实提高投资回报和投资收益，扩大直接融资和三方融资规模。

其次，对地（市）级政府投融资平台，要从产业集聚区建设出发，主要负责城市建设、土地开发整理等方面的融资，充分利用各地市的资源和产业优势，建立健全各具特色的投融资体系。当前要尽快整合国有“四资”，完善已有的建设投资、城建投资、土地收储中心等投融资平台，同时要围绕新区建设成立相应的投融资平台，进一步拓宽融资渠道，筹措市本级城市公共基础设施项目及其他重点项目的建设资金。

最后，要规范和完善县级政府投融资平台的功能定位。县级政府投融资平台要围绕产业集聚区建设和服务中小企业发展建立。整合黄淮四市发展专项资金、县域经济发展奖励资金，支持符合省产业集聚区规划的县（市）政府以产业集聚区为依托建立投融资平台（原则上每个县建立一家），与县级中小企业信用担保体系形成合力，形成支持产业集聚区基础设施、标准厂房等建设的投融资平台。

要进一步规范和完善地方政府投融资平台的运行机制，不断提高其融资效率，有效防范融资风险。一是建立健全投融资机构的投资决策机制。各级政府要成立投融资决策委员会，负责重大投资事项的决策、相关问题的协调和组织考核等方面工作，并确定投资方向、投资规模及投资方式。二是建立资产注入机制。通过财政资本金注入、建立政府偿债机制、财力注入等方式，不断增强投融资机构资金实力，保障政府投融资体系持续发展。三是建立投融资机构资本退出机制。投融资机构要在条件成熟时，择机从所在的领域和行业退出，将其持有的股权、债权、物权、知识产权等在资本市场进行流转和变现，达到将资产、资源转变为资金，将资金转化为资本，实现国有资产保值增值的目的。除按照国家规定可以直接协议转让的以外，投融资机构的国有资产应当在规范、权威的产权交易场所公开转让，逐步退出。以省级现有产权交易机构为主体，逐步整合省内产权交易系统，加快建设河南省统一有序、权威的产权交易平台，为省属国有资产重组、转让、退出提供规范有效的服务。

（二）产业集聚区内企业（项目）融资

1. 产业集聚区重大招商引资落地项目融资

组建跨省行内银团和省内跨行银团，采取“担保 + 银行信贷”模式，推动银行投放信贷，支持产业集聚区重大招商引资落地项目建设。引导商业银行提高金融服务效率，优化信贷业务流程，为出口型企业和招商引资落地项目在结算、融资等方面提供全方位金融服务。全年争取为产业集聚区招商引资项目融资350亿元以上。

资金投入不足一直是困扰经济欠发达地区发展的重要因素，必须实行优化配置和理性安排，以招商引资带动银行信贷的大量投入，以弥补其融资缺口，促进地方经济快速发展。对外开放和大招商是应对各种复杂局面、破解发展难题最直接、最有力、最有效、最综合的关键性战略举措。20世纪80年代初，在中国从计划经济向市场经济过渡的时期，招商引资随之产生并得以迅速发展起来。随着经济发展，招商引资早已不再局限于外资利用，同时也涵盖了内资利用。对外开放、招商引资作为我国大力推动经济改革、加快经济建设步伐重要举措，经过几十年的实践，已经取得了巨大的成就。

近年来，河南省大力实施招商引资，各级政府搭建了形式多样的招商引资平台和跟踪服务评价系统，拓宽引资渠道，承接境内外资金规模快速增加（见表3）。2000—2010年，直接利用外资增速年均超过30%，2010年实际利用外资62.4亿美元，比2000年增长10倍。

表3　　河南省利用省外资金情况　　单位：亿元，%

年份	项目数		合同额		实际到位额	
	累计	同比	累计	同比	累计	同比
2006	4 415	11.9	3 413.8	104.8	1 004	99.4
2007	3 924	-11.1	3 315.3	-2.9	1 521.6	51.6
2008	3 790	-3.4	3 347.3	1	1 849.2	21.5
2009	4 775	26	4 718.6	41	2 201.9	19.1
2010	—	—	—	—	2 743.4	24.6

数据来源：河南省商务厅。

2011年，河南省坚持扩大开放，持续推进大招商，大力发展对外贸易，开放型经济取得了可喜成绩，全省实际利用境外资金100.8亿美元，增长61.4%；引进省外资金4 016.3亿元，增长46.4%；进出口完成326.4亿美元，增长83.1%，其中出口完成192.4亿美元，增长82.7%，增幅居全国第二位，超全国平均增幅62.4个百分点。全省引进资金总量是当年银行新增贷款总额的2.4倍，成为全新新增投资的主力军。

产业集聚区成为资金承接主体，占承接转移项目的三分之二以上。其中，承接转移主要领域的工业项目中超过80%的资金由产业聚集区承接。2010年全省产业集聚区和特色园区到位资金 1 362.9 亿元，占 90%；其中，180 个省级产业集聚区到位资金 1 088.1 亿元，占 71.8%；特色园区占 18.1%；集聚区以外到位资金 151.4 亿元，仅占 10%。

产业集聚区作为承接产业转移的重要平台，招商引资不但可以有效解决人才、技术、销路等多种生产要素，更能通过引进资本解决区域经济建设资金不足的难题。为此，河南省政府提出了抢抓产业转移步伐加快和建设中原经济区的机遇，强力实施开放带动主战略，深入开展大招商活动，突出抓好签约项目落地工作，以产业集群招商和产业链招商为重点，瞄准大企业，抓住大项目，拓宽开放领域，凝聚开放合力，构建河南省开放体制，建设内陆开放高地。其基本思路是：按照“提升水平、拓宽领域、健全机制、扩大效果、带动全局”的工作思路，以开放促改革、促发展、促创新，积极推进各领域开放发展，不断增强开放型经济对全省经济社会的拉动作用。充分发挥比较优势，创新招商方式，积极引进标志性企业和项目；强化要素保障，完善推进机制，狠抓项目落地；围绕主导产业，开展集群招商和链式招商，促进产业集群发展；加大工作力度，促进外贸外经跨越式发展；加强载体建设，优化开放环境，积极营造更加浓厚的开放氛围；构建河南省体制，完善激励机制，强化保障措施，狠抓工作落实，推进全省大开放、大招商、大发展。为做好招商引资工作，省政府提出了以下几点：

一是开展“招商引资项目落实年”活动，推动已签约项目尽快落地。在全省实行重大签约项目总协调人制度、分级负责制度，重点加大对 2011 年河南省举办的重大招商活动签约项目的跟踪问效力度；加强对项目落地情况的督察考核；将签约项目合同履约率、资金到位率、项目开工率列为招商引资工作考核的重要内容进行表彰和问责。

二是积极引进标志性龙头企业和重大项目。紧盯世界 500 强、国内 500 强、央企和行业知名企业，加强对其产业布局、投资趋向的分析，建立重要客商资源库和知名企业信息库，建立完善重点客商跟踪制度。围绕中原经济区建设谋划一批科技含量高、投资规模大、带动能力强的重大项目，完善全省重大招商引资项目库。

三是围绕主导产业强力推动产业集群招商和产业链招商。围绕做大做强汽车、电子信息、装备制造、食品、轻工、新型建材等六大高成长性产业，改造提升化工、有色、钢铁、纺织服装等四大传统优势产业，积极培育新能源汽车、生物、新能源、新材料等四大先导产业，研究制订全省产业集群招商指导性发展规划。

四是加强招商引资载体建设。完善产业集聚区招商引资公共服务平台，充分发挥产业集聚区在招商引资中的主要载体作用，依托180个产业集聚区，重点培育50个对外开放示范产业集聚区，大力承接境内外重大招商项目。加大国家级、省级开发区建设力度，支持具备条件的国家级、省级开发区扩区和调整区位，支持符合条件的省级开发区申建国家级开发区，支持产业基础较好且达到一定经济规模的产业聚集区升级为省级开发区。

通过招商引资工作，有效地优化了河南省的产业结构，推动经济结构转型，加速了经济对接互动和产业转移，有效地提升经济开放水平，同时也开辟融资渠道，有效缓解资金瓶颈。但也要看到，河南省大部分地区招商引资还带有明显的行政色彩，新建企业由于尚不具备土地、厂房等产权证明，财务报表还不健全，加上缺乏有效的信用记录，招商引资与银行融资之间还没形成良性互动，造成相当一批的招商落地企业刚建成甚至在建途中就面临资金短缺的困惑。

在强化招商引资过程中，必须切实做好落实项目的后续融资工作，特别要强调招商引资与银行融资的互动发展。这是因为承接产业转移的实际就是资金在各产业、各部门、各地区之间的运动，如果没有金融的支持就不可能有承接产业转移的发展，金融对承接产业转移的发展有着至关重要的作用。承接产业转移前期建设资金较为缺乏，单靠政府支持和直接融资远不能满足承接产业转移的巨额资金需求，这需要金融部门加大信贷投入力度支持承接产业转移。同时，承接产业转移企业，特别是加工贸易型企业，与外界资金联系频繁、密切，对结算方式和渠道要求比较高，需要金融部门提供方便、安全、快捷的结算服务。

对此，必须辩证处理招商引资与银行融资的关系。做到既大力招商引资，又充分挖掘银行融资，不能厚此薄彼，要努力实现招商引资与银行融资的良性互动。一是要加强引导，规范运作，实现政府招商行政化向市场化转变，实现一揽子招商向重点项目、专题招商转变，同时要努力改善金融生态环境。地方政府在招商引资的同时，引导银行资金与招商引资有机结合起来，实现金融资源就地转化。二是要加强银企沟通，增加信贷投入，确立“金融服务经济”的思想，进一步改革信贷管理体制，开展贷款营销增加信贷投放，引导商业银行提高金融服务效率，优化信贷业务流程，为出口型企业和招商引资落地项目在结算、融资等方面提供全方位金融服务。三是要注重金融创新，针对招商引资落地企业前期发展中的现状设计相应的金融产品，解决企业抵押品不足的问题。省政府要积极协调，组建跨省行内银团和省内跨行银团，采取“担保＋银行信贷”模式，推动银行投放信贷，支持产业集聚区重大招商引资落地项目建设。

2. 产业集聚区龙头企业及其上下游企业融资

对40多个特色产业集群发展较好的产业集聚区，重点支持银行推广“供应链融资”模式，扩大龙头企业的授信规模，通过其供应链上企业的贸易融资，实现龙头企业及其上下游企业融资共享。推广国家开发银行“四台一会”（管理平台、承贷平台、担保平台、公示平台和信用促进会）小额批发直贷模式，扩大产业集聚区上下游企业贷款规模。

所谓供应链融资是指基于企业商品交易项下应收应付、预收预付和存货融资而衍生出来的组合融资，是以核心企业为切入点，通过对信息流、物流、资金流的有效控制或对有实力关联方的责任捆绑，针对核心企业上下游长期合作的配套企业——供应商、经销商提供的融资服务。在产业集群供应链融资模式下，银行等金融机构从原来的重点评估中小企业本身风险，转化为对集群内整个供应链及其交易的风险评估，关注其所处的产业链是否稳固、目标企业所在的市场地位和供应链管理与信用水平。这样为处在核心企业上下游的中小企业提供了更多的融资方式。

按照处于核心企业位置分类，供应链融资主要包括三类：一是处于核心企业上游的中小企业供应链融资，主要有应收账款质押或抵押融资、保理业务、订单融资、买方信贷等；二是处于核心企业下游的中小企业供应链融资，如保兑仓融资；三是对上下游通用的中小企业供应链融资，如信用担保、存货质押融资、仓单质押融资等。

产业集聚区是基于类同或关联行业为基础的发展模式，不同的产业集聚区主要突出一至两个主导产业发展。基于供应链融资模式的创新围绕产业集聚区核心企业及其上下游行业，使中小企业能借助稳定的供应链作为还款保证，进而得到银行的金融支持，激活了企业应收账款、存货等资产，大大拓宽了融资渠道，获得了解决现金缺口的短期信贷，降低经营风险。这样的融资方式可以稳定整条供应链的发展，将经营与还款风险转嫁到整个供应链，降低资金链断裂的风险，提升整个供应链的竞争力。通过中小企业供应链融资，大大拓宽了中小企业的融资渠道，解决了融资瓶颈问题，通过与供应链上其他企业的合作，形成银行与供应链成员的多方共赢局面。

在供应链融资中风险是客观存在的，中小企业供应链融资给参与各方带来诸多好处的同时，也存在着风险。总体来讲，结合财务管理风险分类的思想将供应链融资风险分为信用风险、操作风险、道德风险、营运风险以及法律风险等五大风险。对此，金融机构要完善信用体系，建立正向评估、逆向操作体系，加快供应链融资业务的风险跟踪监控，跟踪考察核心企业的经营能力、经营业绩、成本管理、技术开发、质量管理、客户满意度等方面，并及时作出评估。银行应与物流企业建立高效的信息收集与反馈机制，实现信息共享，密切跟踪客户的资金流、物流和单据的变化情况；及时了解产品销售进度以及上下游厂商的资信变化情况，加强风险的预警机制；及早采取相应的风险防范措施，为中小企业建立全面的信用管理体制，形成一种互动的实时监控机制。政府部门要大力发展第三方物流，为供应链融资服务规避信贷风险。第三方物流企业提供的是一种金融与物流集成式的创新服务，对推动供应链融资具有较大的促进作用。第三方物流企业负责对融资质押物验收、价值评估和控制，由其直接负责融资企业贷款的运营和风险管理。这样既可简化流程，提高融资企业的产销供应链运作效率，同时也可以转移商业银行的信贷风险，降低经营成本。

3. 产业集聚区企业股权融资

支持设立创业投资和股权投资机构，引导创业投资机构投资河南省初创期企业。建立股权投资基金拟投企业数据库和被投企业数据库，组织创业投资、股权投资机构与产业集聚区内企业开展股权融资对接，引导和促进股权投资机构投资河南省企业，推动通过股权融资促进贷款融资、上市融资，扩大产业集聚区企业融资规模。全年分地区组织股权融资对接 3 ~5 次，力争被投企业达到 100 家以上。实施省重点上市后备企业培育工程，推动产业集聚区省重点上市后备企业和股权投资被投企业上市融资。推动上市企业通过增发股票、发行公司债券等形式实现再融资。全年力争产业集聚区 IPO（首次公开发行股票）企业 5 家，IPO 融资 20 亿元，上市企业再融资 10 亿元。

企业股权融资是指企业在金融市场上发行产权证券，出让部分股权，资金不通过金融中介机构，而直接借助股票等金融工具，从投资方流向融资方，资金供给者作为股东享有相应的企业控制权的融资方式。目前，国内已经建成了主板市场、中小板市场、创业板市场等公开股权交易市场，同时还陆续设立了产权交易市场、代办股份转让系统、股权交易市场、OTC 市场等场外市场，逐步形成了多层次的资本市场。

但河南省多层次资本市场的发展存在明显的滞后状况。一是交易所市场利用程度低。累计境内外上市公司仅占全国的 3.4%，累计募集资金仅占全国资本市场融资额的 1.9%，这与河南省 GDP 占全国近 5.8% 的现状不相适应；二是河南省国家级高新区尚未与代办股份转让系统对接；三是产权市场交易规模小，辐射能力弱。由于市场分割、机构规模、交易机制等原因，产权交易市场规模小，对未上市企业缺乏广泛的辐射空间；四是直接投资基金发展滞后。产业投资基金管理公司仅占全国的 2.8%，基金规模仅占全国的 1.9%，创业投资企业仅占全国的 2.0%，管理资本金额仅占全国的 1.1%，且河南省创业投资基金的投向没有主要投到高科技初创期企业，而是投向了辅导上市期的企业，不符合创业投资基金的本质属性。

对此，河南省要以区域性中小企业产权交易市场试点为契机，大力发展区域性直接融资，积极推动企业进入场内市场开展股权交易。河南省技术产权交易所是全国6个试点机构之一，要通过试点，逐步实现产权交易品种标准化、股权交易做市商制度、应用电子交易系统进行连续竞价和撮合交易，进而为河南省多层次资本市场的建立与完善提供了有利条件。

一是积极构建主板、中小板、创业板的培育和推荐，加快已上市公司的整体上市进程，增强上市公司的再融资能力，强化河南省已初步符合上市条件的大型企业的辅导与推荐，大力培育上市公司后备资源。对中小企业板，要深入调研，摸清底数，细分类别，建立后备企业数据库，引导中小企业通过兼并重组壮大经济实力，创造条件上市。对创业板市场，要以高新园区为平台，以高新技术发展和传统产业改造为切入点，充分发挥高新技术开发区的作用，对高科技企业、高科技产品进行重点开发和培育，在电子信息技术、生物工程、新材料、高科技含量装备制造业等产业领域尽快形成群体优势和局部强势。

二是对代办股份转让系统对接市场的构建，借鉴北京中关村高新技术园区与代办系统对接的成功经验，加强对代办股份转让系统试点政策的研究，制定河南省企业进入代办转让系统进行挂牌的具体办法；由郑州、洛阳两个高新技术开发区联合申请创建代办股份转让系统试点，由相关部门牵头，利用郑州、洛阳两个国家级高新技术开发区的资源，积极争取中国证监会和中国证券业协会能够尽快批准成为首批扩大试验园区。

4. 产业集聚区企业发债融资

加大企业发行债务融资工具培育力度，选择符合国家产业政策、具有持续盈利能力和较高成长性的企业作为发债后备企业，针对性地就发行条件、程序、要求等进行培育和预审，建立后备企业名单，供主承销商遴选。着力推动大型企业发行企业债券、中期票据和短期融资券。河南晋开化工集团5亿元企业债券2012年底前完成发行，河南盛润集团10亿元企业债券完成申报并力争2012年底前发行。年内力争发行3～5只中小企业集合债券、集合票据、集合短期融资券或区域绩优债。

相比银行贷款而言，企业发行债券的主要优势在于，一是具有融资规模大，企业债券的融资规模可以达到发行人净资产的40%，项目总投资的60%。二是期限长，企业债券属于中长期债务融资工具，融资期限往往根据拟投资项目的回收期设定，近年来企业债券的发行期限基本上以5～10年的中长期品种为主。三是成本低，企业债券的发行利率比相同期限银行贷款利率低0.5～1.5个百分点，且发行成本相比股票具有明显优势。四是债券融资不改变企业的经营决策控制权，有利于企业的长期发展和稳定。相比于股权融资而言，债券融资对企业各股东的现有权利比例没有作出改变，因为债权人与企业的关系仅是一种外部债权债务关系，这有别于企业股东的“内部人”关系。通常情况下，债权人只享有到期按照约定的利率进行收本收息的权利，对企业的经营和管理没有任何权利。

我国债券市场近几年获得了长足的发展，市场存量从2005年底不足7万亿元增长至2010年底近21万亿元，年均增速约40%；债券余额与国内生产总值的比例从2005年底约38%增长至2010年底约52%，居世界第五位、亚洲第二位。但是，从债券市场的产品结构来看，尽管以国家信用为基础的国债、金融债已经规模庞大，在我国企业融资结构中，债券融资比例难以与银行贷款和股票融资相比。而在资本市场中，公司债券市场的发展也远落后于国债、股票等其他证券市场。公司债券融资发展滞后给企业融资带来限制，造成诸多企业融资困难，对金融体系的完善与宏观经济的增长也带来十分不利的影响。截至2011年底，我国各类信用债存量约2.4万亿元，仅占全市场存量的12%，相当于银行贷款规模的5%。

从发行主体上分类，企业债券主要包括大型企业债和中小企业集合债券。大型企业由于规模较大，信用等级较高，融资渠道较为广泛，债券发行条件也相对宽松，近几年来河南省企业债的发行主要集中在大型企业债上。中小企业集合债券，是以多个中小企业作为发债主体，根据自身需求各自确定债券发行额度，以“统一组织、统一冠名、统一担保、分别负债、集合发行”的形式，形成一个总发行额度，向投资人发行的约定到期还本付息的一种企业债券形式。

集合债券有以下特征：（1）发行主体为多个企业集合体。集合债券由多个中小企业联合发行，各企业共同分担发行费用，分享发行额度。（2）多层次担保体系。集合债券的担保包括担保、反担保、集合担保、集合担保加偿债基金等形式。（3）债券评级的综合性和特殊性。债券采用统一评级，避免了单个中小企业因信用等级不高而融资难的问题。另外，由于债券发行主体为多个中小企业集合体，需要采用新的方法对债券主体评级。

目前全国很多地区都在探索中小企业集合债券融资模式，以解决中小企业融资难问题。但总体来说，中小企业集合债券发行仍然呈现“引而不发”的局面。要实现集合债券的大规模规范化发行，国家、中小企业、担保机构、各中介机构必须共同努力，为集合债券的发行营造一个良好的环境，充分发挥集合债券的优势，让中小企业集合债券焕发出强大的生命力。

为推动产业集聚区企业发债融资，一是要进一步放宽市场准入门槛，消除市场发行歧视。政府部门应该积极有效地做好市场服务工作，进一步放宽企业债券发行市场的准入门槛，让有资金需求的主体通过平等协商的手段，按照市场经济规律借入资金，消除发行主体的歧视政策和规则。二是要完善企业债券的交易市场，提高证券的流动性和收益性。加强证券市场的各方中介服务机构的服务意识，使其更好地为资本市场参与主体服务，这对于完善企业债券的交易市场具有重要的作用，这也是吸引和引导债券投资者投资企业债券，活跃市场交易行为的催化剂和润滑剂，有利于提高证券的流动性、安全性和收益性。三是要建立企业债券市场利率市场化形成机制，发挥资金的资源配置效率。四是要针对中小企业集合债券的发行，构建新的信用评级体系。信用评级是中小企业集合债券发行中的一大难题，目前信用评级体系缺乏对企业集合的整体评级方式。在对中小企业集合进行整体评级时，应综合考虑中国国情和中小企业特点，以及企业间的关联性，如行业关联、业务关联、财务关联等。五是要严格成本控制，发挥集合债券低成本优势。对于涉及中小企业集合债券的业务，政府可以考虑对相关的中介机构实行税收优惠政策，以降低中介机构高额的服务费用。集合债券发债企业的选择，可以根据产业导向，促进区域产业链相关企业“抱团融资”，从而降低中介机构的协调成本。

5. 产业集聚区企业综合运用各种融资工具融资

支持银行业金融机构、信托公司、证券公司、基金公司、资产管理公司等金融机构综合运用信贷 + 租赁、间接融资 + 直接融资、投行 + 商行、信贷存量 + 信贷流量、表内 + 表外业务等创新金融工具，提供多元化、一揽子金融服务，扩大产业集聚区企业融资规模。鼓励银行与担保公司合作，推动担保机构扩大融资性担保业务，年底全省担保机构银信担保业务达到其注册资本的 3 倍以上，实现产业集聚区企业担保贷款额较大增长。

产业集聚区企业融资需要综合运用多种融资工具和增信工具，加强与担保公司的合作，引进信托、投行、租赁等非银行金融机构开展设置融资、租赁融资、直接融资等多种融资模式。在实践中，各地产业集聚区也依托不同的融资工具，形成了不同的融资特点，如虞城县产业集聚区创新融资担保平台，建立了互助性担保融资模式，长葛市产业集聚区引入社会资本破解集聚区融资瓶颈，林州市产业集聚区做大投融资平台有效破解资金瓶颈。

专栏一

虞城县产业集聚区融资担保创新实践

2008 年以来，虞城县先后成立了诚信、金诺、泓鑫三家担保公司，至 2011 年，注册资本总额达到 18 000 万元，其中县政府以发展投资公司、工信局等身份先后注资参股 1 920 万元，入股民营企业 53 家。三家担保公司累计开展担保业务 461 笔，金额 15.22 亿元，目前在保贷款 172 笔，金额 5.92 亿元。2011 年，在金融机构贷款规模趋紧的情况下，仍然为中小企业新增担保融资84笔，金额32 600万元，在保贷款165笔，责任总额59 000万元。目前，三家担保公司均在组织增加资本金至10 000万元。

虞城县三家担保公司在政府注资参股和民营企业入股的基础上，实行公司化管理和市场化运作，同时在股东企业内部开展互助联保，最大限度地防范信用风险。虞城担保公司按照现代公司治理结构，设立了董事会、理事会、监事会，每笔担保业务的开展需要经过董事会成员的审查。同时，所有入股企业要将各自的资产、负债、效益情况上报公司，并在自愿、互惠、诚信的基础上，3~5个公司股东结合组成若干个联保小组，在担保公司担保的基础上，联保小组作为反担保的一个反担保联盟共同承担联保责任。在运作收费上，虞城担保公司成立之初，主要是为股东企业融资提供担保服务，收取担保金额0.6%~1%的费用。在股东企业的融资需求基本满足以后，从2009年下半年，担保公司开始为非股东企业提供担保和反担保，担保费用为加收2%的利息。

担保公司成立之前，受多种因素的制约，虞城中小企业很少从金融机构获得资金支持，一直依靠自身积累，滚动发展，非常缓慢。三家担保公司的成立，为企业融资搭建了平台，有效解决了中小企业发展的资金瓶颈问题，使虞城县中小企业步入快速发展轨道。目前，担保融资已成为辖内中小企业融资的主要渠道，不仅能够满足限额以上企业对生产资金的需求，而且许多企业增加了固定资产投资，扩大了产能，产值增加1~4倍。调查推算，近几年来，担保融资为辖内近200家中小企业新增产值60亿元，增加值18亿元。

随着三家担保公司业务的不断拓展和风险防控能力的不断提高，在支持中小企业发展的基础上，还创造了良好的经济效益，营业收入能够有效覆盖成本，实现了财务上的可持续发展。2011年，三家担保公司资产总额17 673万元，收入总额610万元，实现利润52万元。同时，政府职能部门还积极为担保公司申请中小企业发展专项资金，用于增加担保公司的风险准备金，截至2012年上半年，共为担保公司申请专项资金687.72万元，有效提高了担保公司抵御风险的能力。

虞城县创新融资担保模式的特点剖析：一是担保公司有政府背景作为依托，银企合作意愿较强。政府注资担保公司，政府是股东之一，金融机构认同程度高，使金融机构和担保公司能够更加有效地利用政府职能部门，规避信贷风险，打击逃废债行为。二是始终坚持公司化管理方向。担保公司由企业控股，严格实行公司化管理，担保公司规范运作，有效避免了行政干预。虽然虞城县政府对担保公司给予资金支持，但却不干预担保公司的经营，这在经济落后地区，确实存在很大的难度，但虞城县政府做到了，而且一直坚持得很好。三是融资意愿强，具有发展的内在动力。企业入股担保公司的首要目的就是为了融资，担保公司只有满足了企业的融资需求，才能生存、发展。与政府主导的担保公司相比较，虞城担保公司模式有着发展的内在推动力。虞城担保公司全部是由企业控股，金诺担保公司资本金6 000万元，其中，企业股4 480万元，占比74.7%；中小企业诚信担保公司资本金6 000万元，企业股5 700万元，占比95.0%；泓鑫担保有限公司资本金6 000万元，企业入股5 900万元，占比98.3%。四是强化互助联保意识。企业融资时，所有股东要分别与担保公司签订反担保协议，并进行公证。当借款企业还本付息发生困难时，首先由担保公司负责代偿，然后担保公司组织互保小组企业进行内部清偿，当组内企业不足清偿借款时，再由担保公司负责，并按照股东企业的股金比例，代其归还借款。民营中小企业是虞城担保公司的最大股东，引入互助联保机制，不仅整合了信用资源，也是股东企业分散风险的内在要求，同时，把股东企业的责、权、利紧密结合起来，也有助于强化股东企业的责任意识，从而促使企业审慎使用信贷资金，提高经营效益和管理水平。

虞城担保模式融合了三种担保公司模式的优势，带有明显的政府扶持、企业互助而又能够进行商业化经营的特点。其政府背景和公司化运作使担保公司拥有较强的公信力，金融机构认可度高，银企合作意愿强烈；参股企业的融资需求使公司具有开展业务的内在推动力；商业化经营保证了公司发展的可持续性。虞城县政府的开明之处还在于注资担保公司，却不干预担保公司的业务经营。在短短3年多的时间内，仅仅用1 920万元政府资金，撬动企业入股资金16 080万元，进而为企业担保融资152 245万元，解决了中小企业融资难问题。目前合作金融机构已达9家，显示出强大的生命力和市场发展前景。虞城担保模式的成功运作，是在政府主导和支持下，担保公司和金融机构双方市场选择的结果。2010年5月，中国人民银行副行长胡晓炼对虞城县信用合作进行了调研。2011年8月，经济日报、中国证券报等七家新闻媒体到虞城采访宣传农村信用体系建设成效，对虞城县担保融资体系建设进行了专题调研。

专栏二

长葛市产业集聚区引入社会资本破解集聚区融资瓶颈

长葛市产业集聚区规划面积14平方公里，主导产业为机械制造和食品产业。长葛市充分发挥本地民间资本实力雄厚的优势，积极采取措施，激发民间资本参与产业集聚区建设，缓解了资金瓶颈，推动了产业集聚区的较快发展。

引进社会资本，壮大投融资平台。为增强产业集聚区基础设施建设资金保障能力，长葛市依托政府投融资平台——长葛市金财公有资产经营有限公司，引进民间资金，成立了隶属于产业集聚区的投融资平台。即由金财公司出资3 000万元，引入民营企业——普瑞蜂业公司出资7 000 万元，注册成立正源投资公司，建立了财政参股、民间资本控股的股份制投融资平台，产业集聚区管委会受委托介入平台公司的经营和运作，财政部门派驻公司财务总监。正源投资公司自2010 年成立以来，先后开发建设了30 万平方米的多层标准化厂房和16 层的集聚区综合服务中心，融资规模达3 亿元。

强化政策扶持，引导民间资本参与集聚区建设。出台专项优惠政策，在税收、资金奖励等方面给予引导扶持，保障各类投资主体回报，吸引企业成为集聚区投资主体。目前，众品公司等10 家企业先后投资12 亿元，建设了第二污水处理厂、110kV 变电站、热力及燃气管网、第三标准化厂房、职工生活中心等集聚区公共配套服务设施。制定《关于加强产业集聚区投融资及担保机构建设的意见》，明确全额返还投融资机构所得税和营业税地方留成部分，并免费提供办公场所一年等优惠政策。目前，入驻产业集聚区的投资担保公司超过10 家，累计投资融资规模达13 亿元。

资料来源：http：//www. hndrc. gov. cn/cyjjq/2097. jhtml。

专栏三

林州市产业集聚区有效破解资金瓶颈积极探索发展之路

林州市产业集聚区针对基础设施建设资金短缺的问题，积极创新运作模式，迅速做大投融资平台规模，增强投融资能力，为集聚区快速发展提供了有力的资金保障。其主要做法是：

一、搭建平台，提供支撑

产业集聚区以汇通基础设施建设投资有限公司为基础，成立产业集聚区投融资平台。公司注册资本金1 000 万元，主要负责集聚区基础设施和产业集聚区的投融资工作。在充分利用林州市国信中小企业担保有限公司作为产业集聚区信用担保平台的基础上，2012 年又利用省政府下拨的1 000 万元专项资金，入股安阳市信用担保有限公司，目前准备在集聚区设立安阳市信用担保有限公司林州办事处，开发适合集聚区发展的融资担保产品，为区内企业提供融资担保，缓解企业融资难题。

二、注入资产，壮大规模

为进一步增强投融资平台的融资能力，2011 年，林州市委、市政府将图书发行中心、大菜园建材市场等12 宗总面积604. 1 亩的可出让土地注入汇通公司，使公司注册资本金达到1.63亿元。目前，林州市正在将评估价值约1.48亿元的市区6宗总面积500余亩可出让土地，评估价值约9 000万元的林州市污水处理厂等优质资产注入汇通公司，届时汇通公司注册资本金将达到4.01亿元，融资能力将得到进一步提升。

三、强化运作，发挥效用

2012年集聚区凭借土地优质资产，吸纳企业垫资4.2亿元，投入集聚区6条道路完善工程和管网配套工程建设。项目完工后，投融资平台将通过土地出让方式分期还清企业垫款，并通过及时注入已完工的道路、展示中心等优质资产，进一步壮大平台规模，实现资产的高效运作和融资能力的不断提升。

资料来源：http：//www.hndrc.gov.cn/cyjjq/2096.jhtml。

针对产业集聚区中小企业融资问题，逐步建立和完善小微企业融资支撑体系，不断研发和推广小微金融信贷产品。主要有：①联保贷款模式。联保模式是小微型企业依据一定的规则组成联保体、由银行对联保体内成员进行授信、成员之间相互承担连带保证责任的一种融资新模式，根据“自愿联合、依约还款、风险共担”的原则，当联保体内任意一家企业无法归还贷款时，其他企业应替欠债企业偿还本息。②信贷工厂模式。“信贷工厂”是由新加坡淡马锡金融控股集团首创、致力于解决中小型企业融资难题的一种业务模式，其核心在于打造“流程银行”，对中小企业实行专业化、标准化、流水线式的金融服务，提高运作效率，以满足客户融资需求和银行控制风险的双重需要。因而，它的出现和大面积推广，也是近年来国内商业银行流程化改造的结果和趋势。信贷工厂是一种客户导向的批量风险管理模式，将中小企业间接融资的共性与个性进行结合的一种批处理、流程化处理模式。在信贷工厂模式下，信贷审批发放首先要做到标准化；其次，在贷款过程中，客户经理、审批人员和贷后监督人员专业化分工；最后，为了监控风险采用产业链调查方法，从不同角度对借贷企业进行交叉印证。③无抵押小额贷款。无抵押小额贷款是针对中小微企业客户推出的一种贷款创新产品——无须抵押，快速贷款，申请流程简易，审批速度极快，提供一站式融资方案，并与国际银行建立信用合作关系。要推广农业银行“简式贷”、建设银行“助保金贷款”、工商银行“经营物业贷”等贷款模式。④微型网商贷款模式。近几年来，以中小企业和个人为主体的网络商户群体从默默无闻的弱势群体迅速成长，以创新的商务模式冲击着传统的商业，并逐渐影响到制造和消费环节。网商贷款业务的服务对象主要为在第三方电子商务平台上从事经营活动的微型和个体工商户，特别适用于依据阿里巴巴、淘宝网、慧聪网等网络经营的会员企业。⑤加强小微企业、银行与第三方中介开展多种形式的融资，推动中国东方、中国信达资产管理股份有限公司和中国华融资产管理公司等资产管理公司开展设备租赁业务，促进中小企业融资。

四、河南省产业集聚区发展中的金融约束

尽管河南省产业集聚区建设取得了较为显著的成就，但产融发展还存在一定的障碍，金融对产业集聚区建设的支撑力度还有待进一步加强。

（一）金融约束表现

1. 河南省产业集聚区建设中的金融体系整体不足

作为河南承接产业转移主要载体的产业集聚区、特色工业园区内金融网点较少，网点服务的辐射半径难以达到，与集聚区经济发展多元化的趋势和要求不相适应。此外，180个省级产业集聚区超过110个在县域，但目前县域金融机构主要是四大国有银行和信用社，几乎没有股份制商业银行、外资银行等，据调查，产业集聚区中除了一些建设较早且具有一定规模的以外，不少集聚区特别是近几年新建立产业集聚区内尚没有金融机构网点，县域金融短缺造成竞争缺乏，融资难、融资成本居高不下，河南省2010年农信社等利率水平明显高于中部各省的情况也印证了这一点。此外，虽然近年来河南省大力推进现代化支付体系建设，但是在县域、产业集聚区金融机构物理网点较为缺乏的情况下，其支持清算服务设施等的完善更是无从谈起。

2. 承接产业转移的基础建设资金缺口大

河南省承接转移主要载体的产业集聚区建设资金供求矛盾较为突出。虽然产业集聚区大多成立相应的投资公司，由于多数是新设立的，存在成立时间短、优质资产少、财务不规范等问题，难以满足银行信贷条件。尽管部分产业集聚区也尝试通过BT、BOT等模式筹集基础设施建设资金，但总体上，以政府直接投资、注资融资平台、银行贷款、土地储备抵押贷款等方式筹资，仍是产业聚集区基础建设资金的主要来源。加之河南省产业聚集区多数是近年来起步建设的，基础建设任务艰巨，以安阳为例，全省产业集聚区32个，其中省定9个，由各县（市、区）管理未列入省定范围的集聚区23个；9个省定产业集聚区规划总面积145.8平方公里，而建成区仅36.24平方公里，不到规划的四分之一。在当前国家对房地产贷款、基础设施贷款逐步紧缩，以及对融资平台规范整理的形势下，产业集聚区建设资金缺口巨大，当前的模式融资已难以为继，亟待大力实施融资模式创新。

3. 转移企业面临融资难、成本高、资金供给总体不足问题

从前述中部六省融资成本比较来看，河南的贷款利率水平明显高于中部其他各省，河南利率水平高和上浮比例大，金融支持的资金供给总体不足，转移

企业不得不面临融资难、融资成本高的问题，特别是河南贷款增速较慢，明显低于中部其他各省，必将进一步加剧资金紧张度，而新转移企业处于初建阶段需要大量的融资需求，这将进一步放大资金供求矛盾，影响到省外企业来河南投资的积极性。

（二）金融约束因素分析

造成河南产业集聚区建设中金融制约的原因是多方面的，一方面与金融本身有关，另一方面与产业、环境密切关系，产业是否符合国家政策、具有发展潜力、相关企业财务制度是否完备等是金融支持的重要条件。此外，金融的配套环境，如司法、信用、中介服务、政府作用等，对金融发展及发挥金融支持作用也至关重要，即金融不强和产业不强互相影响。从金融发展和金融支持河南产业集聚区建设的具体政策及工具角度阐述金融制约的原因所在。

1. 当前的金融支持政策制定执行体系缺乏层次性、灵活性

目前，我国金融宏观政策实行全国统一的管理运行体制，这与当前突出区域经济差别化发展不相协调。区域金融政策作为支持区域经济发展的重要措施，我国尚无整体规划。现行体制决定了由人民银行总行执行统一的货币政策，货币政策制定时主要在中央层面，人民银行各分支行在货币金融政策的制定上不具备独立的权限，难以反映出各区域的政策需求。尽管近年来人民银行尝试推出了差别化存款准备金制度、县域金融机构一定比例存款用于当地等政策，给予了分支机构一定的权限，但总体上区域货币金融政策仍不具备独立性。这种统一的政策，在趋利性作用下，资金在区域之间通过总行平台可自由流动，信贷资金流向收益高的东部地区，而非最需要金融支持的中西部地区。

2. 河南金融发展整体实力不强，金融体系特别是新型及县域金融体系建设不足

从前文中部六省金融发展情况的比较来看，相对于河南经济发展处于中部领先地位，河南金融结构和发展水平明显落后于中部其他各省，金融发展总体情况是“大而不强”，总量大、但人均水平却靠后，整体发展水平较低，企业获得金融支持的成本较高、难度较大，金融支持能力不强。截至 2010 年末，河南银行业资产总规模居六省首位，但是股份制商业银行、区域性商业银行、城乡信用社资产规模仅居第三位，相对于中部各省，河南中小银行体系发展较为滞后，大中小均衡发展的多层次银行体系建设仍有差距。

3. 地方政府金融资源配置权不足

目前地方政府在金融资源配置的主动权，主要体现在对地方性金融机构一定的控制权和投融资平台等方面。并且，为了改善承接地基础设施建设等大规模资金需求，不论是直接信贷资金还是融资平台贷款，资金来源主要都是银行，

渠道单一，难以满足巨大的需求，并且易于集聚金融风险，特别是在当前国家宏观调控政策以及规范融资平台的形势下，融资更是艰难，缺口巨大，这样的融资模式已不能满足承接产业转移持续发展的需要，亟需适度增强地方政府金融资源的配置主动权，拓宽融资渠道。虽然2010年国务院出台《关于鼓励和引导民间投资健康发展的若干意见》，但是由于各项政策的出台时间尚短，积极效应还没有充分显现，加之许多问题涉及深层次的体制矛盾，解决难度较大，尚需综合配套，逐步推进。

4. 融资结构失衡是转移企业融资成本高、难度大的重要原因

与中部各省相比，河南融资结构中间接融资比重大，直接融资比重低，不利于承接转移企业拓宽融资渠道。虽然河南银行存贷规模、资产规模稳居中部首位，而近五年在境内股市和债券市场融资总额却居第五位，仅为广东的十分之一。2010年河南非金融机构融资结构中，银行贷款占比最高为86.4%，比湖北、湖南、山西高近10个百分点；股票融资占比为中部最低，仅6.2%。这与河南资本市场不发达密切相关，至2010年末，河南仅有1家法人证券公司，中部其他各省为2～3家；河南有境内上市公司51家，居中部第四位，仅为广东的六分之一。

5. 金融产品结构相对单一，金融深化、创新不足加剧了融资难度

目前，河南的金融产品仍主要集中在贷款方面，服务单一，虽然个别金融机构创新推出了一些新的融资产品，但是总体上对新的金融需求研究、营销和服务对接不够。结算服务、国际业务及现金管理平台等新型业务品种介入力度、开展范围较为有限，而支持产权抵押的几乎很少。特别是，转移企业多数成立时间短，难以满足信贷条件。在直接投资领域，投资融资的主体、机制和工具都极其匮乏，诸如产业投资基金、并购重组基金、创业投资基金、风险投资基金等风险投资机构严重缺位，诸如兼并重组、股权融资、项目融资等创新型金融工具和融资模式还没有被各类社会投资主体所接受，产业转型升级所需的大量投融资需求都要集中到贷款的间接融资渠道来实现。

6. 金融生态环境欠佳制约着融资环境的整体改善

一方面，金融中介服务体系发展滞后。企业融资难的根源之一缺少有效担保，由于目前银行认可的抵押主要是土地、厂房等，而对知识产权、技术等，由于尚无权威的资产评估体系、产权交易市场，难以成为抵押物；信息不对称是银企合作的重要障碍，作为企业和银行信息沟通桥梁的会计、审计、法律等中介服务体系也不完善，提高了银行了解企业真实情况的成本和难度。另一方面，社会信用体系建设需要加快。近年来诚信河南建设取得积极成效，人民银行、税务等部门积极加强信用信息数据库建设，但尚未建立小企业征信体系，

银行对其风险掌控难度大。此外，金融、税务、质监、海关、司法等为一体的信用信息平台尚未搭建，对打击逃废债等恶性行为难以有效打击。

五、建立多元化分层次产业集聚区投融资体系

产业集聚区建设是中原经济区“三化”协调发展的重心，是承接东部产业转移的重要平台，对金融服务的需求较大，必须建立多元化、分层次的产业集聚区投融资体系。

（一）加快政府投融资平台建设，推动产业集聚区基础设施建设

针对产业集聚区基础设施建设，积极整合政府掌控的国有资源、资本、资产、资金，完善已有的建设投资、城建投资、土地收储中心等投融资平台，及时筹措产业集聚区发展所需资金，增强政府对产业集聚区基础设施、产业结构调整升级、科技创新和中小企业扶持等领域的资金投入能力，推动产业集聚区平稳较快发展，促进河南省在新一轮发展中抢占先机。一是推动产业集聚区投融资平台建设。通过整合注入优质资产，积极引入民间资本，提高运作水平，重点打造一批注册资金超 5 亿元的投融资公司，增强产业集聚区融资能力。二是推广产业集聚区“三方协议”反担保的贷款融资模式。按商业化原则，由产业集聚区投融资公司作为承贷主体，运作实施整体开发项目；大型担保公司提供担保，开发银行提供贷款；产业集聚区所在地政府、实施项目投融资公司和大型担保公司签订“三方协议”反担保，省发展改革委和省财政厅协调、推广产业集聚区基础设施项目贷款融资模式，支持产业集聚区基础设施项目建设。三是推动市（县）级投融资公司发债融资和以债促贷。推动投融资公司以债促贷、实现贷款融资，支持产业集聚区道路、标准化厂房、配套生产性服务设施和保障房等生活性服务设施建设。

（二）增强集聚区企业内源融资能力

引导和鼓励产业集聚区核心企业组建小额贷款公司。充分利用产业集聚区中企业在生产、信息、技术等方面关联度较高的特点，探索以产业集聚区核心企业组建小额贷款公司的方式，推动产业资本与金融资本的有机结合，有效解决在同一产业链上的中小企业融资难问题。要鼓励和引导民间资本发起设立金融中介服务机构，规范民间资本设立投资性担保模式民间借贷中介组织，积极建立统一、共享的后台信息管理系统，确保其业务发展流程规范、风险可控与合法经营。推动产业集聚区重大招商引资落地项目融资，支持产业集聚区重大招商引资落地项目建设。

（三）建立和完善金融服务体系，增强对产业集聚区项目（企业）融资能力

积极搭建银企合作平台。发挥各级政府规范、协调银企关系的服务功能，

建立银企对接长效机制，引导和协调银行业金融机构加大对产业集聚区新兴产业的信贷支持，积极开展资产重组并购贷款业务，着力支持产业集聚区、专业园区建设和企业战略重组，以市场化的手段推进银企合作。推动产业集聚区龙头企业及其上下游企业融资，重点支持银行推广“供应链融资”模式，扩大龙头企业的授信规模，通过其供应链上企业的贸易融资，实现龙头企业及其上下游企业融资共享。推广国家开发银行“四台一会”（管理平台、承贷平台、担保平台、公示平台和信用促进会）小额批发直贷模式，扩大产业集聚区上下游企业贷款规模。推动产业集聚区企业综合运用各种融资工具融资，积极创新金融工具，提供多元化、一揽子金融服务，扩大产业集聚区企业融资规模。

（四）推动多层次直接融资体系的建设

加快发展创业投资基金和产业投资基金。认真落实国家支持创业投资发展的优惠政策，研究出台促进河南省创业投资和包括金融业在内的产业投资基金发展的措施，支持创办创业投资和产业投资机构，发展壮大现有创业投资企业，积极开展 PE 和 VC 业务。推动产业集聚区企业发债融资。加大企业发行债务融资工具培育力度，选择符合国家产业政策、具有持续盈利能力和较高成长性的企业作为发债后备企业，针对性地就发行条件、程序、要求等进行培育和预审，建立后备企业名单，供主承销商遴选。着力推动大型企业发行企业债券、中期票据和短期融资券及中小企业集合票据。

（五）改善和优化产业集聚区投融资发展环境

加强社会信用环境建设。依托人民银行已建成的企业和个人信用信息基础数据库及其网络，进一步整合工商、税务、海关、质检、公检法等有关部门的信息资源，建立和完善企业与个人征信体系。大力推动社会信用体系建设，综合运用法律、经济、舆论监督等手段，加大失信惩戒力度，为金融企业的良性发展提供适宜的外部环境。完善金融资产保全环境，发挥地方政府、司法机关、金融行业自律组织以及社会监督的作用，共同打击金融领域的各种违法、违规行为，确保金融资产的安全。

参考文献

[1] 魏守华，邵东涛．从企业融资的角度看产业集群的竞争优势——以嵊州领带产业集群为例［J］．商业经济与管理，2002（6）：18－21.

[2] 杨贞，李剑力．河南产业集聚区建设中存在的问题与对策［J］．郑州航空工业管理学院学报，2009（12）：31－35.

[3] 蒿慧杰．河南省产业集聚区科学发展问题研究［D］．河南大学，2009.

[4] 贾玉清. 河南省县域产业集聚区发展战略研究 [D]. 华中科技大学, 2009.

[5] 张红星. 中原经济区金融生态环境优化路径探讨 [J]. 企业活力, 2012 (4).

[6] 刘辉. 郑州建设中原经济区金融中心的路径研究 [J]. 中国证券期货, 2011 (2).

[7] 娄恬. 论中原经济区建设的金融支持 [J]. 焦作大学学报, 2012 (3).

[8] 武安华. 中原经济区建设的金融支持研究 [J]. 市场论坛, 2011 (8).

河南省金融发展与经济增长关系实证研究

中国人民银行周口市中心支行课题组①

摘要 本文在已有的金融发展与经济增长关系研究基础上，综合运用定性分析与定量分析、实证分析与规范分析相结合的方法，来探讨河南金融发展与经济增长的关系。在分析河南省金融业与经济发展现状的基础上，重点讨论了金融业在河南经济发展过程中所处的位置以及如何发挥金融作用，使之更好地为经济增长服务，通过对银行业、证券业、保险业和经济增长之间计量分析，得出目前河南金融业对经济增长的贡献存在存款向投资转化效果不明显、信贷结构有待优化、金融机构效率较低、保险证券市场发展落后等问题。最后针对河南省金融业发展存在的问题，提出相关对策建议。

关键词 金融发展 经济增长 实证研究

一、引言

（一）研究意义

随着我国市场经济改革步伐的加快，金融业逐步摆脱政府经营的模式，金融不再担任“第二财政”的角色，而是作为市场经济的一个重要组成部分，发挥其融资功能和分散风险的作用，支持经济的发展。在货币信用经济条件下，金融的良性发展能促进经济的发展，反之，金融发展滞后将阻碍经济的发展。金融发展程度不同的地区，其经济发展也将呈现不同的态势，缺乏金融资源的开发和利用，潜在的经济要素无法得到充分挖掘。因此对区域经济发展来讲，怎样发挥区域金融的推动和调节作用，是一个重要的研究课题。同时在中原经济区建设的大环境下研究金融发展与经济增长的关系，有针对性地促进河南省

---

① 课题主持人：许兆春。
课题组成员：王军峰、师学礼、马文生、陈留锋、谢瑞。

金融业的健康稳定发展，实现金融对经济增长积极有力的推动作用，使河南省的经济发展真正做到“跨越式大发展”，发挥在中部地区乃至全国经济发展中的重要作用，具有十分重要的现实意义。

（二）研究思路

本文将采用定性和定量结合的方法对所提出的问题进行阐述和论证。重点讨论金融在河南经济发展过程中所处的位置以及如何发挥金融的作用，使之更好地为经济增长服务。文章在论证中将以1978—2011年的经济金融数据为基础，对影响经济增长的综合因素进行了实证研究，在指标的选择方面，考虑到数据的可获得性，选取GDP作为衡量经济发展的程度，选取贷款余额作为衡量金融中介（银行）的发展规模，选取直接融资额作为衡量证券业的发展规模，选取保费收入作为衡量保险行业的发展规模，用协整性分析的方法对河南金融发展是否促进经济增长进行实证分析，分别从银行、证券以及保险三个方面研究其与经济增长的关系。最后通过上述实证分析来发现河南金融发展相对不足之处，对如何促进河南金融发展提供相应的政策建议。

二、关于金融发展与经济增长的文献综述

（一）金融发展与经济增长概念的界定

1. 金融发展的含义

金融发展通常指的是金融体系朝好的方面变化，即“金融体系的规模或效率得到提高”。对金融发展的研究可以从两方面展开，一方面是从量的角度进行探讨，另一方面从金融可持续理论角度把金融作为资源进行“质”的方面的探讨；通过提高金融效率来达到金融发展。总之，要探讨金融发展的含义，必须把“量”和“质”两个方面紧密结合起来。

2. 经济增长的含义

在余永定编著的《西方经济学》中是这样论述经济增长的：“经济增长是指一个国家或地区在一定时期包括产品和劳务在内的产出的增加。”诺贝尔经济学奖获得者库兹涅茨认为，“一个国家的经济增长，可以定义为给居民提供种类日益繁多的经济产品的能力长期上升，这种不断增长的能力是建立在先进技术以及所需要的制度和思想意识之相应调整的基础上的”，库兹涅茨的定义包括三个层次。一是经济增长集中表现在经济实力增长上，而这种经济实力就是商品和劳务总量的增加，即国民生产总值的增加。二是经济增长的充分条件是制度与意识的相应调整。三是技术进步是实现经济增长的必要条件，只有依靠技术进步，经济增长才是可能的。这个定义是对各国经济增长历史经验的高度概括，并且体现了经济增长的实质，因而已被西方经济学所广泛接受，并以此作为研

究经济问题的出发点。通常以国内生产总值的增长率或人均国内生产总值的增长率来衡量。

（二）金融发展与经济增长关系评述

1. 金融发展对经济增长的作用机制

金融发展对经济的推动作用主要有以下途径：第一，金融发展降低了交易成本，便利了交易。货币的出现是与商品交换联系在一起的，货币通过价值尺度、流通手段、贮藏手段、支付手段和世界货币五种职能的发挥，大大降低了商品交易中产生的成本，从而加速了商品流通和市场范围的扩大。第二，金融能促进储蓄和投资的增长，为经济发展筹集资金。经济发展离不开资金的支持，储蓄是资金来源的主要渠道之一。而金融发展，最直接的作用是促进储蓄率的提高。各国发展的实践表明，储蓄率在经济的不同发展阶段具有重要作用。一方面，使得金融机构筹集社会上闲散资金，增加了闲散资金持有者的资产收益；另一方面，把分散的资金聚集起来，贷放给急需要资金的人，减少了其筹集资金的成本，而且，大量的资金用于投资，可产生规模经济效益，实现经济和社会的双重效益。第三，从对产业结构调整作用来看，金融市场的发展有助于产业结构的优化升级。金融发展的融资功能，不仅可以促进区域内储蓄资源向投资的转化，还可以吸纳动员外部资金以及其他要素资源的内流，促进资源的合理配置，提高区域内产业结构的转换能力。同时，资本市场的重组功能，有助于区域产业结构的优化。在市场经济条件下，资源配置按照利益最大化原则进行，区域分工按照比较优势原则进行调整，资本市场作为资本流动重组配置的中介，在区域产业结构调整中发挥着重要作用。第四，金融体系能促进创新，推动技术进步。金融体系不仅能加速科研成果向现实生产力的转化，而且能推动全社会创新活动的开展。金和莱文在其建立的经济增长模型中，把金融和创新活动企业家行为作为联系金融发展和经济增长关系的纽带。他们认为，金融体系可以提供项目评估、聚散资金、分散风险等方面的服务，在这些服务开展中，会激发企业家的创新能力，推动社会创新活动的进行。

2. 经济增长对金融发展的作用机制

经济增长是通过以下途径来促进金融发展的：第一，经济增长促进金融总量的扩大。随着经济发展，产量的不断增长和市场的不断扩大，就会产生更多的财富，而这些增加的财富就会导致金融规模的扩大。同时，为了更有效地分散经济中产生的风险和降低交易成本，也需要大量的金融机构及其不断改进服务来适应不同经济主体的需要。第二，经济运行状况决定金融资源的配置及其运行效率。在现代货币信用经济下，经济状况决定了资源的配置状况。经济发达的地方往往拥有较丰富的金融资源，而在经济相对落后的地方，金融资源就相对匮乏。同时，作为区域创新环境体系之一的金融创新环境，也在一定程度上影响金融资源的配置效率。金融创新能力越强，产生的金融服务就越丰富，就越能满足不同经济主体的需要。此外，一个地区的经济结构也会对金融资源的配置产生影响。金融资源的供给结构会随经济结构的变换而调整，进而影响金融效率。第三，经济政策及制度的安排影响金融的发展进程。当宏观经济政策是倾向于鼓励金融业发展时，就会对金融发展的方向和进程产生积极影响。比较计划经济和市场经济两种制度安排，很明显，只有在市场经济条件下，金融资源才能得到有效的发展，才能最大限度地发挥对经济的促进作用。

综上所述，经济增长和金融发展之间是相辅相成、相互促进、共同发展的关系。较低的经济发展水平会限制金融体系的发展，使金融体系的发展受到限制，而不完善的金融体系反过来会阻碍要素的流动，影响资源的优化配置，进而限制经济的进一步发展。较高的经济发展水平会引致对金融服务的更高需求，促进金融体系更充分的发展，而金融体系的发展反过来又为进一步的经济增长提供了条件。

三、河南省金融发展与经济增长现状分析

（一）河南省经济发展概况

1. GDP稳定增长

由图1可以看出，20多年来河南省地区生产总值由1990年的934.68亿元

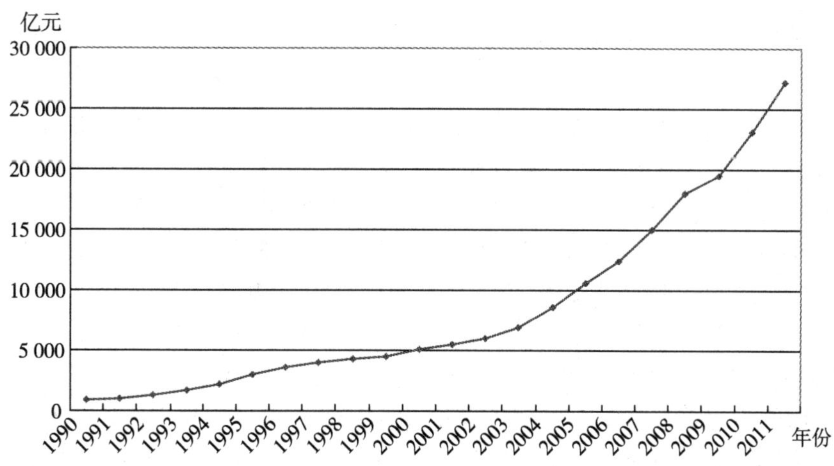

数据来源：中国金融年鉴。

图1 1990—2011年河南省GDP变化趋势图

增长到2011年的27 232.04亿元，按可比价计算增长了20倍。截至2011年底，河南省地区生产总值为27 232.04亿元，在中部五省居于首位，湖南省为19 635.19亿元，湖北省为19 594.19亿元，安徽省为15 110.3亿元，江西省为11 583.8亿元（见图2）。可见，河南省以国民生产总值规模衡量的经济发展水平较高，在全国区域经济格局中的地位显著。

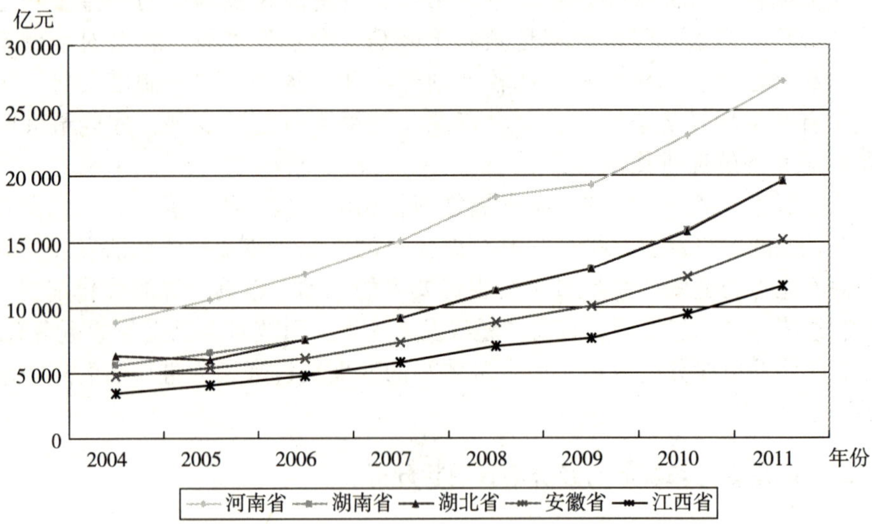

数据来源：中国金融年鉴。

图2　2004—2011年中部五省GDP变化趋势图

2. 产业结构实现了以农业为主向以工业为主、第三产业稳步增长的变化与调整

随着经济总量扩大，河南省产业结构水平在改革开放三十多年以来取得了巨大进步，第二产业和第三产业的比重稳步提高（见图3）。三大产业占GDP的比重顺序由1978年的“二、一、三”调整为2011年的“二、三、一”，由1978年的39.8:42.6:17.6调整为2011年的12.89:58.34:28.76（见表1）。具体而言，其三大产业产值序列结构变化可以分为四个阶段：1978—1980年是“二、一、三”结构，1981—1985年为“一、二、三”，1986—1991年表现为“二、一、三”结构，1992年后呈现出“二、三、一”结构。从1978年到2011年，第一产业产值所占比重下降了27个百分点，第二产业产值所占比重增长了15.7个百分点，第三产业产值所占比重增长了11.1个百分点，实现了以农业为主向以工业为主，第三产业稳步增长的产业结构的重大转变。

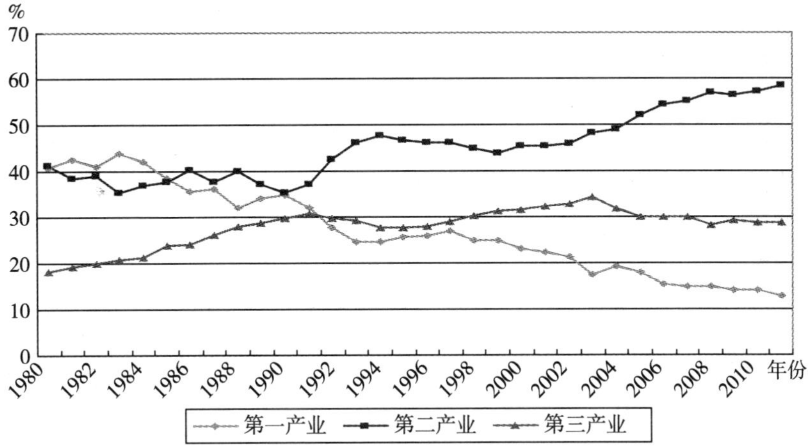

数据来源：河南统计年鉴。

图 3　河南省三大产业的变化情况

表 1　　河南省第一、第二、第三产业占本地生产总值比重　　单位:%

年份	1978	1981	1986	1991	1996	2001	2006	2011
第一产业	39.8	42.5	35.6	31.9	25.7	22.3	15.5	12.8
第二产业	42.6	38.3	40.2	37.1	46.1	45.3	54.3	58.3
第三产业	17.6	19.2	24.2	30.8	28	32.3	30.1	28.7

数据来源：河南统计年鉴。

3. 固定资产投资保持高速增长

2011 年，河南省固定资产投资保持高速增长的同时，全年全社会固定资产投资总额达到 17 766.78 亿元，比上年增长 26.9%。2006—2010 年“十一五”期间，全省全社会固定资产投资累计达54 699亿元，年均增长 20%。从三次产业看，削弱了农业投资。2011 年，城镇固定资产投资第一产业投资为 641.02 亿元，同比增加9.5%，占固定资产投资总额的比重仅为3.79%；城镇固定资产投资第二产业投资比重不断提高，2011 年第二产业投资为 9 126.37 亿元，同比增加34%，占固定资产投资总额的比重达到53.91%；城镇固定资产投资第三产业投资比重连续缓慢下降，2011 年为7 164.75亿元，同比增加 20.6%，占固定资产投资总额的比重为 42.32%。

从结构上来看，国有经济比重过高。图 5 为河南省国有经济比重变化情况图，图中显示国有经济的比重一直较高，均为 40%～50%，直到 2002 年，比重开始大幅度下降，2011 年降为 17.68%，从侧面反映出河南省投资主体发生的变化，由国有投资为主，发展成为国有经济投资总量扩大、比重下降，港澳台外

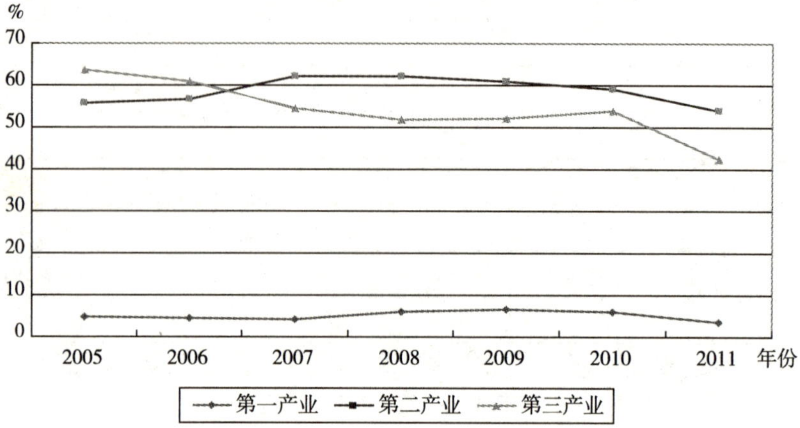

数据来源：河南统计年鉴。

图4　三次产业城镇固定资产投资情况

商投资及民间投资等多元投资主体共同发展的格局。

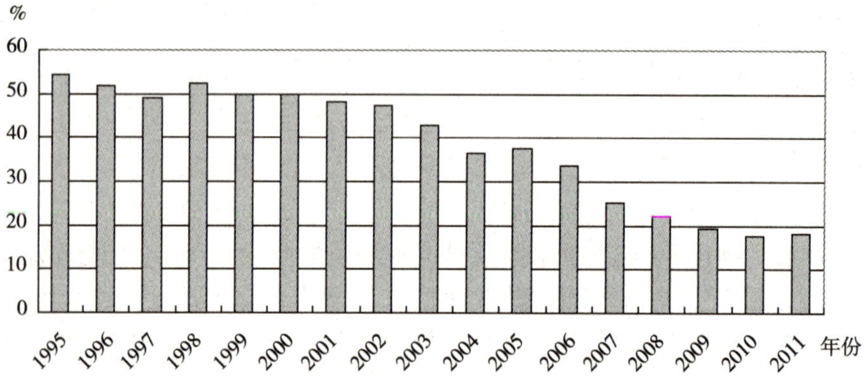

数据来源：河南统计年鉴。

图5　河南省国有经济比重变化情况

（二）河南省金融发展概况

1. 河南省金融发展的整体分析

从表2可以看出，以金融资产总量与GDP之比作为衡量地区金融发展水平。2011年河南省的金融发展水平FIR仅为1.62，在中部六省中位居最后，而与东部地区的广东省相差甚远，同时也远低于全国平均水平的2.84。2011年河南省实现国民生产总值27 232亿元，高居中部六省之首，其金融资产总量也远高于中部地区其他省份，但以FIR衡量的金融发展水平却位居最后。

表 2　　2011 年河南省与其他省份、全国的金融相关率　　单位：亿元

	存款	贷款	金融资产	GDP	FIR
河南	26 637	17 477	44 114	27 232	1.62
湖南	19 329	13 174	32 503	19 635	1.66
湖北	23 896	15 543	39 439	19 594	2.01
山西	20 916	11 159	32 075	11 100	2.89
安徽	19 385	13 705	33 090	15 110	2.19
江西	14 227	9 163	23 390	11 584	2.02
广东	86 849	52 167	139 016	52 674	2.64
全国	799 578	541 136	1 340 714	471 564	2.84

数据来源：中国金融年鉴。

我们以金融机构贷款余额与 GDP 的比值来衡量资金的产出效率，如表 3 所示：2011 年底河南省的资金使用效率仅为 0.64，远低于山西省的 1.01 和全国的 1.15。从产业结构来看，2011 年，河南省的三次产业结构比为12.89∶58.34∶28.76，农业人均仍占据着高达 14.5% 的比重。同中部地区的山西省相比，2011 年山西的三次产业结构比为 6.2∶61.8∶32，从中可以看出，山西省的二三产业所占比重已经占到了整个国民生产总值的 93% 以上，其中二三产业的比重都要高于河南省。山西省的第二产业占整个国民生产总值的 61.8%，这固然与山西省的资源禀赋有关，但山西省的第三产业所占比重要高出河南省 3 个百分点。另外，从金融资源存量上看，2011 年金融机构人民币各项存款余额 26 637 亿元是山西省 20 916亿元的 1.2 倍。但在人均金融资源拥有量方面，河南省仅为山西省的2/5。在资金运用方面，2011 年末，河南省金融机构贷款余额 17 477 亿元，其中中长期贷款占到了 49.69%，比山西省的 59.21% 低了将近 10 个百分点。这使得在一些投资大、周期长、收益低但具有重大社会效益项目上显得有些投入不足。

表 3　　2011 年河南省与中部省份、广东、全国的资金产出比较　　单位：亿元

	存款	贷款	GDP	资金产出效率
河南	26 637	17 477	27 232	0.64
湖南	19 329	13 174	19 635	0.67
湖北	23 896	15 543	19 594	0.79
山西	20 916	11 159	11 100	1.01
安徽	19 385	13 705	15 110	0.91
江西	14 227	9 163	11 584	0.79
广东	86 849	52 167	52 674	0.99
全国	799 578	541 136	471 564	1.15

数据来源：中国金融年鉴。

河南省坐拥中部地区巨额的金融资源，但以 FIR 衡量的金融发展水平却是最差的，这与传统的金融发展与经济增长的正相关关系显得有些矛盾。但从上面的分析我们可以知道，金融发展作用于经济增长的过程是间接的，金融发展通过影响经济增长的变量而达到促进经济增长的目的。一方面由于河南省的产业结构不尽合理，这就使得单位资金的产出较低，影响了资金使用效率，另一方面河南省有着高达 1 亿的人口。巨额的人口抵消了河南省资源存量的优势，使得人均占有量落后于中部地区其他省份。这就使得高额的投入并未带来以货币计量的更高的产出，因此河南省金融资源存量高但其金融发展水平低也就不足为奇了。

2. 河南省金融发展的具体分析。

一是银行业发展状况。从总量上看，近年来河南年末金融机构存、贷款余额可以反映本省资金的总量实力，反映金融机构特别是商业银行对本地经济发展的支持程度。从图 6 可以看出，2004—2011 年，河南省存、贷款余额均保持逐年递增的趋势，2004 年河南金融机构各项存款余额为 8 631. 79 亿元，2011 年为 26 637. 32 亿元，呈现逐年递增趋势。

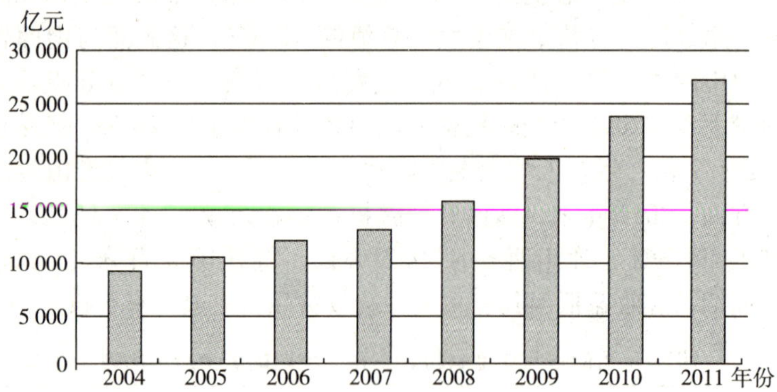

数据来源：河南统计年鉴。

图 6　2004—2011 年河南省金融机构各项存款余额

金融机构各项贷款余额 2004 年为 7 092. 31 亿元，2011 年为 17 477. 70 亿元，同样呈逐年递增的趋势（见图 7）。

分金融机构看，国有商业银行贷款投放仍居主导地位，但呈下降态势；其他金融机构，尤其是股份制商业银行贷款占比呈逐步上升态势。

2004—2010 年，四大国有商业银行贷款年均占比为 39. 1%，分别高出同期政策性银行、股份制商业银行和地方法人金融机构贷款年均占比 19. 7 个、21. 7 个和

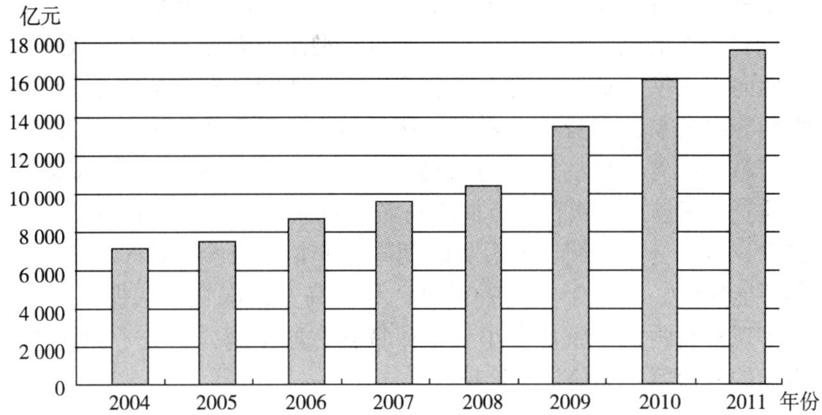

数据来源：河南统计年鉴。

图 7　2004—2011 年河南省金融机构各项贷款余额

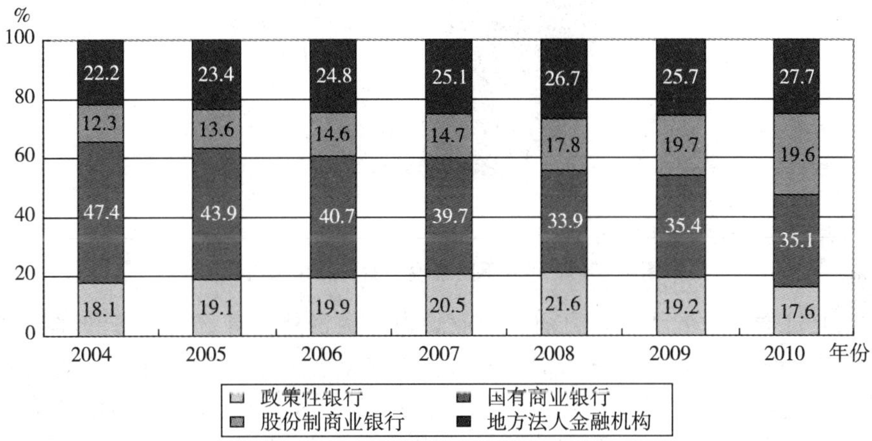

数据来源：2011 年河南统计年鉴。

图 8　2004—2010 年河南省金融机构贷款占比情况

14.1 个百分点。但从趋势看，国有商业银行整体贷款占比呈下降趋势，其他机构占比呈上升态势。2010 年，国有商业银行贷款占全部贷款的比重为 34.1%，较 2004 年下降了 13.3 个百分点；地方法人金融机构、股份制商业银行和政策性银行贷款在全部贷款中的占比分别为 27.5%、29.4% 和 17.6%，其中地方法人金融机构和股份制银行贷款占比分别比 2004 年上升了 5.5 个和 17.2 个百分点。

分承贷企业看，贷款主要投向了大中型企业。2010 年 12 月末，河南省企业贷款余额为 9 289.5 亿元，占全部非贴现类贷款的比重为 58.5%。其中，大、中、小型企业贷款占企业贷款的比重分别为46.5%、31.8%和21.7%。科尔曼认为，银行对大型企业信任程度较高，而对小型企业普遍存在怀疑态度，导致实际贷款倾向于大型企业，远离小型企业。小企业与银行之间的信贷关系多是随机的短期客户关系，本身实力弱小、新生易灭，而且体制上处于劣势，普遍存在财务信息虚假等，这些因素造成金融机构对小型企业不信任或缺乏信任，反映在具体贷款交易上，银行一方面提高名义贷款利率，另一方面还通过抵押、担保、保险、压缩贷款数额、缩短贷款期限等非信用安全手段来抵补信任缺失所引发的可能风险。而对于受贷者而言，利率高、期限短、抵押（担保）多、手续繁琐等现实问题也导致部分小型企业贷款意愿不高，产生了贷款者自愿退出信贷市场的所谓第三类信贷配给现象。

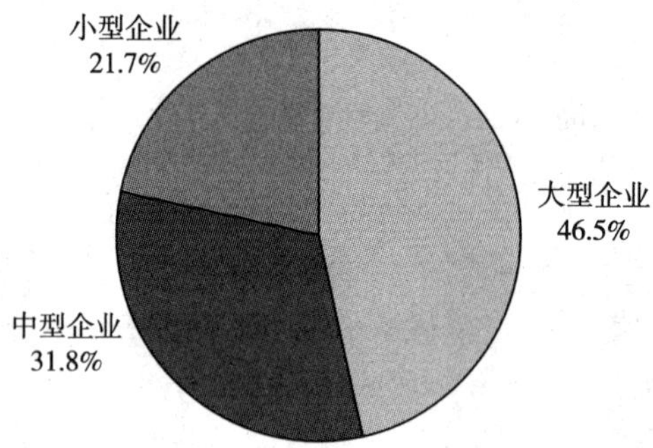

数据来源：2011年河南统计年鉴。

图9　2010年末不同规模企业贷款余额占比

二是证券业发展状况。目前，企业除内源融资外，有直接融资和间接融资两种基本外源融资方式。就河南省而言，直接融资的渠道就是证券市场。河南省证券市场经过十多年的发展，已经具备一定的规模。从1993年河南省第一家上市公司豫白鸽上市，至2010年年底，共有上市公司81家，其中A股上市公司数量52家；股票83只，拥有证券营业部138家。证券交易金额大幅增长，证券营业状况良好，52家A股上市公司总共募集资金净额751.1亿元，从拥有的上市公司数量和上市股票数量和上市公司总股本来看，呈逐年增加的趋势。辖区A股流通股市价总值3 296.88亿元，比2008年增长近2 557.76亿元。截至2010年末，股票成交量达到24 290.27亿元，较2008年增长13 571.6亿元。总的来说，上市公司作为河南省大中型企业的典型代表，由于其较强的融资功能和规范的现代公司制管理模式，在促进资本市场成为企业筹集资金的重要渠道、弥补资金短缺、提升地区形象、推动行业和地区发展、形成河南的优势产业和支柱产业方面发挥着越来越重要的作用。同时，也要看到，与其他省份相比，河南上市公司的发展水平还比较低，上市公司所具有的融资等优势还没有得到充分的发挥，资本市场对河南国民经济的渗透力还远远不够。

三是保险业发展状况。保险业在促进经济发展、分散风险等方面发挥着积极作用。保费收入构成金融资产的一部分，保险市场的发展为社会经济提供了风险保障，同时保险基金也为金融市场提供了资金来源。从 1949 年 12 月中国人民保险郑州分公司设立，截至 2009 年拥有 40 余家保险公司，河南省保险业 2010 年全年实现保费收入 793. 28 亿元。河南保险市场的参与主体呈现出多元化的发展态势，为其可持续发展提供了有力保障。2010 年，河南省新增省级分公司 5 家，中心支公司 23 家，支公司 50 家，销售服务部 385 家。从各年保费收入情况看，河南省保费收入增长速度有所加快，自 2008 年以来，每年保费收入的金额比以往有了大幅度的增加，保险市场趋于活跃。

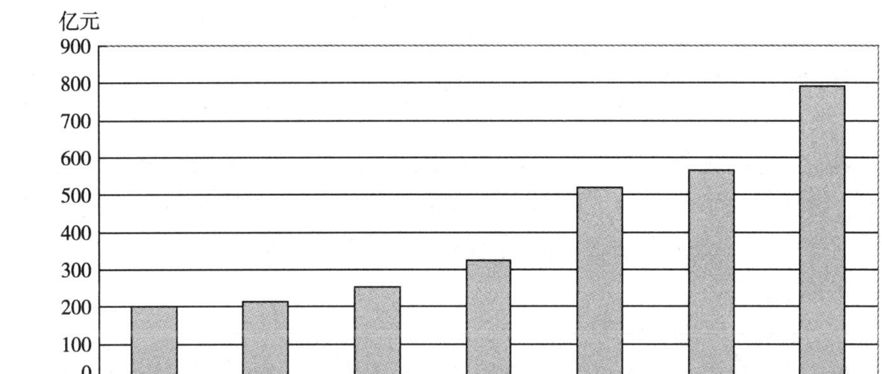

年份	2004	2005	2006	2007	2008	2009	2010
保费收入	202.05	213.55	252.31	323.56	518.92	565.39	793.28

数据来源：河南统计年鉴（2011）。

图 10　2004—2010 年河南省保险公司保费收入

从保费赔款支出情况来看，2004 年为 33. 84 亿元，2010 年为 148. 23 亿元，是 2004 年的 3. 93 倍（见图 11）。

四、河南省金融发展与经济增长关系的实证分析

（一）计量方法的选择

一般地，在对变量间的相互关系进行实证分析时，常常使用回归分析方法，但这种回归分析要求变量都是平稳的（至少是趋势平稳的）。当变量为非平稳时，回归分析的结果一般不能作为推断的依据，有可能产生“伪回归现象”。而许多宏观经济时间序列多为一阶单整过程，因此，不能用传统的回归分析方法

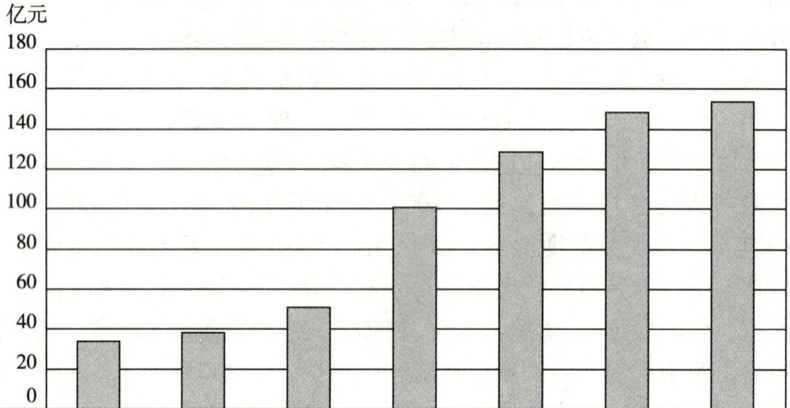

年份	2004	2005	2006	2007	2008	2009	2010
保险公司赔付	33.84	38.16	50.98	100.88	128.77	148.23	153.91

数据来源：河南统计年鉴（2011）。

图 11　2004—2010 年河南省保险公司赔付

来说明变量之间是否存在均衡关系。由 Engle 和 Granger 等发展起来的协整分析技术有效地解决了传统经济建模中非平稳时间序列的“伪回归”问题，同时又使模型综合了系统的短期动态波动和长期均衡特征。因此，协整分析具有高度稳定性和可靠性。

（二）衡量指标的选取

本文欲通过经济增长指标与银行业、证券业及保险业的发展指标进行计量处理，得出各个金融部门对河南经济增长的影响和作用。在指标的选择上，综合考虑了数据的可获得性问题和替代指标的代表性问题，分别选取以下数据。

1. 经济增长指标

本文选用实际 GDP 作为衡量经济增长的指标，同时为了消除数据本身的自相关性，将会对数据变量取对数，这样既不改变原始数据的性质，又可消除可能存在的异方差现象，用 lnGDP 表示。

2. 银行业发展指标

通常用金融深度指标来反映银行发展的规模，它等于商业银行的流动负债与当期名义 GDP 的比值。但由于河南省的具体数据无法取得，本文直接用金融机构贷款余额反映金融中介（商业银行）部门的发展。同时对贷款余额再取对数，用 lnLOAN 表示。

3. 证券业发展指标

因为研究的是股票市场与区域经济的关系，而且研究的是股票市场的产生对河南本土企业的影响，以及对经济的影响，所以文章采用股票筹资额而不是股票市场的市值，包括首次发行和再融资募集的资金。又因为直接筹资额年度变化不大，所以用存量来做指标，文中用 RC 表示，并取自然对数得到 lnRC。

4. 保险业发展指标

选取保费收入作为一项衡量保险行业的发展规模。以 PIC 表示，并取自然对数得 lnPIC。

（三）计量分析的过程

为避免伪回归的出现，先对经济时间序列数据进行平稳性检验和协整检验。

1. 平稳性检验

检验时间序列的平稳性常用的方法有 DF 检验法、ADF 检验法、PP 检验法。本文利用 Eviews5.0 软件，采用 ADF 检验法来检验时间序列数据 lnGDP、lnLOAN、lnRC、lnINS 的平稳性，检验结果如下：

表 4　单方根检验结果

检验变量	ADF 检验值	检验类型（c，t，k）	5%临界值	结论
lnGDP	-0.9819	(c，t，0)	-3.0522	不平稳
DlnGDP	-2.3675	(c，t，0)	-3.0656	不平稳
D^2lnGDP	-3.2118	(c，t，0)	-3.0810	平稳
lnLOAN	-1.6034	(c，t，0)	-3.0522	不平稳
DlnLOAN	-2.4729	(c，t，0)	-3.0656	不平稳
D^2lnLOAN	-4.7709	(c，t，0)	-3.0810	平稳
lnRC	0.3514	(c，t，0)	-3.0522	不平稳
DlnRC	-2.1542	(c，t，0)	-3.0656	不平稳
D^2lnRC	-8.6369	(c，t，0)	-3.0810	平稳
lnPIC	4.5432	(c，t，0)	-3.0522	不平稳
DlnPIC	-1.5735	(c，t，0)	-3.0656	不平稳
D^2lnPIC	-8.7387	(c，t，0)	-3.0810	平稳

注：①检验形式（c.t，k）中，c、t、k 分别表示模型中的常数项、时间趋势和滞后阶数，滞后阶数由 SIC 准则确定；②D 表示一阶差分，D^2 表示二阶差分。

由表 4 的数据可以看出，原有的时间序列数据及其一阶差分序列即使在 5% 的显著性水平下仍是不平稳的，而二阶差分后的序列在 5% 的显著性水平下都是平稳的。故原有的时间序列均为二阶单整，它们之间可能存在协整关系。

2. 协整检验

协整是指非稳定的单整时间序列变量之间存在一个平稳的线性组合，这个组合可能构成一个新的平稳的序列。而单方根检验表明，各变量的对数序列数据都是二阶单整的，那么河南省 GDP 与贷款余额、股票融资额及保费收入之间就应存在一个平稳的线性组合，即一个长期稳定的均衡关系。因此需要对它们之间的关系进行协整检验。对变量的协整检验，主要有 Engle - Granger 两步检验法和 Johansen 检验。前者主要针对两变量的协整检验，后者则可用于多变量之间的协整检验。本文采用 Engle - Granger 检验对上述变量进行协整分析。

首先，我们用 OLS 估计长期均衡方程，结果见表 5，得到下面的回归方程。

$$lnGDP = 0.5745 + 0.8526 \times lnLOAN + 0.0003 \times lnRC + 0.0002 \times lnPIC$$

$$R^2 = 0.9806 \quad D.W. = 0.6834$$

表 5　　OLS 估计结果

Variable	Coefficient	Std. Error	t - Statistic	Prob.
C	0.574450	0.534596	1.074549	0.0007
LOAN	0.852611	0.161298	5.285941	0.0001
PIC	0.000232	0.000120	1.923597	0.0250
RC	0.000329	0.000683	0.482270	0.0371

注：本表由软件生成，不宜修改。

回归方程中的各项系数均是显著的，其伴随概率接近于零，整个回归方程是显著的，$R^2 = 0.9806$ 显示方程的拟合度较高。lnLOAN 系数为 0.8526，表示若河南省的贷款数额变动 1%，相应地，实际 GDP（自然对数值）将正向变动 0.8526%；lnRC 系数为 0.0003，表示若河南省的贷款数额变动 1%，相应地实际 GDP（自然对数值）将正向变动 0.0003%；lnPIC 系数为 0.0002，表示若河南省的贷款数额变动 1%，相应地，实际 GDP（自然对数值）将正向变动 0.0002%。

其次，检验残差的单整性，考察其是否为平稳序列。残差计算公式为

$$e = lnGDP - 0.5745 - 0.8526 \times lnLOAN - 0.0003 \times lnRC - 0.0002 \times lnINS$$

结果见表 6。残差序列在 5% 的置信水平上是平稳的。因而，可以推断 lnGDP、lnLOAN、lnRC、lnPIC 存在协整关系。

表 6　　残差平稳性检验结果

变量	ADF 统计量	检验类型（c，t，k）	5% 临界值	H_0：存在单位根
e	-3.626521	（0，0，0）	-3.081002	拒绝

3. 格兰杰因果检验

虽然 GDP 与 LOAN、RC、PIC 之间存在协整关系，但是在这种长期均衡的形成中双方有无因果，或孰因孰果，需要进一步开展因果关系检验，而目前普

遍采用的是格兰杰因果检验方法。检验结果见表7。结果显示：在10%的置信水平上，LRL是LRA的格兰杰原因。

表7　　　　格兰杰因果检验结果

原假设	F统计量	相伴概率	结论
LOAN does not Granger Cause GDP	4. 9519	0. 02921	拒绝原假设
GDP does not Granger Cause LOAN	5. 0497	0. 8278	接受原假设
RC does not Granger Cause GDP	4. 1222	0. 0461	拒绝原假设
GDP does not Granger Cause RC	4. 8695	0. 8305	接受原假设
PIC does not Granger Cause GDP	1. 3874	0. 1101	拒绝原假设
GDP does not Granger Cause PIC	0. 1757	0. 8411	接受原假设

注：本表由软件生成，不宜修改。

表7中的显著性水平表示接受零假设的概率，数值越小，说明变量间存在的因果关系越明显。结果显示，在滞后期数为2期时，银行业、证券业、保险业与经济增长之间存在着单向的因果关系，但由于河南省保险业规模较小，对经济增长的推动作用不是很明显。

（四）实证分析的简要结论

一是河南省金融发展与经济增长之间存在密切的协整关系，且它们之间互为格兰杰因果，即河南的金融发展会促进经济增长，同时，经济发展了也会促进金融市场的进一步发展。但是在这些关系背后，还存在一些问题。比如说虽然在中短期内金融机构信贷规模的扩展会对经济增长起着促进作用，但是从长期来看，它们之间却呈现负相关关系，也就是说，河南省存在金融抑制现象，这表明当前的河南经济发展并不十分均衡，还存在很多中小型企业可能得不到金融系统的支持。

二是银行业在河南金融业中占据绝对的主导地位。从实证结果来看，贷款指标对经济增长有相当强的解释能力，贷款对经济增长有一定的先导性影响。这说明银行业在河南金融业中的比重还很大，银行信贷在企业外源融资中占的比例比较高，且没有其他可替代的融资渠道，因此货币供给量和银行信贷的变化对经济增长有很强的影响。

三是长期资本市场的发展相对缓慢，对经济增长的作用不明显。河南省长期资本市场主要是指股票市场的发展相对落后，非货币金融资产在其中的比重和影响能力都不高，没有发挥应有的资金融通作用。这说明河南省金融还处于发展的初级阶段，资本市场和其他金融衍生产品市场的发展还相对落后。从实证结果看，资本市场对经济增长的贡献较小，这说明河南省资本市场尚处于一种需求诱导型发展阶段，先导性的金融创新能力还不足，金融发展存在一定程度的抑制现象。这也同河南省经济发展的宏观环境有一定的联系。

四是保险业发展对河南经济发展具有基础性的作用。保险业作为金融服务业的一个组成部分，在经济发展中发挥着越来越重要的作用。从实证结果看，保险业发展对经济增长的作用存在一定时滞，但长期的推动作用十分显著。这说明保险服务所具有的社会再生产补偿功能和风险防范功能对经济增长具有十分重要的作用。随着市场的逐步规范和保险服务产品的不断更新，保险业对经济增长将具有重要的意义和价值。

五、河南省金融发展制约经济增长的原因分析

（一）金融资源流失严重，存款向投资转化效果不明显

2000年以来河南金融机构存款余额与GDP的比值远高于贷款余额与GDP的比值，且差距不断拉大。2000—2011年，全省存款余额与GDP的比值平均为97.6%，而同期贷款余额与GDP比值平均仅为79.6%，各年份贷款余额与GDP的比值分别为86.2%、88.3%、92.0%、93.5%、82.9%、70.2%、69.3%、63.8%、57.5%、68.9%、63.5%、64.1%，分别比存款余额与GDP的比值低7.8个、11.6个、14.9个、17.4个、18.0个、24.3个、23.4个、20.2个、27.1个、29.4个、31.25个和33.7个百分点。说明河南虽然汲取存款能力较强，但不少金融资源通过商业银行总部，流向其他地区。

本文认为出现这种现象的原因基于两点。首先居民可支配收入增加拉动了储蓄存款的增长，另外，社会环境的变革，诸如教育改革、医疗改革，人们更愿意选择保守的储蓄活动，以备应急和未来消费。大量的社会存款沉淀在银行，并没有流向产业制造部门。其次，受到企业与银行旧有体制的约束，产权模糊不清，扩大了银行的债务风险，国有银行的贷款质量下降，金融监管机构加强监管并量化了衡量指标，银行为达到监管要求短期内出现了“惜贷”现象，导致大量存款无法顺利进入实体经济。

（二）存款总量少、信贷结构有待优化

2011年，广东、江苏、浙江和山东四省的各项存贷款额均超过四万亿元，广东省作为第一经济大省，其存款量突破八万亿元，增幅19.23%。相比之下，河南省无论是存款还是贷款余额都在以上四省之下，且差距较大。2011年河南省单位存款占比为40.90%，低于全国水平50.38%。中长期贷款占比49.69%，比全国59.34%低9.65个百分点。相反，个人存款占比为55.27%，却比全国43.99%高11.28个百分点。由于居民储蓄存款的时间较短，银行一般不把这部分存款作为发放贷款的主要来源，这就限制了银行的“货币乘数”。另外，中长期贷款相对于短期贷款而言，可以为企业提供长期稳定资金来源，更有利于经

济增长，但由于中长期贷款的风险也较大，加之河南省内的企业盈利能力就比东部沿海地区低，因此中长期贷款的高风险和低收益使得银行不愿提供更多的贷款份额。

（三）金融机构效率较低，组织体系有待完善

目前，河南省金融机构机制不够灵活，服务功能不完善，金融制度、技术以及工具创新的能力和动力不够。由于网点规模效益差、经营成本高以及技术设备相对陈旧，河南省金融服务的软硬件环境都不尽如人意。金融机构之间的竞争仍然集中在传统存贷款业务上，对新业务和中间业务研究和开发的水平远低于东部经济发达地区，以市场为导向的经营机制尚未建立。而且，金融人才流失现象比较严重，这与金融业的国际化竞争和中原经济区建设的要求不相匹配。在金融机构存贷比率方面，目前法定的商业银行最高的存贷比例为75%，若高于此标准则该地区金融风险易现，若大幅低于75%，则说明金融业对地区经济的支持力度偏弱。2011年，河南省存贷比为65.7%，中部湖南存贷比为68.4%，安徽存贷比为68.5%，湖北存贷比为66.3%，河南偏低。说明中部地区中河南省的资金利用率低于其他省份。同时随着河南经济的不断发展，河南省金融机构已经形成了中国人民银行、政策性银行、国有商业银行、股份制商业银行、城市商业银行、城市信用社、农村信用社，邮政储蓄机构、信托投资公司、财务公司、租赁公司以及债券、保险机构等在内的多元化金融结构体系。但就目前而言，河南省多元化金融机构并存的整体格局尚未形成。据相关部门调查，河南省境内的金融机构虽然网点数量多，但这些机构大多是集中于中心城市，向县（市）延伸不够。除此之外，河南省目前还没有一家本省品牌的商业银行，仅有的两家外资银行汇丰银行和东亚银行却没有开展个人业务，股份制商业银行驻豫分支机构也主要集中在郑州。河南省除了省会郑州市和区域中心城市拥有比较齐全的金融机构外，区域内其他市（区）金融组织体系的多元化程度依然很低，还没有建成多形式、多功能、多所有制的金融机构体系，尚未达到金融市场参与主体的类型齐全和数量充足。

（四）证券保险市场不够发达，对经济增长贡献不显著

居民普遍重储蓄、轻保险，对保险的认知程度不高。相比之下，保险在沿海开放城市的渗透力强大许多。随着中国加入WTO，会有更多的外国保险公司进入中国市场，成立独资或合资公司。外资保险公司、中外合资保险公司扎营建寨，争夺保险市场；保险营销队伍不断壮大，职业化水准高；保险产品推陈出新，实施差异化战略开辟更多业务空间。目前，多家外资保险公司在一级城市已经展开挖掘市场的攻势，势必对二级城市觊觎已久。河南作为内陆省份面临的挑战不容低估。国民保险消费需求还不能得到有效释放，保险消费观念尚

不成熟。百姓生活与保险的关系尚不密切，真正贴近人民生活的险种匮乏，目前的险种设计不能满足不同行业、不同阶层对保险产品的多样化需求。同时河南省企业综合竞争力欠缺，具备上市资格的公司数量有限。即使是上市公司，也存在着经营业绩欠佳，持续融资能力较弱；第一、第三产业上市公司数量过少，缺乏发展后劲；公司内部治理结构不合理，股权融资机制不健全等问题。

六、河南省经济发展中金融支持方面的对策建议

（一）完善银行业体系、增加有效信贷供给，促进河南经济快速增长

一是加快国有商业银行改造。按照现代公司治理结构的要求，通过实行股份制改革，把国有商业银行改造成真正意义上的现代金融企业，使国有商业银行彻底摆脱经营困境，全面提升经营效益和国际竞争能力。根据收益最大化原则，撤并一些亏损严重和风险较大的分支机构，优化国有商业银行网点布局。根据河南农业大省的特点，大力扶持河南中小企业的发展，向农民发放小额信用贷款，支持农村合作社建设，以更好地适应河南地区融资结构和客户需要的变化，并以此拓展业务经营范围，增加银行新的利润增长点。二是扶植地方金融机构发展。地方类金融机构在促进地方经济快速增长的同时，其自身的发展也存在诸多问题。与全国性的银行金融机构相比，地方类金融机构更倾向于支持当地经济的发展，对当地经济增长的支持作用也更加直接和明显。数据资料统计显示，上海浦发银行自 1992 年成立以来，利用自身在资本结构、经营机制和新产品开发上的优势，累积发放贷款 3 000 多亿元，其中投向基本设施建设、能源、交通、原材料、大型企业、粮棉油等重点项目的贷款占 60%，积极扶持了上海本地的经济建设和企业发展。类似地，还有深圳发展银行、广东发展银行、福建兴业银行等几家区域性银行，都在各自的区域经济领域中发挥着独特的作用，甚至成为当地经济和金融发展的支柱。由于地方类金融机构本身的特点，在对其进行改革与发展的同时应注意区别对待，使地方类金融机构对当地经济增长的支持作用达到最大化。

（二）加快证券业发展，拓宽直接融资渠道，促进河南经济健康增长

一是推动省内大中型企业上市融资。积极为企业上市创造条件，引导、帮助企业通过发行股票募集资金。充分发挥上市公司的融资平台功能，提高上市公司质量，增强再融资能力。二是鼓励和扶持中小企业特别是高新技术企业通过创业板市场上市融资。研究制定指导性意见，解决高新技术企业长期存在的产权界限不清、智力和技术投入无法量化等历史遗留问题，扫清上市障碍，在财税、金融等方面制定实施有利于中小企业上市的扶持政策。三是支持企业到国际资本市场融资。推动更多优质企业到国际资本市场融资，利用发行股票、

债券等方式筹集海外资金。另外需要指出的是：在现代经济社会，资产证券化程度日益提高，风险资本和高科技紧密结合，证券市场在资源配置、科技创新中发挥越来越重要的作用。

（三）规范保险业发展，发挥风险分散功能，促进河南经济稳定增长

目前，河南省保险业规模比较小，发展水平低，风险分散功能的发挥受到严重制约。2011 年河南省保险深度为 1.56%，在全国居第 23 位；保险密度为 436.85 元/人，在全国居第 14 位，与河南经济大省的地位不相匹配。因此，必须加快河南保险业发展，充分发挥保险业的风险分散功能，促进全省经济增长。一是强化重点区域建设，建立具有较强聚集和辐射能力的中心市场。发挥郑州省会城市、政经枢纽和总部资源优势，尽快提升郑州市对高端保险机构的聚集能力和对中原经济区及中部地区的辐射带动能力。二是统筹南中北保险市场协调发展，优化区域布局。出台有针对性的措施，加快信阳、开封和安阳等市保险市场发展，辐射带动周边市的发展。三是应积极开展涉农保险，为“三农”服务；大力发展责任保险，保障经济社会有序运行；推动健康保险发展，完善医疗卫生保障体制；推进出口信用保险发展，支持扩大对外经贸。

（四）发挥政府宏观调控作用，加强河南省政策性金融支持

河南省要努力加快国有商业银行股份制改造，推动农村信用社改革，促进政策性银行、城市商业银行、证券业、保险业的改革步伐，全方位推动金融改革，加强金融市场建设。一方面优化金融机构的区域布局，另一方面还要合理配置金融资源，从而提高金融机构的覆盖率，使金融机构的发展规模能够及时跟进经济发展步伐。在河南的中心城市要提高金融网点的服务效率和水平，但要避免金融机构不必要的重叠设置，在其他非中心地区金融机构和网点的设置要充分考虑经济发展需要。同时要减少政府对金融的过度干预，避免金融约束，运用市场机制来指导和发展金融，从而提高金融效率。与此相适应，要加快政府职能的转化和金融产权改革进程，提高地方政府的制度创新，强化市场机制的建立，通过创新金融体制带动金融发展，为河南省的经济发展创造良好和宽松的制度环境。同时加快形成区域内金融协调发展的新格局，强化各地区的金融联动，从而提高河南经济发展的竞争能力。

（五）加快河南经济对外开放的步伐

利用我国实施中原经济区建设的历史机遇，充分挖掘和发挥河南中部交通枢纽、人力资源丰富、行业基础完备等区位和资源优势，积极引进国外和东部发达地区的先进技术、资金及生产线，从最简单的生产加工环节入手，积极参与到国际生产体系和国际市场之中，使河南成为国际分工链条和国际资本流动路线中不可缺少的一环，以此加强河南经济与国际资金市场、国际商品市场的联

系。这样既可有效扩大河南金融资源总量，又能借助国外资金的流入和对外贸易的发展，引入国际先进的资金运作规范和金融服务产品，推动河南金融机构的业务创新和管理创新，从而提升其竞争活力，扩展其发展空间。

（六）争取国家对河南实施差异化的货币金融政策

目前，我国区域之间存在着巨大的经济发展差异，区域经济的非均衡发展与我国统一的货币金融政策之间已出现明显的矛盾。在发达地区投资回报率较高的情况下，我国实施统一的利率管理、统一的法定存款准备金率、统一的市场准入制度，显然不利于落后地区金融活动的开展，导致“穷者愈穷，富者愈富”现象的出现，加剧了区域金融发展水平的差异。因此，实行差异化的区域金融政策在我国现阶段十分必要。我国已开始在农村金融领域推出一些扶持性金融政策，河南应认真把握这一政策变化趋势，从国情和省情出发，积极争取国家给予河南具有较大灵活性和优惠性的区域金融政策，通过实行灵活的利率管理、差异化的法定存款准备金率和较低的市场准入政策，激发河南金融机构的活力，在较短时间内提高河南金融的规模和质量。

参考文献

［1］林毅夫等．金融结构与经济增长：以制造业为例［J］．世界经济，2003（1）：3－22.

［2］谈儒勇．金融发展理论与中国金融发展［M］．北京：中国经济出版社，2000：87－107.

［3］周立，王子明．中国各地区金融发展与经济增长实证分析 1978—2000［J］．金融研究，2002（10）：1－13.

［4］沈坤荣，孙文杰．投资效率、资本形成与宏观经济波动——基于金融发展视角的实证研究［J］．中国社会科学，2004（6）：52－64.

［5］中国金融年鉴，河南省金融年鉴．

河南省资金流动与经济增长关系研究

——以大额支付系统数据为例

中国人民银行郑州中心支行支付结算处课题组①

摘要 经济建设需要资金支持。资金流动遍布于居民生活消费、企业生产、政府购买、国际贸易等各个方面，资金交易最终体现在支付结算上。中国人民银行现代化支付系统，正反映了资金流动的整体情况和内在规律。支付系统能够实现资金在全国范围内流动，提高支付结算效率，降低交易成本；实现社会资金的零在途，提高资金使用效率，对经济发展有重要作用。本文以河南省大额支付系统为研究对象，首先对比分析河南省大额支付系统资金流动与全国大额支付系统、中部地区数据以及河南省省内各城市之间资金流动情况，揭示河南省大额支付系统资金流动的特征；其次分析河南省经济增长情况；再次通过数据分析，研究河南省大额支付系统资金流量信息与主要经济指标（GDP、固定资产投资额、社会消费品零售总额）的关系，发现前者与这些经济指标之间具有同步增长性；最后运用 VAR 模型对河南大额支付系统资金流量和 GDP 的关系进行实证研究，发现两者存在单项因果关系，资金流入确实能在两个滞后期后对经济产生助推作用。通过分析支付信息与经济运行关系，可发挥现代化支付系统对经济活动的有效监控和分析功能，为央行货币政策制定和调整提供有效支持。

关键词 资金流动 支付系统 经济增长

第一章 绪 论

一、研究背景与意义

经济运行和发展离不开资金参与，商品交易和社会经济活动的完成需要资

---

① 课题主持人：袁道强。
课题组成员：刘英、秦宗才、徐佳、王晗、张利娴、丁婧。

金流动。从经济学角度来看，资金流动是指资金供给者出于盈利目的或者政策性扶持需要，使资金从一个经济单位向另一个经济单位的转移，资金在区域间的流动和集聚可以增加该地区的资本投入、使资源得到优化配置；从资金运动会计理论看，资金流动是社会再生产过程中有关资金的投入、使用、增值、收回和分配等活动的总称；资金流量是资金流动产生的资金沉淀；资金流动是资金的来源渠道和方向。资金流动为一单位或国家提供了资本支持，促进了经济发展。

资金流动以资金交易方式呈现，遍布于经济生活各个方面，并最终体现在支付结算上。绝大多数支付都是借助非现金支付工具，依托支付系统实现的[①]，资金在商业银行之间、商业银行与人民银行之间流动。支付行为体现了资金的流动，人民银行建设运行的支付系统，正反映了资金流动的整体情况和内在规律。于2005年6月建成并在全国运行的大额支付系统，经过多年发展，已逐步成为人民银行现代化支付系统的中枢。2012年上半年，河南省支付系统处理支付业务金额355 167.69亿元，是全省同期GDP（13 530.55亿元）的26.25倍。其中，大额支付系统处理266 476.15亿元，占比75.03%，在支付系统中占绝对比重。选取大额支付系统数据作为研究对象具有很好的代表性。支付系统实现了资金在全国范围内流动，使社会资金零在途，对经济发展起到重要作用。因此深入分析支付系统资金流动信息与经济增长的关系具有重要的现实意义。

二、研究思路与内容

（一）研究方法

本文遵循理论和实践相结合的方法，在大量数据的支持下，运用比较分析方法，分析河南省经济增长情况、大额支付系统资金流动特征以及与主要经济指标的关系；运用宏观经济学理论、金融发展理论对大额支付系统资金流动与经济增长关系进行探讨。同时，逻辑推理和计量模型分析相结合，论证二者关系。

（二）基本框架

本文共分为五章。第一章为绪论，阐述本课题的研究意义，明确本文的研究方法和基本框架，概述关于支付系统资金流动与经济增长研究的文献；第二章对河南省大额支付系统资金流动和全国、中部地区数据对比分析，对省内各

① 支付系统包含大额实时支付系统、小额批量支付系统、同城票据清算系统、银行业金融机构行内支付系统、银行卡跨行支付系统以及境内外币支付系统六个系统。

市之间资金流动情况分析，揭示河南省大额支付系统资金流动的特征；第三章分析河南省的经济增长情况、大额支付系统资金流动数据与主要经济指标的关系；第四章运用VAR模型对河南大额支付系统资金流量和GDP的关系进行实证分析；第五章结论和建议。

（三）文献回顾

关于支付系统资金流动与经济增长的关系研究，国内学者邱云武和黄照影（2008）研究了大额支付系统支付资金流量与宏观经济之间的内在联系，认为云南省大额支付系统资金流量与经济金融运行相一致，支付系统交易金额与GDP联系密切。华艳丽和刘凤梅（2008）对比分析巴彦淖尔市现代化支付系统推广前后的经济状况，认为支付系统对改善地区金融服务、推动地区间经济增长起到积极的作用。燕居慧（2008）基于大额支付系统数据，分析山东省东营市跨区域资金流量特点及对经济的影响，认为稳健运行的支付系统有助于东营市产业经济发展。张志军等构建了以资金流入量、资金流出量为自变量、经济指标为因变量的计量模型，认为央行支付系统资金流量与区域经济指标高度相关。李鹰和王祥峰（2010）发现支付清算资金量与GDP总量之间存在一定线性关系。韩媛媛（2011）以2005年6月至2011年6月的大额支付系统业务数据为基础，对山东半岛蓝色经济区内青岛、潍坊等七市的支付业务量、相互之间的资金流动情况及变动趋势分析，认为各城市间资金流动能够促进经济增长。

从以上研究看，只有张志军、李鹰和王祥峰用计量模型对资金流动和经济增长的关系进行了实证检验，张志军认为资金流动变化能够促进经济增长，而李鹰和王祥峰认为经济增长变动对支付系统资金流量的影响。其他学者或通过数据对支付系统资金流动和经济增长的关系进行趋势分析，或通过资金在地区产业间的流动，揭示二者的关系。

第二章　河南省资金流动状况分析

本部分通过河南省大额支付系统资金流动数据与全国、中部地区以及省内各市之间资金流动情况分析，揭示河南省大额支付系统资金流动的特征。

一、河南省资金流动数据和全国比较分析

1. 与全国大额支付系统资金流动趋势大致相同，整体形态呈现波动上涨势

态。从图 1 看，2006—2011 年河南省大额支付系统清算资金呈增长趋势①，但在 2011 年第一季度出现拐点。清算资金总额在 2011 年第一季度达到最高点 189 776.08亿元之后开始回落。这主要是 2011 年，为抑制通货膨胀和流动性过剩，央行连续实施宏观调控。在利率政策方面，6 次上调金融机构人民币存款准备金率，3 次上调金融机构人民币存贷款基准利率；在公开市场业务方面，开展地方政府自行发债试点，在银行间市场发行债券共计 329 亿元；在外汇流入方面，制定政策合理引导跨境资金流动，防范违法违规资金流入。多措并举，抑制通胀效果明显，尤其在河南省得到体现。2011 年 11 月，为抑制经济下滑，存款准备金下调 0.5 个百分点，流动性得到一定释放，从 2012 年第一季度开始，河南省大额支付系统清算资金呈现回升趋势。

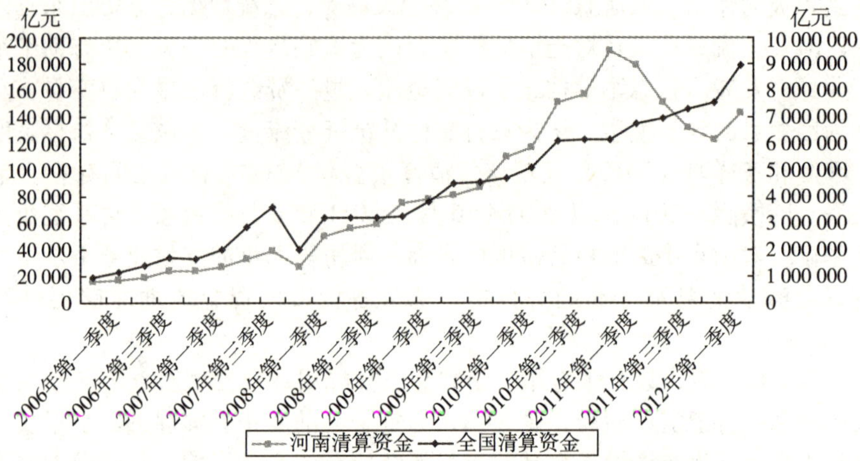

图 1 河南省和全国大额支付系统清算资金走势图

2. 从清算资金占全国比重角度来看，河南省大额资金占比较少；从趋势上看，呈波浪形变化。从 2006 年第一季度的 1.72% 至 2007 年第四季度最低达到 1.09%，在 2011 年第一季度最高达到 3.09% 后占比又开始下降（见图 2）。

3. 从增长速度来看，2006—2010 年河南省大额支付系统清算资金增长态势与全国趋同，增速接近全国平均水平（见图 3）。从 2011 年第二季度开始，逐步呈现负增长趋势，主要是 2011 年货币政策在河南起到明显效果，资金流动性得到抑制；从全国来看，增速也开始放缓。2011 年 11 月，中国人民银行下调存款准备金 0.5 个百分点，河南省和全国走势开始回升。

4. 河南省资金净额基本处于净流出状态。2006 年至 2012 年上半年大额资金

① 本文的清算资金是指大额支付系统资金流入量和资金流出量的合计值。

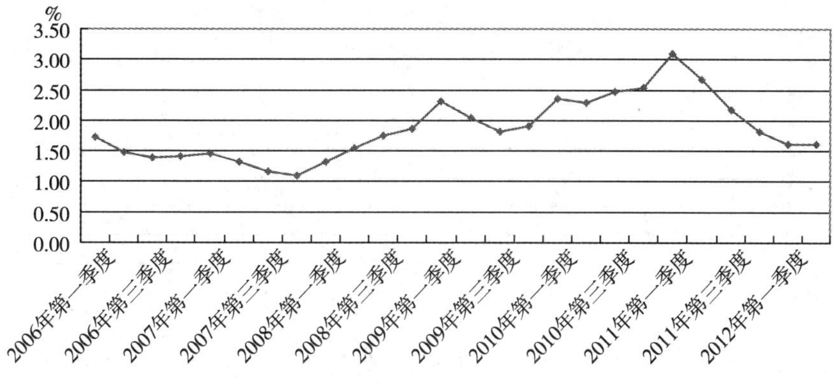

图 2　河南省大额支付系统清算资金占全国比重

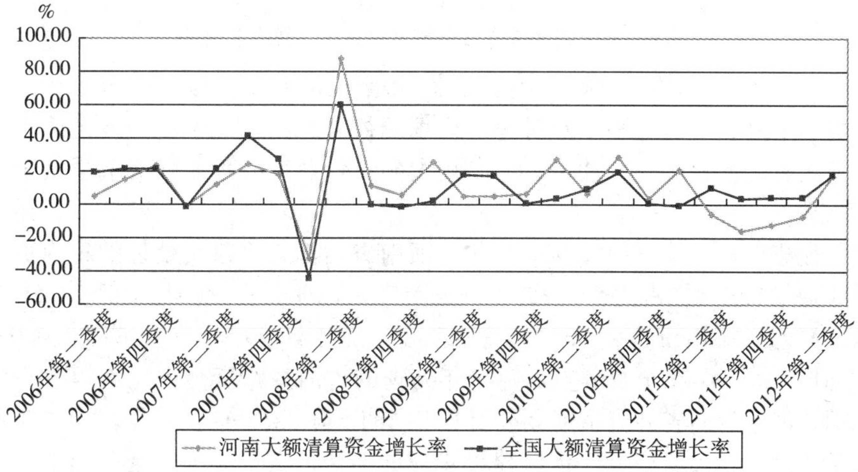

图 3　河南省和全国大额支付系统清算资金增长率趋势图

净额波动较大，且呈现出明显的季节性变动。第一，基本上每年第一季度净流出最多，原因可能是银行内部资金往来。第二，全年第二、第三季度逐步从净流出转变为净流入，但数额不大。第三，每年河南省资金净额均处于净流出状态。净流出从 2006 年的 180.45 亿元至 2011 年的 379.21 亿元，增加 1.1 倍，2012 年上半年净流出 406.18 亿元（见图 4）。

5. 河南省大额支付系统和全国各省份资金往来分析

（1）资金流量大幅回落，省内流量大于省际流量。2012 年上半年，河南省大额支付系统资金向外省流出 63 366.93 亿元，同比下降 51 196.71 亿元，降幅 44.69%；外省资金向河南流入 62 960.74 亿元，同比降低 51 309.88 亿元，降幅

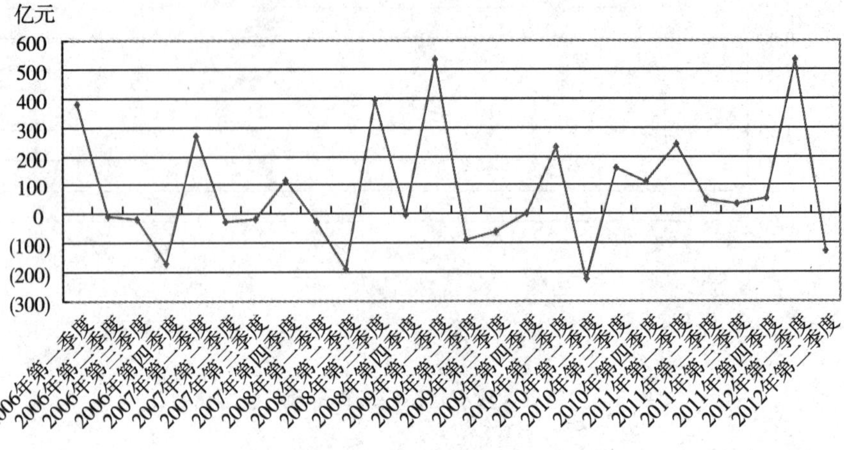

图4　河南省大额支付系统资金流出（流入）净额

44.90%；上半年净流出406.18亿元，同比增长38.62%。受国内外市场需求减弱、成本上升、产能过剩以及房地产市场调控等影响，上半年全国经济增速放缓，河南省经济相应受到冲击，上半年大额支付系统处理业务资金量低于上年同期水平。

以往账口径计算，2012年上半年，河南省大额支付系统处理的省内资金量为70 074.24亿元，占比52.51%，同比上升0.02%，占比同比上升14.55个百分点；向外省流出资金量63 366.93亿元，占比47.49%，同比降低44.69%，占比同比下降14.55个百分点。上半年处理的省内往账资金占比大幅提高的主要原因是河南省向省外流出资金量较上年同期下降44.69%。随着河南省产业结构调整力度的加大，中原经济区建设步伐的加快，富士康等大企业和重点建设项目落户河南省，吸引了大量资金留在省内开发，外流现象得到一定抑制，也体现了河南省经济竞争力的增强。

（2）支付交易与地区经济发展水平正相关。从业务量看，2012年上半年河南省向外省流出资金金额居前五位的分别是北京、上海、广东、福建、江苏，流出总金额占比达72.82%；外省向河南省流入资金金额居前五位的分别是北京、上海、广东、福建、浙江，流入总金额占比达72.07%。

2012年上半年，全省净流出406.18亿元。从净流出看，金额居前五位的是北京、山东、江苏、河北和福建，分别达1 221.13亿元、915.36亿元、809.73亿元、235.37亿元和179.47亿元。从净流入看，金额居前五位的是上海、吉林、辽宁、黑龙江和甘肃，分别达1 066.06亿元、446.89亿元、373.98亿元、340.62亿元和254.97亿元；东北三省净流入合计1 161.49亿元，超过上海。

从以上数据看出，流出流入资金与往来地区经济发展水平正相关。一是河南省资金流动频繁的区域仍集中在北京市、长江三角洲、珠江三角洲等经济发达地区。这些地区是全国或区域经济中心，也是河南省传统经济交往地区，特别是北京市，是全国政治、经济和文化中心，且与河南省地理位置较近，两地间的资金流入流出占比接近50%。二是河南与北京资金流动量高于同期。2012年上半年，河南省流向北京的资金达31 404.83亿元，同比增长4 617.16亿元，增幅17%，金额占比49.56%，占比同比增长26.18个百分点；北京流向河南省的资金达30 183.70亿元，同比增长4 441.41亿元，增幅17%，金额占比47.94%，占比同比增长25.41个百分点。在全国其他各省资金流动量明显低于上年同期的情形下，北京与河南省之间的资金流动量仍高于上年同期，保持较高的流动，除了首都的政治、经济、文化中心等原因外，政策性银行、四大国有商业银行以及大部分股份制商业银行的总部设在北京，各行行内资金调拨频繁也是重要因素。

表1　2012年上半年河南省大额支付系统资金流出流入量统计表

序号	资金流出			资金流入		
	流入省市	金额（亿元）	占比（%）	流出省市	金额（亿元）	占比（%）
1	北京市	31 404.83	49.56	北京市	30 183.70	47.94
2	上海市	5 899.69	9.31	上海市	6 965.75	11.06
3	广东省	3 387.05	5.35	广东省	3 378.02	5.37
4	福建省	3 202.13	5.05	福建省	3 022.66	4.80
5	江苏省	2 248.67	3.55	浙江省	1 825.59	2.90
6	山东省	2 066.83	3.26	吉林省	1 497.63	2.38
7	浙江省	1 590.06	2.51	江苏省	1 438.95	2.29
8	河北省	1 428.77	2.25	辽宁省	1 384.19	2.20
9	山西省	1 142.72	1.80	山西省	1 298.64	2.06
10	四川省	1 076.64	1.70	河北省	1 193.40	1.90
⋮	⋮	—	—	⋮	—	—
	合计	63 366.93	—	合计	62 960.74	—

表 2　　2012 年上半年河南省大额支付系统净流出、净流入资金统计表

净流出资金				净流入资金			
排序	省（区、市）	金额（亿元）	占比（%）	排序	省（区、市）	金额	占比（%）
1	北京市	1 221.13	30.04	1	上海市	1 066.06	29.14
2	山东省	915.31	22.52	2	吉林省	446.89	12.21
3	江苏省	809.73	19.92	3	辽宁省	373.98	10.22
4	河北省	235.37	5.79	4	黑龙江省	340.62	9.31
5	福建省	179.47	4.41	5	甘肃省	254.97	6.97
6	内蒙古自治区	168.12	4.14	6	浙江省	235.53	6.44
7	天津市	113.75	2.80	7	重庆市	204.35	5.59
8	四川省	90.62	2.23	8	湖北省	189.73	5.19
9	陕西省	85.87	2.11	9	湖南省	162.82	4.45
10	江西省	76.37	1.88	10	山西省	155.92	4.26
11	云南省	70.13	1.73	11	广西壮族自治区	92.62	2.53
12	海南省	35.83	0.88	12	新疆维吾尔自治区	65.39	1.79
13	安徽省	31.20	0.77	13	西藏自治区	40.94	1.12
14	青海省	14.64	0.36	14	宁夏回族自治区	29.05	0.79
15	广东省	9.03	0.22	合计		3 658.87	100
16	贵州省	8.47	0.21				
合计		4 065.04	100				

（3）与浙江省、福建省经济交往日益密切。浙江与河南具有良好的经济交往传统，是河南的经济合作大省。从资金流入流出看，2006—2011 年，豫浙两省间大额支付系统资金流动总笔数①从 10.57 万笔增加至 60.68 万笔，总金额从 948.5 亿元增加至 1.96 万亿元，5 年间分别增长了 4.7 倍和 19.7 倍，年均增幅分别为 94% 和 394%。2012 年上半年，豫浙两省间大额支付系统资金流动总笔数为 30.69 万笔，总金额为 0.34 万亿元。从图 5 可以看出，2009 年以来，两省间资金流动笔数和金额持续增长，特别是业务金额在 2007 年、2009 年呈现阶段性跳跃式增长。从资金净流量看，近 4 年来，河南省平均每年向浙江省净流入资金约 4 290 亿元，2010 年达到最大值 5 863 亿元，2011 年出现明显下降，为 3 728亿元，降幅 36.4%。

福建省虽然在地理位置、经济文化传统上与河南省并无特别密切之处，但

① 即资金流入笔数和资金流出笔数的合计值。

从大额支付系统资金流动来看，两省间资金流动规模不断扩大。从资金流入流出看，2006—2011 年，豫闽两省间大额支付系统资金流动总笔数从 4. 1 万笔增加至 17. 7 万笔，总金额从 390. 4 亿元增加至 2. 13 万亿元，5 年间分别增长了 3. 3 倍和 53. 6 倍，年均增幅分别为 66% 和 1072% 。2012 年上半年，两省间大额支付系统资金流动总笔数为 9. 24 万笔，总金额为 0. 62 万亿元。从图 6 可以看出，2009 年以来，两省间资金流动笔数和金额持续增长，特别是总金额在 2010 年出现了井喷式增长。原因主要是 2009 年以来，随着两省政府间加强合作和交流，闽商在河南省的投资热情和力度不断加大，两省经济交往日益活跃。从资金净流量看，2006—2010 年，河南省一直处于资金净流入态势，2006 年福建省净流入河南省 7. 4 亿元，2010 年净流入 833. 6 亿元，增长近 112. 61 倍；随着河南省经济实力增强，对外投资能力不断提高，2011 年净流入福建省 281. 8 亿元，2012 年上半年净流入福建省 179. 47 亿元。

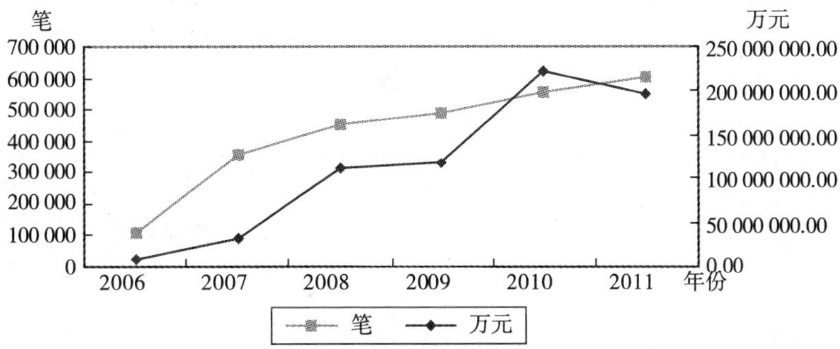

图 5 2006—2011 年河南省与浙江省大额支付系统资金总流量图

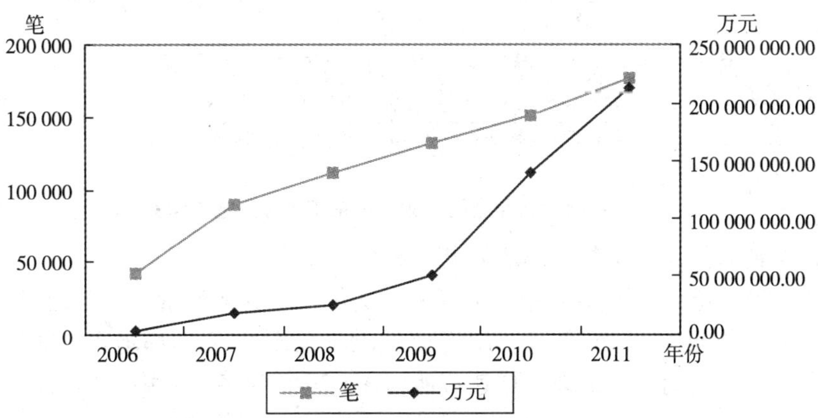

图 6 2006—2011 年河南省与福建省大额支付系统资金总流量图

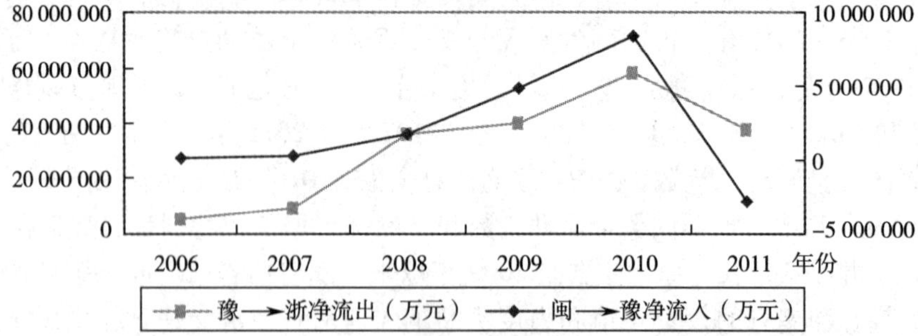

图 7　2006—2011 年河南省与浙江、福建大额支付系统资金净流量图

二、河南省资金流动数据与中部地区比较分析

1. 中部地区[①]和全国大额支付系统资金流量增势大致相同

2006—2007 年呈稳步增长，2007—2008 年资金流量大幅攀升，2009 年在国家宏观调控政策下有所回降，此后一路上扬，呈迅速增长态势。

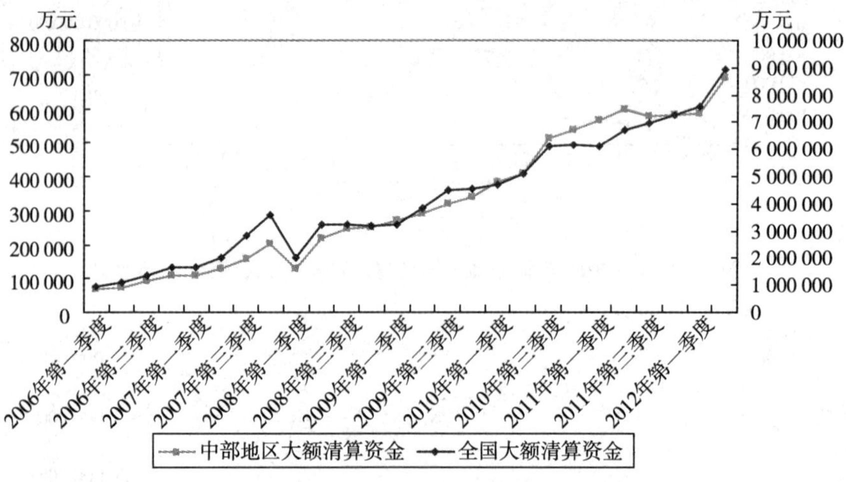

图 8　中部地区和全国大额支付系统清算资金趋势图

2. 河南省资金流量与中部地区走势基本一致

从 2006 年至今河南省及中部地区大额支付系统资金流量呈上升趋势，增速稳定，2010 年至 2011 年第二季度河南省增速明显大于中部地区，2011 年至 2012 年上半年河南和中部地区增速有所回落，2012 年第一、第二季度河南省平

① 中部地区地处中国内陆腹地，包括山西、安徽、江西、河南、湖北和湖南。

均增速基本与中部地区保持一致。

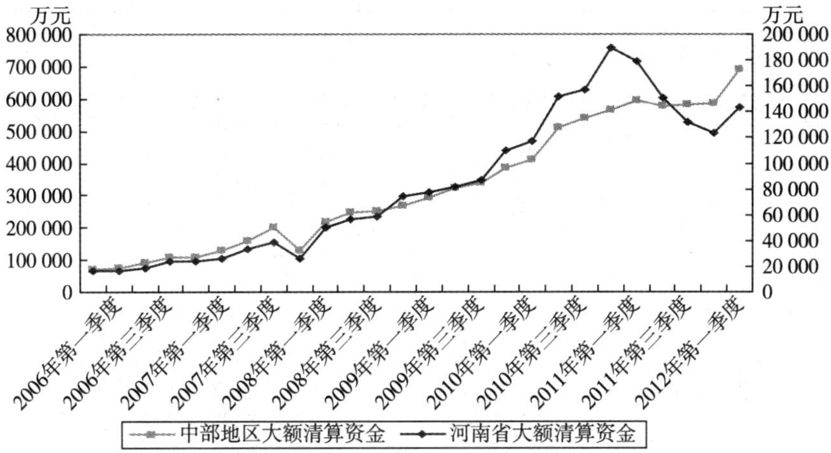

图9 河南省和中部地区大额支付系统清算资金趋势图

3. 河南省与中部地区资金流量比重特点

从表3、图4可以看出，第一，中部地区资金流量在全国占比较小，中部排名居后，随着国家对中部地区建设的政策倾斜，国务院于2009年9月23日通过《促进中部地区崛起规划》，中部地区经济得到了较快发展，这可以从大额支付系统清算资金中得到反映。第二，与中部其他五省相比，河南资金流量占全国比重较大，从2006年的1.48%到2011年的2.4%，自2009年以来，河南资金流量占全国比重已赶超湖北，位居中部地区第一。

表3　2006—2011年河南及中部地区大额支付系统资金流入占全国比重　单位:%

年份＼地区	山西	安徽	江西	河南	湖北	湖南	中部地区
2006	0.97	0.95	0.55	1.48	1.53	1.25	6.74
2007	0.82	1.00	0.48	1.22	1.39	1.00	5.91
2008	0.98	1.18	0.54	1.65	1.73	1.18	7.27
2009	0.93	1.09	0.66	1.99	1.65	1.27	7.59
2010	1.10	1.19	0.89	2.42	1.53	1.22	8.35
2011	1.07	1.29	0.95	2.40	1.51	1.35	8.57

表4 2006—2011年河南及中部地区大额支付系统资金流出占全国比重 单位:%

年份＼地区	山西	安徽	江西	河南	湖北	湖南	中部地区
2006	0.96	0.96	0.57	1.48	1.54	1.26	6.76
2007	0.81	1.00	0.49	1.22	1.39	1.00	5.91
2008	0.97	1.18	0.55	1.65	1.73	1.18	7.27
2009	0.92	1.09	0.66	2.00	1.65	1.27	7.59
2010	1.09	1.19	0.90	2.43	1.53	1.23	8.35
2011	1.06	1.30	0.95	2.41	1.51	1.35	8.57

三、河南省省内各城市间资金流动分析

1. 省会郑州核心经济地位突出

从处理资金总量上看，2006—2011年，郑州市和省内其他城市资金交易呈递增趋势，占全省交易资金的一半以上，省会郑州处于经济核心地位，在中原经济区建设中发挥带头作用。

从省内各市间资金流动看，2006—2011年，郑州一直处于净流出状态，净流出金额从2006年的922.4亿元至2011年的8 066.5亿元，5年间增长7.7倍。受经济金融发展程度和投资环境影响，资金流向大多选择发达地区，而以上数据显示，郑州却向省内其他相对不发达的地市转移资金。原因可能为：一是与近年来河南省倡导调整和优化产业结构，省内部分产业跨区域转移和承接有关。二是财政转移支付因素。近年来，中央加大对河南省财政转移支付力度，2011年转移支付2 253.2亿元，同比增长30.4%，拨付途径是中央财政→省财政→地方财政，相应的资金流动路径是北京→郑州→各地市。因此省内资金流动表现为郑州市是资金流出地，各地市是资金流入地。三是近几年股份制商业银行加快扩张，接连在地市开设二级分支行，各省行对新设机构拨付资本金。许多原属省行的当地客户相应划给当地分支机构也带走大量资金。此外，一些商业银行省行作为发起人和大股东，在全省县域地区出资成立村镇银行，也加大了郑州市的资金流出。四是银行同业往来，特别是同业资金拆借金额较大，对省内地区间资金流动产生一定影响。五是行内资金调拨因素。在流动性收紧的背景下，各银行加强了资本核算管理，行内上下级之间资金调度和头寸调拨频繁，涉及金额较大。

表 5　　2006—2011 年郑州市资金流量

年份	2006	2007	2008	2009	2010	2011
清算资金（亿元）	16 261. 12	41 437. 21	55 661. 42	85 453. 59	112 689. 14	139 184. 31
郑州市清算资金占全省业务百分比（%）	56. 03	55. 53	54. 33	56. 37	52. 23	50. 76
净流出金额（亿元）	922. 43	1 577. 20	2 746. 40	4 604. 22	5 976. 34	8 066. 59

2. 地市资金流动主要集中在工业及经济相对发达地区

从地市资金流动金额来看，洛阳市、新乡市、许昌市、平顶山市、南阳市比较活跃，而鹤壁市、濮阳市、周口市、开封市、漯河市资金流动相对较少。可以看出，省内地市资金流动主要集中在工业及经济相对发达地区，这些地区工业发达或资源禀赋较好，经济发展水平和地区生产总值较高，资金流量较大；以农业经济为主的开封市、周口市、濮阳市资金流量较小，鹤壁市则体现了所辖县较少，支付交易相对其他地区量少的特点。开封市工业基础薄弱，近年来在“郑汴一体化”战略的推动下，郑汴两地不断加强经济合作，开封经济得到较快发展。

表 6　　2012 年上半年河南省省内城市资金流出、流入量统计表

序号	资金流出			资金流入		
	流出城市	金额（亿元）	占比（%）	流入地市	金额（亿元）	占比（%）
1	郑州市	38 723. 48	55. 26	郑州市	34 345. 90	49. 01
2	洛阳市	5 507. 83	7. 86	洛阳市	6 207. 61	8. 86
3	新乡市	2 758. 57	3. 94	新乡市	3 202. 17	4. 57
4	许昌市	2 640. 50	3. 77	许昌市	3 178. 46	4. 54
5	平顶山市	2 567. 98	3. 66	平顶山市	2 958. 89	4. 22
6	南阳市	2 560. 41	3. 65	南阳市	2 918. 49	4. 16
7	安阳市	2 313. 72	3. 30	安阳市	2 593. 44	3. 70
8	焦作市	1 966. 65	2. 81	焦作市	2 161. 94	3. 09
9	商丘市	1 563. 32	2. 23	商丘市	1 829. 10	2. 61
10	驻马店市	1 479. 08	2. 11	驻马店市	1 652. 76	2. 36
11	开封市	1 363. 72	1. 95	开封市	1 556. 94	2. 22
12	信阳市	1 354. 04	1. 93	信阳市	1 503. 40	2. 15
13	三门峡市	1 222. 92	1. 75	周口市	1 402. 10	2. 00
14	周口市	1 192. 07	1. 70	三门峡市	1 378. 24	1. 97
15	濮阳市	1 099. 38	1. 57	濮阳市	1 208. 58	1. 72
16	漯河市	997. 43	1. 42	漯河市	1 137. 68	1. 62
17	鹤壁市	763. 14	1. 09	鹤壁市	838. 54	1. 20
	合计	70 074. 24	100. 00	合计	70 074. 24	100. 00

3. 郑汴一体化加速发展

自省政府提出和实施“郑汴一体化”发展思路至今，随着郑汴公交的开通、郑汴经济区的建设、郑汴产业带逐渐形成，郑州和开封之间的经济、贸易、人员等方面联系更加密切，经济交往和商业往来更为活跃，直接带动了两地间资金流的大幅增长。从资金流入流出看，2006—2011 年，郑汴两市间大额支付系统资金流动总笔数从 2.58 万笔增至 17.01 万笔，总金额从 195.02 亿元增加至 1 477.04亿元，5 年间分别增长了 5.59 倍和 6.57 倍。2012 年上半年，郑汴两市间大额支付系统资金流动总笔数为 8 万笔，总金额为 1 052.69 亿元。随着“郑汴一体化”程度的加深，省政府积极推动“郑汴金融同城”工作的深入，两地优势产业互补作用不断加强，产业集聚和产业协同作用不断发挥，郑汴间资金流继续呈现明显增长趋势。

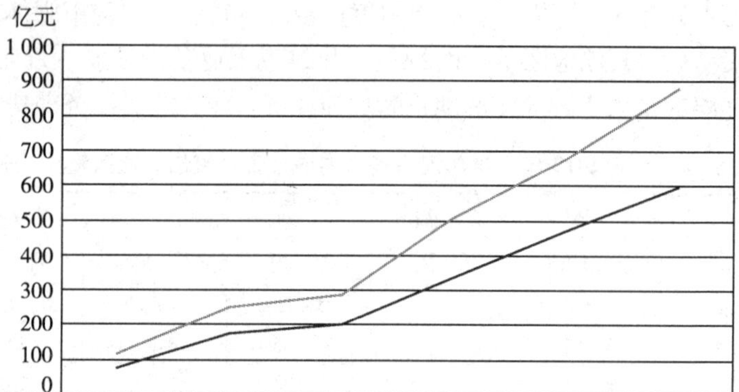

年份	2006	2007	2008	2009	2010	2011
——郑州流入开封	117.16	251.55	287.02	508.10	675.21	880.48
——开封流入郑州	77.86	174.19	200.07	337.65	473.09	596.56

——郑州流入开封　——开封流入郑州

图 10　郑州与开封资金流动图

第三章　河南省资金流动和主要经济指标分析

一、河南省经济增长基本情况

自“十一五”开局以来，河南经济运行良好。河南 GDP 由 2006 年的 12 495.97亿元增长到 2011 年的 27 232 亿元，翻了一番。从增速上来看，河南 GDP 年均增长率达 12.5%，高于全国平均水平；2006 年、2007 年连续两年增长 14% 以上；受 2007 年次贷危机和宏观调控影响，2008 年、2009 年增速有所回落，分别增长 12.1% 和 10.7%，2010 年增长 12.2%。从总量来看，河南 GDP 在全国的比重保持在 5.7% 左右；排名第五位①。

中部六省（河南、山西、安徽、湖南、湖北、江西）中，河南 GDP 总量居于首位，但增速排名有所下降，由 2006 年、2007 年排名第一位，降至 2008 年、2009 年的第五位和 2010 年、2011 年的第六位。

表 7　河南省 GDP 值　单位：亿元,%

年份	2006	2007	2008	2009	2010	2011
河南省 GDP（亿元）	12 495.97	15 012.46	18 473.14	19 480.50	23 092.40	27 232
增长速度（%）	14.10	14.40	12.10	10.70	12.20	11.60
河南省 GDP/全国 GDP（%）	5.62	5.65	5.87	5.63	5.86	5.77
GDP 在全国排名	第五	第五	第五	第五	第五	第五

表 8　全国和中部六省 GDP 值　单位：亿元

年份	2006	2007	2008	2009	2010	2011
全国	222 240.0	265 833.9	314 901.3	346 316.6	394 307.6	471 563.7
河南省	12 495.97	15 012.46	18 473.14	19 480.5	23 092.4	27 232
山西	4 785.93	5 730.99	6 993.09	7 438.2	9 200.9	11 100.2
安徽	6 148.73	7 364.18	9 175.18	10 062.8	12 359.3	15 110.3
江西	4 674.88	5 500.25	6 498.85	7 655.2	9 451.3	1 583.8
湖北	7 581.32	9 550.04	11 728.64	13 240.4	16 182.3	19 594.2
湖南	7 568.89	9 200.00	11 528.84	13 059.7	16 038.0	19 635.2
中部六省	43 255.7	52 357.92	64 397.7	70 936.8	86 324.2	94 255.7
中部六省 GDP 占全国比重（%）	19.46	19.70	20.45	20.48	21.89	19.99

表 9　全国和中部六省 GDP 增长速度　单位:%

年份	2006	2007	2008	2009	2010	2011
全国	12.7	14.2	9.6	9.2	10.4	9.2
河南	14.1	14.4	12.1	10.7	12.2	11.6
山西	11.8	14.2	8.3	5.5	13.9	13
安徽	12.9	13.9	12.7	12.9	14.5	13.5
湖北	12.1	14.5	13.4	13.2	14.8	13.8
湖南	12.1	14.4	12.8	13.6	14.5	12.8
江西	12.3	13	12.6	13.1	14	12.5

① 数据来源于中国统计年鉴。

二、河南经济增长的动力结构特征

投资、消费和出口是拉动经济增长的三大基本动力，被称为“三驾马车”、“三大需求”。从核算角度讲，“三大需求”是指资本形成、最终消费支出、货物和服务净流出。按支出法计算，2006—2010 年，河南省资本形成总额由 6 343.94 亿元增至 15 977.4 亿元，增长 1.52 倍；最终消费支出由 6 209.92 亿元增至 10 209.8 亿元，增长 64.41%；货物和服务净流出由 -57.89 亿元减至 -3 094.8 亿元。

从结构分析，2006—2010 年，资本形成总额占河南 GDP 比重由 49.7% 降至 44.2%；最终消费支出占比由 50.8% 升至 69.2%。

由此看来，投资和消费成为河南省经济增长的主要动力，净出口需求贡献较小。第一，资本形成率的大幅上升促进经济增长。随着国家加大对中部地区政策支持力度，河南省投资规模快速增长，固定资产投资完成额由 2006 年的 4 843.76亿元增至 2010 年的 13 934.82 亿元，郑州新区、洛阳新区初具规模，产业集聚区、南水北调、客运专线、物流港、航空港、大型水利设施等加紧建设或建成，基础设施条件的改善为河南经济发展提供了有力支撑。河南省资本形成率高于全国，资本贡献大于消费，契合古典经济增长理论①，这主要是河南省为经济欠发达地区，经济的建设离不开资本支持。第二，消费需求是重要力量。2006—2010 年，河南省最终消费率平均为 45.26%，低于全国的 48.84%。但社会消费品零售总额由 3 880.47 亿元增长到 7 893.46 亿元，市场不断扩大。主要是“十一五”时期，全省扩大内需政策力度逐年加大，消费环境明显优化，消费潜力持续释放，“家电下乡”等惠民工程激活了农村消费市场。生活质量的提高使奢侈品需求扩大，消费结构升级，消费对河南省经济增长发挥了重要作用。第三，净出口需求对河南省经济增长的作用较小。自 2006 年以来，河南省货物和服务净流出一直处于负值状态，对本省经济贡献不大。

表 10　　河南省三大需求结构分析　　单位：亿元，%

年份	2006	2007	2008	2009	2010
支出法 GDP（亿元）	12 495.97	15 12.46	18 473.14	19 480.50	23 092.40
最终消费支出（亿元）	6 209.92	6 831.27	7 759.33	8 742.70	10 209.80
资本形成总额（亿元）	6 343.94	8 366.37	10 885.30	13 304.10	15 977.40
货物和服务净流出（亿元）	-57.89	-185.18	-171.49	-2 566.30	-3 094.80
最终消费率（%）	49.7	45.5	42	44.9	44.2
资本形成率（%）	50.8	55.7	58.9	68.3	69.2

① 古典经济学家认为资本积累是经济增长的关键因素。

表 11　　全国三大需求结构分析　　单位：亿元,%

年份	2006	2007	2008	2009	2010
支出法 GDP（亿元）	222 240.0	265 833.9	314 901.3	346 316.6	394 307.6
最终消费支出（亿元）	112 631.9	131 510.1	152 346.6	166 820.1	186 905.3
资本形成总额（亿元）	92 954.1	110 943.2	138 325.3	164 463.2	191 690.8
货物和服务净流出（亿元）	16 654.0	23 380.6	24 229.4	15 033.3	15 711.5
最终消费率（%）	50.7	49.5	48.4	48.2	47.4
资本形成率（%）	41.8	41.7	43.9	47.5	48.6

三、河南省资金流动与主要经济指标分析

1. 河南省资金流动与河南省 GDP 的关系分析

从 2006 年第一季度到 2012 年第二季度大额支付系统资金流量和河南省 GDP 对比分析中可以看出，河南大额支付系统清算资金总额和河南省 GDP 的走势基本一致。2011 年前三个季度 GDP 逐步增加，第四季度有少许回落，受季节性波动影响较明显；大额支付系统资金交易总额呈年度内逐步增加态势。由此看出，大额支付系统资金流动和 GDP 存在一定关系。两者的关系反映出支付系统满足了国民经济增长的支付需求，有助于提升资金清算处理效率，促进经济增长。

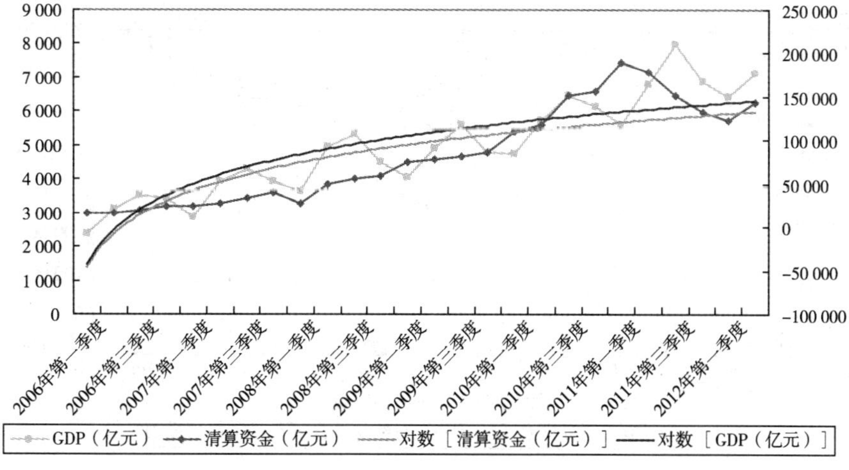

图 11　河南省大额支付系统清算资金与 GDP 趋势图

2. 河南省资金流动与固定资产投资额的关系分析

从图 12 看出，河南省大额支付系统资金流量与固定资产投资额具有同步性，增速基本一致。固定资产投资增加，支付系统资金流量相应增大。

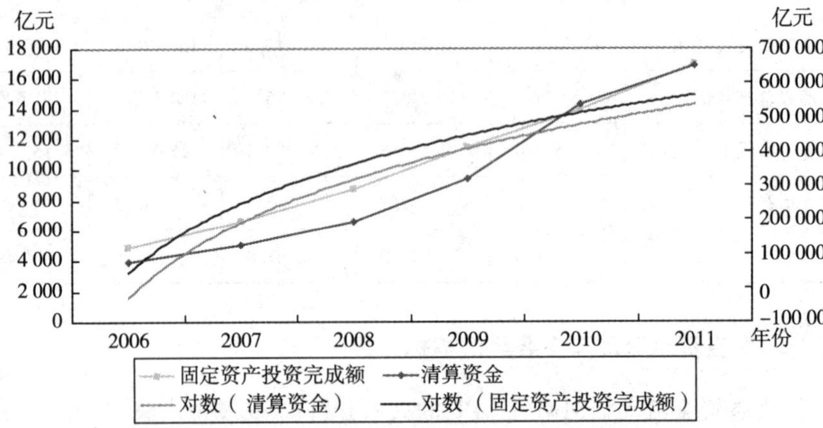

图 12　河南省大额支付系统清算资金与固定资产完成额趋势图

3. 河南省资金流动与社会消费品零售总额的关系分析

随着经济的发展，城乡居民收入不断提高，购买力逐渐增强，消费支出不断扩大，从图 13 看出，社会消费品零售总额逐年增长的同时，大额支付系统资金流量同步增加，两者之间具有趋同性。

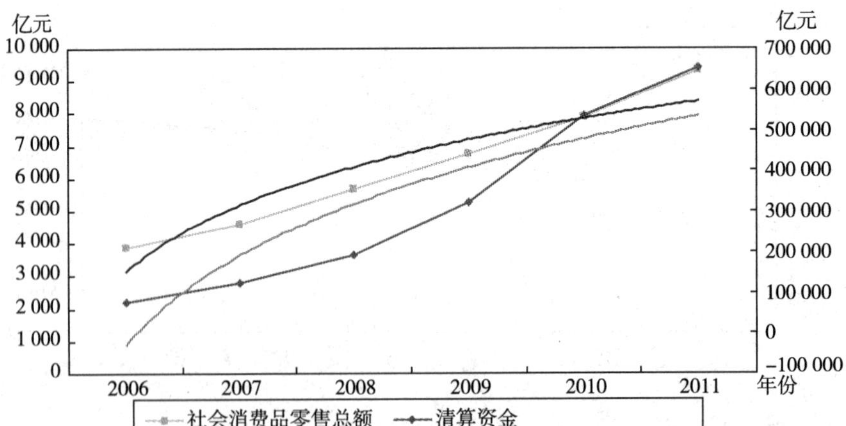

图 13　河南省大额支付系统清算资金与社会消费品零售总额趋势图

第四章 河南省资金流动与经济增长实证分析

一般来说，经济增长是指一个国家或一个地区生产商品和劳务能力在一个相当长的时期内的持续增长。新古典经济学派代表哈罗德和多马认为，一国的经济增长率与该国的储蓄率（投资率）成正比，与该国的资本产出比率成反比。美国经济学家丹尼森（Edward F. Denison）把影响经济增长的因素分为 5 大类：劳动的数量和质量；资本投入量；资源配置的改善；规模经济实现的程度；知识的进步及其在生产上的应用。

一、理论分析

1. 资金流动和经济增长的关系

根据经济增长理论，资金作为资本形成的一种来源可以直接影响经济增长，从第三章得知，河南省经济增长的动力是投资和消费。根据资金运动会计理论，资金流动产生的经济效应，本质是资金运动带来的增值效应。资金只有在不断运动中才能实现保值和增值。

关于资金流动和经济增长关系的实证研究，国内学者杨晓丽和孙云辉（2009）以金融机构贷款数量、非银行金融机构筹资额、政府财政支出和外商直接投资额作为资金流动的替代变量研究我国东、西、中部地区资金流动与经济增长的关系，认为资金流动对促进经济发展起着重要作用。刘伟宏（2011）根据福建省 1985—2010 年的外商直接投资和 GDP 数据建立时间序列模型，检验得出外商直接投资与经济增长间存在长期稳定的均衡关系，两个变量间具有双向因果关系。

2. 金融发展与经济增长的关系

根据哈罗德 - 多马模型，经济的增长离不开资本等要素的投入，其中资本增长要求足够的储蓄，且能通过适当渠道转化为投资。金融体系基本功能是吸收社会存款和发放贷款，其对经济增长的贡献一方面体现在利用其储蓄功能和将储蓄转化为投资的功能，增加储蓄和投资总量，为经济发展提供资本支持；另一方面金融中介（保险市场、证券公司）把资金配置到边际生产效率高的投资项目中。

关于金融发展和经济增长关系研究，戈德史密斯（1969）认为金融结构①与经济增长联系密切。King 和 Levine（1993）认为金融发展对经济增长有积极的

① 衡量金融机构的指标是金融相关比率即全部金融资产总值与该国经济活动总量的比值。

促进作用。王战欣（2010）认为河南省金融发展与经济增长有长期的均衡关系，金融机构存贷款余额对经济增长影响较大。国晓丽（2011）认为金融相关率、金融储蓄结构[①]与经济增长存在长期稳定的协整关系，其中金融相关率和经济增长之间存在双向因果关系。

3. 支付系统、资金流动与经济增长的关系

支付体系是金融体系的重要组成部分。经济金融发展决定支付体系的发展，反过来支付体系现代化能加速整个金融体系的现代化，支付体系对一国的经济发展至关重要。

研究支付系统、资金流动、经济增长的关系，资金流动就作为一个传导媒介，首先要理清支付系统与资金流动的关系。

经济中的资金交易最终体现在支付结算上。以票据、银行卡、电子支付工具等非现金支付工具为载体的支付模式依托支付系统实现了商业银行之间、跨地域之间的资金流转，提高了支付结算效率，降低了交易成本，同时实现社会资金的零在途。支付系统对资金流量影响主要表现在：第一，大额支付系统设置的自动质押融资、日间透支、清算账户预期头寸等功能可以提高银行业金融机构结算效率，缓解其流动性压力。第二，非现金支付工具的应用减少了现金的使用量，降低了 M_0 在货币中的比重。第三，实现了资金清算的实时到账，提高货币流通速度。总体来讲，支付系统一方面增加了银行业金融机构的流动性，为社会投资提供大量资本；另一方面加速资金周转，提高资源配置效率，缩短商品再生产周期，进而促进经济发展。邱云武和黄照影（2008）、张志军等（2010）通过实证研究，表明支付系统资金数据与宏观经济之间具有互动性，一方面经济越发达，资金要素在区域间流动越频繁且规模越大；另一方面支付系统处理资金效率的提高，又有助于经济增长。

二、河南省资金流动与经济增长实证检验

本章通过建立 VAR 模型，揭示河南省大额支付系统资金流量与经济增长指标随时间序列变化的互动联系，找出两者内在的规律性。选取河南省 2006 年第一季度至 2012 年第二季度的资金流入额（Inflow）、资金流出额（Outflow）和 GDP，其中 Inflow、Outflow 来源于央行支付业务统计分析子系统（PMIS），GDP 来源于《河南统计年鉴》。利用 Census X12 方法对 Inflow、Outflow 和 GDP 数据进行季节调整；然后对调整后的季度数据进行对数化处理，得到新的样本指标 lnInflow、lnOutflow 和 lnGDP。

① 城乡居民储蓄存款与金融机构全部存款的比值，主要用来衡量金融机构吸引居民储蓄的能力。

1. 单位根检验

由于本文选取的样本数据都是时间序列，在进行模型分析时首先要求其具有变量平稳性，或变量非平稳但存在协整关系，因此，应对各变量进行单位根检验。本文采用 ADF 检验，对 lnGDP、lnInflow 和 lnOutflow 时间序列进行平稳性检验，结果如下：

表 12　　lnGDP、lnInflow、lnOutflow 的单位根检验

变量	水平检验结果			
	ADF 统计量	检验形式（C，T，L）	5% 的临界值	是否平稳
lnGDP	-2.7833	（C，T，5）	-3.6032	否
△lnGDP	-6.5789	（C，0，5）	-2.9919	是
lnInflow	-1.4757	（C，T，5）	-3.6032	否
△lnInflow	-6.3773	（C，0，5）	-2.9919	是
lnOutflow	-1.5393	（C，T，5）	-3.6032	否
△lnOutflow	-6.4316	（C，0，5）	-2.9919	是

注：检验形式（C，T，L）分别表示检验过程中是否含有常数项、趋势向和滞后阶数；△表示变量的一阶差分。

从检验结果得知，在 5% 显著性水平下，lnGDP、lnInflow 和 lnOutflow 原序列不平稳，一阶差分后平稳，可以对 lnGDP、lnInflow 和 lnOutflow 进行协整分析。

2. 协整检验

协整从分析时间序列的非平稳性入手，寻找非平稳变量间蕴含的长期均衡关系。本文采用 Johansen 多重协整检验方法检验 lnInflow、lnOutflow 与 lnGDP 的协整关系，结果见表 13：迹检验和最大特征值检验一致显示在 5% 的显著水平下存在 1 个协整向量，表明三个指标之间存在着长期的均衡关系。

表 13　　Johansen 协整检验

原假设	特征根	迹（Trace）统计量（P 值）	5% 临界值	最大特征值（Max - Eigen）统计量（P 值）	5% 临界值
0 个协整向量	0.84	52.69（0.0000）*	29.80	38.07（0.0001）*	21.13
至少 1 个协整向量	0.42	14.62（0.0674）	15.49	11.42（0.1345）	14.26
至少 2 个协整向量	0.14	3.20（0.0734）	3.84	3.20（0.0734）	3.84

注：加“*”表明在 5% 的显著性水平下拒绝原假设。

3. 格兰杰因果关系检验

通过协整检验，我们得知 lnInflow、lnOutflow 与 lnGDP 之间存在着长期的均衡关系，但三者之间的因果关系并不清晰，因此需要进一步检验。Granger 因果关系检验实质上是检验一个变量的滞后变量是否可以引入其他变量方程，一个变量如果受到其他变量的滞后影响，则称它们具有 Granger 因果关系。本文采用常用的格兰杰因果关系检验方法检验 lnInflow、lnOutflow 与 lnGDP 之间的因果关系，从表 14 得知，lnInflow、lnOutflow 与 lnGDP 存在单项因果关系，大额支付系统资金流入、流出金额的变化对经济增长有一定的影响。

表 14　　格兰杰因果检验

Null Hypothesis	各期显著性				
	1	2	3	4	5
lnGDP does not Granger Cause lnInflow					
lnInflow does not Granger Cause lnGDP			*		*
lnGDP does not Granger Cause lnOutflow					
lnOutflow does not Granger Cause lnGDP			*		*
lnInflow does not Granger Cause lnOutflow	***	**	*	**	*
lnOutflow does not Granger Cause lnInflow		**	*	**	*

注：本表由软件生成，不宜修改。

4. 脉冲响应分析

（1）滞后阶数的确定。脉冲响应分析必须基于稳定的 VAR 模型，首先应该确定 VAR 模型合适的滞后结构。根据滞后长度准则，确定 VAR 模型的滞后结构为 4 阶，检验结果如表 15 所示。

表 15　　VAR 模型滞后期选择

Lag	LogL	LR	FPE	AIC	SC	HQ
0	80.42899	NA	1.26e-07	-7.374189	-7.224972	-7.341805
1	130.6979	81.38770	2.51e-09	-11.30456	-10.70769	-11.17502
2	145.2346	19.38226	1.58e-09	-11.83186	-10.78734	-11.60517
3	152.0242	7.112925	2.32e-09	-11.62135	-10.12917	-11.29751
4	174.8598	17.39858*	9.02e-10*	-12.93903*	-10.99920*	-12.51804*
5	178.4695	1.718921	3.38e-09	-12.42567	-10.03819	-11.90753

注：加“*”表示从每一列标准中选的滞后数；本表由软件生成，不宜修改。

（2）稳定性检验。如图 14 所示，VAR 模型的 12 个根的倒数值全部位于单位圆内，表示所估计的 VAR 模型是稳定的，可以进行脉冲响应分析。

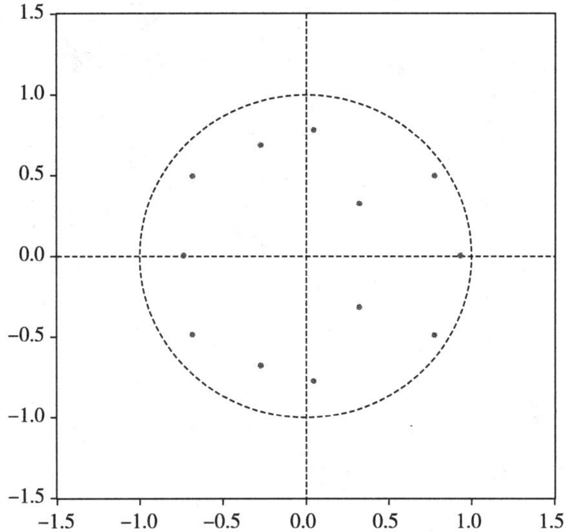

图 14　VAR 模型稳定性检验结果

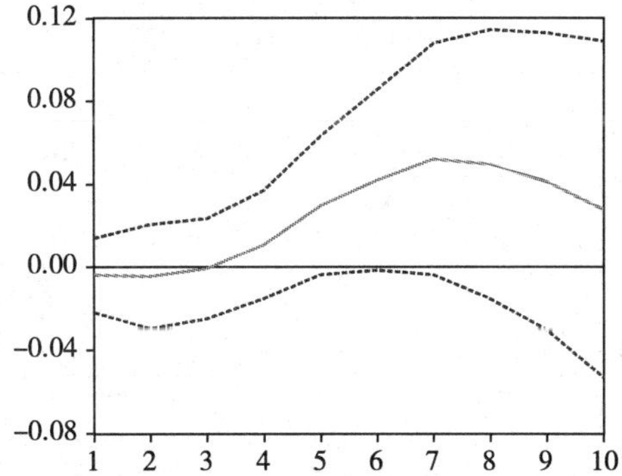

注：图中显示参数解释见正文。

图 15　lnInflow 冲击引起 GDP 的响应函数

（3）脉冲响应分析和方差分解。图 15 和图 16 横轴表示冲击作用的滞后期间数（单位：季度），纵轴表示 GDP 增长的变化，实线表示脉冲响应函数，虚线表示正负两倍标准离差偏离带。图 17 横轴表示冲击作用的滞后期间数，纵轴表示 GDP 影响因素对 GDP 的贡献率。第一，当给资金流入一个正冲击后，会给 GDP 带来正面的影响，但存在两个时期（季度）的时滞，从第三期开始正面效应逐渐明显。第二，当给资金流出一个正冲击后，会给 GDP 带来负面的冲击。第三，资金流入对 GDP 的贡献呈增长趋势，不考虑 GDP 自身的贡献率，资金流入对 GDP 的贡献率最大达到 51.89%，资金流出量对 GDP 的贡献率最大达到 26.92%，从第 5 期开始，资金流入量对 GDP 的贡献逐渐体现出来，并大于资金流出量对 GDP 的贡献率①。

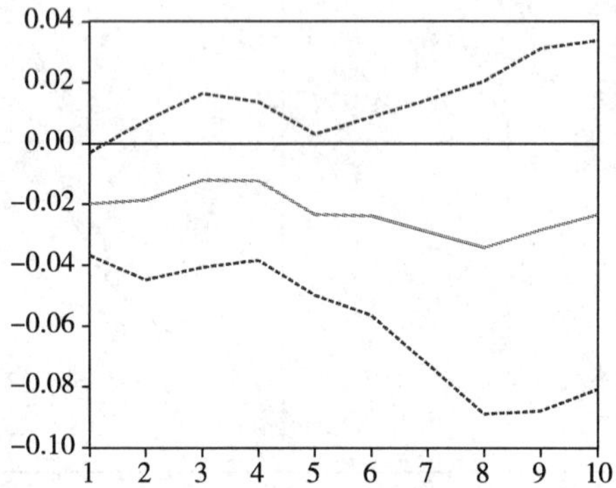

注：图中显示参数解释见正文。

图 16　lnOutflow 冲击引起 GDP 的响应函数

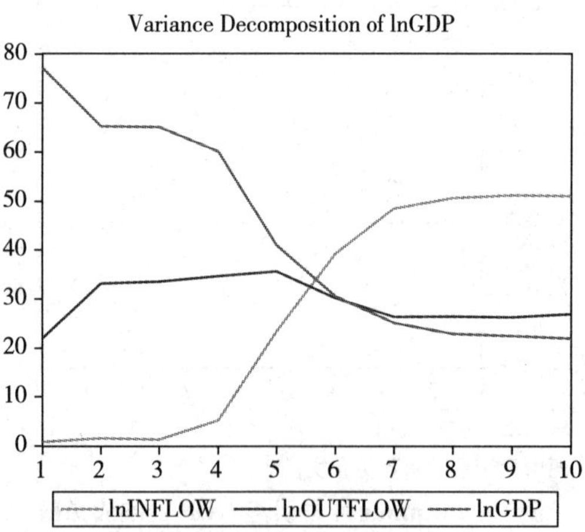

图 17　GDP 影响因素方差分解

① PMIS 查出，2006—2012 年，河南省资金呈净流出状态，资金大都流向北京、上海、广东等经济较发达地区，这一部分流出资金可能得到较高的投资回报率，未来一定时期资金流回河南，将拉动经济增长。

第五章 结 语

一、结论

本文通过河南省大额支付系统资金流量与河南 GDP、固定资产投资额、社会消费品零售总额等主要经济指标的对比分析，发现资金流量与经济指标具有同步增长性特征，存在一定意义上的联系。为进一步揭示二者关系，本文探讨了资金流动、金融发展理论与经济增长的理论关系，从而引申出支付系统、资金流动对经济增长的影响研究的可行性，最后选取2006 年第一季度至2012 年第二季度的数据为样本，构建 VAR 模型进行实证分析。文章的主要研究结论是：大额支付系统资金流动和经济增长之间存在单项因果关系，根据脉冲分析，资金流入确实能在两个滞后期后对经济产生助推作用。

二、政策建议

根据以上的分析和结论，本文认为利用支付系统资金流动状况分析为预测经济运行状态和变化趋势提供了新途径，可以为央行制定、调整货币政策提供有效依据。

支付体系为社会金融运行提供快捷高效的资金转移通道，满足社会支付需求，支付系统的安全和效率决定了资金转移的安全和效率。央行作为支付系统的建设者和管理者，为支持经济发展，应从以下方面着手。

1. 推进农村支付体系建设

“三农”工作历来是党和国家的工作重心，做好“三农”工作，离不开农村金融的支持。目前，农村支付服务环境还很薄弱，农村地区的银行卡渗透率严重不足。人民银行应不断巩固助农取款服务成果，拓展农村支付网络，充分发挥人民银行跨行支付系统、农信银资金清算系统、银联跨行支付系统等在涉农金融机构间的桥梁作用。发挥农村信用社、村镇银行点多面广的优势，缩短资金在途时间，提高资金汇划效率，为乡镇企业、个体工商户和民营企业提供优质的支付结算服务，促进农村地区经济发展。

2. 完善金融业监管体系，切实防范资金清算风险

现代化支付系统提供资金转移通道的同时，也存在着引发金融风险的因素。支付系统将参与者的行内支付系统联系在一起，参与者之间债权、债务关系十分的复杂，任何支付危机都有可能引发系统危机。加强对参与者清算账户的监控十分重要。如果参与者的清算账户不能及时筹措解决排队业务的资金，就有

可能影响其他参与者的清算，从而影响到整个支付系统的清算。因此人民银行应不断完善现代化的金融监管体系和预警体系，充分发挥市场配置资源作用的同时，加强支付体系运行的管理，切实防范资金清算风险，建立以“安全、高效”为政策目标的支付体系风险监督管理机制，确保支付体系高效、安全、稳定的运行，以保证货币政策的有效实施。

三、本文的创新点

（1）填补了河南省大额支付系统资金流动与经济关系研究的空白。在大量数据分析的支撑下，对河南省大额支付系统资金流动情况以及资金流量与经济关系进行分析，得出了河南省大额支付系统资金流动与经济指标具有同步增长性特征。

（2）在研究方法上作创新性尝试。关于河南省大额支付系统资金流动与经济关系的实证模型，有学者选择线性回归模型，也有学者通过 First Optimization 软件选择建立回归模型，本文通过建立 VAR 模型来研究资金流动与经济增长的具体关系。

四、进一步研究方向

（1）分析资金在河南省不同产业间的流动情况。资金流入对一个地区的贡献，体现在资金用途上。通过对产业间的资金流量分布进行分析，可以了解各个产业的发展程度，以及各个产业对一个地区的贡献程度。

（2）设计支付系统综合指标体系。本文选取大额支付系统处理的资金流量作为支付系统运行的替代变量，有一定的代表性。但还应建立一个综合反映支付系统运行的评价指标，包括大、小额支付系统，商业银行行内支付系统等业务量指标，各个业务量指标的权重，各个系统处理业务效率指标的设计等。

参考文献

［1］查全亚．现代化支付体系对银行流动性及货币政策影响的实证分析［J］．金融纵横，2008（1）：13－16.

［2］高铁梅．计量经济分析方法与建模——Eviews 应用及实例［M］．北京：清华大学出版社，2006.

［3］国晓丽．北京金融发展与经济增长关系的实证研究［J］．开发研究，2011（4）：114－117.

［4］韩媛媛等．山东半岛蓝色经济区区域资金流动研究——基于大额实时支付系统业务数据［J］．金融发展研究，2011：45－49.

[5] 华艳丽，刘凤梅．现代化支付系统运行对巴彦淖尔市经济发展作用的调查与分析［J］．内蒙古金融研究，2008（6）：20－22.

[6] 李鹰，王祥峰．支付系统与金融支持经济发展研究——基于安徽省实证分析［J］．金融纵横，2010（9）：49－51.

[7] 刘伟宏．福建省外商直接投资与经济增长关系的研究［J］．宁德师范学院学报（自然科学版），2011（4）：364－367.

[8] 明其升．跨区域支付资金流量与经济发展联动分析研究［J］．金融业务，2009：47－48.

[9] 庞贞燕等．中国支付体系对货币影响研究［M］．郑州：河南人民出版社，2011.

[10] 邱云武，黄照影．解析云南省大额支付系统资金流动与货币政策及经济运行的关系［J］．时代金融，2008（1）：77－81.

[11] 苏飞．国际金融整合下资金流动与经济增长关系研究与经济增长关系研究——基于新兴经济体面板数据的分析［J］．上海经济研究，2012（4）.

[12] 燕居慧．区域资金流量对辖内经济影响分析［J］．经济研究导刊，2008（17）：118－119.

[13] 杨晓丽，孙云辉．经济增长与区域资金流动的关联性——基于中国区域差异的实证分析［J］．理论探讨，2009（2）：82－85.

[14] 张志军等．央行支付系统资金流变动与区域经济关系实证分析［J］．商业时代，2012（16）：131－132.

河南省金融发展对产业结构优化的影响效应分析

中国光大银行郑州分行课题组①

摘要 产业水平是影响经济发展程度的重要因素之一，经济学理论表明，金融发展通过作用于产业结构的内在机制，进而影响着产业结构调整、优化。在国家加快建设“中原经济区”战略部署的大背景下，河南省作为“中原经济区”最主要经济区域主体，其产业结构调整、优化和金融发展均是重要内容。

本文首先介绍了产业结构调整、金融发展的经济学理论，并对金融发展与产业结构调整的关系进行分析。其次考察了河南省经济发展、产业结构、金融发展现状，基于河南省经济与金融发展的相关统计数据运用 Eviews 软件，对金融发展与产业结构优化之间关系进行实证分析，通过协整检验、格兰杰因果检验和脉冲响应函数分析，结果表明，河南省金融发展与产业结构优化存在着长期动态均衡和显著因果关系。最后本文结合实证分析结果，提出了河南省金融发展与产业结构优化的建议。

关键词 金融发展 产业结构优化 河南省

一、引言

（一）研究背景和意义

产业水平是影响经济发展程度的重要因素之一，经济学理论表明，金融通过作用于产业结构的内在机制，进而影响着产业结构调整与优化。从动态过程上看，金融与产业结构升级之间相辅相成、共同发展。金融通过提高储蓄投资水平和资金配置效率，推动产业结构调整和升级。金融发展水平越高，区域金融环境越优良，金融制度越完善，社会资金积累的速度就越快；在资金总量一

---

① 课题主持人：张维。
课题组成员：李志高、孙艳明、李巍、黄明。

定的前提下，金融活动越活跃，金融机构间的竞争越激烈，资金就越会流向投资风险小、回收期短、盈利水平高的产业和地区，从而促进产业结构升级。同时，产业结构的升级会引起金融需求的变化，金融机构从“经济人”角度考虑，进行信贷政策和信贷投向的转变。

2011 年 9 月 28 日，国务院出台《关于支持河南省加快建设中原经济区的指导意见》，中原经济区进入新的历史机遇发展期。河南省作为中原经济区最主要经济区域主体，其产业结构优化和金融发展均是重要内容，且两者之间关系密切、相互促进，因此，“金融发展对产业结构优化的影响效应分析”的研究是当前“中原经济区”建设过程中的重要课题，具有很大的研究价值和应用背景。

（二）国内外研究现状

金融发展与产业结构优化之间的关系，是近代和当代经济学界研究的重要论题之一。Goldsmith（1969）对各国金融结构和金融发展进行比较研究，首次提出了金融相关比率（FIR）概念，其认为金融发展与产业结构之间相互促进。King 和 Levine（1993）研究发现，金融机构的发展加快全要素生产力发展和促进经济长期增长，并证实了金融的显著贡献。

随着我国经济发展水平的提高，国内学者逐渐开始对金融与产业结构内部关系的研究。伍海华等（2001）从经济增长、产业结构与金融发展三者之间关系，分析金融发展作用于产业结构调整的过程。查亚芬等（2008）运用格兰杰因果检验方法检验我国产业结构升级与金融发展关系，研究结果表明金融深化程度对产业结构升级的影响是显著的，股票市场的发展对产业机构升级的影响不显著。陈时兴（2011）对我国信贷融资、证券融资和产业结构升级数据进行计量研究，研究结果表明我国信贷融资、证券融资和产业结构升级之间存在短期波动和长期的均衡关系，信贷和证券融资均是产业结构升级的格兰杰原因，但证券融资支持产业结构升级明显不足。

近年来，从区域角度对金融发展与产业结构调整进行实证研究的文献开始增多。邓光亚等（2010）、沈双生（2009）、吴安平（2010）分别以中部地区、河北省、重庆市为例进行实证研究。

当前国内学者的研究，为金融与产业结构间关系的研究奠定了基础，具有较强的理论和实践价值，但也存在一定不足：第一是过度注重产业结构高级化而忽略合理化，产业结构合理化与高度化是有机整体；第二是较少关注金融在促进产业结构优化过程中的滞后效应。

（三）研究思路与方法

本文综合运用经济学、金融学等学科知识，以河南省经济、金融等相关数据为基础，对河南省金融发展与产业结构优化之间的内在关系进行了系统、深入的研究，并根据研究结果，提出了河南省金融发展及金融支持产业结构优化的建议。

在研究方法上，本文主要运用理论与实证相结合、比较分析、定性与定量相结合的方法。

二、产业结构和金融发展的相关理论

（一）产业结构及其优化理论

1. 产业结构基础理论

1691年，威廉·配第根据英国当时的实际情况指出：农业、商业往往比工业利润多得多，劳动力必然由农转为工，而后再由工转为商。1935年，费歇尔第一次提出了三次产业分类的方法。1940年，科林·克拉克的研究成果印证了配第的发现，被称为“配第—克拉克定理”。该定理认为随着人均国民收入水平的提高，劳动力首先由第一产业向第二产业转移；当人均国民收入水平进一步提高时，劳动力便向第三产业转移；劳动力的产业分布呈现第一产业不断减少，第二、第三产业不断增加的趋势。

1931年，霍夫曼在《工业化的阶段和类型》中，提出了霍夫曼经验定理和霍夫曼系数。霍夫曼经验定理是指工业内部产业结构演进先以轻工业为主导向以重工业为主导地位演变；重工业又以原材料、采掘业为主导向加工组装制造为主导，从制造初级产品逐步向中间产品和最终产品演进。霍夫曼系数是消费资料工业的净产值与资本资料工业的净产值之比。按照霍夫曼系数，工业化进程包括四个阶段，如表1所示。

表1　霍夫曼工业化阶段

工业化阶段	工业化阶段特征	霍夫曼系数
第一阶段	消费资料工业在制造业中占统治地位	5（±1）
第二阶段	资本资料工业发展较快，但其规模仍远不及消费资料工业的规模	2.5（±1）
第三阶段	资本资料工业规模与消费资料工业的规模大体相当	1（±0.5）
第四阶段	资本资料工业在制造业中占统治地位	1以下

资料来源：刘志彪．现代产业经济分析［M］．南京：南京大学出版社，2001：60.

1941年，库兹涅茨在《国民收入及其构成》中提出了比较劳动生产率。比较劳动生产率是产业增加值比重与劳动力就业比重的比例，演进规律如表2所示。

表 2　　三次产业结构演进规律

产业	产业增加值比重		劳动就业比重		比较劳动生产率	
	时序	截面	时序	截面	时序	截面
第一产业	下降	下降	下降	下降	下降（小于1）	几乎不变
第二产业	上升	上升	不确定	上升	上升（大于1）	下降（大于1）
第三产业	不确定	微升	上升	上升	下降（大于1）	下降（小于1）

资料来源：刘志彪．现代产业经济分析［M］．南京：南京大学出版社，2001：72.

随着产业经济研究的不断深入，时至今日，产业结构理论得到不断拓展和完善，形成了完整的产业结构理论体系。

2. 产业结构优化理论

产业结构优化是指通过产业内部调整，使各产业协调发展、技术含量增加和综合生产率提高的过程。产业结构优化包括产业结构合理化和产业结构高级化两个方面，如图 1 所示。

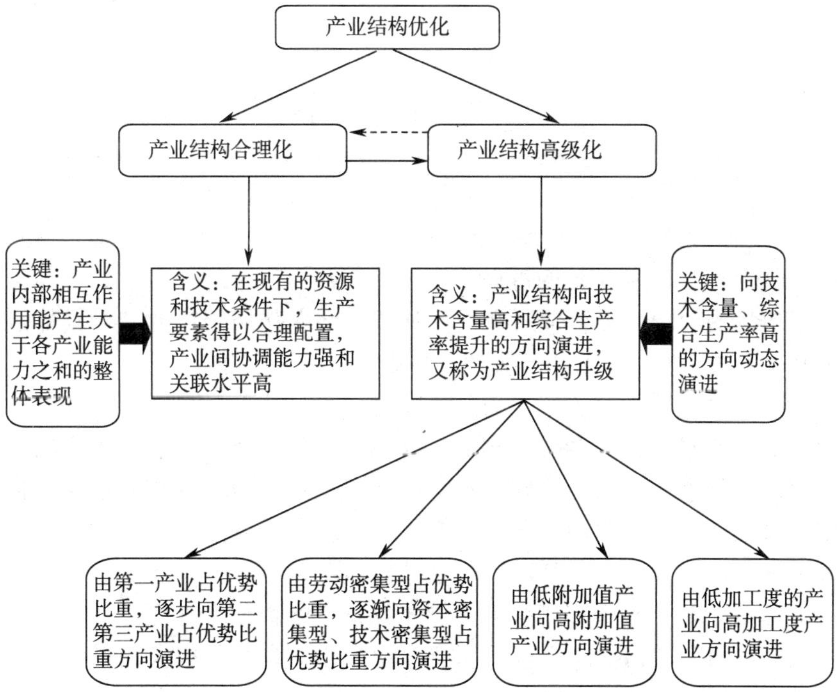

图 1　产业结构优化内容

产业结构合理化和高级化是有机整体。产业结构的合理化是高级化的基础，高级化则会推进产业结构实现更高层次的合理化；合理化侧重于经济发展的近期利益，高级化更多关注长远利益。因此，在产业结构优化过程中，应把产业结构合理化和高级化有机结合起来。

（二）金融发展理论

美国经济学家戈德史密斯将金融相关比率（FIR）作为衡量金融发展的主要指标，FIR 是指某一时点上国家金融资产与国民财富之比。研究表明，在经济和产业发展过程中，FIR 存在升高的趋势，其增长速度大于国民财富和各物质部门增长速度，但升高到一定阶段后会趋于稳定，如表 3 所示。

表 3　　戈德史密斯金融结构分类

金融结构类型	金融相关比率（FIR）	特征	发展阶段
第一类	FIR 较低 0.2～0.5	债券凭证远超过股权凭证而居主导地位，商业银行在金融机构中占据突出地位	金融发展初级阶段
第二类	FIR 仍然较低 0.5～0.75	债券凭证仍超过股权凭证，商业银行在金融机构中居于主导地位，政府和金融机构发挥更大作用	20 世纪上半叶，大多数非工业化国家的金融机构
第三类	FIR 较高 0.75～2	尽管债券凭证占金融资产总额的 2/3 以上，但股权证券比率有所上升，金融机构日趋多样化，银行体系地位下降	20 世纪工业国家

资料来源：戈德史密斯．金融结构与金融发展［M］．上海：上海三联书店，1990.

（三）金融对产业结构优化的影响分析

1. 金融作用于产业结构的过程

金融市场的功能是资金融通和资源配置，金融作用于产业结构具体过程如图 2 所示，其中粗实线代表供给导向，粗虚线代表需求导向。

2. 金融作用于产业结构优化的两种渠道

（1）信贷市场：商业金融机构从自身利益出发，通过利率这一市场化资金价格，以风险与收益均衡为原则，确定产业和企业的信贷规模和信贷投向，促使信贷资金从低效部门向高效部门流动。同时，政策金融机构根据国家宏观调控政策和产业结构政策，集中调度使用资金，支持产业结构的优化。

（2）证券市场：证券市场按照优胜劣汰规则，促使企业通过收购、兼并等手段，实现产权变动，推动企业集团化、国际化，为产业成长提供必要的支持条件，从而实现产业结构优化。

3. 金融作用于产业结构优化的五大机制

（1）资金形成机制：金融体系将分散的储蓄聚集为资本并转化为投资，将储蓄者和投资者的资金需求重新安排。

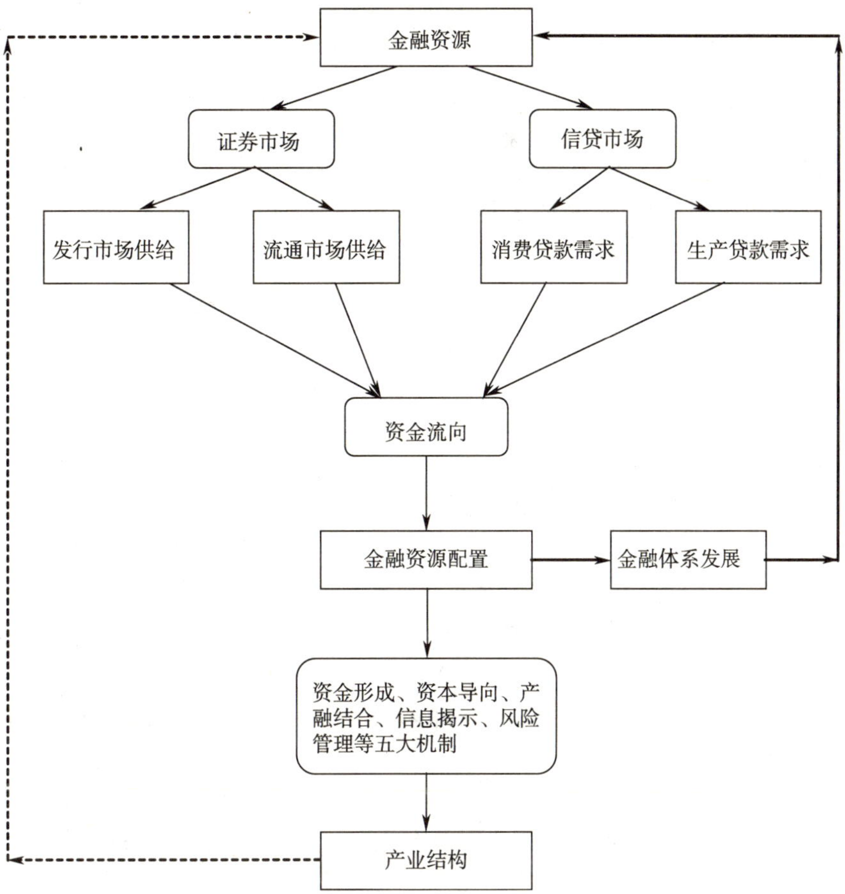

资料来源：傅进，吴小平．金融影响产业结构调整的机理分析［J］．经济与金融

图 2　金融作用于产业结构的过程

（2）资本导向机制：商业金融机构按照利益最大化原则进行金融活动，促使资金从低效部门向高效部门转移。政策金融机构一方面通过差别信贷或利率政策，对不同产业、行业进行鼓励和限制，另一方面直接投向市场投入不足的重点、新兴的产业，实现对市场机制的校正补充。

（3）产融结合机制：通过不断金融制度创新，使金融资本和产业资本相互融合和渗透，加速资本积聚的进程，推动各种资源投向优势产业和企业，提高规模经济效应和产业竞争力。

（4）信息揭示机制：金融机构专门从事相关信息的收集和处理，运用各种评估技术筛选出最具有投资价值的产业、行业和项目。

（5）风险管理机制：金融机构借助于风险防范、分散、转移、补偿等风险管理机制，在全社会重新配置资源。

三、河南省产业结构优化和金融发展现状

国务院《关于支持河南省加快建设中原经济区的指导意见》强调，河南省是人口大省、粮食和农业生产大省、新兴工业大省，解决好工业化、城镇化、农业现代化协调发展问题具有典型性和代表性。积极探索不以牺牲农业和粮食、生态和环境为代价的工业化、城镇化、农业现代化协调发展的路子，是中原经济区建设的核心任务。

经济学理论表明，金融发展状况和产业结构优化程度均是国家或地区经济发展水平的重要决定因素。在当前中原经济区建设中，河南省的“三化”协调工作是核心任务，也是产业结构优化和金融发展理论的重大现实探索。因此，深入了解河南省经济社会基本情况显得尤为必要，本文主要从三个方面进行考察。

（一）河南省经济社会基本情况

河南省位于我国中东部、黄河中下游，全省总面积16.7万平方公里，居全国各省区市第17位，截至2011年底全省总人口10 489万人，是我国人口第一大省。河南地处沿海开放地区与中西部地区的结合部，是我国经济由东向西梯次推进发展的中间地带。

2011年河南省地区生产总值26 931.03亿元，居全国第五位，较上年增长11.9%。其中，第一产业增加值3 512.24亿元，增长4.4%；第二产业增加值15 427.08亿元，增长13.8%；第三产业增加值7 991.72亿元，增长11.6%。三次产业结构为13:57.3:29.7，三次产业贡献率为4.3%、63.6%、32.1%。

河南省自改革开放以来，经济总量保持快速增长，经济增长率自1989年以来逐步趋于稳定，如图3所示。

（二）河南省产业结构优化现状

河南省当前形成了化工、有色金属、钢铁、纺织服装等四大传统优势产业，汽车、电子信息、装备制造、食品、轻工、建材等六大高成长性产业，金融、旅游、房地产、高新技术等现代服务业蓬勃发展的良好局面，河南省产业结构层次和竞争力得到不断提升。

1. 河南省产业结构合理化

（1）河南省三次产业产值比重。河南省地区生产总值由1982年的263.3亿元增加至2011年的26931.03亿元，三次产业增加值比重由1982年的41.1:39:19.9调整为2011年的13:57.3:29.7，产业结构内部比重发生了较大变化，如表4所示。

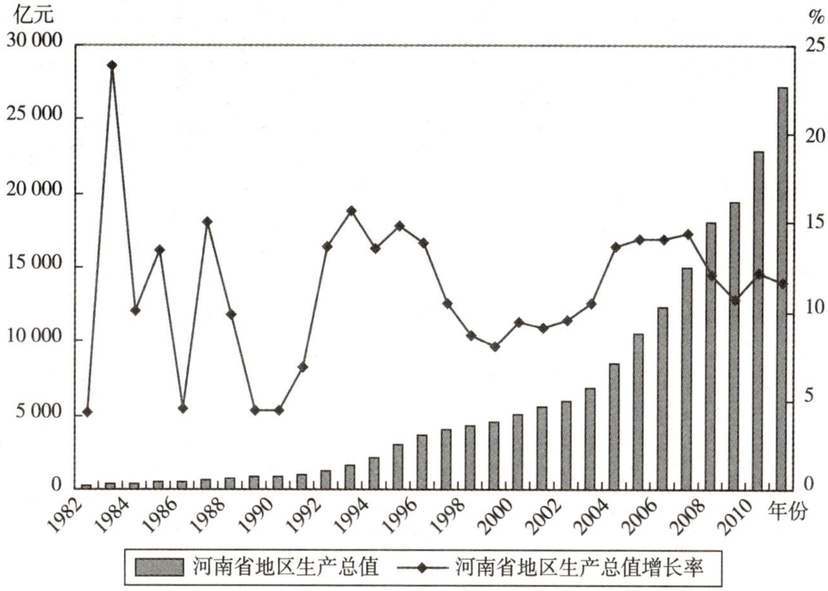

图3　河南省1982—2011年地区生产总值及增长率

表4　1982—2011年河南省地区生产总值及三次产业比重

年份	第一产业比重（%）	第二产业比重（%）	第三产业比重（%）	地区生产总值（亿元）
1982	41.1	39	19.9	263.3
1983	43.7	35.5	20.8	327.95
1984	42	36.8	21.2	370.04
1985	38.4	37.6	24	451.74
1986	35.6	40.2	24.2	502.91
1987	36.1	37.8	26.1	609.6
1988	32.1	40	27.9	749.09
1989	34.1	37.3	28.6	850.71
1990	34.9	35.5	29.6	934.65
1991	32	37.1	30.9	1 045.73
1992	27.7	42.6	29.7	1 279.75
1993	24.7	46	29.3	1 660.18
1994	24.6	47.8	27.6	2 216.83
1995	25.5	46.7	27.8	2 988.37

续表

年份	第一产业比重（%）	第二产业比重（%）	第三产业比重（%）	地区生产总值（亿元）
1996	25.8	46.2	28	3 634.69
1997	24.9	46.1	29	4 041.09
1998	24.9	45	30.1	4 308.24
1999	24.9	43.8	31.3	4 517.94
2000	23	45.4	31.6	5 052.99
2001	22.3	45.4	32.3	5 533.01
2002	21.3	45.9	32.8	6 035.48
2003	17.5	48.2	34.3	6 867.7
2004	19.3	48.9	31.8	8 553.79
2005	17.9	52.1	30	10 587.42
2006	15.5	54.4	30.1	12 362.79
2007	14.8	55.2	30	15 012.46
2008	14.8	56.9	28.3	18 018.53
2009	14.2	56.5	29.3	19 480.46
2010	14.1	57.3	28.6	23 092.36
2011	13.0	57.3	29.7	26 931.03

河南省三次产业产值比重由1982年“一、二、三”结构到2011年的“二、三、一”结构，具体演进情况如图4所示。

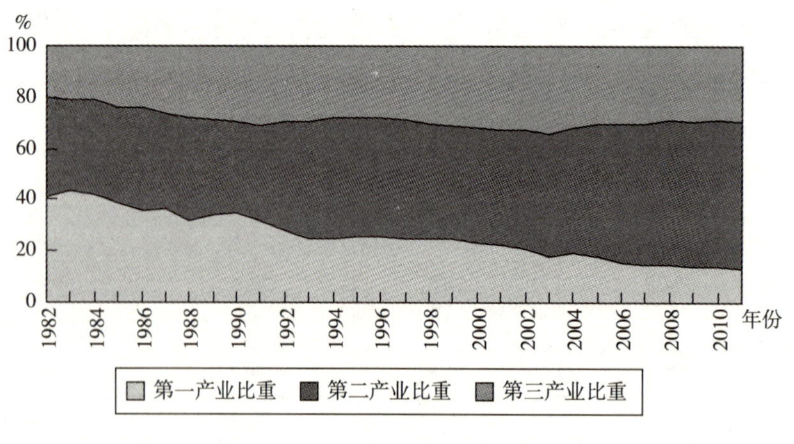

图4 河南省三次产业比重演进图

从图4可以看出，第一产业产值比重大幅度降低，第二、第三产业比重之和由1982年的58.9升高至87，其中第二产业比重1990年以来保持快速增加，尤其2004年以来在发展传统优势产业外，逐步培育了汽车等六大高成长性产业，第三产业比重则在1985—2003年缓慢增加，2003年以后缓慢降低。

总体来说，河南省产业结构合理性得到大幅改善，改变了过去农业占绝对优势的产业失衡状况，工业和服务业产值比重大幅增加。但与全国情况（见图5）相比，第一产业所占比重仍然很大，显著高于全国水平，第二、第三产业比重依然偏小，尤其是第三产业基础薄弱、发展不稳定，比重偏小且反复变动。

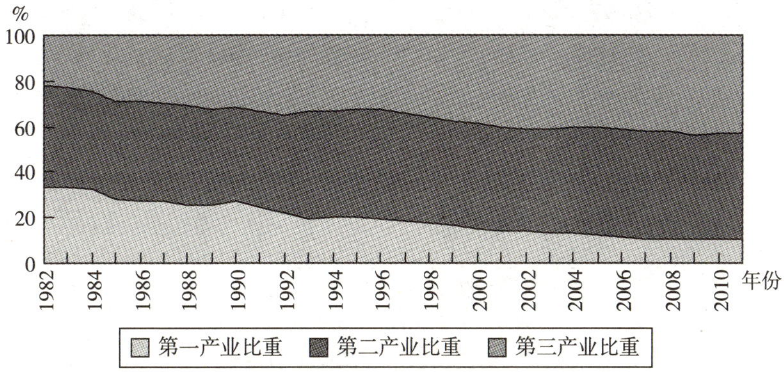

图5 全国三次产业比重演进图

（2）河南省三次产业就业结构。河南是农业大省，第一产业从业人数一直占据绝对优势。经过30年的发展，河南省三次产业就业结构由1982年的80.42∶10.01∶9.57调整为2011年的43.1∶29.9∶27，就业结构逐步改善，变动情况如图6所示。

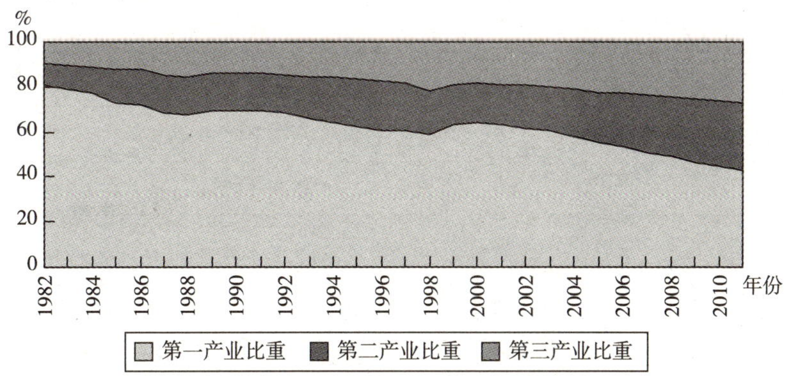

图6 河南省三次产业从业人员结构

但与全国水平（见图7）相比，2011年底河南省第一产业从业人员比重高6.9个百分点，第二产业高1.8个百分点，第三产业低8.7个百分点。可以看到，河南省农业从业人员比重仍旧较高，因此农村剩余劳动力向非农产业转移，仍是近阶段河南产业结构优化的重点；河南省第三产业从业人员比重远低于全国水平，主要由于河南省第三产业基础薄弱和发展水平一般造成。

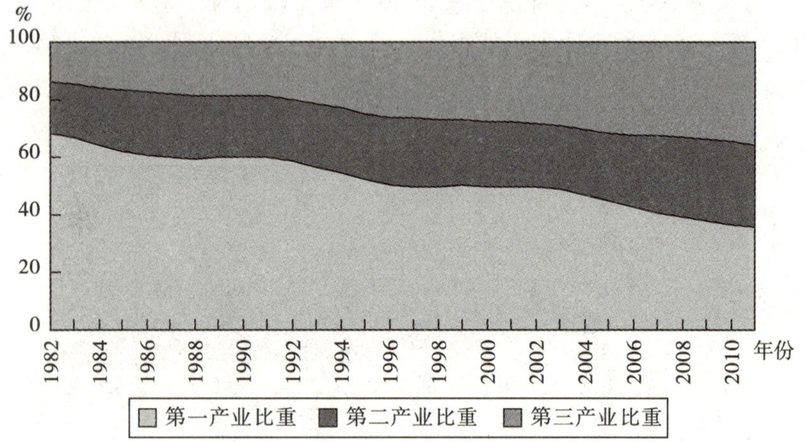

图7　全国三次产业从业人员结构

（3）河南省三次产业比较劳动生产率。比较劳动生产率是衡量产业结构协调性的指标，第一产业和第二、第三产业的比较劳动生产率的差距越大，经济的二元性越显著，产业结构的协调性越差。

河南省1982年一二三产业比较劳动生产率分别为0.51、3.9、2.08，2011年分别为0.3、1.95、1.07。比较劳动生产率变动如图8所示。

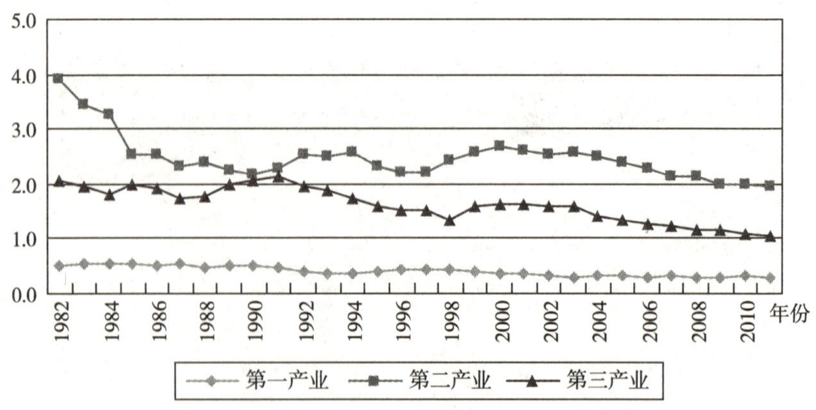

图8　河南省三次产业比较劳动生产率

从图 8 可以看出，1982 年以来河南省三次产业比较劳动生产率变动趋势与库兹涅茨的产业结构演进规律（见表 2）基本一致。与全国水平（见图 9）相比，第一、第二产业时点指标值均好于全国，第三产业 1982—2006 年好于全国，但 2007 年以来近五年均落后于全国水平，说明河南省近年来第三产业产值比重、从业人数和比较劳动生产率全面落后于全国水平。另外，河南省农业与非农产业的比较劳动生产率差距进一步缩小，由 1982 年的 11.7 倍缩小至 2011 年的 10.08 倍，河南地方经济二元性逐步减弱，城乡差距正在稳步缩小。

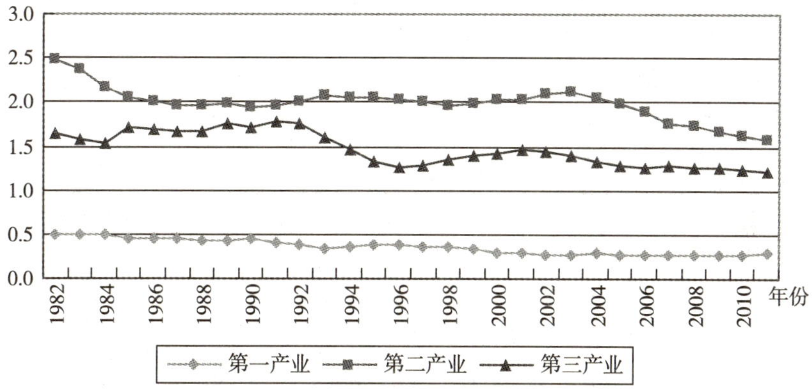

图 9　全国比较劳动生产率

2. 河南省产业结构高度化

（1）河南省农业机械化情况。本文采用乡村从业人员人均农用机械动力作为衡量河南农业机械化指标，该指标越高说明河南省农业机械化程度越高，农业生产效率越高，乡村人员人均农用机械动力变动情况如图 10 所示。

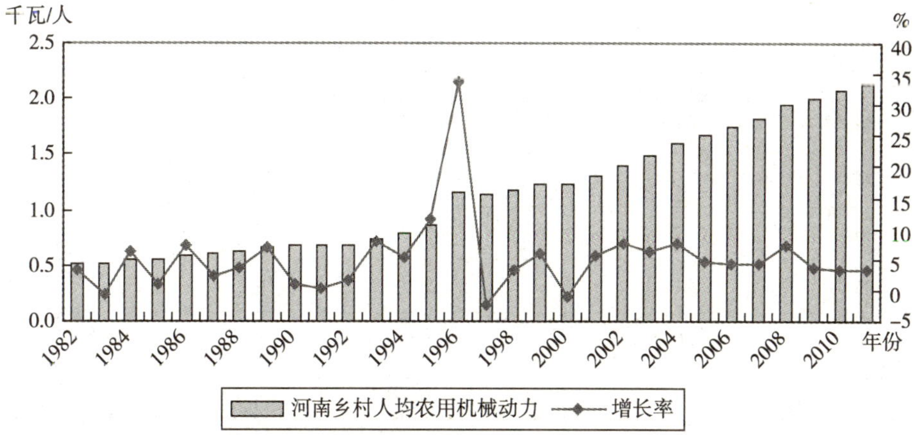

图 10　河南省乡村人均农用机械动力

从图 10 可以看出，河南省乡村从业人员人均农用机械动力保持增长态势，从 1982 年的 0.51 千瓦/人增长到 2011 年的 2.14 千瓦/人，尤其 1995 年以后农业机械化程度加速提高；其增长率除 1997 年高达 34% 以外，其他各年基本保持匀速增长，30 年平均增长率达到 5%。随着农业机械化程度提高，农业生产效率大幅增加，河南省农村剩余劳动力逐步向非农产业转移，二三产业吸纳大量农村劳动力，从而促进产业结构升级。

（2）河南省工业内部结构情况。2011 年河南省工业生产总值 13 949.32 亿元，近五年保持 15.7% 增长速度，工业在第二产业生产总值的比重为 90%。

工业内部产业结构的高度化程度可用霍夫曼系数反映，由于我国缺乏按消费资料和资本资料的统计分组数据，本文采用轻重工业增加值代替，河南省 1997 年以来的霍夫曼系数如表 5 所示。

表 5　　1997—2011 年河南省霍夫曼系数

年份	轻工业增加值（亿元）	重工业增加值（亿元）	霍夫曼系数
1997	347.7	622.5	0.56
1998	326.3	644.0	0.51
1999	332.4	661.2	0.50
2000	366.7	787.6	0.47
2001	405.2	864.8	0.47
2002	439.7	991.0	0.44
2003	510.8	1 243.3	0.41
2004	668.6	1 664.1	0.40
2005	929.5	2 270.8	0.41
2006	1 212.6	2 938.0	0.41
2007	1 643.8	3 794.2	0.43
2008	2 239.3	5 066.1	0.44
2009	2 463.9	5 300.6	0.46
2010	3 070.8	6 830.7	0.45
2011	3 635.6	8 246.9	0.44

从表 5 可以看到，河南省霍夫曼系数由 1997 年的 0.56 逐渐下降为 2011

年的 0.44。按照表 1 霍夫曼工业发展阶段划分，河南省工业结构应处于第四阶段即重工业发展后期，但是这显然与河南省实际产业发展水平不符，存在“虚高度化”现象，主要原因为近年来机器设备和制造机械的重工业快速发展所致。

在工业内部结构中，2011 年河南省规模以上工业增加值 11 882.55 亿元，轻工业增加值与重工业增加值之比为 0.44，与全国之比基本接近。2011 年河南省规模以上工业增加值按照四大传统优势产业、六大高成长产业和其他产业分类情况如表 6 所示。

表 6　　河南省规模以上工业增加值产业分布

产业	规模以上工业增加值（亿元）	比重（%）	行业	规模以上工业增加值（亿元）	比重（%）
四大优势产业	3 211.74	27.0	化工	948.45	8.0
			有色金属	1 029.21	8.7
			钢铁	581.45	4.9
			纺织服装	652.63	5.5
六大高成长产业	6 568.84	55.3	汽车	301.74	2.5
			电子信息	207.44	1.7
			装备制造业	1 702.1	14.3
			食品工业	1 639.72	13.8
			轻工业	1 141.38	9.6
			建材工业	1 576.46	13.3
其他产业	2 101.97	17.7			
合计	11 882.55	100			

从表 6 可以看到，化工等四大传统优势产业规模以上工业增加值占比 27%，传统优势产业产值比重相对较低；汽车等六大高成长产业在整个规模以上工业增加值中占比 55.3%，六大高成长产业目前已形成规模优势，已成为规模以上工业增加值的最大产业贡献板块。

（3）河南省服务业结构情况。河南省第三产业近年来迅速发展，第三产业生产总值由 1982 年的 52.36 亿元增长到 2011 年的 7 991.72 亿元，产值比重由 19.9% 增加至 29.7%，形成了批发和零售等传统服务业为主，物流、文化、旅游、金融等现代服务业为辅，信息软件等高新技术快速成长的良好局面，2004 年以来河南省各类服务业占全省地区生产总值的比重如表 7 所示。

表7 河南省各服务行业占全省地区生产总值比重 单位：%

年份	交通运输、仓储及邮电业	批发和零售业	住宿和餐饮业	金融业	房地产业	其他服务业
2004	6.6	6.0	3.1	2.0	2.8	11.4
2005	5.9	5.8	2.9	1.7	2.8	10.9
2006	6.0	5.5	3.1	1.8	2.8	10.9
2007	5.8	5.1	3.3	2.0	3.0	10.9
2008	4.5	5.1	2.8	2.3	2.8	10.8
2009	4.2	5.4	2.7	2.6	3.2	11.1
2010	3.8	5.6	2.6	3.0	3.4	10.3
2011	3.5	5.8	2.9	3.2	3.6	10.2

从表7可以看出，近八年来批发和零售业、住宿和餐饮业、其他服务业产值比重基本不变，交通运输、仓储及邮电业产值比重下降趋势较为明显，金融、房地产业产值比重呈逐年上升的趋势。

（三）河南省金融发展现状

河南省金融业经过30多年的发展，形成了以银行业金融机构为主，证券、期货、信托、保险等非银行金融机构为辅，涵盖各类金融机构的金融体系，为河南省经济发展和社会进步提供了大量的金融支持。

1. 河南省银行业现状

当前河南省辖内银行业金融机构主体日趋丰富，机构体系日趋完善，形成了大型商业银行、政策性银行、股份制银行、城市商业银行、农村合作机构、财务公司、信托公司、外资银行、新型农村金融机构等多种银行业金融机构共同发展的良好局面。

（1）河南省银行业发展情况。戈德史密斯将金融相关比率（FIR）作为衡量金融发展的主要指标，由于目前缺乏河南省金融资产总量的统计资料，本文用金融机构存贷款余额与地区生产总值之比来表示FIR，1992—2011年河南省和全国FIR，如图11所示。

从图11可以看出，河南省金融相关比率一直都低于全国水平，而且2000年以后与全国水平差距越来越大，其中2003年至2007年处于下降趋势。以上数据和发展趋势说明，河南省的金融发展落后于全国水平，与河南省地区生产总值全国第五位的经济位次是不匹配的，河南省金融发展远滞后于经济发展。

（2）河南省银行业效率情况。存贷比（SLR）是贷款总额与存款总额之比，反映存款总量转化为贷款投放的比例，衡量一个国家或地区的存款资源的利用率，从一定程度上说明金融市场的效率，河南省和全国1992—2011年存贷比情况如图12所示。

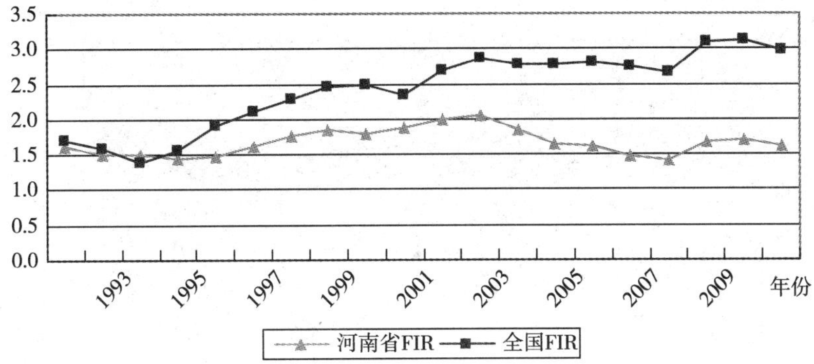

图 11 河南省与全国 FIR

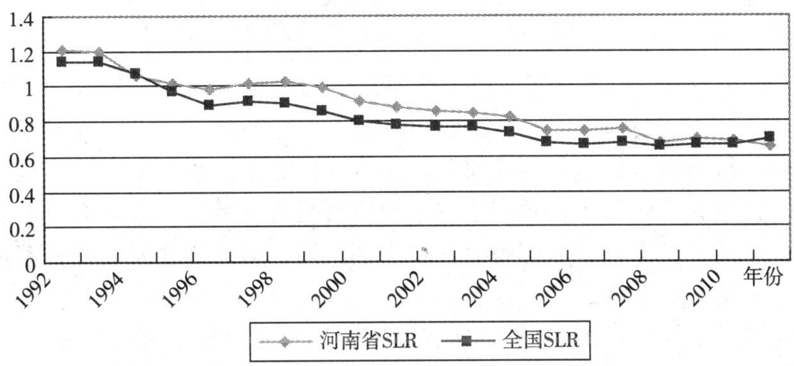

图 12 1992—2011 年河南省与全国 SLR

从图 12 可以看出，自 1992 年开始河南省与全国 SLR 均呈下降趋势，河南省存贷比一直落后于全国水平，说明河南省信贷资金大量外流，再加上金融发展程度落后于全国水平，更加深了省内企业融资的困境。

（3）河南省银行业多样化情况。2011 年底河南省辖内存在大型商业银行、股份制银行、外资银行、河南本地银行金融机构等，其中河南本地银行金融机构包括各城市商业银行、各农村合作机构、法人机构在河南的 2 家财务公司和 2 家信托公司。另外，由于外资银行规模较小，所以本文以大型商业银行和全国股份制银行以外的银行金融机构，笼统作为河南省本地银行金融机构，2001—2011 年河南省各类银行金融机构存贷款余额比重如图 13 所示。

从图 13 可以看出，河南辖内大型银行存贷款余额比重一直在 50% 左右，全国股份制商业银行比重呈小幅增加趋势，河南省本地银行比重近 10 年平均

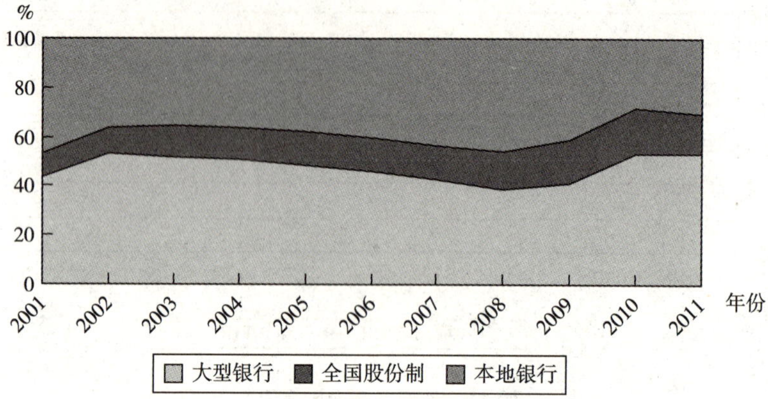

注：2009 年以前大型银行采用国有独资银行数据，全国股份制银行采用其他商业银行数据。

图 13　2001—2011 年河南各类银行存贷款余额比重

占比 40%，但 2008—2010 年下降趋势明显，2010 年以来小幅增长，主要原因为 2011 年河南省农村信用社县级联社统一法人工作全部完成，城市商业银行增资扩股取得实质进展，新型农村金融机构不断壮大。整体而言，河南本地银行较全国其他省市银行存在规模小、整合进度缓慢的问题，至今尚没有省级商业银行，远落后于北京、上海等地，在中部地区也落后于安徽、山西等地。

2. 河南省证券业现状

河南省证券市场自 20 世纪 90 年代以来得到长足发展，2011 年底全省有 98 家境内外上市公司，发行股票 100 只，募集资金总额达 1 034.03 亿元；其中 2011 年全省共有 18 家企业在境内外上市，全年首次发行和再融资募集资金 282.93 亿元。

但是，河南省证券市场发展缓慢，2011 年底河南省 A 股上市公司总数占全国总数的 2.67%，A 股流通总市值仅占全国的 1.54%，河南省上市企业总数较少且规模较小。总部设在辖内证券公司仅有 1 家即中原证券，其综合实力相对于大型券商较弱；总部设在辖内 3 家期货公司规模较小，当前尚无总部设在河南的基金公司。2011 年底河南省实际证券化率（流通股总市值占地区生产总值比重）为 9.4%，远远落后于全国 34.6% 的水平。因此，河南省证券业发展滞后于地方经济发展，且河南省证券发展程度远落后于全国水平。

3. 河南省其他金融业现状

随着经济发展，河南省保险业也进入快速发展轨道，2011 年底全年保险公司保费收入 839.8 亿元，保险密度（人均保费收入）893 元/人，保险深度（保费收入与地区生产总值比值）为 3.1%。但是，河南省保险业整体落后于经济发展，2011 年底辖内尚无本土保险公司，河南保费收入外流严重。2011 年郑州商品交易所期货累计成交量稳中有降，累计成交金额同比增长 8%，主要交易品种有一号棉花、PTA、白糖、强筋小麦、硬白小麦等。

四、河南省金融发展对产业结构优化的实证研究

（一）河南省产业结构的投融资分析

为进一步考察河南省金融对产业结构的影响状况，本文主要从各产业固定资产投资情况、企业融资结构两个方面进行分析。

1. 河南省各产业固定资产投资情况

河南省全社会固定资产投资快速增长，由 1982 年的 53.5 亿元增加至 2011 年的 17 770.5 亿元，有效地推动了河南省经济发展，近 30 年的固定资产投资情况如图 14 所示。

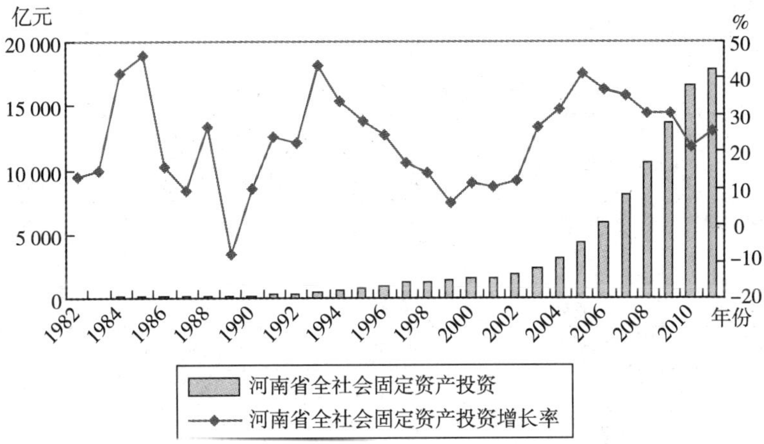

图 14　1982—2011 年河南省全社会固定资产投资及增长率

从图 14 可以看出，河南省全社会固定资产投资总额快速增加，尤其 2000 年以后投资总额平均保持 25% 以上的增速。但全社会固定资产投资增长率一直波动较大，存在较为明显的周期性，1993 年以来增长和下跌周期基本保持在 7 年左右。

2000 年以来，全社会固定资产投资总额高速增加，各产业所占比重变动具有鲜明特点，第一产业基本保持在 5% 左右，第二产业占据一半以上，第三产业波动较大且呈下降趋势，如图 15 所示。

2. 河南省企业融资基本情况

2011 年河南省非金融机构共融资 2 385.3 亿元，其中贷款占比 76%、债券

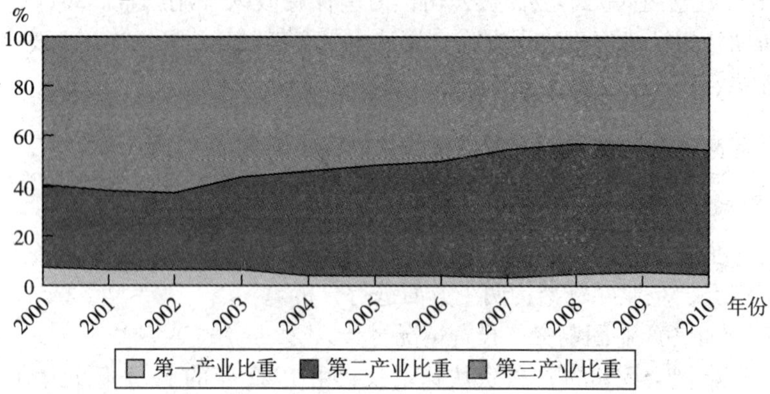

图 15　2000—2010 年河南省全社会固定资产投资各产业分布

（含可转债）融资占比 12.7%、股票融资占比 11.3%，近 10 年非金融机构融资情况如表 8 所示。

表 8　2001—2011 年河南省非金融机构融资情况

年份	融资总额（亿元）	比重（%）		
		贷款	债券（含可债）	股票
2001	505.8	93.1	0	6.9
2002	663.1	97.3	0	2.7
2003	881.6	96.8	0	3.2
2004	715.6	97.9	1.4	0.7
2005	759.7	99.4	0	0.6
2006	1 227.7	90.7	4.1	5.3
2007	1 170	83.7	4.2	12.2
2008	1 601.8	93	2.8	4.2
2009	3 359.9	92.8	6.8	0.4
2010	2 829.3	86.5	7.4	6.1
2011	2 385.3	76	12.7	11.3

资料来源：中国人民银行郑州中心支行.2011 年河南省金融运行报告.

从表 8 可以看出，尽管银行贷款比重呈下降趋势，但银行贷款融资仍占支配地位；近些年直接融资比例逐渐扩大，银行间市场短期融资债券和中期票据融资快速发展，融资渠道更加丰富，融资结构趋于优化。

由表 8 分析，河南省融资结构主要存在两个滞后：第一是直接融资滞后于间接融资，2011 年河南省间接融资比例达到 76% 的历史最低水平，但西方发达国家间接融资比例一般为 30% 左右水平，与西方发达国家差距显著；第二是债券市场融资滞后于股票市场融资，在直接融资内部结构中，西方发达国家股票融资比例为 30%，2011 年河南省股票融资比例为 89%，与西方发达国家水平相差甚远。

（二）河南省金融发展与产业结构优化的实证研究

1. 数据来源

本文研究基础为 1982—2011 年河南省相关数据，时间跨度为 30 年，重点研究改革开放以来河南省产业结构优化与金融发展的内在关系。河南省地区生产总值、三次产业产值均来源于相应年份《河南省统计年鉴》；金融机构人民币存贷款余额是根据以上统计年鉴整理所得（各项存贷款年底余额 1989 年以前为国家银行口径，1990 年以后为金融机构口径）。

2. 实证研究的指标设计

（1）产业结构优化指标。本文选取产业结构优化率（ISR）作为产业结构优化指标，ISR =（第二产业增加值 + 第三产业增加值）/地区生产总值。该指标为总量指标，基本能够反映河南省产业结构优化的趋势。

（2）金融发展指标。本文选取金融相关比率（FIR）作为金融发展指标，由于河南省统计资料缺乏广义货币 M_2、股票市值、债券余额等部分，且前面分析可知银行业仍是各产业最主要资金来源，故本文以金融机构存贷款余额作为金融资产总量，FIR =（金融机构存款余额 + 金融机构贷款余额）/地区生产总值。该指标为总量指标，主要反映金融在经济发展中的深化程度。

3. 实证研究过程

（1）数量特征。河南省 1982—2011 年地区生产总值、第二、第三产业增加值、金融机构存贷款之和、金融相关比率 FIR、产业结构优化率 ISR 等相关数据如表 9 所示。

表 9　河南省产业结构和金融发展相关数据

年份	河南地区生产总值（亿元）	金融结构存贷款余额（亿元）	第二、第三产业增加值（亿元）	金融相关比率（FIR）	产业结构优化比率（ISR）
1982	263.3	227.8	155.12	0.8652	0.5891
1983	327.95	262.93	184.46	0.8017	0.5625
1984	370.04	366.72	214.76	0.9910	0.5804
1985	451.74	431.33	278.31	0.9548	0.6161
1986	502.91	534.87	323.89	1.0636	0.6440
1987	609.6	624.03	389.38	1.0237	0.6387

续表

年份	河南地区生产总值（亿元）	金融结构存贷款余额（亿元）	第二、第三产业增加值（亿元）	金融相关比率（FIR）	产业结构优化比率（ISR）
1988	749.09	718.66	508.37	0.9594	0.6787
1989	850.71	840.91	560.76	0.9885	0.6592
1990	934.65	1 367	608.88	1.4626	0.6515
1991	1 045.73	1 699.93	711.12	1.6256	0.6800
1992	1 279.75	2 063.3	925.83	1.6123	0.7234
1993	1 660.18	2 510.64	1 249.73	1.5123	0.7528
1994	2 216.83	3 307.77	1 670.15	1.4921	0.7534
1995	2 988.37	4 301.86	2 225.38	1.4395	0.7447
1996	3 634.69	5 373.06	2 697.05	1.4783	0.7420
1997	4 041.09	6 592.65	3 032.54	1.6314	0.7504
1998	4 308.24	7 651.04	3 236.85	1.7759	0.7513
1999	4 517.94	8 377.61	3 394.8	1.8543	0.7514
2000	5 052.99	9 110.35	3 891.41	1.8030	0.7701
2001	5 533.01	10 415.89	4 298.67	1.8825	0.7769
2002	6 035.48	12 005.17	4 747.12	1.9891	0.7865
2003	6 867.7	14 040.69	5 669	2.0445	0.8255
2004	8 553.79	15 724.1	6 904.5	1.8383	0.8072
2005	10 587.42	17 438.49	8 695.41	1.6471	0.8213
2006	12 362.79	20 059.88	10 446.05	1.6226	0.8450
2007	15 012.46	22 121.9	12 794.8	1.4736	0.8523
2008	18 018.53	25 623.47	15 359.75	1.4221	0.8524
2009	19 480.46	32 612.49	16 711.41	1.6741	0.8579
2010	23 092.36	39 020.15	19 834.27	1.6897	0.8589
2011	26 931.03	44 152.39	23 418.79	1.6395	0.8696

对于金融相关比率（FIR）、产业结构优化率（ISR）之间的基本关系，首先运用 Eviews6.0 软件作出时间序列图，如图 16 所示。

从图 16 可以看出，河南省金融相关比率（FIR）、产业结构优化率（ISR）均呈上升趋势，其中 ISR 小幅度平缓上升，FIR 大幅陡峭上升且波动幅度较大。

其次运用 Eviews6.0 软件，对河南省金融相关比率（FIR）、产业结构优化率（ISR）之间的相关性进行分析，它们之间相关系数 r（FIR，ISR）=0.76908，说明河南省 FIR 和 ISR 存在较强的正相关性。

对 FIR 和 ISR 之间的相关性，从实际的角度理解可能存在两种情况，第一是河南省金融发展促进了产业结构的优化，第二是河南省产业结构的优化促进

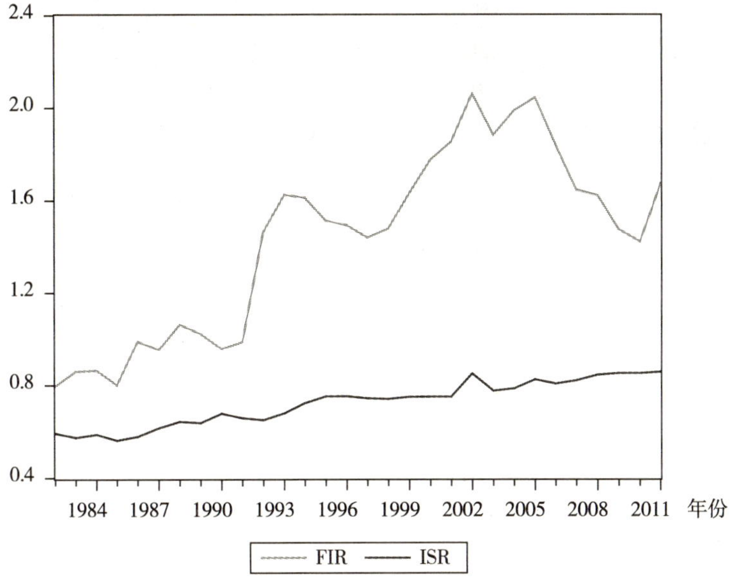

图 16 金融相关比率和产业结构优化的时间序列图

了金融发展。为更好地考察 FIR 和 ISR 之间内在关系，需要做进一步的深入分析。

（2）实证分析过程。

①单位根检验。因为数据的自然对数不会改变原有的协整关系，且能消除异方差的影响，所以对 FIR 和 ISR 两个变量取自然对数，即用 LFIR 和 LISR 分别表示金融相关比率和产业结构优化率。建立协整关系的前提是时间序列为同阶单整时间序列，因此需要对变量进行单位根检验。本文采用 ADF 检验方法，运用 Eviews6.0 软件，对变量 LFIR、LISR 及其一阶差分序列 ΔLFIR、ΔLISR 进行平稳性检验。单位根检验结果如表 10 所示。

表 10 变量 ADF 检验中单位根检验结果

序列	(c, t, p)	样本个数	显著性水平	是否平稳
LFIR	(c, 0, 1)	30	0.459	否
ΔLFIR	(c, 0, 1)	30	0.001	是
LISR	(c, t, 1)	30	0.064	否
ΔLISR	(c, 0, 1)	30	0.0002	是

注：(c, t, p) 代表检验类型，c、t、p 分别表示常数项、趋势项、滞后阶数，滞后期 p 取决于 AIC 准则和 SC 准则。

从表 10 可以看出，在 1% 的显著水平下，LFIR、LISR 都是非平稳的，而 ΔLFIR、ΔLISR 在 1% 显著水平下达到平稳，是一阶差分平稳序列。

②协整检验。由上文平稳检验得出 ΔLFIR、ΔLISR 均为一阶单整序列，可以考虑检验是否存在协整关系。通过检验的协整关系为

$$LISR = 0.382736\ LFIR - 0.224538$$

相应系数的 T 统计量值：　8.96　　　　　-24.44

R-squared 值　　0.7415　　　D. W. 值：0.58

表明上述回归关系拟合较好，进一步对其残差序列进行平稳性检验。

对残差进行单位根检验，可得到如表 11 所示检验结果。

表 11　　　　　　　　　　残差单位根检验结果

		t-Statistic	Prob. *
Augmented Dickey-Fuller test statistic		-4.727414	0.0008
Test critical values:	1% level	-3.699871	
	5% level	-2.976263	
	10% level	-2.627420	

注：本表由软件生成，不宜修改。

协整结果表明，残差序列的 ADF 检验统计量为 -4.7274，小于 1% 显著水平的临界值 -3.6999，即在 1% 的显著水平下即可拒绝原假设，能够通过置信度 99% 的平稳性检验，表明残差序列平稳，因此上述协整关系成立。该结果说明 LFIR 和 LISR 存在长期的协整关系，即金融发展和产业结构优化存在长期的动态均衡关系。

③格兰杰检验。上文结果表明 LFIR 和 LISR 存在长期的协整关系，但这种协整关系是否具有因果关系还需要进一步验证。本文采用格兰杰检验方法对 LFIR 和 LISR 之间因果关系进行检验，取滞后阶数分别为 1、2、3，得到表 12 检验结果。

表 12　　　　　　　　　　格兰杰因果关系检验结果

Lags: 1			
Null Hypothesis:	Obs	F-Statistic	Probability
LISR does not Granger Cause LFIR	29	0.00157	0.96865
LFIR does not Granger Cause LISR		5.41035	0.02808
Lags: 2			
Null Hypothesis:	Obs	F-Statistic	Probability
LISR does not Granger Cause LFIR	28	3.39638	0.05100
LFIR does not Granger Cause LISR		2.31359	0.12148
Lags: 3			
Null Hypothesis:	Obs	F-Statistic	Probability
LISR does not Granger Cause LFIR	27	2.48404	0.09025
LFIR does not Granger Cause LISR		1.47285	0.25208

注：本表由软件生成，不宜修改。

从表 12 可以看出，在滞后 1 期，5% 显著性水平下可以拒绝“ LFIR does not Granger Cause LISR”；在任何显著性水平下，均不能拒绝“LISR does not Granger Cause LFIR”，即 LFIR 可以引起 LISR 变动，反之不成立，从而也验证了协整检验中 LISR 与 LFIR 的回归关系。以上结果表明，金融发展能够引起产业结构的优化，而产业结构的优化对金融发展影响不显著。

④脉冲响应函数。格兰杰因果检验表明变量之间的因果关系是否存在，但难以得出给定变量的变化对系统中的其他变量产生影响的时间。本文运用脉冲响应函数具体分析以上信息。脉冲响应函数是一个内生变量对误差变化的影响，即在扰动项上加一个标准差大小的冲击，对内生变量的当期值和未来值所带来的影响。

首先，对 LFIR 和 LISR 建立向量自回归模型（VAR 模型），通过滞后阶数检验表明滞后 2 期最佳，得到 VAR 估计结果如表 13 所示。

表 13　VAR 估计结果

	LFIR	LISR
LFIR（-1）	1.064017	0.067494
	(0.19342)	(0.07173)
	[5.50107]	[0.94099]
LFIR（-2）	-0.291322	0.045886
	(0.23208)	(0.08606)
	[-1.25528]	[0.53317]
LISR（-1）	-0.910430	0.455833
	(0.53880)	(0.19981)
	[-1.68973]	[2.28138]
LISR（-2）	1.262703	0.253941
	(0.49004)	(0.18172)
	[2.57674]	[1.39741]
C	0.225109	-0.114724
	(0.16559)	(0.06141)
	[1.35946]	[-1.86830]
R-squared	0.892312	0.927865
Adj. R-squared	0.873584	0.915320
Sum sq. resids	0.228139	0.031373
S. E. equation	0.099595	0.036933

续表

	LFIR	LISR
F - statistic	47. 64497	73. 96177
Log likelihood	27. 60978	55. 38584
Akaike AIC	-1. 614984	-3. 598988
Schwarz SC	-1. 377091	-3. 361095
Mean dependent	0. 350384	-0. 317185
S. D. dependent	0. 280114	0. 126918
Determinant resid covariance (dof adj.)		1. 33E-05
Determinant resid covariance		9. 01E-06
Log likelihood		83. 18398
Akaike information criterion		-5. 227427
Schwarz criterion		-4. 751640

注：本表由软件生成，不宜修改。

其次，在 VAR 模型基础上，对 LISR 和 LFIR 分别施加一个冲击，考察冲击对 LISR 带来的动态影响轨迹，得到如图 17、图 18 脉冲响应图，横轴表示冲击作用的滞后期长度（单位：年），实线表示脉冲响应函数曲线，虚线表示正负两倍标准差偏离带。

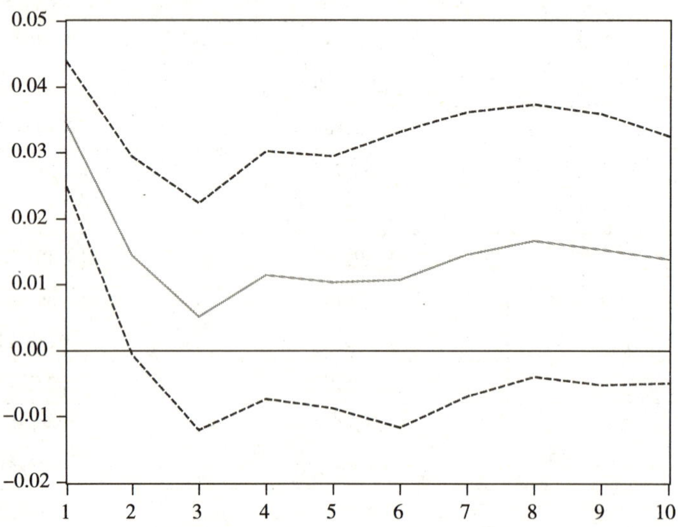

注：图中各参数注释见正文。

图 17　LISR 对 LISR 脉冲响应图

对 LISR 施加一个标准差的冲击后，对 LISR 自身立刻带来较大的正向的波动影响，其后在第 3 期波动变小后趋于平稳。说明 ISR 表现出高程度后，其发展就会得以持续。

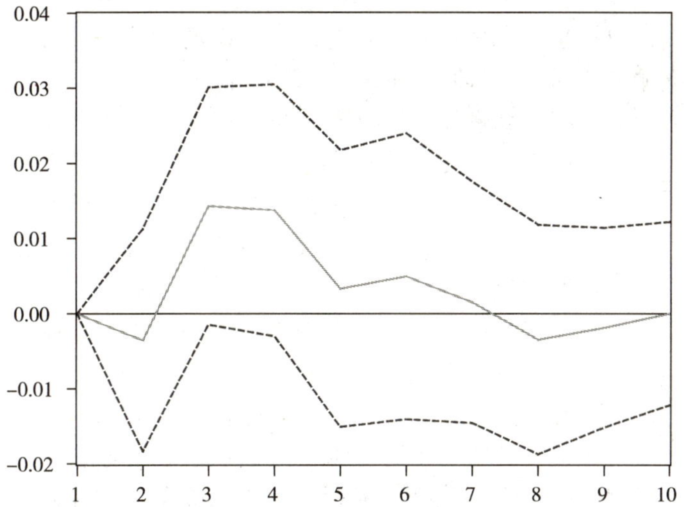

注：图中各参数注释见正文。

图 18 LFIR 对 LISR 脉冲响应图

对 LISR 施加一个标准差的冲击后，对 LISR 先带来负向的波动影响，其后在第 3 期波动变为正后逐渐减小并趋于平稳。

（3）实证结果分析。第一，1982—2011 年，河南省金融发展总量与产业结构优化之间存在长期的动态均衡关系，金融发展总量有效地推动了地区产业结构的优化，但产业结构的优化并不一定会导致金融发展总量的增加。第二，金融发展总量对产业结构优化初期影响巨大且非常显著，但金融发展总量对产业结构优化存在一定滞后期，经过滞后期后该影响能持续推动地区产业结构优化，但影响效果逐渐减少并趋于平稳。

五、河南省金融发展与产业结构优化的建议

（一）优化地区金融生态环境，制订金融产业发展规划

经济学理论表明一个地区的经济发展效益越高、经济活力越强，就越能够吸引外部资金，获得大量的金融支持，从而促进地方经济发展；同时地方经济越发达，金融环境越优良，反过来更能推动地方经济发展，实现经济增长与金融发展的良性互动。因此，大力发展河南金融业、优化金融环境就显得尤为迫

切。

首先，加快社会信用体系建设，优化金融生态环境。各级政府应首先加强自身信用建设，带头严格执行法律法规等，认真落实各项政府承诺，做到真正取信于民。在此基础上，优化法治信用环境，增强信用执法强度，引导信用法治建设。同时，要逐步发展信用评级机构，增强市场信用评级引导作用，稳健发展信用中介服务体系，不断健全和完善金融产业生态链。

其次，省政府应遵循金融发展的基本规律，重视金融在经济发展中的功能和作用，把金融业提升至经济结构的核心产业层次，制订金融产业长期发展规划。市、县（区）二级政府应制定具体实施方案，提供政策等各方面支持，加速地方金融产业发展。支持大型商业银行、河南各城市商业银行营业网点向县乡延伸，鼓励全国性股份制银行、外资银行、证券公司、基金公司、创业投资基金等到河南设立分支机构，稳健发展新型农村金融机构，最终达到各类金融机构全方位、多层次支持河南地方经济发展。

最后，金融管理部门在加强政策引导和金融监管的同时，要改变行政理念，更加注重服务职能，建立和完善地方金融发展的法规规章体系。金融管理以及其他政府部门应整合分散在各产业、各行业的信息资源，建设公开、透明、有效的政府信息平台，及时传递国家宏观经济政策、产业政策、行业规划等指导信息。

（二）加快地方金融改革开放，提高区域金融竞争力

河南省本地金融机构在经济建设中一直发挥着重要作用，但当前也存在着突出问题，因此需要持续推动本地金融机构改革创新，不断提高金融业开放水平，建立多元化、全方位、均衡发展的金融组织体系，提高区域金融竞争力。

首先，适当放宽市场准入标准，出台相应优惠政策，吸引外资银行等金融机构到河南设立分支机构，壮大河南金融机构规模和数量；在金融合规发展的前提下，各级政府应积极探索与金融机构的合作模式，鼓励创建包括村镇银行等在内的新型农村金融机构，积极引进创业投资基金和风险投资基金，从而实现地方金融和产业结构优化互动发展的良好局面。

其次，支持综合实力强的地方商业银行实现省内跨区域发展，按照市场原则进行兼并重组，在此基础上组建河南省级商业银行，将其打造成具有品牌优势的地方性商业银行；加强对中原证券、中原信托等本地非银行金融机构的扶持力度，使其投行、财务顾问、信托贷款等业务更好地契合企业实际需求；规划筹建河南省级保险公司，因地制宜地满足省内企业和个人的保障需求。

最后，积极推进河南省农村信用社产权制度改革，建立责权利清晰的农村信用社或农村商业银行，鼓励城市商业银行向下延伸开展业务，优化农村金融网点布局，完善农村金融服务网络，促进农村经济发展。

（三）丰富企业融资渠道，增加直接融资规模

2011年河南省直接融资规模大幅增加，贷款融资在社会融资规模中比例降至历史最低水平，融资结构趋于优化，但总体而言河南省融资结构失衡问题非常突出。

首先，认真梳理省内上市条件达标企业，培育新增上市主体，鼓励优势企业进入资本市场融资，增加直接融资比重；稳步推进郑州、洛阳高新技术园区建设，抓住国家代办股份转让系统扩容的机遇，争取更多园区内高新技术企业到“新三板”交易，增加定向募集资金渠道。

其次，加速发展省内债券市场，提高债券融资比重，促进融资结构的合理化。河南省金融相关部门应加强与公司债、企业债、银行间债券等市场主管部门的沟通互动，深化与中国银行间市场交易商协会的合作关系，向省内企业普及直接债务融资知识，推动条件达标企业通过银行间市场进行直接债务融资，优化融资结构。

最后，大力发展创业投资市场，培育风险投资市场。本文研究结果表明，河南省金融发展总量对产业结构优化前期影响显著，且存在一定滞后性，因此需要发展偏好风险的创业和风险投资基金，在银行资金不会介入的产业发展初期进行投资，从而满足产业发展各阶段的融资需求。最关键是要建立按照市场规则运行的风险投资机制，使风险投资基金真正成为高风险、高收益产业的投资主体，从而推动高新技术成果转化和应用，推动各产业科技含量和水平。

（四）完善中小企业融资体系，破解中小企业融资难题

河南省中小企业在推动地方经济发展过程中发挥着重要作用，2011年规模以上工业增加值中中小企业占75%，但是融资难问题一直困扰着中小企业，破解中小企业融资难问题是河南省经济建设中面临的重要问题。

首先，各级政府要充分认识到中小企业在经济发展的重要作用，切实转变行政理念，由原来的管理职能转向服务职能，建立全覆盖的中小企业社会服务体系，具体包括政策法律咨询、人才技能培训、信用评级等各类服务。

其次，合规、有序发展融资担保机构，积极探索中小企业融资担保体系建设。规范发展担保体系建设，通过有效的担保机制，鼓励各商业银行在风险可控的前提下，转变经营思路，加大对中小企业贷款的支持力度，支持中小企业做大做强，从而实现中小企业发展和金融发展的良性互动。

最后，规范发展河南省中小企业产权交易市场，严格按照监管要求和市场机制配置资源，推动中小企业产权、债权、股权流转，扩大中小企业融资渠道，为企业间整合和重组提供公平、高效、透明的交易平台，促进中小企业发展。

（五）配合地方产业发展规划，实施差异化金融支持方案

由于农业现代化、高新技术普及化等内容是产业结构优化的重要组成部分，而商业性金融机构一般不会投向此类产业或行业，市场机制在资金配置方面存在明显的缺陷，这就需要政策性金融机构发挥其校正补充机制。政策性金融机构应加大对农业企业、进出口企业和各类高科技企业支持力度，给予利率等信贷优惠政策，鼓励其做大做强。

首先，稳步提高农业机械化程度，扶持现代化农业企业。政府相关部门应加大对农业机械企业的扶持力度，给予政策、税收等方面优惠，同时给予农业机械购置户直接资金补贴。积极扶持现代化农业企业，鼓励农业发展银行等政策性银行和涉农银行对其进行信贷支持，培育一批具有核心竞争优势的畜禽养殖、饲料加工、蔬菜种植、特色农产品加工、速冻食品制作等农业现代化龙头企业，形成具有河南特色的农业企业。

其次，改善工业内部结构，大力发展无污染、低耗能等绿色环保企业。各级政府应转变发展理念，探索不以牺牲生态和环境的工业发展模式，招商引资实行环保评估“一票否决制”，严格控制高污染、高耗能的新建项目。金融机构应加大对汽车等六大高成长性产业的融资支持，逐步退出高污染、高耗能、产能过剩行业的贷款，通过行政引导和市场选择双重机制，改善轻重工业内部比例，提升河南省工业化质量。

最后，增加对服务业投资规模，大力发展现代服务业。充分利用河南省历史、文化、地理等优势，提高根亲文化在海内外华人中的影响力，增加对人文、景观等重点旅游景区的投资，带动周边地区餐饮、住宿等服务发展，促进地区经济增长。重点支持河南高新技术产业发展，鼓励创业投资基金、风险投资基金等对其进行融资支持；增强高校等科研机构与地方企业的合作力度，促进科研成果向生产力的转换。加大对影视、戏曲、动漫等文化产业的支持力度，上下延伸配套产业链，鼓励创业投资基金等给予融资支持，尽早形成河南省文化产业的龙头企业。

参考文献

[1] 库兹涅茨．各国的经济增长、总产值和生产结构［M］．北京：商务印书馆，1999.

[2] 刘志彪．现代产业经济分析［M］．南京：南京大学出版社，2001.

[3] 高铁梅. 计量经济学分析方法与建模——Eviews 应用及实例 [M]. 北京: 清华大学出版社, 2006.

[4] 中华人民共和国统计局. 中国统计年鉴 2012 [M]. 北京: 中国统计出版社, 2012.

[5] 河南省统计局. 河南统计年鉴 2012 [M]. 北京: 中国统计出版社, 2012.

[6] 河南省统计局. 2011 年河南省国民经济和社会发展统计公报 [R]. 2012.

[7] 中国人民银行郑州中心支行. 2011 年河南省金融运行报告 [R]. 2012.

[8] 张晓燕, 王成亮. 中国金融结构与产业结构关系的实证研究 [J]. 当代经济, 2004 (4).

[9] 邓光亚, 唐天伟. 中部区域金融发展与产业结构调整互动研究——基于 VaR 模型的实证分析 [J]. 经济经纬, 2010 (5).

[10] 沈双生, 张娟. 金融发展对产业结构影响的实证分析: 以河北省为例 [J]. 生产力研究, 2009 (20).

[11] 陈时兴. 中国产业结构升级与金融发展关系实证研究 [J]. 科技与经济, 2011 (8).

[12] 查亚芬, 王亚娜. 产业结构升级与金融发展关系的实证研究 [J]. 商业研究, 2009 (7).

[13] 段玉强. 河南省金融发展与产业结构优化的实证分析 [J]. 金融理论与实践, 2012 (6).

[14] 雷清, 杨存典. 金融发展与产业结构优化关系的实证研究 [J]. 统计与决策, 2012 (8).

[15] 王春丽, 宋连方. 金融发展影响产业结构优化的实证研究 [J]. 财经问题研究, 2011 (6).

[16] 张旭, 伍海华. 论产业结构调整中的金融因素 [J]. 当代财经, 2002 (1).

[17] 傅进, 吴小平. 金融影响产业结构调整地机理分析 [J]. 经济与金融, 2005 (2).

[18] 于亚恩. 产业结构调整中的金融支持问题研究 [D]. 西南财经大学硕士论文, 2008, 12.

[19] 吴安平. 金融支持对重庆市优化产业结构的影响 [D]. 西南大学硕士学位论文, 2010, 6.

[20] 国务院办公厅. 国务院关于支持河南省加快建设中原经济区的指导意

见．国发［2011］32 号．2011－09.

［21］Goldsmith. Finance structure and economic development［M］. New Haven：Yale University Press，1969.

［22］King，Levine. Finance and growth：Schumpeter might be right［J］. Quarterly Journal of Economics，1993，108（3）：717－727.

推进河南 PE 业发展的思考

中国人民银行郑州培训学院课题组[①]

摘要 私募股权投资基金（PE）进入我国不到30年的时间，从其进入之初就受到政府的高度重视，它在完善公司治理、推动企业创新、转变企业融资结构以及推动我国产业升级等各个层次发挥着重要的作用，尤其随着创业板的推出，私募股权投资在融资、投资、退出方面的数量和规模都超过了以往任何时候。但从其发展历程不难看出，中国私募股权投资基金的产生和发展离不开政府的重视和推动，与实体经济的发展和资本市场的繁荣更是密不可分。资本市场的发展繁荣是私募股权投资发展的动力，而如果没有实体经济的支撑，没有中小企业持续的创立、发展、壮大，私股权投资基金就好比无源之水、无本之木，失去了发展的前提和基础。同时，PE 业繁荣背后存在着隐忧：进入私募股权投资基金的资金越来越多，新兴的 PE 机构越来越多，而 PE 进入项目的估值也越来越高，随着创业板供给的增加和市场越来越成熟理性，二级市场目前普遍的高价发行难以持续，现在争抢项目高价进入的 PE，在未来面临很大的退出风险。面对这样的现状，河南省 PE 业要持续健康发展，有何良策呢？一方面，国际 PE 行业出现的趋势，对本土的基金投资者和基金管理机构具有重要的参考价值；另一方面，需要将相关的国际经验进行本土化的创新改造，以适应发展初期的本土 PE 市场的实际。对地处中原的河南而言，如何在 PE 行业把握发展机会，以推进河南 PE 业的发展是本文着力要研究的问题。

关键词 PE　经济社会发展

一、PE 及其对地方经济社会发展的意义

（一）PE 及相关理论分析

PE（Private Equity），即私募股权投资基金，是指以非公开方式向特定对象

---

① 课题负责人：张淑彩。
课题组成员：李卫红、李炳南、仲风香、张洁。

募集资金设立的对非上市企业进行股权投资并提供增值服务的非证券类投资基金（包括产业投资基金、创业投资基金等），其组织形式主要有合伙制、公司制、信托制三种。这种基金在选择项目时就考虑了将来的退出机制，即通过上市、并购或管理层回购等方式，出售持股实现增值。

PE 的出现和快速发展是市场经济条件下不同风险偏好投资者和多元化资金、管理等需求主体相互作用的必然结果。上市公司能够通过银行贷款、发债、股市等多种方式满足资金需求；那些管理水平较高、竞争能力较强的未上市企业也能够容易获得银行贷款资金；而那些或处于初创期（成长期）或管理水平不高但具有市场前景的项目，却很难获传统市场资金的青睐。PE 的出现正好能够同时满足这类项目对资金、管理或技术等多要素的需要。另外，发现并投资这种处于初创期（成长期）或管理水平不高但具有市场前景、通过引进管理要素能够显著增值的项目正是 PE 追逐的目标，因为拥有众多管理等资源正是 PE 的优势所在。好企业的股东往往排斥 PE，担心分一杯羹，而愿意接受 PE 的企业要么是真正需要其提升价值的企业，要么是借助其人脉资源共谋超常规上市的企业。私下募集资金、根据标准筛选确定投资目标、洽谈并投资企业、引进管理等资源提升企业价值、通过上市（或其他方式）退出实现投资价值是 PE 运作的五个通常阶段。因此，PE 能够获得高收益不在于其投入的资金资源，而在于投入了稀缺的智力资源：即能够分析发现潜在投资目标和提供高水平的管理或企业急需的其他稀缺要素，在于投资初创期（成长期）或管理水平落后企业面临的高市场风险。稀缺资源投入和高风险资金投入是 PE 获取高额回报的市场逻辑。基于对 PE 内在属性和运作阶段的分析，真 PE 最在乎的是经济增长活力孕育的投资机会（众多有投资价值并能够投资的企业）、公平合理的税收负担、多元化的增值退出渠道。因为这几方面是实现 PE 投资利益的根本保障。有关调查也能验证这些：外资 PE 最看重的不是结汇和税收优惠问题，而是身份问题（因为他们可以设立纯人民币基金），内资 PE 主要关心双重征税问题。因此，外资 PE 之所以涌入中国、内资 PE 雨后春笋般设立，内在市场逻辑是预期我国经济继续保持快速增长、改革开放政策继续推进、多层次资本市场不断完善等。

（二）发展股权投资基金业有利于促进地方经济和社会发展

（1）带来巨额资金流。PE 通过凝聚当地资本，吸引外来资本，形成巨额资金流，支持扩大地方社会投资，促进资本落地，推动地方经济增长。

（2）提高经济整体素质，转变经济增长方式。PE 通过引导社会资本支持产业结构升级优化、通过推动资本和管理的进一步结合，扶持有潜力企业，促进做大做强，增强市场竞争能力，加快地方经济结构调整，提高地方经济整体素质等，应该成为地方积极发展 PE 的主要目的。

（3）扩大社会就业。主要是通过设立 PE 引进高端人才和通过 PE 扶持有潜力企业做大做强带动地方人员就业。

（4）增强地方财力来源。吸引 PE 在地方设立并发展业务本身便能扩大财力来源。另外，通过 PE 扶持有潜力企业发展，间接培育、增强企业纳税能力。

（三）PE 对中小企业融资的独特作用

从企业融资角度而言，与其他融资方式相比，PE 具有独特的优势。银行等信贷融资通常只提供流动资金贷款，期限短，企业难以用于长期支出；企业通常要为每笔贷款提供抵押物或担保；信用记录不佳的企业难以获得所需要的贷款；企业付息压力大；银行往往倾向于“锦上添花”而非“雪中送炭”，资金状况和经营情况较好的企业对资金的渴求不是特别急迫，但容易获得银行贷款，而陷入财务困境的企业急需资金但往往难以获得贷款。“地下钱庄”等民间资本手续简便，但利率过高，企业付息压力太大。至于资本市场直接融资，不仅资本成本大、融资费用高，而且门槛高，不适于中小企业。相应地，私募股权投资对中小企业融资而言，具有如下特点：（1）私募股权投资为企业提供长期资本（便目前 PE 集中投资于 Pre—IPO 企业，投资期限一般也至少在两年以上）；（2）资金具有针对性，满足处于不同行业、不同发展阶段、不同财务状况的企业的个性化要求；（3）帮助企业解决因股东意见分歧给企业发展带来的不利影响；（4）为企业提供运营支持等增值服务。

（四）私募股权投资提供增值服务

PE 不只给企业带来发展所需的资金，更重要的是随资金而来的增值服务和行业经验。PE 一般不直接参与被投资企业的经营管理，多通过参与被投资企业董事会规定必须经董事会或股东同意的重大经营事项提供咨询服务、提供外部资源、调整更换经营层等方式，为企业提供增值服务，主要内容包括：完善企业发展战略、补充人力资源、优化企业治理结构、增强企业财务结构、改善企业公共关系等。

1. 完善企业发展战略

PE 通过分析行业的总体发展趋势竞争格局，结合被投资企业目前的市场地位和潜在的后续性整合目标，在了解企业现行管理制度、运行机制、现有管理团队的发展愿景和管理理念、核心管理层的行业影响力与个性特征的基础上，与管理团队一道详细规划企业的发展战略，包括市场定位、长期目标、近期目标。为保证被投资企业发展战略的可操作性，还要将发展战略分解到各个业务单元。完善企业发展战略，常常伴随着组织机构设置以及管理人员调整。

2. 补充人力资源

PE 通过自身广泛的人脉资源和行业资源，引进企业缺乏的技术、财务等专业人才和管理人才。

3. 优化企业治理结构

PE 进入被投资公司后，通过安排管理层激励措施或者替换管理层实施正向和负向的激励，使管理层的利益甚至“饭碗”和公司业绩挂钩，对管理层施压，促使管理层为了自身利益勤勉尽责，提升公司业绩。

4. 财务重整

PE 进入项目后，视企业现行财务控制情况，对财务组织结构、人员分工以及程序流程进行审核，帮助企业进行财务重整。主要内容包括：完善授权的层次性与程序性；规范预算编制与执行，梳理内部审计的程序和标准，以强化企业的成本控制能力和风险控制能力。

5. 运营支持

PE 投资企业后，通常会利用其自身的资源和渠道给予企业技术、销售以及公共关系、客户关系管理方面的支持。

6. 供应链管理

供应链管理的思想要求通过加强企业产业链上下游企业间的协作来优化和改进企业间的购销活动及物流活动，以获得整体竞争优势。PE 会帮助企业优化采购决策平台，完善采购管控制度，有时也直接参与企业采购订单、供应合同、租赁协议、装备采购等活动；定期提供下游企业状况分析报告供投资企业决策参考等。

7. 流程再造

如果被投资企业的业务流程运行效率低下，存在时间和资源上的浪费，PE 会从战略、组织、人力资源等方面考虑系统整合优化其业务流程。

8. 完善质量体系

PE 进入企业后，会从产品设计、加工工艺、检测计量器具、原材料、产品检验以及人员培训各个环节梳理影响质量的因素，并提出改进方法。PE 通过上述增值服务，扩大企业市场规模、提升企业管理水平、促进企业技术创新，实现被投资企业的价值提升，从而实现自己的投资收益。从宏观方面来说，PE 有利于完善金融体系，有利于促进产业升级和产业整合，有利于提升企业的国际竞争力。这些宏观的效用正是建立在 PE 对企业的价值创造基础之上的。如果 PE 不能随资本同时输送给企业增值服务，则沦为简单的资本游戏，失去了存在的意义。

被誉为“创投之父”的原全国人大副委员长成思危就指出：私募股权投资基金最重要的就是提供增值服务。不能通过提供增值服务提高企业的价值，投资实际上是没有效果的。私募股权投资基金的增值服务主要体现在市场、技术与管理等方面。对所投资的企业提供的帮助越多，企业越能更好地发展。全国社保基金理事会理事长戴相龙也强调：要始终坚持股权投资基金的基本功能，基金不仅仅是钱，还可以为企业提供管理人才，为企业提供增值服务，可以说，为被投资企业提供增值服务正是 PE 的核心价值所在。从企业的发展阶段来说，越是早期的企业越需要含金量高的增值服务，而未来 PE 之间的竞争，正是通过增值服务实现价值创造能力的竞争。PE 增值服务能力的提升又有赖于相关专业人才的培养和专业中介机构的发展，如律师事务所、会计师事务所、管理咨询服务机构以及职业经理人市场的完善等。

（五）PE 的专业化发展趋势

从国外 PE 的发展来看，二级市场趋于理性是必然的，晚期项目的高回报是不可持续的，投资阶段往前移做 VC 和向后移做并购是 PE 的必然方向。从中国的宏观经济情况来看，成本优势会逐渐缩小，产业升级和环保要求会越来越高，人口红利影响逐渐淡化，要在国际竞争中赢得优势，一条路是创业创新，取得领跑新领域的先机，这是 VC 产生和发展的经济基础；另一条路是产业升级，整合传统产业提升竞争力，靠企业内在力量难以完成，并购基金正好可以助力。从 PE 微观竞争格局来说，中间地带竞争激励，往两头移是理性的必然选择。

而这两个方向都对 PE 的专业化要求很高，这种专业化包括互相联系的两个方面：一是对行业的深刻了解，二是对企业的增值服务能力。对行业的深刻了解，需要 PE 从生产、销售、消费、技术、行业竞争力、市场竞争格局、行业政策等要素进行深入的分析，发现行业运行的内在规律，进一步预测未来行业发展的趋势；具备辨识企业成长关键因素的能力，能从众多的企业中挑选出能经受时间检验的“真金”，这都需要深度的行业经验积累。对企业的增值服务能力将成为 PE 的核心竞争力，而没有对行业的深入了解，是不可能提供很好的增值服务的。具备了深度的行业经验和相应的增值服务能力，PE 无论是做早期项目还是做并购，成功的概率都大大增加，事实上提高了 PE 选择项目的能力。与所有行业一样，越发展资金越向强者集中，PE 业也不例外，在向着和并购发展的过程中，必然伴随着 PE 行业的大洗牌。在未来，专业能力的高下，不仅决定 PE 业的发展，也决定 PE 机构的生死。从 PE 的项目来源渠道看，一般包括律师事务所、会计师事务所、咨询公司、银行、行业协会和拥有广泛人际关系的个人，各种展览会、各种投融资洽谈会等，也成为 PE 的项目渠道。在某个 PE 发展初期，项目来源往往依赖于一般合伙人或其背后的有限合伙人资源，随着业务发展壮大，项目来源变得多元化。但行业协会因其与行业内企业的广泛联系，具有独特的渠道作用。随着行业协会服务功能的进一步增强，与协会关联的资源更多，将对 PE 筛选项目提供更多的选择和评价参考。与行业协会合作，不仅可以降低投资中的事前信息不对称所带来的投资风险，也有助于提高投资机构的专业能力，符合 PE 专业化发展的需要。当然，PE 无论投资于哪个行业哪个阶段，从绝对数量来看，PE 的资本特性决定了所投资的企业必然只会是众多企业中的一部分，但 PE 通过和行业协会的合作，可以经由行业协会的资源互补，扩大 PE 所覆盖的企业面。而且 PE 投资后，通过增值服务使少数企业成长起来，将对其他企业起到积极的示范激励作用，或者成为整合行业资源的领头羊，对行业的整体发展和提高整个社会经济运行效率都是有益的。

二、国内 PE 市场发展中存在的问题

（一）引导基金的运作有待完善

私募股权投资是高风险与高收益相伴的投资，很显然，早期的企业不确定性因素更多，投资早期阶段的企业风险更大。根据美国的统计，从 10 年以上的长期来看，早期投资的收益率明显高于平均收益水平，其高风险是和高收益是相匹配的；从 10 年以内的期限来看，早期投资的收益率水平明显低于平均水平，与高风险不相匹配。我国现阶段投资于早期的基金偏少，投资于早期的基金期限也多在 5～10 年甚至更短，风险很大。正因为早期项目的风险大，世界各国政府均成立引导基金，引导私募股权投资基金投资早期项目，分担和补偿一定的投资风险。我国政府对于以私募股权投资促进中小企业发展，先是成立产业投资基金直接从事股权投资，后是成立引导基金间接参与股权投资。从实践来看，直接从事股权投资的产业投资基金运行效果不佳；政府建立引导基金，将原直接扶持企业和直接创建投资基金的行为，投资到有良好投资业绩的股权基金，由市场化运作的基金按照约定的产业和方向来管理资金，效果更好一些。近几年，各地引导基金如雨后春笋般纷纷冒出，各家 PE 机构也纷纷争抢引导基金，但是对于扶持创业创新企业的引导效果并不尽如人意，存在不少急需改进的问题。

（1）引导基金运作市场化不足。发改委等部门制定的《关于创业投资引导基金规范设立与运作的指导意见》规定：引导基金应以独立事业法人的形式设立，由有关部门任命或派出人员组成的理事会行使决策管理职责，并对外行使引导基金的权益和承担相应义务与责任。从实践来看，引导基金主要有四种运作方式：一是作为“种子基金”直接投资高新企业；二是“跟随投资”，跟随其他投资机构给予企业一定比例的投资；三是委托其他机构直接管理；四是作为母基金，与其他机构共同发起基金或投资其他基金，其中前面两种方式是政府直接管理，后两种方式为委托管理。无论自行管理还是委托管理，操作主体都必须具备相当的专业能力。从目前引导基金的运作来看，政府直接管理多由政府委托给一家国有公司或事业单位，负责引导基金的日常管理。大部分操作主

体不具备专业能力，并有来自于国资委国有资产增值保值的要求，引导基金倾向于采取保守的投资策略，难以实现政府的引导意图。政府在管理引导基金时，沿用传统的国有资产管理方式，行政化倾向严重，在投资决策过程中发挥主导作用，对具体业务干预和控制。在很多地方，引导基金虽然委托给专门机构管理，实质上仍然由政府控制，政府与管理机构之间没有形成真正的契约关系。操作主体专业欠缺，投资过程行政干预，给引导基金的运作带来极大的风险。

（2）引导基金存在政府意图和市场选择的矛盾冲突。一方面，国家发改委等部门制定的《关于创业投资引导基金规范设立与运作的指导意见》，将政府引导基金定义为“政策性”基金，政府成立引导基金的时候带有发展区域经济和产业结构调整的预期，投资区域范围、投资方向和投资项目受地方政策和相关部门的左右，出发点可能并不是基金投资收益最大化；另一方面，按市场化要求组建的 PE 机构更注重投资收益的问题，特别是市场化的 PE 基金管理人，出于自身市场价值和基金收益的考虑，不愿意投不赚钱或者投资收益与预期收益目标相去甚远的项目，引导基金在政府意图和市场目标之间两难。

（3）激励机制和风险补偿机制有待完善。由于存在政府意图和市场选择的矛盾，市场化的 PE 资金面临着更大的风险，必须给予合适的激励和风险补偿。目前对于如何评价引导基金的运作效果，以及对引导基金投资失败的认识等，都有待在实际运作中进一步探索。

（4）引导基金的退出有待完善。在 2008 年发布的《关于创业投资引导基金规范设立与运作的指导意见》中，并没有明确引导基金的退出期限；在 2007 年发布的《科技型中小企业创业投资引导基金管理暂行办法》中明确规定“引导基金参股期限一般不超过 5 年”、“引导基金投资形成的股权一般在 5 年内退出”。根据统计，5 年往往是早期投资亏损可能最大的时候，根据国外经验，引导基金太早或太晚退出都会影响其使用效果，或可规定一个 3～10 年的投资期限范围，根据项目实际情况延长或者缩短投资期限。

（二）融资支持不够

直接融资的资本市场门槛较高，绝大部分中小型企业无法进入其中。在间接融资市场，长期国有经济主导背景下，我国现有金融体系在放贷过程中普遍存在所有制歧视、企业规模歧视，中小型企业的贷款条件比大型企业要严格得多，民营中小型企业贷款更难；企业信用等级评定中，要达到一定规模才能取得评定优良企业的资格，而这是取得贷款的条件之一。大量有发展后劲的民营中小企业很难得到银行的贷款。而我国信用担保体系仍然较为落后，政府出资建立的信用担保机构缺乏对资金后续跟踪和监管，缺少根据企业的发展状况对资金的长期补偿机制，通常仅在中小企业运行过程中提供一次性资金支持，既无法满足企业发展的资金需求，也事实上加大了担保风险；而民营担保机构的实力目前还比较弱小，且自身制度有待规范，又因为所有制关系，很难得到银行的信任和国家法律的有力保护，没有办法与国家商业银行形成风险共担机制，多由自己单独承担贷款担保中存在的风险，融资担保能力受到严重制约。大量的中小企业只能依靠“地下钱庄”，而“地下钱庄”至今没有合法身份，不在国家合法金融体系内，由于“地下钱庄”自身承担着很高的法律风险，他们的资金当然要求与高风险相匹配的收益，利息往往比商业银行贷款利息高出很多；对中小企业来说，加大了筹到资金的成本，一旦经营失误或者暂时遇到困难，很容易导致破产。

（三）税费负担沉重

长期以来，各种政策包括税收政策，均向国有大型企业以及外资企业倾斜，中小企业中占绝对数量的民营中小企业却不在政策受惠范围。近几年，国家出台了一系列针对中小企业的税收减免措施，确实让不少中小企业享受了优惠，但也存在一些措施未能落实，或者申请程序过于繁琐等弊端，且由于现行税收优惠大多需要特别申请审批，其中存在权力寻租现象。政府应致力于促进税收公平，将优惠标准明确化、制度化，同时简化中小企业税收报缴程序。

（四）技术和管理支持不够

由于中小企业先天的原因，以及长期形成的所有制歧视和企业规模歧视，中小企业难以吸引优秀人才加盟，在技术和管理上难以满足发展的需要。又由于缺乏宏观指导，产业结构趋同，专业化协作程度差，低水平过度竞争问题在很多领域的中小企业中大量存在，结果往往造成资源浪费、数败俱伤。政府应该加强对中小企业的宏观引导，采取措施在技术和管理等方面给予中小企业切实的帮助。

（五）政府支持不够

PE 的投向和中小企业需求存在脱节，也有违政府鼓励 PE（主要是创投）发展的初衷，这其中的矛盾，仅靠中小企业和 PE 自身是难以调和的。市场失灵理论认为，垄断、公共物品、外部性和信息不完全或不对称的存在使得市场难以解决资源配置的效率问题，市场作为配置资源的一种手段，不能实现资源配置效率的最大化，这时市场就失灵了。当市场失灵时，为了实现资源配置效率的最大化，就必须借助于政府的干预。

（六）营商环境总体状况亟待改善

对任何行业来说，政府最重要的工作便是为企业发展提供良好的外部环境。世界经济论坛每年以 12 个主要竞争力因素为基础，这些因素包括机构、基础设施、宏观经济环境、健康与初等教育、高等教育和培训、商品市场效率、劳动力市场效率、金融市场发展、技术就绪度、市场规模、商业成熟度和创新。

（七）中小企业内在缺陷

（1）产权不清晰，治理结构不规范。这一部分是由于政策不公造成的，相当长一段时间存在所有制歧视和行业歧视，为了争取宽松一点的生存空间，中小企业挂靠单位（集体企业）、假合资的情况较多。产权不清，企业发展缺乏激励动力。另一部分源于中小企业大多是家族式经营，外部产权边界清晰但内部关系比较复杂。中小企业创业之初的资金往往来源于亲朋好友，很多情况下没有明确是借贷还是出资，家族成员之间的产权不明晰，给今后企业的发展埋下了隐患，严重的甚至导致企业解体。

（2）管理不规范，制度不健全。中小企业管理随意性较大，缺乏长远发展规划，即使有生产、采购、营销等计划，也缺乏计划的落实、检查和监督；规章制度不健全不系统，朝令夕改、自相矛盾现象突出，有的甚至缺乏基础的财务制度，账目管理不完善；用人制度不规范，任人唯亲现象较为普遍。

（3）人才缺乏。中小企业人员素质普遍不高，尤其缺乏高素质的管理人才和技术人才。一方面，企业对人力资源管理不够重视，缺乏系统的人才招录用和培训计划，往往在缺人时才紧急从市场上招录，由于时间紧，有时难免降低要求；大部分企业缺乏有效的薪酬激励制度，难以留住优秀的人才。另一方面，长期的所有制歧视等，很多优秀人才不愿到中小企业就业。企业难以招到和留住优秀人才，管理和技术创新就无从说起。

另外，不少企业主对 PE 的认识偏差也影响了 PE 和企业的合作。其一，把 PE 机构“神化”，认为引入 PE 就可以解决企业发展中的所有问题，对 PE 寄予过高的期望，一旦沟通发现不是自己所想的那样即拒绝与 PE 合作；其二，对 PE 自存戒备，害怕引入 PE 会削弱自己对企业的控制权，导致不敢引入 PE，或者引入 PE 之后固执己见，在合作当中听不进 PE 的看法和建议。对于企业家来讲，要正确地认识 PE 的作用，相互了解，以开放的心态加强沟通，弄清楚哪些事是需要 PE 为自己做的，哪些事是自己应该做的，风险共担、利益共享。中小企业的现状决定了对其投资的巨大风险性，作为以盈利为目的的 PE，选择风险小的成熟企业投资是理性的选择，但是众多个体的理性选择可能导致集体的不理性，日益推高的入股价格埋下了潜在的风险。事实上，处于成长期或成熟期的企业，已经具备了较强的自发发展能力，对 PE 的要求反不如早期企业急切，而且国家出于推动社会进步、促进技术创新的需要，希望 PE 投向早期企业，PE 的投向和市场需求、政府初衷存在一定的脱节，这就需要政府政策引导。

（4）中小企业经营风险大，寿命短。中小企业规模小，在市场竞争中处于劣势，经营风险和生存风险巨大。民建中央专题调研报告《后危机时代中小企业转型与创新的调查与建议》显示：欧洲和日本企业平均寿命为12.5年、美国企业8.2年、德国500家优秀中小企业有1/4都存活了100年以上，而中国中小企业目前平均寿命仅3.7年，其中八成以上是家族企业。

（5）中小企业多处于产业链低端，产业结构不合理。产业结构不合理，低水平重复建设、重复投入问题比较突出。相当多行业产品供求失衡，导致同一行业的中小企业间无序竞争，为了争夺市场竞相压价，甚至偷工减料、以次充好，严重破坏了市场竞争秩序。而且，重复建设使得中小企业产业关联度低，家家“小而全”，难以形成产业集群，企业之间缺乏社会化、专业化分工协作，与大企业未建立协作体系，在激烈的市场竞争中处于弱势。中小企业多处于产业链条低端，难以抵御国际国内经济环境变化的不利影响，稍有风吹草动，企业即可能面临灭顶之灾。

（6）中小企业普遍缺乏美誉度。虽然近些年中小企业发展迅速，但是质量参差不齐，相当一部分企业社会责任意识不够，偷税漏税严重，产品质量差，假冒伪劣产品多，劳动纠纷多，劳动保障缺乏，环保意识差，环境污染严重，据统计中小企业80%以上的工业生产存在污染问题，占全国污染源的60%。上述种种现象不仅影响了公众对中小企业的看法，也给中小企业自身带来很大的经营风险。

（八）PE自身的原因

投资于不同阶段，PE对项目的要求是不一样的，但现阶段我国PE普遍专注于投资成熟期的企业，虽然每个基金都有自己的偏好，一般有以下标准。

（1）企业和产品具有高成长性。私募股权投资者通常要求较高的预期回报，一般为年回报率20%～30%，因此，要求所选择的企业能在较短时间内达到一定的经营规模，企业本身必须具有一定的竞争优势，如先进的技术优势或在行业领域中处于较领先的地位。在产品方面，产品市场要足够大，以保证为企业的高成长性奠定基础；产品具有独特性，不易被模仿，对市场需求的满足性非常好，从而能够在市场中获得独占或者领先的地位。

（2）具有优秀的管理团队。私募股权基金非常看重管理团队尤其是企业领军人的作用，要求整个团队应具备以下素质：领导者具备战略思想，为保障投资的预期收益实现，必须选择具有长远发展战略眼光的企业家；管理团队整合资源的能力，包括经营管理能力、市场营销能力、公共关系能力、风险防范能力和技术创新能力等；良好的个人品质和职业操守，管理团队应该是忠诚正直、敢于承担责任、意志坚定、乐观豁达而又务实。

（3）企业财务状况良好。PE对企业进行财务状况分析与评价一般考虑以下几个方面：企业资产负债状况与股权比例；企业最近三年资产负债与股权变动情况，提供投资后的资产负债与股权比例，资金运用计划，有关损益与现金流量的盈亏平衡，投资者回收资金的可能方式、时机与获利情形。PE 在选择项目时还会考虑企业的税务问题、是否存在产权纠纷等。很显然，按照上述标准，能得到 PE 青睐的这些企业本身多产权明晰，管理良好，具有较好的发展前景。相较于众多的企业基数，满足标准的企业只是其中的极小部分。从这个意义上来说，所谓项目缺乏，并非是绝对化的项目量不足，而只是满足 PE 投资要求的成熟项目少。从 PE 自身来说，如果把投资阶段前移，项目源是非常充沛的。但 PE 集中投晚期项目，造成项目缺乏的表象，确实也有自身不得已的原因。

三、发展 PE 政策分析

（一）财政支持政策

目前，综观国内一些地方出台的促进 PE 发展的政策中，都有财政支持政策选项，即这些城市均对在本地设立的基金及管理机构、购租办公用房给予补贴或价格优惠，对规模以上基金或管理规模以上基金的管理机构给予奖励、给予基金管理公司高管人员购租房补贴和奖励，只不过补贴和奖励的具体内容和标准有所不同。这种补贴和奖励政策可以降低 PE 和管理机构的设立成本以及增加相关高管人员的收入，吸引 PE 及管理机构落户，站在地方政府发展经济的角度可以理解。但是，这种花钱买落地的财政支持政策可能产生以下影响：一是扰乱正常的经济秩序。因为各地可以竞相效仿并攀比，容易引起政策竞争，不但增加财政支出，而且影响经济秩序。二是扭曲市场选择，导致效力弱化。PE 选择落户和投资主要看可投资项目群大小及投资自由度，即市场化程度。若各地政府竞相扩大补贴及奖励范围、提高补贴和奖励标准，这种财政政策吸引 PE 落户的效力逐渐弱化。三是这种财政支出政策有违公平合理性原则。基金管理公司高层人员本身属于高收入群体，再给予购租房补贴和奖励是不公平的，进一步拉大了社会收入分配差距。况且，这种补贴和奖励背离了财政资金支出的公共属性，也是不合理的。

（二）税收减免政策

在一些地方出台的促进 PE 落户和发展的政策中，同样均有税收减免优惠政策。这些税收优惠政策的主要内容是：

（1）避免双重征税的“先分后税”政策规定。即对合伙型的基金与基金管理公司实行“先分后税”；对执行合伙人和非执行合伙人的税收征管分别作出规定：对合伙制股权投资基金的普通合伙人，以无形资产、不动产投资入股行为及股权转让行为均作出免税规定。这些规定是符合税法避免双重征税精神的，也符合我国现行税制规定和国际惯例，较好地考虑了基金所采取的特有组织结构形式，有利于公平税负，保证基金投资人相应的收益。

（2）产业导向投资税收优惠政策。如深圳出台的政策规定：股权投资基金、股权投资基金管理企业采取股权投资方式投资于未上市中小高新技术企业2年以上（含2年），凡符合《国家税务总局关于实施创业投资企业所得税优惠问题的通知》（国税发〔2009〕87号）规定条件的，可按其对中小高新技术企业投资额的70%抵扣企业的应纳税所得额；北京出台的《关于促进股权投资基金业发展的意见》中，鼓励和支持从事创业投资业务的股权基金或管理企业按照《创业投资企业管理暂行办法》（国家发展改革委等十部委第39号令）进行备案，并按照《企业所得税法》第三十一条和《企业所得税法实施条例》第九十七条的规定享受国家税收优惠政策支持。调整产业结构、提升企业素质是地方政府发展经济、提高经济增长质量的重要职责之一，而运用税收杠杆引导产业结构调整是适应市场规则的有效合理经济手段，也符合我国税法规定和税法立法精神，是各国普遍实行的经济政策手段。实际上，发现企业发展潜力并通过引进管理和技术元素大幅度提升企业价值，也是PE应有的属性和优势，PE要想获得稳定的高回报，必须着力提升其投资的企业价值，付出与回报是对称合理的。政府运用税收杠杆引导PE投资高科技创业企业、中小型企业、国有企业改造重振，就是促进PE坚守“正道”，潜心提升这些企业的管理水平，实现做强做大目标，在此基础上获得自身应有的回报，实现地方经济发展利益与PE投资利益的相互一致。

（3）对基金管理公司高管人员的税收优惠政策规定。如上海市颁布的《股权投资企业（PE）工商登记新政策》中，对企业高管，以返还个税部分40%的方式进行奖励，对企业中层则返还个税部分20%；根据天津市《促进股权投资基金业发展办法》，基金管理机构连续聘用两年以上的高级管理人员在本市第一次购买商品房、汽车或参加专业培训的，由财政部门按其缴纳的个人所得税地方分享部分给予奖励。北京市对符合条件的私募股权投资基金管理人，参照《关于促进首都金融业发展的意见》实施细则（京发改〔2005〕2736号），享受个人税收优惠或奖励政策。对这种吸引基金（包括基金管理机构）或其他金融企业落户的个人税收优惠或奖励政策，如同前述财政补贴与奖励政策一样，一方面，它扭曲了市场对资源配置的选择，增大代理人（PE管理机构）的道德风险，使代理人更多倾向自己的利益而不是投资者的利益作出选择。另一方面，对“PE金融高管”们返还个税，作为一种事实上的税收减免，并没有按我国《个人所得税法》第五条规定第三种情形经国务院财政部门批准，因此，不仅有悖公平，而且还有违反国家统一的《个人所得税法》精神之嫌。再者，竞相效仿甚至提高退（返）税力度，会导致该政策效力弱化。地方政府不能仅从经济利益角度，为争夺企业落地制定实施高管人员税收优惠政策，而应该从社会公益的角度，为民生考虑制定实施扶助低收入群体和为社会公益事业（如科技、教育、卫生等具有很强正的外溢性的项目）作出突出贡献的人员的税收优惠或奖励政策。

（三）综合配套服务政策

提供综合配套服务也是争夺 PE 落户实施的重要政策举措，主要内容包括：

（1）提供快速注册便利服务。北京市 PE 协会已经推出针对符合北京市优惠条件的股权基金的快速注册服务，即通过相关监管部门会商程序，创造性地为 PE 注册开启了一条简单明细的绿色通道；根据深圳市《关于促进股权投资基金业发展的若干规定》，市各有关部门对股权投资基金、股权投资基金管理企业以及私募证券投资基金管理企业，给予工商注册登记的便利。

研究各类企业设立注册和发展中可能遇到的问题，针对这些问题，施以服务对策，提高服务水平和效率，节省企业的时间和成本，应是政府部门的职责，是改善政府服务形象、优化投资环境的重要内容，对 PE 及其管理企业要这样做，对其他企业也应如此。与补贴或奖励等“花钱买落户”手段相比，全面、优质、高效的服务更能赢得客户，效力也会更持久。

（2）免费提供后备上市企业信息服务。如北京鼓励 PE 落户的政策中，包括在京注册的 PE 免费分享政府上市后备企业数据库信息；本市优秀上市后备企业优先推荐给在京注册的 PE。优秀后备上市企业或拟上市企业应是接近上市标准、运作管理较为优良的企业，这种企业对管理和技术的需求并非十分强烈。地方政府向 PE 管理机构免费提供优秀后备上市企业信息服务，有为设立 PE 而设立 PE 的嫌疑，是投假 PE“不劳而获”追求短期利益动机所好，不利于鼓励 PE 潜心挖掘市场资源或利用自身拥有的管理资源用心提升企业（特别是投资创业初期的高科技企业和中小型企业）素质和竞争力。政府合适的做法是制定优先发展产业目录，引导 PE 投资，只要达到上市标准均可推荐上市。

（3）提供落户与子女入学服务。这种服务在京、沪、津、深吸引 PE 落户的政策中也均有体现。利用不合理的户籍制度和国家教育资源配置的不公吸引 PE 落户，体现了地方政府为在争夺 PE 中胜出的“良苦用心”。但这样做不仅是不公平的，而且同样会扭曲基金代理人（管理机构）的行为选择，使其更多地考虑自身的需要而不是基金投资人的利益。牺牲社会公平或加剧社会不公换取经济发展不应该成为政府的政策选项。因为，获得身份认同和子女受到良好教育是每一个有正当稳定职业人员甚至是每个公民的基本权力。大力发展教育与均衡教育资源配置应是政府为社会提供公共产品的重要内容。

（四）其他优惠政策

研究外资股权投资基金和基金管理机构的外汇管理和产业投资，支持外资股权投资基金在本地发展。上海正在积极争取外资 PE 优惠政策：一是外资 PE 资金结汇所得人民币资金可用于境内股权投资；二是在上海市成立的人民币基金中，只要外资比例不超 20% 就可视同内资 PE；北京关于外资 PE 入京的政策，直接涉及外资 PE 作为 GP（普通合伙人，主要负责管理基金发起设立人民币基金的问题。中国设立 QFLP（Qualified Foreign Limited Partner，合格境外有限合伙人）制度是旨在为外资 LP（有限合伙人，即 PE 基金的出资人）入华投资“鸣锣开道”的政策。无疑，这些政策是外资 PE 极为关注的，将成为该地吸引外资 PE 注册并成立人民币基金的利器。但是，这种政策不应该为个别城市所独享，国家不应该再利用倾斜政策拉大城市间的差距，不应再根据影响力或“游说能力”实施政策倾斜，有关主管部门更不能以便于管理为条件选择政策实施地区。国家今后应该以区域均衡发展为战略导向，缩小地区间的发展差距。一线城市已积聚了众多的优势，如果必须进行试点的话，应该按照统筹均衡发展的原则，轮流选择内地其他城市进行试点。因为这些地方的发展更需要资金，也更需要管理、技术等生产要素。

四、促进河南 PE 健康发展的思路和建议

（一）引导鼓励 PE 投资优先发展产业和企业，并致力于提升企业价值

一方面，应根据河南省未来经济结构调整战略制定 PE 优先投资产业和企业目录。可以将处于创业期和成长初期的高新技术企业、有成长潜力的中小型企业、国有企业重组振兴、环保、文化创意等产业拟定为 PE 投资范围。并通过税收政策、金融政策（包括提供引导资金和优先上市）、基金评级指标设置等引导 PE 回归自身，守正道、务正业，扎扎实实投入资金、管理、技术等多种生产要素，通过生产要素的优化组合大幅提高所投资企业的竞争力来提升企业的价值，通过提升企业价值来实现自身价值，做到大提升大收益，实现创造的价值和获得的收益水平相匹配以及实现 PE 投资者、所投资企业、国家和地方政府多方共赢。另一方面，应抑制损害规则公平和行业发展的假 PE 大行其道。我国目前有不少假 PE 充斥市场，这些 PE 不是寻找成长初期既需要资金又迫切需要管理和技术的潜力型企业投资，而是通过“临门一脚”实现“一夜暴富”。这些 PE 没有也不想走真 PE 的常规路径，而是通过“旁门左道”实现快速致富，是典型的投机型资金，不是真正的 PE。假 PE 不仅不利于理性投资者（如 LP）的形成、管理人管理水平的提高以及整体经济素质的提升，而且严重破坏规则的公平。应通过完善相关规则、增加透明性、强化媒体等多方监督和严厉查处违规行为

挤压假 PE 的生存空间，净化 PE 市场。此外，应规范一些城市出台免费提供优秀后备上市企业或拟上市企业信息的做法，因为这些为吸引 PE 落户的做法有迎合假 PE 的嫌疑，是不适合的。

（二）规范地方政府优惠政策，增强城市综合竞争力，吸引 PE 落户发展

在吸引 PE 落户发展方面，地方政府应从奖励、补贴、退税等增大财政支出政策向提高城市综合竞争力转变。一是地方政府应不断提高服务效率，打造服务性政府形象。地方政府要研究各类企业设立、经营中存在的问题和需求，及时帮助企业解决。应该向包括 PE 在内的所有来本地创业的经济主体提供热情、周到、高效的服务。二是加强公共设施建设，提高经济运行效率。地方政府要按照公共财政定位，致力于加强交通建设、致力于环境保护、打造信息平台、维护社会治安、提高司法公正和效率、发展教育和提高社保覆盖面等公共设施建设和公共服务。三是完善地方法规制度和市场体系，规范经济主体行为。增强城市综合竞争能力吸引经济主体和各类人才不仅更有效持久，而且符合公共财政原则。地方政府的主要角色就是提供公共服务和基础设施。为维护正常经济发展秩序和政策法规的公平合理，应在国家层面出台规范地方政府有关 PE 的竞争性优惠政策，淡化或取消“花钱买落地”的优惠政策。此外，在我国目前地方发展水平差距极大的现实情况下，国家应该坚持区域均衡发展的原则实施政策倾斜，如果某项有利于地方经济发展的政策需要试点，应选择二三线城市或内地其他地区试行。

（三）规范 PE 管理机构及相关机构市场行为，维护 PE 投资者利益

为确保 PE 市场规范健康发展，防止恶性竞争损害投资者利益，降低资源配置效率，除应发挥 PE 协会自我管理功能外，政府应实施一定的监管，在国家层面出台 PE 行业的监管办法（以下简称《办法》），可以设置一定的“监管豁免”条件，将不符合监管豁免条件的 PE 和 PE 管理机构纳入《办法》监管的范围，要求其符合规定的设立条件、设立程序、治理结构等，并对其实行备案式管理；对于符合监管豁免条件的 PE 和 PE 管理机构，不纳入《办法》监管的范围，仍可依照其他法律法规设立，由其他基本的民商事法律，如《公司法》、《合伙企业法》等规范。政府还应以市场化方式推动私募股权投资基金评估评级体系的建立，在评估评级指标的选择上，提高通过提供增值服务带来的业绩增长权重，增强评估评级的透明性，同时强化审计、评估评级机构的法律责任，加强新闻媒体监督和同业相互监督，建立并完善合理的市场退出机制。

（四）监控 PE 资金流向，严防冲击资本市场

我国资本市场仍属于新兴市场，监管经验不足，监管水平仍有待提高。规范资本市场发展，维护投资者利益，提高资源配置效率，是我国资本市场监管

的根本原则。防止大规模投机资金频繁进出对资本市场造成冲击和利用资金信息优势炒作市场是资本市场监管的一项重要内容。因此，在逐步放松政策促进PE发展特别是外资PE在我国发展的同时，有关部门应加强合作，监控PE资金的流向。对那些利用资金和信息优势，直接或间接进出二级市场“不务正业”的PE，轻者，降低评级，重者，逐出市场。

（五）建立多方合作的良好机制

政府、PE和行业协会对促进企业发展各有自己独特的优势和作用，其间又有许多相互联系的环节。尤其是近几年政府出台了很多促进中小企业发展的指导意见，可以通过加强与行业协会、PE等机构的合作把政策落到实处。

（1）深度合作，共同建设中小企业公共服务体系。作为企业的娘家，行业协会最清楚业内企业需要什么，以协会为依托打造中小企业公共服务体系，才能为企业提供实实在在的服务；而协会能调动的资源又有限，需要政府从中协调；PE与协会达成战略合作，可以自身的专业资源投入服务体系建设。政府（可考虑由专管中小企业事务的中小企业管理局牵头）给予协会资金支持，协会充分了解会员企业的需求，从企业成立到培训、管理、技术、市场、资金等各方面需要什么帮助、哪些机构能提供帮助、市场上提供服务的费用等，形成详细报告送交政府，在调研过程中，PE可以提供意见和建议；政府协调工商登记服务机构、管理咨询机构、技术服务机构、科研院所、会计师事务所、律师事务所等中介服务机构与行业协会建立长期合作机制，可以采取定期招标的形式，选择其中服务优价格合适的机构合作，服务方式看内容分层次，比如针对中小企业创立阶段咨询性的内容免费，对于企业发展中的问题视情况适当收费，收费以成本补偿为原则，而政府可以从中小企业发展专项资金中对参与服务的中介机构适当补贴；PE以及PE背后的专业资源，以协会顾问的方式通过协会服务于中小企业。在这个体系中，行业协会作为企业寻求帮助的呼叫前台，相关中介机构通过行业协会给予企业相应的帮助，PE以行业协会合作伙伴的身份成为服务资源的一部分，政府根据中介机构的服务量给予适当补贴。如此一来，中小企业求助的时候非常简便，避免遇到困难求助无门的情况；以招标的方式确定服务机构，可以保证服务的质量。在这个体系中，受益的不仅仅是企业，也推动了中介机构的发展。对于业务量不饱和的中介机构来说，拓展了业务源；对于提供比较高端中介项目的机构来说，参与服务即是在培养潜在的“大客户”——如果现在服务的企业发展起来了，需要复杂的收费服务的时候，此前有合作关系的机构会有更多的机会；PE参与协会的服务，也是同样的道理，在此过程中通过非资金的合作在企业发展的早期便建立了联系，容易发现潜在的优质企业，并因为长期的接触了解而降低了由于信息不对称所带来的投资风险；

中介机构的发展对于解决 PE 业人才缺乏问题也是有益的。政府以这种模式推进对中小企业的支持，有利于把政策落到实处，减少了工作的头绪，收到事半功倍的效果。对政府来说，需要重点做好凡个环节的监督：招标环节以及补贴环节，防止协会工作人员串通中介机构谋私利，可以参考建设项目招投标的做法，并在实践中进一步完善。具体操作也可以借鉴国外的相关经验，如德国工商联合大会就为中小企业在新创、运行、危机等各阶段提供咨询服务；澳大利亚零售商协会建立服务热线，为会员企业随时提供法律、技术、税收审计、管理等各种信息咨询服务。这个体系既可以被动响应中小企业的需要提供服务，也可以组织培训、集中咨询等方式主动为中小企业提供服务，还可以此为基础建设在线的服务网络。网络平台仍然以协会为依托，政府对网络运营予以适当的资金支持，上述各方中介机构作内容支持，网络平台兼具政策解读、技术推广、人才交流、业务培育、企业管理、市场供求等方面的信息发布以及在线咨询沟通功能。通过全面而切实的外部服务，不仅提升中小企业内在成长力，而且实现了 PE、第三方中介机构的互利共赢。

（2）共同参与信用体系建设和融资担保，促进中小企业融资金融机构不愿意放贷给中小企业，很重要的原因是信息不对称和抵押物缺乏。行业协会可以利用行业平台加强对会员的信用意识培育，辅导会员企业形成信用风险防范和自律制度，并建立每位会员的档案信息，银行在收到中小企业的贷款申请时，可从行业协会取得信息作为信用参考资料。行业协会为了维护整个行业在银行的信用，必须如实提供掌握的企业资料。第三方信用评定机构加强与行业协会的合作，共同积极推进行业的信用建设，建立信用记录，实行信用评价，褒扬守信行为，强化行业成员的守信意识，配合政府监管部门，惩戒失信行为，形成强有力的行业信用自律。从国际社会信用体系来看，美国模式、欧洲模式强调政府立法推动，美国信用服务机构全部私营化，欧洲是公共征信机构为主、私营征信机构为辅，日本则强调自律，充分发挥行业协会的作用，行业协会作为信用信息中心，信息征集和使用限于会员内部，不对第三方公开。我国的信用体系建设可以借鉴国际经验，政府推动立法建设和信用监察，鼓励信用服务机构发展；行业协会推动信用自律，并与第三方征信机构合作。行业协会可以中小企业贷款进行担保。媒体报道：2010 年 4 月，大连市银行业协会牵头，31 家银行机构与温州商会、浙江商会、环保产业协会等 13 家商会、协会共同签署了《中小企业融资合作公约》，银行机构与银行业协会根据《商会、协会融资合作信用评定办法》，对商会、协会进行信用评定，视信用等级提供不同的优惠政策，并加大对商会、协会所属会员企业的融资支持力度。即银行机构的信用评定建立在商会、协会一级，会员企业如果有融资需求，由商会、协会向合作银行机构出具书面推荐意见推荐贷款。从实施情况来看，效果非常明显：大连的做法值得借鉴参考。这种合作模式其实也就是充分利用行业协会减少信息不对称。在这个合作体系中，PE 也可以参与其中，对于适宜引入私募股权投资的企业，实现近距离对接；在企业和 PE 合作的过程中，资产评估、律师事务所、会计师事务所等中介机构可以为中小企业提供服务。

（3）深化 PE 和行业协会的合作。PE 和行业协会加强合作，符合 PE 专业化的发展趋势。合作的具体方式可根据 PE 对行业的趋势判断而论。比如，在 PE 非常看好的领域，可以采取紧密的合作，如九鼎投资与农机行业协会共同出资成立基金的方式，彼此资源互补共同培育并以资金锁定行业内有潜力的企业，包括早期阶段的企业；当前形式不甚明朗但判断未来有较好机会的领域，可以在专业层面建立联系增强沟通，虽然并没有直接投资，但是早期的接触显然对于 PE 更深刻地理解这个行业、了解业内的企业、储备行业人才并和企业建立感情都是有益的，有利于 PE 拓展项目源。

（4）通过合作提高引导基金的使用效率。政府引导基金成立的目的就是为了引导社会资本并借助社会资本的专业资源扶持创业创新，带有强烈的政策意图，不宜投向前景明朗且盈利容易的产业“与民争利”，只有产业前景不明或者前景明朗但目前风险非常大的产业才需要引导，而这和社会一般 PE 机构的盈利目的存在一定的矛盾。为了调和这种矛盾，一种方式是引导基金选择合作 PE 机构的时候引入招投标制度，通过大范围的双向选择来避免矛盾。另一种思路可以考虑把引导基金投向协会，当然前提是行业协会也有自己的长期发展基金，才能避免引导基金被滥用。行业协会发展基金来源：政府的中小企业发展专项资金支持、行业企业自筹资金、社会赞助、捐赠等其他来源。引导基金和行业协会发展基金共同组成行业内的私募股权投资基金，委托市场化的 PE 管理，或者如九鼎投资与行业协会合作一样，与市场化的 PE 共同出资组成新的基金，专注行业内的投资。这种模式可以最大限度地解决政策意图与市场选择之间的矛盾。此外，政府还可以通过行业协会推动中小企业集群化发展，推动产业链相关行业之间的合作以促进地区产业集群的形成，促进产业升级。当然，要实现三方真正有效的合作，还有很多工作要做，比如，政府必须深化向服务型政府的转变，完善信用体系、行业协会建设等相关立法工作，加紧出台相关法律法规配套措施；行业协会覆盖面要加强，自身内部管理期待健全，行业协会与政府之间的关系仍需理顺，摆脱对政府的过度依赖；PE 业长期投资观念的形成、增值服务能力的提高以及内部长效的投资人才培养机制，等等。

（六）完善引导基金的使用

（1）引导基金严格按市场化运作全面检查现有引导基金的运作，严格按照

《关于创业投资引导基金规范设立与运作的指导意见》的规定执行，“引导基金应以独立事业法人的形式设立”，行使决策管理职责的理事会应该通过公开招聘的形式从市场引入专业人士组成，“引导基金不担任所扶持公司型创业投资企业的受托管理机构或有限合伙型创业投资企业的普通合伙人，不参与投资设立创业投资管理企业”，除正常监督合作基金执行公司章程或有限合伙协议外，不对受托管理机构的投资决策实施任何干预，不参与所投创业企业的日常管理。金融危机对于政府引进投资人才是个机会，可出台相关政策吸引海外 PE 业人才，同时建立长效的投资人才选拔培养机制。理事会的决策流程和评审标准应该公示，接受社会监督，确保引导基金运作的公平公开。

（2）协调政府意图和市场选择的矛盾。政策意图是引导基金的根本性质之一，要避免后期运作中政府意图和市场选择之间的矛盾，可以在选择合作基金时引入基金管理机构公开招标制度。引导基金理事会在招标中就明确基金的政策意图，明示扶持的重点区域、重点产业，由拟扶持行业的专家、资深 PE 业人士以及基金理事会共同组成评标委员会，根据投标 PE 的过往业绩、行业经验、资源优势以及增值服务方案等各方面综合评定，选出最适合于引导基金合作的机构，并把投标承诺写进公司章程或有限合伙协议。这种方式最大可能地实现了双向选择，有利于减少在基金运作中产生前述的矛盾。当然，招标流程、评标标准等尚需进一步探索。

（3）完善引导基金对 PE 的激励约束和风险补偿机制，是为了调动 PE 参与早期项目的积极性，约束是为了保证 PE 培育项目的质量，两者对于发挥引导基金的作用不可或缺。有效激励，要求在投资项目盈利时收益分配向参与的 PE 倾斜，收益率越高的投资项目给予 PE 更高比例的分成；约束，为了避免管理人由于过度投资、精力分散等对所培育项目不能尽职尽责，对一定时期内投资的数量、管理人的任职加以限定。《关于创业投资引导基金规范设立与运作的指导意见》中并没有关于激励和约束的相关规定，《科技型中小企业创业投资引导基金管理办法》第二十一条规定：引导基金按照投资收益的 50% 向共同投资的创业投资机构支付管理费和效益奖励，剩余的投资收益由引导基金收回。第二十六条规定：引导基金按照最高不超过创业投资机构实际投资额的 5% 给予风险补助，补助金额最高不超过 500 万元人民币。对于投资数量、管理人任职并没有相关的规定。从公开的地方引导基金管理办法来看，一般是固定比例分配收益。对于投资收益的分配或可更灵活，参考有限合伙制基金的收益分配，对于约定收益率内的收益按固定比例分享，超额收益部分加大向 PE 的分配比例；对于风险补偿，关键是要明确投资监管和评价体系，参考损失金额给予一定比例的补偿。在引导基金运用得很好的以色列，对引导基金的管理投资的项目数量是有上限规定的，我国可参照这一要求，在公司章程或有限合伙协议中对项目投资数量和任职人作出要求，保证项目持续深度培育。政府可以通过和行业协会加强合作，把措施具体化，使企业真正受惠，后面将讨论相关的合作方式。

（七）引导PE投资早期项目

PE专注于晚期项目以致项目紧缺高价进入，不仅不利于PE业的发展，也有违政府鼓励私募股权投资业促进创业创新的初衷。因此，采取措施引导PE投资早期项目，不仅是促进PE健康发展的需要，也是政府促进中小企业发展的应有之举。

促进更多机构投资者进入私募股权投资业，建立成熟的LP市场。长期以来，政府财政资金和外资资金一直是我国PE业最重要的资金来源，对于大量新兴的本土PE机构而言，较难得到这两路资金的投资，因此民间资金是他们的必然选择。民间资金直接进入PE业，对基金管理人的制约比较多，要求投资回报的期限短，不利于PE的长期健康发展。从国外来看，机构投资者是私募股权投资基金最主要的资金来源，以欧洲（不包括英国）为例，2007年募集的基金18%来自退休基金、12%来自银行、8%来自保险公司，30%来源于各种政府机构和家族基金、慈善基金与大学基金等机构投资者。政府要积极推进机构投资者进入PE业。社保基金和险资已经批准直接或间接进入私募股权投资，在总结现有投资管理经验教训的基础上，逐步提高入市比例；扩大券商直投范围。目前，券商直投业务侧重于投资Pre－IPO和成熟企业，随着券商直投业务的日渐成熟，券商资本也可逐渐进入更早阶段的投资；积极探索银行进入PE领域的途径，引导银行资金进入PE；允许慈善基金进入PE领域；发展基金的基金（Found of Found，FOF），引导富裕个人、家庭以及普通投资者以间接方式投资PE；加快合格境外有限合伙人（Qualified Foreign Limited Partner，QFLP）投资制度推进。北京和上海已成为第一批试点城市，陆续会有更多的城市试点，要加快推进制度的规范和常态化。QFLP制度要受到国家货币政策的影响，且主要是针对外资PE。对本土PE来说，推进前5项机构资金来源更有实际的意义。只有机构投资者成为PE的绝对主导资金来源，整个LP群体趋于成熟，PE才会摆脱短期资本的制约，走上健康发展的道路。

（八）加大力度促进中小企业发展

1. 切实缓解中小企业融资难题

（1）大力发展中小银行，建立和完善中小企业金融服务体系。现有银行体系倾向于向“大城市、大企业、大行业”集中，不利于中小企业融资。政府应该鼓励民间资本进入中小企业融资领域，出台具体措施引导民间资本进入小额贷款公司、村镇银行、社区银行等服务于地区和中小企业的金融机构；支持民间资本参与农村信用社改制、城市信用社改制以及城市商业银行的增资扩股等；引导有条件的小额贷款公司转为社区银行和村镇银行。对新发展起来的中小银行，国家在政策上应给予诸如存款准备金率、利率浮动优惠、财政补贴等支持。同时，把对中小企业的贷款贴息和风险补偿机制建立完善起来，扩大各类型商业银行对中小企业的贷款总量。

（2）加强服务创新，加大贷款支持力度。金融主管部门要结合实际制定新规定、新考核标准、新奖励办法，比如在银行的信贷总量和增量指标中单列中小企业信贷指标，引导金融机构向中小企业增加贷款。鼓励保险机构积极开发为中小企业服务的保险产品。按照西方的经验，各类型的银行都要建立专营机构为中小企业融资服务，完善中小企业授信制度，逐步解决中小企业中长期资金来源难题。鼓励商业银行完善财产抵押制度和贷款抵押物认定办法，动产、票据、股权、应收账款以及知识产权等各种形式的资产都可以成为融资抵押（质押），商业银行要加强服务创新，同时简化办理程序，降低贷款门槛。

（3）加快建设多层次资本市场，增加直接融资渠道。积极发展私募股权投资基金，尤其是针对早期中小企业的风险投资。积极培育和规范发展场外产权交易市场，为中小企业产权和股权交易提供服务。大力发展公司债市场，积极推进中小企业集合发债相关工作，设立中小企业集合发债补贴资金，适当降低中小企业集合发债的成本。

（4）推进中小企业信用制度建设，增强中小企业信用意识。为减少金融机构与企业之间的信息不对称，要积极推进以个人和企业信用记录征集、调查、评级为主要内容的信用制度建设。同时，我国目前缺乏专业的资信调查公司、信用评估机构，因此，应当鼓励信用调查评估中介机构的发展。一方面，逐步建立比较完整的中小企业资信记录和企业资信数据库，为金融机构提供方便快速的信用信息查询服务；另一方面，推动资信行业中介机构发展，共同构建守信受益、失信惩戒的信用约束机制，促进中小企业信用意识的树立。

（5）完善中小企业信用担保体系。首先，多层次担保体系的建立。中央财政、地方财政、企业资金、民间资本等各级各类资金联合组建中小企业融资担保基金和担保机构。其次，优化对融资担保部门的服务。政府相关部门要规范办理程序和手续，为中小企业和担保机构开展抵押物和出质的登记、确权、转让提供便利。为完善风险分担和补偿机制，要创造条件逐步建立担保机构资本金补充机制，积极推进中小企业信用再担保机构的设立和发展。最后，要落实对中小企业信用担保机构的税收优惠政策。在融资方面，具体操作可以借鉴德国的经验。在德国有专司为中小企业服务的国家政策性银行和各州按促进法建立的政策性银行。政府对中小企业的各类补助和资助通过国家政策性银行进行运作，各州的政策性银行承担为中小企业融资担保，各地方商业银行则作为企业融资的主要渠道。当出现风险损失时，商业性银行和政策性担保机构的风险分担比例为2:8。

2. 促进税收公平，切实减轻中小企业税费负担

税收要为中小企业的发展服务，首先应遵循国民待遇原则的规定，对不同所有制性质的企业实行公平的税收待遇，占用公共资源多的企业多纳税，占用公共资源少的企业少纳税，保证中小企业有均等的机会参与竞争。逐步建立起以促进中小企业发展为目标的、系统的税收政策体系，积极完善现行税制，如应允许个人独资和合伙的中小企业在企业所得税和个人所得税之间进行选择，避免重复课税。同时，实施税收鼓励，优化税收服务，大力营造有利于中小企业健康成长的空间。为扶持中小企业发展，国家税法出台了相关规定，对小型微利企业在所得税、进口关税、城镇土地使用税等方面进行税收优惠。应该说，这些政策是可以让中小企业切实受惠的，税收部门应该积极主动向中小企业宣传相关税收优惠政策，延长优惠政策时间，简化税收减免审批手续。中小企业往往缺乏处理复杂会计报表的专业技术人员，税收征管部门应针对中小企业实行简化纳税申报程序和缴纳程序，提供税收政策咨询、纳税辅导和纳税培训等服务。税务部门应该严格执行税收征管法，严禁违规向中小企业提前征税或者摊派税款。此外，应继续全面清理整顿涉及中小企业的行政许可收费和中介服务收费。前置性审批项目、收费项目应严格执行公示制度，审批程序以及收费标准一律公开。对于地方和部门越权设立行政事业性收费项目或擅自将行政事业性收费转为经营服务性收费的，一经查处，予以严厉处置；如发现有单位或者部门通过强制中小企业购买产品、接受指定服务等手段牟利，要严肃查处。同时，健全监督制度，各级政府都要公开中小企业负担举报电话，对查实的违规行为要及时通报处理结果。

3. 加强对中小企业的服务，提升中小企业内在竞争力

前面两项措施主要是为企业发展创造良好的外部环境，而中小企业要发展壮大，必须帮助其从技术、市场、管理等方面提高内在竞争力。加大对中小企业的技术创新支持。政府应搭起高等院校、科研院所和企业技术中心之间的桥梁，鼓励他们开放科技资源，开展共性关键技术研究，提高中小企业技术创新水平。各级财政要安排中小企业技术改造专项资金，支持鼓励中小企业采用新技术、新工艺、新设备、新材料进行技术改造。创造条件如加强产业集群环境建设等延长区域产业链，促进中小企业与大型企业通过专业分工、服务外包、订单生产等方式开展多种形式的经济技术合作，鼓励大型企业通过与中小企业的协作配套带动中小企业进步。

支持中小企业开拓市场。比如，在国内市场上，对于农机购机补贴、家电、汽车摩托车下乡和“以旧换新”等业务，应支持符合条件的中小企业参与；在政府采购中，要落实一定比例的金额给中小企业，其余部分采购则消除歧视不分所有制和企业规模公平竞争公开采购。政府牵头为中小企业举办各类展览展销活动，对参展企业采取财政补助、降低展费标准等支持。引导各类新闻媒体积极发布市场信息，帮助中小企业宣传产品，开拓市场。在国际市场上，进一步落实出口退税等支持政策，加大对中小企业的出口信贷优惠支持，支持有条件的中小企业开展境外并购等投资业务，通过对技术和品牌的收购带动产品和服务出口。

政府要采取措施帮助中小企业引进人才、提升管理水平。大力发展中小企业管理咨询服务机构，帮助中小企业完善治理结构，强化中小企业营销能力，提高风险管理水平，推进管理创新。加强对中小企业质量、环保、劳动用工、劳动保障等法律法规的宣传，帮助中小企业树立社会责任意识，促其诚实守信合法经营，提升社会美誉度。政府应制定有利于中小企业人才引进的鼓励措施，为中小企业留住人才提供便利。鼓励行业协会、培训服务机构大力开展对中小企业各类人员的培训。为提高对中小企业的服务水平，政府应该整合资源积极探索，推进中小企业信息化建设，完善服务网络和服务设施，打造中小企业公共服务体系。在中小企业公共服务体系里，通过与大学、科研院所、行业协会、专业服务机构、企业等建立战略台作伙伴关系，集聚优质资源。专业机构间加强合作，建立协同服务机制，提升服务水平且避免不必要的重复。信息网络和服务机构的发展，要使中小企业便利地享受到政策信息查询、市场信息查询、技术创新、管理咨询、创业辅导、市场开拓、员工培训等多种服务。我国早在2002 年 6 月就通过了《中小企业促进法》，2009 年 9 月又发布了《国务院关于进一步促进中小企业发展的若干意见》，即“国 29 条”或“36 号文”，为加强对中小企业促进的组织领导和政策协调，同年 12 月成立了国务院促进中小企业发展工作领导小组，地方成立了中小企业服务局，政府对中小企业发展的重视可以说是前所未有的。各级政府出台的“意见”涵盖财税支持、促进融资、推进创业、技术创新支持、服务体系建设等各个方面，但由于时间短，意见多停留在指导原则的层面，缺乏可操作的细化措施配套。而且，现行的中小企业划分标准是 2003 年订立的，当时国有企业主导环境下订立的标准已经跟当前经济状况有很大的差异，导致具有相当实力规模的企业也归在中小企业的范畴里，挤占了真正急需得到帮助的企业的资源，有违政策初衷。因此，首先需要加快调研，修订中小企业划分标准，使国家政策真正惠及应该得到帮助的企业；其次，中小企业管理局要走到中小企业中间去，探索具体的形式、途径推动政策

“落地”。

（九）加强企业组织制度建设、合伙人制度建设、文化建设和工作制度建设

目前本土 PE 基本上都是以公司制为企业组织制度，但从保障基金创始人和投资人利益的角度出发，从 PE 长远发展和国际接轨的角度出发，似应采取国际上通行的合伙人制为宜。合伙人制度在我国企业界很少采用，但我国律师事务所采用合伙人制度不乏成功先例。合伙人制的基本安排本身应当不是一件难事，难的是合伙人制度下的文化建设，而合伙人文化建设是 PE 能否具备软实力的根本问题。投资管理人团队建设。这个团队聚合了两方面专业人才，即投资决策人才和投资退出之前的投资管理人才，一般来说，管理团队越精干，管理人员越少，管理的资金越多，PE 本身的绩效就会更优秀，知名度也更高。以分析法为统帅的工作制度建设，以科学分析为依据的投资决策和投资管理，可以抵制市场诱惑，最大限度地降低投资风险。

（十）加强多层次的资本市场体系建设，进一步完善私募股权基金退出机制

一是要加快我国证券市场（主板市场）的发展，鼓励企业境内上市。二是不断完善中小企业板市场，最终建立专门面向高科技企业和风险企业的创业板市场，以降低未上市股权交易成本。三是大力发展场外交易市场，在区域性柜台市场建设、发展的基础上，使之与目前资本市场较低层次的代办转让系统衔接，建立统一互联、分散做市的现代场外交易市场。也可通过国际合作方式，将我国产权交易引入国际资本市场、将境外产权转让引入我国市场，在全球范围内进行企业产权的流转服务。四是做好企业的股权登记托管。在股份制企业建立时就规范其登记托管系统。这些举措对目前续存的本土 PE 意义重大，将是本土 PE 从不成熟、不规范到逐步与国际接轨的必然要求，也是自我完善和自我超越的重大举措，而当一大批双高（高科技含量、高成长性能）民营企业有了资本直通车时，河南省 PE 也就可以迎来自身发展的黄金时段。

（十一）有区别地进行监管

美国和欧洲 PE 监管的新动向，特别是加强监管的呼声，让中国的监管机构有了对 PE 更多“不放心”的理由。美国现在监管提案中一些加强监管的提议，可能恰恰反映了中国监管机构原本的监管态度。尽管 PE 行业应当监管，有些对基金管理人注册监管的要求确实有其合理性和必要性，但 PE 存在的本质属性在于：它面向有能力识别控制风险及承担损失的合格投资者，这些合格投资者相对于公募市场中的中小投资者而言，有更强的风险识别控制能力和承担损失的能力，并不是监管机构保护的重点。因此，在美国法律环境中，面向特定投资者的基金可以获得监管豁免，这样既保障了投资者的利益，又促进了融资的效率。例如，出台 PE 行业的监管办法（以下简称《办法》），可以设置一定的

"监管豁免"条件，将不符合监管豁免条件的 PE 和 PE 管理机构纳入《办法》监管的范围，要求其符合规定的设立条件、设立程序、治理结构等，并对其实行备案式管理；对于符合监管豁免条件的 PE 和 PE 管理机构，不纳入《办法》监管的范围，仍可依照其他法律法规设立，由其他基本的民商事法律，如《公司法》、《合伙企业法》等规范。对于基金与基金管理人的监管应采取不同的监管态度和标准，对基金管理人的监管才是监管的重心所在。监管机构需要考虑每个监管规则是出于什么样的目的，能否达到这一目的。例如，对于基金管理人的信息披露和报告要求，是为了使监管机构掌握足够的信息，以监测和评估私募基金行业的风险，增强其风险控制和危机处理能力。如果将同样的规则用于基金本身，就需要考虑是否也能实现同样的目的，否则可能矫枉过正，"为了监管而监管"。"私募"属性决定了 PE 行业是一个国家有限监管的行业，应更多发挥行业自律的作用。在出台各类鼓励 PE 发展的优惠政策的同时，建立和完善自律组织、逐步形成自律文化、积累本土 PE 行业的良好经验并逐渐总结出最佳实践做法。

郑州商品交易所市场影响力的政策支持

中国人民银行郑州培训学院课题组[①]

摘要 期货市场在资本市场中处于最高级地位，对市场经济的影响力强，是调整农业结构和增加农民收入、提供资本市场回避风险的强有力工具。企业可以充分利用期货市场的交易信息，参与期货交易，更好地搞好现货经营。农民可以根据期货市场的价格信息，调整农业种植结构，优化品种，以利于增产增收。

关键词 郑州商品交易所 影响力 政策支持

一、郑州期货市场的影响力分析

（一）国际影响力

郑州区域金融中心是建设郑州都市区、形成中原经济区的核心增长力量；其中郑州商品交易所（以下简称郑商所）作为郑州区域金融中心标志机构，将有效提升区域金融中心地位。郑商所是经国务院批准成立的我国首家期货市场试点单位，是目前全国四家期货交易所之一、六家证券期货交易所之一，也是中西部唯一的一家。

郑商所作为众多业态的核心支持者，融合支持全国期货业、银行业、物流业，提升了郑州区域金融中心对全国的覆盖性和影响性。2010 年底，郑商所有会员单位 215 家，其中经纪会员 173 家（期货公司），非经纪会员 42 家（现货企业），分布于全国 27 个省、自治区、直辖市；指定交割库 109 家，分布在全国 18 个省、自治区、直辖市；指定保证金存管银行 5 家（工行、农行、中行、建行、交行），指定标准仓单抵押融资银行 8 家。

郑州商品交易所国内国际地位不断提升。2011 年，郑商所成交量为 4 亿手，

---

① 课题主持人：王久莲。
课题组成员：魏振祥、孙小兰、吴臻雅、孟雪青。

在全球衍生品交易所中排名第十位，在全球商品期货和期权交易所中排名第三位。2011 年郑商所的白糖、PTA、棉花、早籼稻和菜籽油在全球同一期货品种中排名第一。2011 年全年成交额实现 33.4 万亿元，在国内三家商品期货交易所中排名第二，呈现快速发展的良好势头。

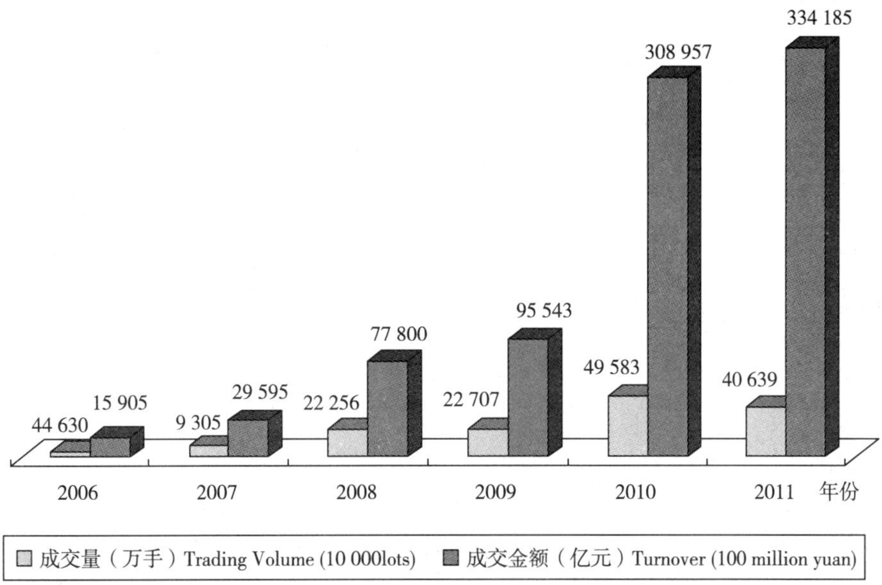

说明：成交量、成交金额按单边统计。

图 1　2006 年以来成交量和成交金额对比图

目前，我国有四家期货交易所，随着期货市场发展步伐的加快，国内交易所的竞争主要体现在以下四方面：投资者竞争、新品种竞争、服务竞争、技术竞争。除了面对国内其他交易所的竞争，交易所也面临着国际上发达交易所的潜在竞争。目前国际市场上的电子交易平台 24 小时都在交易，这会使得投资者能够轻易和有效地进入其他国家的市场，这对本国的国内市场造成一个很大的威胁。

面对日益激烈的国内外竞争形势，交易所必须积极行动起来，从各个方面采取措施，全面提升自身的竞争力，为产业经济和地方经济的发展作出贡献。这需要立足自身特点和比较优势，选取适合自身的战略定位、竞争策略和资源部署，争取有利的政策环境，通过加强市场建设、技术建设、组织建设和国际化，弥补差距，形成多层面竞争优势，实现向国内和国外一流交易所跨越的目标。

1. 小麦棉花的郑州价格

2002 年 12 月，路透社在其全球小麦市场报价单（每日发布）上首次列入郑商所小麦期货价格，与芝加哥、堪萨斯小麦期货价格并列，这标志着郑州小麦期货价格已纳入世界小麦价格体系，“郑州价格”从此融入了全球粮食市场。随着优质强筋小麦期货的不断发展和完善，市场化的价格形成机制促进郑商所强麦价格在全球小麦市场乃至粮食市场越来越具有影响力，从而形成我们自己的“郑州价格”。

继成功推出小麦期货后，棉花期货在郑商所上市的半年间，其价格发现功能日渐凸显。郑棉期货价格除与全国棉花协会发布的棉花现货价格指数走势基本一致外，也与国际棉花期货价格走势保持了基本一致，并已开始影响纽约棉花期货价格指数的走势。郑棉期货价格正在成为国际棉价的权威信息源。郑棉期货是按国际标准进行交割，郑棉期货在国际棉花定价过程中自然有自己的话语权。从长远来看，中国作为世界第一大产棉国、消费国和进口国，随着棉花期货市场的发展，中国将会进一步扩大在国际棉花定价过程中的发言权，进而争取中国棉花的国际定价权，最终使中国成为全球棉花的信息中心、交易中心和价格中心。

2. PTA 的全球价格风向标

2006 年 12 月 18 日 PTA（精对苯二甲酸）期货上市，上市之前，国内 PTA 的定价由几家大型 PTA 厂商主导，PTA 工厂根据现货交易情况在月底公布当月的合同结算价，并随后公布下个月的合同挂牌价。下游消费企业先按照挂牌价预付款，月底按合同货结算价结算，多退少补。在传统的市场定价模式中，当月现货成交均价处一个核心地位。现货市场价格往往直接构成当月结算价及下月报价。PTA 期货上市后，市场的价格传导机制开始改变，期货价格已经成为市场定价的核心，市场价格体系主要有以下几个特点。

（1）现货跟随期货的趋势非常明显。期货价格对每日的现货报价影响比较大，往往是期货价格涨了，现货报价也会跟着涨，反之相反。现在所有的企业都十分关注 PTA 期货价格，卖货的人看到期货价格上涨就会提高现货报价，同样道理，买货的人看到期货价格上涨，其心理预期也会往上调。对期现货价格的研究表明，PTA 期货价格与现货月报价、月结算价联动性较高，期货价格领先于现货价格，在 PTA 现货市场起到价格“方向指示器”的作用。

（2）期货价格间接决定了合同货结算价。生产企业的合同货销售价格基本是参照当月现货均价确定，在此基础上加一定的升贴水。升贴水主要考虑的因素是企业的加工利润、下游企业的接受程度、相邻月份的价格等因素。由于现货价格跟着期货价格走，因此，合同货价格实质上是间接参照了期货价格。

（3）期货价格影响原料 PX 现货市场价格。PX（对二甲苯）的贸易商也非常关注 PTA 期货价格。国内 PTA 生产商看到期货价格上涨，其在现货市场采购

资料来源：郑州商品交易所。

图 2　期货收盘价、翔鹭石化 PTA 月报价与结算价

PX 的意愿会提高；反之，看到 PTA 期货价格下跌，其采购 PX 现货的意愿会降低。同时，贸易商看到期货价格上涨，一般会适当提高 PX 的报价；看到期货价格下跌，PX 的报价也会适当降低。

（4）期货价格影响聚酯企业的原料采购和产品销售。受市场“买涨不买跌”的影响，期货价格上涨，聚酯企业的采购信心才会提升；反之，期货价格下跌，会降低聚酯企业采购 PTA 原料的积极性。以浙江新凤鸣化纤公司为例，PTA 期货推出之前，公司采购原料由领导决定，给公司经营带来相当大的风险。PTA 期货上市后，公司领导层逐渐意识到期货市场特有的价格发现功能。当公司对 PTA 价格未来走势出现分歧时，就会在期货市场上少量买入，经过两三个交易日后，如果期货市场上盈利，证明当初判断是正确的，就开始在现货市场上大量采购；反之，就证明决策是逆市而为，公司马上会降低库存，或与供应商就采购价格重新谈判。

聚酯企业的产品销售也受到期货价格涨跌的影响。一般而言，期货价格上涨，现货 PTA 也会随之上涨，这意味着企业可能要增加原料采购成本，聚酯企业也会相应地提高产品的销售价格。

（5）期货价格影响聚酯贸易商的心态，改变其采购的意愿。下游很多聚酯贸易商也十分关注 PTA 期货价格，期货价格可以影响到聚酯贸易商对市场基本面的判断，进而影响对聚酯产品（切片、长丝、短纤）的采购和销售意愿。例如，在 2009 年 11 月上旬，就下游纺织企业的经营情况而言，聚酯切片、涤纶长丝、短纤的价格已经偏高了，聚酯贸易商不敢高价进货。但是，期货价格不断上涨，带动了聚酯系列产品的价格上涨，贸易商随之改变了对基本面的判断，一方面高价采购原料，另一方面适当提高其经销产品的销售价格。

（二）国内影响力

农民增收是各国农业经济政策的核心议题。长期以来，发达国家政府在利用政府补贴和开展农业保护的基础上，不断加大对期货市场服务农民增收方法的利用，既积累了丰富的经验，又实现了有效的组织创新。相比之下，我国的农民增收政策依然面临种种困扰，并存在严重不足，如何进一步完善农民增收政策始终是“三农”政策体系中的难解之题。国家“十二五”规划在不同位置提出了“拓宽农民增收渠道”，“完善农产品市场体系和价格形成机制”、“推进期货和金融衍生品市场发展”目标。如何更好地借鉴国外经验，充分利用期货市场在确保和促进农民增收中的作用，不仅是期货交易所需要深入研究和分析的基本课题，同时更是我国农村经济政策制定者需要关注的重要内容。

1. 推动农业生产方式的根本性变革，催生新型现代化农业生产方式和增长方式

“三农”问题是我国国民经济能否长期有序运行的基础性问题，党中央国务院对此问题历来都十分重视。从历史上看，我国的农业、农民和农村政策是以2003 年为分界点的。在 2003 年以前，政策的导向主要是提高粮食产量，解决粮食短缺；2004 年以来主要目标是在宏观和微观上对农业长期发展和农民增收的相互协调作出实质性的推进。国家目前试图通过多种渠道，建立起农业长期发展和农民增收的长效机制。但是，从政策的实际运行和实践来看，如何使农民实现有效增收始终困扰着国家政策的制定和实施。

应当说，现有的农民增收政策体系至少无法有效解决以下五方面的关键性难题。第一，为确保粮食安全，政府不断推动的增产政策面临粮食需求弹性低的自然困境，造成增产不增收。如何更好地协调粮食安全与实现农民增收在政策目标设计上存在一定的冲突。第二，尽管国家不断改革粮食补贴方式，扩大补贴范围，但是从补贴制度的设计到具体的操作执行，都面临着重要问题。农民不仅收到的名义补贴额度少，而且落实到农民手中的补贴也少，增收政策面临很长路要走。第三，产量风险和价格风险是农户面临的最重要的风险。但是，国家政策推进的各项政策（如农业保险）往往面临一系列现实难题，更多的是一种事后的补充，很难帮助农民有效抵御市场风险和气候风险。第四，农民经营规模小，文化水平低，对市场价格和需求方向把握能力较差，无法解决市场价格自然涨落对农民收入的影响；国家政策支持体系中缺乏对农产品种植数量、种植结构的合理引导途径。第五，农村经济组织体系创新缓慢、被动、不具有

普遍性，使农民的农业生产和经营面临诸多现实矛盾，国家政策支持体系和法律法规制度在农村经济组织创新的支持过程中无的放矢。例如，订单农业一度面临违约问题的严重挑战，从政策角度看，政府的力量对此问题还没有找到合理的解决和疏导途径。

之所以出现以上的政策困境，关键在于在现代市场经济中，政府的行为和政策体系很难面面俱到，包打天下。农民要真正实现增收，政策要真正发挥效率，最终还要依靠市场机制，要锻造农民在现代市场体系中进行生产和经营的能力。相应地，政府政策体系的定位则是根据农民生产经营中面临的问题和市场的具体情况，引导、支持、保护农民的利益。推动农业生产方式的根本性变革，催生新型现代化农业生产方式和增长方式势在必行，国内的很多研究者研究的共同成果是，在市场体系日渐完善，期货市场不断发展的条件下，我国的政策制定者、农民以及利益相关者应合理借鉴国外先进经验，通过稳步进入期货市场和利用期货市场，实现农民增收，维护各方面的共同利益。

（1）期货市场对农民增收政策的影响途径。期货市场与农民增收政策具有内在的联系机制。农民实现增收不能仅依靠补贴、信贷、减负和技术支持等传统手段，而且更需要市场化的信息、健康的农村社会组织体系、良好的风险管理方式。这些都可能对期货市场发展不断产生新的要求，使期货市场成为国家增收政策的重要补充方式。此外，从国内学者研究来看，期货市场的发展对农民增收政策的影响也体现在农产品流通体制改革和宏观调控方面。这一点对于我国这种转轨型经济体制表现得尤为明显。其中主要的原因是期货市场在宏观上有助于促进流通体制改革，使农民减少历史上出现的工农业“剪刀差”问题，减少行政力量对市场价格的控制，最终使农民在价格上获得利益和好处。流通体制的改革也使得国家对农产品价格调控更加市场化，使宏观调控主体具有更多的信息来源，使调控的实施者和载体能够更好地应对市场风险，并最终改进农民种植和销售环境，为农民增收创造良好的条件。如图 3 所示。

另外，国家增收政策所采取的具体手段也可能会影响到期货市场发展。例如，补贴会影响期货市场的运行、品种对比的力量分化，等等。

（2）期货市场对农民增收的具体作用。

①引导种植和销售。在农产品现货市场上，商品价格只能反映当前的供求关系，却不能反映在一定时期内可能发生的供求关系变化。现货市场形成的价格具有滞后性和不完整性，只根据现货市场的价格来调整种植结构容易陷入“蛛网周期”的怪圈。期货市场中汇集着各种各样的供求信息，可以有机地、动态地反映到期货价格上，并进行不断修正。期货市场形成的价格具有权威性。农民可以利用期货市场信息安排自己的种植计划，优化种植行为，提高市场的

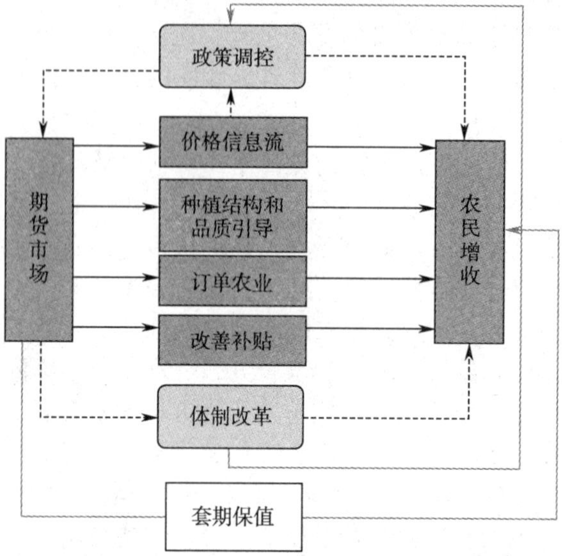

图3　期货市场与农民增收的内在关系

适应能力。同时，利用期货市场的价格信息出售粮食，避免生产的盲目性，进而提高农民的预期收益。

②指导农民定价。在市场经济条件下，农产品价格由市场供求关系决定。农业生产不仅受自然因素的影响，而且受市场因素的影响也较大，在没有价格信息指导的情况下，农民只能盲目生产，被动销售。农产品期货市场可以为生产经营者提供避险工具，增强其市场竞争力，并且调节农产品市场供求，为农产品提供定价依据，减缓价格波动，提高农产品定价效率。越来越多的涉农企业开始参考期货价格指导现货贸易，不仅利用期货市场成交便捷，而且现货市场利用"点价"贸易方式也提高了定价效率。农产品期货交易有利于防止市场价格过度波动，避免社会资源浪费。通过增加和减少市场供给量，使市场供求基本平衡，抑制市场价格剧烈波动。

③发挥风险管理功能，提升农业生产的整体效益。目前我国主要农产品期货品种期现价格走势趋于一致，具有较好的流动性。利用期货市场的套期保值功能可以提前锁定收益，防止粮价下跌给农民带来损失。成熟的期货市场具有"价格发现"功能，期货价格具有真实性、预期性、连续性和权威性等特征，能够准确地反映现货供求状况及其价格变动趋势。引导农业生产者调整种植结构。涉农企业和农民可以根据不同农产品之间的比价关系，从收益最大化原则出发调整种植结构，合理安排种植面积，实现供求平衡。

④促进农业产业化和农民组织化。订单农业对推进农业产业化进程，解决农民卖粮难，提高农业抵御自然风险和市场风险的能力具有重要意义。但是订单中的价格风险并没有由于订单的签订而消失。利用期货市场形成的“订单+期货”模式，可有力转移订单农业中的价格风险问题，并且为订单的价格提供了合理的依据。期货市场的套期保值功能可以很好地为生产者和经营者分散风险。解决公司与农户之间的履约风险问题，期货的交割制度有利于形成标准的仓单。通过期货还可以扩大订单农业的数量和规模，实现“小生产”与“大市场”的有效对接。

⑤提高农产品质量水平和标准化程度。农业标准化是农业生产的基础，只有通过标准化生产的技术和管理手段，才能保证农产品的品质，为农产品的深加工和进入国内外市场创造条件。期货市场严格执行质量检验标准，不仅提高了涉农企业按标准生产的自觉性，也使得一大批质量等级更高的品种得以大面积推广。

⑥提高政府干预经济的能力。在市场经济条件下，保持经济稳定、健康运行，很多时候需要政府对经济实行必要的宏观调控。期货价格趋势具有预见性和前瞻性，可以为国家宏观调控提供超前的价格参考。从某种意义上讲，期货市场的波动是对某种经济形势的一种预示，这种波动所预示的问题如被政府及时发现并采取适当措施解决，那么它对现货市场运行的不利影响可以避免。

⑦期权提供补贴新思路。期货市场的保证金交易和杠杆效应，决定了期货市场是一个高风险的市场。对于大多数的合作组织和企业来说，利用期货市场来规避风险仍有一些制约因素。因为他们普遍资金实力单薄，期货市场实行逐日盯市制度，期货价格的波动会导致保证金的相应变动。迫于追加保证金的压力，影响了农户与粮食企业参与期货市场的积极性。期权这一交易工具可以克服期货套期保值的弊端。期权具有成本小、操作灵活、风险可控的特点。一定数目的权利金便是最大的亏损。对于非专业投资者来说，通过买入期权合约来规避粮价的波动风险，不仅能够防范价格不利变动的风险，还能保留价格有利变动带来的好处。另外，国家通过补贴权利金给农民提供确保收益的资金支持。除美国的成功经验外，其他发展中国家也有试点。例如，世界银行从1999年起在墨西哥、乌干达、泰国等16个发展中国家启动试点，利用期权产品帮助生产者管理价格风险。在乌干达、坦桑尼亚等合作组织较发达国家，试点进展顺利，已进入良性循环。

⑧改进储备调控机制。利用期货市场可以为国家储备粮的吞吐提供理想的价格参照系数。通过在现货市场上轮出的同时在期货市场上买套期保值为储备粮安全轮换提供保障。粮食安全的主要因素包括粮食的生产和流通。农产品期

货市场保证了国家对粮食的宏观调控，保障粮食的安全。

⑨促进农产品市场向国际化发展。作为农产品生产大国，我国农产品期货价格必然要纳入世界农产品价格体系。农产品期货市场可以实现国内农产品市场与国际市场的高效率衔接，促进农产品流通国际化，增强我国的农产品国际竞争力。期货市场汇集了反映供求的各种信息，同时又将有关交易的信息反馈到世界各地；市场参与者可以利用期货市场提前进行相应月份的套期保值。

⑩推进粮食流通体制改革。粮食流通体制改革是市场化条件下提高农民收入能力的制度保障。期货市场的发展从多方面有助于确保粮食流通体制改革有效展开和深入进行。第一，期货市场可以为粮改过程中的企业提供避险工具，为改革创造良好的市场环境和稳定基础。第二，期货市场有助于将市场和国家储备结合起来，将产销区结合起来，确立基于市场基础的良好流通局面。

2. 完善农产品市场体系，规避市场风险，优化种植结构

期货市场近年来在促进我国农业现代化发展方面的功能日益得到发挥。发达国家的发展经验也表明，农产品期货市场是发展现代农业的强大助推器。

（1）完善农产品市场体系。农业生产具有长周期特征，农产品现货价格的迟滞性必然加大农产品生产的周期性波动，传统农业生产与管理手段的提高需要市场来引导。农产品期货价格具有公开、透明、权威的特性，有助于提高农业信息化程度，缓解产业链不同环节信息不对称问题，为农户和生产经营企业提供有效的价格指导。农产品期货市场应在“加快发展现代农业，提高农业综合生产能力，增加农民收入”中做好向导。农产品期货市场不但为现代农业发展做好信息服务，还为农业产业各市场主体提供规避风险的工具，促使众多农业合作组织、农业龙头企业等转变经营模式，从而促进农业产业化发展。

近几年，郑商所通过创新市场服务方式，建立“点基地”和“面基地”等，在期货市场推进现代农业发展的道路上积累了不少成功经验。

“点”基地重点是培育农业产业龙头企业，“面”基地则侧重于开发已上市农产品期货品种的现货优势地区。这非常有利于解决我国发展现代农业所面临的农户生产经营规模小、农业社会化服务体系不健全、组织化程度较低、小生产与大市场的矛盾依然明显等问题。目前，在国内大宗农产品产区，“产业化龙头企业—农业合作组织—农户”的农业产业化运作模式渐成气候。在通过订单农业稳定原料的数量和质量的同时，多数产业龙头企业还对农户采用二次结算模式，以确保订单得以履约。而经过数年的市场培育和引导，“订单 + 期货”、“土地流转 + 期货”等现代农业生产模式逐渐在国内小麦、棉花、菜籽油等产区流行起来。

（2）规避市场风险。从国际经验来看，各国管理农业市场风险的手段大同

小异，期货期权是其中不可缺少的市场风险管理工具。期货期权手段之所以被广泛使用，与其在管理市场风险方面的优势密不可分，具体表现在以下两个方面。

首先，属于市场手段而非财政手段，符合 WTO 精神。WTO 将各国的农业保护政策分为“绿箱”政策、“黄箱”政策和“蓝箱”政策。“绿箱”政策是对农产品贸易和生产者不会产生或仅有微小的扭曲影响的农业支持措施，这类政策是允许的，成员国无须承担约束和削减的义务。“黄箱”政策是会导致贸易扭曲的政策，它包括政府对农产品的直接价格干预和补贴、面积补助、牲畜数量补贴、种子肥料、灌溉等投入补贴以及农产品营销贷款贴息等内容，WTO 对这类补贴有严格限制，超过一定标准的成员国有削减该类补贴的义务。利用期货期权管理农业市场风险的一大优势就在于该方式属于完全的市场手段，不受 WTO 政策限制。农场主或企业通过在期货市场上买卖期货合约，将价格风险转移给其他偏好风险利润的投机者，实现套期保值的目的，整个过程是完全的市场化过程。政府在其中扮演的角色只是基础设施建设、期货知识推广、参与者教育等，而该类行为属于 WTO 规定的“绿箱”政策范围，与 WTO 精神相符。

其次，风险管理效率高。同其他政策相比，期货期权手段管理农业市场风险的效率是最高的。分散化经营虽然在一定程度上能起到分散风险的作用，但同时也分散了收益，并且分散化的经营不利于形成专业优势。合同经营是通过签订合同的方式把价格波动的风险由生产者转向企业，而企业承担的风险却无法化解，由此也带来了严重的违约问题，签约双方的互不信任又会增加合同签订的成本，造成资源浪费。相比之下，伴随着农产品流通需要发展起来的期货期权市场是一个成熟高效的市场，交易制度谨慎且严密，其规避风险的机制经过长期的检验已经趋于完善，利用这一市场管理农产品风险，无疑是安全和高效的。

（3）优化种植结构。在农产品现货市场上，商品价格只反映当前的供求关系，却不能反映在未来一定时期内可能发生的供求关系变化。在单一的现货市场条件下，农户只能根据现有农产品的市场价格安排生产。由于农业生产周期长，产品交易时却必须按未来市场价格进行交易，这时的市场供求状况及价格极有可能发生变化，这种现货市场价格的滞后性使农户面临较大的市场风险。当某中农产品供不应求时，价格上涨，则生产规模扩大，从而很可能引起未来供大于求，价格就会下跌，则生产规模又会缩小，这样又会形成一个供不应求的局面。如此反复循环，农业生产就会陷入一个怪圈，农业生产能力受到极大的伤害，影响了农业的稳定发展。期货市场就可以有效地克服这个缺陷，因为在期货市场聚集着众多的交易者，汇集着各方面的供求信息，经过多方的激烈竞争形成的期货价格具有比较可靠的预期性，能够预先较为真实地反映未来市场的供求状况，也能够对未来一定时期的潜在需求进行超前调节，因此，期货价格具有生产指导意义。农户可以根据农产品期货市场提供较为真实的远期价格安排生产，及时调整种植结构，使农产品的供应可以更有效地满足未来的需求状况，也使农户的利益可以得到更好的保障。

3. 有利于农业市场化、产业化、集约化经营

首先，从农业经营角度讲，过剩的生产已成为农业、农民最大的负担。不计成本的大规模生产造成人力、物力、财力的极大浪费，但是获得的经济效益并不好。而造成这些后果的直接原因是信息的不灵通，缺乏统一的组织管理，不知道市场的供求关系，缺乏对市场风险的分析与规避，只是按照自己的主观臆断盲目生产。其次，为了拉动农业而盲目推动对生物资源的“高消费”。也就是说高消耗但是生产率比较低，浪费比较严重，不符合可持续发展的要求。再次，严峻的自然环境使农产品的收入具有很大的波动性。我们国家由于地域广阔，地形与气候复杂，所以很多自然灾害都会使农业生产受到影响，什么洪水、冰雹、虫灾甚至是地震都是影响的因素。最后，缺乏“经营企业化、生产集约化、产品标准化”。这一点比较严重，生产出来的产品虽然比较好，但是不符合市场的要求，满足不了消费者的需求，必然不能促成交易的顺利进行，这也对我国的进出口贸易带来了许多不便，并且使我们在国际贸易中处于不利的位置。

我们要利用期货市场，使期货市场和农业生产相结合，因此我们必须建立一套专业的系统，农业产业化经营是适合我国国情的正确选择，是实现我国农业现代化的有效途径，随着期货市场的发展，期货发挥着为农业产业化和集约化经营“保驾护航”的作用，这主要体现在三个层层递进的环节。

第一，在订单农业中，签订订单的价格间接参考期货市场的价格走势，这时期货价格成为价格“指示器”，起到传递信息、参考定价的作用。

第二，为避免农产品价格的不利变动，将“公司 + 协会 + 农户”的组织方式与“订单 + 期货 + 现货”的运营模式有机结合，形成“订单 + 公司 + 期货”的创新方式。农户通过保值订单或浮动订单将农产品价格波动的风险转移出去之后，公司进一步通过期货市场将订单的价格风险转移出去。

第三，当期货价格和现货价格之间的差超过一定区间后，进行无风险期现套利，进一步增加企业收益，增强订单农业的运作效果；当期货无风险套利获益较多时，可通过适当反哺订单农户，享受参与期货的“二次分配”好处。

其中，永鑫模式、延津模式、银丰模式、丰浩糖业模式等都是成功的典型案例。但其发展手段主要靠市场规律而不是行政命令，各级政府应解放思想，大胆探索，为企业和农户（农业产业化主体）做好必要的引导和服务工作。目

前，我国的农业产业化经营尚处起步阶段，各类农业产业化组织的辐射面还不够广，带动农户的集聚力还比较弱，各地的发展也不平衡，其市场的风险防范意识也较淡薄，因此，政府的工作重点应是创造一个良好的外部生成环境（其中包括期货市场的建设和完善）。

期货市场严格执行质量检验标准，国标或郑商所标准的引导，不仅提高了涉农企业按标准生产的自觉性，也使得一大批质量等级更高的品种得以大面积推广，从而引导农产品各环节以期货标准为参考，加强质量管理，提升农产品整体质量，提高了质量标准化意识，改进了加工工艺，优化种植结构。

4. 工业品价格发现

通常而言，期货市场有两大经济功能：其中之一是价格发现，指利用市场公开竞价交易的交易制度，形成一个反映现货供求关系的市场价格，简而言之，期货价格能够对市场未来走势作出预期反应。

（1）价格发现功能发挥情况。以白糖为例，据中国期货业协会近年连续发表的《中国期货业发展报告》，2007 年、2008 年、2009 年白糖期货价格与南宁现货价格的相关系数分别达到 0. 90、0. 96、0. 98，而且期货价格变动往往先于现货价格，基本形成了能够反映未来一年内国内白糖供求关系的期货价格，白糖期货市场价格发现功能得到初步发挥。目前，白糖期货价格的涨跌已成为现货定价的重要参考指标，2012 年调研结果显示，从制糖企业到食糖贸易公司，议价定价要考虑期货糖价走势的占 93% 之多，说明白糖期货价格发现功能在深刻影响着食糖行业。据广西农业厅糖料处有关工作人员介绍，目前广西甘蔗收购价格主要根据国内白糖现货供求情况、国际糖价变动趋势、郑糖期货价格等三个要素确定。从白糖期货上市 7 年（2006 年 1 月 6 日上市）的运行情况看，郑糖期货价格已经成为国家食糖宏观调控的“晴雨表”，白糖期货价格的预期性，为国家宏观调控提供了科学参考。

（2）期货市场价格发现的作用。利用期货市场价格发现功能，能对企业生产经营进行中长期布局。企业定期跟踪期货价格走势，分析期货价格涨跌的原因，通过分析期市反映出的信息，为现货经营提供决策依据。相关企业通过郑州白糖期货市场价格的波动情况，对未来行情作出判断，通过对期货行情的分析与了解，企业可以不断修正经营库存与销售时机，使经营工作变得更为积极、主动，这是期货市场价格发现功能的充分体现。

5. 为企业套期保值

期货市场的另外一个功能是套期保值，指利用期货、现货市场同涨同跌的特性，同时在期货、现货市场进行反向、等量操作，锁定预期收益或成本，转移价格风险。

（1）套期保值功能发挥情况。白糖为例，经过市场培育和发展，郑糖期货已经具备套期保值的条件。一是市场交易活跃、容量大、流动性高，年成交量达2亿~3亿张，远大于1 000万~1 500万吨白糖年产量，足以容纳糖企入市套保；二是期货、现货价格走势相关性高，基差较为合理、稳定，确保套期保值效果。这样的期货市场为国内涉糖企业规避价格风险提供了畅通、高效的平台。在实际应用中，套期保值已经成为许多糖企经营中必不可少的一个环节，不少企业还成立专门负责套期保值的部门，82.14%的受访糖企表示在期货市场上选择套期保值规避价格风险。以2008年金融危机为例，白糖生产成本约3 200元/吨，国内糖价跌破3 000元/吨，一度跌至2 600元/吨，如不积极利用期货市场规避风险，必将损失惨重。据广西糖业协会估算，当年广西糖企通过期货市场套期保值至少减少40亿元的损失。

（2）期货市场套期保值的作用。利用期货市场套期保值功能，能帮助企业经营控制风险。企业是社会经济的细胞，企业用其拥有或掌握的资源生产经营什么、生产经营多少以及如何生产经营，不仅直接关系到企业本身的生产经济效益，而且还关系到社会资源的合理配置和社会经济效益的提高。而企业生产经营决策正确与否的关键，在于能否正确把握市场供求状态，特别是能否正确掌握市场下一步的变动趋势。期货市场不仅使企业能通过期货市场获取未来市场的供求信息，提高企业生产经营决策的科学合理性，真正做到以需定产，而且为企业通过套期保值来规避市场价格风险提供了场所，在增进企业经济效益方面发挥着重要的作用。

（三）对河南及郑州的影响

1. 对河南农业的影响

“三农”问题是关系国家发展的全局性和根本性问题。农业丰则基础强，农民富则国家盛，农村稳则社会安。中央在新时期指导“三农”工作的精神，更加重视对市场机制的利用，并指出要充分发挥期货市场引导生产、稳定市场、规避风险的功能，对期货市场发展提出了更高的要求。

期货市场是市场经济的高级形式。近年来，郑商所认真贯彻落实中央关于期货市场服务“三农”的指示和精神，在证监会的领导和支持下，以市场建设为基础，以功能发挥为依托，在利用期货市场服务“三农”方面做了大量工作，成效显著。第一，推进期货市场建设，提高服务“三农”和实体经济的能力和水平，开展理论研究，解决期货市场服务“三农”的热点和难点问题。不断完善农产品期货品种结构，不断增强上市品种流动性，积极开展制度创新，破解制约期货市场服务“三农”的制度瓶颈，从制度上确保风险控制，确保市场平稳发展。第二，为农产品提供定价依据，提高农产品定价效率。“郑州价格”已经成为国内外关注我国农产品市场供需形势的重要窗口，成为世界小麦、棉花和白糖等领域的主要参考价格之一。越来越多的涉农企业开始参考期货价格指导现货贸易。现货企业开始利用期货点价模式。第三，引导农业种植结构调整，提升农业生产的整体效益。远期期货价格始终引领现货价格走向，为农民的种植意向提供指引。农产品期货价格也逐步成为国家调整农产品种植结构的重要依据。第四，丰富涉农企业经营方式，服务企业规避风险、增收增效。涉农企业通过在期货市场套期保值规避价格风险，降低了银行放贷风险，推动了涉农信贷的进一步发展。第五，为订单农业保驾护航，促进农业产业化和农村经济发展。利用期货市场形成的“订单 + 期货”模式，有助于解决公司与农户之间的履约风险问题，提高了现货订单的履约率，实现了“小生产”与“大市场”的有效对接。第六，执行规范交割标准，提高农产品质量水平。第七，通过多种渠道促进农民增收。通过保值订单或收购时加价增加农民收入，农民还可以利用期货价格，判断行情走势，并与收购商讨价还价。

2. 对中原经济崛起的影响

中原地区是大宗农产品、煤炭等资源产品的主产地，期货具有的价格发现、套期保值功能，对中原地区期货商品的生产、加工、贸易具有重要的引导作用，对中原城市群的物流产业发展和资本市场发展发挥着重要的带动作用。做精做细期货品种并推动新的品种上市，扩大对相关产业和产业链所在区域的影响，能够有效增强郑州对中原城市群的辐射能力，强化郑州的龙头作用，巩固郑州的龙头地位。对于增强郑州在中原城市群的竞争力和辐射力、迎接区域竞争与挑战、推动中原地区经济快速发展、促进中原率先崛起具有十分重要的意义。

3. 对郑州区域金融中心形成的影响

目前，郑州市金融的整体功能不够完善，地方金融机构不发达，金融组织体系不健全，金融生态环境有待改善，直接融资比重低等问题比较突出，制约着经济的持续快速健康协调发展。要把郑州建设成为区域性金融中心，可以借鉴美国芝加哥的成功经验，美国芝加哥就是通过重点发展期货市场形成国际期货中心，最终建成以期货业为特色、与纽约并立成为国际金融中心的。郑商所是我国四大期货交易所之一，在国内外具有较大影响，是郑州市特有的金融资源和比较优势所在，而这一优势是国内绝大多数城市无可比拟的。郑州市完全可以借鉴这一经验，大力发展期货业，使郑商所在未来 20 年的发展中，逐渐成为具有重大国际影响的国际期货交易与定价中心之一，带动郑州资本聚集和金融业发展，这是推动郑州区域性金融中心建设最为现实、最具可能性的发展路径。

二、制约影响力发挥的因素分析

（一）人才因素制约

郑州期货行业与郑商所近几年的快速发展吸引了大量高层次人才加入，近三年郑商所吸引大量海外留学人才和国内硕博人才，进一步提升郑商所人才层次构成。但与上海、大连相比，郑州的期货人才尤其是高端期货人才明显不足，期货教育、研发机构少，缺乏有影响的期货人才教育和培训基地，期货研发和信息汇集能力不强。以大连为例，大连有多所全国有影响力的大学和研究机构，为促进当地期货人才的培养和引进，大连市政府与东北财经大学、大连商品交易所合作，准备设立中国期货学院，在全国建立有影响的期货人才教育和培训基地；同时还鼓励大连地区各大专院校开设期货专业课程，多渠道培养期货人才；并且制定优惠政策鼓励大连商品交易所引进高端和国际性期货人才、管理人才和技术人才，促进大连市东北亚国际期货中心的建设。

（二）品种发展受限

虽然郑商所的市场规模在这几年得到快速发展，但上市交易的期货品种较少、门类较单一，且目前上市的一些品种市场化程度不高，与国际市场联动性较差（如小麦、早籼稻），真正活跃的品种只有三四个（白糖、棉花、PTA、玻璃），市场发展基础仍显薄弱，需要继续加大市场宣传与开发，提高对上市品种的投资价值的认识和接受度，扩大对投资者的吸引力，提高郑商所在全国的影响力。从把郑商所的未来打造成为农林、化工、能源综合类现代化期货和期权交易所的发展战略和提高郑商所国内、国际影响力出发，迫切需要开发出一些市场价值大和活跃度高的战略品种，如动力煤、化肥、天然气、电力等品种，但这些品种关系国计民生，影响面大，需要得到国家有关部委和地方政府的政策支持。

（三）地域因素受限

从交易所所在区域分析来看，与上海、大连相比，郑州市区域经济规模比较小，金融业和金融市场不发达，金融机构不健全，市场化要素比较低，金融体系转轨进程慢且尚未完全建立，特别是商业金融体系存在效率低、流动性差、流量低等问题，对期货市场的发展带动比较小。更为重要的是，中西部地区金融投资主体比较缺乏，投资意识比较较差，投资资金来源和规模比较有限，对郑州期货市场快速发展的资金支持有限。此外，相对东部发达地区，中西部金融约束太重，金融市场国际化进程还没开始，这些都对交易所的快速发展和国际拓展形成了严重的束缚。与国内外交易所比较来看，郑商所目前区位优势不仅远低于美欧发达交易所，也低于上海交易所和大连交易所。在金融市场日益国际化的大环境下，根据自身的资源优势，在差异化竞争中确立在行业中的定位，已成为各交易所面临的市场选择。郑商所已根据自身地处中西部资源丰富、易于发展商品期货的区域资源优势，明确了在行业中的定位，进行差异化竞争。

（四）税收因素制约

期货公司在期货市场中的这种中介服务作用所获取的交易手续费是其主要的营业性收入，也即成为税务部门对期货公司的主要税收征管对象。现行的期货公司税收征管由于历史、体制和认识上的偏差等原因，未能充分体现国家对新兴的期货市场发展的政策扶持，存在税负不公平合理等现象，从而在一定程度上制约了期货市场的发展，对期货市场的稳步运行带来了诸多问题。这些问题主要有：一是对期货业的税收征管定性问题，二是多征营业税的问题，三是风险基金计提得不到认可问题，四是地方税制的差异导致对期货公司的重复计税问题。总之，由于我国现行期货市场税收征管政策尚未完善，对期货业的税收征管存在着诸多不公平、不合理等问题，加大了期货业的税收负担，没有很好地对新兴的期货市场起到扶持、保护和促进作用。鉴于此，完善期货市场的税收征管政策，已经成为期货业久已盼望的心愿和共识。

（五）法律制约因素

我国期货市场起步较晚，由于现货市场发育滞后、法律法规不健全以及市场管理经验不足，特别是没有一部法律或行政法规对期货交易行为进行比较全面系统的规范，致使期货市场试点工作曾出现过规模失控、市场分割、市场操纵以及市场风险不断的情况，严重影响了期货市场的正常运营。回顾近年来期货发展历程，欺诈侵权纠纷时有出现，操纵市场行为屡有发生，这些风险的发生无不与投资者缺乏法律、诚信、监管意识密切相关。在我国期货市场已经具备了进一步发展的基础和条件的今天，培育成熟的期货市场投资主体，引导投资者自觉建立诚信、守法、理性投资意识，对于期货市场的健康发展具有十分重要的意义。中国期货市场在发展过程中应该适当地控制投机者，同时也要能够加强套期保值者的鉴别和认定；要发展大型期货公司，吸引外资进入期货市场，要通过教育培养投资者及高水平的管理者，完善期货市场的法律体系。

三、扩大郑州期货市场影响力的政策支持建议

（一）人才政策支持：给予人才引进优惠政策，支持期货市场的人才队伍建设

郑州市政府给予郑商所资金和政策支持，以夯实郑商所的发展基础，更好地发挥其产业龙头带动效应具体如下：

设立期货发展专项奖励基金。

1. 协助地方高校设立期货专业（系），成立期货学院，提供授课及资金支

持，建立期货专业人才培养体系。

2. 在地方举办各类期货培训班，增强本地人员对期货行业的认知和了解，改善本地期货业的发展基础和氛围。

3. 按一定标准向员工发放住房补贴和交通补贴，以吸引和留住人才。

4. 郑商所实现郑州市政府制定的发展目标时，对作出贡献的相关人员予以奖励。

5. 建立员工激励机制。员工每年实际缴纳的个人所得税按地方财政留成部分的80%予以补贴；员工在郑州市购买商品房、车辆给予一定的税费减免、降低政策限制；在义务教育阶段，由市政府统一安排员工子女在省市级较高水平的公办学校就读。

6. 结合郑州市金融人才引进工作安排，落实新进高管和特殊专业人才支持政策。

（二）增加上市交易品种，扩大期货市场规模

上市品种的多寡决定着期货市场功能的发挥程度。迄今为止，我国进入期货市场交易的农产品品种主要有郑商所的小麦（普通小麦和优质强筋小麦）、早籼稻、棉花、油菜籽、白糖及相关联的菜油、菜粕；大商所的大豆、玉米及相关联的豆油、豆粕和上期所的天然橡胶等13个品种，没有期权。而美国目前约有27种农产品期货合约和23种期权合约，期货市场对于农业有着重要的影响力。在规范发展原有交易品种的基础上，进一步健全农产品期货市场体系，积极推出粳稻、晚籼稻、土豆、苹果、花生、生丝等期货交易。

在工业品方面，郑商所目前上市的有PTA、甲醇、玻璃，今后应大力推进动力煤、尿素、工业硅、多晶硅、乙二醇、短纤、长丝、瓶片、天然气等期货品种。

（三）提供金融政策支持，放开准入限制，提高市场流动性

从发展期货市场计，根据国外成熟市场的经验，应放开资金准入限制，提高市场流动性，大力发展机构投资者。适度的规模和充足的流动性是期货经济功能正常发挥的最基本条件之一。在国外成熟期货市场中，投机交易量一般达到套期保值量的20倍以上，期货持仓量与现货流通量的比例稳定在10%～20%。而我国期货市场中只有少数品种达到了这一流动性要求，绝大多数品种尚处于流动性不足的状态。国家应尽快放开资金准入限制和投资者准入限制，增加期货市场的资金数量。一要允许部分实力较强的期货经纪公司开展代客理财和自营业务；二要成立商品期货投资基金，允许期货经纪公司、金融机构和其他机构入主期货投资基金，允许证券投资基金、保险资金等按一定比例进入期货市场。

(四) 实行优惠汇率政策，为郑州商品交易所的发展提供宽松的税收支持

期货市场增加财政收入的作用是有代价和有限度的，财政收入的增加是以效率的损失为前提。财政收入的增加，意味着资金交易成本的增加，而交易成本的增加将导致期货市场流动性的下降，最终不利于市场的健康发展，故效率原则无法成为期货市场税制功能的表现形式，反之，社会功能在期货市场发展过程中的作用日益突出。首先，原生金融产品与金融衍生产品的税收负担应公平，即对金融衍生产品交易采取与原生金融产品一样的分担方式，合理地确认所得收益或损失。而且，在课税上也可给予税收优惠，采取低税率、延期纳税、减免税、税收抵免等办法，以鼓励金融创新。其次，要求各种金融衍生产品的税收负担趋于公平，避免产生我国金融衍生产品市场发展的内在结构性失衡。最后，税收公平原则的运用要有助于抑制各种投机套利行为和利用其他策略的偷逃税款行为。

(五) 加快期货立法进程，为郑州商品交易所又好又快发展提供法律政策支持

我国期货市场起步较晚，由于现货市场发育滞后、法律法规不健全以及市场管理经验不足，特别是没有一部法律或行政法规对期货交易行为进行比较全面系统的规范，致使期货市场试点工作曾出现过规模失控、市场分割、市场操纵以及市场风险不断的情况，严重影响了期货市场的正常运营。经过20年的探索，我国期货市场运作逐步规范，市场交易更加安全和透明，多个品种已经初步发挥了良好的市场功能，市场正步入良性发展阶段。回顾期货市场发展历程，欺诈侵权纠纷时有出现，操纵市场行为屡有发生，这些风险的发生无不与投资者缺乏法律、诚信、监管意识密切相关。在我国期货市场已经具备了进一步发展的基础和条件的今天，培育成熟的期货市场投资主体，引导投资者自觉建立诚信、守法、理性投资意识，对于期货市场的健康发展具有十分重要的意义。中国期货市场在发展过程中应该适当地控制投机者，同时也要加强套期保值者的鉴别和认定；要发展大型期货公司，吸引外资进入期货市场，要通过教育培养投资者及高水平的管理者，为郑州商品交易所又好又快发展提供法律政策支持。

发展河南省场外交易市场的路径选择

中原证券股份有限公司课题组①

摘要 场外交易市场，又称柜台市场，是指在证券交易所以外、为满足特定融资主体融资需求和投资主体的流动性需要，而根据一定制度安排进行证券发行与证券买卖活动的所有证券交易市场的通称。境外实践的经验表明，作为多层次资本市场体系的重要组成部分，场外交易市场在拓宽中小企业融资渠道、开辟风险投资基金退出通道、优化资源配置等方面有着不可替代的作用。从20世纪90年代初起，由于股份合作制企业的发展，河南省及地市政府对场外交易市场建设一直在关注、在实践、在探索。但整体而言，河南省现有以产权交易机构为主的场外交易市场发展缓慢，并且社会认知度低、认可度低，没有发挥其应有的资源优化配置作用和社会影响力。究其根源，主要在于河南场外交易市场缺乏整体规划、缺乏统一标准、缺乏统一监管。

当前，在国家政策鼓励、中原经济区建设的背景下，再加之河南省不仅具有场外交易市场发展的重要资源——众多为地方经济作出重要贡献的中小企业，还具备场外交易市场建设的技术、人才和业务条件。因此，大力发展河南省场外交易市场不仅重要而且可行。借鉴境内外区域性场外交易市场发展的经验，本文认为，现阶段，发展河南场外交易市场要解决好规划问题、规范问题和推进问题，基本思路应是：立足于中原经济区建设的需要，实行“新老划段”，组建本省国资控股、市场化运作的证券柜台交易中心，对现有产权交易市场、大宗商品交易市场以及其他交易标的市场予以改造或完善，厘清各自的区别、层次和定位，构建市场体系；在此基础上，通过制度设计和统一监管，提高和完善服务功能，推进河南省场外交易市场目标模式的实现。

基于上述分析，本文提出了发展河南省场外交易市场的具体路径：首先，组建河南省证券柜台交易中心，为河南省非上市股份公司提供综合金融服务；

---

① 课题主持人：周小全。
课题组成员：邓淑斌。

其次，实行“新老划段”，集中资源，做大做强本省区域性证券柜台交易市场；再次，根据实体经济发展的需要，审慎批准设立省内新型“另类”交易机构；最后，未来可择机组建河南省柜台交易集团公司，打造河南统一标准、统一监管、统一互联的区域性场外交易市场。在此过程中，至少需要如下保障措施：一是建立“统一领导、分层管理”的区域场外市场发展规划和管理机制；二是积极引入本土证券公司——中原证券参与组建河南省证券柜台交易中心，将该交易中心建成以公司制形式管理、市场化运作的区域性场外市场；三是出台有针对性的配套措施，支持区域场外市场在较短时期内实现突破；四是抓住中原经济建设的历史机遇，争取到金融方面的优惠政策或试点机会，促进河南省证券柜台交易市场的做大做强。

关键词 河南省 场外交易市场 发展路径

作为多层次资本市场的组成部分，现代场外交易市场在拓宽中小企业融资渠道、开辟风险投资基金退出通道、优化资源配置等方面的重要作用已为众人有目共睹。从20世纪90年代初起，由于股份合作制企业的发展，河南省及地市政府对场外交易市场建设一直在关注、在实践、在探索。2011年11月，针对国内场外交易市场普遍存在的问题，国务院下发了《关于清理整顿各类交易场所，切实防范金融风险的决定》，本次整顿对地方产权交易市场来说既是生死去留的挑战，更是规范发展的机遇。因此，深入研究如何更好促进河南省场外交易市场的发展，使其在支持中小企业发展、便利风险投资基金运转、优化资源配置等方面充分发挥作用，最终促进河南省的产业升级和转型，具有较强的时代意义，这正是本课题的研究目的。

一、场外交易市场的特征及功能

（一）场外交易市场内涵及特征

所谓场外交易市场（Over the Counter Markets，OTC），又称柜台市场、店头市场，是指在证券交易所以外的、为满足特定融资主体的融资需求和投资主体的流动性需要，而根据一定的制度安排进行的证券发行与证券买卖活动的所有证券交易市场的通称。场外交易和场内交易都是证券流通的组织形式，从证券交易组织形式的历史沿革看，场外交易市场先于场内交易市场——证券交易所出现，但是由于证券市场参与者需求的多样化，使得证券交易所从来也没有完全取代场外交易市场，两者在并存中发展。并且，由于以电子信息技术为代表的现代技术给场外交易市场赋予了新的内容，使其在现代经济发展中发挥着越来越重要的作用，成为多层次资本市场体系中的一个重要组成部分。

与证券交易所的交易相比较，现代OTC市场的特点主要有以下几点。

一是一般没有固定的交易场所，交易主要利用电话，互联网等电子交易平台进行。但随着互联网的普及，场内交易也可用互联网实现交易，传统意义上的场外交易也进入场内进行交易，如美国纳斯达克市场（NASDAQ）的场内化即典型例子。

二是交易的证券以不在证券交易所上市的证券为主，交易品种较多，既有在证券交易所上市的普通股、优先股和债券，也可以是金融衍生品。

三是交易场所分散，以做市商制度为基础、交易方式灵活。场外交易市场是在投资者直接议价基础上发展起来的非集中交易市场，市场流动性不高。做市商制度有利于维持场外交易市场的流动性，保证挂牌证券的活跃，进而维护市场稳定。投资者可以直接在场外市场上自己交易，也可以委托券商代为交易。

四是门槛较低。与证券交易所的上市公司相比，对场外交易市场挂牌的企业在经营期限、财务指标、股东人数、公司治理等方面要求都较低。

五是风险较大。场外交易市场的挂牌企业一般处于种子期、初创期或者成长期的前期，对场外交易市场挂牌企业的投资多属于风险投资，因此，其交易风险也相对较大。

（二）现代场外交易市场（OTC）的功能

1. 为中小企业提供方便的融资渠道，促进中小企业健康发展

处于初创的科技型中小企业，往往需要外部资金支持，但由于其步入成熟期之前，往往具有较大的风险，一般都不具备向商业银行申请抵押贷款的基本条件，同时也达不到证券交易所挂牌上市条件，而OTC市场的低门槛无疑为这些企业拓宽了融资渠道。

2. 为风险投资提供了有效的退出渠道，促进高新技术的产业化

企业在成熟期以前，一般离不开风险投资，特别是新兴行业和高新技术产业在发展初期更离不开风险投资的支持。场外交易市场作为我国多层次资本市场的重要组成部分，开拓了风险资本的退出渠道，进而有利于高科技产业的发展和产业结构的升级。

3. 市场化的企业孵化和推荐功能

通过市场融资、交易和规范的信息披露，持续、便捷的高品质服务和管理，促进挂牌公司快速成长，并通过市场化的筛选机制，源源不断地为主板市场、中小企业板市场、创业板市场和境外证券交易所筛选和输送优质成熟的上市后备企业。

二、境外发展场外交易市场的实践及共性

（一）境外发展场外交易市场的实践

1. 美国场外交易市场的形成与发展

美国的股票市场最早是以场外交易的形式出现的，当时的股票交易并没有集中的固定场所，而是在街头树下、咖啡馆等地方进行，这些场所因此被形象地称为“店头交易市场”。证券交易所出现后，场外交易也一直是美国股票市场的重要组成部分，交易的股票品种主要是未在证券交易所挂牌交易的股票。20世纪60年代以后，电子计算机及互联网技术的应用与发展，极大地方便了市场信息的传递，降低了交易成本、提高了交易效率，不仅促进了场外第三市场（The Third Market）、第四市场（The Fourth Market）的形成和发展，并且催生了全美证券交易商协会自动报价系统——纳斯达克（NASDAQ）系统在1971年2月8日的正式启动——这也是现代场外交易市场形成的标志。美国的场外交易市场也在此间逐渐形成了包括纳斯达克市场、PORTAL市场、分值股票市场、地方性柜台交易市场、第三市场、第四市场等在内的多层次的、执行不同功能的众多子市场（见图1、表1）。并且，不同层次场外交易市场之间相互连通，制度设计上允许企业根据不同入市门槛进行转板，进而满足不同类型企业的股票融资和交易的需求，从而使得场外市场的容纳性更强。

表1　美国多层次场外交易市场的组成及特点

场外交易市场	市场特点
纳斯达克	1975年，全美证券交易商协会提出了纳斯达克的股票上市标准，规定只有符合此标准的股票才能在纳斯达克系统进行报价。1992年，全美证券交易商协会又进一步细分了上市标准，将纳斯达克市场分为纳斯达克全国市场和纳斯达克小型资本市场两个子市场，其中小型资本市场的股票上市标准明显低于全国市场，但两个子市场都在一个报价系统中进行报价，都属于全国性市场
分值股票市场（Penny Stock Market）	是一个最底层的市场，数量众多的既不能满足证券交易所上市标准也无法满足纳斯达克市场上市标准的小公司均在该市场上进行融资和交易 1990年，为进一步规范场外市场，美国证券监管当局将分值股票市场进一步细分为公告板市场（OTCBB）和粉单市场（Pink Sheets）。其中：公告板市场（OTCBB）只是一个股票报价和成交信息披露的系统平台，投资者无法通过公告板的报价平台买卖股票，只能通过市场中的做市商来买卖股票；粉单市场（Pink Sheets）的前身为全美行情署，因习惯把股票报价信息印在粉红色的纸上而得名）。在监管方面，美国证券监管当局（包括美国证监会与全美证券交易商协会）对在纳斯达克市场和公告板市场挂牌交易公司的要求较为严格，运作相对规范；对粉单市场要求很低，甚至不要求挂牌公司披露任何信息，或是向监管当局提交任何报告

续表

场外交易市场	市场特点
PORTAL 市场	PORTAL 市场（Private Offering Resale and Trading through Automated Linkages System），是指通过自动网络进行的私募发行、转售和交易的市场。 该市场成立于 1990 年，由纳斯达克市场运营、专供合格机构投资者交易私募股票，是按照 1988 年美国证监会出台的 144A 规则设立的一个市场，目的是解决私募股票的交易问题，为外国公司在美国进行私募股票的发行和交易提供有利条件，为美国的资金寻找更多的投资机会
地方性柜台交易市场	是为根据美国证监会 1982 年出台的《证券法》D 条例中的发行豁免条款所发行的股票提供交易的地方性场外交易市场，交易的股票都是各州所发行的小型公司股票
第三市场	一些机构投资者（不需要成为证券交易所的会员）做大宗交易时，若直接在证券交易所进行容易引起股票价格的波动，并且还需交纳数量不菲的手续费，因此，他们就到场外市场上买卖股票，以获得更好的价格与更低廉的手续费。于是，在场外市场上就形成了一个专门买卖交易所挂牌股票的大宗交易市场——第三市场，其交易的股票品种是证券交易所挂牌交易的股票
第四市场	是指交易不需要经纪人中介，不需要支付任何手续费，投资者之间直接进行交易的场外市场

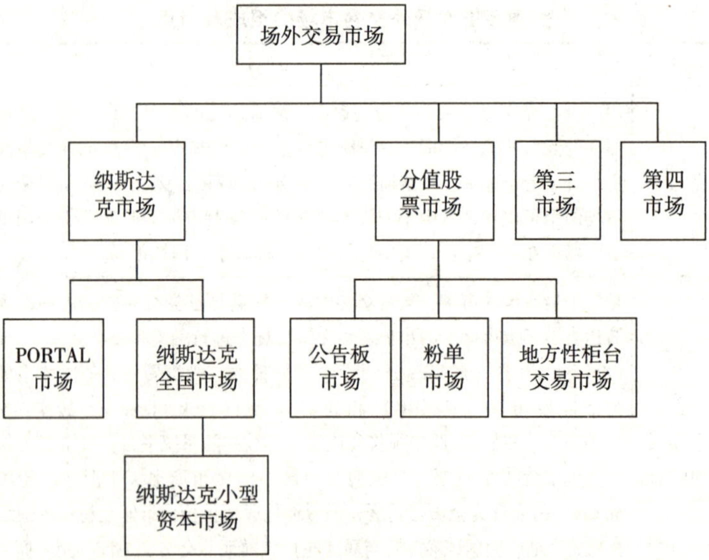

图 1　1975—2002 年美国场外交易市场的组成

纳斯达克自成立以来，一直是受全美证券交易商协会监管、不以营利为目的的服务性机构。自 2000 年 6 月开始，纳斯达克启动了私有化进程，并于 2002 年成功地转变成为一家以营利为目的的股份制私人公司。2001 年 3 月，纳斯达克正式向美国证监会提出成为证券交易所的申请，并于 2006 年 1 月 13 日正式获得美国证监会授予的证券交易所牌照，这也意味着纳斯达克证券市场完全从场外市场中脱离出来，成为了证券交易所市场的一员，美国场外交易市场格局也发生了重大变革（见图 2）。

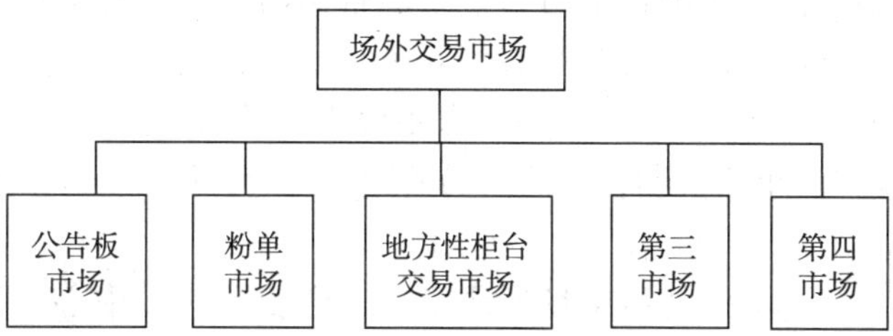

图 2　2002 年至今美国场外交易市场的组成

2. 中国台湾地区场外交易市场的形成与发展

台湾场外交易市场起源于 1949 年，20 世纪 60 年代初，台湾当局着手推动集中交易所的发展，于 1961 年 10 月成立了公司制的台湾证券交易所（1962 年 2 月正式开业），并在随后一度禁止场外交易，直到 1968 年颁布的《证券交易法》才明确规定：台湾岛内的证券交易是可以在证券交易所内采取竞价方式成交，也可以在证券商营业处（非集中交易市场）所采取议价方式成交的柜台交易。但由于当局没有出台相关的配套政策和措施，1982 年之前，台湾场外交易市场的发展非常缓慢。

1982 年，台湾当局制定了《证券商营业处所买卖有价证券管理办法》，正式重申允许有价证券的场外交易，但最初只允许部分债券买卖，不允许股票买卖。1988 年，台北市证券商同业公会成立了柜台买卖服务中心，处理包括债券和股票在内的有价证券场外交易业务。1989 年，台湾第一家股票上柜公司——建弘证券投资信托公司的股票正式上柜挂牌，开启了股票场外交易市场的新篇章。1994 年 11 月，台湾当局将原来由台北市证券商同业公会主持的柜台买卖服务中心改制为由台湾证券交易所、台湾证券集中保管公司、台北市证券商同业公会、高雄市证券商同业公会联合组建的独立公益财团法人性质的台湾柜台买卖中心，采用电子化方式进行交易，并在 1996 年 6 月允许侨资和外资投资上柜股票、1999 年 1 月允许以信用交易买卖上柜股票。在上述制度改革的推动下，台湾场外交易市场开始加速发展。

进入21世纪之后，台湾柜台买卖中心相继出台如下一些主要措施以加快发展：一是调整了柜台买卖中心定位，同时降低了进入门槛以扶持中小企业上柜；二是在强化对上柜公司监管的同时，鼓励符合条件的柜台买卖中心上柜公司转至台湾证券交易所上市；三是2000年4月在柜台买卖中心内部设立"台湾创新成长类企业股票市场"，又称"第二类股市场"，以更为宽松的条件支持新兴产业的中小企业到柜台买卖中心上柜；四是2002年1月，在柜台买卖中心内部设立并正式启动了上柜门槛更低的兴柜股票市场，并随后规定，2003年1月1日起，除公益事业外，初次申请上市、上柜的台湾岛内股票都必须先在兴柜股票市场挂牌交易3个月（2004年底延长为6个月），然后经过一定相对简便的审批程序，方可"上市"或"上柜"。也即兴柜股票市场是证券交易所和柜台买卖市场的"预备市场"，事后表明，台湾当局的这一规定直接促进了兴柜市场的发展壮大。

截至目前，台湾场外交易市场形成了以证券柜台买卖中心市场为载体的多层次、多功能市场架构，交易品种包括上柜股票、兴柜股票、债券买卖、衍生性商品，其中的上柜股票（含第二类股票）采用电脑集中竞价交易方式（类似于深圳创业板市场），而其他三类交易品种则采用柜台买卖议价交易方式。截至2011年底，台湾证券交易所（TSE）、柜台买卖市场（GTSM）、兴柜股票市场的挂牌家数分别为823家、601家、277家。截至2012年10月，上柜股票（GSB）627家（其中岛内企业上柜610家）、兴柜股票276家（其中岛内企业267家）、上柜债券1 330期（发行余额约74 073亿新台币）。

表2　　台湾证券柜台买卖中心——股票市场概况

	上柜股票市场	兴柜市场
挂牌家数（家）	627	276
资本额（亿新台币）	6 893	3 691
总市值（亿新台币）	15 589	5 460

注：表中数据截至2012年10月底。

资料来源：台湾证券柜台买卖中心。

表3　　台湾证券柜台买卖中心——衍生性商品市场概况

品种	契约流通余额（亿新台币）	累计成交金（面）额（亿新台币）
债券借贷	—	36 931.5
公债发行前交易	—	18 916.7
转换公司债资产交换	886.87	917.35

续表

品种	契约流通余额（亿新台币）	累计成交金（面）额（亿新台币）
新台币利率衍生性商品	6 291.19	1 315.14
结构型商品交易	189.63	951.04
债券衍生性商品	11	1 628
股权衍生性商品	0.41	32.93
信用衍生性商品交易	0.77	197.49

注：表中数据截至2012年10月底。

资料来源：台湾证券柜台买卖中心。

（二）境外发展场外交易市场的共性

1. 市场结构具有多层次性

多层次性是当前境外场外交易市场发展的显著特征，上市条件、市场交易机制、市场辐射范围是划分多层次场外交易中不同子市场的主要标准。但是，场外交易市场的这种多层次性不是一种简单的多市场并列结构，而是通过不同层级之间的转板制度来保证各市场之间的紧密衔接关系。

表4　境外主要场外交易市场结构比较

国家（地区）	场外交易市场组成
美国	OTCBB + 粉单市场 + 第三市场 + 第四市场
英国	OFEX + 区域性市场
日本	JASDAQ + NASDAQ – JAPAN
韩国	KOSDAQ + KOTCBB
中国台湾	柜台市场 + 兴柜市场 + 第二类股市场

资料来源：根据各国（地区）交易所公开信息编制。

2. 交易场所既可以是无形的，也可以是有形的

单纯使用是否具有固定交易场所这一标准来界定场外交易市场已不再适用，现代场外交易市场也可以利用有形的固定场所（如印度OTCEI、日本JASDAQ），来作为本国链状市场体系的功能结点，以便更加高效合理地实现自身的功能定位。

3. 挂牌企业进入门槛远低于场内交易市场

场外交易市场对挂牌公司的资质要求普遍低于场内交易市场，并且场外交易市场各子市场的进入门槛也有所细分。如台湾证券柜台交易中心就区分了一

般类股票、创新成长型股票、兴柜股票三类股票的发行上市要求①。

4. 交易机制多采用报价驱动与指令驱动相结合的混合模式

目前，英国的 AIM、美国的 OTCBB 实行做市商报价驱动的交易模式，日本东京证券交易所的 MOTHERS 新市场和大阪交易所的 HERCULES 新市场实行指令驱动的交易模式，其余各场外交易市场大都实行多做市商的报价驱动和指令驱动的混合模式，也即做市报价驱动和竞价指令驱动相结合的混合模式在各国场外交易机制的选择中占据主流。

5. 发展路径具有“自下而上”的显著特征

各国和各地区场外交易市场的设立并不是起步于空白，而往往是市场自身已经孕育了一些场外市场起步的萌芽诸如一些小规模的机构和组织、有待完善的制度规范和零散的交易等，由市场参与主体（主要是一些证券商协会之类的自律、自治性组织）提出需求或者先行创造，再由监管部门进行规范和提高，整体呈现“自下而上”的特征。

表 5　　典型场外交易市场的建设思路

	台湾兴柜市场	美国 NASDAQ	美国 OTCBB
发起机构	台湾证券商业同业公会	全美证券交易商协会（NASD）	
交易场所	柜台买卖中心	无统一的交易场所有向集中发展的趋势	无集中交易场所
登记存管结算机构	台湾集保公司	全美登记存管结算中心（DTCC）	
监管机构	台湾证监会 台湾证券业协会	美国证券交易委员会（SEC） 美国金融业监管局（FINRA）	
交易模式	竞争型做市商报价 + 协议	竞争型做市商报价 + 协议 + 竞价	竞争型做市商报价 + 协议
市场定位	股份公司上市的预备市场，即台湾的三板市场	美国的二板市场	美国的三板市场

资料来源：笔者整理。

① 一般类股票，要求设立年限满 3 年、实收资本额在新台币 1 亿元以上、营业利润及税前利润占实收资本比例还需满足规定条件；创新成长型股票，要求设立年限满 1 年、资本额在新台币 3 000 万元以上且无累积亏损；兴柜股票，则无营业利润、税前利润等获利能力要求，也没有资本额、设立年限、股东人数的规定，只须符合已经申报上市（柜）辅导、经两家以上证券商书面推荐、在柜台中心所在地设有专业股票事务代理机构办理相关事务等三个条件。

表 6　典型场外交易市场的交易制度

	台湾兴柜市场	美国 NASDAQ	美国 OTCBB
交易模式	竞争型做市商报价＋协议	竞争型做市商报价＋协议＋竞价	竞争型做市商报价＋协议
委托类型及初始发起人	1. 成交确认委托（投资者、做市商） 2. 定价委托（投资者） 3. 点选委托（做市商）	1. 成交确认委托（投资者、做市商） 2. 定价委托（投资者、做市商）	成交确认委托（投资者、做市商）
成交类型及成交双方	1. 协议成交（投资者与做市商） 2. 点选成交（投资者与做市商）	协议成交（投资者与做市商、投资者与投资者、做市商与做市商） 2. 撮合成交（投资者与做市商、投资者与投资者、做市商与做市商）	1. 协议成交（投资者与做市商、投资者与投资者、做市商与做市商）
价格形成机制	1. 议价价格 2. 定价委托价格 3. 报价价格（参考价格）	1. 议价价格 2. 定价委托价格 3. 报价价格（参考价格）	1. 询价价格 2. 议价价格 3. 报价价格（参考价格）

资料来源：笔者整理。

三、发展河南省场外交易市场的可行性与必要性

（一）场外交易市场在我国发展的整体情况

我国的场外交易（OTC）市场始于20世纪80年代末90年代初起步的产权交易市场，发展至今，初步形成了由产权交易市场、三板市场、标有“股权交易所或股权交易中心”字样的股权交易场外市场等三类市场组成的市场体系。

但从整体来看，其中的产权交易市场在资格审批、入场企业资质、信息发布、交易规则、交易系统、监管等方面均有较强的地域属性，“一省（或市）一市场”、不同的交易品种和交易机构分属不同政府部门监管，呈现一种各自为政、条块分割且发展无序的状态①，发展中所存在的各种违法违规问题也日益突

① 近300家地方产权交易机构中，在“准生证”的发放上，既有政府批准设立，或是国资管理部门设立，或是政府与国资管理部门联合设立，也有编制管理委员会批准设立，甚至还有由多部门联合发文设立；在机构性质上，既有行政机构、事业单位，又有公司制企业；在投资来源上，既有地方政府、国有企业投资，又有民间资本投资；在管理体制上，既有归口地方国资部门管理的，又有归口地方财政、经贸、发展改革、科技等部门管理的，或是行政与业务分别归口不同部门管理的；在业务定位上，既有行政色彩比较浓厚，以交易鉴证、登记为主的服务机构，又有市场化运作，以平台建设和撮合成交为主的盈利机构。

出、风险也不断暴露，由此导致了国务院办公厅在2011年11月发布《关于清理整顿各类交易场所切实防范金融风险的决定》（国发〔2011〕38号）。

“股权交易所或股权托管中心”则在2008年开始由深圳、重庆、上海率先试点成立。从运行模式来看，标准柜台交易（OTC）市场的典型特征包括做市商制度、拆细股权、连续交易，但截至目前，大多数此类“股权托管中心”或“股权交易中心”仍停留于提供股权托管、定向融资等基础层面的服务，还谈不上具有真正意义上的交易所的功能，相比较而言，成立最早的天津股权交易所在这方面实现了很大的突破（见表7），但离完全意义上的场外市场其实还有相当距离。

而在原代办股份转让系统[①]基础上发展起来的“新三板”，在2008年4月由中关村提出将其发展成为全国性场外交易市场，并在2009年7月着手规范“新三板”挂牌转让制度，在2012年8月获得国务院批准后实现了“新三板”正式扩容，首批扩大试点除中关村科技园区外，新增上海张江高新产业开发区、武汉东湖新技术产业开发区和天津滨海高新区，个人投资者账户逾30万元便可参与。但从市场交易情况来看，“新三板”交易一直不甚活跃，即使在制度改革频频推出导致交易相对活跃的2012年，前11个月也仅成交537笔、7 018万股、4.57亿元，成立6年多来的累计成交金额也不足25亿元。

表7　天津股权交易所运行模式

市场定位	为成长型企业、中小企业和高新技术企业以及私募基金提供直接融资渠道
指导原则	统一准入标准、统一交易规则、统一交易系统、统一信息披露、统一自律监管
市场结构	按照“平等协商、互利合作”原则，在其他省份建立分市场，探索双层次递进式市场结构：第一层次为面向全国企业与投资人的全国市场；第二层次是面向区域内企业、区域内自然人以及全国投资机构的区域市场
交易制度	建立了以做市商双向报价为主、集合竞价与协商定价相结合的混合型交易制度；建立了全电子化的在线信息发布、交易委托、成交确认、结算交割、私募融资系统、交易监管系统等，保证了市场交易的安全、高效与便捷
融资模式	以商业信用为基础，推出了“小额、多次、快速、低成本”的股权私募融资模式，这主要体现在：每次可为企业实现股权直接融资1 000万~3 000万元、一年可多次私募发行、每次私募发行在2~3个月内完成、企业融资成本仅是公开市场融资成本的1/5~1/3

① 代办股份转让系统是证券公司以其自有或租用的业务设施为非上市公司提供股份转让服务的业务系统，是一个以证券公司及相关当事人的契约为基础，依托深圳证券交易所和登记结算公司的技术系统，以证券公司代理买卖挂牌公司股份为核心业务的股份转让平台，俗称“三板市场”。

续表

市场监管	依托地方政府支持，努力探索建立统一制度下自律为主、多主体共同参与的多层次监管体系。挂牌企业持续接受当地监管机构与天交所的共同监管，天交所负责对专业中介机构进行培训和准入考核，建立挂牌公司、做市商、保荐机构等交易主体的诚信档案，建立保荐人对挂牌企业规范运营和信息披露的持续督导监管制度
主要参与者资质要求	做市商：净资产不能低于 5 000 万元； 合格投资人，法人企业实缴注册资金不得低于 100 万元，合伙企业及其他经济组织自有净资产总额不得低于 100 万元；作为自然人的投资者，必须在“公司挂牌交易前，已经在公司投资入股成为公司原始股东，挂牌前持股量不低于 50 万股、净值不低于 50 万元”

资料来源：笔者整理。

（二）河南省场外交易市场的发展现状

1. 发展历程及现状

从 20 世纪 90 年代初起，由于股份合作制企业的发展，河南就开始了场外交易市场的探索。2000 年初“非上市股份有限公司股权登记托管业务”在全国重新开展后，河南省这方面的活动尤其活跃，在县市成立了隶属于省托管中心的许多分支机构。在 2004 年 2 月《企业国有产权转让管理暂行办法》（3 号令）颁布之前，河南省共有产权交易机构 18 家。截至 2011 年底，根据网上信息披露，河南省产权交易市场共有产权交易中心（包括产权交易所、产权交易有限公司）①、拍卖行②、在 2007 年以来在一些地市成立的本市公共资源交易中心③、郑州文化产权交易所等四类机构。相比较而言，规模较大的应是河南省产权交易中心、河南省中原产权交易有限公司等两家省级产权交易中心，但非上市公司股权登记托管这一业务在这两家机构总收入中的占比也不足 5%。相关的调查显示，2011 年，河南省产权交易中心受理非上市公司股权登记托管的数量不足 100 家、成交金额约 8 亿元；截至 2012 年上半年，共有不足 20 家非上市企业公司平台进行股权转让。

---

① 产权交易中心的主要业务为：受政府和企业委托，受理企业产权整体或部分出售、转让；非上市企业股权的转让；企业产（股）权交易鉴证；为企业兼并、改制、租赁及其他形式的资产重组提供咨询策划等服务；产权交易信息及咨询服务。

② 拍卖行的主要业务为：组织各种产权交易、拍卖会，涉及的标的：企业国有产（股）权、人民法院委托资产、执法机关的罚没物资、二手车、破产企业等。

③ 公共资源交易中心的主要业务为：负责本市建设工程招投标、土地使用权出让、产权交易、政府采购等各类公共资源交易活动的组织、管理和服务。

2. 存在问题

总体来看，尽管河南产权交易市场起步较早，但多为企业国有产权转让交易试点。在多年的探索和发展过程中，地方政府也相继出台了一些产权交易规范性文件，但各机构的产权交易行为仍带有较浓重的地方行政色彩，致使产权交易市场社会认知度低、认可度低，交易清淡，发展缓慢。究其根源主要在于，河南场外交易市场面临的问题和全国是一样的，那就是缺乏整体规划、缺乏统一标准、缺乏统一监管。河南中小企业产权交易市场推出之时被誉为“中原纳斯达克”，但运行仅6个交易日就被叫停整顿的这一事件即为一例[①]。

（三）必要性：经济发展中的矛盾需要河南发展场外交易市场

1. 建设中原经济区必须借力资本市场

2011年9月下发的《国务院关于支持河南省加快建设中原经济区的指导意见》明确提出中原经济区的战略定位和发展目标：到2020年，河南省的粮食生产优势地位更加巩固，工业化、城镇化达到或接近全国平均水平，综合经济实力明显增强……发展成为在全国具有重要影响的经济区。一个地区的经济发展状况，取决于该地区企业的发展状况，而企业发展状况，很大程度上又取决于该地区的金融资源和融资环境。从世界范围来看，一个经济发达的国家，必然有一个发达的资本市场；一个落后区域的快速崛起，也离不开资本市场的大力推动。其典型案例是，美国的西进运动无论是早期的开发，还是后期的新经济崛起，以华尔街为代表的美国资本市场堪称居功至伟。我国市场经济改革以来的实践也证明，资本市场的优先发展对东部经济的快速发展起到至关重要的作用，而中西部地区经济发展落后则与其区域资本市场发展滞后有着很大关系。

然而，统计数据显示，截至2012年10月，河南省仅有境内外上市公司101家，A股市场中的河南上市公司共有66家，这66家企业近20年来在A股市场募集资金共1 068亿元（包括IPO和再融资）、在全国31个省市中排名第11位、占全部A股市场募集资金的比重为2.2%。这一融资规模显然远不能满足河南经济发展和中原经济区建设的需要，而区域性场外交易市场作为多层次资本市场体系的组成部分，在方便中小企业融资、孵化后备主板上市企业、促进高新技术产业化等方面的重要作用决定了这一市场将在建设中原经济区的过程中发挥

---

① 2009年11月，河南技术产权交易所被工信部确定为全国5个区域性中小企业产权交易市场试点机构之一，2010年11月12日，在河南省技术产权交易所基础上成立的河南中小企业产权交易市场正式开盘，但因“股东人数冲破200人‘红线’、涉嫌变相证券交易、交易市场合法性受质疑”三个原因，在开业6天之后即被叫停。在经过1个多月的清理整顿后，12月22日起逐步恢复交易，交易规则由传统产权交易模式——网络竞价、招投标以及拍卖等形式，取代了此前被视为该市场主要亮点的“标准化”、“连续竞价”和“T+1”的类证券交易方式，同时此前进场交易的自然人投资者也全面退出。

重要作用。

2. 突出的“两多两难”问题应由区域性场外交易市场来缓解

就河南省的实际情况来看，一方面，作为全国人口大省、经济大省，中小企业对河南经济总量的贡献超过一半。据统计，2011 年，河南省中小企业总数达到38 万家、占全省企业总数的99%以上，广大中小企业贡献了河南省61%的GDP、51%的税收和85%以上的新增工业岗位。但就是这些为经济发展作出重要贡献的中小企业，普遍出现资金短缺、融资困难的情况，很多企业不得不借助民间借贷融资或是寻求其他融资途径①。另一方面，根据 Wind 资讯统计数据，2011 年河南省金融机构的居民储蓄存款规模达 1. 46 万亿元，占全国居民储蓄存款总数的4. 28%，在中部六省中排名第一。根据招商银行和贝恩公司联合发布的《2011 中国私人财富报告》，2008—2010 年，河南省的高净值人士（可投资资产超过1 000万元人民币的个人，可投资资产包括个人的金融资产和投资性房产）数量的增速为16% ~25%，在2010 年达到1 万 ~2 万人、高净值人群绝对数在全国排名居前十位，这些高净值人士的人均可投资资产为2 500 万元。

因此，如何引导高净值人群的可投资资产和庞大的储蓄资源流向饥渴的实体经济，实现投融资的对接和双赢，解决经济生活中存在的“两多两难”（指中小企业多、融资难，民间资本多、投资难）的现实矛盾，同样也是河南当前面临的问题。而国内外实践已经证明，通过利用国内国际资本市场特别是建立区域性场外交易市场，是解决企业融资，特别是中小企业融资需求的有效途径，同时也是高净值人士优化资产配置、普通民众进行投资理财的有效方式。

（四）可行性：河南具有建设场外交易市场的经验和资源

1. 地方政府长期关注场外交易市场建设，积累了不少经验

从场外交易市场在河南的发展历程可以看出，河南省及地市政府对场外交易市场建设一直在关注、在实践、在探索。然而，囿于资本市场本身的发展程度，加之缺乏统一的市场规划和建设原则，河南在场外交易市场发展过程中不可避免会存在这样那样的问题，其间经验和教训将成为今后建设规范的场外交易市场可资借鉴的宝贵财富。

2. 具有丰富的潜在资源和广阔的市场容量

从当前区域性股权交易市场定位于为中小企业融资服务的政策导向来看，中小企业是区域性股权交易市场的基础资源和重要基石。早在2006 年科技部曾经发布的全国民营科技企业统计情况显示，河南省民营科技企业总数在2006 年

① 截至2012 年10 月，天津股权交易所挂牌企业共有215 家，其中河南企业有23 家，在该场外交易市场所覆盖的全国23 个省份中排名第三，这一事实从侧面反映了河南企业对场外交易市场的巨大需求。

底就已达 13 817 家，居中部六省第一位、居全国第三位；技工贸总收入（科研单位实现的收入）居中部六省第一位、居全国第七位。这一统计数据在一定程度上反映了河南不乏具有较大成长潜力的科技型中小企业。仅从纳入河南省统计局 2011 年统计范围的企业概况来看，河南省已进行股份制改制的小企业就有 6 000 家左右。因此，从长远来看，河南省区域性股权交易市场存在丰富的基础资源和广阔的市场容量。

3. 当前国家政策鼓励发展区域性场外交易市场

2011 年以来，由于货币政策紧缩，中小企业生存压力陡增，中小企业融资难问题再次成为社会关注的焦点。在此背景下，管理层陆续出台相关政策，以期缓解流动性偏紧对中小企业造成的资金压力。2011 年 10 月 12 日，国务院总理温家宝主持召开国务院常务会议，明确了支持小型和微型企业发展的金融、财税政策措施，指出要进一步推动交易所市场及场外市场建设，改善小微型企业证券质押融资环境。同年 11 月初，科技部、财政部、中国人民银行、国资委、国税总局、银监会、证监会、保监会八部委联合下发的《关于促进科技和金融结合加快实施自主创新战略的若干意见》也提出，要加快推进全国场外交易市场建设，完善产权交易市场监管和交易制度，提高交易效率，为包括非上市科技型企业在内的中小企业的产权转让、融资提供服务。

同时，中国证监会也已把场外交易市场作为构建我国多层次资本市场体系重要组成部分来积极推进。2012 年 1 月 9 日在北京召开的全国证券期货监管会议上，郭树清主席在部署今年重点工作时指出："以柜台交易为基础，加快建立统一监管的场外交易市场，为非上市股份公司提供阳光化、规范化的股份转让平台。"2012 年 8 月 23 日，中国证监会在出台《关于规范证券公司参与区域性股权交易市场的指导意见（试行）》，鼓励证券公司充分发挥金融中介功能，服务于实体经济发展，参与到区域性场外交易市场的建设中。

4. 具备可资利用的技术、人才和业务条件

建设河南省股权转让交易市场，需要地方政府及相关部门的积极推进和大力支持，同时也需要各类市场参与主体及金融中介机构的积极参与。较之提供金融服务的其他中介机构，证券公司在参与区域性场外交易市场建设中的主要优势体现在：（1）较为专业的定价能力。证券公司对于拟上市企业的专业研究，将保证挂牌企业的市场定价更为合理，这是区域性股权交易发行制度中的重要环节。（2）较为完善的网络布局和管理体系。综合性证券公司都建立有比较完善的前、中、后台管理体系，网络布局广泛、客户资源庞大，为区域性股权交易市场发展提供了重要的基础条件。（3）较为完善的人才梯队。作为知识密集型行业，证券公司较为完善的人才梯队使其具有持续创新的动力和能力。

中原证券作为河南省唯一一家注册法人证券公司，拥有全面的证券类业务资格。在为地方经济提供融资服务方面，中原证券曾先后承担了河南煤化集团与中平能化集团战略重组、河南出版集团借壳上市等河南资本市场的一系列重大投行项目。经过多年的发展和积累，中原证券聚集了一大批精通各类业务的专业人才，营业网点遍布河南所有地市，公司技术条件雄厚，拥有完善的风控制度和风控措施，在上市公司承销保荐、股份交收与清算、资产管理、信息系统的建设与维护、风险控制、公司研究、投资咨询等领域均有较强的业务能力，可以为建设河南场外交易市场提供全方位支持。

四、新形势下，发展河南场外交易市场的基本路径与主要措施

（一）发展河南场外交易市场的基本思路

发展河南场外交易市场要解决好三个问题，即规划问题、规范问题和推进问题，从路径选择角度来看，应先做好整体规划、再规范现有市场，并在规范的基础上推进发展。规划问题主要是市场结构和市场层次问题，规范问题主要是功能定位和制度安排问题，推进即在规范基础上的发展问题。

结合实际情况而考虑的基本思路应该是：立足于中原经济区建设的需要，组建本省证券柜台交易中心，对现有产权交易市场、大宗商品交易市场以及其他交易标的市场予以改造或完善，厘清各自的区别、层次和定位，构建市场体系；在此基础上，通过制度设计和统一监管，提高和完善服务功能，推进河南省场外交易市场目标模式的实现。

（二）推进河南场外交易市场发展的基本路径

1. 组建河南省证券柜台交易中心，为河南省非上市股份公司提供综合金融服务

根据国发〔2011〕38 号文、国办发〔2012〕37 号文的文件精神，河南省政府可以利用此次清理整顿，扶新抑旧、扶优限劣，规范现有产权交易市场，按照统一标准和制度对现有产权交易机构进行清理、整改或重组。同时，为了有效利用有限资源、提高资源配置效率，笔者认为，河南省政府及相关政府部门应从服务实体经济、增强对中小企业发展的金融支持、发展区域资本市场的战略视角出发，高度重视河南省场外交易市场建设的整体规划和省内资源的集中，通过“新老划段”的方式，积极推动组建规模较大的省级场外交易市场——河南省证券柜台交易中心（暂命名）。

结合当前国家政策的导向以及中原经济区建设的需要，借鉴深圳、浙江等经济发达地区对区域性场外交易市场进行重新规划的实践经验，河南省证券柜台交易中心（拟组建）的定位与主要作用如下。

市场定位：为河南省非上市股份公司（中小企业、成长型企业、高新技术企业）提供股权、债权的转让和融资服务的私募市场；未来，可考虑为河南私募基金、金融衍生品提供募集和交易的私募市场。

功能定位：河南省的股份交易中心、资源集聚中心、上市孵化中心、金融创新中心。

主要作用：（1）为挂牌企业提供股权托管、登记、交易以及股权质押融资、定向增资、重组购并、价值挖掘、营销宣传等服务；（2）为挂牌企业实现转主板、中小板、创业板上市和新三板挂牌发挥培育、辅导和促进作用；（3）为风险资本提供进入和退出渠道，促进技术和资本的高效融合；（4）为河南企业提供企业改制的综合服务；（5）为从沪深证券交易所退市的河南籍企业提供股权托管、登记、交易、重组购并等服务；（6）为河南私募基金、金融衍生工具提供募集或交易平台。

2. 实行“新老划段”，集中资源，做大做强本省区域性证券柜台交易市场

市场的内涵是规模，没有规模形不成市场；市场的魅力是活跃，没有活跃的交易就不会形成聚集效应，不会吸引各相关主体的积极参与，从而使市场形成规模。目前已运营场外市场普遍存在规模偏小、交易清淡的问题，这与缺乏规划、区域内资源有限但使用分散等有着较大关系。因此，建议河南省立足统一规划、统一标准，加强对区域性证券柜台交易市场的规划，控制区域性证券柜台交易市场的数量，以促进河南省资源配置效率的提高，同时防止市场陷入无序发展状态。

借鉴浙江、重庆等外省市经验，初期建议依托拟组建的河南省证券柜台交易中心来做大做强河南省的证券柜台交易市场。对现有产权交易市场中的相关股权托管或转让业务，按中国证监会部署，实行“新老划段”，引导各参与主体（包括挂牌企业、中介机构、合规投资机构等）均按新标准、新规则“入场”（成为新组建证券柜台交易中心的参与主体），对“场外”滞留部分进行清理、规范，达标者入场、不达标者退场。

3. 根据实体经济发展的需要，审慎批准设立省内新型“另类”交易机构

鉴于当前河南省场外交易市场的发展已有一定基础的现实情况，可根据河南金融经济发展现状以及建设中原经济区的战略目标，对于原场外交易市场（如各地市公共资源交易中心、拍卖行）中存在的技术产权、知识专利、农地经营承包权等物权为交易标的的业务，可将其分离出来并在全省范围内进一步整合后，根据交易标的成立省内新型“另类”交易机构。

由于该市场上交易对象的特殊性，市场风险较大，这就需要地方政府按照“总量控制、合理布局、审慎审批”的原则，统筹规划各类交易场所的数量规模

和区域分布，制定交易场所品种结构规划和审查标准，使交易场所的设立与监管能力及实体经济发展水平相协调。

4. 未来可择机组建河南省柜台交易集团公司，打造河南统一标准、统一监管、统一互联的区域性场外交易市场

借鉴目前深圳联合产权交易所、上海联合产权交易所、天津产权交易中心、北京产权交易所的做法，未来，在本省证券柜台交易中心、新型“另类”交易机构运作成熟的基础上，可考虑由河南省政府发起成立河南省柜台交易集团公司（暂命名），柜台交易集团公司通过参控股或受托管理包括股权托管交易中心在类的各类场外交易所。也即柜台交易集团将包括股权托管交易中心、技术交易所、贵金属交易所、文化产权交易所、金融资产交易中心、实物转让调剂市场、土地使用权等为不同交易标的提供场外交易平台的子公司。

随着市场经济向纵深发展，各种要素都可能逐步成为交易标的，也都需要一个集中交易的场所。因此，为规范各市场主体的交易行为、各要素市场的交易标准和交易规则，省政府作为场外交易市场行政审批和日常监管的责任主体，有必要组建一个控股集团性质的机构，统一指导、统筹规划、适度参与辖区内类“交易所”性质的市场的建设和发展，使得辖区所有集中交易市场结构合理、运作合规、发展有序，运行有效。当然，这一模式的最大问题在于，对各类场外市场的整合涉及更多的各方利益，整合难度更大、整合过程存在更多的不确定性。因此，这一模式更适合于河南省发展场外交易市场的中长期目标来进行规划。

（三）发展河南省场外交易市场的保障措施

1. 建立“统一领导、分层管理”的区域场外市场发展规划和管理机制

根据国办发〔2012〕37 号的相关规定以及中国证监会相关指导意见，省级人民政府负责对区域性市场进行监督管理，并可指定专门机构负责日常监督；中国证监会及其派出机构提供业务指导和服务。为了加强对河南省区域性场外交易市场的日常管理，促进这一市场的持续发展，建议省政府成立场外市场发展领导小组，领导小组下设执行机构——可指定相关政府部门或机构作为区域性场外交易市场的日常管理部门。

领导小组由省政府主要领导牵头，省金融办、国资委、发改委、中国证监会河南监管局、河南省证券期货业协会等相关部门领导组成，总体负责审议河南省区域性场外交易市场发展规划及组建河南省证券柜台交易中心等相关重大事项，并负责规划实施的组织、部署、领导、协调，并就规划实施过程中出现的重大事项提供指导。

领导小组下设的执行机构作为日常管理部门，具体负责起草区域性场外交

易市场发展规划、组织筹建河南省证券柜台交易中心、制订场外交易市场规划实施和管理计划并负责相关的组织协调工作、解决影响场外交易市场规划实施的关键问题，会同中国证监会河南监管局负责对河南省区域性场外交易市场及证券柜台交易中心（拟组建）进行监督管理和业务指导。

2. 积极引入本土证券公司，参与组建河南省证券柜台交易中心。区域性证券柜台交易市场的持续发展，必须依靠市场力量、发挥市场主体的自主创新能力。证券公司作为中介机构不但有参与市场创新的诉求，而且具有金融创新的能力。较之银行、保险等金融机构的业务范围，证券公司的业务可贯穿于企业的整个生命周期：从最初的风险资本介入中小型创业企业、企业 IPO 上市融资、股票二级市场的证券交易和上市公司并购重组，到资产证券化等各种金融衍生工具的广泛应用。证券公司的这一业务特色，使得其在场外股权转让交易市场所挂牌企业保荐及信息披露监督、投资者适当性管理、提供交易及咨询服务、登记结算及信息系统建设等关键环节的建设中，较之其他金融中介机构具有较为显著的综合优势。

由于省外证券公司在本地设立的分支机构没有独立决策权，且完全以营利为目的，在持续服务本地经济发展方面局限性很大。本地证券公司，基于自身发展与地方经济息息相关的高度认识，更能从发展地方经济、维护地方企业利益的角度来考虑对地方企业和居民的投融资服务。因此，较之其他金融中介机构和省外证券公司，中原证券作为河南唯一的本土证券公司，其在建设和发展本省区域性证券柜台交易市场中的积极参与既必要也重要。

实践中也不乏地方政府在组建区域性证券柜台交易中心中引入本土证券公司参控股的案例，如浙商证券参股浙江省股权交易中心、国信证券参股深圳前海股权交易中心、西南证券拟控股重庆股权交易中心等。为此，结合河南省实际情况，借鉴省外做法，建议拟组建的河南省证券柜台交易中心以公司制形式设立并管理，由中原证券作为主要发起人，联合资质优良的省级产权交易机构及其他机构共同参与，使其成为一个国有企业控股、市场化运作的区域性证券柜台交易市场。采用这一方式的主要目的在于：充分利用省内现有资源，发挥本地证券公司、产权交易机构等相关各方的相对优势，做强做大河南省的区域性证券柜台交易市场。

3. 出台有针对性的配套措施，支持区域场外市场在较短时期内实现突破

借鉴重庆等外省经验，本着规范非上市公司股权登记托管工作的目的，建议省政府同时出台《河南省非上市公司股权登记托管管理办法》，明确规定，“河南省证券柜台交易中心”是河南省内唯一的非上市股份有限公司股权登记托管机构，今后河南省国有参控股公司、拟上市公司都应到该中心集中托管其股

份。这一举措，对政府而言，有利于非上市公司股权的规范管理，明晰股权，防止国有资产流失；对企业而言，有利于规范股权运作，提高经营管理水平，拓宽融资渠道，为上市创造条件；对股东而言，有利于杜绝不规范交易，增强股权流动性，保障股东切身利益。从长远来看，股份的集中托管登记为股权的合理流动奠定了基础，将极大增加私募股权投资基金、民间资本对本省非上市股份公司的投资兴趣，促进民间投资的活跃，从而促进河南省多层次资本市场的建设和完善。

此外，鉴于“上市孵化中心”也是拟组建的证券柜台交易中心的功能定位之一，可以考虑将在证券柜台交易中心挂牌的企业作为河南省上市后备企业重点扶持，或是出台配套措施，引导本省上市后备企业先行在证券柜台交易中心挂牌。

4. 抓住中原经济建设的历史机遇，争取到金融方面的优惠政策或试点机会，促进河南省证券柜台交易市场的做大做强

根据历史经验和目前已经运营的场外市场看，如果交易规则在集中竞价、连续交易、股东人数等方面不能在现行制度上有所突破，很难形成活跃的场外市场。这就提醒我们，在组建河南省区域性股权交易市场时的制度设计应尽量有利于市场主体广泛参与、有利于做大规模、有利于活跃交易。

以《国务院关于支持河南省加快建设中原经济区的指导意见》出台为标志，中原经济区正式上升为国家战略，河南在全国发展大局中的地位也将得以显著提升。建议省政府充分把握这一难得的历史机遇，以解决中小企业融资难问题、组建区域性股权交易市场为切入点，积极向中央争取河南省金融综合改革试验区的试点资格，以便在设计区域性股权交易市场的一些制度尤其是在交易制度方面获得突破或试点机会，进而从市场规模、流动性等方面促进河南省区域性股权交易市场的持续发展和做大做强。

参考文献

[1] 陈汉平，叶永刚．我国场外交易市场制度建设再思考［J］．武汉金融，2011（12）：11－14.

[2] 张鹏，杨瑶．发展场外交易市场　破解中小企业融资难题——以重庆股份转让中心为例［J］．改革与战略，2011（2）：142－145.

[3] 李学峰等．场外交易市场运行模式的国际比较及其对我国的启示［J］．学习与实践，2009（6）：31－38.

[4] 倪小林．产权交易市场发展推动国企改革深化［N］．上海证券报，2008－06－02（A7）.

[5] 马达．美国场外交易市场的发展历程及启示 [J]．金融教学与研究，2008 (2)：45～49.

[6] 张元萍，蔡双立．境外柜台交易市场分析及对我国的启示 [J]．北京工商大学学报（社会科学版），2008 (5)：98－104.

[7] 过文俊．海峡两岸场外交易市场比较 [J]．南方金融，2007 (2)：45－48.

[8] 文宗瑜．中国产权交易市场的发展现状及其改革 [J]．财政研究，2006 (10)：2－3.

中原经济区信托公司治理机制研究

百瑞信托有限责任公司课题组①

摘要 本文透过信托行业快速发展的现象，在控制了一系列外部经济环境因素和内部经营策略因素的影响后，利用定量分析和定性分析，深层次探讨了公司治理各项因素影响中原经济区信托业发展的具体原因，并为中原经济区信托公司的发展提出了政策建议。

关键词 中原经济区 信托公司 治理机制

中国信托业自“一法两规”颁布之后，规范发展，业绩辉煌，2012 年 10 月末受托管理资产规模约 6.58 万亿元。2012 年 10 月前后，证券、保险、基金等金融机构纷纷出台资产管理新政，抢食信托业务市场，信托行业未来的规模增长将面临更加激烈的竞争。重视规模还是效益，如何实现有规模、有质量地平衡增长考验着信托业的发展智慧。

根据国家发改委 2012 年 12 月 3 日正式发布的《中原经济区规划（2012—2020)》，中原经济区是以全国主体功能区规划明确的重点开发区域为基础、中原城市群为支撑、涵盖河南全省、延及周边地区的经济区域，地理位置重要，粮食优势突出，市场潜力巨大，文化底蕴深厚，在全国改革发展大局中具有重要战略地位。中原经济区范围包括 5 省 30 市 3 县（区）：河南省全境，河北省邢台市、邯郸市，山西省长治市、晋城市、运城市，安徽省宿州市、淮北市、阜阳市、亳州市、蚌埠市和淮南市凤台县、潘集区，山东省聊城市、菏泽市和泰安市东平县，区域面积 28.9 万平方公里，2011 年末总人口 1.79 亿，地区生产总值 4.2 万亿元，分别占全国的 3%、13.3% 和 9%。中原经济区的发展提速，对政策导向非常敏感的信托业金融机构来说意味着难得的机遇，尤其是置身于中原经济区的信托公司更是天赐良机。“打铁还需自身硬”，站在发展的新十字

---

① 课题组主持人：马宝军。
课题组成员：罗 靖、汪要文、曹安定。

路口，从内部的公司治理角度寻求中原经济区信托公司的可持续性发展，正是本文拟探究的。

本文研究中，中原经济区指河南、河北、山西、安徽、山东5个相邻省份，包括8家信托公司，分别是河南省的百瑞信托、中原信托，河北省的渤海信托，山西省的山西信托，安徽省的国元信托、建信信托，山东省的山东信托、陆家嘴信托。中原地区仅指河南，包括百瑞信托、中原信托2家信托公司。中原经济区位居我国内陆腹地，承东启西、接南进北、吸引四面、辐射八方，就像我国的“腰”，只有“腰板”直了，整个信托行业甚或经济发展才能走得正、走得稳。

一、信托业快速发展，公司治理命题待解

公司治理主要指公司与其股东等利益相关者之间的关系，如公司董事会的结构与功能、董事长、经理、员工的权利与义务以及相应的聘选、激励与监督方面的制度安排等内容。随着公司所有权和控制权的分离，公司治理就是影响内部人所作决策的一系列机制，这些机制包括所有权制衡、董事会控制市场的运转等等。La Porta、Lopez - de - Silanes、Shleifer、Vishny（2000）经过一系列研究后指出，公司治理的目标就是保护包括股东和债权人在内的外部投资者的权利，使公司经理将资本供给者提供的资产发挥最佳用途。近年来，全球经济不景气，企业普遍遇到增量瓶颈，向规模要利润的时代已然过去，向管理要利润的时候到了，催生公司治理命题研究的兴起。低效率的规模扩张只会加大创造利润的压力，如何提高效率一直是我国企业挥之不去的问题，对于过去30年准确抓住改革开放机会迅速发展起来的企业而言，接下来是要整固、提升公司治理水平的问题；而对于更多还未来得及抓住机会把规模做大的企业而言，接下来不仅在于天花板下的规模难题，更在于效率这一内生性问题。向管理要效益，公司治理机制的有效性将决定包括信托公司在内的我国企业的下一个10年甚至30年。

（一）信托业快速发展鸟瞰

2001年，信托业“一法两规”颁布之后，行业逐步规范发展。2005年，全国处于正常经营的信托公司46家，总经营资产1 500亿元，2006年翻番至3 600亿元。2007年，经过修订的“新两规”开始实施，受托管理信托资产规模发展更为迅速，2007年、2008年、2009年、2010年出现了飞速增长，分别为9 600亿元、12 300亿元、20 400亿元、30 400亿元，2010年底的资产配置已超过了3万亿元；至2011年，已高达4.8万亿元，与2005年初相比，资产增加了30倍。

受托管理资产规模的快速增长推动了行业净利润的迅速攀升。2005 年，信托全行业净利润只有 13 亿元，2006 年增长近 2 倍达到 38 亿元，而 2007 年、2008 年、2009 年则分别增长到 144 亿元、106 亿元、123 亿元。2010 年和 2011 年，信托业同样保持着较快的增长速度，净利润总额分别达到 161 亿元和 293 亿元。信托公司在监管机构的指引下取得了骄人成绩。

（二）信托公司治理命题待解

银监会成立以来，一直致力于中国银行业监管环境的提升，促进银行业自身公司治理结构的优化和经营策略的改进。2003 年至今，中国银行业取得快速发展，无论是市值还是营业利润等，均已处于世界前列。相对而言，信托业作为一个较为特殊的行业，虽然孕育了中国几乎所有的非银行金融机构，但自身却屡屡受挫。这种状况在 2007 年新“一法两规”颁布后，有了明显改善，信托公司由此进入了快速发展的轨道。截至 2011 年，信托业融资量已高达 1.8 万亿元，超越证券业，比肩保险业，成为了名副其实的金融业四大支柱之一。

关于信托业的研究，国内学术界早就认识到了发展中的规模与效率问题，有着不同的视角。白斌（2010）对信托公司的效率进行考察，发现中国信托公司规模经济逐步下降，规模粗放发展。然而，在各类信托公司研究中，似乎是花开两朵，各表一枝，对信托业公司治理问题的研究并未直接触及。比如，齐佩金（2007）从中外制度比较的视角出发，研究中国国内信托公司的制度缺陷；陈赤（2008）对信托公司的创新方向给予了关注，认为信托公司在当前应该侧重于组织创新，加强与银行业的合作，在业务上有所突破；王燕（2010）发现，当前中国信托业集中度过高，市场竞争不充分，因此适度降低市场集中度将有利于信托业业绩的提升。

上述学者的研究，在不同程度上推动了对信托公司相关问题的探讨。但是，关于信托公司治理及业绩问题的研究，仍存在以下问题。第一，只能从原则性出发研究信托公司是否存在规模经济等问题，不能有效识别影响信托公司业绩的内生性因素；第二，未能考虑到信托公司股权结构与股权制衡方面的问题，不能够从公司治理的所有权角度提出富有建设性的建议；第三，关于公司治理中的激励与监督机制等方面的研究未见诸任何定量研究。信托公司治理命题的研究待解。正是基于此，本文拟从我国信托公司治理机制出发，通过理论推演与实证分析，系统提炼影响我国信托公司业绩的公司治理决定性因素，为中原经济区信托公司的发展提供一些有益启示。

（三）信托公司治理的作用机制

公司治理机制的优越性，对于信托公司经营业绩具有决定性作用。信托公司作为一个独立的法人机构，面临着共同代理的治理困境。其一，在股东与经理、员工之间存在的委托—代理关系中，股东或经理、员工都可能利用信息不对称、控制权等优势，直接或者间接为自己谋取不正当利益，侵占中小股东或公司利益；其二，信托实质上是“受人之托，代人理财，忠人之事”，在信托委托人客户与公司之间存在的委托—代理关系中，公司股东与经理、员工同样可能利用信息优势为自己谋取不当利益，侵占投资客户利益。

股权分散以及由此产生的两权分离由 Berle 和 Means（1932）进行了最初的分析，但是即使在被认为应该是股权分散代表的大型美国公司中，也有一定程度的股权集中，世界各地普遍存在着占据主导地位的控股股东，我国多数公司的第一大股东处于绝对控股地位。王化成和佟岩（2006）通过研究发现，控股股东的持股比例与企业业绩呈显著负相关，控股股东为国有股时业绩质量更低。但徐莉萍、辛宇和陈工孟（2006）的研究却发现，第一大股东持股比例和经营业绩之间有着显著的正向线性关系，而且这种关系在不同性质的控股股东之间都是存在的；白重恩、刘俏、陆洲、宋敏、张俊喜（2005）的研究表明，第一大股东持股比例与公司价值两者呈 U 形关系。可见，大股东控制并非都会造成公司业绩不良，其持股比例与业绩之间并非存在明显的简单线性关系，公司业绩在很大程度上还受到第二大股东等中小股东对控股股东制衡程度的影响。

人员的质量则包含多重含义，主要体现在人员的学历背景和实践经验两个方面。信托公司重要的不仅仅是人员的质量，人员结构也极为重要。在金融行业中，学历较高者的丰富知识有助于公司创新较为复杂的交易结构，设计出相对合理的产品，为投资者和公司谋取更大收益。

为了控制委托—代理关系中所衍生出来的利益不一致问题，公司治理中的激励与监督机制就必不可少。良好的激励机制能够推动经营层和公司员工发挥自身的最大潜能，推动公司业绩快速增长，实现公司资源的最优配置。营销体系建设同样是一个重要决定性因素。信托公司当前主要是从事资产管理业务，资产管理需要一定资金来源，良好的营销机制能够保证公司投资项目有充足的弹药，因此对于营销体系的建设是信托公司激励程度的重要体现。此外，信托公司激励与监督还体现为信托公司的信托业务规模。信托业务规模反映了公司的投资能力、营销能力，同时也体现出公司经营层对于信托资产风险的承受度以及监督机制的有效匹配度。

在这三重因素中，外部经济环境是基础性影响因素，其中区域性因素的影响有：第一，由于信托公司的私募性，区域经济发展状况决定着信托公司的资金来源，经济发达地区的信托公司客户来源更为丰富；第二，由于信托公司目前可以跨市场投资，经济发达地区的客户可能对资金的需求更为强烈；第三，由于区域经济发展水平存在差异，区域因素对于人才吸引、员工意识的影响也

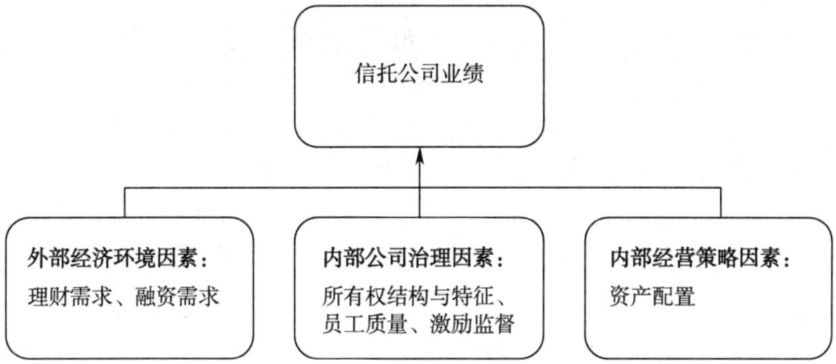

图1　信托公司治理业绩的作用机制

不尽相同。因此，区域经济的差异会通过多种机制对信托公司治理及其经营业绩产生影响。信托公司经营还需关注的另一个领域则是其经营策略，其中资产配置策略对于金融行业而言则意义重大，在不同资产种类之间配置信托资产，有利于公司实现风险和收益的均衡。

二、信托公司治理业绩的实证分析

（一）数据来源与指标说明

1. 数据来源

为了准确识别影响中国信托业经营业绩的公司治理因素，本文采取面板数据。这是因为中国信托公司经营持续时间较短，经营业绩持续性和稳定性是度量一个公司经营业绩优劣的重要指标，采用面板数据能够有效利用截面数据和时间数据，消除经营时间较短的影响。

中国信托业会计标准在2008年发生变动，其前后的数据口径不一致，为可比起见，本文采取2008—2010年的数据作为样本研究，相关数据来源于《金融时报》、《中国证券报》以及各个信托公司的网站年报，经百瑞信托博士后工作站和本文作者整理得到。本文宏观经济数据来源于中国国家统计局网站《中国统计年鉴2011》。

2. 指标说明

被解释变量：本文主要分析信托公司经营业绩的决定因素，因此信托公司经营业绩作为被解释变量。在一定程度上，净资产收益率体现了信托公司风险与收益均衡的原则，能够较为恰当地反映信托公司经营业绩。

解释变量：本文从三个维度设置解释变量，分别是外部区域环境、内部公司治理以及公司经营策略。这样可以较为完整地刻画影响信托公司经营业绩的各个因素。

（1）外部经济环境因素。其一，区域内国民生产总值（GDP）。在本文主要指省级行政区域内的国内生产总值，其能够在一定程度上反映本省区域内的居民财富和企业投资需求，以现价计算。其二，人均国内生产总值（PGDP）。人均国内生产总值是指省级行政区域内以常住人口计算的人均国内生产总值，等于区域内 GDP 除以常住人口。其三，区域内固定资产投资（Investment）。区域内的固定资产投资总额，指的是在省级行政区域内全社会固定资产投资总额，以现价计算。

为了识别区域性的因素对于信托公司经营业绩是否存在影响，本文将全国分为四个区域，分别为北京、上海、深圳（*bjshsz*）三市，沿海地区（*yhdq*），中部地区（*zbdq*）以及其他地区。其中，沿海地区指的是中国沿海的 12 个省市（上海除外），中部地区指河南、湖北、湖南、山西、江西、安徽，其他的地区是除以上三个地区外的省份。在这部分使用三个哑变量分别进行度量，即如果为北京、上海、深圳区域，沿海地区，中部地区赋值为 1，否则赋值为 0。

（2）公司治理。其一，股权结构与权力制衡，分为两个指标进行度量：第一大股东占比（*fgd*）、控股股东与一致行动人和第二大股东股权之比（*gdb*）。其二，控股股东的背景，以哑变量度量其性质，将企业的性质分为中央企业（*zyqy*）、地方企业（*dfqy*）和民营企业。由于具有三个选择，所以本文在此设置两个哑变量，中央企业和地方企业分别赋值为 1，否则为 0。其三，控股股东的产业背景，分为金融（*finance*）和实体产业。由于具有两个选择，所以本文在此设置一个哑变量，控股股东产业背景为金融的赋值为 1，否则为 0。其四，人员质量与结构，分别用研究生以上学历人员比重（*yanjiushengbi*）、前后台人员比重（*yewuzhinengbi*）代表公司人员质量与结构。需要说明的是，并非高学历才能推动高业绩，业绩和学历之间存在一个匹配度。其五，营销体系，集合资金是当前最能代表信托公司对营销激励的指标，因此本文采用集合资金占总资产比（*jihezijinbi*）代表信托公司营销体系建设力度和强度。其六，信托业务规模，有可能存在一定的规模经济，较大规模的信托业务能够自动推动公司经营业绩上升。为了避免净资产大小影响规模经济，本文以信托业务规模与固有资产净资产比值（*xintuoziyoubi*）作为信托业务规模的度量，代表信托公司对投资激励的指标。其七，净利润与营业收入比，本文将净利润与营业收入比（*lirunshourubi*）作为激励强度的另外一个度量，较高的比值意味着较低的激励强度。

（3）经营策略。资产配置指信托资产投资于房地产业务（*fangdichanbi*）、基础设施（*jichusheshibi*）、工商业（*gongshangyebi*）、证券市场

（*zhengquanbi*）和其他市场（*qitabi*）中的比重。由于每类资产的风险与收入不同，因此良好的资产配置有利于提升信托公司的经营业绩。

（二）中国信托公司治理业绩实证模型设计

为了识别影响中国信托公司经营业绩的公司治理因素，根据面板数据的特点，以下主要采取三个步骤分别检验区域性因素、所有权结构特征和激励监督机制的影响，根据模型回归结果，分析影响信托公司业绩的主要因素。

1. 外部经济环境因素检验模型

为了检验外部经济环境区域性因素对于信托公司经营业绩是否存在显著的影响，本文分别检验两个模型：

$$Roe_{it} = c_{10} + c_{11} \times bjshsz_{it} + c_{12} \times yhdq_{it} + c_{13} \times zbdq_{it} \tag{1}$$

$$Roe_{it} = c_{20} + c_{21} \times pgdp_{it} + c_{22} \times gdp_{it} + c_{23} \times investment_{it} \tag{2}$$

式中，$t = 2008$，2009，2010。对于检验结果而言，如果系数 c 值显著不为零，则表示相应的变量对于信托公司经营业绩有显著的作用。

2. 公司治理因素检验模型

为了检验信托公司控股股东性质以及产业性质因素对于信托公司经营业绩是否存在一定影响，本文将检验如下模型：

$$Roe_{it} = c_{30} + c_{31} \times pgdp_{it} + c_{32} \times gdp_{it} + c_{33} \times investment_{it} + c_{34} \times zyqy_{it} + c_{35} \times dfqy_{it} + c_{36} \times finance_{it} \tag{3}$$

式中，$t = 2008$，2009，2010。

为了检验股权结构与股东制衡之间的关系是否与信托公司经营业绩之间存在关系，在上述模型的基础上，本文加入第一大股东占股本比（*fgd*）以及控股股东与一致行动人和第二大股东股权之比（*gdb*）通过对原始数据整理发现，当控股股东与一致行动人和第二大股东股权之比占有绝对优势时，即 $gdb \geqslant 1$ 时，这种绝对优势越强，即 *gdb* 的值越大，可能对公司经营业绩产生的负面影响越大；当股东与一致行动人和第二大股东股权之比只占有相对优势时，即 $gdb \leqslant 1$ 时，这种相对优势越弱，即 *gdb* 越小，可能对公司经营业绩产生的正面效用越大。由于原始样本数据大部分为 $gdb \geqslant 1$，基于上述假设和回归的准确性，本文在假设的回归方程中把解释变量设置为（$gdb - 1$），而非简单的 *gdb*：

$$Roe_{it} = c_{40} + c_{41} \times pgdp_{it} + c_{42} \times gdp_{it} + c_{43} \times investment_{it} + c_{44} \times zyqy_{it} + c_{45} \times dfqy_{it} + c_{46} \times finance_{it} + c_{47} \times fgd_{it} + c_{48} \times (gdb_{it} - 1) \tag{4}$$

式中，$t = 2008$，2009，2010。

为了识别公司治理中的人员质量、激励监督机制如何影响信托公司经营业绩，考虑到公司经营策略的影响，即在控制资产配置各变量情况下，将人员质量与结构即研究生以上学历人员比重（*yanjiushengbi*）、前后台人员比重（*yewuzhinengbi*），激励机制即净利润与营业收入比（*lirunshourubi*），营销激励即集合资金占总资产比（*jihezijinbi*），信托业务规模的投资激励即信托业务规模与固有资产净资产比值（*xintuoziyoubi*）等因素纳入模型。考虑到模型中变量较多，为了避免产生共线性，因此在模型回归中，将不纳入区域性因素和所有权的公司治理等有关因素。

$$\begin{aligned} Roe_{it} = {} & c_{50} + c_{51} \times zhengquanbi_{it} + c_{52} \times yewuzhinengbi_{it} + c_{53} \\ & \times yanjiushengbi_{it} + c_{54} \times xintuoziyoubi_{it} + c_{55} \times qitabi_{it} + c_{56} \\ & \times lirunshourubi_{it} + c_{57} \times jihezijinbi_{it} + c_{58} \\ & \times jichusheshibi_{it} + c_{59} \times gongshangyebi_{it} + c_{10} \times fangdichanbi_{it} \end{aligned} \tag{5}$$

当模型的系数显著且不为零时，说明上述因素对于公司经营业绩产生显著影响。

（三）中国信托公司治理业绩回归结果分析

利用2008—2010年中国信托公司数据以及相应的宏观经济数据，通过Eviews5.0软件进行回归。由于数据为面板数据，因此回归是运用panel data模型，选择非均衡面板回归样本技术，采用TSLS回归方法，选择上期变量作为instrument变量，采用时间序列固定效应进行回归。

表1　　模型（1）回归结果

变量	系数	标准差	t－值	P－值
c	14.9677	1.743519	8.584787	0.0000
bjshsz	3.71027	2.246055	1.651906	0.1007
yhdq	－3.23902	2.363121	－1.370654	0.1725
zbdq	－7.45071	2.665468	－2.795275	0.0059
R^2	0.11897	Prob（F－statistic）		0.00187

表2　　模型（2）回归结果

变量	系数	标准差	t－值	P－值
c	8.87295	4.375580	2.027835	0.0477
pgdp	1.10807	0.600154	1.846308	0.0705
investment	8.35E－05	0.000248	0.337243	0.7373
R^2	0.0626	Prob（F－statistic）		0.01861

为了检验基础性因素控制变量即信托公司总部区域性因素是否对信托公司经营业绩产生影响，以及何种区域性的因素影响信托公司业绩，本文首先检验模型（1）分析区域性因素是否影响经营业绩。根据模型（1）的回归结果（见表1），能够看到模型（1）整体是显著的，相应的回归 F 检验的 P 值为 0.00187，显著不为零；从回归的变异系数 R^2分析，其仅为 0.11897，对于信托公司业绩的解释力为 11.9%，说明信托公司业绩不仅仅由信托公司所处位置决定，还有着更为重要的因素。

分区域性考察，中部信托公司回归系数为 -7.45，表明信托公司如果总部位于中部，经营业绩将低于全国平均水平。而在 10% 的显著水平下，总部位于北京、上海、深圳的信托公司经营业绩则显著高于全国平均水平，因为其回归系数为 3.71。不过令人吃惊的是，总部位于沿海和其他地区的信托公司经营业绩并不显著高于全国平均水平。

为了进一步考察何种区域性因素影响信托公司经营业绩，本文引入三个外部因素即总部位于省市的 *gdp* ，人均 *pgdp* ，以及固定资产投资 *investment* ，进一步回归了模型（2）。由于在计算的过程中，总部位于省市的 *gdp* 与 *investment* 存在严重的共线性，本文对变量进行取舍，结果固定资产投资对于模型具有更强的解释能力，因此去掉总部位于省市的 *gdp* 变量，仅仅回归 *pgdp* 和 *investment* 两个变量。从模型（2）的回归结果（见表2）显示，其 F 检验对应的 P 值为 0.018，说明模型整体上显著异于零，对 *ROE* 具有解释力。从解释变量分析，*pgdp* 的系数为 1.108，对应的 P 值为 0.07，显著异于零，说明较高的人均收入对于信托公司业绩具有正的影响。这可能是因为对于一个信托公司而言，较高的人均 GDP 意味着民间具有较多财富，对于营销具有正面作用。这种特性与信托公司委托人的高端性和私募性相关，表明口碑相传的营销方式对于信托公司的产品推介具有一定进入门槛作用，也说明信托公司产品销售具有较高的进入门槛。然而，固定资产投资大小对于信托公司业绩并无显著的作用，从直观上观察似乎不合常理：因为目前信托公司对于资金更多用于支持实体经济，较大的固定资产投资规模提供的投资机会更多，应该是具有较高的业绩。这种情况说明，对信托公司投资标的而言，其收益同寻找项目的交易成本之间差异悬殊，项目的交易成本不能形成进入的障碍，信托公司在全国范围内搜寻交易对手并无实质性的障碍。

影响公司经营业绩的不仅仅是公司自身所处的外部区域环境，内部的公司治理因素本身对于公司的经营业绩影响更为可控、具有决定性，因此本文检验了模型（3）和模型（4），以分别判定信托公司治理中最为重要的所有权结构与特征的影响，即信托公司控股股东的背景和股东之间的权力制衡是否对信托公司业绩产生一定影响。

首先检验模型（3）。在模型（3）中股东背景分为两个角度：第一个角度是控股股东是否为金融企业，因为一般认为金融业的经营思路同实体经济的经营思路存在一定的差异，金融业在很大程度上是依据风险确定标的物的价格；而实体经营则是通过供求关系进行定价。但是具体而言，也未必都是如此。首先，信托业的运行有其自身的规律；其次，信托业的运营受到法律制度的约束，不能完全依据股东的自身意愿进行；最后，从事实体经济的股东，其思维方式也是多变的，而金融业管理层的思路未必就一定适合金融业本身。例如某个银行业控股信托公司，其自身经营思路就存在问题，就更难以想象作为实质控制方股东能够经营好旗下信托公司；相反，实体经济控股股东更尊重信托业经营业绩。

表 3　　模型（3）回归结果

变量	系数	标准差	t－值	P－值
c	16.79310	3.506974	4.788489	0.0000
pgdp	1.142102	0.428901	2.662859	0.0086
investment	7.75E－05	0.000203	0.381093	0.7037
zyqy	－6.608757	2.631654	－2.511256	0.0131
dfqy	－7.829045	2.568199	－3.048457	0.0027
finance	－2.858182	2.144531	－1.332777	0.1847
R^2	0.1377	Prob（F－statistic）		0.00239

表 4　　模型（4）回归结果

变量	系数	标准差	t－值	P－值
c	16.0070	3.687081	4.341387	0.0000
pgdp	1.15098	0.431537	2.667175	0.0085
investment	8.82E－05	0.000206	0.429112	0.6685
zyqy	－6.60456	2.656692	－2.486011	0.0141
dfqy	－8.11791	2.619993	－3.098449	0.0023
finance	－2.77228	2.161430	－1.282616	0.2017
fgd	0.04513	0.066124	0.682528	0.4960
（*gdb*－1）	－0.036	0.0794	－1.7986	0.0270
R^2	0.14101	Prob（F－statistic）		0.00408

从模型（3）的回归结果（见表3）分析，模型（3）的解释力相对模型（2）有了进步，其变异系数 R^2 为0.1377，对ROE具有更高的解释能力。对应F检验的P值为0.00239，表明回归模型整体系数显著异于零。从信托公司控股股东行业背景分析，其对应的指标回归系数为 -2.77，对应的P值为0.201，因此如果以18%的置信度度量，金融背景控股股东的信托公司经营业绩更差，如果从正常5%的置信度分析，金融背景信托公司经营业绩也并不优于实体经济背景的信托公司。主要原因可能有以下几种：第一，信托公司具有自身的经营特性，例如其兑付刚性就与证券业和银行业存在显著的差异。因此，如果作为其控股股东的银行意志体现的派出经营层对于此种特点没有深刻理解，就可能导致经营策略出现失误。从模型（5）也能够看到，经营策略对于经营业绩的优劣具有决定性的影响，远远超越了股东的背景。第二，银行控股股东持股比率较高，可能存在利益输送，在一定程度上损害了信托公司的独立性，因此经营业绩相对也较差。

第二个角度是所有制背景，其对于企业经营具有重要作用，例如国有企业与民营企业经营者的目标就存在重要差异。对于国有企业而言，行政级别可能同利润一样都是重要的追求目标。因此本文分析了中央企业、地方国资以及民营企业之间的经营业绩差别。通过回归分析可以看到 *dfqy* 的回归系数值为 -7.82，对应的P值为0.0027，显著不为零，说明地方企业的经营业绩相对于民营企业较低。*zyqy* 的回归系数为 -6.60，对应的P值为0.0131，显著不为零，证明中央企业控股股东信托公司经营业绩相对而言，也低于民营企业；但是较地方国资背景的企业而言，经营业绩相对良好。这可能是由于中央企业具有较多的资源，而民营企业的激励机制较为灵活，这样，地方国资背景的企业既不具有重要的资源，激励机制也不灵活，因此经营业绩相对较差。

股权制衡对于信托公司也具有重要作用。控股股东的占比过高可能存在双重的影响：如果控股股东自身经营状况良好，对于信托公司定位准确，较高的占比有利于提升信托公司业绩；但也有可能因控股股东占比较高而损害信托公司的独立性，导致经营业绩较低。控股股东与第二大股东的股权均衡也同样会存在双重影响：一方面由于权力均衡，可能有利于保持信托公司独立性，改善经营策略，提升信托公司业绩；但另一方面也可能因二者权力较为均衡，导致相互推诿，反而不利于信托公司经营的发展。

从模型（4）的回归结果（见表4）来看，信托公司第一大股东（或实际控制人）的股权占比，对于信托公司的经营业绩并无显著影响，其回归系数为0.045，而对应的P值为0.496。但是加入控股股东及其一致行动人与其第二大股东比率的变量（$gdb-1$）后，回归系数的值为 -0.036，对应的P值为0.027，说明控股股东及其一致行动人相对于第二大股东更高的比率，不利于信托公司业绩提升，较高的控制力反而会带来信托公司业绩的下降。这种现象说明信托公司自身的独立性对于经营业绩有着重要影响，股东之间相互制衡能够有效实现信托公司独立性，从而提升自身的经营业绩。

公司治理中的其他机制还有人员质量、激励监督机制多个维度，主要有人员质量与结构、营销体系建设、净利润与营业收入比以及信托规模四个维度。每个维度都能在一定程度上影响信托公司经营策略。为下一步研究公司治理中的人员质量、激励监督机制对经营业绩的影响，本文首先对控制变量资产配置模型（5）进行回归（见表5）。由于资产配置中相关几项和为零，为了避免共线性，本文剔除变量 *qitabi* 。从总体上观察，模型 F 检验对应的 P 值为 0.00022，说明模型估计整体有效，系数不尽为零。变异系数 R^2 为 0.544，对于 *ROE* 具有较强的解释力；与区域性环境、公司所有权治理等因素相比，经营策略显然具有更强、更直接的影响。当然，经营策略可能是良好的公司治理与区域性环境因素的一个结果。

表5　模型（5）回归结果

变量	系数	标准差	t-值	P-值
zhengquanbi	-2.09084	9.773878	-0.213922	0.8317
yewuzhinengbi	0.00067	0.694908	0.000974	0.9992
yanjiushengbi	-4.29524	7.053494	-0.608952	0.5460
xintuoziyoubi	0.23407	0.075931	3.082737	0.0037
lirunshourubi	22.8621	7.740470	2.953593	0.0052
jihezijinbi	14.4319	7.023529	2.054799	0.0465
jichusheshibi	-4.03974	5.920864	-0.682289	0.4990
gongshangyebi	-6.84936	6.329134	-1.082197	0.2856
fangdichanbi	1.36217	6.416155	0.212305	0.8329
c	-3.49531	6.441162	-0.542653	0.5904
R^2	0.5443	Prob（F-statistic）		0.00022

从控制变量资产配置观察，资产配置策略对于信托公司的经营业绩应具有重要影响，但是从回归结果来看，信托公司的资产配置对于信托公司经营业绩的影响并不明显，*zhengquanbi* 、*jichusheshibi* 、*gongshangyebi* 、*fangdichanbi* 四个变量的回归系数分别为 -2.09、-4.03、-6.84、1.36，对应的 P 值分别为 0.83、0.499、0.285、0.832。从概率角度分析，四类资产配置对于信托公司经营业绩均无影响。如果接受犯较大程度错误的概率，则有工商业占比较高的公司经营业绩相对较差。这一结果的确有些奇怪，其中的原因可能是：每个信托

公司在进行资产配置时，均对不同种类资产的风险和收益进行了较为均衡的考虑，所以对整体行业而言，各信托公司资产配置都处于一个较为均衡的状态，从整体的分析结果上看并无显著的差异。

员工质量与员工结构对于信托公司经营具有重要影响，在公司中只有员工的质量与结构同公司的发展战略匹配度较高时，信托公司经营业绩才有可能趋向最优。从回归结果上分析，信托公司研究生占比高低同经营业绩之间并无直接的线性关系，变量 *yanjiushengbi* 的回归系数值为 -4.30，对应的 P 值为 0.546。这种情形说明，在一个公司中并不意味着学历越高，经营业绩就越好。公司经营业绩同学历结构之间应有一个恰当的配比，只有在这个比率附近，才能最大程度发挥公司的人力资本与物质资本。变量 *yewuzhinengbi* 的回归系数为 0.00067，对应的 P 值为 0.999，意味着业务人员比重与信托公司经营业绩之间也无明显的线性关系。这说明，业务人员同职能部门人员比重同样需要有一个恰当的比率，如果业务人员与职能部门的比重过高，表明职能部门对业务人员支持不足；而如果该比例过低，则意味着职能部门人员人浮于事。

值得注意的是信托公司信托业务规模同其经营业绩之间存在较强的正相关关系，变量 *xintuoziyoubi* 的回归系数为 0.234，对应的 P 值为 0.0037，表示信托业务规模每提升一倍，净资产收益率将提高 23%，非常显著。这说明，当前信托公司的信托业务规模需要进一步增加，信托业务规模方面的投资激励还远远没有达到一个最优的状态。当前信托公司依旧处在一个高速增长的阶段，迅速扩大信托业务规模是主要任务。

信托公司营销体系的建设对于信托公司意义重大。良好的营销激励体系有利于获得较多的资金流量，从而为投资提供支持。从回归结果观察，变量 *jihezijinbi* 的回归系数为 14.4，对应的 P 值为 0.0465，说明信托公司集合资金比越高的公司，其经营业绩就越突出。因此，对于信托公司而言，在对投资和营销的物质资本和人力资本投入上面，应该适当向营销部门倾斜，将集合资金比提升到一定水平，以减少交易成本。

净利润与营业收入比是公司激励中最为重要的因素之一：激励强度过弱则难以激起员工斗志，导致公司业务发展缓慢；但是从另一个方面分析，如果激励强度过大，员工工作动力过强，会在一定程度上带来风险，对公司发展也同样不利。变量 *lirunshourubi* 的回归系数为 22.86，对应的 P 值为 0.0052，表明变量 *lirunshourubi* 显著异于零，激励机制的强弱对于公司发展有着正的相关关系。利润收入比每提高 1%，信托公司净资产收益率将提高 0.2%；反之，如果利润收入下降 1%，净资产收益率也将下降 1%。这个结果清楚地表明，当前中国信托公司依然处于激励不足状态。股东方如果能够较大幅度增加员工收入，将能更好地提升公司的净资产收益率。

三、治理机制与中原经济区信托公司发展的启示

（一）我国信托公司治理机制思考

从上面的分析可以看出，控制变量中的外部经济环境区域性因素确实对业绩有一定影响，位于北京、上海、深圳的信托公司经营业绩更为优良，中部地区的信托公司经营业绩相对较弱，沿海地区的信托公司不存在显著差异；位于较高人均 GDP 区域的信托公司，经营业绩更为优越，说明这些区域的信托公司营销更为便利。资产配置对于信托公司不具有重要影响。信托公司自身的资产配置对于自身的收益率并无显著的影响，说明信托公司在资产配置过程中，已经注意到各个不同种类的资产风险收益的平衡度。

在控制了上述变量影响以后，公司治理以及对于公司的经营业绩都存在一定程度的影响，具体体现在以下几个方面。

（1）所有制背景对信托公司业绩有着显著影响：民营背景最优，中央企业次之，地方国有企业或政府背景的信托公司经营业绩再次之。不过令人意外的是，控股股东为金融业的信托公司，经营业绩相对于实体产业并无优势；相反，控股股东为金融业的信托公司，在一定程度上经营业绩更差。

（2）第一大股东的占股比率高低并不影响信托公司经营业绩，可能是由于信托公司实际控制人不一定是第一大股东；而实际控制人与第二大股东的比率和经营业绩存在负相关，意味着股东实力较为均衡的信托公司经营业绩较优。

（3）业务人员比和研究生学历比与公司经营业绩之间并无显著的线性关系，可能二者之间存在着一个最优均衡，信托公司在人力资本配置上需要权衡各个部门以及学历之间的比率关系。

（4）信托公司存在明显的投资激励规模经济效应，规模相对较大的信托公司经营业绩较优，意味着信托公司当前应该扩大信托业务规模。

（5）激励机制较强的信托公司经营业绩较优，利润收入比较高的信托公司净资产收益率也较高，说明当前中国信托公司需要进一步加强自身激励机制。

（6）营销激励强弱对于信托公司经营业绩具有显著影响，集合资金比较高的信托公司经营业绩较优。由于信托业营销具有一定进入障碍，这就意味着较早和较大力度开展营销业务的信托公司将具有更大的发展空间。

（二）中原经济区信托公司的治理概况

1. 业绩连续快速增长，未来上升空间更大

从表 6 可以看出，百瑞信托和建信信托发展强劲，在中原经济区率先突破 3 亿元大关。但与全国信托公司净利润的平均值相比，可以看到 2011 年中原经济

区仅有百瑞信托一家信托公司刚好超过全国平均值，仍处于中游水平，表明中原经济区信托公司未来的盈利上升空间更大。从增长率来看，除山西信托、山东信托出现负增长外，中原经济区的渤海信托、百瑞信托、建信信托、中原信托净利润的增长率均高于全国平均增长率，表现了近几年中原经济区信托公司在“新三规”的指导下，重新定位，适度调整业务发展方向，并取得了一定的成效。

与中原经济区的2011年净利润指标相比，河南省的百瑞信托、中原信托表现优异，领跑中原，而净利润这一相对绝对值指标低于全国平均值，这说明中原地区信托公司向前发展的步子还应该再大一些。

表6　　2011年中原经济区信托公司净利润情况表

公司名称	年净利润（亿元）				全国排名		
	2010年	2011年	增长额	增幅（%）	2010年	2011年	排名变动
国元信托	2.53	2.58	0.05	1.98	22	30	-8
建信信托	1.74	3.28	1.54	88.51	26	23	-3
百瑞信托	1.67	3.66	1.99	119.16	29	21	8
中原信托	1.31	2.34	1.03	78.63	38	34	4
山西信托	1.01	0.87	-0.14	-13.86	44	57	13
山东信托	2.59	2.42	-0.17	-6.56	45	33	12
渤海信托	1.09	2.72	1.63	149.54	52	29	23
陆家嘴信托	—	1.78	—	—	—	45	—
中原平均	1.71	2.55	0.84	49.66	—	—	—
全国平均	2.93	3.65	0.72	24.57	—	—	—

2. 信托资产规模快速增加，超越行业平均水平

中原经济区的8家信托公司取得惊人增长，平均受托管理信托资产规模从2010年末的527亿元，增加到2011年末的850亿元，增长61.35%，超越了全国信托公司762亿元的平均信托资产规模（见表7）。中原经济区信托公司的快速发展特别是超越全国平均水平的增长，与以下几个因素密切相关：第一，中原地区在最近若干年取得超过全国平均水平的经济增长速度，为信托公司资产投资标的和资金来源提供了丰富选项；第二，信托公司业务拓展具有一定区域性特征，为中原经济区信托公司业务快速发展较为强劲的竞争力，信托公司业务

开展在一定程度上依靠人脉资源和口碑，因此具有一定的进入门槛，而正是由于此种原因在一定程度上能够为中原经济区信托公司取得超越均速的增长提供了保障；第三，中原经济区信托公司治理质量逐步提升，为中原经济区信托公司较快发展提供了内部基础，在最近若干年，中原经济区信托公司积极引入外部股东，公司治理质量稳步提升，与国内一流信托公司差距逐步减弱，在一定程度上推动了中原经济区信托公司快速发展。但也应该看到，中原经济区管理信托资产规模主要是建信信托、渤海信托、山东信托 3 家破千亿元拉动的，规模并不均衡，尤其是河南省的百瑞信托、中原信托虽然盈利能力很好，规模在行业中明显偏小。

表 7　　2011 年中原经济区信托公司信托资产规模情况表

公司名称	信托资产（亿元）				全国排名		
	2010 年	2011 年	增长额	增幅（%）	2010 年	2011 年	排名变动
国元信托	359	653	294	81.89	28	27	1
建信信托	660	1 907	1 247	188.94	15	6	9
百瑞信托	294	403	109	37.07	34	40	-6
中原信托	356	499	143	40.17	30	35	-5
山西信托	252	274	22	8.73	36	46	-10
山东信托	966	1 144	178	18.43	8	13	-5
渤海信托	800	1 069	269	33.63	13	15	-2
陆家嘴信托	—	新增	—	—	—	—	—
中原平均	527	850	323	61.35	—	—	—
全国平均	541	762	221	40.85	—	—	—

3. 行业扩股潮涌，中原经济区增资谨慎

2011 年，在净资本监管和自身发展的推动下，信托行业注册资本增幅最大，由 2011 年初的 687 亿元增长到年末的 864 亿元，行业实现了近五年以来最高的注册资本增长率——25.69%。2011 年共有 13 家信托公司通过原股东的注资、引入战略投资者和利润转增资本实现了华丽转身，年末 64 家信托公司的平均注册资本为 13.49 亿元。

与行业增资扩股蔚然成风不同，中原经济区 8 家信托公司信托业务规模大多处于行业中游水平，资本金压力较小，增资反应普遍谨慎。从表 8 近两年注册资本金及其排名情况来看，2011 年的中原经济区 8 家信托公司股权结构相对稳定，仅有百瑞信托、渤海信托 2 家增资之外，其他信托公司的资本金全国排名不进则退，普遍下滑。2011 年末的全国平均值为 13.49 亿元，中原经济区 8 家信托公司仅有建信信托、渤海信托 2 家超过全国平均数。百瑞信托增资后，河南省的 2 家信托公司注册资本平均值将达到 12 亿元，接近 2011 年末的 12.5 亿元全国中位数。

表 8　2010—2011 年中原经济区信托公司注册资本情况表

公司名称	区域	注册资本		全国排名			2011 年末第一大股东	占比（%）
		2010 年末	2011 年末	2010 年末	2011 年末	排名变动		
建信信托	合肥	15.2727		11	16	-5	中国建设银行	67.00
中原信托	郑州	12.02		20	30	-10	河南投资集团有限公司	48.42
国元信托	合肥	12		21	31	-10	安徽国元控股（集团）有限责任公司	49.69
山东信托	济南	12.8		17	26	-9	山东省鲁信投资控股集团有限公司	85.94
渤海信托	石家庄	7.96	20	36	11	25	海航资本控股有限公司	60.22
山西信托	太原	10		30	43	-13	山西省国信投资（集团）公司	90.70
百瑞信托	郑州	6.05	12	39	31	8	中国电力投资集团公司	50.24
陆家嘴信托	青岛	—	3.15	—	61	新增	上海陆家嘴金融发展有限公司	71.606
全国平均值	—	12.5	13.49	—	—	—		—
全国中位数	—	10.3658	12	—	—	—	—	—

（三）中原经济区信托公司发展的启示

1. 加强异地营销，扩大信托公司的影响力

《信托公司管理办法》规定，未经中国银监会批准，信托公司不准设立分支机构。目前，从河南省的情况来看，中原、百瑞两家信托公司在北京、上海等发达地区虽设立有业务部，但并没有开设分支机构，且业务部的业务规模、人员投入也较小，强大的异地营销能力尚未形成。信托公司一定要及时抓住机遇，顺势扩大在北京、上海、深圳或其他经济发达的中心城市的业务力量，同时，

在条件成熟的地方尽早开设分支机构。

2. 积极引进境外战略投资者，优化公司治理机构

一是要积极进行境外战略投资者的引进，加强信托公司的创新力度。目前，由于制度上的原因，中原经济区信托公司绝大部分都由地方政府和企业集团控股，在业务创新上相对滞后，如能引进国外一些大的金融机构，可以为信托公司在内部控制、业务发展、人才培养等方面带来新的理念和实质性的帮助。二是形成信托公司所有权结构的有效制衡，完善独立董事和监事会的作用，防止实际控制人侵占中小股东、公司、客户利益情形的出现。

3. 均衡配置人力资源，充分发挥人才效率

随着信托业务的快速扩张，信托公司在财务、风控、内控、研发等职能部门的工作量和工作难度会越来越大。目前中原经济区信托公司都加大了高学历人才的引进，但如何有效地配置这些高学历人才，充分发挥他们的工作潜能，则有赖于人员在业务部门和各个职能部门的有效均衡配置。在此方面，一是要加强产品研发部门的人员配置力度，加快研发能力向收益能力的转变；二是要提高职能部门对信托业务部门的支持效率；三是合理调整各个信托业务部门、职能部门的人员构成结构，均衡配置两类部门的人员比例。

4. 合理配置信托资产，扩大信托资产规模

一是加强集合信托比例，优化信托结构。《信托公司净资本管理办法》对各个类型的信托业务都赋予了不同的风险系数。中原经济区信托公司只有增加风险系数较小的集合信托在信托中的比例，才可以在净资本不变的前提下最大限度扩大信托规模，产生信托公司的规模效应。同时，信托公司还要合理配置集合信托结构，选择风险系数较小的信托投资方式，如在股权投资类房地产信托和债权投资类房地产信托中加大股权类房地产信托投资比重，因为前者的风险系数只有后者的二分之一。二是减少基础行业投资，加强实体经济支持力度。中原经济区信托公司要加大对实体经济的支持力度，选择一些科技含量高、有发展前景的上市公司进行投资，缩短投资周期，提高投资回报率。三是利用利润转增、增资扩股等方式扩大净资本规模，支持信托资产规模的扩大。

参考文献

[1] 白斌. 基于 SFA 和 RFA 的信托公司效率评价及影响因素分析 [D]. 天津大学博士学位论文，2010.

[2] 白重恩，刘俏，陆洲，宋敏，张俊喜. 中国上市公司治理结构的实证研究 [J]. 经济研究，2005 (2).

[3] 曹廷求. 商业银行公司治理机制研究 [D]. 南开大学博士学位论文，

2006.

[4] 陈赤．中国信托创新研究——基于信托功能视角的分析［M]．成都：西南财经大学出版社，2008.

[5] 李廷芳．我国信托公司业务定位研究［D]．同济大学博士学位论文，2007.

[6] 王燕，彭阳．我国信托业市场结构与绩效关系研究［J]．金融理论与实践，2010（12）．

[7] 徐莉萍，辛宇，陈工孟．股权集中度和股权制衡及其对公司经营绩效的影响［J]．经济研究，2006（1）．

[8] 徐晓东．公司治理与第一大股东的所有权［M]．大连：东北财经大学出版社，2006.

[9] La Porta, R.; Lopez - de - Silanes, F.; Shleifer, A.; Vishny, R.: Investor protection and corporate governance [J]. Journal of Financial Economics, 2000, Vol. 58, 3 - 27.

[10] Larcker, David F.; Richardson, Scott A.; Tuna, irem: Corporate Governance, Accounting Outcomes, and Organizational Performance. Accounting Review, Oct2007, Vol. 82 Issue 4, 963 - 1008.

河南省中小微企业融资与中小银行发展问题研究

中国人民银行漯河市中心支行课题组①

摘要 长期以来，融资难问题已经成为困扰中小微企业发展的重要因素，特别是在当前金融危机背景下更是突出，本文从银行集中度、社会信用度两个方面来分析二者对中小微企业融资的影响程度，得出解决河南省中小微企业融资难问题，不仅要改革和发展中小银行，更主要的是在二者之间建立一种有效的融资模式，最大限度地解决信息不对称问题。

关键词 中小微企业 中小银行 银行结构 信用环境

一、引言

（一）研究背景与意义

中小微企业被普遍认为是推动经济增长以及促进就业的重要因素，在过去的几年中，中国的中小微企业得到了快速发展，在国民经济和社会发展中具有重要的地位。在中国有4 000万的中小微企业，他们占全国企业总数的99.8%以上，为中国贡献的GDP每年高达60%，为中国解决了75%的城镇就业。截至2008年底，中国中小微企业工业总产值、销售收入、实现利税和出口分别占总量的60%、57%、40%和60%。② 我们可以预见，在未来三年，中国中小微企业将以10%～20%的复合年均增长率增长。其中，小微企业的发展速度更不容小觑。虽然个体力量看似微小，但他们有着旺盛、顽强的生命力。然而，这些对经济发展起到重要作用的中小微企业，特别是小微企业，却没有得到应有的帮助和支持，他们的对经济发展及创造就业的更大潜力还有待发挥。

---

① 课题主持人：马世杰。
课题组成员：孟皓东、张俊生、刘志兰、黄定红、姚琳、郭玲玲。

② 数据来源：李立新．通过金融创新解决小微企业融资难．全国金融工作会议，2012。

当前，融资难问题仍是制约我国中小微企业发展的瓶颈。以河南省为例，根据河南省工业和信息化厅中小企业局2011年上半年的调查数据显示，94.1%的企业反映，贷款难仍是制约发展的主要问题，55%的中小微企业因流动资金不足而达不到设计生产能力，92%的中小微企业因资金不足而难以扩大生产规模或进行技术改造，84.3%的中小微企业资金来源主要依靠民间融资和自有资金。可见，河南省中小微企业融资难的问题相当突出，已经成为制约河南经济发展和实现中原崛起的重要因素，我们必须重视这一问题。

造成中小微企业贷款难的原因是多方面的。目前，中小微企业融资方式主要有自有资金、银行贷款、发行股票和债券、政府资金支持、民间融资等几种方式。民间融资方面由于缺乏制度和法律规范，民间高息借贷渐成愈演愈烈之势；在股票和债券融资方面，截至2011年上半年，河南省中小微企业上市者寥寥无几；银行贷款是绝大多数中小微企业融资的唯一可行途径，而目前由于中小微企业自身缺陷、银行结构体制的不合理和银企之间的信息不对称等原因，使得中小微企业获取银行贷款也存在一定困难。本文从银行集中度和社会信任度两个方面来分析河南省中小微企业融资难问题具有一定的现实意义。希望本文的研究成果能为河南省中小微企业融资与中小银行发展问题的解决提供一点有益启示。

（二）相关概念界定

本文涉及的概念主要有中小微企业、中小银行、银行集中度和信用制度。

（1）中小微企业是指在中华人民共和国境内依法设立的有利于满足社会需要，增加就业，符合国家产业政策，生产经营规模属于中小微型的法人企业或单位。

对中小微企业的界定，本文利用2011年9月，工业和信息化部、国家统计局、国家发展改革委、财政部下发的《关于印发中小企业划型标准规定的通知》（工信部联企业〔2011〕300号）中制定的标准，这个标准根据从业人员、营业收入和资产总额等指标，结合各行业特点来制定的，见表1。本文所指的中型和小型企业须同时满足所列指标的下限，否则下划一档；微型企业只须满足所列指标中的一项即可。

表1　　统计上中小微型企业划分标准

行业名称	指标名称	计量单位	中型	小型	微型
第一产业	营业收入（Y）	万元	500≤Y<20 000	50≤Y<500	Y<50
工业	从业人员（X）	人	300≤X<1 000	20≤X<300	X<20
	营业收入（Y）	万元	2 000≤Y<40 000	300≤Y<2 000	Y<300

续表

行业名称	指标名称	计量单位	中型	小型	微型
建筑业	营业收入（Y）	万元	6 000≤Y<80 000	300≤Y<6 000	Y<300
	资产总额（Z）	万元	5 000≤Z<80 000	300≤Z<5 000	Z<300
批发业	从业人员（X）	人	20≤X<200	5≤X<20	X<5
	营业收入（Y）	万元	5 000≤Y<40 000	1 000≤Y<5 000	Y<1 000
零售业	从业人员（X）	人	50≤X<300	10≤X<50	X<10
	营业收入（Y）	万元	500≤Y<20 000	100≤Y<500	Y<100
交通运输业	从业人员（X）	人	300≤X<1 000	20≤X<300	X<20
	营业收入（Y）	万元	3 000≤Y<30 000	200≤Y<3 000	Y<200
邮政业	从业人员（X）	人	300≤X<1 000	20≤X<300	X<20
	营业收入（Y）	万元	2 000≤Y<30 000	100≤Y<2 000	Y<100
住宿餐饮业	从业人员（X）	人	100≤X<300	10≤X<100	X<10
	营业收入（Y）	万元	2 000≤Y<10 000	100≤Y<2 000	Y<100

注：限于篇幅本表只列出部分行业，其他行业略去。

（2）本文所指的中小银行主要指地方性的城市商业银行、农村信用社和邮政储蓄银行等中小金融力量。跨区域的股份制商业银行不在其内，因为河南省股份制商业银行从经营模式和服务范围上看，都跟上了国有银行的步伐，而不会把太多精力分散在中小微企业融资上。

（3）银行集中度。市场集中度是指某一特定市场中少数几个最大企业所占的销售份额。一般地，集中度越高，市场支配势力越大，竞争程度越低。在银行业中我们把这一指标定义为银行集中度。本文银行集中度指标用四大国有商业银行贷款余额占全金融机构贷款余额的比重来代替。

（4）信用制度是指有关信用及信用关系的制度安排，是对信用行为及关系的规范和保证，即约束人们信用活动和关系的行为准则，既包括正式的，又包括非正式的。前者如有关信用的法律（如契约法）、社会征信体系、信用担保制度等；后者如信用观念、信用习惯等。

二、文献综述

Strahan 和 Weston（1998）的规模匹配理论认为，银行的规模和银行对中小微企业的贷款之间存在着很强的负相关性，大银行更愿意为大企业贷款而不愿意为小企业提供资金，而中小银行更倾向于对中小微企业融资。Banerjee 等人在 1994 年提出了“长期互动”假说和“共同监督”假说，假说认为，中小银行一般是地方性金融机构，专为当地中小微企业服务，通过长期的合作，中小银行对当地中小微企业经营状况的了解程度逐渐增加，这就有助于解决存在于中小银行与中小微企业之间的信息不对称问题。

林毅夫、李永军（2001）的研究从计量分析的角度证明了中小微企业发展与中小银行的共生关系。李志赟（2002）的研究证明在一个融资市场中加入中小银行能够有效地提高融资效率，从而证明中小银行的必要性。张捷（2002）的研究从小企业和大企业的信息特点出发，证明发展中小微企业必须发展中小金融。郭斌、刘曼路等（2000）人通过对温州的中小金融机构与中小微企业发展的实证研究发展，中小金融机构对信用和私人关系的依赖程度比大银行更高，对个人信用及私人关系网络的依赖使得它们对所服务的中小微企业的经营状况及背景信息较为熟悉，信用调查成本相对较低，从实证的角度支持了“小银行优势”理论。

基于以上对国内外有关中小微企业融资和中小银行关系方面的文献综述，本文认为在我国现阶段，中小银行与中小微企业确实存在着互为发展的结合点，一是应该发展更多的金融机构，使中小微企业获得金融机构贷款更加有利；二是现有的中小银行应该发挥优势，帮助中小微企业解决融资困境。这两种方式在理论上都被证明是正确的，但是现实却是中小微企业融资困境依旧存在。本文将运用河南省跨地区的最新数据，运用二元回归模型对“银行结构观”和“信用制度观”重新进行实证分析，以分析出影响中小微企业贷款困境的主要因素，并针对原因提出解决问题的方法。

三、实证分析

（一）银行集中度与中小微企业融资关系分析

首先选取银行集中度指标来分析与中小微企业融资的关系，构建如下模型：

$$Y = a + bX_1 + \varepsilon$$

其中，Y 是因变量，代表各省中小微企业发展水平，其具体计算方法是某地区中小企业工业产值在该工业总产值中所占比例。自变量 X_1 为银行业集中度指标，它反映各地区四大国有商业银行贷款占全部金融机构贷款余额的比例。a 为截距项，b 是系数，ε 为残差。

运用 Eviews5.0 对上述数据模型进行最小二乘估计线性回归分析，分析结果见表3。

表 2　各地市中小微企业产值占总产值比例与银行集中度数据

地　区	中小微企业产值占总产值的比例（%）Y	四大国有商业银行占全部金融机构贷款比例（%）X_1
郑州市	80	34.38
开封市	91	49.60
洛阳市	64	40.13
平顶山市	63	49.96
安阳市	73	42.84
鹤壁市	78	41.88
新乡市	79	44.58
焦作市	79	36.88
濮阳市	70	46.28
许昌市	77	47.64
漯河市	70	35.01
三门峡市	79	53.07
南阳市	65	30.24
商丘市	49	37.68
信阳市	72	28.50
周口市	55	26.62
驻马店市	81	28.00
济源市	61	69.40

数据来源：①经济数据来源《河南省统计年鉴》（2008—2011）。

②金融数据来源河南省 18 个地市人民银行调查统计部门。

表 3　回归模型的异方检验结果

F - statistic	14.60213	Probability	0.005324
Obs * R - squared	2.71972	Probability	0.006494

注：本表由软件生成，不宜修改。

由于分析数据是 18 个地市的横截面数据，容易出现异方差影响分析结果的准确性，首先要对方程数据进行 White 异方差检验，从表 3 结果可以看出检验值概率 $P = 0.0065 < 0.05$，拒绝原假设，说明不存在异方差。

表4　　中小微企业发展和银行集中度回归模型分析结果

Variable	Coefficient	Std. Error	t - Statistic	Prob.
C	40.18734	10.70739	6.55036	0.0000
X_1	0.030287	0.250642	1.10837	0.9053
R - squared	0.291215	Mean dependent var		71.44444
Adjusted R - squared	-0.061531	S. D. dependent var		10.43310
S. E. of regression	10.74929	Akaike info criterion		7.691996
Sum squared resid	1 848.757	Schwarz criterion		7.790927
Log likelihood	-67.22797	F - statistic		14.60213
Durbin - Watson stat	1.954389	Prob (F - statistic)		0.005324

注：本表由软件生成，不宜修改。

从表4可以看出，相关系数 r = 0.291，说明四大国有银行占全金融机构贷款的比例与中小企业的发展是相关的，因为影响中小企业发展的因素很多，本次模型只是判断银行结构与中小企业发展的关系，说明银行结构在一定程度上影响中小企业融资的难易，从而影响中小企业的发展。

由表4可知回归方程为 $Y = 40.19 + 0.03X_1$，系数的T检验值概率 P = 0.905 > 0.05，说明二者之间关系不显著，而方程的F检验值概率 P = 0.0053 < 0.05，说明在95%的显著水平下方程显著成立，也即说明大银行对中小企业的发展起到的作用有限，银行结构越集中，中小微企业贷款越难，这与现实也相符，由于这几年，四大国有商业银行撤销网点，上收贷款审批权限，使得与中小微企业贴近的地市、县域银行网点对中小微企业贷款程序繁琐，贷款时间延长问题加剧，企业贷款难易程度越来越大。正如前面分析的大银行市场定位本身不是服务中小微企业的，所以银行结构过于集中，在一定程度上不利于中小微企业的发展。

（二）信用环境与中小企业融资关系的实证分析

根据前文分析，影响中小微企业融资的因素不仅包含银行集中度，更在于中小微企业和中小银行之间的信用关系，为了分析信用环境如何影响中小微企业融资，设定模型如下：

$$Y = a + bX_2 + \varepsilon$$

其中，Y 是因变量，代表各省中小微企业发展水平，其具体计算方法同上；自变量 X_2 为社会信任度指标，本文参考2011年3月由河南省人民政府办公厅出台的《河南省金融生态环境建设评价办法（试行）》对河南省各地市、县（市）的评价结果。该办法涉及对地方经济信用环境建设的评价，主要包括银企之间的信用关系、地方法人金融机构信用评级、征信系统的建设等方面，评价结果基本上能代表一个地方的经济信用度水平，但由于种种原因数据涉及保密问题，在此不便公布。

表5　回归模型的异方检验结果

F - statistic	23.53210	Probability	0.001024
Obs * R - squared	3.265871	Probability	0.0035689

注：本表由软件生成，不宜修改。

从表5可以看出White异方差检验，检验值概率 $P=0.0036<0.05$，拒绝原假设，说明不存在异方差。

表6　中小微企业发展和社会信任度回归模型分析结果

Variable	Coefficient	Std. Error	t - Statistic	Prob.
C	38.25364	14.32566	5.236571	0.0000
X_2	0.116785	5.235678	10.23564	0.0093
R - squared	0.323544	Mean dependent var		52.23544
Adjusted R - squared	0.042587	S. D. dependent var		12.54300
S. E. of regression	12.12548	Akaike info criterion		9.121996
Sum squared resid	124.5517	Schwarz criterion		4.245633
Log likelihood	-35.1145	F - statistic		23.53210
Durbin - Watson stat	2.315101	Prob（F - statistic）		0.001024

注：本表由软件生成，不宜修改。

从表6可以看出，相关系数 $r=0.324$，说明两者的相关系数相对较高，信任度在一定程度上影响中小企业发展。

由表6可知回归方程为 $Y=38.25+0.12X_2$，各系数的T检验值概率和整个方程的F检验值概率P值都小于0.05，说明在95%的显著水平下方程显著成立。这个方程表明信任度正向影响中小企业的发展，即信任度越高的城市，中小企业的发展越快，信任度不高的城市，中小企业的发展越慢。从以上分析结果可以看出，信任度在一定程度上可以影响中小企业的发展，但是根据2007年以前的数据模型分析出，信任度与中小企业发展没有很显著的关系，这说明在中小企业以前的发展中并没有很好地解决与银行间的信息问题，银行和中小企业间的信息不对称是影响中小企业发展的原因。中小企业要发展，就必须解决融资难题，而融资的实现就要着力与银行建立良好的沟通，达到信息透明。

（三）银行集中度、信用环境与中小微企业融资关系的综合分析

前文已分别分析了银行集中度和中小微企业发展的关系，信用环境与中小微企业发展的关系，如果同时分析银行集中度和信用环境与中小企业发展的关

系，那么这两个因素是如何决定中小企业发展呢？构建如下模型：

$$Y = a + bX_1 + cX_2 + \varepsilon$$

表 7　　回归模型的异方检验结果

F - statistic	5.2648	Probability	0.0256
Obs * R - squared	2.2378	Probability	0.0082

注：本表由软件生成，不宜修改。

从表 7 可以看出 White 异方差检验，检验值概率 P = 0.0036 < 0.05，拒绝原假设，说明不存在异方差。

表 8　　综合因素回归模型分析结果

Variable	Coefficient	Std. Error	t - Statistic	Prob.
C	37.41561	5.23684	10.12457	0.0000
X_1	0.01545	1.24789	2.12478	0.0489
X_2	0.21348	5.23754	5.56778	0.0059
R - squared	0.42101	Mean dependent var		45.8941
Adjusted R - squared	0.25894	S. D. dependent var		5.2361
S. E. of regression	15.0548	Akaike info criterion		8.2568
Sum squared resid	14.5851	Schwarz criterion		5.2338
Log likelihood	-10.1947	F - statistic		5.2648
Durbin - Watson stat	1.8915	Prob (F - statistic)		0.0256

注：本表由软件生成，不宜修改。

从表 8 可以得出，二元回归模型的 R = 0.421，模型整体有效，且拟合优度检验值相对一元线性回归更高，说明银行结构和信任度两个因素可以更大程度地影响中小企业的发展。

同理可以看出，加入银行结构的因素，信任度可以在更大程度上影响中小企业的发展，而且在 5% 的显著性水平下，银行结构变量通过显著性检验，说明中小企业的发展与银行结构、信任度二者显著相关。

$$Y = 37.42 + 0.015X_1 + 0.213X_2$$

从以上方程可知，在信任度不变的前提下，四大国有商业银行以外的银行贷款占全部金融机构贷款的比例上升 1%，就导致中小企业产值占总产值的比例上升 0.015%，在银行结构水平不变的情况下，人们对社会的信任度上升 1%，导致中小企业产值占总产值的比例上升 0.213%，四大银行贷款占全部金融机构的比例和信任度同时上升 1%，中小企业产值占工业总产值的比例就上升 0.228%。

综上所述，银行结构和社会信任度都是影响中小企业融资的因素，从而影响中小企业的发展，如果社会信任度提高，即便银行有所集中，也能促使中小企业融资更加便捷。所以，目前的任务是如何改革和发展中小银行，如何解决中小银行和中小企业之间的信息不对称问题，让中小银行在对中小企业的贷款上存在天然的信息和成本优势发挥出来。如果足够多的中小银行能定位中小企业，发挥小银行优势，将不仅可以解决中小企业的融资问题，而且可以提高中小银行的贷款效率，达到二者双赢局面。

四、国外以日本为例在支持中小微企业融资上的做法及启示

为解决银企之间信息不对称问题，日本和德国采用了主办银行制这种关系型融资形式。所谓主办银行是指与某企业有着长期、固定的交易关系，主办银行占有该企业最大的融资比重，它往往是一个或少数几个有影响的银行拥有一个公司的最多或近于最多份额的股本金，而成为该公司或企业的最大股东。

在日本经济发展中，以主办银行（mainbank）体制为基础的银企关系模式发挥了巨大的作用。（1）以相互持股为基础形成利益共同体。日本的商业银行在向工商企业提供贷款的同时，还持有企业的股份。为充分获得长期稳定的贷款和分享银行利润，企业也持有银行的股份。通过资本结合、股权参与和人事渗透则是银行对工商企业更深层次的控制。由于相互交叉持股，银行与企业成为利益共同体，因此，银行不仅关心企业的当前盈利能力，更注重企业的长期稳定发展。（2）以全面控制为特征的主办银行关系。在日本，不论大小，几乎所有的银行都是某些企业的主办银行。尽管日本的企业从许多银行贷款，其股份也由许多银行共同持有，但其中总有一家银行承担监督企业的主要责任，这就是主办银行。主办银行往往是企业最大的债权人和股东，不仅是企业资金需求的主要提供者，而且还对企业拥有持股、人事派遣等具有综合性、长期性和稳定性的交易关系。在企业发生财务危机时，主办银行有组织救援的义务，并拥有企业债务重组的主导权。银行与企业的主办银行关系通常表现为：主办银行是企业最大的贷款人，主办银行与企业拥有交叉持股关系，企业在主办银行建立支付结算账户。

总结日本推行主办银行制的成功经验，可以得出以下启示：主办银行制这种关系型融资模式最大限度地解决了信贷市场上信息不对称问题，提高了银企双方的效率。这种关系型融资制度为解决河南省中小微企业融资难的问题以及中小银行的发展问题提供了很好的借鉴。目前，河南省经济正处于结构调整转型过程中，作为经济发展重要基础的整体社会信用制度还比较薄弱，而中小微企业信用制度的建设无疑还是一项十分艰巨的任务；中小微企业的产权改革也

需要相应的外部环境条件，因此，阻碍中小微企业获得融资支持的不利因素在相当一段时间内仍将存在。而主办银行制的借鉴意义就在于，为处于信贷市场竞争劣势的中小微企业提供了获取资金支持的途径。显然，能同中小微企业保持这样一种合作关系的不可能是国有大商业银行，适应中小微企业资金需求的金融中介机构必然是中小金融机构，中小金融机构与国有金融机构的显著区别就是它的区域性，这种区域性也使它能够最大限度地了解和掌握中小微企业的各方面信息，也就决定了它同中小微企业资金需求相互之间的适应性，及其巨大的发展潜能。

五、研究结论和建议

（一）研究结论

根据前面几节的分析，中小银行特别是地方性中小银行在对中小微企业贷款上具有信息优势和地缘优势，而且中小银行有意愿，也有能力发展中小企业融资业务，对中小微企业提供个性化服务，但是现实却是，中小企业获得贷款依旧困难，分析主要原因就是银行结构相对集中，大银行存在惜贷现象，中小银行发展不足，银企之间信息不对称等。从对银行集中度、社会信用环境和中小企业发展的定量研究中不难发现，银行结构和社会信任度都是影响中小企业融资的主要因素，银行越分散，社会信任度越高，都将促使中小企业融资更加便捷。因此解决中小微企业融资难问题，不仅需要调整银行业结构，改革和发展中小银行，更要注重构建中小企业和中小银行之间的信息甄别机制，解决信息不对称问题。所以要解决中小微企业融资难和中小银行发展问题必须有针对性地制定整套的配套方案。

（二）相关建议

1. 推动金融体制机制创新，改革和发展中小银行

改革和发展中小银行，不仅可以有效集中社会资本、民间资本，充分发挥“草根金融”服务“草根经济”的重要作用，而且有利于解决信贷双方信息不对称的问题。

（1）发展区域性商业银行、村镇银行、社区银行等小型金融机构。从经济发达地区几家区域性商行来看，他们正以其特有的生机和活力活跃于区域经济领域，有的已经成为地区经济发展的金融支柱。河南省区域性银行机构少，金融工具单调，影响了金融中介作用和推动经济发展的作用。要解决河南省中小微企业信贷融资困难，促进中小微企业发展，必须发展河南省区域性商业银行、村镇银行、社区银行等小型金融机构。一方面可以打破国有银行垄断经营，提高银行运行效率，更好地促进河南地区经济发展；另一方面可以弥补国有商业

银行从县域撤销其网点的缺口，更贴近地为中小微企业提供融资服务。但必须注意发展区域性商业银行应主要采取股份制的形式进行组建。因为这样有利于银行迅速便捷地筹集资金，有利于规范产权主体的资格和行为，有利于银行产权主体分散化，产权风险社会化。而村镇银行、社区银行由于这些小型银行具有草根金融特征，故在构建河南省地区社区银行的过程中，可以引入民营资本或将非正规民营金融机构改成社区银行。这样一来不仅可以给民营资本一个合法的出路，同时也可以增加河南省中小金融机构的数量，这对改善目前河南省银行业结构失衡有很大作用，但正如前文分析，中小银行的市场定位问题，不能一味去追求规模扩张，社区银行、村镇银行也是这样，资产规模不能过大，最好把规模控制在20亿元以内。

（2）加强对河南省现有中小银行的改革与治理。近几年来，在央行资金扶持等方面政策的推动下，河南省不断深化对地方性中小银行的改革，取得了较好的成效，各方面得到了长足发展，但有些中小银行也存在诸如股东大会和董事会形同虚设，治理结构失衡、法人治理机构不健全，经营思想上存在重规模轻效益、重发展轻稳定等问题。这些问题不仅使得中小银行不具有现代商业银行的治理模式，而且使得它们的资产负债比例和资本充足率降低，潜在风险加大。

为了改善内控机制不健全、内部治理差的现状，本文认为主要应从以下几方面着手：①强化董事会的职能。通过引进一定数量的独立董事、明确董事职责以及建立董事评价制度等举措来增强董事会的权威性和独立性；建立董事会下设的风险管理委员会、提名委员会、薪酬委员会及审计委员会等一系列专业委员会，强化内部控制和风险控制。②制定明确的战略目标。中小银行应客观分析自身条件和面临的形式，力戒贪大求全和盲目竞争，努力提高自身品质，打造各种规模的“精品银行”。③健全激励机制，通过各种有效的激励手段强化对银行高级管理人员和各类专业人才的激励。④构建监督和约束机制，一方面要建立和健全内、外部的监督体系，并保证监督机构的公开性和公正性；另一方面要促进信息公开，以便接受广泛的社会监督。

与此同时，在对河南省中小银行进行改革和治理的过程中需要注意以下几个方面的问题：①公司治理机制的实质是一整套完备的制度安排，而不仅仅是建立一套机构，只有通过有效的制度安排使公司治理架构的各组成部分各司其职，发挥实质性作用才意味着公司治理机制的真正改善。②注意商业银行治理的特殊性，不能仅以股东利益最大化作为公司治理的目标，而应努力追求包括股东、经营者、员工、债权人、顾客及社区等所有利益相关者的利益最大化。③商业银行公司治理的目标不应仅仅是公司价值的最大化，还应将经营的安全和稳健放在重要位置。安全稳健经营应该是商业银行治理的重要目标之一，在防范风险的基础上追求公司价值的最大化是商业银行治理的理性选择。④中小银行需努力处理好与政府等外部治理环境之间的关系，将外部治理环境对经营的负面影响降至最低点。

当然，对河南省中小银行进行改革和治理不是一蹴而就的事情，需要多方协作、共同努力。

2. 选择有效的中小银行与中小微企业融资模式

银企之间信息不对称问题，一方面增加银行的经营成本，另一方面严重阻碍了中小微企业融资，如果在二者之间建立一种有效的融资模式，增加信息透明度，则可以有效地促进中小微企业融资。针对目前河南省中小微企业和中小银行发展现状，本文认为，在中小微企业和中小银行之间建立主办银行制，是同时解决河南省中小银行发展和中小企业融资难问题的有效途径。一方面，河南省中小企业目前外部融资渠道基本上只有银行贷款，而投资基金、创业板等直接融资都是“远水解不了近渴”，这种情况下，推行主办银行制度后，中小微企业和银行可以较快地建立起紧密的联系，在现有融资体系下，也可帮助中小微企业尽快解决外部融资问题。另一方面，主办银行制度是一个双赢的制度，在主银行制下，银行可以派员进入企业董事会，参与其经营决策，详细了解企业经营状况，不仅银行解决了信息不对称的问题，而且中小微企业因此而能够获得稳定的资金支持和全面的金融服务。

当然，任何制度都有其局限性，尽管主办银行制度对现阶段河南省中小银行和中小微企业的发展有很好的适应性和促进作用，但其自身所具有的弱点也不容忽视。银行历来有“安全第一主义”的性质，因此主办银行是否会为其自身安全而迫使需要进取的企业故步自封呢？同时，在发展新兴产业时，主办银行作为资金垄断者，是否会滥用其强的控制力，维护落后的产业势力呢？这些都是我们在推行主办银行制度的过程中需要思考的问题。我们应当通过税收、利率、准备金等政策来鼓励主办银行为中小企业发展新兴产品、科技提供充足资金。

3. 中小微企业和中小银行要注重自身建设

（1）中小微企业要练好“内功”。首先，中小微企业要改善自身管理不善的问题，必须对企业进行现代化的改造，改革管理体制，改变管理方式，转变管理理念，这样才能使中小微企业更具有成长潜力和发展前景。其次，中小微企业要提高自身的市场竞争力，企业要加大技术创新力度和产品创新力度，改善产品质量，减少企业的经营风险，增加融资的知识、信息以及提高企业成长的期望。最后，中小微企业还要改变自身的信用缺失问题，增强自身的信用观念，建立完整的信用体系。

（2）中小银行要创新服务理念。一是中小银行要主动选择企业建立主办关系。主办银行要通过座谈会、推介会等多种形式，与企业有效地加强政策、信息的沟通和交流，及时了解企业的金融服务需求，并在法规和政策允许的范围内予以优先满足，为企业带来长远效益，吸引调动企业建立“主办”关系的积极性。二是中小银行要创新对中小微企业的金融产品，以灵活多样、优质便捷的金融服务在激烈的市场竞争中赢得一席之地。三是应借鉴主办银行制度在企业治理当中所起的作用，中小银行要参与中小微企业的建设，积极为中小企业搞好清产核资、资产评估、产权界定等工作，主动帮助他们与有关部门制定具体的改制、重组方案，提出有针对性的债权处理意见，帮助中小微企业做大做强，促进中小微企业的发展。

4. 政府要营造良好的外部融资环境

（1）制定和完善财税政策，以刺激中小金融机构增加中小微企业融资。一是完善中小微企业发展基金，这是增加中小微企业股权实力的重要措施。二是明确中小微企业贷款呆账准备金计提及拨备政策。小微企业贷款风险高，应允许呆账准备金计提指标相应提高，核销呆坏账权限下放，并在所得税前提取呆账准备金。三是对小微企业贷款提供财政贴息。四是建立小微企业贷款风险补偿基金（或风险池），如政府可以分别给小微企业、银行和担保公司提供一定的资金补偿。

（2）在金融政策方面，监管部门应引导金融机构将中小微企业贷款规模单列，或至少确保一定占比。在差异化监管方面，银监会发布的《关于支持商业银行进一步改进小企业金融服务的通知》，涉及机构导向和差异化考核两大内容。此外，在动态差别准备金率机制、小微企业贷款多元化利率定价机制、小微企业不良贷款容忍度考核办法、中小微企业贷款政策评估机制以及尽职免责办法等还需要进一步研究而后细化，把对小微企业的支持力度作为考核银行的主要参数，不同类型银行实行不同评价标准。差异化监管应是一个系统工程，下一步要使差异化监管措施更加明晰、细化并落到实处。

（3）营造良好的金融生态环境。小微企业融资难最主要原因之一就是信息不对称，在这方面可由中国人民银行牵头，结合《征信管理条例》，来解决信用信息的依法披露、资源整合、平台与接口等问题以及培育企业对信用的现实需求等，将提升小微企业主体的能力，真正营造好的金融生态环境。总之，只有通过企业立信、政府征信、专业评信、机构增信，才能实现全社会重信，从而对小微企业融资起到积极的推动作用。

（4）完善相关法律法规。我国《商业银行法》第四十三条和 1996 年人民银行发布的《主办银行管理暂行办法》，在支持中小银行发展中小微企业融资方面都存在缺陷，限制了主办银行制度的有效实施，为了让中小企业和中小银行建立稳定的主办银行关系，必须逐渐修正这一法律，使中小银行对中小企业持股，这有利于中小银行介入中小企业的经营管理，加大中小银行的外部监督作用。同时也要完善适于债务收回的法律和有效程序，尤其是健全和完善包括抵押、清偿和破产等环节的法律制度，加大执法力度。

参考文献

[1] 林毅夫，李永军．中小金融机构发展与中小企业融资［J］．经济研究，2001（1）：10－18.

[2] 张捷．中小企业的关系型借贷与银行组织结构［J］．经济研究，2002（6）：32－37.

[3] 李志赟．银行结构与中小企业融资［J］．经济研究，2002（6）：38－45.

[4] 洪崎．构建小微金融服务金融体系［J］．中国金融家，2010（11）：16－19.

[5] 何键聪．小微企业融资问题实证分析［J］．辽宁经济，2011（9）：32－34.

[6] Berger，A. N.，Miller，N. H.，Petersen，M. A.，Rajan，R. G.，Stein，J. C.，“Does Function Follow Organiztional Form? Evidence from the Lending Practices of Large and Small Banks”，Board of Governors of Federal Reserve System Working Paper，2001.

国有大型商业银行开展中小企业关系型融资的可行性研究

中国银行河南省分行课题组①

摘要 中小企业融资难最为直接和根本的原因是其高失败率、信息不对称等带来的银行贷款的高风险、高成本等难题。很多小企业缺乏正规财务分析所必需的财务报表，或是财务报表不完全，而这些数据是银行借以发放贷款和信用评级的重要依据。关系型融资作为一种建立在资金的提供者和资金的使用者之间“长期的关系”基础上的融资制度解决了企业融资的最大问题——信息不对称问题。本文将重点讨论关系型融资在信息不对称情况下是如何解决信息的生产以及信贷风险和信贷成本的跨期平滑两个问题，从理论上解释关系型融资能够很好地解决中小企业融资难问题。在此基础上，本文从资金提供者的角度，分析了当前中国金融机构布局下，国有大型商业银行开展关系型融资的可行性，并利用实证检验法证明了“关系”在国有大型商业银行之前的信贷决策中确有考虑，并能够为关系企业创造价值。国有大型商业银行完全可以在此基础上继续开展中小企业关系型融资业务。

关键词 关系型融资 国有大型商业银行 信息不对称

一、关系型融资的基本含义和特征

（一）基本含义

关系型融资又称关系型贷款、关系型借贷，是20世纪90年代以来颇受理论界关注的一种全新融资方式。所谓关系型融资是指建立在意会信息的基础上，投融资双方为了长期的利益形成的一种稳定、紧密的融资关系，其对立面为保持距离型融资。保持距离型融资是建立在数码式信息的基础上，投融资双方追求短期利益而形成的一种不稳定、松散的融资关系。本文所述的关系型融

---

① 课题主持人：仇万强。
课题组成员：周恩红、王萍、孟亮、郭爽、丁艳涛。

资主要指关系型贷款，但并不排斥关系型股权融资在中小企业融资中的重要作用。

（二）特征

关系型融资与保持距离型融资相比具有以下特点：

1. 关系型融资依赖的信息具有强烈的人格化特征

与财务报表型贷款、资产抵押型贷款、信用评分贷款这些依赖财务比率、抵押比率或信用得分等易公开获得且相对客观的“硬信息”相比，关系型融资在进行贷款决策时所依据的主要是难以量化和传递的“软信息”，这类“软信息”具有强烈的人格化特征，可以视为银行生产的关于特定企业及其业主的专有知识。

2. 关系型融资特别注重维持长久的银企关系

与保持距离型融资方式不同，关系型贷款依据的“软信息”是通过银行与企业之间在财务、业务咨询和信贷的长期交流过程中逐渐捕捉和积累起来的，银企关系的长久与否直接决定了实行关系型融资成功的几率。

3. 关系型融资倾向于解决中小企业融资问题

我们知道信息不对称是导致中小企业融资问题的基本原因，而由于中小企业自身条件限制，银行处理中小企业贷款规模不经济的原因，使得中小企业无法提供银行也无从获得财务数据等“硬信息”。而关系型贷款恰恰弥补了这一点，它产生的“软信息”可以在很大程度上代替财务数据等“硬信息”，填补中小企业由于信息障碍而产生的信贷缺口。

4. 关系型融资具有一定的地域性特点

银企之间维持长期、密切的业务关系不仅需要大量时间而且还要求地域分布上的紧密性，因为其“软信息”的获得很大程度上要从企业所在地区获得。

5. 关系型融资是与一定的银行内部信息传递机制联系在一起的

关系型融资时所需的信息许多是软信息（soft information），这种信息的收集、证实、传播都比较困难，是一种人格化信息，如果银行层级结构过深，那么软信息传播的效率往往较低而且很容易失真。因此，为避免以上问题，应简化银行的层级审批结构，为关系型融资创造条件。

二、信息不对称情况下关系型融资的功能

关系融资有利于信息的生产，克服信息不对称情况下造成的逆向选择问题；关系型融资构造了融资双方的长期关系，有利于融资成本和风险的跨期平滑，从而降低了金融市场上的信息成本和交易成本，为融资双方创造了价值。

（一）关系融资的信息生产

关系贷款的依据是根据特定企业及其业主的私人信息作出的。这些信息是不可编码的信息，来自银行与企业的长期关系，尤其是来自银行与企业的现场接触。这些信息可以来自银行对企业提供的金融服务，例如存贷款、现金结算和金融咨询等；也可以来自于企业所处社区的社区成员、企业的供货商或顾客等。特别重要的是，关系型贷款所使用的信息是交易型贷款所不能使用的，因此，关系贷款可以较好地解决不可编码的信息的传递问题，能利用更多的信息解决信息不对称造成的逆向选择问题。

距离型融资和关系融资的信息披露水平和成本是不一样的。为了使众多的资金提供者信任资金需求者，距离型融资一般要求资金需求方提供详细的信息，甚至要接受审计机构的审查。与此相反，关系融资的当事人比较少，关系较简单，融资双方已经建立了亲密关系，不需要为了证实什么而提供大量信息。而且，信息向第三方的扩散程度与融资当事人的人数是正相关的，关系融资的当事人比较少，保密工作比较好做，不会向金融市场披露借款人的商业秘密。但距离型融资就不一样了，距离型融资有信息披露的法定要求，有些借款人的商业秘密会有意无意地泄露出去，这些信息就会不可避免地传递到借款人的竞争对手那里，从而导致借款人在市场竞争中处于不利地位。

关系型融资制度有利于解决信息生产的激励问题和不同类型信息的传递问题，有利于相关的融资信息的生产和交流，从而有利于克服不对称信息造成的逆向选择问题。本文通过建立一个简单的企业融资的两期模型来说明关系融资对解决信息不对称问题的作用。在第 0 期，企业家拥有一个现金流为正的投资机会，为了实施该项目，企业家向银行借入资金 D。项目持续两期，所有的现金流发生在第 2 期末，用扩展式表示该博弈如图 1 所示。

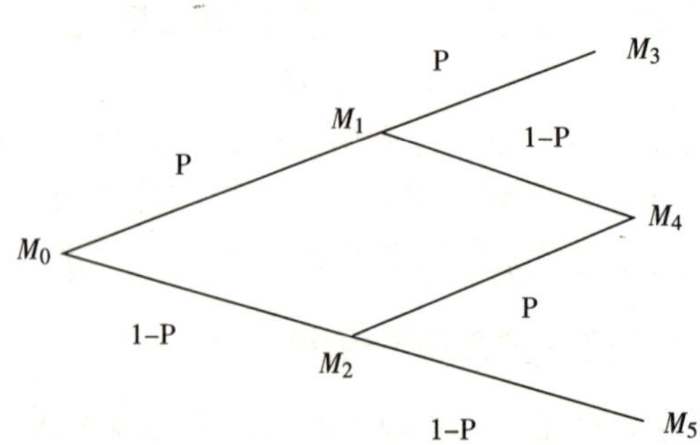

图 1　信息不对称的融资模型

在每一时期，上升概率为 p，下降概率为（1 - p）。到达收益的概率为 M_3，收益的概率为 p^2，收益 M_4 的概率为 2p（1 - p），收益 M_5 的概率为 $(1-p)^2$，设 $M_3 > D, M_4 > D, M_5 < D$。假设存在好、差两种项目，唯一的区别是上升概率，好项目的概率为 $p = p_G$，差项目的概率为 $p = p_B < p_G$。假设银行要求的两期利息率为 R_2，则有 $D = DR_2[p^2 + 2p(1-p)] + (1-p)^2M_5$，即 $DR_2 = \frac{D - M_5(1-p)^2}{2p - p^2}$，$p = p_G$，或 $p = p_B < p_G$。由于信息不对称，银行不能区分项目的质量，存在一个混同均衡：

$$D = \theta[DR_2(p_G{}^2 + 2p_G(1-p_G)) + M_5(1-p_G)^2] + (1-\theta)[DR_2(p_B{}^2 + 2p_B(1-p_B)) + M_5(1-p_B)^2]$$

可写做 $DR_2 = \frac{D - M_5(1-p)^2}{2E(p) - E(p^2)}$，式中，E 表示期望，$E(p) = \theta p_G + (1-\theta)p_B$。

企业家的净收益为 $V = p^2(M_3 - DR_2) + 2p(1-p)(M_4 - DR_2) + (1-p)^2(0)$，将 $DR_2 = \frac{D - M_5(1-p)^2}{2E(p) - E(p^2)}$ 代入，可以将企业家的净收益表示为

$$V = [p^2M_3 + 2p(1-p)M_4 + (1-p)^2M_5 - D] + \left[(D - M_5)\frac{2(E(p) - p + (p^2 - E(p^2)))}{2E(p) - E(p^2)}\right]$$

该式中，前一个括号内表示的是该项目的内在价值，后一个括号内表示的是因为信息不对称导致的价值高估或低估部分。后一个括号内的价值决定于信息不对称的程度，关系融资有利于解决信息生产的激励问题，有利于解决不可编码的信息的传递问题，能利用更多的信息来解决信息不对称造成的问题，使 E（p）= p，后一个括号内的价值高估或低估部分就等于零，这就是关系融资的信息生产的作用。

（二）关系融资基于长期关系的跨期平滑

跨期平滑是金融中介相对于金融市场的一个比较优势。市场和中介处理风险的方式是不同的，市场的风险分担方式是横向风险分担，即通过在某一个给定时点上个人之间交换风险来实现的。与此不同，中介对风险的处理是进行代际风险分担，能够将在某一时点不能被分散的风险进行跨时平均化。

企业在初创期还贷能力往往不强，如果银行能够在初创期提供优惠贷款，就可促进企业成长，而银行也能够获得企业成熟后的高额回报，补偿前期贷款的优惠，实现跨期优化。但这只能在银行能确保企业能够成熟并在成熟后依约

还款时才可能。保持距离型融资是一次性的，也不能有效监督企业，因而贷款条件的跨期优化只能在关系型融资中实现。因为在关系型融资中，关系银行与企业之间建立了长期密切关系，掌握了大量企业专有信息，甚至可以实现对企业的控制，从而可以及时了解和监督企业行为，确保能够得到企业成熟后的高额回报。

关系融资的一个重要特征是银行可以进行跨期的贷款利率平滑（loan rate smoothing），通过贷款利率平滑，两个融资当事人——银行和企业都可以从中受益。跨期平滑的基本思路是，银行首先对中小企业提供补贴，贷款的低利率可以减少银行遇到的道德风险和信息摩擦问题，建立银行与企业的长期关系。在随后的时期里，银行再通过信息租金等形式，从中小企业那里取得回报，补偿早期低利率造成的亏损。

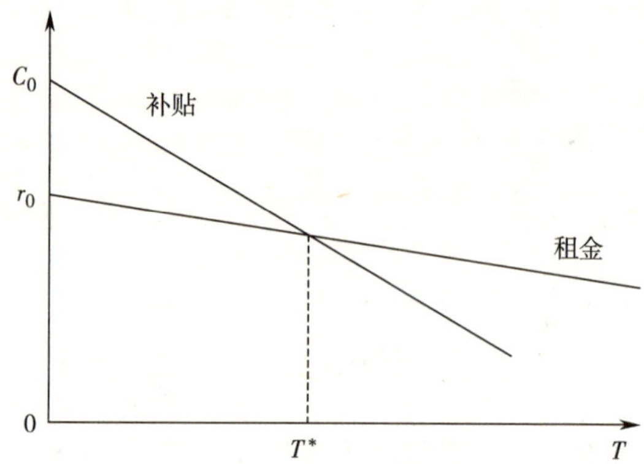

图 2　基于长期关系的跨期利率平滑

如图 2 所示，横轴表示企业的信息成本和银行索取的利率，纵轴表示企业的年龄。在起点，企业的信息成本是 C_0 ，因为存在信息不对称的问题，过高的利率会诱发企业道德风险，银行能够索取的利率是 r_0 ，$C_0 > r_0$ 。对于银行来说，企业的信息成本过高，超过了利息成本，如果对企业贷款，银行必然是亏损的，这时就是发生信贷配给，高信息成本企业得不到贷款。

在引入关系融资后，银行着眼于银企的长期关系，尽管（ $r_0 - C_0$ ） < 0，仍然向企业发放贷款，实际上银行向企业提供了补贴。银行和企业建立了长期关系后，由于关系融资的信息生产机制，企业的信息成本下降，在 T^* 的右边，银行可以获得信息租金：$\int_{T^*}^{+\infty}(r(T) - C(T))\mathrm{d}T$ 。

因此，由于关系融资建立了银企的长期关系，基于这种长期关系的利率平滑，改善了企业的融资状况，原来不能得到贷款的企业现在也可以获得贷款了，融资的成本也下降了。对于银行来说，业务的规模扩大了，也可以改善经营效益，在图 2 中，银行获得了融资利润：

$$\left\{\int_{T^*}^{+\infty}[r(T)-C(T)]dT-\int_{0}^{T^*}[r(T)-C(T)]dT\right\}$$

三、开展关系型融资的“金融机构论”

（一）“小银行优势论”在中国的辩证认识

针对如何解决中小企业融资困境的问题，理论界提出了很多建议，一种观点是林毅夫强调的“小银行优势”理论，认为对于小微企业融资难问题是信息不对称问题，从微观层面，需要小银行通过对软信息的收集来解决小微企业融资问题。该观点认为，国有大银行天然地不愿意向中小企业贷款，一般只愿意与大企业打交道。小银行在给中小企业融资方面具有信息优势等，因此应该大力发展中小银行解决中小企业融资困境。另一种观点认为：非对称信息的存在使国有银行难以搜集中小企业的“软信息”，决策效率低下，因此国有银行不适宜对中小企业融资。以上两种观点都认为如果要解决中小企业融资困难，就应该大力发展中小金融机构，因为小金融机构在为中小企业提供融资方面有优势。我们把以上几种观点统称为“小银行优势论”。

但结合中国的国情，笔者认为“小银行优势论”带有一定程度的主观性和片面性。比如说文中提到的“小银行优势论”的第一个观点，“国有大银行天然地不愿意向中小企业贷款，一般只愿意与大企业打交道；小银行在给中小企业融资方面具有信息优势等，因此应该大力发展中小银行解决中小企业融资困境。”我们知道，任何银行从其成立那天起就存在一种做大做强的强烈愿望和内在驱动力，这也是事物发展的一般规律。银行业的竞争实践也同样证明，每家银行都希望自己的存贷款余额在同业占比中能够逐步上升，从我国金融机构发展的实践，我们也可以看到农村信用社、城市商业银行等小金融机构逐步做大做强的趋势。而一旦中小银行成为大银行，加入大银行的行列，按照大银行不愿意给中小企业贷款的逻辑，那么要想解决中小企业融资问题就必须不断地成立中小银行，增加中小银行的数量。这在理论上是站不住脚的，在实践中也是行不通的。因此，发展中小银行并不是解决中小企业融资的唯一出路，国有大型商业银行通过技术和制度创新依然可以满足中小企业的融资需求。

再比如说“小银行优势论”的第二个观点，“非对称信息的存在使得国有银行难以搜集中小企业的软信息，决策效率低下，因此国有银行不适宜对中小企业融资”。笔者认为也有失偏颇，就信贷市场来说，目前，国有商业银行的各级支行实际上相当于一个个地方性商业银行，对各中小企业情况的了解并不比对大型企业的情况了解差，而且根据国际上大多的微小企业贷款技术来看，信贷决策依赖的还是根据信贷员自己编制的企业的资产、负债和相关则务比率及企业信用等级等“硬”信息进行，而某些诸如管理者能力、品质等“软”信息可能并不影响贷款的安全；如表1所示，由于国有银行分布广泛的营业网点、众多的客户群体以及客户经理制的切实推行，对中小企业“软”信息的搜集往往比中小银行具有更大的优势。

（二）我国国有大型商业银行开展关系型融资业务的优势

国有商业银行作为我国规模最大的商业银行，其开展关系型融资业务也具有自己的优势。

1. 监管部门政策的支持①

为了更好地支持中小企业，近年来银监会在小企业贷款业务监管方面实现了六个制度创新：不断加强和改善银行业开展小企业贷款业务的政策指导，建立独立的小企业贷款不良资产问责和免责制度，改进和推动小企业信用信息共享，重新研究制定了更加切合实际的小企业授信划分标准和市场布局上对小企业贷款业务领先的银行实行正向激励。

与此同时，各地政府管理部门也制定了推动中小企业健康发展的政策文件，如2012年河南省人民政府印发了《关于进一步促进小型微型企业健康发展的若干意见》等文件，基本建立了小微企业金融服务工作的判别化监管法规、制度和政策，引导和督促银行业金融机构结合自身的发展战略和市场定位，在创新小微企业信贷产品、控制小企业授信业务风险等方面取得新的进步。

2. 庞大的分支机构

国有商业银行庞大的分支机构是其开展关系贷款业务不可替代的优势，如上文提到的，截至2010年，四大国有商业银行共有各级别分支机构115 701家，那么，四大国有商业银行的分支机构能否对中小企业提供金融服务呢？我们说，从金融机构设置模式看，我国的金融体系实行总、分行制，国有商业银行的分支机构层层布点，形成了纵横交错的网络体系。如表1所示，工商银行、农业银行、中国银行、建设银行4家国有商业银行县级支行共8 225个，城市办事处6 785个。这些大金融机构的分支行规模小、地域性强、对客户的情况熟悉，完全有能力为中小企业提供“一条龙”服务。

① 刘春明．小企业融资走进“春天”［J］．中国金融家，2008（5）．

表 1　　2010 年国有商业银行机构情况①

机构分类	合计	中国工商银行	中国建设银行	中国银行	中国农业银行
年末机构总数	115 701	36 908	27 886	14 368	36 539
总行	4	1	1	1	1
省级分行	124	30	31	32	31
副省分级	16	5	5	—	6
城市分行	1 257	376	301	280	300
县（市）支行	8 225	1 648	1 570	1 670	3 337
城郊办事处	6 785	1 963	2 627	1 118	1 077
营业部	1 016	348	472	—	196
分理处、营业所	47 748	9 058	6 294	4 306	28 090
储蓄所	65 311	23 197	14 312	7 061	20 741
其他	5 315	282	2 273	—	2 760

3. 强大的风险承受能力

金融业是个高风险行业，它是靠负债经营的特殊企业，高负债经营和高资本杠杆比率的行业特征决定了金融业特有内在的不稳定和风险性。而这种不稳定和风险性主要来自借贷双方的信誉和金融市场资产价格的波动性及其波动的联动效应。信息不对称产生的道德风险和逆向选择是金融脆弱性的根源。由于中小企业贷款难的根源是银企之间的信息不对称造成的，所以银行开展中小企业贷款业务对其抗击风险的能力要求更高。而国有大型商业银行依靠其庞大的规模优势和政府支持背后的信用优势，其抗击挤兑风潮或者次贷风潮的能力要比小银行强得多。

4. 产品的创新

针对中小企业的特点，中国国有商业银行也相继推出了自己的中小企业融资产品，如中行为服务以赊销为付款方式的交易开发的信贷产品“融易达”、工行整合了旗下的融资品牌，创立了全国性中小企业融资服务品牌——“财智融通”、建行成立了一级部建制的小企业金融服务部，打造了“速贷通”和“成长之路”两个小企业业务主打品牌。

四、“关系”在国有大型商业银行贷款中的计量

根据本文以上的理论分析，关系融资有利于促进融资过程中信息的生产以

① 资料来源：根据《中国金融年鉴》2011 年卷整理。

及融资成本的平滑，减少融资过程中的逆向选择和道德风险问题。本节则使用我国 CSMAR 数据库内中小企业的融资数据进行了计量检验，证明了关系在国有大型商业银行之前的信贷决策中确有考虑，并能够为关系企业创造价值。国有大型商业银行完全可以在此基础上继续开展中小企业关系型融资业务。

（一）样本数据

本文的数据来源于 CSMAR 数据库内中小企业银行贷款数据。研究选取的样本是自 2000 年底到 2010 年底上市公司银行贷款数据，数据包括：发生时间、当期贷款基准利率、贷款利率、贷款类型、贷款银行、贷款期限、与企业存在贷款关系的银行数、是否关联、是否具有抵押质押物、贷款用途等，以及这些上市公司的财务数据和资产规模。另外，本文也通过数据处理整理出了一些样本数据，如与企业存在贷款关系的银行数，这个样本用来表示竞争的激烈程度，如果与企业存在存贷关系的银行数越多说明对这家企业的竞争越厉害；是否第一次在该行贷款，这一数据是对“首次贷款”的近似表示，即如果不是第一次在该银行贷款，则说明银企间存在续贷关系。另外，企业的财务数据选自贷款发生之前最近一期的季度或年度报表。企业资产规模的单位为亿元。

所收集的数据中贷款银行仅采用数据中贷款银行为国有商业银行、股份制银行两部分的。对数据进行整理，剔除指标不完全数据、个别不正常数据后，总的样本容量为 339。

（二）变量的选取

本研究选取的被解释变量：

一方面，在不同的经济发展时期，贷款利率的差异较大，尤其本文的样本数据是从 2000 年底至 2008 年底，时间跨度很大，各阶段的经济背景差别也很大；另一方面，样本数据包含有不同贷款期限，一般期限越长，贷款利率越高。因此，直接引入贷款利率这一绝对指标无法准确衡量贷款利率的实际水平。我们将银行贷款利率超过同期贷款基准利率的比例定义为被解释变量，反映的是企业贷款成本的高低。商业银行的贷款利率是在央行规定的贷款基准利率基础上制定的，有一个浮动上限和一个浮动下限。对于样本数据中发生的贷款项，我们统计发现 91.42% 的贷款发生在超过贷款基准利率 ±20% 的区间内。

本研究选取的解释变量：

1. Z 值

一般来说，国内商业银行在对企业贷款进行审批时，首先也是最重要的是考察企业的财务状况，只有在企业财务状况良好，确保贷款能够收回时商业银行才会给企业贷款。对财务状况的考察分析主要包括三个方面的内容：

一是企业的盈利能力。其代表了企业运用资金的效率，是企业收益状况的体现，商业银行通常会根据一些财务指标来判断企业的盈利能力。企业的盈利能力越强，相对来说还款就越有保障，银行的贷款意愿就越强。

二是企业的流动性状况。流动性是指非流动资产迅速变现的能力，流动性是商业银行管理的三个基本特性之一。企业流动性的好坏直接影响到贷款能否按时收回，从而也就影响到银行资产的流动性，在贷款审批时是必不可少的一个因素。

三是资本与负债的状况。一般而言，资本负债率过高的企业，其面临破产清算的风险较高，贷款给这种企业的风险也较高。

当然，在上述三个方面状况都较好的企业毕竟是少数。因此，银行在贷款审批的过程中通常是综合考虑，对于不同的方面，银行会根据相应的财务指标进行比较分析，最后综合在一起决定是否放款。因此，本文借鉴了财务预警中常见的Z值模型来评判企业综合的财务状况。

（1）Z值模型。Z模型的判别公式及各变量的说明如下：

$$Z = 0.012X_1 + 0.014X_2 + 0.033X_3 + 0.006X_4 + 0.999X_5$$

其中：X_1 = 营运资本/总资产

X_2 = 留存收益/总资产

X_3 = 息税前利润 EBIT/总资产

X_4 = 权益市价/负债面值

X_5 = 销售收入/总资产

X_1 是流动性中的营运资本比总资产比率。

X_2 是偿债能力中的留存收益比总资产比率。

X_3 是盈利能力中的息税前利润比总资产比率。

X_4 是偿债能力中的股东权益市价比总负债比率。

X_5 是经营效率中的销售收入与总资产的比率。

（2）Z-score模型的判别区域。根据Altman的大量实证研究，得出了关于Z模型的经验判别区域：即当Z值小于1.81时，公司会在不久的几年内走向破产；而如果Z值大于2.99，则表明公司运作非常正常，不会出现财务困境；如果公司的Z值介于1.81到2.99之间，则是所谓的“灰色地带”（gray area），在这一区段内，公司的未来很难通过Z值进行推测，很可能发生破产，也很可能正常地运作下去。一般认为，如果Z值落在灰色地带，而且伴有下降趋势或明显波动的，应该加以注意；而伴随着上升态势的，则表明公司状况良好。因此，Z值越大，银行应越偏向于以较低的利率提供贷款。

所收集样本中的339个数据，通过其财务报表计算出Z值后，发现100%的数据的Z值大于2.99，说明从财务报表反映的信息来看，样本中的上市公司在可预见范围内遇到财务困境的概率较小。

2. 是否有担保

是否存在第三方担保将影响到贷款的风险从而影响贷款的成本。本文的模型中引入了“是否有担保”这一虚拟变量，若贷款申请有第三方担保，其值为1，反之为0。

3. 企业资产规模

一般来说，企业规模越大，企业能够提供的抵押（质）押物越多，这将很好地降低贷款风险，从而影响贷款成本。因为上市公司都为大企业，但为了便于分析，我们以企业规模的中位数为标准，将企业分为较大企业和较小企业。

此外，由于研究的最终目的是验证是否存在关系型借贷行为，在模型设立时我们还应加入关系型变量。第二章我们讲国有商业银行开展关系型融资的理论基础时特意谈到关系融资中的“关系”强度的衡量，基于前章的理论基础，我们将本文的“关系特征”变量设定为解释变量，并将其分为与企业存在贷款关系的银行数、是否第一次在该银行贷款。

4. 与企业存在贷款关系的银行数

一般来说与企业存在贷款关系的银行数越多，竞争越厉害，而关系型融资理论认为，银行关系是一种排外性的，在竞争的贷款市场中，关系很难形成。这一指标是关系型贷款的关键指标，在本文中用来反映银企关系对贷款利率的影响。

5. 是否第一次在该银行贷款

一般来说，关系存在时间越长，利率越低。另外，如果存在续贷行为，关系持续时间也越长，关系强度越大。本文引入了“是否第一次在该银行贷款”这一虚拟变量，若为银企间的首次贷款，其值为1，反之为0。

（三）变量的统计特性

表2　　变量的统计特性

变量	平均数（Mean）	中位数（Median）	标准差（Std. Dev）
贷款利率超过同期基准利率的比例	0.96	-3.01	12.11
Z值	31.14	24.62	20.90
企业资产规模	44.70	41.78	19.91
是否有担保	0.52	1.00	0.50
企业有几个银行的贷款	4.05	3.00	2.36
是否第一次在该行贷款	0.35	0.00	0.48

从表2我们可以看到，样本数据中贷款利率超过同期基准利率的平均比例为0.964866%，这个浮动水平是比较低的，反映出在中央银行对商业银行贷款利率取消管制后，商业银行对贷款利率的自主定价仍然比较保守，大部分贷款超过或低于贷款基准利率的比例不大，没有充分体现出商业银行制定贷款利率的自主性。

对于Z值，我们可以看到样本中企业的平均Z值为31.14111，根据Z-score模型判别区域，表明这些企业运作非常正常，不会出现财务困境。

对于企业资产规模，样本数据的平均值为44.70336亿元，这个值是比较高的，反映出样本企业规模的平均水平较高。

对于与企业存在贷款关系的银行个数，样本数据平均值为4.053097个。一般认为，与企业进行交易的银行个数越少，则企业与银行关系越强。在各个国家中，企业大都维持多家银行关系，而很少维持单家银行关系。

对于是否第一次在该行贷款，样本数据平均值为0.35，这个值比较小，说明相当大部分的上市公司在与银行交往中存在续贷行为，与只发生一次的交易型融资相比，关系特征明显。

（四）回归结果及分析

两组数据分别通过以下模型进行回归分析，消除自相关影响后的回归结果如表3、表4所示。

$$Y = \alpha_0 + \alpha_1 FIN + \alpha_2 SC + \alpha_3 GUA + \alpha_4 NUM + \alpha_5 FIR + \varepsilon$$

其中：Y为贷款利率超过同期基准贷款利率的比例；

FIN为财务指标（Z值）；

SC为企业资产规模；

GUA为贷款是否有担保；

NUM为与企业存在贷款关系的银行数；

FIR为是否第一次在该行贷款；

ε为随机扰动项。

表3　国有商业银行消除自相关后的回归结果（10%的显著水平）

Variable	Coefficient	Std. Error	t - Statistic	Prob.
C	4.351698	1.541829	2.822426	0.0053
Z - 0.508614 * Z (-1)	-0.057719	0.038627	-1.494265	0.1367
SC - 0.508614 * SC (-1)	-0.023258	0.041757	-0.556985	0.5782
GUA - 0.508614 * GUA (-1)	7.319871	1.526310	4.795794	0.0000
NUM - 0.508614 * NUM (-1)	-1.868872	0.471919	-3.960151	0.0001

续表

Variable	Coefficient	Std. Error	t – Statistic	Prob.
FIR – 0.508614 * FIR（ –1）	–1.505237	1.264317	–1.190553	0.2353
R – squared	0.172169	Mean dependent var		1.078332
Adjusted R – squared	0.151158	S. D. dependent var		9.371130
S. E. of regression	8.633866	Akaike info criterion		7.178373
Sum squared resid	14 685.10	Schwarz criterion		7.276300
Log likelihood	–722.6048	F – statistic		8.194266
Durbin – Watson stat	2.145020	Prob（F – statistic）		0.000000

注：本表由软件生成，不宜修改。

表4　　　股份制银行消除自相关后的回归结果（10%的显著水平）

Included observations：134 after adjustments

Variable	Coefficient	Std. Error	t – Statistic	Prob.
C	0.773392	2.410132	0.320892	0.7488
Z – 0.461778 * Z（ –1）	–0.097671	0.053138	–1.838071	0.0684
SC – 0.461787 * SC（ –1）	0.142300	0.047471	2.997640	0.0033
GUA – 0.461787 * GUA（ –1）	1.833483	2.193460	0.835886	0.4048
NUM – 0.461787 * NUM（ –1）	–1.155124	0.589144	–1.960684	0.0521
FIR – 0.461787 * FIR（ –1）	–2.382797	2.001544	–1.190479	0.2361
R – squared	0.114131	Mean dependent var		–0.406047
Adjusted R – squared	0.079527	S. D. dependent var		11.29340
S. E. of regression	10.83503	Akaike info criterion		7.647189
Sum squared resid	15 026.94	Schwarz criterion		7.776943
Log likelihood	–506.3617	F – statistic		3.298182
Durbin – Watson stat	2.033905	Prob（F – statistic）		0.007784

注：本表由软件生成，不宜修改。

综上结果反映出：一方面，我国国有商业银行在贷款利率决定上存在明显的“关系特征”，即银行十分注意与企业之间的关系，一旦出现竞争的影响，银行为了留住老客户，会及时调整利率水平；另一方面，国有商业银行对申请贷款企业的资产状况、财务状况关注偏少，不能充分利用现有的财务数据。

对股份制银行而言，贷款担保和续贷关系对贷款利率的影响不显著，而Z值、企业资产规模、企业拥有的贷款银行数有显著影响。在“企业拥有的贷款银行数”这一指标上，股份制银行表现出和国有商业银行一样的“关系特征”，即申请贷款的企业存在贷款关系的银行越多，银行越有可能提出更低的贷款利率。但是，与国有商业银行相比，股份制银行更注重企业财务值，Z 值越高，企业的财务状况越优，股份制银行提供的贷款利率也越低。

所以我们可以得出结论，在中国，“关系”对企业贷款的影响确实存在，商业银行在进行贷款决策时考虑到了关系的因素，同时在开展关系型融资业务时，银行规模对关系影响不大。因为如果再细一些区分，国有商业银行中“关系型特征变量”与贷款利率的影响反而比规模较小的股份制商业银行要高，说明国有商业银行贷款业务的关系特征反而比规模相对较小的股份制商业银行明显，国有商业银行在进行贷款决策时更加注重关系的影响。我们分析其原因可能是因为国有商业银行存在的时间更长，与客户关系更加紧密；国有商业银行的客户往往是优质的大客户，这些大客户是所有商业银行垂涎的对象，所以国有商业银行在维持银企关系方面花的成本要更多些。

五、国有大型商业银行开展关系型融资的现状及对策建议

（一）我国国有大型商业银行开展关系型融资业务现状

2009 年第一季度，在银监会召开的“全面提升中小企业金融服务水平（电视电话）会议”上，银监会副主席王兆星提出，国有大型银行应力争在第一季度末，最迟不超过第二季度，建立专门针对小企业的专营性机构。银监会有关商业银行建立中小企业融资专营机构的要求，将为中小企业搭建起专门的融资平台，将进一步增加银行对中小企业的服务功能。

在这种政策指引和竞争环境中，四大国有商业银行也努力改变着自己以往忽视小企业业务的倾向。农行已把原来属于“三农”板块中的小企业业务独立出来，重组设立小企业金融部，负责管理全行小企业金融业务，做好全行小企业金融业务发展的战略规划。在今年的信贷计划中，农行将安排 1 000 亿元的信贷规模用于支持中小企业发展。

工行目前已在北京、上海、浙江、江苏等地设立了 14 家小企业专业化经营机构。工行表示，将选择小企业客户资源丰富的区域，成立小企业金融业务“专业支行”。挑选符合条件的分行，在其辖内组建“特色支行”或“小企业金融服务中心”，在特色支行内设立专门的小企业金融服务部门，专职扩展小企业金融业务。

中行有关负责人也表示，继在上海和福建泉州开展以“信贷工厂”为核心的新中小企业服务模式试点后，中行到 2011 年第四季度末将把新模式推广到包括北京、辽宁等地在内的 16 家一级分行，并预计在 2012 年初在内地及中西部地

区设立30～40家的新模式信贷工厂。

建行总行甚至成立了一级部建制的小企业金融服务部，目前已建立83家小企业“信贷工厂”，并计划到2012年底扩大到150家。

与机构设置专营化相对应的是中小企业业务量的增加。以中行河南省分行为例，2006年中小企业贷款金额仅为40亿元，截至2012年第二季度，共向中小企业发放贷款236亿元，较年初增加55.51%。中小企业的客户数达2 131户，增加58.81%。

表5　　2012年上半年河南省银行业机构小微企业贷款统计表

单位：亿元、%

行名	小型企业贷款		微型企业贷款		小微企业贷款合计		
	余额	比年初	余额	比年初	余额	比年初	较年初增幅
国有商业银行合计	716.07	174.65	21.52	2.05	737.59	176.70	31.50
工商银行	217.41	44.09	5.32	0.05	222.73	44.14	24.71
农业银行	47.63	10.04	0.52	-0.14	48.15	9.90	25.88
中国银行	224.78	82.94	11.27	1.32	236.05	84.26	55.51
建设银行	126.74	20.60	1.25	0.67	127.99	21.27	19.94
交通银行	99.51	16.97	3.16	0.16	102.67	17.13	20.02

（二）国有大型商业银行开展中小企业关系型融资困境

1. 软信息收集成本巨大

首先，信贷人员无法取得准确的财务报表以及信用记录等定量信息，需要通过高频率的与客户接触来取得定性信息，通过定性信息来判断客户的第一还款来源。这需要信贷人员在审批前期进行大量的实地调查走访，如果客户上下游集中度高，还需要走访客户上下游企业；同时在审批时也需要风险控制部门人员进行现场核查；贷款发放后，信贷人员还需要通过高频率的回访来进行客户维护，以保证在整个贷款存续期内客户的经营状况，现金流状良好，具有良好的第一还款来源。其次，小微企业客户经营稳定性不足，受宏观、行业影响严重，不能依赖贷前审批完全确定小微企业客户运营状况。

2. 关系型融资模式高度依赖信贷人员，易产生代理风险及道德风险

关系型融资模式下，主要依赖于信贷人员对客户软信息的收集，所以信贷人员至关重要。但信贷人员可能产生两方面的问题：其一，信贷人员本身专业素养不足，无法有效与客户沟通以取得真实客户信息或对软信息判断力不足，无法从软信息中分析出客户真实的还款能力等，这些可以通过各种培训和实践来提高其经验值，改善其专业素养。其二，过于依赖信贷人员，可能造成代理

风险。信贷人员可能为加大业务量，提高业绩而抱着侥幸心理有意忽视客户风险；更或者在与客户关系熟悉度达到一定程度时，和客户结成联盟，合伙欺骗银行骗取贷款。

3. 国有商业银行贷款管理制度缺陷，造成“规模性歧视”

国有商业银行在贷款管理制度方面存在的不合理性，变相增加了中小企业贷款的负担和难度。近年来，银行为了加强内部监管，防范金融危险，大幅度减少信用贷款数量，绝大部分贷款都需要抵押或担保。中小企业自有资金少，可用以抵押的资金更少，承担风险能力弱，很少有人愿意为其提供担保，又缺少抵押担保机构，银行与中小企业的信贷关系难以确立。对于国有商业银行来说，给中小企业贷款却是存在形不成“规模经济”的问题。因为与大企业相比，中小企业要求的每笔贷款数额不大，但每笔贷款的发放程序和经办环节，如调查、评估和监督等都大致相同，导致银行的贷款单位经营成本与监督费用上升。据调查测算，银行对中小企业贷款的管理成本平均约为大中型企业的五倍。大银行从节约经营成本和监督费用的“经济性”出发，不愿与中小企业打交道。

（三）对策及建议

1. 业务层次对策建议

（1）实施客户经理本土化，注重关系型融资中软信息的收集。中小企业融资难主要原因是财务信息不透明，银企之间信息不对称。本文主张，银行对于中小企业贷款不能死盯着抵押物与担保物，要深入到企业内部去亲身考察企业的现金流和经营状况，除了学习“台州模式”中观察企业的“三表”（水表、电表、海关表）以补充对企业“硬信息”的考察，还要注重考察企业主的个人品德、员工及顾客的满意度以及企业与上下游供应商经销商、顾客、竞争者等利益相关者的互动关系，如此这般考察后，哪些中小企业产品销路通畅，具备还款能力；哪些企业暂时经营困难，但未来成长性很好，银行自然了如指掌。至于对客户经理的选拔与管理，本文认为应尽量做到客户经理的本土化，聘请当地有威望、讲信誉的居民作为业务联络员，依靠其在人缘、地缘上的亲和力以及与企业千丝万缕的联系，对不同客户的金融服务需求开展金融服务，从而形成多点面的渗透式立体化营销。在对信贷员的考核上，淡化对信贷员的单笔贷款额考核，而是重点考核贷款笔数，避免信贷员“抓大放小”，偏离部门的经营主线。同时，银行也不让信贷员单独面对恶意欠款的客户，而是通过设置免责制度和风险容忍度，确保信贷员持续稳定地开展业务。

（2）加强银行与地方政府合作，建立中小企业信贷平台。单靠银行一己之力去解决银企之间的信息不对称问题不仅资源有限而且效率较低，我们可以学习国开行“三个平台”的业务模式，银行中小企业信贷中心与地方政府合作建立的中小企业信贷平台作为贷款平台和管理平台，负责贷款的统借统还。中小企业贷款平台的建立对企业而言，除了享受银行 7×24 小时的在线服务外，也便于企业接受社会监督，平台专门辟出了“阳光诚信榜”栏目，所有与平台建立了或即将建立贷款关系企业均上榜，任何人对上榜的任何企业的不利于经营的信息，均可向平台举报，一经查实，平台将给予奖励，这样做有助于银企之间信息不对称状况的缓解，降低银行的经营风险。同时，信贷平台的建立也增加了银行的服务水平，解决了地域和时间方面的限制，提高了银行的工作效率。

（3）深入开展专营性服务模式。中小企业融资服务模式开展难度大，银行需要投入更多的人力、物力、财力和技术，并从激励、考核等方面实施创新。建立专营性机构是银行开展中小企业业务的新型思维，通过制度安排和体制设计实施根本性变革，发挥专业化经营优势，将资源整合并集中服务于中小企业市场，提高业务效率和运营水平，从而构建服务中小企业的长效机制。这方面可以学习建行的镇江模式，组织框架上实行准事业部制，分行成立中小企业中心，下设市场、信贷、产品三部门。流程上实行标准化作业，强调专人专岗和业务流程端对端操作，并设立效率监控表，不断优化流程。服务上采取多层次主动营销，建立客户信息数据库，并下发给销售团队，对其进行动态管理和维护。风险控制方面，抓住贷后管理这个难点，强调动态控制、集中管理、专业分工、科学预警，确保贷后风险控制在较低水平。

（4）培养良好的信用评估和风险控制能力。虽然国有商业银行由于规模优势整体抗风险能力较强，即使中小企业业务风险较高，在当前的情况下不会对国有银行的经营稳定造成影响，但随着我国中小企业贷款业务在国有银行总贷款中的比重越来越大，如果国有商业银行不学习先进银行的风险控制技术，一旦小企业贷款项目出现大规模的危机，就会对国有商业银行的发展造成毁灭性的打击。而且只有具备成熟的风险控制的经验，在这样的前提下，才能敢于更为灵活机动地针对具体的中小企业的特点、需求而设计适宜的融资产品。

2. 制度层次对策建议

关系型融资作为一种解决中小企业融资问题的有效融资形式，我们不光要从技术、产品等微观业务层面进行关注，还需要从组织结构、产权结构、监管机制等宏观制度层面给予支持。

（1）设立中小企业发展局。建议借鉴美国中小企业管理局（SBA）的发展经验和做法，在工业和信息化部下设副部级的中小企业发展局（可参照人民银行与外汇局模式），统一负责执行和落实促进中小企业发展的各项法规；统一使用国家扶持中小企业发展的各项政策性资金；统一监管为中小企业提供创业、技术创新和员工培训等服务的中介机构；统一建立覆盖全国的中小企业信息网络，提供国内外市场、行业和新产品等方面的信息。

（2）加强银行对企业的监控能力，保障银行的正当权利。日本主办银行制度之所以取得很大的绩效，在很大程度上是因为银行可以拥有企业的资产，成为企业的重要股东。而我国和日本不同，我国现行的《商业银行法》不允许银行对企业参股，主办银行与对口企业之间只是一种简单的债权债务关系。因此，我国国有银行不可能像日本商业银行那样对企业内部人控制问题进行相机治理，对企业的监管力度必然因此而大打折扣。但关系银行往往是一个企业贷款中所占份额最大的银行，也是企业最大的债权人，如果不能对企业进行有效的监控，在当前企业自我约束较低情况下就无法保证信贷资金的安全。因此要明确授予关系银行派驻人员监督企业经营管理的权利、参与企业重大经济决策的权利、对企业财务状况及分配进行审查的权利、必要时关系行还可以对企业进行接管的权利等。

（3）政府主导搭建信用平台，推动信用企业标准化培植。学习西方特别是美国先进的风险控制模型，对中小企业来说一种重要的技术就是信用评分模型，但信用评分模型建立的前提是银行对中小企业的信用信息的获取，银行需要第三方颁发“产品”质量的认证标签。但我国目前各种社会公证机制和信用体系不健全，这就需要政府主导搭建信用平台，推动信用企业标准化培植，人民银行作为银行业的管理者可以作为信用企业标准化培植的组织者，其主要职责包括建立详细的信用企业量化考核指标，得分在一定分数之上的为A级信用企业；政府可以作为培植工作的主导者，发文启动扶植工作，并协调税务、工商行政管理、质监、海关等部门从行业角度参与培植和认定。

（4）发展市场主导与国家指导相结合的融资模式。根据日本主办银行制度下关系型融资的经验，依靠国家机器强制实施的关系型融资模式有很大的局限性。而我国转轨时期金融市场体系尚不健全，实行美国完全市场化的关系型融资模式不切实际，只有将国家引导和市场运行有机结合起来，才是我国中小企业关系型融资的出路，所以我们一方面要发挥市场经济的作用，另一方面也要充分发挥人民银行和银监会职能，使关系型融资制度走上良性发展的轨道。

参考文献

［1］林毅夫，李永军．中小金融机构发展与中小企业融资［J］．经济研究，2001.

［2］青木昌彦，丁克．关系型融资制度及其在竞争中的可行性［J］．经济社会体制比较，1997（6）.

［3］青木昌彦，丁克．关系型融资制度及其在竞争中的可行性（续）［J］.

经济社会体制比较，1998（1）.

[4] 陈天阁，方兆本，汤书昆，邓学衷. 支持中小企业融资的银企规模匹配模型研究［J］. 科学与科学技术管理，2005（4）.

[5] 李进，韩峰. 从国开行的统贷模式看我国中小企业融资难问题［J］. 金融会计，2006（5）.

[6] 中国工商银行上海市分行课题组. 关于国有银行对中小企业信贷支持体系的研究［J］. 金融论坛，2009（12）.

[7] 卢志宏，操基平. 中小企业融资与国有商业银行发展——兼对相关观点评析［J］. 江淮论坛，2004（3）.

[8] 童牧. 关系型融资研究［D］. 复旦大学博士论文，2004.

[9] 付明明. 关系型融资效率研究［D］. 浙江大学博士论文，2005.

[10] 黄培. 中小企业关系型融资的国际经验和对中国的启示［D］. 暨南大学硕士论文，2005.

[11] 刘武强. 我国转轨时期中小企业关系型融资研究［D］. 辽宁大学硕士论文，2006.

[12] 郭田勇，李贤文. 关系型借贷与中小企业融资的实证分析［J］. 金融研究，2010（6）.

[13] 徐涛. 美国关系融资制度分析［J］. 国际金融研究，2009（7）：25－28.

[14] 严谷军. 国外对关系型贷款研究的新进展［J］. 上海金融，2009（4）.

银行视角下“后融资平台时代”地方政府融资研究

国家开发银行河南省分行课题组①

摘要 “后融资平台时代”，地方政府融资面临宏观调控和政策变化的挑战，融资难度进一步加大。作为融资平台的长期合作伙伴，银行必须抓住政策要点，结合自身行业发展特点，发挥贷款基础保障作用，并寻找银政合作新的契合点，才能达到贯彻国家政策与支持地方建设双赢目标。从分析河南省地方政府融资现状出发，提出推动河南省地方政府融资的建议。

关键词 地方政府 融资平台 银政合作 融资

一、引言

“后融资平台时代”，即2010年国务院发布《关于加强地方政府融资平台公司管理有关问题的通知》后，各部门纷纷出台了关于融资平台贷款清理规范的文件，地方政府通过融资平台融资的机制面临重构。在此形势下，地方政府融资面临两大挑战：一是稳健货币政策进一步收缩银行资金供给；二是地方政府融资平台受监管限制、土地市场调控等影响，融资难度进一步加大。与此同时，随着民间财富的不断积累，充裕的民间资金和各类投资基金为政府融资提供了新的资金来源，银行间市场、资本市场、保险市场、各类债券市场等资金市场，以及融资租赁、信托计划等新型金融工具也为政府融资提供了高效的发展平台。金融创新为政府融资拓宽渠道提供了新的思路。银行长期以来作为融资平台的最大资金供应商，当前形势下，必须抓住政策要点，发挥贷款基础保障作用，并逐步从提供单一贷款服务向提供“投贷债租证”综合金融服务转变，才能达到贯彻国家政策与支持地方建设双赢目标。与之相适应，政府借助银行的融资

① 课题主持人：孙昌林。
课题组成员：甘伟红、栗晓燕。

孵化，充分利用“资源、资本、资产、资金”等国有四资整合现有融资平台公司，打造合格市场主体，提升其可持续经营能力，拓展融资渠道，并建立政府债务风险自我约束机制，是解决当前城市建设融资的首要途径。针对河南省地方政府融资的现状和存在的问题，通过加强银政合作深度和广度，进一步推进河南省地方政府投融资体系的完善，投融资主体改革的深入，最终取得增强融资主体的融资能力，有效支持中原经济区建设的目标。

二、地方政府融资来源和运作机制概述

（一）地方基础设施建设的主要资金来源和构成

长期以来，由于“分税制”形成的地方财权事权不匹配，解决城市基础设施建设和资金短缺的矛盾是地方政府面临的重要课题。而伴随着国家投融资体制改革、金融体制改革，为地方政府的城市基础设施投融资和建设运行管理市场化改革提供了前提，地方政府以融资平台为主体在预算体制外为城市基础设施建设募集资金成为必需，并成为发展地方经济、适应城镇化高速发展的一大创新。我国融资平台基础设施的投资 1995—2010 年从 1.6 万亿元增长到了 27.3 万亿元，其中国家预算内资金占比 10% 左右，国内贷款占比 30% 左右（2003 年达到最高 33.2%，2010 年为 25.3%），债券资金占比 0.2% 左右，利用外资占比逐年减少（由 1995 年的 11.2% 降到 2010 年的 0.6%），自筹资金占比 50% 左右，其他资金占比不足 10%，银行贷款从 3 000 亿元增加到 7 万亿元。同时，自

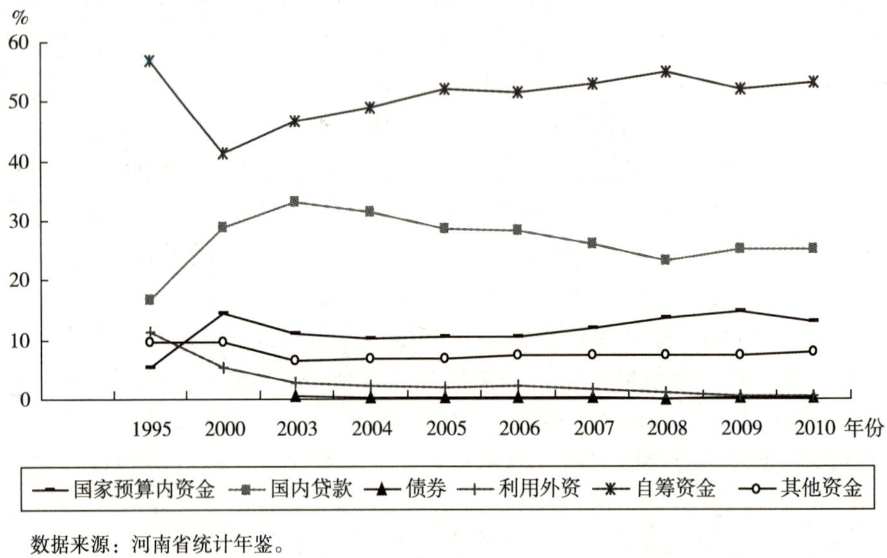

数据来源：河南省统计年鉴。

图 1　1995—2010 年我国基础设施建设资金来源结构变化图

筹资金大多来自银行短期周转资金，实际上银行贷款在城镇基础设施建设资金来源中占比更高。

（二）地方政府融资平台的运作机制

地方政府融资平台在地方政府融资尤其是银行贷款方面，发挥了巨大作用，推动了我国城市化的进程，扩大了地方政府的资金来源和调控能力，优化了地方政府的投资效率和管理水平，培育了一批大型或特大型的企业。地方政府融资平台的运作机制是地方投融资体制改革创新的成果，也是地方投融资体制改革不断探索改进的对象，随着宏观形势的变化，金融市场的进步和金融工具的创新，它将不断得以改进、完善。我们对现阶段大多数地方政府融资平台以银行信贷为主融资渠道的运作机制进行简单说明。

（1）由地方政府直接主导或间接控制。高级管理人员均由地方政府直接任命，甚至由地方政府官员兼任，经营计划均由地方政府确定，注册资本一般来源于财政资金、地方政府的经营性固定资产以及地方政府持有的国有企业股权等。

（2）设立的主要目的是为公益性城市基础设施项目融资。以地方政府的重点项目为导向，主要目的是解决公益性城市基础设施项目的融资问题，并由此延伸到这些项目的建设资金管理问题和运营维护问题。融资的主要来源是银行信贷融资，条件成熟的融资平台，也可以通过资本市场融资。

（3）受地方政府委托开展项目投融资是其主要的经营模式。政府融资平台依据补贴协议（或地方政府出具补贴文件）向银行融资，经营相对规范、市场化程度较高的融资平台则与地方政府构建契约关系，通过签订回购协议、BT 协议、委托代建协议，将无收益的公益资产变为有现金流的经营性资产，为银行融资和资本市场融资创造条件。

（4）土地收入是其主要的收入来源。融资平台从地方政府获得的投资补偿，主要来源于地方政府的土地收入，以其他经营性收入和财政补贴为辅。融资平台一般都会在事前与地方政府约定好获得土地收入的方式和规模，例如明确将指定地块的收入或者将土地成本返还作为收入来源。对于城市供水、供热、供气等有直接收益的项目，水费、热费、天然气费等也是融资平台的收入来源。但这类项目的收益可能无法同时满足项目本身的运营维护需要和还贷需求，地方政府会对之间的差额进行财政补贴，并形成融资平台的补贴收入。

（5）其收入主要用于偿还债务。不以盈利为目标，无直接收益的公益性项目的运营维护支出不需要融资平台支付，在财政单独列支。

（三）地方政府融资存在的问题

（1）融资渠道单一，偿债来源单一，融资持续性较差。十多年来，地方政府融资平台融资主要依赖银行贷款等简单产品，前期由于拥有政府信用，随着土地增值收益增加，负债率相对较低，银行一般都不惜贷，但随着负债率升高，仅依靠贷款融资已无法承续。融资平台大多充当融资“记账员”，借用管还不统一、项目的资产与收益很少形成平台公司资产与收益，自身资产积累较少。偿债渠道过分单一地依赖财政、依赖土地，对宏观政策变化敏感，如房地产市场调控直接影响城市土地一级市场的交易量和价格，影响融资平台公司还贷资金的落实。

（2）融资平台公司市场化改革仍需深入。内部治理结构不健全，使得融资平台公司在投资决策、资金使用和分配、项目收益归属等问题上出现责任与权益相分离的情况。投资与收益的分离使得平台公司缺乏良性的激励机制来通过提供投资效益以偿还债务，加大了其融资风险。投融资决策主体不明，出现了政府与相关职能部门、职能部门之间、投融资平台与政府及其职能部门的多重博弈。财务状况不尽如人意，经营性资产占比较低，无持续稳定的收益来源，央行统计数据显示，全国有3 800多家融资平台，平均资产负债率约为60%，平均资产利润率不到1.3%，特别是县级平台几乎没有盈利。

（3）多头融资、融资效率低的情况仍存在。一是很多地方政府拥有多家融资平台，多头开展融资，并以融资额多少作为考核依据，在4万亿元投资拉动下，刺激了不理性融资出现。二是缺乏投融资规划或规划缺乏系统性、针对性，使城市发展整体规划、财政预算等与政府投融资不相匹配，导致融资缺乏前瞻性与可持续性。三是由于投融资制度体系和平台体系的不完善，在一些地方政府跨越式、超常规发展的思路指引下，投融资缺乏总量和时序约束，并且在融资平台公司与职能部门及政府之间存在着信息不对称，导致了融资平台层面无法或无须建立风险预警机制，使融资平台单体及地方政府整体的负债总量过大、结构不合理。审计署发布的数据显示，截至2010年底，全国地方政府性债务余额10.71万亿元。从审计结果可以看出，过去地方政府债务的透明度明显太低，大量的隐性负债是潜规则强制替代明规则形成的，却未曾通过统计信息及时揭示。

三、河南省地方政府融资现状及问题

（一）融资环境不断改善

近年来，河南在融资的硬环境和软环境两方面都得到了很大的改善。全省公路通车总里程居全国第二，高速公路通车里程位居全国第一，覆盖全省；铁路纵横东西南北；航空港辐射全国，连接世界。便捷的交通增加了融资机会，节约了融资成本，为地方政府融资创造了良好的条件。从软环境来看，经过近几年的发展，一是全省上下思想观念得到了进一步的统一，“谋长远，促发展”的理念已经深入人心，增强了地方政府融资的积极性和主动性；二是已经颁布出台《河南省关于加快城建投资体制改革和公用事业改革的通知》、《河南省贯彻落实国务院关于投资体制改革决定的通知》、《河南省关于创新投融资体制鼓励和引导社会投资的意见》等一系列优化投融资体制、优化金融环境、加快经济发展的政策性文件。三是三级融资体系初步建立。2009 年 9 月，河南省政府下发了《关于推进地方政府投融资体系建设的指导意见》，要求全省建立多层次的投融资体系，搭建大平台、实现大融资，促进了三级融资体系的建立和国有“四资”的整合。河南省是全国较早明确提出尝试建立三级地方投融资平台的省份，且提出了注意监管和风险风范的意见，被认为是在全国各地纷纷超常规发展地方投融资平台过程中，进行了一些有益的探索。

（二）融资规模不断扩大，但与经济总量比，融资总量仍然偏小

河南省城镇固定资产投资总额从 2002 年的 1 226 亿元增加到 2010 年的 13 935亿元，增长了 10 倍多。从资金来源看，扣除国家预算内投资，国内贷款、债券、利用外资、自筹资金和其他资金总额（以下称为筹资总额）2002 年度是 1 132 亿元，到 2010 年度，筹资总额增加到了 13 611 亿元，比 2002 年增长了 11 倍，大于同期投资总额的增长幅度。在“十一五”期间，各级地方政府融资成为全省投资资金的主要来源，融资规模的快速增长成为全省投资快速增长的主要因素。2010 年度，筹资总额山西省为 5 164 亿元，安徽为 10 350 亿元，江西为 8 566 亿元，河南为 13 611 亿元，湖北为 9 677 亿元，湖南为 8 618 亿元。河南的该项数据排在中部六省的第一位。

2010 年，河南国内生产总值达 23 092 亿元，排全国第 5 位。山东、浙江、河北、辽宁分别排第 3、4、6、7 位。与经济总量位次相近的省份比较，河南省各级政府融资总量明显偏小。2010 年度，筹资总额山东省为 20 219 亿元，浙江省为 10 550 亿元，河北省为 13 897 亿元，辽宁省为 17 061 亿元。河南各级政府筹资总量仅占山东的 67%，低于经济总量排位靠后的河北和辽宁。

并且，从统计数据可以发现，经济越发达的地方，国家预算内的投资数就越小，而各类融资的总额非常大。江苏省 2010 年度国家预算内投资仅占城镇固定资产投资资金来源的 1%，该省的投资几乎全部来源于各种形式的融资。因此，地方政府融资在促进当地经济发展中起到了极其重要的作用，同时经济越发达越有利于扩大地方政府融资规模。

（三）融资方式丰富多样，但利用外源资金规模小、渠道单一

河南省各级地方政府传统融资方式有通过融资平台向银行借贷、盘活政府

资产（有土地资源开发、国有企业改革、经营冠名权、广告权等城市无形资源等形式）、通过 BOT、TOT 等方式的项目融资、利用主权外债资金等。2010 年度，全省贷款总额达到 15 971 亿元；全省土地流转量达到 17 643 公顷，其中出让 12 018 公顷，实现收入 652 亿元，占各级政府财政收入的 47%。国企改革方面，2007 年组建了省投资集团公司，重组后该公司已综合运用银行信贷、发行债券、资本市场融资等多种手段为省产业结构调整及重大项目筹集资金，并通过各种方式进行企业的股份制或股份合作制改革，将国有股份逐步变现。经营权、广告权方面，如郑州市灯箱广告经营权年收入可达几千万元，仅一根灯杆一个月的灯箱广告费就约 2 000 元。BOT、TOT 方面，2012 年 4 月，安阳国家高新技术产业开发区污水处理项目运用 BOT 模式获得融资 1. 2 亿元。2009 年，安阳市医疗废物集中处置厂以 TOT 模式成功转让，获得转让价格 1 116万元，高出转让底价 206 万元。在利用主权外债资金方面。河南省城镇固定资产投资利用外资自 2002 年以来逐年增加，2008 年达到顶峰，之后趋于平稳。

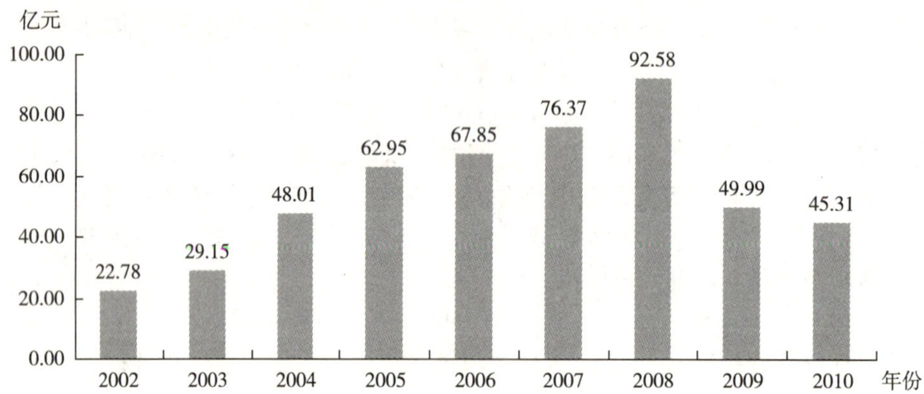

数据来源：河南统计年鉴 2011。

图 2　2002—2010 年河南省城镇固定资产投资利用外资情况

除上述方式以外，近两年地方投融资公司发行城投债融资也取得长足发展，尽管地方政府融资方式逐步丰富，但仍存在利用外源资金规模小、渠道单一的问题。

在现有投融资体系下，基础设施建设的投资主体还不够广泛，缺乏直接融资手段，这也使得政府投资项目的资产负债率相当高，政府投资项目每年负担的财务费用相当庞大，这在一定程度上加大了政府投资项目的财务风险。

表1　　全国与融资平台相关基础设施资金来源结构变化表　　单位:%

	年份	国家预算内资金	国内贷款	债券	利用外资	自筹资金	其他资金
比重	1995	5.4	16.8	—	11.2	56.9	9.7
	2000	14.5	29.0	—	5.3	41.4	9.7
	2003	11.0	33.2	0.5	2.7	46.7	6.4
	2004	10.3	31.4	0.2	2.4	49.1	6.8
	2005	10.4	28.6	0.2	2.0	52.1	6.9
	2006	10.4	28.3	0.4	2.2	51.6	7.5
	2007	11.9	26.0	0.2	1.6	53.0	7.4
	2008	13.5	23.1	0.1	1.2	54.8	7.4
	2009	14.6	25.1	0.4	0.7	52.1	7.4
	2010	12.9	25.3	0.2	0.6	53.2	8.0

数据来源：统计年鉴。

表2　　河南省与融资平台相关基础设施资金来源结构变化表　　单位:%

	年份	国家预算内资金	国内贷款	债券	利用外资	自筹资金	其他资金
比重	2002	7.7	27.5	0	1.9	47.5	15.5
	2003	5.8	28.4	0	1.7	50.7	13.4
	2004	4.3	24.0	0.2	2.0	55.5	14.0
	2005	3.1	19.1	0	1.8	64.0	12.0
	2006	2.2	14.1	0	1.4	71.8	10.4
	2007	1.8	11.5	0	1.2	77.1	8.5
	2008	2.3	9.3	0	1.1	79.5	7.8
	2009	3.0	9.3	0	0.4	78.3	8.9
	2010	2.3	10.6	0	0.3	78.1	8.6

数据来源：统计年鉴。

从外源融资（国内贷款、利用外资和其他资金）在整个资金来源中的比重来看，对比全国和河南省数据，2010年全国平均比重为33.9%，而同期河南省仅为19.5%，大大低于全国平均水平；其中河南省国内贷款占固定资产投资的比重在2003年以后呈逐年递减趋势，2010年仅为10.6%左右，而2010年全国平均占比达到25.3%。与此相反，包括预算内资金与自筹资金在内的内源融资的比例2010年河南省达到80.4%，而全国平均水平为66.1%，高于全国平均水平14.3个百分点。

河南省利用外源资金规模偏小，而且主要是利用国内贷款，需要进一步拓宽融资渠道，挖掘信贷市场、资本市场潜力，加大吸引外商投资力度，提高利用市场化手段融资的能力和水平。河南省中原经济区建设，地方政府融资平台作为融资主体的重要组成部分，其融资能力需进一步壮大。

（四）各地市融资发展不均衡

表3　城市（县城）市政公用设施建设固定资产投资资金来源综合表

单位：万元

序号	地区名称	本年资金来源									各项应付款
		合计	上年末结余资金	国家预算资金	融资量						
					小计	国内贷款	债券	利用外资	自筹资金	其他资金	
1	河南	350 135	4 340	146 629	199 166	34 914		15 027	123 338	25 887	27 530
2	郑州	3 950		1 000	2 950	936			2 014		1 857
3	开封	18 749	2 300	8 270	8 179			2 717	4 462	1 000	
4	洛阳	17 130	800	3 835	12 495	800			11 327	368	8 212
5	平顶山	9 838		7 763	2 075				451	1 624	1 257
6	安阳	14 913		5 957	8 956	2 599		1 000	4 857	500	
7	鹤壁	3 796		1 776	2 020				2 020		1 077
8	新乡	14 475		6 191	8 284	4 810			3 474		
9	焦作	31 506	1 190	6 696	23 620	15 349		2 300	5 971		20
10	濮阳	4 800		0	4 800				4 800		
11	许昌	6 407		780	5 627				5 627		
12	漯河	5 700		2 210	3 490	2 690			800		
13	三门峡	8 256		5 756	2 500				2 500		1 407
14	南阳	62 597		43 807	18 790	30		2 552	12 536	3 672	2 000
15	商丘	5 684		5 684	0						
16	信阳	56 105	40	6 051	50 014	2 300		5 370	29 726	12 618	3 550
17	周口	33 476		12 359	21 117	1 600		1 088	13 684	4 745	6 350
18	驻马店	43 677	10	27 418	16 249	3 200			12 079	970	

数据来源：政府网站。

根据河南住建厅网站公布的《2006年各城市（县城）市政公用设施建设固定资产投资资金来源综合表》统计数据（受限于数据可得性，仅以2006年数据为例），各市当年用于市政公用设施建设固定资产投资的资金来源，除国家预算内资金外，国内贷款、利用外资、自筹资金和其他资金的总额，排在前五位的分别是信阳5亿元，焦作2.4亿元，周口2.1亿元，南阳1.9亿元，驻马店1.6亿元，黄淮四市占了3个，说明在市政公共设施建设投资中，地方政府通过贷款等其他渠道融资为补充财力不足发挥了巨大作用，经济欠发达地市融资需求较大。但总体来看，各地市融资规模均较小，尤其是郑州、平顶山融资量与经济发展不相匹配，与地方政府融资平台公司建设步伐慢、投融资体制缺乏灵活性有关。

（五）融资总量难以把握，宏观调控力度不强

目前我国地方政府融资管理体制分散，《预算法》第二十条明确规定地方各级预算不列赤字。因此，地方政府只能在国家法律“禁区”外寻找融资出路，存在明显的短期行为。首先，地方政府缺乏举债的整体规划、有效的债务资金监管系统及科学详实的项目论证的现象仍存在。其次，地方政府融资多处开口，分散管理，由于地方政府融资的决策主体与这些投资主体间责权利模糊，导致投资主体偏向于追求自身经济利益，一旦决策失误，发生信用危机，风险将转嫁到地方政府身上。目前，河南省各级地方政府真实债务总量，难以统计和核实。由于债务融资的总额无法量化，控制债务风险的各种量化指标，如负债率、偿债率等也无法操作，没办法对偿债作统一的安排，一旦出现明显的偿债高峰期，并且偿债额巨大，那么就可能爆发政府债务危机。

（六）融资主体运行机制不畅，融资能力有待进一步提升

截至2010年，河南省三级政府投融资平台数量达到346家，资产总额为3 668.71亿元，负债总额为1 628.02亿元，资产负债率为44.38%，资产负债率远远低于全国平均水平。各政府投融资平台累计投资额超过800亿元，在基础设施建设等领域发挥了显著的作用。但运行中存在着许多问题，表现在以下方面。

（1）省级部分融资平台公司起步晚，有的尚未发挥融资作用。一是资本金到位不足，影响发展。如省文投公司原定注册资本20亿元，实际注册8亿元，目前到位只有5.25亿元。二是运作机制尚未建立，融资条件难落实。三是资产有待盘活，无造血功能。如河南铁投公司到位资本金112亿元中，投资集团出资的53.3亿元只能专项用于郑西、石武客专铁路建设，且出资形成的股权已全额质押。

（2）融资手段过于单一，直接融资欠缺。截至2011年6月末，省投资集团已实现直接融资50亿元，但受控股电力企业连续政策性亏损影响，投资集团盈利能力下降，新发债券融资空间变窄。水投公司2010年通过银行贷款融资5 000万元，尚未开展其他融资方式，资产负债率为2.22%，融资潜力有待进一步挖掘。交投集团融资方式相对丰富，但仍以银行信贷为主，截至2011年9月，间

接融资（短期、中长期贷款）余额911亿元，占融资（负债）余额总量的91.03%。各地市融资平台公司仅有银行贷款、信托、发行企业债三种融资渠道，而且银行贷款占比90%以上。

（3）管理体制不顺，部门之间互相制约，影响融资活动的开展。客观上讲，河南省在推进经营性国有资产统一监管过程中还存在管理体制障碍问题，特别是国资监管顶层设计还未能实现管资产与管人、管事相结合、金融资本和产业资本一体化管理、统筹政府投融资建设的“全覆盖”监督管理模式。出资人与行业主管部门之间、金融企业和实体企业之间、各类政府投融资平台之间存在权力分散、职能交叉、权责不明等问题。导致无法充分发挥国有资产的集聚配置效益和对国民经济的控制力、影响力和引领作用。

（4）借用还运行机制不畅，较合格市场主体尚有一定差距。在政府投资项目融资过程中，自身资产和收益积累沉淀不足，没有形成资金—资产—收益—投资的良性运行机制，长期依赖政府国有资源扶持，未形成自身发展壮大的有效途径，实现以市场主体的角色落实宏观调控政策，真正为政府分忧。

四、“后融资平台时代”地方政府融资的挑战和机遇

（一）地方政府融资需求必将长期存在

城市基础设施建设的“公共产品”和“准公共产品”特性决定地方政府投资作用不可替代，地方政府融资需求必然存在。根据诺瑟姆曲线（美国地理学家诺瑟姆在总结欧美城市化发展历程的基础上提出了“诺瑟姆曲线”，即发达国家的城市化进程所经历的轨迹大体上都呈现一条被拉平的倒“S”曲线），城市化进程分三个阶段，城镇化率为25%～70%进入加速阶段，人均GDP3 000美元阶段，城市化率一般达到55%～60%。我国2010年人均GDP为4 460美元，城市化率仅为47.5%，从世界城市化发展的一般规律看，目前我国城市化水平落后于经济发展水平，距离城市化的成熟阶段还有较大距离。我国城市化率年均增速约一个百分点，2011年达到51.3%，预计进入城市化成熟阶段，城市化率达到70%仍需近20年，地方政府融资的需求将长期存在。

（二）地方政府融资面临的挑战

一是房地产（土地）市场调控为经营城市的传统思路和模式带来挑战。房价下降引起地价下降，最终地方政府的收入下降，首当其冲的就是以土地运作融资实施城市建设的融资模式面临压缩，地方政府融资能力随之降低。二是无预期的货币紧缩使地方政府的融资主渠道——银行信贷受到冲击。三是银监会对地方政府融资平台新增贷款条件收紧。融资平台实施名单制管理；对仍保留为平台的客户贷款投向收缩；新增贷款条件趋于严苛。

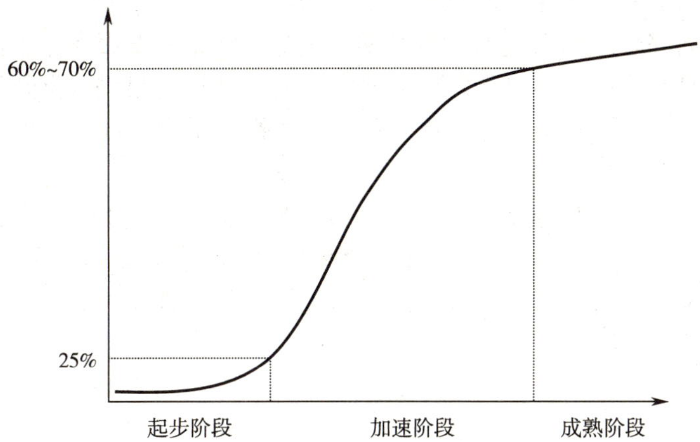

图 3 诺瑟姆曲线

（三）地方政府融资面临的机遇

一是居民储蓄投资需求日益增加，各类资金市场蓬勃发展。相当规模的居民储蓄存款有能力转化为对保险、基金、股票、债券等产品的稳定需求，为各类资金市场发展提供了基础。资金市场的发展又可为地方政府融资提供新的思路和方向。如新一轮资产证券化试点提出资产方面可扩大至中小企业贷款、涉农信贷、信用卡和地方政府融资平台贷款，而地方政府融资平台贷款无疑是此中亮点。二是地方政府发债体系建设稳步推进。2009 年财政部开始代理发行地方公债，2011 年地方债自主发行开展试点，后续自行发债试点范围有望扩大。三是地方政府融资平台积累了一定发债的经验。截至 2012 年 3 月末，国内共有 399 家地方政府融资平台发行企业债，共计发行 512 只债券，累计融资 6 712.5 亿元。其中仅 2011 年就发行了 137 只，发行规模 1 735 亿元。四是投融资体制改革和财政体制改革使得预算外资金管理松弛的现状得到改善，对规范和约束地方政府收支行为起到积极有效的作用，同时为地方政府通过融资平台隐性负债向建立阳光融资机制提供了良好基础。

五、“后融资平台时代”银行在地方政府融资中的角色转换

（一）银行业综合经营的趋势分析

随着我国金融市场直接融资的快速发展和金融业的全面开放，“金融脱媒”现象日益严重，市场竞争日趋激烈，作为国际银行发展主流模式的综合化经营，成为国内银行战略转型的较好选择。下面从服务客户需求方面分析银行综合经营趋势：

（1）以商业银行为主导的金融控股架构将渐行渐近。我国金融业目前正处于分业经营向综合经营演进的过渡时期。比如，国家开发银行作为国内最大的债券银行，具有长期债券市场融资经验，目前，已建立起以国家开发银行为母公司、国开证券、国开金融为全资子公司、国银租赁为控股公司的综合经营格局。

（2）产品创新量快速增加，客户个性化服务程度日益提高。以银行为主导的金融控股公司框架下，由于经营业务范围的多元化使产品线进一步扩大，母、子公司顾客网络、信息系统、营销能力的优势互补，有利于开发多元化的金融产品，建立科学的产品定价系统，加速金融创新。综合经营产品创新的出发点，是客户生命周期中各个阶段对各类金融工具的需求。因而，如何设计整合银行、证券、保险、基金、租赁等综合经营产品，适应顾客生命周期各阶段的需求，并提高其资金使用效率，最大化客户价值，将成为我国商业银行的主要经营目标，商业银行综合经营产品的客制化程度将不断提高。

另外，商业银行综合经营趋势还有基于综合化信息平台的营销渠道整合、并购重组、国际化推进经营规模大型化、建立综合经营风险管理体系并完善等，与探讨客户综合化服务关系不甚密切，不再赘述。

（二）角色转换适应地方政府融资需求

后融资平台时代，针对融资平台客户“金融脱媒”、融资平台贷款监管约束、房地产（土地）市场调控等挑战，银行应借助综合化经营发展契机，由贷款人向综合金融服务商转化，具体有以下几个方面。

（1）由依托政府信用向挖掘发挥企业信用转化。现行融资平台融资实质是依托地方政府信用，银行对融资平台的授信主要依据政府偿债机制、财政出资能力、预算约束能力、授信项目在地方政府工作中的重要次序等。融资平台规范后，在自主决策、现金流持续的情况下，银行对融资平台授信的评价将主要依靠企业财务报表所反映的经营水平和业绩、项目自身市场前景等。从城投债审批的评价标准即可看出，地方政府融资平台发行企业债券，不是依靠地方政府信用，而是依据企业自身财务状况，而且要求偿债资金来源的70%以上必须来自公司自身收益。

（2）由以政府投资项目为中心向融资主体为中心转化。原有融资平台客户维护，是建立在银政双方对“项目单子”沟通的基础上，没有新增贷款就制约了沟通进行，因此，融资平台客户关系成了贷前“人求我”、贷后“我求人”，客户关系维护随着项目介入而建立，随着项目完成而结束。而融资平台规范后，公司治理完善，银行与客户的沟通基础将不再是单个项目，融资平台公司作为持续经营的市场主体，将更多地向银行提出企业发展规划咨询、一揽子融资方案、企业财务风险控制等问题，客我关系由银政关系转化为银企关系，政府成为客户的增信人。

（3）由支持单一项目建设向提供全面融资规划服务转化。以国家开发银行为例，一是规划编制和咨询服务。在国家和地方“十二五”规划的指导下，积极为各专项规划提供顾问服务。二是融资服务。开行将利用自身中长期信贷业务特点以及投资功能和投资银行业务功能，提供银团贷款、并购贷款等投融资服务；创新贷款模式，切实解决基础设施建设项目资本金不足的问题。三是融智服务。开行提供未来几年成系统、一揽子的融资发展规划建议方案。

（4）由提供信贷资金向统筹社会资金转化。发挥银行金融创新优势，引导资金结构均衡化，合理配置资源。广泛吸纳邮储、社保等资金，将过剩的居民储蓄等民间资金通过各类金融创新转化为基础设施投资、产业投资。

（5）由提供单一信贷产品向提供“投贷债租证”综合金融产品转化。为投融资公司及重点项目提供包括项目融资评估、企业上市、发债与承销、资产证券化、引入战略投资者等资本运作的顾问服务；提供专业顾问服务，支持发行债券和设立产业投资基金。

（6）由贷后管理向事前风险预警机制建设转化。针对地方政府债务风险，与地方政府共同构建地方政府信用评级制度和地方政府债务风险排查、分析、反馈、发布、处置的工作制度。针对基础设施项目建设资金使用合法、高效，与地方政府共同建立账户、资金封闭监控、各利益相关方风险共担制度等，共建阳光工程。

六、推动河南省地方政府融资的几点设想

（一）银政开展规划合作

（1）银政合作共同制订地方发展系统性融资规划。就国家开发银行来说，提供全面融资规划服务不仅是满足客户需求，更是自我发展的要求。既为地方经济建设协调迈进奠定了基础，又从源头控制了单一项日融资风险。开行为配合国家和地方做好“十二五”规划，进一步提升科学规划对经济社会发展的贡献度，将规划服务、融资服务、融智服务有机结合，在国家和地方“十二五”规划的指导下，积极为民生、水利、文化、物流等各专项规划提供顾问服务。

（2）结合地方特色制订融资平台发展战略规划。当前国内外经济环境下，“十二五”可能是近年来投融资平台发展的最困难时期，如何化压力为动力，发现、挖掘可能的发展机遇，一方面积极进行战略反思，进行必要的战略调整；另一方面，强化管控体系的建设，提升内部运营效率，将“做什么，在哪儿做，怎么做”的战略规划与“谁来做、谁来监督、谁来治理”的管控机制相结合，

是平台市场化转型和提升自身发展水平的必然选择。建议由地方政府、融资平台、开发银行开展融资平台战略规划合作，制订省、市、县三级融资平台发展战略规划及单个融资平台发展中长期规划。明确融资平台公司的职能定位、完善法人治理、壮大资产规模和实力、健全投融资平台运作机制，提高投融资管理水平。

同时，考虑地方政府融资平台特性，建立对其的评估机制，不断适应内外部环境的变化，在此，我们给出一个融资平台发展参考模型（见图4）。

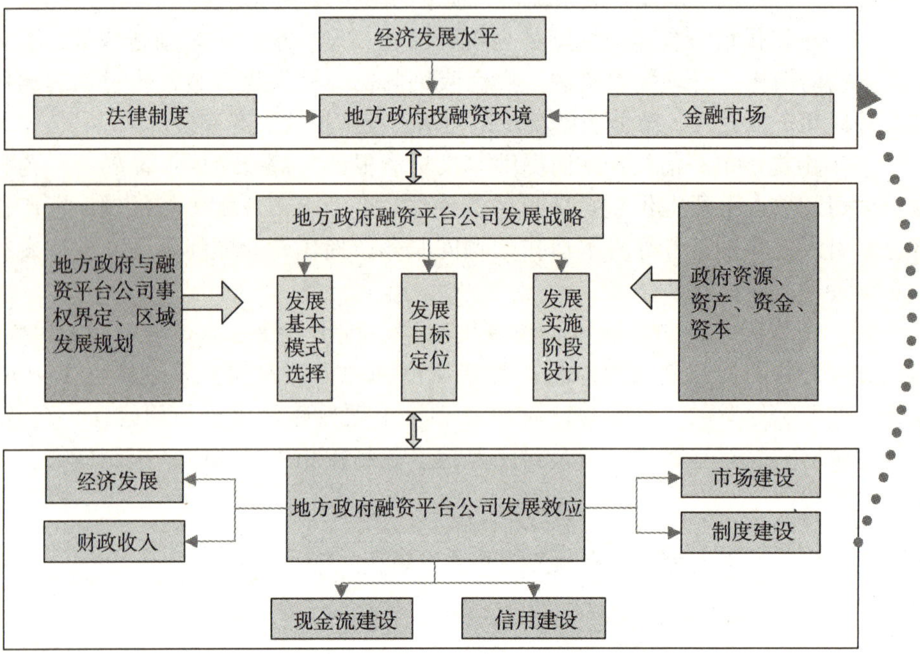

图4 地方政府融资平台公司发展的参考模型

为解决其资金使用政策性和筹集效益性的矛盾，融资平台必须借助政府增信，依靠政府的资源、资产、资金、资本平衡收支。但政府增信的使用和政策性资金的使用容易导致低效率和高风险（原因在于垄断制度设计内生出地方政府的隐性担保），为此，需要对地方政府融资平台公司发展效应进行评价，建立其效应指标体系，考评其自身可持续发展能力（现金流建设）和融资能力（信用建设）、计量其发展对经济发展、财政收入的贡献度，评估其对市场建设和制度建设的推动力。

（二）银行提供融资孵化和咨询

（1）继续发挥银行贷款的基本保障作用。以传统信贷融资服务为融资规划落地提供基本保障。进一步探索城建项目信贷融资模式，与开发性金融机构合作开展中长期项目大额融资，与商业银行合作开展短期融资等。根据现行银行监管制度框架，结合地方政府投资项目自身特性，探索变革项目管理模式、变革资金运行模式，提高项目融资和建设管理水平。减轻融资平台公司资金压力，分散风险。

（2）银行提供财务顾问服务，推进“四项建设”，打造抗风险能力强的“健康”的地方政府投融资公司。将政府的组织协调优势与开行的融资优势相结合，推动各地加强融资平台公司的治理结构建设、法人建设、现金流建设和信用建设，促进健康企业、健康金融、健康财政。银行可根据地方政府对融资平台公司的职能定位和资源特点，制定不同的发展模式，提供特制的定向培育和资源积累的顾问服务。一是帮助融资平台公司告别现有被动式的资源获取方式，有意识地根据发展模式去辨别经营性板块未来发展所需的资源与能力。二是重视公益性业务的资源获取与交换。以承担公益性业务积累与之相关的衍生性资源，为经营性板块积累成长的力量；同时，充分发挥公益性业务的公共产品属性与资源交换特征，换取与平台公司经营性业务相匹配的资源，助力经营性业务的发展。三是形成“资源获取—实现收益”的良性循环。帮助平台公司有效利用政府所赋予的资源，通过各种方式实现资源的收益最大化，做实做大平台资产，在这个过程中，不断增加政府的信心，提升平台公司的资源运作能力，形成良性循环。

（3）构建政策性融资风险共担机制，为提升融资平台融资能力提供后盾。与一般的企业不同，融资平台公司要追求政策性目标，不是简单依靠市场机制本身、依靠追求直观的高投资回报这样一种微观机制就可以解决其资源配置问题的。其追求政策性目标的特点又决定了融资平台公司融资需要引入财政的可持续介入机制，而与之相配套的是与市场风险防范处理原则相兼容、相贯通的风险共担机制，该风险共担机制需要银政企三方共同建立完善。构建一种风险共担和风险规避的阳光融资机制，把政策性因素和商业性因素，把不同主体的利益诉求，放在一套透明、规范的机制里，最终形成共赢局面。

（三）银行发挥业务协同优势，多渠道支持地方政府融资

利用银行综合化经营优势，推动融资平台多渠道融资，帮助融资平台资本运作。随着投行业务功能的完善，银行以客户为中心的特制服务不断增加，如城投债发行、资产证券化等。银行可在地方政府融资主体引入权益性融资、融资租赁、资产证券化、产业投资基金等方面给予金融支持和服务。

（1）在城市公用设施领域大力推广融资租赁。融资租赁非常适合于公共设施项目，如公路建设、工业园区建设、城市公共交通车辆更新、医疗设备购置

等，这些项目一次性投入比较大、回收期长，一般没有足够信用的承载主体，银行在资金供给量、还款时限、信用担保等方面很难适应这些项目，但通过金融租赁可以解决这个问题。

（2）选择优质基础设施项目推行资产证券化（ABS 融资方式）。ABS（Asset - Backed Securitization）作为一种证券化融资方式，ABS 代表着项目融资的未来发展方向。对于河南省一些有稳定收益的项目，如电力设施、公路、桥梁等项目可以尝试积极策划推进 ABS 融资。同时，要鼓励有条件的企业与金融机构合作，将有抵押的信用资产重组，以抵押资产的预期现金收益为担保，在资本市场上尝试发行资产证券，并可以积极探索应收账款证券化的有效途径。

（3）产业投资基金。产业投资基金是通过商业的方式募集民间资本从事特定投资的有效方法。它是由一定机构如产业基金管理公司、其他投资公司发起向特定对象募集资本形成基金用于预期的项目建设或投资活动，以此形成的投资收益回报给投资者。产业投资基金是一种借鉴经济发达国家“创业投资基金”运作经验，结合我国具体实践通过发行基金收益凭证，将投资者资金集中起来，具有“几何投资、专家理财、分散经营、收益稳定”等特点，主要对未上市公司进行组合投资，投资收益按照资金分成，投资风险由投资者共同承担。2011 年 1 月，河南省已成立国内首只新能源产业基金。结合河南省具有明显比较优势的产业领域，向国家申请组建相应的产业投资基金公司，为将资源优势转化为经济优势搭建新的融资平台，开辟新的融资渠道。

（四）建立地方政府评级制度，共建地方政府债务风险预警体系

地方政府财政负债率、债务率、偿债率、利息支出率等指标是国际上衡量政府债务的常用指标，国际上也有比较一致的风险警戒线。银行建立政府评级支持体系，利用政府财力及债务数据基础，参考国际通行做法，构建政府债务预警模型，建立地方政府债务风险预警机制。地方政府债务预警机制发挥作用，不仅是各类债权人的利益保障，更是地方政府债务管理“软约束”的形成，地方政府将在整体融资和偿债问题上更为自律，有利于提升地方政府信用度。其中有三个问题需要解决，一是政府出面成立政府债务管理机构。二是建立政府债务风险控制模型，不仅有效地控制政府债务的风险，而且使金融机构对政府债务有明确的认识。三是地方政府与开行一道共同研究“健康财政、健康金融”工作模式，通过短期与长期的标本兼治，构建投融资平台的再融资能力，影响与促进投融资平台的发展与转型。

（五）共建社会化方式风险防控体系，为地方政府直接融资营造良好环境

银行通过与地方政府有关部门建立信息共享机制，不断完善地方政府债务信息披露制度，形成地方政府债务融资的监督机制，将为地方政府统一融资、

协调发展提供信息基础，赢得社会各界对地方政府融资的理解和支持。2004 年以来，国家开发银行就与地方纪检、监察、审计等部门开展合作，建立社会化的联合监督机制，对融资平台贷款实行联合监督检查。努力打造“阳光工程”，形成各方支持发展、防控风险的系统合力。

（六）加大对河南省地方政府融资的体制和政策等方面的保障

（1）建议可以成立由发展改革委、财政、金融办等部门共同参加的省地方融资管理委员会，领导全省的政府融资活动并负责对因此而形成的地方债务活动进行管理监督。结合本省实际情况制定全省统一的政府融资规划。

（2）加快制定与新的融资渠道相对应的政策、法规与监督引导机制。尽快制定《河南省地方政府融资管理条例》等地方政府融资法规，对地方政府融资的来源、资金使用和管理，以及投资决策责任和偿还责任以法律形式作出明确规定。引导支持融资做强做大，成为中原经济区减少的重要支撑。

（3）加快信用体系建设。一是要建立以政府为主导、市场化运作、社会化服务的信用评价机构，探索建立全省统一标准、统一评审、统一授信的融资平台公司信用等级评定机构，推动其提升信用等级。二是建立信用建设激励惩戒机制，由发改委、金融办、银行机构等部门，定期组织融资平台公司信用评选，列出“红名单”，金融、财税、工商等相关部门给予优惠政策和鼓励措施。同时，加大对信用建设落后、治理不完善融资平台公司的惩戒力度，建立“黑名单”，银行等金融机构实施停贷等措施。

（4）培养高级外向型的经营管理和投融资人才，提高投融资运营与管理的水平。

参考文献

[1] 王铁军编著．中国地方政府融资22种模式［M］．北京：中国金融出版社，2006：33－89.

[2] 高坚．关于地方经济发展的融资机制问题［J］．中国金融，2010（12）：11－12.

[3] 计承江．关于政府融资平台发展问题的探索［J］．金融理论与实践，2010（1）：4－6.

[4] 贾康．以阳光融资置换融资平台等隐性负债机制．新华网：http：//www.xinhuanet.com.2012－03－03.

[5] 夏秀梅．论以城市政府作为基础设施投资主体的合理性［J］．现代财经，2008（5）：14－18.

[6] 周呈思．紧缩项目信贷地方融资平台告急［N］．21 世纪经济报道，

2010－02－22（1）.

［7］中国银监会．关于加强2012年地方政府融资平台贷款风险监管的指导意见．银监发［2012］12号：4－6.

［8］卢家昌，殷晓颖，周慧君．地方政府市政债券融资的创新机制研究［J］．南方金融，2009（4）：42－45.

［9］陈为．国有商业银行发展综合经营的比较分析．光明网：http：//www. gmw. cn. 2010－08－03.

［10］国家开发银行，中国人民大学（联合课题组）．开发性金融论纲［M］．北京：中国人民大学出版社，2006：101－104.

［11］贾康．地方融资与政策性融资中的风险共担和风险规避机制［J］．中国金融，2010（7）：41－42.

河南省农村信贷资产定价机制问题研究

中国人民银行驻马店市中心支行课题组①

摘要 随着我国利率市场化进程的加快，各金融实体开始关注贷款及其他资产的定价问题。具有同质性的金融实体之间将贷款定价作为竞争的重要手段。在我国农村地区，由于农村金融的现实格局，农村信用社作为独立的法人机构，其贷款定价具有完全的自主权。因此，农村信用社的贷款定价作为农村信贷资产定价具有较强的代表性与说服力。农村信用社目前是我国农村金融体系的主要组成部分，其业务范围和一般商业银行类似，贷款业务是其主要的资产业务，也是其主要的利润来源与风险来源。由于历史和现实的原因，目前农村信用社还未形成完善的贷款定价体系，确定贷款价格具有一定的主观性。这一方面加重了农民和农村经济组织的负担，流失了一些优质客户；另一方面不利于农村信用社的发展。如何构建科学的贷款定价模型来制定合理的贷款利率，对于增加这农村信用社金融服务经济的功能、优化资源配置、降低农村信用社贷款风险、减少其不良贷款的形成及增加农村信用社收益，使其增强市场竞争力，走上可持续经营发展之路具有非常重要的现实意义。

本文主要介绍了农村信用社现有的贷款定价管理制度和定价模式，分析了河南省农村信用社贷款定价的实证案例，提出了河南省农村信用社贷款定价的现状，对河南省农村信用社贷款定价的影响因素以及贷款定价对农户及农村中小企业的效应与影响进行了深入、全面的剖析，并将农村信贷利率与农户经营收入与利润、与农村民间借贷利率进行比较分析，从而发现农村信用社贷款定价存在的问题与困惑，最后从完善农村信用社贷款定价的外部环境与提高农村信用社贷款定价管理的内部措施两个方面提出完善河南省农村信用社贷款定价的对策与建议。

---

① 课题主持人：张宏伟。
课题组成员：李香稳、刘士谦、王燕、张勇杰。

关键词 农村信贷　农村信用社　贷款定价

一、研究背景、意义及范围界定

（一）研究背景

建立社会主义市场经济体制，使市场在资源配置中发挥基础性作用，是中国改革开放以来经济工作的重中之重。自十一届三中全会以来，中国逐步建立并完善市场经济体制，使得竞争机制、价格机制、供求机制在资源配置中的基础作用逐步得以加强。随着改革开放的不断深入、中国加入WTO和银行业的对外开放，利率市场化逐渐成为中国金融改革的关键部分。

利率作为资金的价格，成为现代市场经济学说的重要内容之一。早在20世纪五六十年代，利率市场化就已在西方发达国家展开。他们在60年代开始放松对利率的管制，80年代基本上完成了利率市场化进程。随着中国改革开放的逐步推进，党和国家非常重视中国的利率市场化改革。利率市场化指的是，中央银行逐步放松对利率的直接管制直至取消，让市场供给与需求决定的利率水平发挥主导作用，形成一个国家间接控制为主，中央银行基准利率作为参考，市场利率作为主体的多样化的利率体系。利率市场化本质上就是通过让金融机构获得金融产品定价权，将金融机构之间的竞争，由原先的以服务为主的竞争逐渐演变成产品、服务和价格之间的竞争，进而不断提高金融行业的服务水平。经过三十余年的市场经济体制改革，我国的利率市场化进程已经取得重大成就。

在现阶段，中国商业银行利润主要来自于贷款，贷款利率决定着商业银行的主要收益，利率的逐步市场化激发了商业银行进行贷款定价模式讨论和研究的主动性，金融理论学者们更是积极参与其中，深刻地认识到贷款定价在现代商业银行经营管理中位于极其关键的核心地位，具有极强的重要性，而农村信贷资产的定价更是整个商业银行贷款定价中的难点，故选择了这一课题作为研究的主题。

（二）研究意义

目前河南农村信用社还没有建立规范有效、富有竞争性的贷款利率定价模式，利率定价只是单纯在基准利率基础之上，确定一个具体浮动幅度。而对于贷款价格具有重要影响的成本、风险、效益和市场战略等因素没有考虑或是考虑不全面，不是现代银行真正意义上的市场定价行为，不符合农村信用社可持续发展的战略要求。2004年，中国人民银行放宽金融机构人民币贷款利率浮动区间，取消了贷款利率上限约束的条件下，金融机构贷款利率定价面临着新的要求，特别是近年来，随着商业竞争的增加，河南省农村的利率市场化改革，建立有效的贷款利率定价机制已经变得非常迫切需要。在此背景下，本文从农村信用社发展战略入手，试图探索一种具有农村信用社特色的贷款定价模式，建立科学、有效的贷款利率定价机制不但具有重大的理论意义，更具有重大的现实意义和实践意义，具体表现为以下几个方面。第一，有助于提高基层农村信用社的贷款定价能力，使其能够根据风险和收益对称的原则来确定合适的贷款利率。第二，增强农村信用社的竞争力，使其在与商业银行、中国邮政储蓄银行和其他金融机构的竞争中处于有利地位。第三，改善农村信用社的经营管理状况，使其摆脱经营亏损的局面，实现农村信用社的可持续发展。第四，通过制定合理的贷款利率可以抑制民间高利贷，规范整个农村金融市场，为农村信用社的发展和农村金融活动创造良好的外部环境，也有利于国家货币财政政策的实施。第五，合理的利率水平可以引导资源优化配置，激发贷款投资的积极性，扩大内需，进而促进农业和农村经济发展、农民收入水平的提高以及“三农”问题的解决，为中原经济区的“三化”和谐发展作出积极贡献。

(三) 研究范围的界定

农村金融具有一定的特殊性，主要分为政策性金融与商业性金融两部分。由于政策性金融信贷定价具有自身内在的规律要求，与商业性信贷定价有着根本的区别。因此，不作为本文研究的对象与内容。对于商业性金融，分布于农村地区的主要有农村信用社、农业银行和邮政信贷储蓄银行，农业银行属于传统四大国有商业银行，其业务虽然在农村地区有经营网点，但其在城市地区的业务更是其经营的重点，而且前些年还曾出现过网点上收、撤离农村地区的迹象。邮政储蓄银行经营信贷是新兴的业务，无论是其贷款品种还是贷款利率都具有明显的前期成长性，因此，在贷款定价上，还非常不成熟。农村信用社作为一家传统的典型的农村金融组织，长期扎根农村经营，其对农村经济的支持不容否定。作为地方法人金融机构，农村信用社具有完全自主定价权，因此，研究农村信贷利率定价，农村信用社具有较强的代表性，将其作为研究的主体样本与考察对象，不仅在理论上是可靠的，而且，在实践上更具有突出的应用价值与代表性。因此，本文的研究范围将界定在农村信用社的商业性信贷利率定价机制上。

二、国内外研究现状

(一) 国外研究综述

长期以来，国内外学者从某一个方面或者一个视角对商业银行贷款定价问题进行了大量的研究。安德鲁·H. 陈 (Andrew H. Chen) 等研究了合约成本对贷款价格的影响，指出贷款利差依赖于银行内部对贷款的监管成本。詹姆斯·

T. 费尔古斯（James T. Fergus），通过对建筑贷款数据的分析，提出了基于期权的贷款定价模型。彼得·德鲁克（Peter Drucker）提出的作业成本法、彼得·S. 罗斯提出的“成本加成贷款定价法”和“价格领导模型”、James，Zaik 等提出的 RAROC 定价法等，比较具有代表性。20 世纪 70 年代末，美国信托银行首创 RAROC（Risk – Adjusted Return On Capital），成为全面风险管理的核心方法。RAROC 模式将贷款风险资本的回报作为贷款定价决策的依据，全面考虑了贷款风险成本，符合 2006 年将要实行的《新巴塞尔资本协议》资本管理要求，是追求价值管理银行的比较合适的定价模式。但应用 RAROC 模式是在历史风险统计数据基础上计价，对商业银行财务和风险管理水平要求很高，商业银行不仅需要计算出应计会计成本，更要较准确地计量贷款预期损失和非预期损失，从而计算出风险成本和经济资本，它是未来贷款定价的发展趋势。20 世纪 80 年代，美国 Stem Stewart & Company 咨询管理公司将经济增加值（Economic Value Added，EVA）引入公司财务管理体系，投资收益率高低并非企业经营状况好坏和价值创造能力的评估标准，关键在于是否超过资本成本，保证最终收益能够在弥补各项经营成本后还能弥补资本成本并有剩余，即为银行带来必要的经济增加值。国外学者的观点是基于发达国家成熟的金融市场标准之上的，有关相关问题的研究未必适合我国的国情，但为此类研究提供了一种模式分析和研究方法。

（二）国外研究综述

相对于国外研究，我国商业银行产品定价理论探索尚处于起步阶段，大量研究是针对商业银行信用风险管理、控制及计量，如黄金老、邹新月、李汉通、方洪全和曾勇、吴军、陈忠阳等学者，深入探讨了我国信用风险特征及其管理模式。部分研究人员在借鉴比较西方观点的同时，结合中国实际，提出了在利率市场化进程中或市场化发育不成熟环境下的关于商业银行贷款定价若干主张。纵观国内现有的贷款定价研究文献，大多侧重于贷款定价的结构和成本等因素进行分析，较少把利率市场化下贷款定价问题放在以 EVA 和经济资本为核心的财务和风险管理背景下研究。目前，我国商业银行大多引入 EVA 的考核机制，因此，追求价值最大化成为银行经营的最终目的，这必然要求银行在进行产品定价时，不仅要考虑资金成本、风险成本、服务成本和管理费用，更要认真衡量贷款风险可能对银行盈利能力的影响以及资本成本和体现股东要求的风险约束最低回报率，即对风险准确定价。

笔者认为学者们的研究大多从一个侧面或角度为正处于激烈竞争环境中的商业银行出谋划策，提出对商业银行贷款定价的观点或看法，无疑为商业银行贷款定价体系的建设提供了理论依据，为商业银行的发展发挥了积极作用。但是对于农村贷款定价的研究却很少涉及，单纯的模型分析很难精确地应用到处于不同情况下的农村贷款定价建设上去，这就需要具体问题具体分析。本文就结合笔者的实际体会，力图博采众长，立足实际，企图寻找一些具有现实意义的银行贷款定价的办法，为农村贷款定价体系的建设提供一些有益的启发。

三、河南省农村信用社贷款定价现状

从 2004 年 1 月 1 日起，中国人民银行先后两次扩大金融机构贷款利率浮动区间，农村信用社贷款利率浮动区间由［1，1.5］扩大到［0.9，2.3］，实行上限管理。经过多年的改革和发展，信用社贷款定价能力逐渐成熟，贷款定价机制有了一定程度的确立，贷款定价机制的有效性正在逐步显现。

（一）逐步建立了利率管理架构

2003 年国务院确定深化农村信用社改革以来，在中央银行专项票据的推动下，河南省农村信用社基本上都建立了由贷审会、业务管理部以及稽核监察部门组成的决策、执行、监督架构。联社贷审委员会在理事会确定的目标利润基础上，负责审定年度贷款定价政策，制定和修改贷款管理办法及转授权方案，并组织实施。业务管理部或资产管理部负责日常利率管理工作，稽核监察部门则负责对利率制定、执行工作进行监督、审计。

（二）逐步建成了信用风险评价体系

为了支持农村地区的经济发展，给合农村金融的特点，信用社开展了小额信用贷款业务。无须任何抵押，凭借贷款人的信用就可以申请到一定额度的贷款。无可置疑，这些举措在支农上曾经是取得过巨大的成功。然而，这也蕴含了巨大的信用风险。近年来，信用社在对客户的信用评级上取得了进展。普遍开展了以“信用乡（镇）、村、户”评定为载体的农村信用工程，通过信贷员走访，建立了客户的第一手资料，对客户的经济状况、偿债能力、信用情况等都有了更加清晰的了解，通过对不同信贷主体进行风险分级，为风险定价提供依据。

（三）差别化的原则有了初步的体现

目前，河南省农村信用社普遍能够按照信用等级、保证方式及不同客户群体确定具体的利率浮动区间，初步体现了差别化原则。对于信誉较高的客户，办理贷款时给予了一定程度的优惠，贷款金额比较高的客户也能给予适当的优惠利率。此外，对于持有股金的客户，视其持股金额分别给予不同程度的优惠。其中对企业类客户基本上实现了单笔定价，对农户、个体工商户等自然人客户实行批量定价。

四、河南省农村信用社贷款实证分析

为掌握第一手资料，详尽地了解河南省农村信用社贷款利率定价的实践做法及效果，我们以驻马店市为对象，选取了9家县级法人农村信用联社、45家县域“三农”类中小企业和近500家农户及农村个体工商业者进行问卷实地调查，并运用SPSS软件系统对调查结果进行统计分析处理，还原剖析当前农村信用社贷款定价及其对农村贷款客户所产生的影响效果。

（一）县级农村信用社的贷款定价机制建设情况

从9份样本问卷来看，在2006年1月人民银行下发农村信用社贷款定价模板之前，将近80%的农村信用社县联社都制定了利率定价管理办法；其中30%的农村信用社县联社虽然建立利率定价管理办法但不完善；还有22%的农村信用社县联社没有建立利率定价管理办法。但在2006年1月以后根据人民银行下发的农村信用社贷款定价模板重新制定利率定价管理办法的88.89%，只有1家农村信用社县联社没有重新制定利率定价管理办法。而且在实际执行中，大部分农村信用社县联社都是在结合人民银行总行贷款定价模板及河南省贷款定价模板的前提下，又进行了本地化的移植与改造，从而形成适合本地实际情况的贷款定价模板，调查样本农村信用社县联社普遍采取成本加成定价方法，并且所制定模板成为当前农村信用社执行贷款定价的唯一标准。

对农户贷款利率的浮动情况为：对一般户利率浮动保持在70%～100%，对信用户利率浮动保持在50%～70%；对个体工商户利率浮动幅度为最低30%，最高为上浮到顶2.3倍，其中50%的个体工商户的贷款利率浮动保持在上浮100%～130%，25%的个体工商户的贷款利率浮动保持在上浮50%～70%，只有约12.5%的个体工商户的贷款利率才能享受到上浮30%～50%。对中小企业贷款利率浮动幅度为：55.56%的中小企业贷款客户要承受上浮100%～130%的利率水平，只有约有10%的客户可以享受到10%～30%的较小幅度的优惠利率；对于农业龙头化企业的贷款浮动幅度为：62.5%的农业龙头化企业的贷款利率上浮水平保持在50%～100%。

（二）农户贷款利率定价执行情况

调查对象大部分为具有较强经济实力且有旺盛信贷需求的农户。本次调查我们选取了500份样本对象，发放问卷500份，收回468份，有效问卷约4 450份。从表1中我们得知，在农户的调查对象中，约有54.1%的为一般农户，有17.7%的调查对象为当地中等水平的种养殖户，属于当地种植大户的只占到12.8%。这种情况说明，我们此次调查选取的对象都是具有较强生产经营能力与信贷需求的农户，他们对贷款定价问题的反应应该具有较强的敏感性。

表 1 **农户调查对象的分类**

你在当地属于

		频数	百分比	有效百分比	累计百分比
有效	一般农户	253	54.1	56.2	56.2
	当地的种植业大户	60	12.8	13.3	69.6
	当地的养殖大户	47	10.0	10.4	80.0
	种养殖都从事，属于中等水平	83	17.7	18.4	98.4
	当地的农村经济组织	7	1.5	1.6	100.0
	小计	450	96.2	100.0	
无效		18	3.8		
总计		468	100.0		

农户贷款时最关心的问题为是否能够贷到款，利率问题排在其后。农户在贷款时最关心的问题排在第一位仍然是能否及时获得贷款，占比为42.3%，排在第二位的就要数贷款利率水平了，占比为32.7%（见表2），这种情况十分符合我们当前的农村金融市场结构的格局。在一个充分竞争的金融市场环境中，贷款需求者最关心的因素应当首先是贷款利率，然后才是其他因素；而在当前我们的现实环境中，由于农村金融市场的垄断性，农村信用社占有绝对的主导地位，因此，农户在贷款交易中没有相应的话语权，因此，他关心的首先是能不能取得贷款，其次才是价格即利率问题。

表 2 **农户贷款时最关心的问题权重分布**

贷款时，你最关心什么

		频数	百分比	有效百分比	累计百分比
有效	贷款利率高低	153	32.7	34.0	34.0
	能否及时获得贷款	198	42.3	44.0	78.0
	申请贷款的满足程度	99	21.2	22.0	100.0
	小计	450	96.2	100.0	
无效		18	3.8		
总计		468	100.0		

农户贷款能够选择的渠道首先而且最主要的也是农村信用社。农村信用社作为农户贷款选择重要对象的占比为72.6%，而农业银行与邮政储蓄银行的占比合计也不过刚刚突破17%而已（见表3），可见，农村信用社在农村地区金融市场中的作用与影响，同时也反映出农户在发生金融需求时能够选择对象的局限性。

表 3　**农户贷款时所能选择的来源渠道**

获得贷款的渠道

		频数	百分比	有效百分比	累计百分比
有效	农村信用社	340	72.6	75.7	78.7
	农业银行	42	9.0	9.4	85.1
	邮政储蓄银行	38	8.1	8.5	93.5
	其他渠道主要向亲朋好友借贷	29	6.2	6.5	100.0
	小计	449	95.9	100.0	
无效		19	4.1		
总计		468	100.0		

农户贷款的最主要用途还是在生产或经营领域，而非消费领域，这说明贷款利率弹性较小。其中用于购买一般农业性生产资料的占 24.8%，从事个体经商活动的占 22.0%，二者合计近 50%，而用于上学、住房、看病等消费性需求的只占 12.2%（见表 4）。由于生产经营性活动是农户为了改善生活质量、提高生活水平而被迫选择的生产活动，因此，具有较强的刚性，此类贷款的需求也就具有明显的刚性，从需求方面看，这类贷款的利率弹性也就非常小，这也是造成农村信贷利率高企的一个单方面因素。

表 4　**农户贷款的用途分类**

获得贷款用途

		频数	百分比	有效百分比	累计百分比
有效	购买一般性农业生产资料	116	24.8	25.8	25.8
	购买农用车辆	90	19.2	20.0	45.8
	购买牛、羊	82	17.5	18.2	64.0
	从事个体经商活动	103	22.0	22.9	86.9
	家里急用，如子女上学、看病就医、修建住房等	57	12.2	12.7	99.6
	其他	2	0.4	0.4	100.0
	小计	450	96.2	100.0	
无效		18	3.8		
总计		468	100.0		

农户金融知识的欠缺助长了农村信贷利率执行的随意性。我们对贷款利率提高后农户的反应做了一个假设，结果将近 50% 的农户不知道如何面对这样一

个问题，而有37.8%的农户认为贷款利率提高不会有助于自己获得贷款，只有10.0%的农户认为可以更容易地得到贷款（见表5）。这样的回答结果，让我们感到迷茫，本来一个非常简单的问题，就如萝卜价格上涨后，你是否能够更容易多地购买到一样。这也同时说明，广大农村农户金融知识的严重欠缺，这种欠缺又会在一定程度上滞缓与阻碍农村信贷利率改革的进程与步伐，助长了农村信贷利率执行的随意性。

表5　　贷款利率提高后农户的反应

你认为提高利率是否更容易得到贷款

		频数	百分比	有效百分比	累计百分比
有效	会	47	10.0	10.4	10.4
	不会	177	37.8	39.3	49.8
	不好说	226	48.3	50.2	100.0
	小计	450	96.2	100.0	
无效		18	3.8		
总计		468	100.0		

近年来，农村地区贷款难的局面未发生明显改观。调查显示，33.5%的农户认为贷款难易程度与从前一样，15.8%的农户认为比以前更难了，只有31.8%的农户感受到相对更容易一些（见表6）。这说明农村地区农户贷款难的局面并未发生明显改善。

表6　　近年来农户贷款难易程度变化

你觉得跟两年前比，现在从农村信用社贷款难易如何

		频数	百分比	有效百分比	累计百分比
有效	更容易	149	31.8	35.6	35.6
	差不多	157	33.5	37.5	73.0
	更难了	74	15.8	17.7	90.7
	不知道	39	8.3	9.3	100.0
	小计	419	89.5	100.0	
无效		49	10.5		
总计		468	100.0		

农户参与民间借贷依然活跃。调查显示，32.3%的农户参与过民间借贷（见表7），考虑到部分群众对民间借贷的敏感性与回避心态，实际农村农户参与民间借贷的比例要高于这一数据。据人民银行驻马店市中心支行民间借贷监测

显示，2012 年 6 月全市农户样本的民间借贷新增融资规模在 880 630 万元。

表 7　　近年来农户参与民间借贷情况

你家是否参与民间借贷

		频数	百分比	有效百分比	累计百分比
有效	借过	151	32.3	33.6	33.6
	没借过	299	63.9	66.4	100.0
	小计	450	96.2	100.0	
无效		18	3.8		
总计		468	100.0		

（三）中小企业贷款利率定价执行情况

中小企业贷款依然困难。调查显示，82.3% 的中小企业在面临贷款问题时（见表 8），最关心的依然是能否获得贷款及申请贷款的满足程度，而贷款利率却排在其后。这说明中小企业在贷款问题上最大的制约还是能否得到贷款，从而反映了中小企业贷款难现象依然突出。

表 8　　中小企业贷款最关注的因素

贷款时，企业最关心什么

		频数	百分比	有效百分比	累计百分比
有效	贷款利率高低	8	17.8	17.8	17.8
	能不能及时获得贷款	21	46.7	46.7	64.4
	申请贷款的满足程度	16	35.6	35.6	100.0
	总计	45	100.0	100.0	

农村信用社成为农村中小企业贷款的主要选择。中小企业贷款时，选择农村信用社的占到 77.8%，只有 8.9% 选择了农业银行，11.1% 选择了农业发展银行，2.2% 选择了邮政储蓄银行等其他金融机构渠道（见表 9）。这说明农村信用社在农村金融市场中占绝对垄断地位。

表 9　　中小企业获得贷款的主要渠道

企业获得贷款的主要渠道是什么

		频数	百分比	有效百分比	累计百分比
有效	农村信用社	35	77.8	77.8	77.8
	农业银行	4	8.9	8.9	86.7
	农业发展银行	5	11.1	11.1	97.8
	其他	1	2.2	2.2	100.0
	小计	45	100.0	100.0	

流动资金需求成为农村中小企业贷款的主要用途，说明中小企业贷款利率弹性较小。调查显示，57.8%的信贷资金需求属于中小企业的流动资金需求，用于扩大生产规模的固定资产投资的贷款需求占到37.8%（见表10），这说明企业对银行贷款的依赖性非常高，从而造成贷款利率弹性较小。

表10　　　　中小企业获得贷款的主要用途

企业获得贷款的主要用途是什么

		频数	百分比	有效百分比	累计百分比
有效	扩大生产规模	17	37.8	37.8	37.8
	技术改造	2	4.4	4.4	42.2
	流动性资金需求	26	57.8	57.8	100.0
	小计	45	100.0	100.0	

农村信用社对中小企业贷款的利率普遍上浮。调查显示：中小企业贷款利率保持在上浮10%～50%，这一区间的贷款利率占到全部贷款利率的66.6%，同时上浮达到50%～70%的占比为15.6%，只有11.1%的企业客户才能享受下浮10%左右的优惠利率水平（见表11）。

表11　　　　中小企业贷款利率的浮动区间分布

信用社对企业利率浮动情况

		频数	百分比	有效百分比	累计百分比
有效	下浮10%	5	11.1	11.1	11.1
	基准利率	3	6.7	6.7	17.8
	上浮10%～30%	15	33.3	33.3	51.1
	上浮30%～50%	15	33.3	33.3	84.4
	上浮50%～70%	7	15.6	15.6	100.0
	小计	45	100.0	100.0	

中小企业普遍认当前农村信用社的贷款利率偏高。调查显示：认为农村信用社贷款利率水平较高及以上的占比达到55.5%，其中认为贷款利率很高的达到11.1%，认为适中的达到40.0%，认为偏低的有4.4%。这说明整体上农村中小企业认为当前的农村信贷利率水平过高（见表12）。

表 12 **中小企业对农村信用社贷款利率的认知与评价**

企业对当前农村信用社利率的看法

		频数	百分比	有效百分比	累计百分比
有效	利率很高	5	11.1	11.1	11.1
	较高	20	44.4	44.4	55.6
	适中	18	40.0	40.0	95.6
	偏低	2	4.4	4.4	100.0
	小计	45	100.0	100.0	

当前农村信用社贷款利率占企业利润的比重过高。调查显示：认为农村信用社贷款利率占中小企业当年收入10%的达到73.3%，更有24.4%的中小企业认为这一比重超过了20%，还有2.2%的中小企业认为这一比重超过了30%（见表13），银行贷款利息支出超过企业当前经营收入的30%意味着什么？这将意味着银行贷款利息支出将会完全抵掉企业正常利润，意味着企业使用如此的银行贷款不啻于饮鸩止渴，这是一种非常危险的信号。

表 13 **银行贷款利息支出占中小企业收入的比重**

企业目前利息占企业收入的比重

		频数	百分比	有效百分比	累计百分比
有效	10%左右	33	73.3	73.3	73.3
	20%左右	11	24.4	24.4	97.8
	30%左右	1	2.2	2.2	100.0
	小计	45	100.0	100.0	

中小企业参与民间借贷的情况比较普遍。调查显示：大约46.7%的中小企业有过民间借贷的经历（见表14），由于调查样本数量的局限性，实际的情况可能要远远高于这一数字。这说明正规金融的不足及金融市场的垄断性，只能靠民间金融去渗透与补充，这也是近年来民间金融日益火爆并要求合法化的现实背景。

表 14 **农村中小企业参与民间金融的情况**

你们企业是否参与从民间金融组织借过钱

		频数	百分比	有效百分比	累计百分比
有效	借过	21	46.7	46.7	46.7
	没借过	24	53.3	53.3	100.0
	小计	45	100.0	100.0	

（四）农村主要行业毛利润率与贷款利率比较

根据利息收入决定理论，利息收入应该来源于企业经营利润，并且只能是企业利润的一部分。从理论上讲，利息率应该保持在零至利润率之间，低于零，银行无利可图，高于企业利润率，企业无利可图，所以只能介于二者之间。下面，我们将根据上述理论，将贷款利率与企业利润率进行对比分析，来判断农村信用社贷款定价的合理性与科学性。

从表 15 农村主要种植业成本利润率明细表可知，2009 年全国农业小麦与玉米的成本利润率分别为 26.54% 与 31.82%，2010 年这一组数据变化为 21.36% 与 37.89%。从表 17 河南省 × × 县农村信用社贷款利率调整表得知：一般农户的一年期贷款利率一般保持在 9.66%，占到了农户纯收入的 30% 以上。

从表 16 农村主要养殖业成本利润率明细表可知，2009 年全国农村生猪、肉鸡与奶牛养殖的成本利润率分别为 7.36%、9.32% 与 32.61%，2010 年这一组数据变化为 7.26%、11.3% 与 34.21%。从表 17 河南省 × × 县农村信用社贷款利率调整表得知：一般个体工商户的一年期贷款利率一般保持在 10.17%，这已经远远超过了农户养殖生猪与肉鸡的平均利润率，也就是说如果农户使用农村信用社的贷款开展正常的生猪与肉鸡养殖经营活动的话，在当年的市场价格水平下，不但不赚钱，而且还要赔钱。只有奶牛养殖还有利可图。

（五）农村民间借贷利率与贷款利率比较

农村信用社贷款定价的参照因素还有一个就是民间借贷利率水平。民间借贷利率水平的高低以及与农村信用社贷款利率水平的差距，从一定程度上可以判断出当前农村金融市场的结构情况，以及农村信用社贷款定价的合理性与科学性可以改善的空间与弹性。下面，我们将根据上述思路，对农村信用社的贷款利率与民间借贷利率进行比较分析，以期发现有价值的线索与结论。

我们仔细阅读下面有关资料表 18 与表 19，会发现一年期贷款加权平均利率为 11.5840%，而同期同档次的民间借贷利率水平为 18.0767%，也就是说，民间借贷比正规金融机构贷款利率高出了大约 7 个百分点，而超过一年期的贷款利率二者的差距随着期限的延长而拉开得愈大，最高差距达到 12 个百分点。这种情况表明，当前的农村金融市场结构的高度垄断性，导致了民间金融的活跃，大量弥补正规金融功能覆盖不到的领域，同时，更说明当前，对于农村金融机构贷款定价的无约束性，这种情况的改善，只能寄希望于农村地区进入更多的微小金融机构，来激活当前僵化、垄断、单一的市场格局模式。

五、河南省农村信用社贷款定价存在的问题

（一）贷款利率定价方法简单化

一是贷款利率定价模式处在一个粗管理、浅层次的水平上，这种方法仅考虑了综合成本与收益，而无法精确做到风险和收益的有效匹配；二是这种定价方法的基准利率参照的是中央银行基准利率，而资金来源与资金运用在价格与期限上无法进行配比管理，导致贷款定价与资金成本核算脱节；三是在贷款实际操作中，农村信用社只按贷款种类和期限进行简单区分，然后再确定一个固定的浮动区间，有的甚至采取“一刀切”的单一标准，无法有效体现贷款利率差别化、风险与收益相匹配的原则，容易造成不同客户贷款利率的趋同，有悖于资金优化配置和风险匹配的要求。

（二）贷款利率定价不能充分反映市场资金供求关系

目前河南省农村信用社的贷款利率不能发挥市场供求的调节作用，利率定价与市场变化脱节，无论外部市场环境如何变化，农村信用社的利率定价始终不发生变化，除非国家基准利率调整，农村信用社才会据此作出变化调整。近年来，河南省多数农村信用社贷款虽快速增长，但贷存比下降，大量资金闲置，只能通过上存省联社或通过购买债券等形式外流，在一定程度上影响了支持本地“三农”发展的效果和力度。

（三）贷款利率定价水平整体较高

由于在农村信贷市场中形成了相对垄断的地位，农村信用社在贷款定价时，可以无所顾忌地把自身盈利放在第一位。近年来，河南省农村信用社为了自身的发展，新增贷款都执行了较高的利率，以争取较高的收益，并且农村信用社的利率呈现为不断上升态势，总体利率水平较高。人民银行郑州中心支行利率监测数据表明，河南省农村信用社实际执行的贷款利率明显高于其他银行业金融机构。此外，农村信用社通过缩短贷款期限，导致贷款逾期，进而收取高额罚息的现象仍然存在，更进一步抬高了实际利率水平。农村信用社贷款利率的上浮，一定程度上与其经营业务范围和对象的特殊性有密切关系，有利于覆盖贷款的风险。但过高的利率水平却在一定程度上制约了其竞争力，特别是随着越来越多的新型农村金融机构进驻农村市场，其制约性已日益明显。

（四）贷款利率定价机构不健全

比较目前，尽管河南省农村信用社建立了贷款利率定价的组织机构，但总的来看，农村信用社法人治理结构建设还不够完善。具有贷款定价最高权力机构的理事会，由于其职责不健全，决策程序不规范，难以充分发挥科学的决策定价战略以及制定相关制度的作用。而作为管理层的审贷委员会由于缺乏相应

的制度约束，贷款定价存在短期行为，缺乏中长期发展规划，贷款定价机制的制定水平不高，规范性不足。同时，基层联社和信贷员由于自身知识水平有限，对贷款定价机制的形成、贷款利率浮动点数（幅度）的确定等相关业务知识掌握不够，致使部分农村信用社的贷款定价管理办法无法真正得以有效实施。因此，这使得贷款定价机制从决策、制定到执行等各个环节都缺乏完善的组织协调机制的有效的激励及监督，造成贷款定价机制存在诸多不足。

（五）贷款利率定价的内部基础要素有待加强

一是风险评估系统有待完善。对客户资料和信息基础数据的积累缺乏有效管理，对客户信用程度、还款能力等诸多定价要素分析、判断、鉴定的科学性、准确性和系统性难以得到保证，导致无法精细地核算成本、费用和收益，满足不了市场风险管理和贷款定价方法各项参数确定的需要。二是信用评级缺乏科学性。目前，河南省大多数农村信用社对个人贷款户的信用评级缺乏统一的可供操作的模块与指标，评级授信还处于探索阶段，农村信用社所采集的财务指标和道德水准等软性指标，都存在真实性缺乏问题。三是贷款利率定价的考核监督机制和风险预警机制没有得以健全。贷款定价过程中的“印象+经验”现象比较普遍，同时缺乏有效的风险预警机制，无法有效监控信贷资产的质量变化情况，难以根据风险变化情况采取有效的管理措施。四是缺乏贷款定价管理及操作人才。大部分基层农村信用社人员素质不高，贷款定价管理人才缺乏，贷款定价基础工作仍未夯实。

六、河南省农村信用社信贷定价对策建议

根据对于贷款利率定价改革政策目标的理解，结合对于河南省的调研，我们认为，贷款利率定价政策尽管得到了推行，但是并没有有效地促进信贷投放量的增加，并没有合理、科学地开展农村信贷利率定价，贷款难的问题依然比较严重。造成这一现象的内部原因在于农村信用社高效率推行利率定价改革的动力与能力不足，外部原因在于经济发展落后限制了农村信用社的利率定价浮动空间。为此，配合贷款利率定价政策的推行，从技术、资金、人员支持等方面增强农村信用社利率定价的能力，从内部管理机制改革方面塑造农村信用社利率定价改革的动力机制；积极发展农村经济，改善农村金融市场竞争格局，提升农村信用社经营的经济金融环境，就成为完善利率定价政策的应有举措。

（一）提高农村信用社贷款定价管理的内部措施

在利率市场化的环境中，贷款价格将成为银行业金融机构贷款营销成败的重要影响因素。贷款价格对外是银行与客户商定借出资金价格的行为，对内是对资产的预期收益和运作风险的控制活动。要使农村信用社的贷款业务有效率、

低风险，且能保持市场竞争力，就需建立健全一个系统的高效的贷款定价机制。笔者认为在目前的情况下，一个高效的贷款定价机制应该包括科学的定价理念、规范的定价制度和具有农村信社用自身特点的定价模型三个方面。科学的定价理念给定价机制的建立指明方向；规范的定价制度保证科学定价的有效执行；具有农村信用社自身特点的定价模型将提高价格制定的准确性和合理性。

（1）完善贷款利率定价组织框架。贷款定价是一个科学的利率决定过程，要保证这一过程的有效、有序，必须按照人民银行的要求建立相关的组织机构：第一，建立贷款定价管理委员会（或资产负债管理委员会、审贷委员会）作为贷款利率定价的领导和决策机构。第二，贷款利率定价委员会下设贷款定价办公室，或者由计划财务部、综合计算部等部门作为贷款利率定价的后台，负责贷款利率定价的日常管理工作。第三，农村信用社会计财务、信贷、资金营运等部门为贷款利率定价提供保障支持。第四，审贷小组作为贷款利率定价的中间平台，负责在贷款定价办公室的授权范围内对其信贷员进行授权，确定贷款的执行利率。第五，信贷员作为贷款利率定价前台，负责在审贷小组的授权范围内收集客户相关信息并确定贷款利率。

（2）建立科学的内部资金转移定价系统。具体针对农村信用社而言，内部资金转移价格主要是指联社存款部门和基层信用社的存差资金通过资金营运部门转移给信贷部门所使用的各期限档次利率。建立内部资金转移定价系统的主要优点是，在资产负债管理委员会进行决策时，可把利率风险和信用风险分离，贷款决策可集中分析贷款资产的质量，而资金管理部门则负责了解资金成本及负责解决资产和负债的期限结构，特别是对市场利率变化比较敏感的资产和负债的期限结构。最后农村信用社要制定反应灵活的应对策略。要有对市场利率变化的预测能力、分析能力、快速反应的能力，并及时落实到金融产品的分析、调整中，积极开展金融创新，开发新产品，以满足不同客户的需求。

（3）推行作业成本管理。首先，要改变传统观念，向农村信用社员工分析传统成本法的局限性并阐述作业成本法的先进性、合理性、有效性及科学性，让作业成本和作业管理的理念得到广泛的认同。其次，应该提升农村信用社的整体管理水平，加强信息网络系统建设，为了使新构建的农村信用社贷款定价模型能够在实际中得到有效实施，必须对当前农村信用社内部体系和外部环境中与贷款定价相关的各支持力量进行优化与完善，以保证贷款定价模型所需数据能够顺利获取，贷款定价模型能够得到有效推广和实施。

（4）加强客户数据管理。新构建的贷款定价模型以客户贷款违约概率的计算为基础，要保证客户贷款违约概率模型的准确性，要求农村信用社能够提供所需数量和质量的信息，这是决定利率定价的关键因素。首先，要对客户历史贷款数据进行有效的分析、分类和整理。建立违约和非违约客户样本数据库，为进行 Logistic 分析、建立客户违约概率计算模型提供信息。其次，要做好样本数据的补充和更新工作。随着时间的推进，必须加入新的违约客户和非违约客户样本数据，根据新的数据重新计算客户违约概率计算模型，以新的模型来预测未来某一段时间内新增客户的贷款违约概率，这就需要对客户信息和样本数据不断进行更新和维护，以保证客户违约概率计算模型的时效性和准确性。

（5）加快金融产品创新，调整收入结构。一是拓宽经营范围，增加业务品种。国外银行的中间业务经营品种多达 5 000 余种，范围涉及管理、担保、融资、衍生金融工具交易中众多领域，这是我们需要借鉴的地方。二是扩大业务规模，提高收入水平。外资银行的中间业务收入已普遍占到总收入的 80% 左右，而我国银行按最新数据也不足 30% 。在利率市场化进程中，开发金融衍生产品交易等新产品，通过利率期货、期权、调期等手段不仅可以规避利率风险，甚至还能从中获益。

（6）提高人员素质。一是增强各层次人员的社会公开招聘力度，大量补充具有相关专业高学历的普通员工。高学历员工的加入一方面可以改变传统经营观念，进行业务创新，有效提高工作效率，另一方面也可以为以后中高层管理人才的提拔储备资源，改善以前经常出现的“筷子里面选旗杆”的中高层管理人才选拔状况。二是要加大对现有人员的培训力度，挖掘员工潜力。首先要以岗位培训为主，建立科学合理的岗位培训制度，按照各工作岗位对员工工作能力的要求，对员工队伍分期、分批、分层次地进行系统化的、针对自身差距实施最有效的培训；其次是培训工作要有“新”意，要注意加强对新知识、新业务、新技能、新制度、新法规的培训，不断更新员工队伍的知识结构；最后要灵活运用“请进来、走出去”的形式，加强员工的培训。

（二）完善农信社贷款定价机制的外部环境

（1）优化金融市场竞争格局。要推进农村金融改革与创新，建立健全农村金融服务体系，逐步培养良好的金融环境，形成有序竞争。逐步完善欠发达地区金融机构和信贷市场体系，充分发挥政策性金融的政策引导作用。欠发达地区利率浮动政策效应不明显，最主要的原因就是金融机构体系不完善，有效的信贷市场竞争机制没有形成，因此建立和完善欠发达地区的金融服务体系是促进利率市场化的基础。要培育竞争性的农村金融市场。继续放开农村金融市场的准入限制，推进农村地区银行业金融机构准入政策的深入，鼓励资金互助合作社、乡村银行和贷款公司等新型农村金融机构在广大农村地区有效发展起来，和农村信用社形成一种良性竞争机制，一方面，通过新型农村金融机构分摊农村信用社满足农村资金需求的压力；另一方面，通过培育竞争性的农村金融市场，对农信社的经营形成压力，促使其完善治理机制，加强经营管理和服务创新，最终提供合理的贷款利率水平来提高自身的吸引力、竞争力和效益。

（2）积极稳妥地推进农村利率市场化工作。要使农村信用社真正认识到贷款定价问题的重要性，促使贷款定价模型得到广泛应用，必须在现有贷款利率浮动区间上限不断放开的基础上，继续推进农村利率市场化工作，实现农村金融市场利率的完全市场决定，促使农村信用社根据科学贷款定价模型按照市场需求制定合理的贷款利率水平。在当前状态下推进农村利率市场化工作，要在继续不断放开贷款利率的基础上，逐步放开农村金融市场存款利率水平，实现存贷款利率水平的联合浮动，不仅使贷款利率能够成为农村信用社有效控制的变量，而且存款利率也能够成为农村信用社有效控制的变量，农村信用社既可以通过减少资金成本来降低贷款利率，也可以通过降低经营成本和其他措施来降低贷款利率水平，增强其贷款利率定价的灵活性和贷款利率浮动的空间，保证农村信用社贷款利率的竞争能力。

（3）加强对农村信用社贷款定价的帮助和指导。人民银行作为贷款利率的管理部门，应加强对农村信用社贷款定价的帮助和指导工作。首先，要充分利用人民银行的信用评级资源。依托人民银行现有的征信系统，建立农村企业和农户信用数据库，为农村信用社提供定价信息和依据。其次，要加强人民银行对农村信用社科学定价的管理和指导。指导农村信用社完善法人治理结构、议事规则和决策程序；加大对信用社贷款定价人才的培养，使贷款定价培训制度化、长期化，提高贷款定价工作人员对利率风险量化的分析水平和利率风险控制的水平；建立有效的利率风险预警机制；指导信用社充分发挥经营决策信息系统，建立贷款定价信息系统，提高农村信用社计算机信息化水平；通过选择试点、逐步推广的原则，在农村信用社开展推广作业成本管理法。

（4）构建统一协调的监管环境。应该建立省级人民政府、省级信用联社、银监会以及中国人民银行之间关于农村信用社监督管理的定期沟通渠道和交流机制，某一监管主体在出台某项政策前，应广泛听取其他监管主体对该项政策的意见，寻求监管主体之间意见的协调与统一。同时，在对农村信用社进行监督管理的过程中，各监管主体对农村信用社经营管理和贷款定价的指导要以间接调控为主，通过制定相关法律规定、完善各项规章制度、提供各种支持措施、加强对贷款定价过程的监督来引导农村信用社贷款定价的工作，尽量减少对农村信用社贷款定价过程的直接干预，构建统一协调的监管环境，在增强农村信用社贷款定价能力的同时，赋予农村信用社充分的贷款定价自主权，实现农村信用社真正意义上的贷款自由定价。

（5）进一步落实金融扶持政策。一是探索对中部地区实施差别化的货币政策工具和优惠信贷政策，特别是河南省主要是农业主产区，工业发展与东部有较大差异，近年来中部省区都在承接东部的产业转移，因此有关部门在制定货币政策和信贷政策时，应该考虑东中部的不同特点，给中部更加宽松的特殊优惠政策；二是调整优化银行信贷结构，加大中部地区重点项目建设、绿色生态产业、民生项目等的信贷支持力度；三是进一步完善政策性金融组织体系，通过政策性金融大力扶持农业主产区发展，支持农业金融创新。

（6）规范并引导民间金融有序发展。一是进行法律规范。国家应立法制定规范民间融资行为的法规条例，对民间融资主体双方的权利义务、交易方式、契约要件、利率管制、税务征收、违约责任和权益保障等方面加以明确，用法律手段治理和规范民间融资市场，推动民间融资的正规化运作。二是建立长效管理机制。要形成银监、工商和公安部门齐抓共管的民间融资管理体系，加强对非法民间融资行为的打击和取缔。三是建立多类型信用中介机构管理公司，如贷款信用担保公司等，为金融部门提供个人信用担保服务，支持和引导对民间融资的正规化运作。

参考文献

[1] 谢志忠．农村金融理论与实践［M］．北京：北京大学出版社，2011.

[2] 应千伟．中国贷款利率改革与资本配置［M］．北京：经济管理出版社，2011.

[3] 张龙耀，褚保金．农村金融市场失灵与金融创新研究［M］．北京：科学出版社，2011.

[4] 毕明强．中国商业银行贷款定价方法研究［M］．北京：经济科学出版社，2008.

[5] 冯宗宪、郭建伟．银行利率定价原理与方法［M］．北京：中国金融出版社，2009.

[6] 吴琼．中国商业银行利率定价管理［M］．北京：中国财政经济出版社，2010.

农村信用社产权改革的区域选择

河南省信用合作社联合社课题组①

摘要 2003年，国务院出台了《深化农村信用社改革试点方案》，河南省于2004年成为第二批农村信用社改革试点省份，从此河南农村信用社进入了快速发展阶段。经过多年不断的努力，全省农村信用社管理体制初步理顺，发展方式逐步转变，业务规模迅速扩大，经济效益得到明显提升。然而，由于多种原因，全省农村信用社在改革过程中仍存在产权制度不明晰，公司治理机构不合理等问题，与当前金融业发展趋势和中原经济区的建设不相适应，制约着全省农村信用社深化改革和发展的步伐。

产权改革是农村信用社改革的重中之重，产权改革的区域选择是产权改革的重要方面。本文在分析河南省社会经济发展、金融环境以及全省农村信用社产权改革现状基础上，充分借鉴其他代表省份产权改革及区域选择经验，为全省农村信用社产权改革的区域选择提出三种思路：思路一是统一河南省农信社法人，打造省级农村商业银行；思路二是整合城区，统一城区农信社，成立中原农商行；思路三是以市为单位，统一辖内农村信用社组建市级农村商业银行。

关键词 农信社 改革 选择

一、导言

河南省农村信用社是全省农村金融体系中的重要组成部分，对全省经济发展起到了重要的金融支持作用。2005年，省农信联社组建成立，全省农村信用社成为一个垂直管理的系统，业务经营及人、财、物等方面的管理标准趋于统一，规模效应逐步显现。然而，由于多种原因，全省农村信用社在改革过程中仍存在产权制度不明晰，公司治理机构不合理等问题，与当前金融业发展趋势

① 课题主持人：鲁轶。
课题组成员：关奇峰、姬瑞朝、胡敬新、刘书启、赵珂。

和中原经济区的建设不相适应，制约着全省农村信用社深化改革和发展的步伐。

本文在分析河南省社会经济和农村信用社发展现状的基础上，通过对其他省份农村信用社改革实践进行探讨和研究，提出了三种产权改革的区域选择思路：一是全省农村信用社统一法人；二是整合城区农村信用社建立中原农村商业银行；三是以市为单位，统一辖内农村信用社组建市级农村商业银行。在研究过程中参阅了大量文献资料，主要包括以下两个方面。

1. 关于农村合作金融的改革与发展

2000 年以前专家学者对农村信用社的研究主要多集中在经营管理等方面，2000 年之后理论界和实务界逐步认识到产权制度改革在农村合作金融改革中的重要性，许多学者、实务工作者做了大量研究。如刘岩、仲晓夫界定了合作金融产权制度的一般框架；雷春柱论述了目前农信社产权制度改革中存在的问题，并比较了股份制、股份合作制、合作制的产权制度，认为农村信用社产权制度改革的最终目标是实行股份制改造，按照市场机制，实行彻底的商业化经营。

2. 关于农村信用社产权改造的区域选择

阮红新从制度安排的角度分析了省联社的运行模式，建议对省农信联社进行股份制改造，建立省级农村商业银行的模式。刘辛元探索了“去行政化”的区域组合道路，按经济区域设置法人架构，按经济区域组合不同层次的法人体系，如实施规模较大乡镇农村信用社一级法人、跨行政区域法人组合、同一经济圈（带）内组合、经营能力强弱的地区农村信用社的资本组合等方面进行了探索。

本文充分借鉴已有研究成果，在对河南省社会经济发展以及农村信用社发展现状进行分析研究的基础上，对全省农村信用社产权改造的区域选择进行了探索性研究。

二、河南省经济发展状况及金融环境

（一）河南经济发展状况

2011 年，河南省实现生产总值 27 232.04 亿元，比上年增长 11.6%，按可比价格计算比 1949 年增长了 180 多倍，年均递增 10%。在全国各省市的排位由 1978 年的第 9 位上升到 2007 年的第 5 位，居中西部地区首位。

从生产的角度来看，全省第一产业增加值为 3 512.06 亿元，比上年增长 3.7%；工业增加值为 14 401.70 亿元，比上年增长 16.1%；第三产业继续保持高速增长，增加值达 7 832.59 亿元。从支出的角度来看，2011 年全省固定资产投资增速从高位回落，但仍保持 25.8% 的增长速度，并向六大高成长性产业倾斜，投资比例超过六成，同时金融业投资增长速度高达 40.4%；同时全省“大招商”政策初见成效，对外贸易快速增长，进出口总额高达 326.42 亿美元，比

2010 年增长 83.1%，近些年来一直保持进口大于出口的态势。①

表 1　　河南省 1978—2011 年不同时期经济总量与发展速度指标

时期	生产总值（亿元）	增长速度（%）	人均生产总值（元）	人均生产总值增长速度（%）
1978—1988	574.23	11.1	323.19	9.40
1989—1998	1 580.69	10.2	765.76	9.06
1999—2008	4 547.42	10.7	2 083.95	10.44
1978—2008	2 171.93	11.2	1 029.65	10.06
2009	2 404.33	10.7	1 132.615	10.45
2010	2 661.59	10.7	1 269.03	12.04
2011	2 970.60	16.1	1 470.08	15.84

注：①生产总值为指数数据（1952 = 100），按可比价格计算。

②数据来源：河南省 2009—2011 年统计年鉴。

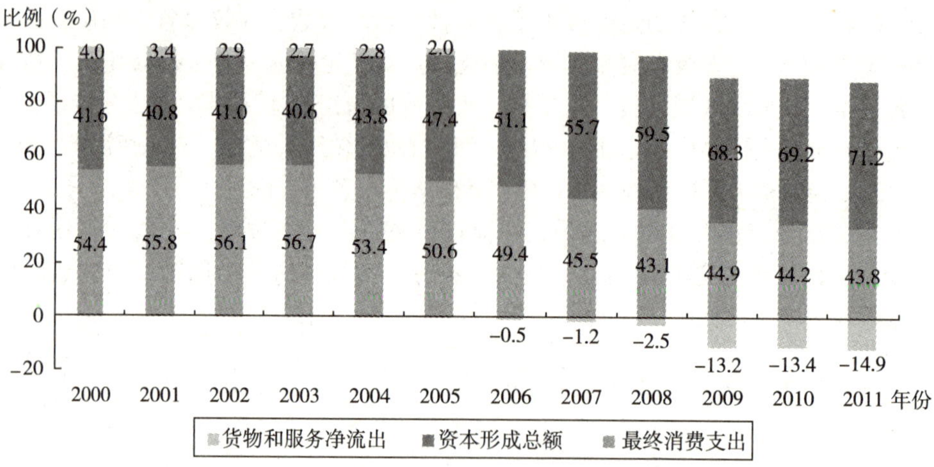

图 1　三大需求对国内生产总值增长的贡献率

从三大需求对国民经济的贡献来看，从 2000 年至今，全省以资本形成带动经济发展。从图 1 可见，资本形成在国民经济增长构成中的比例越来越大，但从资本形成总额与消费的比例关系来看，资本形成对经济影响较大的趋势已经形成。投资的增长离不开金融支持，金融业发展空间巨大，特别是广大农村地

① 河南省统计局，国家统计局河南调查总队．2011 年河南省国民经济和社会发展统计公报［R］．郑州：河南省统计局，2012（6）．

区的经济建设更需要金融业的支持，作为农村金融主要服务者的农村信用社将继续发挥主力军作用。

（二）河南省金融运行状况

河南省处于产业从东部向中西部转移的一个承接带，全省金融业在机遇与发展空间上具有明显优势。截至2011年末，全省银行业金融机构共计11 854家营业网点，从业人员达到166 376人，资产规模32 514.3亿元。

表2　2011年河南省银行业金融机构基本情况

机构类别	营业网点			法人机构数量（个）
	机构个数（家）	从业人员（人）	资产总额（亿元）	
一、大型商业银行	3 157	75 468	13 487.8	0
二、国家开发银行和政策性银行	152	3 737	3 028.4	0
三、股份制商业银行	172	6 025	4 278.8	0
四、城市商业银行	594	13 095	2 801.6	17
五、城市信用社	—	—	—	—
六、农村合作机构	5 336	48 269	5 899.9	143
七、财务公司	3	109	309.4	2
八、信托公司	2	121	40.3	2
九、邮政储蓄银行	3 272	18 149	2 523.7	0
十、外资银行	2	66	42.6	0
十一、新型农村金融机构	64	1 337	101.7	42
十二、其他	—	—	—	—
合计	11 854	166 376	32 514.3	206

注：营业网点不包括国家开发银行和政策性银行、大型商业银行、股份制银行等金融机构总部数据；大型商业银行包括中国工商银行、中国农业银行、中国银行、中国建设银行和交通银行；农村合作机构包括农村信用社、农村合作银行和农村商业银行；新型农村金融机构包括村镇银行和农村资金互助社。

数据来源：2011年河南省金融运行报告。表中数据不宜修改。

从经营成果来看，全省银行业金融机构资产规模同比提高14.9%，利润同比上升31.7%。金融机构人民币各项存款余额26 646.15亿元，比上年末增长15.6%；贷款增长平稳回调，结构更趋合理，人民币各项贷款余额17 506.24亿元，增长11.4%。从贷款投向上来看，全省金融贷款主要投向制造业，同时作为全国的交通枢纽，交通运输业、信息和科技服务等行业贷款投放的增长幅度较快。①

① 田文博，谢东升．新农村建设投融资现状调查与发展对策研究——以河南省为例［R］．洛阳：洛阳理工学院，2010（6）．

从经营环境上来看，2011 年河南省政府出台了《河南省金融生态环境建设评价办法》，从行政服务环境、经济信用环境、金融运行质量和金融运行安全环境等方面对全省金融环境进行评估，以县（市）为单位每两年评价一次，进行“金融大省、诚信河南”的建设，有效地改善了河南省的金融环境。

（三）河南省农村信用社发展现状

2005 年 2 月省联社成立以来，在省委、省政府的正确领导下，在各有关部门的大力支持和帮助下，全省农村信用社秉承服务“三农”的宗旨，积极深化改革，加快业务发展，强化经营管理，完善服务功能，已发展成为全省机构网点最多、服务区域最广、存贷款规模最大的省级地方性银行业金融机构，充分发挥了支农资金主渠道和农村金融主力军的作用，已成为新形势下推进中原崛起、加快河南振兴的重要金融力量。

1. 全省存贷款规模最大的银行业金融机构

截至 2011 年末，全省农村信用社资产总额 5 891.43 亿元，存款余额 4 703.98亿元，贷款余额 3 241.62 亿元，存、贷款规模均居全省银行业首位。

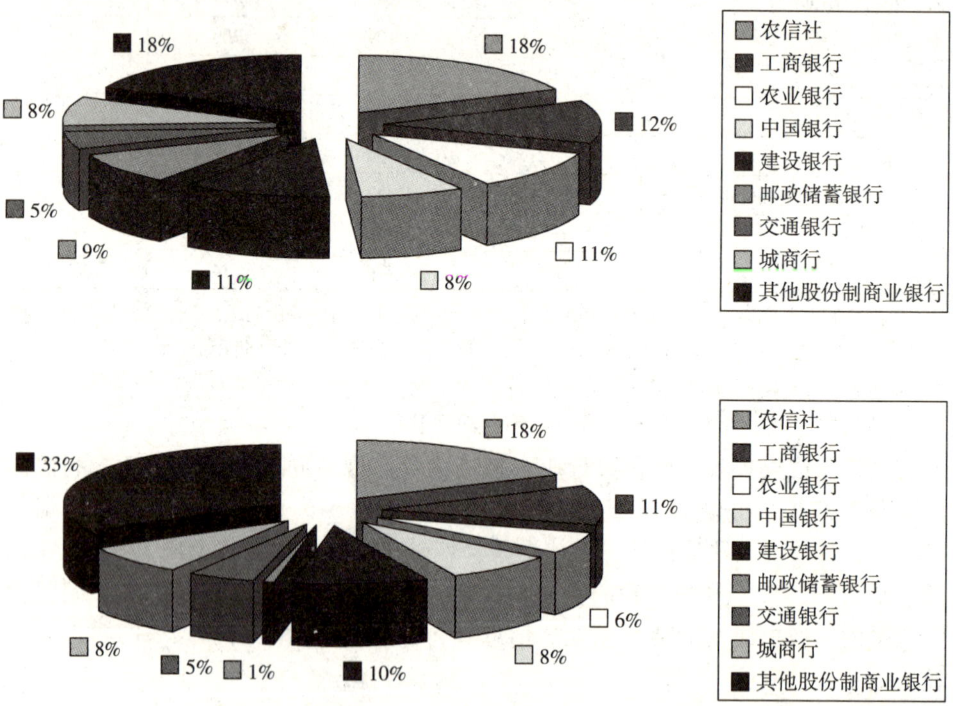

图 2　2011 年河南省主要金融机构存、贷款情况

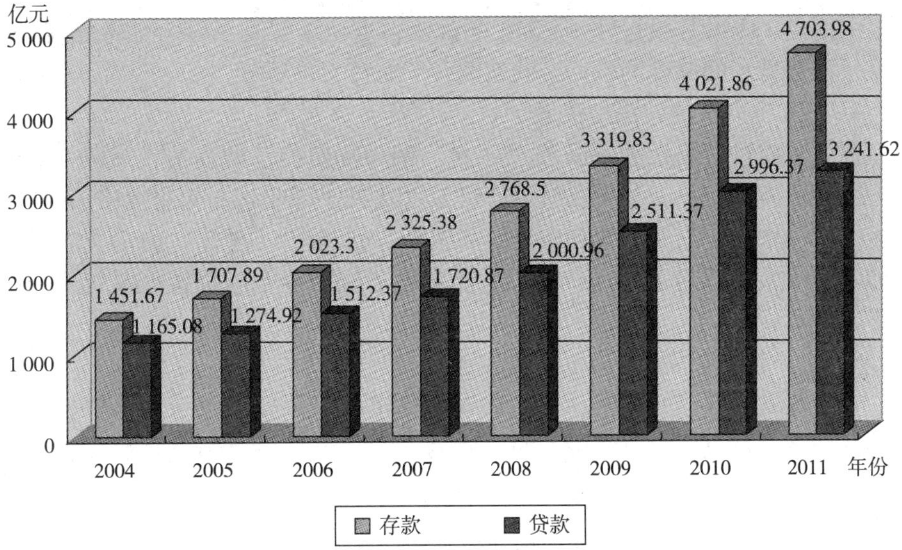

图 3 河南省农村信用社存、贷款余额变化趋势

2. 经营效益逐年提高

2005 年，全省农信社结束了连续 9 年亏损的历史，实现了整体上扭亏为盈。此后几年来，全系统 143 家县级法人机构的盈余规模不断增加，盈余面不断扩大，经营效益大幅提高，累计实现经营利润 223 亿元。

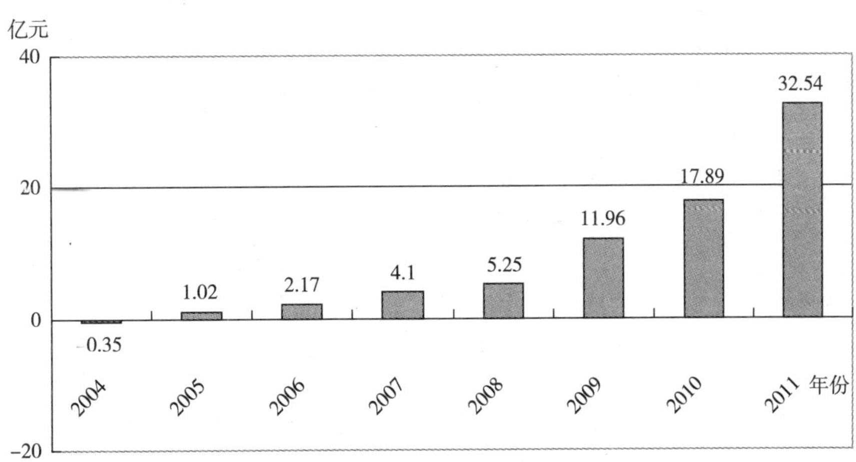

图 4 河南省农村信用社经营效益变化趋势

3. 科技水平显著提高，支付环境明显改善

河南省 143 家县级行社、5 349 个营业网点全部实现了综合业务系统联网，建立了联通城乡的结算网络，有效地改善了农村支付环境。

4. 支农主力军地位更加巩固

河南省农村信用社坚持服务“三农”的市场定位，调整信贷投向，增加对农户、种养殖专业户、各类农村经济组织以及农业产业化龙头企业的信贷投入，促进了农民增收、农业增效和农村经济繁荣。截至 2011 年末，河南省农村信用社涉农贷款余额达到 2 913. 02 亿元，占河南省银行业金融机构涉农贷款余额的 40% 以上。

5. 对中小企业的扶持力度不断加大

在做好支农工作的同时，河南省农村信用社坚持以项目带动为抓手，大力支持县域骨干企业、重点行业、重点项目，积极支持各类中小企业发展。截至 2011 年末，中小企业贷款余额 1 268. 71 亿元。

三、农村信用社产权改造区域选择的实践探索

（一）代表省份农信社的产权结构及产权改造的区域选择

由于地区经济发展状况、农村信用社自身发展等情况的不同，我国不同地区农村信用社产权改造区域选择呈现了不同的特点。本文选择了不同发展状况的代表地区进行介绍，希望能对河南省农村信用社产权改革的区域选择提供参考。

1. 浙江省农村信用社产权结构与区域选择现状

浙江省作为农村合作金融比较发达的省份，也是中国乡村金融改革的首批试点地区。2003 年 12 月 27 日，浙江新一轮的农村信用社改革进入了全面实施阶段。在产权改革方面，在原来合作制的基础上，引入股份制，实行股份合作制的产权制度。在组织形式上采取措施：（1）组建农村合作银行；（2）实行县级联社统一法人；（3）少数资不抵债、严重亏损的农信社，暂时保留现有联社和农信社两级法人的体制。在实行以上三种组织形式的同时，对部分以市辖区为单位设立且规模较小的农村信用联社，在自愿的前提下，通过合并，以市为单位组建农村合作银行或联社统一法人。

截至 2011 年底，浙江农村合作机构网点数量达到 4 078 家，共有 81 家法人单位［包括下辖 38 家县（市、区）农信联社、40 家农村合作银行、3 家农村商业银行］，是浙江省网点数量最多，规模较大的金融机构，其综合效益常年排在全国农村信用社系统第一的位置。浙江在农村信用社改革的过程中，大多数地区选择了农村合作银行的发展模式，并且合作银行的发展已经超过了农村信用

社的规模。

表 3 浙江省农村信用社分支机构及其模式选择

	杭州市	宁波市	温州市	嘉兴市	湖州市	绍兴市	金华市	衢州市	台州市	丽水市	舟山市	合计
农村商业银行	1	0	0	0	1	1	0	0	0	0	0	3
农村合作银行	4	3	4	3	3	5	5	1	6	1	2	37
农村信用社	3	6	7	3	1	0	3	5	3	8	2	41
合计	8	9	11	6	5	6	8	6	9	9	4	81

数据来源：浙江省农村信用社联社 http：//portal. zj96596. com/。

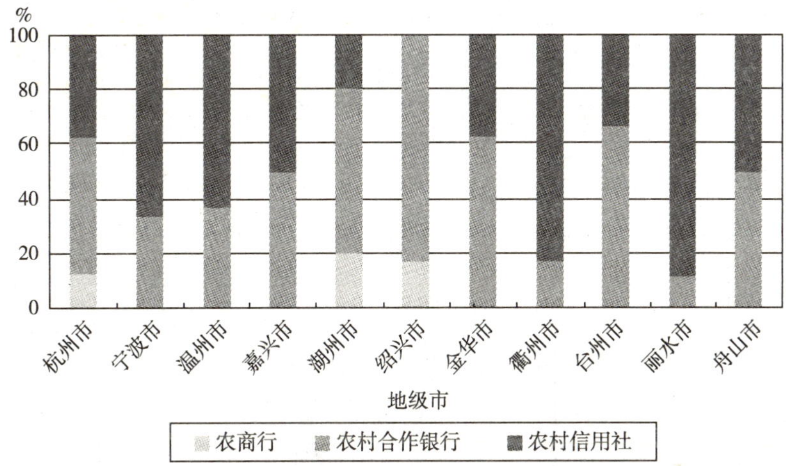

图 5 浙江省农村合作机构构成

目前，浙江省农村信用社以农村合作银行为主，从改革的初期来看，这种股份合作制模式是成功的。但是从长远来看，股份合作制只是一种过渡模式，随着浙江农村金融改革的深入和进一步成熟，股份制必将成为一种趋势。① 以杭州联合银行为例，前身是原杭州市区农信社及所辖 23 家杭州市区信用联社组建而成的农村合作银行，2006 年通过引入荷兰合作银行、国际金融公司作为战略投资者，成功提升其资质水平，并开展异地业务，设立村镇银行，2011 年成功转型为农村商业银行，经营业绩显著。

2. 江苏省的产权结构与区域选择状况

从 2000 年 7 月开始，中国人民银行和江苏省人民政府组织开展了江苏省农

① 李爱喜. 农村信用社产权制度模式及决定因素研究［J］. 农业经济问题，2011（6）.

村信用社改革试点工作，采取了以县（市）为单位统一法人、试办农村商业银行以及组建省级联社等方面的改革。其产权改革的主要措施：一是县（市、区）农村信用社统一法人；二是在经济发达地区试点成立农村商业银行；三是规范和提高县级联社统一法人的运作水平。

通过十多年不断深化农村信用社体制改革，目前已组建农村商业银行、农村合作银行 25 家，占全省法人机构的 34%。其中，苏州市 6 家农村合作机构全部是农村商业银行的形式，包括东吴、吴江、常熟、太仓、张家港、昆山农村商业银行，这些地区处于交通枢纽城市和长江三角洲经济圈，人均 GDP 已经达到 10 万元以上。

表 4　　江苏省农村信用社分支机构及其模式选择

	南京市	扬州市	盐城市	连云港市	无锡市	宿迁市	泰州市	淮安市	南通市	苏州市	常州市	徐州市	镇江市	合计
农村商业银行	0	0	0	0	2	0	0	0	0	6	1	0	0	9
农村合作银行	1	1	2	2	1	3	3	2	0	0	0	0	1	16
农村信用社	5	4	6	3	0	1	2	4	7	0	4	8	4	48
合计	6	5	8	5	3	4	5	6	7	6	5	8	5	73

数据来源：江苏农村信用社联合社 http：//www. js96008. com/。

在经济发达的苏州市地区全部是农村商业银行，无锡市仅有农商行与农合行，农信社改革示范区含义明显。南通市与徐州市经济总体处于江苏省中等水平，但两市没有组建一家农商行。

同时，江苏农信社也在尝试新的改革模式，2007 年，江苏银监局出台了《关于江苏省内农村商业银行投资入股苏中、苏北农村合作金融机构的指导意见》，江苏省农村信用社开始了兼并与收购步伐。当年 7 月，江苏常熟农村商业银行入股启东市农村信用合作社，常熟农村商业银行向启东农村信用社入股 20%；同时，常熟农村商业银行还推荐常熟部分民营企业入股启东农村信用社，入股金额在 1% 以上，合计入股金额不超过总股本 20%。常熟农村商业银行入股启东农村信用社，作为启东农村信用社的战略投资者，改善了其资产质量，提高了经营业绩，推动了启东农村信用社股份制改造工作进程。

3. 上海、北京、天津省级统一法人模式

上海、北京、天津地区经济发达，且属于直辖市，地域范围有限，辖内农村信用社发展程度相差不大，三家农村信用社在原来农村信用社的基础上，通过引进外部投资者，统一组建了一级法人管理模式的农村商业银行，实现了

“总行—分行—分理处”的组织形式。

上海农村商业银行是由上海国资控股，澳新银行参股的法人银行。上海农商行在引入战略投资者后，其经营业绩年年攀升，在国内银行业金融机构中排名前20位。北京农村商业银行在股份制改革后迅速发展，在北京市设立了内城发展圈支行、城乡结合圈支行、农村发展圈支行。天津农村信用社改革采取逐步推进的模式，但最终改制为股份制商业银行。天津农村信用社在改革之初选择了农村合作银行模式，由辖内的农村合作银行向上入股省级农村合作银行，由其承担对辖内农村合作银行的行业管理职能，二者皆为独立法人。2007年，天津滨海新区将两家信用合作银行和一家信用合作社合并，发起设立天津滨海农村商业银行。2010年，天津农村合作金融机构全部改制重组为天津农村商业银行。①

4. 重庆农商行的产权结构与区域选择

重庆农村商业银行股份有限公司（以下简称“重庆农商行”）前身是重庆农村信用社，2003年启动法人体制改革后，转型为股份合作制，并于2008年6月改革成为重庆农村商业银行。重组后，重庆农商行拥有县（区）支行43家、营业网点1 837个、员工15 300余人，并拥有资本金60亿元、总资产2 026亿元，是继上海、北京之后全国第三家，西部首家省级农村商业银行，也是重庆目前资产规模最大、机构人员最多的地方金融机构。

2010年12月，重庆农商行在香港H股主板上市，成为全国首家上市农商行、首家境外上市地市银行、西部首家上市银行。截至2011年12月，重庆农商行资产总额高达3 448亿元，贷款总额1 443亿元，负债3 168亿元，存款总额高达2 461亿元，居重庆市银行业金融机构第一位，2012年上半年净利润高达28亿元。重庆农村商业银行的改革是从2003年开始，实施了“三步走”的战略。

第一步，改善法人治理结构。将全市700多家具有独立法人资格的乡（镇）信用社整合成为39家法人机构。

第二步，增加注册资本金。把注册资本金从2亿元增加到16亿元，同时利用央行专项票据，消化了25亿元的不良资产。通过“花钱买机制”，法人治理结构得到有效改善，资产质量明显提升。

第三步，从2007年开始启动的增资扩股，组建全市统一法人的农村商业银行，将注册资本金从16亿元增加到60亿元，在此过程中，新老股东每股自愿出资0.6元，共消化不良资产36亿元。

---

① 王淑云. 农村信用社改革模式探析——以河南省为例［J］. 金融理论与实践，2012（4）.

5. 山东省的产权结构及区域选择

2003 年 8 月，山东被国务院确定为深化农村信用社改革的首批试点省份，其产权改革拉开序幕。2011 年 6 月，山东省人民政府又出台了《山东省人民政府关于进一步深化全省农村信用社改革的意见》，主要内容为：（1）大力推动符合条件的县（市、区）法人机构组建农村商业银行，计划到 2015 年底 80% 的县级法人机构改制为农村商业银行；（2）逐步推进城区农村信用社整合，对青岛、威海农村商业银行进行整合，推进潍坊、烟台城区农村信用社整合；（3）适时组建山东农村商业银行，在条件成熟情况下适时整合重点城市中心城区农村信用社组建山东农村商业银行，并引进省管国有企业、优质民营企业投资入股；（4）加快股份制改造，提高法人股占比，并引进战略投资者。新一轮改革取得了阶段性成果，截至 2012 年 8 月，山东农村信用社现已拥有县级法人 135 家（其中农村商业银行 19 家，农村合作银行 11 家，县级联社 105 家），机构网点 5 564家，员工 6.2 万人，是山东省营业网点和从业人员最多、服务范围最广、资金规模最大的综合性、多功能地方金融机构。

山东省农村信用社新一轮产权改革的区域选择也有明显的特点，一般先在经济发达或农信社资质条件好的市区开展。2009 年 2 月，山东莱州农商行挂牌，成为山东省首家由农村信用社股份制改革成立的农商行。同年，寿光市农村商业银行由寿光市农村信用社和寿光农村合作银行联合改制而成。威海农村商业银行整合了威海市区及市郊乡镇的农村信用社，成立了山东省第一家以县级联社为平台成立的地市级农村商业银行。2012 年 6 月，青岛农村信用社在整合 9 家农村信用社的基础上，组建了青岛农村商业银行。从山东省农信社产权改革的区域选择可以看出，其先在经济条件好，农信社业绩优良的市区进行股份制改革，然后再逐步向经济发达的县域推广，产生示范效应。其模式有通过多家农村信用社合并组合的，也有农村合作银行转型的，甚至由农村信用社直接改制转型为农村商业银行。

6. 宁夏回族自治区农村信用社的产权结构及区域选择

宁夏回族自治区选择了省级农村信用社银行持股的两级法人模式。2008 年，宁夏回族自治区农村信用联社和银川市农村信用社合并，并引入战略投资者和自然人股东，共同发起设立宁夏黄河农村商业银行，是全国首家由省级农村信用合作联社整体改制而成的银行。其余 19 家县级农村信用社分别改制成完全独立的县级农村合作银行，由黄河农村商业银行与其他企业法人、自然人按照《公司法》的规定发起设立。其中黄河农村商业银行为相对控股股东，按股权比例行使相应权力，替代宁夏回族自治区联社现有的职能。

宁夏农信社的改革分为两个阶段。第一阶段，在宁夏自治区联社解散的基础上，银川市农信社将引进战略投资者——黄河农商行。在这个阶段，黄河农村商业银行以银川农村信用社为改制基础，然后宁夏区农村信用联社再以净资产入股改制后的黄河农村商业银行。黄河农村商业银行成立后，按照评估净值购买宁夏区联社的全部资产，宁夏区联社的法人资格予以注销，其债权债务由黄河农村商业银行承继。第二阶段，黄河农村商业银行成立后，投资入股宁夏其余 19 家市县农村信用社，将 19 家市县农村信用社分步改制为农村合作银行。

黄河农商行的思路，一是理顺省级联社与县市农村信用社的关系，按照“股权多样股份制”原则，设立能够给县市农村信用社提供资金清算、IT 等服务，功能相对完善的股份制商业银行。二是把黄河农村商业银行改造为经营类投资控股银行，并作为主要发起人把县市农村信用社改制为农村合作银行，巩固在宁夏农村金融市场主导地位，为跨区域经营、收购兼并做好准备。

（二）农村信用社产权改造区域选择的主要模式及对河南省的借鉴意义

产权制度改革是影响农村信用社成长性的关键因素之一。合理的产权改革区域选择，不仅可以降低企业运行成本，而且有利于发挥各地域优势，为农村信用社发展赢得更好的经济与社会效益。河南省农信社产权改造的区域选择可以充分借鉴代表省份的产权改革区域选择的做法和先进经验。

1. 优化股金结构，完善公司治理结构

其他省份农信社股权改造过程中，一方面积极引进战略投资者，促使股权集中度提高。通过溢价发行，有效化解了农村信用社沉重的历史包袱，促使农村信用社经营管理能力显著提高。另一方面，在产权改造过程中，不断建立完善制衡、监督、约束的运作制度，促使管理模式要逐步实现从集中模式向支持型、团队模式的转变，以有效的公司治理结构和完善的内外部监督，实现农村信用社的健康发展。

2. 尝试并实施跨行政区农村信用社法人的组合

通过跨行政区域的农村信用社组合，将在短期内快速提高整体资本实力、经营能力，有效提升单个弱小农村信用社的抗风险能力，有效解决原单一农村信用社资产质量差、结构不合理、风险集中等问题，全面提升综合管理水平，并且有利于解决当地融资难题，可以更好地为当地经济发展提供金融支持。

3. 适时推进省级农村商业银行的筹建

河南省农村信用社应学习借鉴北京、上海、重庆、宁夏等省份成功组建省级农村商业银行的经验，积极引入现代金融企业的经营理念和管理方法，在巩固传统优势基础上，紧跟农村经济结构及生产方式发生的重大改变，围绕“三农”，积极创新金融产品和服务方式。这有利于自身的发展壮大，提升市场竞争力，也更好地发挥了农村金融主力军和联系农民的纽带作用。

四、河南省农村信用社产权改革的现状及其制约因素

（一）河南省农村信用社产权改革现状

2003年以来，按照国务院关于深化农村信用社改革的有关政策，河南省围绕“明晰产权关系、强化约束机制”的总体目标，稳步推进农村信用社产权制度改革工作，改革取得了初步成效。

1. 行业管理体系初步建立

河南省农村信用社成立于20世纪50年代初。在60年的发展历程中，其管理体制几经变化、管理主体数度更迭，1959年以后的20年间由人民公社管理，1980年交由农业银行管理，1996年由人民银行代管，2003年中国银监会成立后，由银监部门代管。2005年2月，按照国务院的有关政策，河南省成立了省农信联社，并陆续把原来2 198家县、乡两级法人农村信用社改组为143家县级联社，变过去的分散管理为集中统一的行业管理。全省农村信用社成为一个垂直管理的系统，业务经营及人、财、物等方面的管理标准趋于统一，规模效应逐步显现。

2. 建立明晰的法人结构，改善经营管理机制

针对河南省南北地区农村经济发展不均衡，金融需求不相同的特点，根据不同地市的情况，2004年初全省农村信用社分步骤有规划地进行了产权制度改革，对全省2 198家县、乡两级法人农村信用社进行改组，对经济基础比较好、城乡一体化发展较快的地区，采取股份制改造，逐步过渡到银行化的改革。而对于经济欠发达的地区，可以在完善合作制的基础上实现县联社统一法人模式，充分发挥信用合作的优势。2008年，全省所有县级联社全部改革为县联社统一法人。截至2012年全省农信社共计143家县级联社（其中18家农村商业银行，1家农村合作银行）。

3. 资产质量得到了大幅改善

河南省农村信用社在化解风险的前提下逐步推进产权制度改革。在化解历史包袱的问题上，国务院和省政府先后出台了税收优惠、财政补贴和人民银行资金支持等一系列改革措施。2006年5月河南省农村信用社共计系统合计收购央行发行的专项票据32.2亿元，用于置换不良贷款27.9亿元、历史挂账4.3亿元。与此同时，省政府还加大了对边穷以及革命老区的支持，经河南省银监局批准，河南省农村信用社对信阳地区部分管理水平较高、资产质量较好的县区增加资金扶持3.3亿元。截至2009年6月末，河南省农信社143.72亿元专项央行票据全部兑付。

4. 股权结构进一步优化

新中国成立初期，河南省农村信用社按照《农村信用社章程准则（草案）》①，由社员自愿入股形成，形成了全省农村信用社的初始股金，由农户社员股、国家股、法人股、乡村集体股等构成。1996 年《国务院关于农村金融体制改革的决定》② 明确指出：“农村信用社改革的核心是把农村信用社逐步改为由农民入股，由社员民主管理，主要为入股社员服务的合作性金融机构。”逐步形成了资格股和投资股相结合的股权结构。2010 年中国银监会印发的《中国银监会关于加快推进农村合作金融机构股权改造的指导意见》明确指出了“农村合作金融机构应制定股权改造工作方案，加快推进资格股改造工作，在 2015 年底前取消资格股”的总体目标，经过几年努力，全省农村信用社大力推进股权改造工作，积极引入战略投资者，进一步优化了全省农村信用社股权结构。截至 2012 年 9 月底，全省农信社股金总额 249.10 亿元，其中投资股 231.38 亿元，占比 92.89%，较年初提高 16.54 个百分点。全省实现股份制的县级法人机构达 117 家，较年初增加 45 家。

5. 农商行组建稳妥推进

一是加强县级农村商业银行的组建工作。全省农信社按照产权制度改革的有关政策，坚持稳定县域、做实县域，成熟一家、组建一家的原则，积极引导督促县级联社优化相关指标，加快股份制改造，积极组建县级农村商业银行，2009 年 10 月全省第一家农村商业银行——伊川农村商业银行挂牌成立，渑池、卢氏、鄢陵、确山、吉利、台前等农商行先后挂牌开业，新郑农合行成功改制为农商行。二是尝试整合城区农村信用社，组建商业银行。2009 年商丘市准梁园区农村信用社和睢阳区农村信用社通过合并组建成为商丘华商农村商业银行股份有限公司。截至 2012 年，全省农商行总数达到 18 家。2012 年全省农信社力争 10 家县级行社达到农商行组建标准。

（二）影响产权制度改革的主要因素

1. 现行农村信用社产权模式与地方经济发展水平不相适应

全省经济发展的区域差异性决定了农村金融发展程度存在明显的不平衡。位于经济相对发达地区的农村信用社，在改革政策激励下，业务经营和发展“脱胎换骨”，但其现行产权制度的弊端日益显露，已越来越难以适应新形势的发展要求。同时，部分规模较小的县级农信联社由于受当地经济发展水平的制

① 中国人民银行总行，1951 年 5 月，《章程准则》包括总则，业务、社员、组织、资金和结算、解散和附则等 7 章，共 33 条。

② 国务院，1996 年 8 月 22 日。

约，仅靠吸收有限的储蓄存款已远远满足不了当地“三农”信贷资金需求，其本身风险控制能力也极其有限。

2. 产权制度依然存在缺陷

一是河南省农村信用社实行省、县两级法人体制。省联社既是省政府管理县级行社的一个机构，履行对各县级行社的管理、指导、协调、服务职能，又是由143家县级行社出资组建的省级金融企业。这种倒置的股权关系，有悖于现代企业运行规则，导致全省农信社管理体制不顺畅，不利于县级行社实施有效管理。二是县级行社自身产权不清，股权约束缺位，形不成有效的监督机制。截至2011年末，全省各县级行社总股本242.62亿元，其中资格股57.36亿元，占比为23.64%。由于资格股随时可以退股，且占比过高，致使整个股权结构很不稳定。同时，大部分县级行社普遍存在着存款化股金、贷款化股金问题，致使县级行社成为事实上的“无主资产”，股权约束严重缺位。

3. 法规、政策依然不明朗

首先，法律制度建设滞后。长期以来，农村合作金融的法规建设严重滞后，农村合作金融组织的法律地位不明确。从合作经济发展的法律环境来看，我国迄今为止仍没有一部合作经济法规，在我国企业法人注册类型中没有合作经济的位置。农村信用合作社现在是参照《商业银行法》，但农村信用合作社的性质、地位、经营宗旨和服务的特异性与商业银行迥然不同。① 其次，国家政策制约。2008年国务院印发了《中共中央国务院关于加强农业基础建设进一步促进农业发展农民增收的若干意见》，明确了农村信用社改革稳定县域，也表明了对于农村信用社现有省联社的管理模式的审慎定位。农村信用社总体上要保证实行县级统一法人，不主张统一为更高层级的法人，不能再通过行政的力量从县收到市，从市收到省。2009年央行在《中国农村金融服务报告》中表示，现有县级农村信用社不宜向成立全省统一法人的方向转变，避免减少县一级的农村信用社独立法人。

五、河南省农村信用社产权制度改造区域选择的探讨

（一）河南省农村信用社产权制度改造区域选择的背景

从其他省份农村信用社产权改革的经验来看，对农村信用社产权进行区域整合，适时组建省级农村商业银行已成为一种明显趋势，对促进区域经济发展具有重要意义。其他省份农信社产权改革的经验对河南省具有很大的借鉴意义，同时河南省作为全国农业大省，县域经济发展不平衡，具有自身的特点。因此，

① 袁洪斌．农村合作金融产权制度改革问题与对策，2002.

成立定位于“服务中原经济区建设、服务‘三农’、服务中小企业”的省级农村商业银行势在必行。

一是河南省地方经济发展的需求。2011 年，国务院印发《全国主体功能区规划》，中原经济区正式纳入该规划，标志着中原经济区建设已正式上升到国家战略层面。随着中原经济区上升为国家战略，加快建设中原金融中心成为区域经济发展的基础推动力。然而，目前郑州对河南省尤其是河南省南部地区的辐射带动能力有限，各城市之间的金融联系并不密切。统一全省农村信用社法人，建立省级农村商业银行，将进一步提升全省金融产业的影响力，有利于加快推进中原经济区区域金融一体化，可以有效配置金融资源、消除地区之间的壁垒进而推动区域经济的深层次发展。

二是推进农村金融改革创新试验区建设的需要。《国务院关于支持河南省加快建设中原经济区的指导意见》明确指出“支持农信社进一步深化改革”、“研究设立农村金融改革试验区，开展农村金融综合改革创新试点”。省委书记卢展工在河南省九次党代会工作报告中明确要求，“开展农村金融综合改革创新试点”、“加快发展金融业，壮大地方法人金融机构”。

（二）河南省农村信用社产权改造区域选择的思路

根据河南省国民经济和社会发展需求，充分借鉴其他省份产权改造区域选择实践经验，本文对河南省农村信用社产权改革的区域选择提出以下三种思路。

1. 探索河南省统一法人，打造成省级农村商业银行

河南省农村信用社在产权改造的区域选择过程中，应大胆尝试建立“省级总行—县级分支行—基层网点”三级管理模式，打造成省级统一法人的农村商业银行，省农信联社改制成总行，不设立市级分行，直接设立县级支行，下辖分支机构经营网点的模式。可以做到整体推进，一步到位。由省农信联社引进资本，自上而下地进行注资，股权相对集中，可实现省政府控股，其他股东积极参与经营决策、参与监督管理的目的。自上而下地改革，需要的股本总额相对较低，相对其他模式，股权稳定性要高。并且一步到位地进行股改，可以快速建立完备的现代金融公司，建立起公司治理机制和内部控制体系，内部可以高效运营。

（1）能够理顺体制机制。按照现代化企业运行规律，省联社通过控股参与各县级农村信用社，对县级行社实行总分行管理模式，并对县级农村信用社进行参股或相对控股，建立自上而下的股权关系，可以解决目前河南省农信体系产权关系倒置、省联社权责不对称的问题。

（2）能够发挥地区金融优势。河南是农业大省，统一全省农村信用社组建中原农商行将有利于发挥总行特有的信息中枢功能，可以跨地区平调资金，科

学调配资金，因而能够稳定农村金融秩序，防止资金非农化，使金融服务更好地覆盖至县域乡村。同时，也可以引导城市富余资金向农村流动，实现金融资源以工哺农、以城带乡，加快推进河南省城镇化、农业现代化进程。

（3）能够建立完善的内部监控体系，提升风险防控能力。统一全省法人，按照现代金融企业管理理念，强化全省农村信用社的风险管理，打造流程银行，建立决策、执行和监督相互制衡的运行机制，可以有效解决管理不规范、经营风险和案件隐患突出的问题。

2. 整合城区，探索统一城区农信社，成立中原农商行的模式

全省农信社统一组建省级农商行存在政策障碍和诸多压力，在组建思路上，可以按照“政府推动、市场主导、开放引资、优化整合、规范运作”的原则，由省农信联社作为主要出资人，在整合省辖市城区农村信用社的基础上，加快组建省级农村商业银行。

在省级农村商业银行的组建过程中，首先要整合城区农村信用社组建农商行。其次由省农信联社作为主要出资人，积极吸引省内外金融机构、大中型企业和战略投资者投资入股全省城区农村商业银行，从而组建省级农商行。省级农村商业银行组建后，一方面，采取总分行的管理模式，对城区支行分行进行全面系统的管理；另一方面，对县级农村信用社，坚持“成熟一家，组建一家”的原则，切实推进县级农商行的组建工作。对未改制的县级联社，仍由省农信联社继续履行省政府赋予的管理、指导、协调、服务职能以及防范化解风险责任，并逐步通过资本注入，帮助省内其他未改制的县级农村信用社摆脱沉重的历史包袱、规范公司治理、尽快改制为农商行。

在省辖市，在整合省辖市城区的基础上，组建中原农商银行，以便在更加广泛的范围内筹集资金，更好地支持中原经济区建设。省级农村商业银行由省农信联社作为主要出资人，积极吸引省内外金融机构、大中型企业和战略投资者投资入股，建立现代金融企业制度。采取溢价发行的方式募集股金，以股本溢价部分消化不良资产，一次性消化历史包袱和不良资产，提升资本补充能力和风险覆盖能力。

3. 整合地市，探索各市统一组建农村商业银行

江苏常州、广东东莞等 8 个市，以市为单位成立农商行，进行了成功的探索，已取得了良好的成效。不仅有效化解了部分机构的不良资产包袱，也极大增强了“三农”金融服务的实力，有效解决了公司治理内外部人控制的问题。河南省农村信用社在产权制度改革过程中，可尝试以市为单位进行合并重组成立农商行，能最大限度地发挥全市农村信用社资源潜力，利用良好的品牌和信誉，迅速做大、做优、做强，更好服务“三农”和促进城乡经济统筹发展。

以市为单位组建农村商业银行有两种模式：一是新设合并模式。不设合并重组主体，采取新设合并统一法人方式，各市将辖内参与合并机构成立一家单一法人的农村商业银行。原参与合并的各农村信用社、农村合作银行、农村商业银行法人资格取消，债权债务由新的农村商业银行承继。新农村商业银行人员从各参与合并机构抽调业务骨干成立相关职能管理部门和营业部实现一级法人管理。二是吸收合并模式。以一家规模较大、综合实力较强的农村信用社、农村合作银行或农村商业银行为龙头，吸收市内其他农村合作银行、农村信用社，成立单一法人地方农村商业银行，取消被合并机构的一级法人地位，实行统一经营管理。省联社继续履行管理、指导、协调、服务职能，满足成员行共同的网络建设需求、信息系统开发、新产品研发、资金清算和教育培训等公共服务。

河南省在农村信用社产权改造的区域选择过程中，应充分借鉴其他省份农村信用社产权制度改革的经验，努力克服产权制度改革中存在的问题，努力构建适合自身发展特点的产权区域选择模式，在深化农信社产权制度改革的同时，切实加强对广大农村地区金融服务的广度和深度，努力成为支持中原经济区建设的金融中坚力量。

参考文献

[1] 河南省统计局，国家统计局河南调查总队．2011 年河南省国民经济和社会发展统计公报 [R]．郑州：河南省统计局，2012（6）.

[2] 李伏安．回放：李伏安局长谈河南银行业发展和监管 [EB/OL]．http：//finance. people. com. cn/bank/n/2012/0730/c202331 - 18630406 - 6. html，2012（7）.

[3] 中国人民银行郑州中心支行货币政策分析小组．2011 年河南省金融运行报告 [R]．郑州：中国人民银行郑州分行，2012（2）.

[4] 田文博，谢东升．新农村建设投融资现状调查与发展对策研究——以河南省为例 [R]．洛阳：洛阳理工学院，2010（6）.

[5] 高保宏．农村信用社改革进程中的主要障碍及成因分析 [J]．金融理论与实践，2007（8）.

[6] 刘磊，憨笑天．新型农村金融服务体系构建研究 [M]．北京：中国物资出版社，2011（5）.

[7] 孙淮．农村信用社改革发展问题探析——以河南省为例 [J]．金融理论与实践，2011（1）.

[8] 杨兴民，矫玉梅．改善金融服务，疏通农村支付结算渠道 [J]．黑河

学刊，2011（5）.

［9］李爱喜．农村信用社产权制度模式及决定因素研究［J］．农业经济问题，2011（6）.

［10］王淑云．农村信用社改革模式探析——以河南省为例［J］．金融理论与实践，2012（4）.

［11］郭万家．中国农村合作金融［M］．北京：中国金融出版社，2006（10）.

［12］王俊芹，夏吉云．河北省农村信用社发展问题研究［M］．北京：中国农业科学技术出版社，2010（7）.

［13］都本伟．农村信用社法人治理研究［M］．北京：中国金融出版社，2010（10）.

［14］杜金向，杜金币．中国农村金融体系研究［M］．天津：南开大学出版社，2009（8）.

［15］杜金向．中国农村金融体系研究［M］．天津：南开大学出版社，2009（8）.

［16］刘辛元．农村信用社产权改革的区域选择［J］．“三农”金融，2011（3）.

［17］河南省农村信用社．农村信用社组建省级银行模式探究［EB/OL］．http：//www.chinatat.com/new/201107/di0038357385711029699.shtml，2011（7）.

［18］陈保明．组建省级农村商业银行——农村信用社改制的终极模式［J］．中国农村小康科技，2011（2）：94－96.

［19］王曙光．告别贫困——中国农村金融创新与反贫困［M］．北京：中国发展出版社，2012（4）.

［20］陈琼蓉．浅议引进战略投资者参与海南农村信用社改革［J］．经济师，2007（1）.

［21］穆争社．农村信用社法人治理与管理体制改革研究［M］．北京：中国金融出版社，2011（6）.

［22］刘熠．河南省农村信用社改革研究［D］．郑州：郑州大学，2009.

基于农户融资需求视角的农村金融体系优化研究

河南省农村信用社联合社郑州市办公室课题组[①]

摘要 我国是一个农业大国，“三农”问题也一直是党和政府关注的重点。农村金融作为农村经济的重要组成部分，在支持农村经济的发展中发挥着重要的作用。然而，当前农村金融的现实状况是广大农户由于资金需求金额小和缺乏信贷抵押品等因素，难以获得正规金融机构的贷款，农村金融供需总量失衡，也就是说农户的融资行为受到了严重的抑制。因此政府除了要加大财政资金投入以外，还要大力发展农村金融。本文以农村金融的核心问题——农户的融资需求作为出发点，研究农户金融需求状况和农村金融市场的特点，对于提高我国农村金融体系的运行效率，完善农村金融体系的供给具有一定的意义。

关键词 农户融资需求　农村金融体系　金融改革

一、导论

（一）选题背景和意义

1. 选题的背景

经过二十多年的农村经济体制改革，我国农村、农民的生活发生了翻天覆地的变化，现在我国农业正处于从传统农业向农业产业化规模经营的跨越，作为农村经济发展主体的农户要想实现这一跨越，除了要有劳动力、科技、固定资产等因素投入以外，资金的投入也是十分必要的，而农户除了自身资金的积累很困难外，我国当前的农村金融体系安排也不能满足他们的融资需求，也就是说农户的融资行为受到了严重的抑制。因此政府除了要加大财政资金投入以外，还必须要大力发展农村金融。

---

① 课题主持人：舒洛建。
课题组成员：舒心、张曦之、薛东岭、杨红卫、舒松华。

2. 选题的理论意义

关于农户融资问题，学术界和理论界在研究角度和研究内容方面都很多，同时还涉及国家的相关政策、法律、制度，以及涉及社会组织，它们之间的关系很复杂。国外融资理论研究主要集中于资本结构或者融资结构理论，专门研究农户融资的文献相对较少。国内对于农户融资问题的研究，往往侧重于体制改革的重要性、融资创新方式的采用等，很少有人能够具体到农户融资过程中农户本身的问题。本文拟运用经济学、金融学、财务管理学、西方经济学等学科知识对农户融资问题进行研究。进而对农村金融体系的优化提出相关建议。

3. 选题的现实意义

当前，对我国农村金融的研究多是从宏观层面即政府的层面看问题，而缺乏从微观角度对农户融资需求的分析。本文选取农户融资行为作为研究视角，来研究我国农村金融体系在运行过程中所存在的问题，试图找出农户融资过程中存在的缺陷和不足，从而能够较为准确地理解农户金融需求状况和农户借贷市场的特点。寻找适应农户特点的农户融通资金的新渠道、方式、方法，探索农户融资决策管理的科学方法，对解决农户资金不足的问题具有重要的现实意义，同时对于确定农村金融市场上各种金融机构的定位，提高金融机构的运作效率具有很强的操作性。

（二）研究方法和主要内容

1. 研究方法

首先是实证分析与规范分析相结合的方法。本文先通过实证分析介绍我国农户融资需求的现状、问题和特征，结合我国农户融资成功的经验，提出解决我国农户融资难，优化农村金融体系的政策建议，这部分重点是规范研究。其次是宏观分析与微观分析相结合的方法。农户融资问题涉及微观和宏观两个层面。本文从微观角度分析农户的融资需求行为及特征，然后从宏观方面分析我国农村金融体系的优化问题。最后是定性研究与定量研究相结合的方法。文章在农户融资需求的特征和问题的分析中进行定性研究，在农户融资需求行为以及农户资金供给行为的分析中采用定量研究，通过供需双方的研究找出农户融资需求中存在的问题，进而为解决这些问题提出相关的特别是优化农村金融体系的建议。

2. 研究的主要内容

本文主要是基于我国农户融资需求的视角，研究我国农村金融体系的优化问题。文章首先对国内外农村金融理论的文献进行梳理总结，为本文的写作提供理论指导。然后对我国的农户融资行为及其特征进行分析，归纳总结了我国农户融资行为的现实需求，并从宏观角度和微观角度分析了我国农户融资难的原因。接下来从资金供给角度分析我国农户的融资行为。通过实证分析发现我国农户在融资过程中所存在的问题，结合我国农村金融体系的特点，综合我国国情和农户的特点，提出完善我国农村金融体系，解决农户融资难的政策建议。

（三）国内外研究现状

1. 国外学者研究现状

在农村金融理论的演变过程中，大致经历了农业信贷补贴理论、农村金融市场理论和农村金融不完全竞争理论三个发展阶段，并成为发展中国家农村金融领域研究中具有代表性的理论。这四种理论分别在不同时期对农村金融的发展起到过重要的作用，在此从其理论背景、核心观点方面进行描述。

（1）农业信贷补贴论。农业信贷补贴论是20世纪80年代以前处于主导地位的农村金融理论。该理论支持信贷供给先行的农村金融战略。该理论的前提是：农村居民特别是贫困阶层没有储蓄能力，农村面临的是慢性资金不足问题。该理论因此得出结论：为增加农业生产和缓解农村贫困，有必要从农村外部注入政策性资金，并建立非营利性的专门金融机构来进行资金分配。也就是说，该理论的核心观点就是政府有必要建立专门的金融机构从外部吸收资金以低利率向农村地区提供融资。

这种农业信贷补贴政策在促进了农业生产增长的同时，也面临着很多问题。例如：如果农民存在可以持续得到廉价资金的预期，那么农民就缺乏储蓄的激励；当低的利率上限使得农村贷款机构无法补偿由于贷款给小农户而造成的高交易成本时，那么官方信贷的分配就会偏向于照顾大农户，这使得低息贷款的主要受益人不再是农村的穷人。

（2）农村金融市场论。20世纪80年代以来，农村金融市场论逐渐替代了农业信贷补贴论。它强调市场机制的作用，其主要理论前提与农业信贷补贴论完全相反：①农村居民以及贫困阶层是有储蓄能力的。②低息政策妨碍人们向金融机构存款，抑制了金融发展。③运用资金的外部依存度过高，是导致贷款回收率降低的重要因素。④由于农村资金拥有较多的机会成本，非正规金融的高利率是理所当然的。

同时，该理论提出了以下相应的金融深化政策：一是利率应该市场化，二是农村金融机构应该实现多样化，三是政府目标的转变。政府的政策目标不应该是采取直接的干预政策，只有市场失灵存在时，政府才可以采取必要措施进行干预。四是强调农村金融机构可持续发展的重要性。认为不但要关注农村金融对经济增长作出的贡献，也要关注农村金融的可持续性。

农村金融市场论虽然替代了农业信贷补贴论，但它的功效或许并没有想象中的那么大。例如，自由化的利率可能会减少对信贷的总需求，从而可以在一定程度上改善小农户获得资金的状况，但高成本和缺少担保品，可能仍会使它们不能借到所期望的那么多的资金，所以，仍然需要政府的介入以照顾小农户的利益。

（3）不完全竞争市场理论。不完全竞争市场论的主要内容是：发展中国家的金融市场不是一个完全竞争的市场，尤其是贷款一方对借款人的情况根本无法充分掌握，如果完全依靠市场机制就可能无法培育出一个社会所需要的金融市场，也就是市场无法实现资源的优化配置。为了解决由于信息不对称而造成的市场失灵，有必要让政府适当介入金融市场。

不完全竞争市场理论的主要政策建议有：一是金融市场发展的前提条件是低通货膨胀等宏观经济的稳定；二是在金融市场发育到一定程度之前，相比利率自由化，更应当注意将实际存款利率保持在正数范围内，同时抑制存款利率的增长，若因此而产生信用分配和过度信用需求问题，可由政府在不损害金融机构储蓄人员动机的同时从外部提供资金；三是在不损害银行最基本利益的范围内，政策性金融（面向特定部门的低息融资）是有效的。

综上所述，农村金融市场理论和不完全竞争市场理论并不完全矛盾。他们都认为：政府应该给金融市场的发展创造宽松的外部环境，只有在市场失灵现象出现时，政府才有必要进行适度的干预，以达到资源的优化配置，也就是说，政府在金融市场中是一个辅助性的角色。

上述各理论从各自不同的视角阐述了对农村金融发展的看法，对我国农村金融的改革发展具有重要的指导和借鉴意义。

2. 国内学者研究现状

我国学者开始大量研究农村金融问题始于20世纪90年代，目前的研究内容和进展主要有以下几方面。

（1）关于农村信用社改革的研究。大部分文献集中在组织的改革上。徐滇庆教授提出银行的主体是民营银行，农村信用社改革应当和民营银行联系起来。曾康霖教授提出让民营经济参股控股农村信用社，甚至将农村信用社在市场上当做商品进行转让，让民营经济收购农村信用社。他们对农村信用社的改革提出了更为大胆的设想，即在近期结束外壳上推行合作制，内核实行国有制的农村信用社产权状态，按准国有模式构建农村信用社的治理结构，要走民营化的改革路线，逐步收缩现在的国有农信系统，为民营农村金融机构的发展腾出业务空间，最后变成政策性的国有农金资产管理公司，为农村经济的发展承担政策性业务。

（2）关于农村金融市场的研究。著名经济学家林毅夫教授（2005）从农村发展、金融体制改革等宏观层面分析了目前我国的农村金融。从发展的角度来看，我国金融改革应该注重培育和发展中小金融机构，非正规金融有自己特定的获取信息的方式和实施机制，并且都具有一个共同的特征：依靠资金供求双方的人缘、地缘关系获取关于借方的信息特征，在很大程度上克服了信贷市场上的信息不对称难题。张琴、赵丙奇（2006）通过访问农村金融交易主体收集素材，分析了农村资金需求者的情况，讨论了农村各个需求主体间的不一致性以及出现的替代关系，同时指出多层次的农村金融需求需要多样化的金融机构来满足。

（3）农村金融供需的实证研究。中国农业大学何广文、张丽、李莉莉、杨菁于2004年对京郊农村金融发展问题进行了研究，认为随着京郊农村经济的发展，农村金融供给不能适应农村金融发展的需要，应当以金融机构的多样化为核心，促进农村金融组织体系的完善。中央民族大学谢丽霜2006年对广西罗城仫佬族自治县等3个县农户金融需求情况进行了调查分析，作为欠发达地区，农户资金需求规模小，融资的非生产性目的突出。农户的金融需求不足抑制了农村金融的供给，需要向西部地区实施差异化的制度安排。

上述这些研究为我们进一步完善我国的农村金融体系，提供了一些理论方面的借鉴。从以上学者的研究可以看出，建立一个多样化的农村金融体系是农村金融机构能够可持续发展的前提。在当前中国正式金融机构体系还不十分健全的情况下，非正规金融机构的存在有其必然性，可以作为正规金融体系的补充，起到辅助性的作用。但是我们也不能够任其自由发展，必须加以规范和引导。

二、农户融资需求现状分析

（一）农户融资需求主体及行为分析

1. 贫困农户

贫困农户是一类特殊的金融需求主体，他们连基本的生活资金都处于短缺状态，更不用说生产资金和储蓄存款，因此他们有迫切的信贷需求，但本身又不能提供任何抵押品，并且还本付息的能力较差。贫困农户作为金融机构放款的承贷主体是不健全的，存在较大的贷款风险，虽然他们有较迫切的贷款需求，但一般被排斥在正规金融组织的贷款供给范围之外，而他们也只能以较特殊的方式满足自己的资金需求，如：政策性金融的优惠贷款资金、扶贫资金等。

2. 普通型农户

这类农户基本特征是：基本解决了温饱问题，有个人少量储蓄存款，借贷的目的主要是临时的周转需要或者购买季节性的生产资料，借款数额一般较小，对利率不太敏感，有较好的还款意愿和还款能力，贷款风险较小。普通型农户具有传统的负债观念和负债意识，可以成为金融机构考虑放款的对象。

3. 市场型农户

这一类农户所从事的主要是以市场为导向的专业化技能型的生产活动，是农户实现增收和农村经济结构调整的重要途径。他们融资的目的主要用于土地改良或农机购买，满足投资需要等，其借贷数额一般较大，借贷时间较长。但与其他农户一样，他们也缺乏有效的抵押品。与普通型农户相比，市场型农户具有较强的市场意识和风险意识，具有创业和创新精神，是金融机构重点培育的放款对象。

从以上的分析我们可以看出，我国农村融资需求主体及其行为特征具有鲜明的多层次性。农户需求主体的层次性，需求特征与满足方式可以用表1表示：

表1　　农户信贷需求主体的层次性、主要信贷需求特性与满足方式

信贷需求主体层次	信贷需求特征	信贷需求满足方式
贫困农户	生存性和简单再生产金融需求，如生活开支、小规模种养业生产贷款需求	民间小额贷款、小额信贷（包括商业性小额信贷）、政府扶贫资金、财政资金、政策金融等
普通农户	简单再生产与部分扩大再生产金融需求，如小规模种养殖业生产贷款需求、生活开支	自有资金、民间小额贷款、合作金融机构小额信用贷款、少量商业性信贷
市场型农户	扩大再生产金融需求，如专业化、规模化生产和工商业贷款需求	自有资金、商业性信贷

资料来源：李莉莉．正规金融机构小额信贷运行机制及其绩效评价，2005.

（二）农户融资需求特征分析

1. 农户融资需求日益旺盛

对于农户而言，不仅生活、盖房建筑、婚丧嫁娶、教育支出、医疗支出等消费活动需要花钱，而且进行农业生产、购买生产工具和材料也要支出。在低收入状况下，农民的劳动所得和其他所得并不能满足其消费和生产的基本需求。尤其是在目前，教育成本和医疗成本以及生产成本都在不断攀升。在这种情况下，农户对资金的需求也是越来越迫切了。

2. 农户融资需求的多层次性

农村经济发展对金融需求的多层次性也很明显，这是因为我国幅员辽阔，内部存在显著差异，城乡之间、地区之间、农村内部差异的存在，导致多层次的农户融资需求。这可以从以上我们对农户融资需求主体不同种类和融资需求不同特征的分析中看出，即使是同一类农户由于其对生产、生活的要求不同也会形成差异性很大的生产性和消费性信贷需求。

3. 农户正在从关系型融资向契约型融资转变

关系型融资是基于亲友关系和相互信任为前提而进行的资金融通，资金借出方履行更多的是一种道义帮助的义务，对违约的预期较弱；而契约型融资则是为了规避信用风险而事先预防的结果，对违约的预期较强，其典型规避形式是立书面字据。国内诸多研究表明，农户对契约型金融的选择日趋明显。这方面有代表性的大样本研究结论有：史清华、陈凯对山西 745 个农户的借贷调查表明，友情借贷中立字据的比例呈大幅上升趋势，从 1996 年的 9.26% 上升到 2008 年的 28.46%。

（三）农户融资需求影响因素的实证分析

这一部分将从实证的角度对影响农户融资需求的因素进行分析。关于这个问题尤其是农户借贷行为方面的研究在国内已有一部分成果，如何广文、李莉莉、史清华等的研究。本小节我们将采用问卷调查的结果对影响农户融资需求的因素进行分析。

1. 样本农户资料说明

本文所采用的样本数据是由 2010 年对河南省某县部分村 100 户农户进行的关于农户融资行为的调查而获得的。此次调查采取问卷调查的方法，问卷设计主要有以下几部分组成：家庭成员基本情况，家庭收入及支出，家庭借贷现状及用途等问题。

样本农户的基本特征包括：

第一，样本农户的家庭规模普遍较小。样本农户家庭规模为 1 ~ 10 人，家庭平均规模为 4 人，以 4 ~5 人居多（在 100 个样本中有 67 户，占比 67%），家庭中 16 岁以上劳动力平均有 3 人，家庭拥有 2 ~4 个劳动力的农户居多（占比达到 84%），如表 2 所示。

表 2　　家庭规模表

家庭平均规模	所占比重
4 ~5 人	67%

资料来源：根据问卷调查结果统计得出。

第二，户主受教育程度普遍较低。从户主受教育程度来说，样本农户受教育程度普遍较低，样本农户的平均受教育年限大概为 6 年，有 21% 的样本农户不识字或只接受了小学教育，66% 的农户接受了初中教育（6 ~9 年），受过高中和中专教育（9 ~12 年）的农户占比 12%，接受大专及以上教育的农户仅为 1%（一般为农村中小学退休教师），如表 3 所示。

表3 农户受教育程度比重表

教育程度	所占比重（%）
不识字或小学教育	21
初中教育	66
高中或中专教育	12
大专及以上	1

资料来源：根据问卷调查结果统计得出。

第三，农户家庭收入来源结构多样。由于城乡一体化的发展，农户所从事的行业不再仅仅只是种植业、养殖业，他们所从事的行业呈现多元化发展的趋势，从而其经济行为也出现多样化，收入来源结构不再单一。从样本农户来看，农户虽然从事的行业多样，但种养殖业依然是其重要的收入来源渠道，在样本中，选择种养殖业的农户次数最高，表明农户对传统种养殖业的依赖程度仍然较高。这与许多其他学者的调查基本一致，表明我国很多农村地区仍然在很大程度上以种养殖业作为主业。

表4 样本农户家庭收入来源情况表

家庭收入来源	所占比重（%）
种植业	25
养殖业	28
企业工人等工资性收入	8
在本地或外出做买卖	18
外出务工	20
其他	1

资料来源：根据问卷调查结果统计得出。

第四，样本农户中，有39%的农户发生了借贷融资行为。通过调查数据可以看出，进行了正规金融信贷的农户有18户，进行民间信贷的农户有23户，共计41户，其中有2户获得了两种类型的信贷。借款金额方面，在进行正规金融信贷的18户农户中，有1户借款金额为5 000元以下，5 000～20 000元以及20 000～50 000元的农户分别为3户和6户，而100 000元以上农户有5户；在民间金融信贷中，有2户信贷金额为5 000元以下，有5户金额为5 000～20 000元，有2户金额为100 000元以上，借款金额在20 000～50 000元的农户则达到了10户，如表5所示。

表5 农户融资行为表

借款金额	正规借贷户数	占比（%）	民间借贷户数	占比（%）
5 000元以下	1	5.6	2	8.7
5 000～20 000元	3	16.7	5	21.8
20 000～50 000元	6	33.3	10	43.5
50 000～100 000元	3	16.7	4	17.4
100 000元以上	5	27.7	2	8.6
合计	18	—	23	—

资料来源：根据问卷调查结果统计得出。

从以上分析可以看出，在借贷资金的过程中，一般通过正规金融机构融资的金额较大，而通过民间借贷渠道融资的金额较小。而被调查农户向非正规金融渠道融资的倾向较强。这也说明，正规金融机构如农村信用社作为农村金融的“主力军”，仍远远不能满足农户对信贷资金的需求，从而使农户转向民间借贷以满足资金需求，这也是近年来民间借贷日益发展的动力所在。

第五，根据样本数据调查显示，在18户进行了正规信贷的农户中，购买农资和兴办企业这两项用途都占了正规信贷总人数的29%，比重较高；在23户进行了民间借贷的农户中，则以兴办企业的比重最高，达到26%，其次就是购买农资。而从以上总的农户借贷统计中，兴办企业和购买农资分列用途的第一和第二，而修建房屋的比重也很高，见表6。

表6 农户借贷用途分布表

借贷用途	正规借贷户数	占比（%）	民间借贷户数	占比（%）	借贷总户数	占比（%）
医疗	2	11.1	3	13	5	12.2
子女上学	1	5.6	2	8.7	3	7.3
购买农资	5	27.8	6	26.1	11	26.8
婚丧嫁娶	0	0	1	4.4	1	2.4
兴办企业	6	33.3	8	34.8	14	4.1
修建房屋	4	22.2	3	13	7	17.2
合计	18	—	23	—	41	—

资料来源：根据问卷调查结果统计得出。

从以上的分析中我们可以看出，农户进行融资行为的主要用途是购买农资和兴办企业，都是为了扩大再生产，那么这两项也是影响农户融资需求的主要因素。

2. 影响农户融资需求因素的实证分析

我们知道，影响农户融资需求行为的因素还有很多，所从事行业、收入状况、收入构成是主要的影响因素，而从用途方面说，购买农资、兴办企业、修建房屋和子女上学则是较为主要的。本文就问卷调查内容并结合理论分析对影响农户融资需求的因素提出如下假说：

第一，农户家庭收入状况与农户的融资需求具有负相关关系。家庭收入反映了农户对生产性和生活性支出的支付能力，收入水平越高，财产水平和自有资金规模越大，农户对借贷资金的需求也越低，相反则需求量大。

第二，农户生产规模与农户的融资需求具有正相关关系。农户的生产性支出反映了农户的生产规模，农户的生产性支出越大，农户发生借贷的可能性和需求量也越大。

第三，农户基本生活支出与农户的借贷需求之间没有显著关系。而大额生活现金支出应与农户的借贷需求具有显著的正相关关系。其中教育支出越多，农户借贷的需求就越大。

本文对影响农户融资需求因素的分析采用 Tobit 方法。

具体的计量模型为 Yi = B1Income + B2Agrcash + B3Nonagrcash + B4Baslifecash + B5Procasht + B6Educash + C

其中：Yi 为被解释变量，其他如 Income 、Agrcash 等均为解释变量，具体变量定义如表 7 所示。

表 7　　影响农户融资需求的变量定义表

变量名称	变量含义	变量经济属性	对农户融资需求影响的理论判断
Yi	农户融资金额	—	—
Incom	农户年收入	农户收入水平	—
Agrcash	农户农业支出	农户生产规模	正相关关系
Nonagrcash	农户非农支出	农户生产规模	正相关关系
Baslifecash	农户生活支出	农户的生活性支出	正相关关系
Educash	农户教育支出	农户的教育支出	正相关关系

根据样本数据进行的变量统计结果如下：

表 8　　　　对各变量统计结果表

变量名称	均值	中值	标准差	最小值	最大值
Yi	8 133	4 200	13 090	0	100 000
Incom	22 970	18 000	29 000	5 000	220 000
Agrcash	5 000	2 500	92 490	0	30 000
Nonagrcash	1 500	0	4 700	60 000	
Baslifecash	3 000	3 000	2 100	12 000	
Educash	4 000	1 800	6 000	0	32 000

从回归结果来看，样本整体实验值通过了1%水平的显著性检验，除了农户生活支出对农户融资需求影响不显著以外，其他因素对其影响都较为显著。那么我们可以把农户融资需求影响因素回归分析表如下：

表 9　　　　影响因素回归分析表

变量名称	年收入	农业支出	非农支出	生活支出	教育支出
Coefficient	-0.46892	-1.37758	0.79295	0.09443	0.84103
T	2.347	1.938	1.730	0.968	6.811
$R^2=0.981$			$F=2\ 897.525$		

从以上的统计结果我们可以得出以下结论：

第一，农户的年收入水平对农户融资需求的影响为负，并且具有统计显著性。这与我们的假说相一致。这说明，农户的收入越多，那么其自有资产就越多，农户自有资金的支付能力就越强，他们从金融机构进行融资的意愿就不太强烈，也就是说农户的融资需求量也越小。

第二，农户农业生产支出与农户的融资需求具有负相关关系，而非农业支出与农户的借贷需求具有正相关关系。农业生产支出越大，农户借贷的需求规模越小，即农户的借贷需求倾向越弱。这一结论与前面假说不一致。这可能是因为生产规模越大，收入越多，农户用于满足生活性支出的借款需求越少，所以融资的总体需求也在减少。同时，计量结果也显示农户非农业生产支出对其信贷需求的影响显著为正。这说明农户的非农业生产支出规模越大，对非农业的生产性资金的需求越多，从而对借贷的需求相应增加，这一结论与假说基本一致。

第三，农户基本生活支出对农户的借贷需求影响不显著。而以教育为主的大额生活现金支出与农户的借贷需求具有显著的正相关关系。教育支出越多，农户借贷的需求就越多，这与我们的样本调查结果基本一致。

（四）农户融资需求难以满足的因素分析

随着我国农村经济的发展和城乡一体化进程不断加快，农户的贷款需求日益增加。但与其他类型的贷款相比，农户贷款普遍存在额度小、抵押物少的特点，加上农户信用意识不高导致贷款风险较高，造成农户融资难，同时农户融资难与农业银行、农村信用社、邮储银行等正规金融机构的制度安排也有关。具体原因可从以下几个方面进行分析：

1. 金融机构设置的缺陷

在当前农村地区，金融机构设置的单一化与农户融资需求的多样化之间存在着矛盾。虽然目前农村正规金融机构有农业银行、农业发展银行、农村信用社、邮政储蓄等，但是能真正为农户、农业生产提供金融服务的金融组织却非常有限。农业发展银行是政策性银行，主要负责粮棉油收购、农业开发等政策性业务，不直接针对农户发放贷款。随着农业银行的改革，其逐步淡出了对农业的信贷支持，转而支持优势企业和龙头企业等。农户可以考虑的只剩下农村信用社了，据数据表明，农村信用社所发放的贷款占农业贷款的80%左右，使得农村信用社成为信贷支农的主力军。

2. 交易成本高

借贷是资金所有者与资金需求者之间的交易，不论是多次讨价还价还是一次交易成功都会产生交易成本。对于资金需求者而言，交易成本主要包括交通费用、时间和精力耗费，以及谈判和签订契约所发生的其他费用，甚至金融机构部分信贷人员的寻租行为也属于交易成本的范畴。同时不论是对于农户还是金融机构而言，完成一笔交易还要付出很多的事后监督成本。过高的交易成本必然限制金融机构信贷供给的积极性，也抑制了农户从金融机构获取信贷的积极性。

3. 风险管理问题

这里存在一个信息不对称的问题，由于金融机构很难全面掌握农户资金需求的信息特征，那么就很难对潜在的风险进行有效识别和评估，从而也难以进行跟踪和防范。同时，农户在借贷过程中缺乏必要的抵押品，而采用抵押方式的往往是以家庭资产作为抵押品，但是家庭资产的不易变现也降低金融机构通过抵押担保补偿和转移风险的有效性，加之农业生产本身的自然属性及农村社会保障体系、农业保险体制尚未全面建立，农户贷款面临较高的违约率，随之进一步加大金融机构的风险，也降低了金融机构信贷供给的积极性。

三、农村金融供给现状分析

(一) 农村金融供给主体及行为分析

我国的农村金融体系可以分为正规金融机构和非正规金融机构两个大的类型，正规金融机构包括政策性金融、合作金融和商业性金融，非正规金融机构是指那些游离于监管之外的从事资金融通的各类机构和个人的统称，如合会、钱庄等。

1. 农村政策性金融机构

中国农业发展银行是我国最主要的农村政策性金融机构，其肩负的主要任务是：按照国家的法律、法规和方针政策，以国家信用为基础，筹集农业政策性信贷资金，承担国家规定的农业政策性金融业务，代理财政性支农资金的拨付，为农业和农村经济发展服务。1998 年 3 月，国务院决定将中国农业发展银行承办的农村扶贫、农业综合开发、粮棉企业附营业务等项贷款业务划转到有关国有商业银行，中国农业发展银行主要集中精力加强粮棉油收购资金的封闭管理。

2. 农村合作金融组织

我国的农村合作金融组织主要指的是农村信用社。农村信用社一直服务于“三农”，其网点遍布农村，在信息收集、整理、跟踪等方面更贴近农民和农村企业，这是其他金融机构所不具有的优势。在改革与发展的几十年里农村信用社开展了大量的支农业务。从整体数量来看，全国农村信用社的农业贷款余额自 2001 年以来均呈现明显的持续增长态势，并且远远高于其他农村金融机构。

3. 农村商业性金融机构

下面以中国农业银行为代表阐述农村商业性金融机构的供给行为。中国农业银行在我国农村金融的地位和作用是不容置疑的。作为主要为农业、农村和农民提供金融服务的专业化银行，它曾经为农村的金融发展和经济增长作出了重大贡献。1996 年与农村信用社脱钩，开始采取了新的发展战略，即收缩乡镇、巩固县城、拓展城区，彻底成为国有商业银行，其贷款结构逐渐偏离农村和农业，转而集中投向城市和沿海发达地区，给农村中小企业和从事非农产品经营的农户带来很大的负面影响。

4. 农村民间金融

总体来看，我国民间金融的形式多样，合会和钱庄是较为普遍的两种形式。关于我国农村民间金融的规模，一般只有各类型的调查研究和估计数据，没有官方统计数据。中国人民银行副行长吴晓灵（2005）在“2005 中国宏观经济走势与产业发展高层论坛”上指出：据调查测算，我国民间融资规模约为 9 500 亿元，占 GDP 的 6.96% 左右，占本外币贷款的 5.92% 左右。

下面我们再结合一些数据来分析农村金融的供给状况，表 10 是农村三大主要金融机构历年贷款余额：

表 10　　农村三大主要金融机构历年贷款余额　　单位：亿元

年份	农发行	农业银行	农信社
2002	7 366.28	13 925.99	13 940
2003	6 901.90	19 359.66	16 979
2004	7 189.84	20 827.08	19 511
2005	7 870.73	25 073.73	22 962
2006	8 843.96	31 394.31	27 239
2007	10 224.39	34 801.05	32 324
2008	12 192.79	31 001.59	38 232
2009	14 512.59	41 381.87	47 959
2010	16 710.65	49 567.41	57 614
2011	18 755.50	56 287.05	67 626

数据来源：根据国家统计局网站、中国农业发展银行网站、中国农业银行历年年报整理得出。

由表 10 可知，自 2002 年以来，中国农业发展银行的贷款规模一直处于偏低的水平，而与此相比，中国农业银行和农村信用社占据了农村贷款市场的主体。而农行与农村信用社相比，农村信用社的贷款规模更胜一筹。这一数据也是近年来国家支持信用社在农村的发展，并使信用社成为支农主力军的写照。另外，虽然农业银行在发放贷款数量上与农村信用社的相差不是太大，但是，我们知道，农行自股份制改革以来，已经撤离了大部分的农村网点。换言之，在城市分布了大量的中国农业银行，其贷款去向也有很大部分流向了城市的工业企业等，而不是农村和农业，因此从这个角度来看，目前支持农业、农村和农民发展的金融机构主要是农村信用社。

（二）农村金融供给短缺的原因分析

从以上分析可以看出，农村地区金融供给主体主要是农村信用社，其他金融机构供给比重较小。那么在不断发展的农村经济下，这些状况与日益增长的农村金融需求之间的矛盾就会越来越明显。我国农村金融供给存在的主要问题仍然是供给不足，究其原因，主要有以下两个方面：

1. 农村金融市场的垄断

随着农业银行发展战略的改变，农村信用社在农村正规金融市场上占有垄断地位。垄断的金融市场是缺乏效率的。农村金融市场的垄断特征造成了两方面的后果：一方面，农村的正规金融机构缺乏竞争，虽然国家正在进一步完善农村金融市场，发展扶持社区银行、村镇银行，但是农村信用社在一定程度上还是缺乏推动提高运营效率的内在动力和外在压力，处于低效运行状态，不能完全满足农村金融需求。另一方面，处于地下状态的民间金融发展十分活跃。但是由于一些私人钱庄、高利贷不具备合法地位，无法实现规范发展，难以有效地满足农村经济主体的资金需求，存在一定的金融风险。

2. 农村资金外流严重

我国农村金融在供给主体稀少，资金匮乏的情况下，还有大量的农村资金流向城市，金融系统成为城市占有农村经济剩余的一个重要渠道。我国农村的正规金融系统，如邮政储蓄、中国农业银行等，成为农村资金外流的重要渠道。许多国有商业银行的市、县级机构，只存不贷或多存少贷，把从农村吸收的资金大部分上存，导致农村金融供给严重缺失。

四、基于农户融资需求视角的农村金融体系优化

（一）深化农村信用社改革

经过多年的改革实践经验，我国农村信用社的产权制度改革基本形成了以下三种模式：股份制的商业银行模式、股份合作制的农村合作银行模式及以县为单位统一法人的合作制模式。但是不管采取何种改革方式，都要结合地区农村经济发展实际，立足于农村，服务于“三农”，在其最擅长的农村合作金融领域有所作为，继续发挥其支农主力军的作用。

1. 深化农信社产权制度改革

首先是明晰信用社产权关系，强化其约束机制。各地农村信用社按照因地制宜、分类指导的原则，自主选择符合实际的产权模式和组织形式，组织清产核资和增资扩股工作，明晰了产权关系，解决“所有者缺位”问题，建立委托代理机制。其次是增资扩股，提高风险抵抗能力。在吸收股金时要注意，股权过于分散，不利于产权制度改革，会削弱对管理者的制约作用。作为农村信用社的股东，其入股目的不仅仅是为了获得股金分红，更重要的是获得相应的优惠服务，尽管在宣传中已向入股者讲明资格股是社员获得农村信用社贷款优先、利率优惠服务的前提，按投资股大小确定权利，但如果在实际操作中不兑现这些承诺，就会失信于民，不仅农村信用社的股金来源得不到保证，而且还会严重制约农村信用社的发展。对社员的贷款优先和利率优惠要公开化、透明化。

2. 创新农村信用社金融业务与服务

作为距离农村、农民最近的金融机构，农村信用社应根据农村地区经济的发展状况、客户群体特点的不断改变而不断推进业务创新、服务提升。比如随

着农村经济发展，农村信用社可以拓展农村的住房贷款、教育消费贷款、生活消费品贷款等农村消费信贷业务。同时，在有条件的乡镇发展汇兑结算、投资理财、技术咨询、金融委托等中介业务。

同时要加强以信息网络技术为载体的金融产品和服务的创新，要借助因特网等网络平台建设农村信用社系统的业务链接大网络，实现整个系统的信息互通、资源共享、通存通兑和实时汇兑，以快速的反应能力为客户提供一流的服务，增强农村信用社的竞争力和吸引力。

（二）构建农村商业性金融体系

社会主义新农村建设离不开农村金融体系的支撑和协调运行，其中农村商业性金融是完善农村金融体系不可或缺的重要环节，是担当市场化条件下支农重任的重要金融实体。

1. 继续发挥农信社支农主力军作用

农村信用社应根据当地农村经济实际情况和自身发展实力，实行不同的改革模式和道路选择，走出一条既符合当地经济发展状况，又可保持农村信用社可持续发展的道路。在广大农村地区，农村信用社有网点优势、人员优势，并与“三农”建立了非常密切的关系，因此不论农村信用社最终选择哪种产权组织模式，其最终的服务方向和宗旨都不应离开“三农”，应在农村经济发展中，继续发挥支农主力军的作用。

2. 鼓励并扶持村镇银行的发展

与其他新生事物一样，村镇银行的设立进一步完善了我国农村金融体系，它具有一定的生存、发展优势，同时其发展又面临着诸多挑战，需要采取一系列应对之策使其在我国广大农村植根、壮大，并有力地促进我国农村经济的发展。但随着村镇银行网点的增加，相关政策的出台，社会公信力的提高，链条短、决策快、低利率、无包袱等优势的凸显，村镇银行必将发展成为一支有活力、有规模、有竞争力的农村金融机构生力军，为农村金融服务与发展作出应有的贡献。

（三）重构农村政策性金融体系

政策性金融作为一种融资模式和经济手段，可以有效地弥补市场的失灵，完成政府既定的政策目标和体现社会公平。就目前我国政策性银行之一的农业发展银行来说，其在运行的过程中，仍然难以有效地克服目标模糊、缺乏激励约束机制等现实问题。并且其在运营过程中仍然存在业务单一，主要业务集中于粮、棉、油购销贷款方面，对于非常需要贷款支持的农业基础设施建设和农业综合开发贷款涉及面较窄。

因此，本文认为，国家应尽快出台农村政策性金融法规，明确农业发展银行的业务定位、服务领域、经营宗旨、经营原则等，明确有关部门对农发行的监管职责。

（四）规范发展农村民间金融

由于地区差异化的存在，政府对待民间金融的方法应该是规范和引导。在经济不发达或传统农业区，可以降低市场准入的门槛，允许有条件的组织或者个人组建农村信贷机构。在经济较发达地区，可以允许那些股东人数、资金、经营者资格等达到法律规定条件的规模较大、经营较为规范的私人钱庄等，按股份制或股份合作制等形式进行注册登记，并鼓励其建立成社区银行，满足涉农企业较大规模资金的需要，同时接受银监部门监管。而对于以非法集资为目的的民间金融，应予坚持取缔。

（五）其他配套措施

1. 完善农村信用体系

农村信用体系是金融机构生存和发展的重要支撑，完善农村信用体系建设，可以从以下几个方面入手。

一是加强农村信用体系平台建设。首先在全社会大力弘扬诚实守信的传统美德，形成一种“以诚实守信为荣、失信忘义为耻”的社会氛围。其次对于失信忘义的行为和个人不仅是对其进行道德上的谴责，还要形成对其的法律制裁，只有加大失信忘义行为的机会成本，才能从根本上减少失信忘义的行为，在社会上形成诚实守信的良好社会氛围。

二是建立统一的信用征集制度。要形成一种统一的、科学的信用征集制度，就要由政府领导，人民银行推动，各地基层政府大力支持，金融机构提供技术支持和具体操作，农户、企业积极参与。同时，充分发挥工商部门、税务部门年检系统和银行信贷登记系统的作用，推进个人和企业信用信息基础数据库建设，逐步实现农户信用信息登记、汇总、查询、披露、共享。

三是鼓励发展农村社会中介机构。如信用评级机构、会计师事务所、法律咨询服务机构等，同时着重培养高素质专业技术人才，加强市场监管行业自律，提高职业道德水准和行业专业化服务水平，为农村信用体系的建设提供支持。

2. 加强立法依托与政策保障

长期以来，我国在解决“三农”问题过程中实施的措施主要是以政策性文件的形式出台的，几乎没有单独的法律条文与之对应，或者这些文件的出台也不是基于专门的法律规定。未来应将加强农村金融立法和加快农村金融体系建设相结合，依法促进农村金融体系的建设，逐渐改变农村金融体系单一化的局面，建立新的农村金融体系，破解农村金融困局。

同时在建设有中国特色的社会主义新农村的背景下，应强化对农村金融服务的政策调控力度，这里我们可以借鉴国外的做法，通过提供财政补贴等利益诱导方式激励合作金融、商业金融等为“三农”服务，比如进一步扶持农村信用社的发展壮大，并逐步引导商业银行扩大农村金融的服务领域。

3. 完善农业保险体制

农业保险作为农村金融体系的重要组成部分，对保护农业生产、保障农民利益、加快农村建设有重要作用。但是从理论上讲，农业保险不具有“理想的可保风险条件”，这种对“不可保风险”进行的保险，自然存在高风险、高费用、高成本、预期利益有限的特点，对商业性保险公司缺少吸引力。

因此可由中央财政出资组建国有独资的中国农业保险公司，作为各省、市、县（区）政府出资组建的政策性农业保险公司的再保险机构，国家赋予其政策性保险业的行业管理，负责监管农业保险基金，接受外国和本国有关部门与个人的捐赠，负责巨灾赔付的补贴部分的核实和支付，负责起草政策性农业保险法规。

同时鼓励商业性保险公司经营农业保险。通过《农业保险法》或行政法规规定，对经营农业保险的商业性保险公司按规定给予补贴外，同时免交营业税、所得税等。

综上所述，要在农村逐步形成“各级政府扶持、政策性农险为支柱、商业性保险为补充、利益共同体互济、农民广泛参保”的新型的农业保险体制。

五、全文总结与进一步研究的问题

当前，我国面临新的经济形势，构建我国农村金融体系必需与当前农村金融市场的实际相协调。农户金融需求的特征在一定程度上决定了我国金融体系的结构和功能。随着我国城镇化进程的加快和农业产业化水平的不断提高，农村金融需求特别是农户的金融需求特点在随之发生变化，这些需求的变化又反过来影响我国农村金融体系改革的方式及路径选择等。因此，研究农村金融市场问题的关键在于研究农户的金融需求。

通过调查分析，笔者从农户的角度着重分析了融资需求的现状和特征、存在的问题以及归纳出影响农户融资行为的因素。根据以上篇章得出以下结论：

第一，随着农村经济的发展，农户的金融需求也呈现出多样化，那么这就要求农村金融供给结构也要适时变化，以满足不断变化的农户融资需求。

第二，农户的金融需求是被抑制的，由于农户金融需求的特殊性以及农业的抗风险能力弱等特征，正规金融机构交易成本过高，农户的融资需求在很大程度上被限制。

第三，农村信用社是农村金融市场上支农的主力军，它是唯一与农户具有直接业务往来的正规金融机构，也是农村正规金融机构向农业和农村提供金融服务的核心力量。

针对实际问题，基于农户融资需求视角，提出了优化我国农村金融体系的建议，这些建议包括：根据不同类型的农户金融需求特点来安排金融供给制度，在农村，形成政策性金融、商业性金融、合作性金融以及众多民间金融相互竞争并相互弥补的局面，同时国家在立法监管和政策扶持上要有所作为，为我国农村金融体系的构建和进一步优化提供制度和政策保障。

通过以上分析，笔者对于我国现行农村金融体系的特征以及存在的问题有了更加深入的了解和把握。但是由于笔者知识和能力水平有限，认识的角度和深度还有待提高。对于农村地区出现的一些新的发展趋势，如何进一步推进我国农村金融体系的改革和发展，还需要进一步研究。

参考文献

[1] 程春辉．农户融资行为与农村金融供给研究［D］．北京：中国农业科学院，2009.

[2] 李晓．需求导向下的农村金融供需矛盾研究［D］．济南：山东农业大学，2009.

[3] 曾思阳．新经济发展方式下完善我国农村金融体系的研究［D］．广州：集美大学，2011.

[4] 卞靖．我国农村金融供求失衡深层机理研究［D］．北京：中共中央党校，2010.

[5] 熊学萍．我国农户融资制度：变迁、效率与帕累托改进［D］．武汉：华中农业大学，2007.

[6] 陈慧飞．小额信贷与农户行为选择研究［D］．杭州：浙江工商大学，2010.

[7] 黄光伟．建设新农村背景下的农村金融问题研究［D］．成都：西南财经大学，2008.

[8] 谢琼．农村金融：体制突破与机制改进［D］．武汉：华中农业大学，2009.

[9] 许清正．我国农村金融供给模式研究［D］．天津：南开大学，2009.

[10] 卢亚娟．中国农村金融发展研究——基于农村微观主体行为的实证分析［D］．南京：南京农业大学，2009.

[11] 张薄阳．中国农村金融供给问题研究［D］．天津：南开大学，2009.

[12] 姚耀军．转型中的我国农村金融发展研究——对农村经济发展的影响

与分析［D］．杭州：浙江大学，2005.

［13］杨乐乐，李晰凝．农户融资需求分析及农村金融制度重构探究［J］．金融视线，2011.

［14］刘卫锋．基于农户融资需求视角的农村金融制度创新研究［J］．经济纵横，2009.

［15］贾澎，张攀峰，陈池波．基于农业产业化视角的农户融资行为分析［J］．财经问题研究，2011.

［16］梁莉．新形势下农户融资需求特点与农村金融制度改革研究［J］．“三农”问题，2011.

［17］李延敏，宋增芬．当前农户借贷需求特征变化之分析［J］．海南金融，2010.

［18］姚耀军．农村金融体系资金配置：金融功能观视角下的反思与展望［J］．金融理论与实践，2006.

［19］孟全省．中国农户融资机制创新研究［D］．西安：西北农林科技大学，2008.

［20］雷启振．中国农村金融体系构建研究——基于“三农”实证视角［D］．武汉：华中科技大学，2009.

［21］董晓琳．我国农村经济发展中的金融支持研究［D］．南京：南京农业大学，2005.

［22］黄珊．新农村建设视野下的农村合作金融改革研究［D］．大连：东北师范大学，2009.

［23］张亚茹．我国农村金融供求结构性矛盾及对策研究［D］．郑州：河南大学，2008.

［24］李仁健．农村信用社法人治理结构的问题分析［J］．安徽农业科学，2007.

［25］樊漓．构建以需求为导向的农村经济发展金融支持模式［J］．中共山西省委党校学报，2009.

［26］张乐柱．需求导向的竞争性农村金融体系重构研究［M］．北京：中国经济出版社，2008 .

［27］卢米．我国农村信用社改革的现状及发展建议［J］．时代金融，2009.

［28］黎和贵．国外农村金融体系的制度安排及经验借鉴［J］．国际金融研究，2009.

［29］石磊．国外农村金融发展的经验及启示［J］．江西金融职工大学学

报，2010.

[30] Yong - Shik Lee (USA). Revival of Grey - Area Meas ures? [M]. Journal of World Trade, 2002.

[31] Jeffrey Sachs. How to Run the IMF [J] . Foreign Policy, 2004.

河南省涉农保险改革试验区问题研究

河南省保监局课题组[①]

摘要 作为传统的农业大省，河南省农业抵御自然灾害的能力极为脆弱，农民家庭抵抗外来风险的能力不足，农民的养老保障、医疗保障水平仍不高，农村保障体系还很薄弱。广泛存在的“三农”风险要求一种制度安排来减少农民生产及生活的不确定性。涉农保险制度通过事前分散和转移生产、生活风险，增强了农民抗风险能力和灾后恢复能力，在保护和发展农业、保障农民生活、维护农村稳定等方面起到举足轻重的作用。积极发展涉农保险，既是改善河南省农村金融服务的一项基础性工作，也是推进河南省农业现代化建设、实现“三化”协调发展的重要途径。本文立足河南省省情，提出设立河南省涉农保险改革试验区是解决“三农”问题、促进农村改革的重要途径，分析河南省设立涉农保险改革试验区的优势。并结合国内金融保险改革试验区经验及河南省自身状况，提出建立涉农保险改革试验区的初步构想。

关键词 涉农保险 试验区 保险创新

一、引言

河南省是传统农业大省，截至2010年底，农业人口占全省人口的61.2%，粮食产量居全国前列，是全国重要的农畜产品生产基地。农业是河南省农民的主要生产项目和收入来源，2010年农业收入占农民人均纯收入的比重为38.99%[②]，远高于其他非农业收入的比重。然而由于自然条件、经济发展、风险意识等因素的影响，农村地区集中了大量风险，难以有效分散，这必将制约河南省的“三农”发展。涉农保险作为一种重要的“三农”风险管理机制，涵

---

① 课题主持人：索　佳。
课题组成员：牛新中、李琴英、马长林、赵存见、赵　冰、郑　鹏。

② 数据来源：根据《河南统计年鉴2011》相关数据计算。

盖了农业生产、农村经营、农民生活相关的各个方面，其内容包含人身险、财产险、责任险、信用险等各类保险险种。能够有效地分散农村风险、补偿风险损失，提高农业综合生产能力、促进农民增收，保障农民家庭财产安全及人身安全。

自2004年至今，为解决好“三农”问题，中央多次颁布指导文件，“将农业保险作为强农方式的创新，纳入农业支持保护体系”，[①] 列为金融支持农业发展的重要内容。同时在全国范围内开展新型农村社会养老保险和新型农村合作医疗保险，并给予政策扶持。为贯彻落实中央精神、促进新农村建设，河南省积极开展新型农村合作医疗保险及农村社会养老保险，稳步推进农业保险试点，并在河南省“十二五”规划纲要等纲领性文件中提出要完善新型农村合作医疗制度、建立多元化的新型农业保险体系，引导金融机构支持新农村建设，推动农村地区改革和发展。

在此背景下，探索建立适应河南省省情的涉农保险改革试验区，是促进“三化”协调发展的必然要求。能够推动农业发展方式转变和农业结构调整、实现农业可持续发展，能够保障农民财产和人身安全，能够为城镇化进程中失地农民提供基本生活保障，为河南省新农村建设保驾护航。同时，建立涉农保险改革试验区也是农村金融改革、金融强农机制创新的重要环节，能够充实涉农信贷的担保机制和风险补偿机制，完善农村地区改革的内容。此外，涉农保险可以与政府的一系列支农、强农、惠农政策相结合，预防和分散农业生产面临的自然风险、动物疫病与外来物种入侵；分散政府救灾负担，建立市场救灾机制；提高农业灾后恢复生产能力，稳定河南粮食生产；保障农民收入，提高农民生活水平。

二、建立涉农保险改革试验区的重要意义

河南省作为国家粮食生产核心区，承担着稳定国家粮食安全和促进农民增收的双重重托。涉农保险内涵丰富、覆盖面广的特点能够为农业发展、农民增收和农村经济发展提供全面的保险保障，成为完善国家救助体系、解决粮食主产区“三农”问题的重要措施。建立涉农保险改革试验区，推动农村地区涉农保险发展，既能够引导农业产业结构调整，支持构建现代农业发展体系，保障农民生产生活，也能够推动保险企业参与新农村建设，以投资带动农村经济发展。

① 《国务院关于保险业改革发展的若干意见》（国发（2006）23号）。

（一）推动农业生产变革

一是推动农业结构调整。建立涉农保险改革试验区，能够通过险种设计、资金流向和政策引导支持，一方面促进农业生产资料的改善、农产品单产及质量的提升，推动绿色生态农业及高效农业发展，不断增强农产品的市场竞争力。另一方面，推动种植业和养殖业品种结构调整、优化种养两业生产布局，推动传统农业向现代粮食产业、畜牧产业和优质特色农业发展。同时促进农产品加工企业的发展，推进初级农产品加工向高附加值的、外向型的精深加工转变，进而推动农业产业结构升级。二是助推农业现代化。试验区建设一方面能够引导农业科技创新，促进大型农机具的使用、提高农业生产机械化水平，改良农产品品种和农业生产资料质量，推动传统的小农生产向集良种繁育、规模生产、精深加工、物流销售和循环利用于一体的现代农业产业体系发展。另一方面能够引导农业经营方式创新，推动农村土地流转、鼓励农村合作组织和龙头企业的发展，推进农业生产由分散化、粗放型向规模化、集约化、产业化方向发展。

（二）保障国家粮食安全

河南省是农业大省，截至2010年底，耕地面积约占全国的1/15，粮食总产量占全国的1/10，小麦产量占全国1/4，[①] 是国家重要的粮食生产和现代农业基地，承担着保障国家粮食安全的重任。但是河南省农业发展基础还不扎实，农业生产的分散性、弱质性特征十分明显。此外，现代农业面临着自然和市场双重风险，农业风险大、损失程度高且不易分散，加之传统的农户内生风险管理方式具有很强的分散性、自留性和小规模性，一旦发生风险，必然对农业生产造成极大影响，导致农业减产甚至绝收，进而威胁国家粮食安全。涉农保险中的农业保险作为市场经济条件下现代农业发展的“三大支柱”之一[②]，能够有效地预防和分散农业生产面临的自然风险，既能够形成市场救灾机制，抗灾减灾、补偿农业损失，又可以提供农业综合生产能力和灾后恢复生产能力，促进农业生产和粮食增收，保障农业生产的连续性，进而维护国家粮食安全。

（三）保障和改善农民生活

自然灾害、意外事故等风险的发生，必然导致农业生产损失，降低农民收入水平，影响农民生活稳定。也将摧毁农民家庭财产、威胁农民人身安全，给农村家庭带来沉重的经济损失。以2003年为例，河南18个省辖市均遭受不同程度的洪涝灾害，加之浸渍、低温寡照等原因，灾害损失十分严重。据民政部门

① 数据来源：根据《河南统计年鉴2011》相关数据计算。

② 在耕地、气候和农民素质既定条件下，农业科技、农村金融和农业保险是市场经济条件下现代农业发展的三大支柱。

统计，全省受灾人口 2 270 万人，倒塌房屋 10.03 万间，死亡 37 人，农作物受灾面积 3 204 千公顷，成灾面积 2 208.25 千公顷，绝收 1 142.67 千公顷，减收粮食 661 万吨，导致当年河南粮食产量比上年减产 15.1%，农林牧渔直接经济损失 95.48 亿元。[①] 涉农保险作为一种保障内容全面、覆盖范围广泛的保险体系，在保障和改善农民生产生活中能够发挥巨大作用。一是农业保险为农业生产经营活动提供保险保障，稳定农产品生产、促进农民增收，在一定程度上维持农产品价格稳定。二是农村财产保险为农民家庭财产，如农房、农机具、机动车辆等提供保障，保护农民不因家庭贵重财产损失而陷入困境。三是农村人身保险为农民家庭的医疗、健康、养老等问题提供保障，解决农民"因病致贫"和养老负担沉重的问题。

（四）完善农村金融体系

涉农保险是农村金融服务体系的重要组成部分，在服务"三农"建设、促进金融改革方面具有独特作用，应在农村金融改革试验区建设中同其他金融机构密切合作。建立涉农保险改革试验区，为"三农"发展提供保险保障和支持，既是保险经济补偿、资金融通和社会管理职能的体现，也是配合农村金融改革、完善农村金融服务体系、为农村金融活动提供保险保障的必然要求。一是涉农保险作为金融强农创新的重要组成部分，能够丰富农村金融组织结构、扩大农村信贷投入、增加农村金融服务供给。涉农保险既能作为有效抵押资产获取金融机构的贷款投放，也能为农村信贷提供保险保障、分散农村信贷风险，还可直接向投保农户提供小额贷款。从而活跃农村金融活动，促进经济发展。二是经营涉农保险的保险公司可以参股银行、证券等金融机构，探索保险资金运用的新模式。从而增加农村金融资产总量，提高农村金融服务质量和效率，丰富和完善农村金融体系。

（五）促进农村社会和谐

近年来，由于农村经济结构调整、城镇化进程加快和农民意识转变等因素影响，农村地区的产业结构逐渐由单一型向多元化转变，第一产业比重逐步减少，第二、第三产业快速发展。截至 2010 年底，河南省农民农业收入占农民纯收入比重为 38.99%，较 2006 年减少 3.78%，非农收入比重为 41.35%，较 2006 年增加 15.87%。[②] 产业结构的调整带来农村地区风险的变化，除传统的农业风险、财产风险和人身风险外，农村地区的责任、信用、治安、失地等风险逐步显现。此外，为增加家庭收入，获得更多优质资源，农村劳动力资源大量

① 河南省农调队．2003 年河南农村经济形势分析［EB/OL］．中国农业投资网，2004－04－10。

② 数据来源：根据《河南统计年鉴 2011》测算。

涌入城市，多数人员由于工作性质等因素面临更多人身风险，却难以获得保险保障。上述风险一旦发生，必然对农民家庭和农村社会生活带来各种不利影响。针对上述风险，保险公司在农村地区开办了一系列险种，如责任保险、治安保险等，充分发挥保险的损失补偿和社会管理职能，保障农村地区稳定，促进农村社会和谐。

三、建立涉农保险改革试验区的可行性分析

近年来，河南省农业和农村经济发展取得了巨大成就，农业综合生产能力显著增强、内部结构进一步优化、产业化水平全面提升、金融机构不断发展、涉农保险逐步推进，为河南省建立涉农保险改革试验区，推动农村经济社会改革提供了有利条件。

（一）国内试验区总结

近年来，为完善市场经济体系、调整经济结构、促进经济发展，国家在多个地区确立了各类经济社会改革试验区。各地区结合自身发展特点，积极探索本地区金融保险改革和创新。试验区普遍采用政府和市场相结合的模式，即政府通过提供必要的政策扶持和引导，建立完善的金融保险体系。这些实践对河南省建立涉农保险改革试验区有着很好的借鉴意义。

1. 国内试验区主要内容

（1）金融保险类。该类试验区以天津滨海新区、深圳保险创新发展试验区、上海浦东新区等为代表，探索保险业创新发展和服务社会经济的新途径。其主要内容有：

①优化市场主体结构，建立完善的保险市场体系。主要包括四个方面：一是加强法人机构建设，鼓励保险公司研究以股权为纽带的银保综合经营模式；二是支持保险公司建立各类职能中心；三是支持保险公司加快设立分支机构，形成服务全国的机构网络；四是着力发展中介市场，推动保险中介机构集团化发展。

②支持各保险机构的管理创新、产品创新和服务创新，提高保险服务水平。引导保险中介机构创新销售渠道，探索非关联产寿险公司交叉销售保险产品、相互代理、兼业代理连锁经营、营销员理财顾问等新型营销方式；鼓励保险中介资本重组与并购，培育保险中介集团和大中型专业中介公司，整合市场资源，促进集约化发展。

③拓宽资金运用领域，提高资金运用效益。在建立有效风险控制和预警机制的基础上，逐步提高保险资金直接或间接投资资本市场的比例，稳步扩大保险资金投资资产证券化产品的规模和品种，支持保险资金投资大型基础设施建

设，鼓励保险公司投资银行、信托公司和证券公司，开展金融企业股权投资，积极稳妥地推行综合经营试点。

④完善配套体系，创造优良发展环境。一是加大对保险业的财政与税收支持力度，对符合条件的保险企业给予资金补助、财政奖励和统一的税收政策。二是科技、财政等相关部门要加强与企业、保险公司的协调与沟通，完善并落实配套政策，支持保险公司做好科技保险产品开发与服务试点工作。三是鼓励发展保险业务。大力发展商业养老保险、健康保险和意外伤害保险等人身保险业务，支持有资格的保险企业开展企业年金业务，支持商业保险公司开展补充工伤保险、责任保险和各类涉农保险。

保险改革实验区取得了初步成就，以天津市为例，截至2010年底，天津市共有各类保险机构42家，中介机构81家，兼业代理机构2 694家，基本形成了形式多样、覆盖广泛的保险市场体系。2010年全年实现保费收入186.46亿元，同比增长23.15%。保险深度为2.05%，比2009年增长0.03%，保险密度为1 441.19元，比2009年增长209.37元。2010年全年共为新农村建设提供了65.43亿元的风险保障，同比增长84.49%，有效支持了农业生产。

（2）农村改革试验区。近年来，为推动农村经济社会发展，国家及河南省政府确立了一批农村改革试验区试点。其中，国家农村改革试验区有山东枣庄、河南新乡等24个。此外，河南省还于2009年确立信阳市为河南省农村改革发展综合试验区。各试验区积极推进农村土地产权制度、农业经营体制和农村金融体系改革，其主要内容有：

①在农村土地产权制度改革方面，积极探索建立“政府+银行+农户”的农村贷款抵押担保新模式，全面开展农村地权、林权、水权、房权、其他物权等农村“五权”确权办证，市、县（区）、乡（镇）分别建立了信用担保和物权交易“两大中心”，搭建金融机构和农民之间的桥梁。全面推进土地流转，建立县（区）、乡（镇）土地流转服务平台，规范流转秩序，基本形成了“土地银行”、股份合作、企业租赁、大户承包四种流转类型。

②在农业经营体制方面，积极推动农村经济合作组织建设，支持要素类、产业类、服务类等多种类型经济合作组织发展。同时支持成立农民专业合作社，吸引农民积极加入，鼓励已有专业合作社做大做强，努力成为省级和中央示范合作社。逐步扩大涉农保险覆盖范围，推动农业保险、新型农业社会养老保险和农村医疗保险发展。

③在农村金融体系方面，鼓励金融机构创新。加快农村合作金融机构股份制改造，积极开展小额贷款公司、村镇银行和农村资金互助社等新型农村金融组织建设试点，鼓励农民专业合作社开展内部信用合作。加大对农村土地使用

产权制度改革和现代农业的金融支持力度，更好地满足农民专业合作社信贷需求和规模经营生产设施建设的资金需求，进一步拓宽涉农企业融资渠道。同时加强金融机构与保险机构的合作，为农业发展提供更加全面的风险保障。由政府给予农村改革试验区政策、财政及税收支持。

河南省农村改革试验区建设取得了丰硕成果。以信阳市为例，截至2011年4月，信阳市成为河南省农村改革发展综合试验区两年内，共流转耕地402万亩，占全市耕地总面积的46%。合作组织不断增加。全市各类农民专业合作社发展到4 211个，入社农民69万户，占全市农户总数的42%，其中省级以上示范社38家，商城高科、固始金地、潢川兴豫三家合作社被确定为国家级示范社。农村金融创新积极发展，全市共组建村镇银行4家、农村商业银行6家、农村合作银行1家、小额贷款公司10家，金融机构新增存贷比近60%。全市农村资金互助社发展到329家，资金规模超5亿元，累计向农民发放互助贷款2亿元。①

2. 启示

（1）政府引导和支持是金融保险改革试验区发展的关键。建立金融保险改革试验区离不开政府引导和支持，政府应按照“先易后难，制度先行”的原则，逐步引导和推进试验区改革进程。同时，政府应赋予试验区“先试先行”的权利，给予适当的政策倾斜。政府的政策支持主要包括组织领导、协调督促，给予试验区涉农保险业各项财政支持及税收优惠政策等。

（2）创新是金融保险改革试验区发展的核心。金融保险机构应借助政府扶持，加大创新力度。一方面积极开发适合当地需要的金融保险产品，满足不同行业的保险需求；另一方面积极探索经营销售模式的创新，增强金融保险机构的服务能力。

（3）优化市场主体是金融保险试验区发展的前提。建立完善的市场主体体系主要包括：一是加强法人机构建设，鼓励金融机构深化合作层次，建立完整的保险保障和投资体系；二是推动专业分工，完善中介市场，支持相关机构建设；三是支持金融保险企业设立分支机构和职能中心；四是支持建立或引进再保险机构。

（4）拓展投资渠道是金融保险试验区发展的重要条件。鼓励保险资金在提供充足保险保障的前提下投资大型基础设施建设，支持保险公司控股金融机构、逐步开放保险资金投资资本市场，既能够提高保险资金的运用效益，提高保险机构发展水平，也能深化金融机构合作，促进当地经济发展，实现保险的资金

① 梁婷．河南农村改革发展综合试验区建设成果丰硕［EB/OL］．中国新闻网，2011－04－25。

融通和社会管理职能。

(5) 因地制宜是金融保险改革试验区发展的生命。我国金融保险改革试验区的一个重要经验就是，金融保险改革应注意与本地经济优势相结合，引导改革方向与地方经济发展方向相一致，找准政策着力点，避免产业空心化，才能实现金融保险与经济发展相互促进的良性循环。

(二) 建立涉农保险改革试验区的优势

河南具备建立涉农保险改革实验区的优势，主要表现在河南省具有较好的“三农”基础、各级政府的支持、农村金融业的发展以及涉农保险前期发展取得的积极成就等方面。

1. “三农”快速发展，取得积极成果

近年来，河南省农业和农村经济的持续健康发展，取得了巨大成就。一是综合生产能力稳定提高。2010 年全省粮食产量达到 543.7 亿公斤，连续 11 年居全国首位；畜牧业快速发展，2010 年全省肉类、禽蛋和奶产量均居全国前列。二是农业内部结构进一步优化。特色农业主导产业进一步壮大，优势特色农作物加快向适宜地区集中，其中蔬菜、果园、茶园、花卉、中药材种植面积分别比 2005 年增长 6.78%、9.3%、96.9%、14.5%、35.4%。三是农业生产方式转变。农业生产机械化水平显著提高，2010 年全省农机总动力达到 10 195.88 万千瓦，比 2005 年增长 28.5%。农产品加工龙头企业发展迅速，2010 年底全省各级龙头企业达到 6 248 家。农民组织化程度不断提高，全省在工商部门注册的各类农民专业合作组织达到 2.3 万家，合作社统一组织销售的农产品总值 148.6 亿元。四是农村改革不断深化。积极推进了林权制度和水利投融资体制改革，明晰集体林产权 5 770 万亩，占总面积的 85%。[①] 五是农民生活水平稳步提高。农民收入大幅度稳定增长，2006—2010 年农民人均收入由 3 261.03 元增长至 5 523.73元，扣除价格因素，年均增长 10%；农民生活质量进一步提高，农村居民恩格尔系数由 2005 年的 45.4% 下降到 2010 年的 37.2%。[②] 农业结构的调整、农业生产方式优化、农村土地改革和农民人均收入的增长提高了农民的购买力水平，促进农民意识的转变，为涉农保险的发展提供了可能性。

2. 各级政府高度重视，给予各项支持

政府重视及支持是推动涉农保险开办及发展的前提。近年来，河南省从省到地方各级政府对涉农保险的重视程度不断提高，出台了一系列政策法规支持涉农保险发展，形成了政府支持和推动的良好外部环境，其中以农业保险发展

① 数据来源：《河南省农业和农村经济发展“十二五”规划》。

② 数据来源：《河南统计年鉴 2011》。

表现最为突出。自2007年以来，河南省政府先后三次颁布《农业保险工作方案》，推动农业保险工作取得初步成效。一是保险险种不断增加，由2007年的4个险种增加至2012年的12个险种，2012年新增林业保险。二是保险金额逐步提高，其中玉米、棉花、水稻的保险金额分别提高了59元、35元、15元。三是补贴范围逐步扩大，部分险种补贴由个别试点城市推广至全省。为保障农业保险工作的顺利开展，河南省各级政府成立了专门的农业保险领导小组、农业保险办公室，评价农业保险绩效、预警风险，协调、支持、监督和管理农业保险工作，并由财政部门对农业保险保费补贴资金独立拨付和结算。政府对农业保险的重视和支持，提高了商业保险行业经营农业保险的信心和积极性。

3. 涉农保险不断探索，取得良好成绩

近年来，河南省涉农保险迅速发展，取得了良好成绩。第一，保障水平逐步提高。2009年全省农村保费收入107亿元，自2005年以来年均增长51.84%，其中农村财产险和人身险年均增长分别为49%和52.21%，农业保险年均增长430.33%。涉农保险赔款15.9亿元，2005年以来年均增长47.1%，其中，农村财产保险赔付7.72亿元，年均增长63.4%；农村人身保险赔款和给付8.19亿元，年均增长37.1%。第二，市场体系初步建立。截至2009年底，全省县级保险分支机构841家，平均每个县7.7家，比2005年增加了1.63家；全省乡镇保险营销服务部2 509家，平均每个乡镇1.33家，比2005年增加0.69家。全省1 882个乡镇中有1 601个设有保险服务网点，覆盖率达到85%。第三，从业人员数量快速增加。截至2009年底，全省农村保险从业人员达7.02万人，比2005年增加了3.62万人，在全省保险从业人员中占比为26.7%。第四，保险险种多元化。2009年农村市场销售的保险产品有464款，比2005年增加了359款，基本覆盖机动车辆、家庭财产、人身意外伤害、健康医疗、农业生产、投资理财等领域，初步满足了广大农民多样化的保险需求。第五，社会保险经营方式创新，引入商业保险机制参与社会管理。2003年，新乡市"新农合"业务率先由商业保险公司承办，从公共采购经费中按照一定的标准向保险公司支付管理费用。截至2012年，商业保险已承办了新乡、洛阳、安阳、郑州等4个省辖市的"新农合"业务，服务河南省约1/7的人口，实现政府、保险公司和群众的"多赢"。涉农保险取得的良好成效，为河南省建立涉农保险试验区奠定了基础。

4. 农村金融机构改革，积极寻求合作

2012年以来，河南省金融机构围绕中原经济区建设，纷纷转换经营机制、改善金融服务、增加信贷投入。以河南省农村信用社为例，截至2012年9月末，河南省农村信用社涉农贷款余额为3 324.13亿元，较年初增加411.11亿元。其中农户贷款余额1 878.6亿元，较年初增长9.38%。但是由于目前农业贷款的担保机制尚不完善，导致强农贷款缺乏相应的风险补偿机制，这在一定程度上限制了农村金融机构支持新农村建设的积极性。为此，农村金融机构积极寻求合作，呼吁保险公司探索开展涉农保险贷款保证保险，鼓励借款人对贷款抵押物进行投保，并将涉农保险投保情况作为授信要素，探讨扩展涉农保险质押的品种和范围。探索农村金融机构与保险公司共同参与的多样化的合作形式，是探索建立涉农保险改革试验区的有利尝试，能够有效保障和推动试验区经济发展。

（三）河南省涉农保险发展现状

1. 在强农及救助政策体系中的缺失

自20世纪90年代末期以来，我国不断增加对农业发展的支持与保障力度。我国的强农惠农政策体系主要采取以直接的农业补贴和价格补贴为主的保护制度，涵盖了从农业种植、生产资料、农业技术、农民医疗、农村养老到农村教育等各个方面。但是涉农保险作为一项与农民生产生活关系密切的保障制度，并未与政府的强农惠农政策有效结合，发挥其分散风险、损失补偿的职能。此外，受传统观念的影响，农民主要还是采取自救、依靠政府救济、社会捐助等方法来防范和分散农业风险，尤其是自然灾害发生后的政府救济，易导致农民产生依赖心理，使农民缺乏主动防范和规避风险的意识。涉农保险在政府救助体系中缺失，发挥着非常有限的“稳定器”作用。以农业保险为例，2009年河南农作物受灾面积为4 665万亩，直接经济损失135.38亿元，保险补偿1.18亿元，占比仅为0.87%。

2. 发展缺乏相应的金融环境

目前，河南省虽然建立了较为完整的农村金融体系，但其在实际经营中并未完全发挥其应有的强农作用。农村存款外流、涉农融资缺口大、农户贷款难等现象十分突出。农村金融机构非农化趋势明显，逐渐偏离“三农”服务初衷，严重影响了农村经济的发展，制约了农民收入的增长。农民收入的不稳定成为农业保险购买力不足的瓶颈，极大地限制了农业保险的发展速度和质量。反之，目前的涉农保险主要经办传统的农业、农村财产及人身保险险种，农村信用保证保险、责任保险等险种尚未开展，农村信贷缺乏必要的担保机制，也是农村信贷供给不足的重要原因。涉农发展相对独立，缺乏与其他农村金融机构的合作，从长远来看既不利于自身及金融机构在农村地区的业务发展，也不利于农村金融改革、服务“三农”发展的大局。

3. 缺乏法律制度的约束与保障

涉农保险作为一种发展和保护制度，其能否走良性循环发展道路与相关法律法规之间有密切联系，应当有明确且相对完善的法律法规对其进行规范。在实施机制上，对于主体、客体、规则、程序等方面都应具有明确的约束机制和激励措施等。目前，无论是国家还是河南省的涉农保险试点工作都缺乏整体性的规划和制度，涉农保险的发展缺乏法规和相关实施条例的规范约束。涉农保险中的商业保险业务主要适用于保险法，而保险法本身尚不完善。此外，农业保险尚无法律法规的约束与引导，其相关参与主体在操作层面缺乏明确的约束与规范。在无法可依或法律规定尚不明晰的情况下，涉农保险的许多问题不能明确，将对涉农保险的实施效果产生一定影响。

建立涉农保险改革试验区，是以涉农保险发展为手段，结合国家支农、强农、惠农政策，共同保障河南省农业生产、农民生活和农村稳定。此外，保险作为金融机构的重要组成部分，与银行等其他金融机构密切合作，也有利于促进农民增收、推动农村地区经济发展。从这个意义上说，上述情况既是涉农保险发展中存在的问题，也是建立涉农保险改革试验区的改革方向。

四、涉农保险改革试验区的初步设想

河南省涉农保险改革试验区是一个相对独立的区域，试验区要想迅速发展，必须给予其一定的特殊实验性的政策或措施，赋予其“先试先行”的权利，营造良好的外部发展环境，同时必须进行机构和体制的创新，并给予更为充分的监管。

（一）功能定位

河南省涉农保险改革试验区的功能定位为：以建立涉农保险改革试验区为契机，推动涉农保险发展与创新，建立集保障农业生产、农民财产和人身安全、农民收入稳定、农村经济活动和社会生活等为一体的涉农保险体系，形成农村保险市场，为农业可持续发展、新农村建设和城镇化建设提供较为完善的保险保障。并以涉农保险改革试验区建设为基础，发挥商业保险的专业优势和机制优势，探索社会保险管办分离、专业高效的经营管理模式。着力优化农村金融环境，完善农村金融体系，探索以股权为纽带的银保综合经营新模式，推动农村地区经济发展。推动涉农保险与国家支农、强农、惠农政策相结合，完善社会救助体系，推动市场救灾体系的建立。

（二）工作原则

1. 政府支持

从国内各类试验区发展经验来看，政府对涉农保险改革试验区的支持主要体现在：一是成立领导机构。组织成立涉农保险改革试验区工作领导小组，协调和督促跨行业、跨部门的保险改革创新工作。二是财政补贴。政府对涉农保险的补贴主要集中于农业保险，政府对农业保险保费给予一定比例的补贴。三是税收优惠。对经营农业保险业务的保险公司免征营业税。统一产险和寿险营销员的税收政策等。四是实施人才战略。给予符合条件的保险人才及在当地建立培训基地的保险企业一定的政策优惠。

2. 市场经营

单靠政府来组织和推动的涉农保险成本昂贵效率低下，且容易产生“挤出效应”。因此，河南省涉农保险改革试验区应建立政府和市场共同参与的模式。既要重视发挥市场配置资源的基础性作用，同时发挥政府引导、管理和服务功能。即政府在积极组织推动和给予财政税收政策支持的同时，利用商业保险公司等各种现有资源开展业务运作。除农业保险外，其他涉农保险险种应完全遵循市场规律，自主经营，自主定价，自负盈亏。

3. 差异化原则

河南省各地在自然风险、农业产业结构、农业生产组织化发展程度、农户收入水平、农村地区发展状况、政府财政实力、农业保险的基础条件等方面的差异较大。如果采取统一的发展模式和“一刀切”的保险费率，必将带来选择风险，进而制约河南省涉农保险发展。因此，河南省涉农保险的发展应坚持差异化原则。在经济发展水平不同的地区，可以实行不同的涉农保险经营模式，即使在同一地区，根据不同保障水平也可以采用不同的条款和费率。

4. 先易后难，逐步推进

建立涉农保险改革试验区是一个从无到有的过程，是在不断的实践和探索中逐步前进的过程。为保障涉农保险改革试验区的顺利发展，必须坚持“先易后难，逐步推进”的原则。首先采用较为容易的制度设计、开展涉农保险业务，在此基础上逐步累积经验，对已有的各项内容进行调整、改革进而创新，推动涉农保险改革试验区有序、稳步前进。

（三）目标定位

河南省涉农保险改革试验区的基本目标可定位于风险保障及增进农民福利，即分散农村风险，保障农业生产稳定、推动现代农业发展，促进农民增收、保障农民财产安全及养老、医疗支出，维护农村地区社会和谐。具体来看，主要包括以下几点：一是基本形成以具备行业领导力的保险公司为骨干，多家经营机构共同发展的有序竞争的农村保险市场。二是基本形成与“三农”发展相适应的、符合地区经济社会发展特点的经营机构自主创新体系。三是基本形成支撑涉农保险改革试验区的制度框架，完善相关法律法规及政策组成、建立人才引进机制及市场准入与退出机制。四是推进政府管理创新，完善外部监管机制。尊重和保障保险机构的经营自主权，加强监管创新，营造有利于涉农保险、保险机构发展的外部环境。

（四）具体任务

1. 建立符合农业现代化特点的农业保险体系

除现有的种植业、养殖业和林业保险险种外，还应包含具有地方特色的支柱农业、高效农业及设施农业等保险产品。

2. 完善农村财产保险内涵

除现有的农村家庭财产保险、农村机动车辆保险、水利工程保险及农村企业财产保险等传统险种外，还应包含农村信用保证保险、责任保险、治安保险等适合农村经济社会发展需要的保险产品，推动农村保险的保险责任由单一责任向综合责任发展。

3. 发展适合农村特点的农村人身保险

农村人身保险应突出条款简明、定价合理、保障为主的特色，以小额寿险、医疗健康保险及意外伤害保险为主，开展补充医疗保险和养老保险业务，慎重销售万能保险和投资联结保险产品。

4. 建立银保合作的农村金融体系

集合保险公司和金融机构的优势，为农村经济发展提供保险保障和资金支持，推动建立现代农业体系，增加农民收入和农村建设。

（五）配套措施

1. 加强政府引导支持

政府对涉农保险改革试验区的引导支持主要表现为：一是给予财政补贴和税收优惠，应明确财政补贴险种及标准，明确税收优惠幅度及范围。二是支持引进和建立涉农保险风险分散机制，引进再保险经营机构、建立农业保险的巨灾风险准备金。三是支持完善涉农保险市场主体。吸引和支持保险法人机构主体建设，支持保险机构在河南省建立职能中心，吸引保险公司在河南省设立分支机构，支持发展保险中介市场。四是逐步探索保险公司资金运用新渠道，鼓励保险公司投资农村基础设施和实体经济，鼓励金融机构探索合作新形式。

2. 营造良好发展环境

环境是制约涉农保险发展的重要因素。营造良好的发展环境，一是要完善相关法律法规。河南省应制定并颁布相关地方性法规、行政规定和实施细则，明确涉农保险的性质、经营目的和经营原则、组织形式、各级政府的职能和作用、市场准入与退出机制等，调整涉农保险的经营主体、参与主体、受益主体的权利义务关系，为农业保险的发展提供完备的法规保障。二是要加强宣传，提高农民的保险意识。政府和涉农保险经营主体应加强对涉农保险的宣传力度，扩大涉农保险政策的知晓率。使农民充分意识到涉农保险是一种有效分散农业生产和农民生活风险的途径。

3. 推动涉农保险创新

创新是涉农保险改革实验区发展的灵魂，政府及涉农保险经营机构应加强创新力度。一是推进组织形式创新，鼓励探索发展相互制、合作制等保险组织形式，推动保险经营专业化和产业化。二是激励产品创新。产品创新应围绕农村经济生产和生活的重大变化、农业结构调整及农业生产方式转变趋势，根据服务对象、行业特点、需求差异，细分客户群体，开发符合农村经济特点和农民消费习惯的保险产品。三是支持营销方式创新。积极发展网络营销、远程理赔等新型服务模式，探索非关联产寿险公司相互代理、兼业代理连锁等新型营销方式。四是合作形式创新。鼓励涉农保险经营主体加强与金融机构的合作，探索保险公司与农业合作组织、种养大户建立直接合作关系。

4. 建立分类监管体系

由于涉农保险中的农业保险、农村财产保险及农村人身保险在目标定位、经营理念、经营模式等方面存在显著不同，政府对涉农保险的支持力度和监管程度必然有所差别，因此有必要结合“三农”发展实际，对涉农保险分类指导、分类监管。一方面，坚持多部门协同监管。既要健全保险监管部门的职能职责，又要加强同相关职能部门的联动，各司其职，做到分工不分家，形成上下联动、横向协作的监管协调机制；另一方面，加强内外部合作监管。既要发挥保险监管部门的作用，加大对违法违规行为的查处力度，又要加强经办保险公司的内部管控，发挥其内审稽核的作用，促进依法合规经营。

5. 建立“三评”制度

为确保涉农保险平稳运行，政府相关部门及涉农保险经营机构应建立“评估、评审、评价”的三评制度。首先对农业、农民、农村在生产经营和日常生活中所面临的风险及其保险需求进行综合评估，确定可控和可保风险。其次对涉农保险险种的可行性、条款费率的科学性及风险保障程度等进行评审，拿出具体方案进行试点。最后对试点地区的相关情况进行综合性评估，找出不足、研究对策、适时调整、大面积推广，保障涉农保险改革试验区稳步推进。

五、结束语

河南省正处于农业产业结构战略性调整和农业发展方式转变的时期，坚持稳粮强农、解决“三农”问题，是河南省实现农业现代化、建设新农村、推动“三化”协调发展的首要任务。农村需要保险，农民呼唤保险，农业离不开保险，这种较旺需求的态势始终没有改变。农业发展需要保险转移风险，农村经济需要保险扶助支持，农民增收需要保险提供保障，已经成为各级党委政府、保险监管部门、保险公司的共识。建立涉农保险改革试验区，符合切实保障国家粮食安全，促进农业稳定发展、保障农民增收、维护农村地区稳定、推动农村繁荣的基本要求。应鼓励涉农保险改革试验区在服务“三农”建设中“先行先试”，探索出具有河南特色的涉农保险发展新思路和新模式。

参考文献

［1］朱俊生．庹国柱．创新是中国农险业的生命［J］．中国农村金融，2011（6）．

［2］刘明显，胡江华．建立北部湾经济区域金融综合改革试验区的构想［J］．区域金融研究，2009（6）．

［3］王家庭．国家综合配套改革试验区与区域经济发展研究［J］．天津师范大学学报，2006（4）．

［4］聂峰，刘小川，蔡益宇．上海金融创新试验区建设研究［J］．改革与战略，2008（6）．

［5］汪占熬，陈小倩．温州金融综合改革试验区建设过程中的问题及经验启示［J］．武汉金融，2012（8）．

［6］郝寿义，封旭红．综合改革试验区的制度创新与经济增长研究［J］．天津师范大学学报，2011（5）．

［7］王金铎，祝向军．天津滨海新区保险改革试验区建设策略研究［J］．保险研究，2007（7）．

［8］庹国柱，朱俊生．建立我国政策性农业保险制度的几个问题［J］．金融教学与研究，2004（5）．

［9］谭论．河南农村保险发展状况调查［J］．中国党政干部论坛，2011（10）．

［10］庹国柱．农业保险可以在这些领域创新吗？［N］．中国保险报，2012-09-25．

［11］梁敏．对我国农业保险发展的研究［J］．保险监管参考，2006（9）．

［12］杨卫东．河南农业保险发展研究［J］．金融理论与实践，2010（7）．

［13］《关于加快天津滨海新区保险改革试验区创新发展的意见》（保监发〔2007〕110号）．

［14］《关于推进天津滨海新区保险改革试验区发展的意见》（津政办发〔2008〕85号）．

［15］《关于加快保险业改革发展建设全国保险创新发展试验区的若干意见》（深府〔2006〕154号）．

[16]《建设深圳保险创新发展试验区实施纲要》(深府金函〔2007〕240号).

[17]《关于支持枣庄市国家农村改革试验区建设工作的意见》(鲁政办字〔2012〕118号).

[18] 河南省农业和农村经济发展“十二五”规划.